ANTOLOGÍA DE MARTÍN LUTERO

Legado y transcendencia.
Una visión antológica

Leopoldo Cervantes-Ortiz, ed.

Editorial CLIE
www.clie.es

EDITORIAL CLIE
C/ Ferrocarril, 8
08232 VILADECAVALLS
(Barcelona) ESPAÑA
E-mail: clie@clie.es
http://www.clie.es

ANTOLOGÍA DE MARTÍN LUTERO
ISBN: 978-84-17131-36-4
Depósito Legal: B 13793-2019
Cristianismo
Luterano
Referencia: 225077

Impreso en USA / *Printed in USA*

Sobre el autor

Leopoldo Cervantes-Ortiz (Oaxaca, México) es escritor y profesor. Maestro en Teología por la Universidad Bíblica Latinoamericana (Costa Rica) y pasante de la maestría en letras latinoamericanas (Universidad Nacional Autónoma de México). Director del Centro Basilea de Investigación y Apoyo, A.C. Ex miembro de la Comisión de Formación Ecuménica del Consejo Mundial de Iglesias y del comité editorial del Consejo Latinoamericano de Iglesias. Es miembro del consejo editorial de Casa Unida de Publicaciones. Ha publicado, entre otros, los siguientes libros: *Lo sagrado y lo divino. Grandes poemas religiosos del siglo XX* (2002), *Series de sueños. La teología ludo-erótico-poética de Rubem Alves* (2003, portugués: 2005), *El salmo fugitivo. Antología de poesía religiosa latinoamericana* (2004; CLIE, 2009), *Juan Calvino. Su vida y obra a 500 años de su nacimiento* (CLIE, 2009), *Un Calvino latinoamericano para el siglo XXI. Notas personales* (2010), *Juan Amador, pionero del protestantismo mexicano* (2015) y *100 Personajes de la Reforma Protestante* (2017). Colabora en diversos medios impresos y virtuales.

CONTENIDO GENERAL

¡Gloria a Lutero! ¡Gloria eterna al hombre caro al que debemos la salvación de nuestros más nobles bienes y de cuyos beneficios vivimos aún hoy! Es poco digno de nosotros quejarnos de la limitación de sus ideas. El enano sentado a hombros del gigante puede sin duda ver más lejos que el gigante mismo, especialmente si se pone gafas; pero a la más alta visión del enano le falta el alto sentimiento, el corazón de gigante que no podemos apropiarnos. Aún menos lícito nos es dictar una sentencia dura sobre sus defectos y faltas; estas faltas nos han sido más útiles que las puras virtudes de otros miles. Ni la finura de Erasmo ni la suavidad de Melanchton nos habrían llevado jamás tan lejos como nos lleva a veces la divina brutalidad del hermano Martín. Sí, incluso el error esencial sobre su misma empresa [...] nos ha dado los más deliciosos frutos de que hoy goza la humanidad entera.

HEINRICH HEINE (Alemania, 1797-1856), *Sobre la historia de la religión y la filosofía en Alemania* (1835)

Al joven meditador José Ortega y Gasset

A ti laurel y yedra
corónente, dilecto
de Sofía, arquitecto.
Cincel, martillo y piedra
y masones te sirvan; las montañas
de Guadarrama frío
te brinden el azul de sus entrañas,
meditador de otro Escorial sombrío,
y que Felipe austero,
al borde de su regia sepultura,
asome a ver la nueva arquitectura
y bendiga la prole de Lutero.

ANTONIO MACHADO (España, 1875-1939)

Lutero

Arde entera Alemania en fuego vivo,
Suena el clarín marcial en la llanura,
Los templos quema la canalla impura,
Y vaga el sacerdote fugitivo.

Llega la guerra al Támesis altivo,
Y llora la doncella en su clausura;
Corre la sangre en la prisión oscura,
Y no se halla la rama de un olivo.

Junto al Báltico el Sueco se alborota,
Grita insensato y cíñese el acero,
Y coge el casco y la robusta cota.

Triunfa Gustavo en fin, y al golpe fiero
La túnica de Cristo queda rota.
¡Ay de tus glorias, infeliz Lutero!

MANUEL CARPIO (México, 1791-1860)

Presentación

Alicia Mayer
Universidad Nacional Autónoma de México

"La dimensión sociohistórica en que se encontraba inmerso Lutero explica el éxito del protestantismo"; ha dicho François Dosse en su espléndido libro *El arte de la biografía.* El historiador francés añade también que ya el filósofo alemán Wilhelm Dilthey había advertido que la historia no es nada separada de la vida, y que esta última no es accesible más que por los individuos que concentran en ellos mismos las interacciones entre el mundo de la naturaleza y el mundo del espíritu.[1] Lo anterior viene a cuento cuando se analiza la figura del reformador alemán en toda su dimensión, es decir, la humana-personal, la del mundo germánico, las circunstancias europea y mundial. Lo más fascinante es que Martín Lutero ha sido motivo de análisis desde hace quinientos años. Teólogos, filósofos, historiadores, sociólogos y hasta psicólogos, han escudriñado sobre "el incorregible alemán". Incluso se ha advertido que Lutero se ha tornado en todo un "estudio de caso" para las diferentes disciplinas. Durante muchos años, la historiografía protestante y la católica lo colocaron en una posición antagónica respectivamente: como un héroe liberador o como un hereje detractor. En el presente, la historia cultural ha avanzado mucho y hoy, a cinco centurias de distancia de aquel hecho histórico conocido como la Reforma, estudiosos de las dos tradiciones cristianas pueden sentarse en la misma mesa de diálogo con miras a un entendimiento ecuménico para dar una mirada más justa al personaje que la motivó.

La antología que el lector tiene ahora en sus manos se adentra en la singularidad del hombre que rompió con diez siglos de tradición medieval católica. Se ha hecho una selección cuidadosa y experta de textos que abren una amplia perspectiva del sujeto estudiado, con el fin de conocer mejor su testimonio, su vida, su legado y los cambios que produjo en el advenimiento del llamado mundo moderno.

1. F. Dosse, *El arte de la biografía.* México, Universidad Iberoamericana, 2007, p. 355.

La Reforma es un ejemplo tácito de lo que Fernand Braudel describió como un suceso "de larga duración". Su impacto, sus consecuencias a corto y largo plazo, no solo en Europa, sino en el resto del mundo, generan gran interés y estimulan nuevas reflexiones. Por ello, nuestro presente es aún terreno fértil para la revisión de fuentes primarias y también para conocer las interpretaciones que durante todos estos siglos se han llevado a cabo en publicaciones en diversos idiomas.

La compilación documental que ahora se ofrece va desde las biografías arquetípicas a los discursos posmodernos; de las disertaciones teológicas a las interpretaciones filosóficas e historiográficas. La lectura de estos trabajos conduce al lector, tanto al especialista como al neófito, como guiado de la mano, por una ruta crítica que va desvelando al personaje y su papel en la historia. Estos textos salen a la luz al cumplirse 500 años del inicio de la Reforma protestante, lo que da cuenta de la importancia del movimiento religioso y del impacto de sus postulados en el plano de lo espiritual y de lo secular.

No hay mejor modo de conmemorar un hecho histórico que a partir del análisis especializado y abierto al diálogo y la reflexión, con la intención de comprenderlo. Los estudios aquí reunidos muestran, repito, los aspectos biográficos de Lutero, el entorno familiar y de amistades, la situación socio política de su mundo y también los momentos culminantes del movimiento que despertó. Además, presenta las grandes contribuciones que hizo el profesor de teología de Wittenberg al estudio de la Biblia y sus aportaciones dogmáticas. La versátil personalidad del otrora monje agustino se retoma asimismo en sus aspectos educativos, litúrgicos, y aun artísticos y lúdicos. Celebro la aparición de esta antología y espero que el material que ofrece redunde en el estudio y la comprensión histórica del fenómeno de la Reforma y sus repercusiones mundiales.

PÓRTICO

W.H. Auden (1907-1973)

LUTHER

With conscience cocked to listen for the thunder,
He saw the Devil busy in the wind
Over the chiming steeples and then under
The doors of nuns and doctors who had sinned.

What apparatus could stave the disaster
Or cut the brambles of man's error down?
Flesh was a silent dog that bites its master,
World a still pond in which its children drown.

The fuse of Judgement spluttered in his head:
'Lord, smoke these honeyed insects from their hives.
All works, Great Men, Societies are bad.
The Just shall live by Faith...' he cried in dread.

And men and women of the world were glad,
Who'd never cared or trembled in their lives.

LUTERO

Con la conciencia ladeada para escuchar el trueno
vio al Diablo ocupado en el viento
a través de los campanarios resonantes y luego bajo
las puertas de monjas y teólogos que pecaron.

¿Qué maquinaria podría evitar el desastre
o cortar las zarzas del error humano?
La carne era un perro silencioso que muerde a su amo,
el mundo un estanque tranquilo donde sus niños se ahogan.

La mecha del Juicio balbuceó en su cabeza:
"Señor, fuman estos melosos insectos desde sus colmenas.
Todas las obras y todas las sociedades son malas;
el justo por la fe vivirá", gritó con terror.

Y los hombres y mujeres del mundo se alegraron,
quienes nunca temblaron en sus vidas útiles.

Actualidad de la Reforma

Jacques Ellul

Si la Reforma conserva alguna significación actual para nuestra sociedad, seguramente no es gracias a una fidelidad formal externa a los principios que la inspiraron. Sería la negación de la Reforma misma querer mantenerla en la forma en que estos la establecieron, así como la comprensión de la Escritura, la formulación de tal dogma, la institución eclesiástica o la inserción en la sociedad. No podemos considerar a los doctores de la Reforma como intérpretes infalibles de la voluntad de Dios y, por ello, enclavados en la inmortalidad. Sería rechazar precisamente la parte más alta de su enseñanza, el cuestionamiento de todo lo adquirido en lo religioso y en lo eclesiástico por la Palabra de Dios misma, y, en lo que concierne a la presencia en el mundo, el hecho de que justamente estuvieron muy atentos a la realidad concreta de este mundo, directamente mezclados con sus tendencias y sus tentaciones; y nuestra sociedad no es la suya. Lo que seguramente permanece característico es, primero, esta presencia misma. El suceso político en Francia, en Inglaterra, en el Imperio los encontró implicados en todas las querellas, pero, más aún, en la búsqueda de una forma nueva de la experiencia del poder. Y el movimiento intelectual, las reivindicaciones sociales, fueron a cada instante inspiradas o combatidas por este esfuerzo. Los reformadores nos enseñan, en todo caso, que la Iglesia no puede estar separada del mundo y replegada en ella misma, no más que siendo directora y regente en un mundo sometido a ella.

Pero la doble dificultad de la comprensión de su acción sobre la sociedad comienza con el hecho de que esta acción nunca fue para ellos más que la consecuencia de su fidelidad a la Revelación, a la Palabra del Señor. Si ejercieron tal o cual influencia, no fue en virtud de sus ideas políticas, de sus doctrinas metafísicas o de su ideología social, y no más en función de pertenencias a medios específicos, ni de sus intereses de clase o su inserción en algún grupo sociológicamente determinado. Fueron hombres de la Palabra y, consciente y voluntariamente, intentaron actuar sobre la sociedad en función de esta única pertenencia, de esa única voluntaria determinación. Se trata, entonces, de intentar entender cómo cualquier decisión política o, de manera más general, cualquier actitud a la vista de la civilización de su tiempo, se deriva de esta comprensión. Y no podemos limitarnos a reproducir esto, pues los dos elementos de la relación han cambiado. Por un lado, su interpretación de la Escritura no se impone necesariamente como tal por vía de la autoridad a nosotros; por otro lado, todos los elementos del mundo se han modificado. Ya no nos es posible hablar del Estado como hablaba Calvino, cuando todo príncipe se proclamaba cristiano. Ya no nos es posible hablar de la obra científica o técnica, como hablaba Erasmo, cuando todo investigador y sabio se reconocían primero como criaturas del Soberano Señor. Otras perspectivas se han abierto ante nosotros.

El segundo elemento de dificultad procede del carácter inconsciente e involuntario de la mayor parte de las consecuencias de sus obras. Es todo un conjunto de efectos más o menos indirectos de la Reforma que no fueron deseados, expresamente previstos, delimitados o enunciados. Tal vez no sean los menores. Parecen haberse sumergido mucho más a profundidad en la estructura de la sociedad, haber actuado mucho más lentamente y más directamente en lo que casi podría llamarse el inconsciente del grupo.

Hay ahí algunas sucesiones quizás imprevistas y sin embargo contenidas en el enunciado de tal verdad teológica, con semejante voluntad consciente de la obediencia. Y la salida fue diversa: algunas nos parecen adquisiciones destacables, que no se deberían abandonar en nuestra sociedad: laicidad del Estado, desacralización del mundo, toma de conciencia de la persona... Otras parecen el fruto dudoso de una misma raíz: espíritu burgués, capitalismo, desencadenamiento de la voluntad de poder... Así que nos hace falta saber que, intentando a nuestra vez obediencia y fidelidad a la Palabra revelada, todo un conjunto de consecuencias se nos escapará, sin que podamos prevenirlo; y que también habrá, cualquiera que sea nuestro deseo y nuestras oraciones, frutos dudosos salidos del hecho mismo de que pertenecemos a este mundo y que no podemos pretender escapar de sus contaminaciones presentes en el mismo. Pero la cosa que importa, la única, es la más exacta obediencia en las condiciones mismas de esta presencia. Las dos únicas vías que nos están prohibidas son la preocupación por una fidelidad tan pura y una teología tan trascendente que lleva a aceptar toda conducta del hombre, definida por las fuerzas sociológicas —es, por lo opuesto, la búsqueda de cierta interpretación de la Biblia, de cierta teología, como para legitimar una doctrina social, una toma de posiciones políticas, un impulso sentimental y las dos son, en definitiva, una misma traición.

• • •

Seguramente, una de las más importantes consecuencias de la Reforma bajo la óptica del mundo, fue la desacralización en sus diversas formas. Los reformadores recordaron con vigor que Dios está en el cielo y el ser humano en la tierra; que el mundo es el lugar del Príncipe de este mundo; que el hombre es por naturaleza —y de manera definitiva— pecador y sin ninguna posibilidad de hacer el bien: el mundo es el mundo. Y por ello está habitado por potencias sagradas, y nada en el mundo excede a la grandeza del hombre; no hay misterio en el mundo, no hay barreras naturales que signifiquen algo en sí mismas.

La presencia de lo sagrado al interior de este mundo asegura, en efecto, de manera intrínseca, una significación de los sucesos en la historia: los hombres saben por ellos mismos lo que hacen y a dónde van; esto les es dicho y asegurado por la existencia de algo sagrado en la historia; igualmente lo sagrado pone además límites a la acción del hombre: hay tabúes, existe lo que se puede y lo que no se puede hacer. Hay lo que es lícito y lo que es ilícito, no por causa de un edicto del hombre, ni por causa de prohibiciones expresas, sino por la naturaleza misma de las cosas, por el orden natural, por una verdad infusa en el mundo. Y de un lado como del otro, surge una escala de valores; lo sagrado provee al hombre, de manera irrecusable, el discernimiento del bien y del mal, lo deseable y lo sublime, frente a los cuales no hay dudas ni críticas. Y, pacientemente, la escolástica medieval, asumiendo un mundo habitado por lo sagrado, había bordado punto por punto una teología cristiana sobre este mundo social, había elaborado lo sagrado salido del cristianismo, englobando y modelando lo sagrado de la naturaleza. Lentamente, la Iglesia había sacralizado lo que podía pretender de la autonomía, el poder del Estado como los ritos paganos de las cofradías o de la caballería. Se trataba, entonces, de hacer adoptar las leyes de la moral cristiana como prohibición sagrada de toda la sociedad y de la perspectiva del Juicio como lo sagrado de la significación. Se trataba de encontrar en cada cosa, el punto de unión entre la naturaleza y la gracia, entre la realidad del mundo y la verdad de Dios, entre la posibilidad del hombre y la exigencia del Espíritu. Y se instituye desde entonces, como la expresión de lo sagrado, todo el mundo intermediario, el de los santos y de las brujas; ese, que es el mismo, del derecho natural y de la razón *Imago Dei*; el de los

Méritos y de la fe implícita, el del poder temporal de la Iglesia junto a la sacralización del Estado. Todo el problema consistía en saber dónde y cómo, en ese mundo intermediario, lo Sagrado de Dios se infundía en lo sagrado del Mundo.

Y he aquí que brutalmente, los reformadores intervienen en esta sutil y delicada construcción; he ahí que ellos "rechazan de golpe mil años de teología casi unívoca" y rompen la tela fácilmente tejida. No hay nada sagrado en el mundo y, además, la Iglesia y el Estado no son más sagrados uno que otro. Las cosas son cosas: no hay espíritus en ellas, la materia es materia, incluso si es del hombre. No hay nada de venerable en la naturaleza —la historia no tiene significación por ella misma; nada está, por sí mismo, prohibido; el hombre dejado a sí mismo es un ciego, incapaz de ningún bien y destinado a la muerte. Si la historia tiene un sentido, es por la atribución de una significación extrínseca, que viene de Dios. Si el hombre hace el bien, es por la acción extrínseca de Dios que actúa sobre él por la gracia y no existe ninguna continuidad posible de la naturaleza y de la gracia... El mundo, desacralizado, vuelve a ser plenamente el mundo. No un mundo sin ley, sino un mundo que no tiene las mismas leyes que la Iglesia, un mundo que no puede ser cristianizado desde el exterior, bajo la óptica de que no se puede actuar con la hipocresía de hacer como si se fuera cristiano sin serlo, como si lo sagrado que se desea no fuera otra cosa que idolatría, ilusión, mentira y rechazo de Dios.

Esta desacralización ha traído innumerables consecuencias. Y a partir de ahí, ya no se podía vivir solamente en la ilusión. Nos hemos despertado brutalmente en un mundo desencadenado —el hombre puso sus manos sobre todas las cosas, pues ya nada era sagrado para él. Es entonces que comenzó la gran aventura técnica. De ahí en adelante todo estaba permitido en el mundo. Ya no se tenía que temer la venganza de los espíritus que ya habían huido de las cosas. Y por ese mismo golpe comenzó a ponerse todo en cuestión. Y todo podía estar sometido a la duda, todo podía ponerse en juego: el poder del Estado, así como el de los padres y la jerarquía social; todo ello era natural y, en consecuencia, también era sometido a la crítica de la razón —así debería comportarse el hombre natural, asumiendo él mismo su condición en un mundo y una sociedad que les habían sido puestos entre sus manos. Desde entonces, la situación fue honesta y clara. La Iglesia ya no podía ejercer poder ni sobre el mundo ni sobre el hombre, ni tampoco imponerle leyes. Todo lo que sí podía era anunciar la Palabra de Dios a ese mundo y a ese hombre, testimoniar por sus obras y por la vida de los cristianos, y por sus palabras, la obra cumplida por Dios en ese mundo y para ese hombre.

Así, en primer lugar, se establecía no una conciliación —una síntesis entre la Revelación y el orden natural—, sino una situación nueva, una tensión entre las dos fuerzas, con una calidad radicalmente diferente, con un origen y un fin igualmente opuestos. Esto quedó profundamente marcado a nivel del Estado. En lugar de pretender una subordinación del Estado cristiano a la Iglesia, pretendía una canalización en la jerarquía de ambas potencias; la Reforma inaugura la liberación del Estado con respecto de la Iglesia —el Estado ya no es cristiano. Es él mismo. Ya tiene una función, por lo demás inscrita en el plan de Dios. Y la Iglesia solo puede dirigirse a él estableciendo un diálogo en el que se anuncia al Estado la voluntad del otro, la palabra que debe, por ella misma y sin un sistema de coacción exterior jurídica y política, inducir al Estado hacia una política justa y hacia una aceptación voluntaria del servicio a Dios. Las cartas de Calvino al rey de Inglaterra son, a ese respecto, muy significativas.

Pero, esta consideración de la dualidad de la Iglesia y del mundo, conducía a una segunda consecuencia: desde el momento en que ya no existía lo sagrado incluido en el mundo, la decisión de la conducta en la vida depende del hombre. Este hombre ha sido puesto frente a la Palabra de Dios, que le ha afectado y debe opinar personalmente. Es responsable de sus respuestas. Ya no está incluido en un orden que lo lleva naturalmente, espontáneamente hacia una conducta cristiana, incluso si casi ya no tiene convicción. La conmoción traída por la Reforma es que no se puede ser cristiano sin estar consciente de ello, obedeciendo a la naturaleza, siguiendo una ley de inercia; la fe supone ya una conciencia, la aprehensión voluntaria y el desarrollo de cierta cultura. Hacerse cristiano es un acto contra natura, y ese cristiano está entonces llamado, dentro de su sociedad, a afirmar la exigencia de Dios, pues cuando decíamos más arriba que la Iglesia se sitúa en un estado de tensión en relación al mundo, se trata menos de autoridades eclesiásticas (que la Reforma despoja de su prestigio y de su exclusividad) que de los fieles mismos, cada uno donde se encuentre. Desde luego, casi no se puede tener la esperanza de que todos acepten la Palabra de Dios y se hagan cristianos. Probablemente la mayoría de los hombres pertenecerá al mundo laico (aunque esto no fuera muy evidente para los reformadores, en vista de que vivían en una sociedad fuertemente cristianizada, lo que podía ser la causa de que no se percataran de este hecho). Pero al menos que esos hombres supieran lo que hacían, que fueran puestos frente a sus responsabilidades, entonces los equívocos se habrían disipado, que lo cristiano se comporte como un no cristiano, y que sus motivos sean revelados (¡a eso corresponde la famosa reputación de honesto y de rigor de los protestantes!). El individuo es así llamado a la toma de conciencia y eso fue, sin duda, ¡la segunda gran obra de la Reforma! Toma de conciencia de sí mismo, de sus motivos, de su autonomía y de su responsabilidad. Toma de conciencia del mundo en el que se sitúa, de sus disputas y de sus conflictos. Toma de conciencia de la Palabra de Dios, de su verdad personal y de su objetividad: a todos los niveles el individuo es así suscitado. Pero si esto conduce al cristiano a más autenticidad dentro de la fe, esto conduce a aquél que rehúsa la afirmación de sí mismo a la exaltación del individuo, al orgullo de aquél que pretende definir su destino por sí mismo. Esto conlleva, de un solo golpe, a una disputa a la vez religiosa, política, intelectual y económica. Ahora, el individuo no ve ya límites a sus posibilidades y a sus empresas. Puede llevar a todas partes su poder constructor. Todo está puesto a su decisión propia. Ya no hay más reglas, ya no hay más orden impuesto, incluso si refutara la voluntad de Dios, pues el dilema sería rígido: o bien reconoce esa voluntad y entonces entra en la obediencia, en un orden, en la obra de Dios en la que participa, no únicamente espiritualmente, sino también en el plano de la política, del trabajo y de la inteligencia; o rechaza la revelación y entonces se encontraría sin freno, sin otra autoridad que él mismo, pues en ese momento el Estado y el derecho y la moral, etcétera, que no tienen valor en sí, serán su obra: de todo ello él es el amo, la decisión tomada por el individuo toma una extraordinaria gravedad. Él apela a sí mismo en todo, ya no puede evitar ser él mismo. Sin duda, los reformadores no vieron claramente que su teología conforme a la Escritura, conducía a ese punto. Lutero lo mencionó a veces. Pero esta consecuencia ya estaba bien incluida. Y el hombre, a lo largo de su historia, ha sabido mantenerla.

• • •

Ahora bien, mientras nacía la Reforma, nacía al mismo tiempo un mundo nuevo. Transformación en todos los planos de la sociedad: en lo político con la formación de naciones, en lo económico con el triunfo de la economía burguesa sobre la economía feudal, en lo intelectual con el Renacimiento. Y he aquí que nos parece muy remarcable el hecho de que la Reforma no fue ni un sostén del pasado cristiano, ni un apoyo sin reserva a esta nueva sociedad. Se acepta cómodamente el primer término, se hace resaltar todo lo que la Reforma rechazó de la herencia medieval, se insiste sobre su carácter progresista; sin embargo, la situación fue mucho más compleja, pues en su fidelidad a la Revelación, los reformadores fueron sin cesar llevados a pronunciar un *sí*, pero también un *no* frente a la nueva verdad de las iniciativas del hombre; como si pronunciaran un *no* pero también un *sí* con respecto de la sociedad tradicional en vías de desaparición. Intentaron a veces voluntariamente, a veces involuntariamente, preservar una gran parte de la tradición y de la herencia. Asimismo, pasaron por el "cernidor" de la crítica todo tipo de innovación del siglo XVI. Evidentemente, es difícil demostrarlo en unas cuantas páginas. Es arriesgado, dentro del hervor del siglo XVI, querer trazar fronteras entre lo que era tradicional y lo que era novedad. No había tradición que, en ese momento, intentara tomar un rostro nuevo. No había creación que no tuviera raíces que llegaran hasta la Edad Media, en general. Ahora bien, en cuanto a esta difícil repartición, intentar injertar la repartición que los reformadores mismos efectuaron, otorgando su apoyo, desarrollando su crítica hacia tal o cual movimiento intelectual o social, puede parecer imposible. Y sin embargo, si no refinamos hasta el extremo (lo que efectivamente borra la posibilidad de toda reflexión) se puede llegar a trazar algunas grandes líneas no muy inexactas.

Sin ninguna duda, los reformadores rechazaron del mundo antiguo la escolástica y la pedagogía. Igualmente recusaron la reglamentación económica. También denunciaron la explotación de los pobres por los ricos y la opresión de los débiles por los poderosos. Intentaron destruir la pretensión de la Iglesia de reglamentar la sociedad civil (y sin conseguirlo… ¡Calvino en Ginebra!). Pero por encima de todo, ellos rehusaron la integración total del individuo en el grupo social. Lo que ellos rechazaron fue la "totalidad", la concepción de una sociedad global, el hecho de que el grupo sea considerado como una unidad. Primero se tenía en cuenta a los feudos, a los señoríos, las comunidades. Luego, en el siglo XVI, eran ya países, Estados, universidades; el hombre ya no existía por sí mismo: ya existía por su grupo. El grupo no estaba hecho de individuos, pues estos eran fragmentos de la unidad primaria. Eso era lo que los reformadores rechazaron, así fuera la familia, la corporación, la nación. Pero inversamente a esta sociedad tradicional, pretendían conservar la moral (la ética de los reformadores difiere muy poco de la ética medieval), la estructura jerarquizada de la sociedad, el valor de la autoridad para cada cosa en la familia, en el Estado, en la Iglesia; la forma monárquica del poder, el respeto a la creación y a la naturaleza humana en todas sus dimensiones. Pero que no se pretenda que se trataba de residuos aberrantes y que a los reformadores les faltó audacia cuando no preconizaron el liberalismo o la democracia: conocían muy bien esas ideas, tanto como la liquidación de la moral tradicional, y si lo rechazaron, fue con perfecto conocimiento de causa y porque estimaban que los elementos conservados de la sociedad medieval eran una expresión más justa del pensamiento cristiano. No fue pereza o incoherencia, sino esfuerzo de discernimiento y fidelidad. Por supuesto, a veces subsiste tanto apego que todo puede parecernos asombroso. Calvino conserva a menudo un modo de pensar escolástico y se refiere a autores como Pedro Lombardo, quien nos parece prodigiosamente contrario a la Reforma. Pero eso mismo debe hacernos llegar a la reflexión sobre nuestra propia comprensión de la Reforma y sobre su preocupación por conservar del antiguo orden todo lo que seguramente puede serlo. Se sabe bien que no fue con mucha alegría de corazón que Lutero rompió no solamente el "tren de la Iglesia", sino también el de la sociedad en la que se encontraba. No lo hizo considerando que no valía nada, sino en el respeto de lo que existía, no por ligereza ni por ignorancia (lo que con frecuencia es el caso) ni por preocupación de estar en la punta del progreso, sino porque se puede actuar de otra manera cuando se trata de fidelidad al Señor.

Por el gusto de estar en la punta del progreso…, claro, los reformadores no tuvieron ese gusto, tan frecuente entre nuestras Iglesias protestantes de hoy. Tuvieron hacia los nuevos movimientos el mismo espíritu de discernimiento que hacia la sociedad antigua. Sin duda alguna, trabajaron para la ruptura del *corpus Christianum* y en la formación de las unidades nacionales. Todo ello corresponde, exactamente, a la tendencia a la desacralización del mundo, a una nueva visión de las colectividades humanas, a la legitimación de las formas políticas no cristianas. Desde este mismo hecho, avanzaron en la vía temible de la autonomía nacional, anduvieron en el sentido de los Estados y de la demografía, incluso justificaron el hecho. Es legítimo constatar, a veces, que este hecho concuerda con tal aprehensión de la verdad, cuando estamos preocupados de no conformar nuestra visión de la revelación al hecho de que existe, simplemente porque reconocemos una autoridad, en definitiva, superior a la Revelación. No parece que los reformadores hayan cedido en ello. Incluso admitieron en el mundo nuevo la dignidad del trabajo y su libertad. Frente a la concepción medieval que insistía, sobre todo, en la condenación, en la necesidad de la restricción del trabajo y en su ausencia de significación, los reformadores caminaron en la nueva era con la convicción de que quien trabaja, responde a una vocación que le es enviada por Dios y que, ahí también, participa en la obra divina;

(la convicción de) que la tierra y todo lo que en ella se encierra fueron dados al hombre para que ponga valor a esa riqueza secreta, que actualice ese potencial. Desde entonces favorecieron el desarrollo de lo "mecánico", sostuvieron que toda empresa técnica era legítima y, al mismo tiempo, que el trabajador manual tenía dignidad delante de Dios porque obedecía la voluntad de Dios y era útil a todos. En suma, es evidente que los reformadores avanzaron en el sentido de la nueva sociedad por su participación en el Renacimiento. El Libro, la lectura, la búsqueda de la autenticidad del texto, el conocimiento de los autores antiguos fuera de todo prejuicio, de todo límite dogmático; como los hombres del Libro, los hombres del regreso a los orígenes ¿no hubieran podido aportar su apoyo a todo esfuerzo intelectual? Y asimismo la voluntad de conocer los hechos en su exactitud, observar lo que existe en su realidad (que a la vez conduce a rechazar las fábulas, las brujas y a analizar sin ningún espíritu preconcebido, y a viajar para aprender lo que está más allá de nuestro horizonte reducido), todo eso encontró el pleno acuerdo de los reformadores considerando que el mundo es creación de Dios y que tenemos que conocer bien esta creación para discernir la sabiduría y el amor del Creador, lo que no puede hacerse desde la ilusión y la mentira. Pero a ello le hará falta que los reformadores dieran su apoyo sin límites y su aprobación sin reservas a la eclosión del Renacimiento. Y se sabe hasta qué punto, en el plano intelectual, se opondrán Erasmo y Lutero. Esto es significativo en relación con todo lo demás —el hombre glorioso de su joven inteligencia conquistada de nuevo, proclama "yo, nada más que yo" y afirma su autonomía, así como su libertad metafísica y su libertad civil—, a eso Lutero responde con un "No" firme, riguroso. Toda la empresa del Renacimiento es para él consagrada al demonio si ella conduce al hombre a esa grandeza, y el orgullo solitario de un Estilita no parece muy diferente a los reformadores en relación con otro orgullo solitario del humanista creador encarnado por Da Vinci; es decir, el hombre rebelado y que no conoce a su Creador ni a su Salvador, los reformadores lo disciernen perfectamente en el hombre del Renacimiento, igualmente cuando se trata de la revuelta de los campesinos que cuando se trata de la revuelta intelectual de Castellion, pues lo que esperaban no era, en definitiva, un orden humano sino al Señor mismo. Encontramos la misma firmeza en un campo diferente de expansión del Renacimiento, el de la riqueza, del lujo, del arte por el arte, de la facilidad de la vida. Si el trabajo es legítimo, si el hombre es llamado a cumplir con todo lo que su mano encuentra para hacer, no es ni para explotar la creación ni para su felicidad, sino únicamente para obedecer a esa vocación y dar gloria a Dios por esa misma vía. No será cuestión de consagrar las fuerzas del hombre a mejorar su nivel de vida ni a desarrollar el confort y la comodidad (la disciplina moral de los reformadores era muy hostil a la facilidad de la vida). La riqueza y la acumulación de capitales también son tratados con dureza tanto por Calvino como por los teólogos de la Edad Media y en ninguna parte los reformadores aceptaron que el préstamo con intereses pudiera ser ilimitado y fuente de riqueza legítima. Solo lo toleraron en algunos casos. En el dominio del arte, nunca hicieron del valor estético una especie de valor justificativo de la obra: ¡a sus ojos no todo estaba permitido a partir del momento en que se trataba de arte! La belleza también está llamada a ser sierva del Señor y cuando no lo es, es demoniaca y no se podía esperar ningún tipo de indulgencia de parte del Creador. Así que, si los reformadores supieron decir *no* al nuevo mundo que se constituía, y en el que participaban; es por la misma razón que podían, a ese respecto, formular un *sí*. Los reformadores no se rehusaron por tradicionalismo ni por mantenerse en la línea del pasado o por falta de audacia, sino únicamente por fidelidad a la Revelación. No hay que dejarse llevar por ninguno de los dos juicios que, humanamente, estaríamos tentados a validar, es decir: si los reformadores dijeron *sí* es por conformarse al progresismo de su época; y dijeron *no* por tradicionalismo o, aún más, si decían *sí,* eran muy fieles; si decían *no,* eran muy infieles. Según los gustos, cada quien podría multiplicar sus juicios al respecto. Pero el único esfuerzo de los reformadores fue el de expresar su fidelidad a la Palabra de Dios. Y no tendríamos por qué preguntarnos si lo lograron.

• • •

Pero hoy en día, seguramente se nos demandaría adoptar la misma actitud, a saber, estando presentes en el mundo moderno, deberíamos buscar cuál es, en relación al mundo actual y en su realidad, la fidelidad a la voluntad del Señor. Voluntad que es a la vez permanente, eterna, objetiva, idéntica a ella misma y a la vez actual, innovadora, subjetiva y que se expresa *hic et nunc.* Esa fidelidad no puede expresarse en un rechazo puro y simple del mundo como está, y no más que en una adhesión a las formas propuestas en un "pasadismo" de conservación de los valores muertos, ni en un progresismo de exaltación de los valores existentes. Todo viene del orden de la fidelidad a la historia que es la misma cuando se trata de fidelidad a la historia pasada de nuestros grandes antepasados, de los que debemos mostrarnos dignos, o de la fidelidad en el sentido de la historia enseñado por Marx y que nos traza nuestro deber: todo regresa a lo mismo. Se necesita desde el principio un *no* riguroso y total a esa fidelidad cualquiera que sea el sentido en el que se formule. La historia no es el Señor, a pesar de los muy numerosos escritos de cristianos actuales ¡que intentan hacer que lo creamos! Y nosotros no tenemos ninguna otra fidelidad que hacia la Palabra revelada; incluso si fuera contradictoria con el curso de la historia, ella misma debe comprometernos a negar los grandes ejemplos del pasado o a recusar la evolución necesaria hacia el socialismo... Ahora bien, hoy, a la mitad del siglo XX, nuestra situación es a la vez parecida y diferente a la de los reformadores. Es parecida, porque vivimos en mundo de convulsiones equivalentes a las del siglo XVI. Se podría decir que antes hubo otras como 1789, por ejemplo. Y bien, por paradójico que pudiera parecer, yo me atrevería a decir que no: efectivamente, hubo disturbios espectaculares y de fachada como en 1789 o en 1914; pero en el siglo XVI la situación era otra; no era la forma de gobierno la que se trataba de cambiar, sino el pivote de la sociedad misma: se pasó de una sociedad teocéntrica a una sociedad "antropocéntrica". Y eso se expresó desde el principio en la pintura, en la literatura y en las estructuras sociales. En ese sentido, la Revolución de 1789, así como el Estado absoluto de Luis XIV no son más que consecuencias de la mutación del centro de la sociedad, consecuencias normales, previsibles, pero solo consecuencias, ninguna innovación. Esto es muy conocido, además de ser repasado por miles de autores. Ahora bien, nosotros asistimos a la misma revolución; la sociedad cambia de nuevo de centro, de pivote, nuevamente se produce una revolución copernicana. De la sociedad antropocéntrica, que duró del siglo XVI al siglo XX, pasamos a la sociedad tecnocéntrica. El valor supremo es la técnica, y alrededor de ella se organizan la sociedad, el Estado; la vida concreta como la vida intelectual, es el primado técnico. Y la pintura y la literatura también son testigos. Emmanuel Mounier, quien no era sospechoso de inflamar el fenómeno técnico ni de temerlo, decía que, desde la era prehistórica, el hombre no había experimentado tan grande mutación como en esta era técnica. Es así que este cambio del centro de la sociedad nos coloca hoy en la misma situación que en la de los reformadores. ¿Hoy? ¡En efecto! Pues es desde hace 20 años que el hombre tomó conciencia del hecho. En 1900 nadie se daba cuenta de lo que pasaba. Y los primeros balbuceos del hombre frente a lo técnico, por otro lado, representado solamente por la máquina, fueron lamentos poéticos sin profundidad.

Pero, por otra parte, nuestra situación es completamente diferente a la de los hombres de la Reforma desde dos puntos de vista. En primer lugar, sabemos ahora que en el plano político, el económico, el social, la empresa de los reformadores tuvo como saldo el fracaso. En su liberación del mundo y su compromiso de tensión con él, desataron al monstruo (creo que tuvieron razón desde el punto de vista bíblico, lo reitero) y el monstruo fue demasiado fuerte para ellos. No pudieron —dentro del diálogo con el Estado— impedir que se convirtiera en totalitario, autoritario, nacionalista. No pudieron, en la elaboración de una ética cristiana, impedir a los cristianos que formaran una economía capitalista y, con ello, dejar libre curso al poder del dinero. No pudieron, en la predicación de la gracia, llevar al hombre a reconocerse como criatura, y entonces el hombre se afirmó como medida de todas las cosas, sin amo y sin deber. Seguramente es el riesgo de cualquier verdadera toma de posición cristiana. Fue el mismo riesgo que en los tres primeros siglos de la Iglesia. Y la reacción de prudencia fue evitar ese riesgo montando la enorme máquina de las leyes, de las reglas, de la moral, de las organizaciones, todo en lo que devino la Iglesia romana. Y fue eficaz. Pero la verdad revelada estaba muerta. No se trata de actuar con prudencia frente a esa prudencia. Los reformadores conocieron el riesgo de la fe. Colocaron a la sociedad en la misma situación de riesgo. La verdad fue reanimada, pero el pecado del hombre volvió amargos los frutos. Ahora todos los sabemos: ya no estamos en la situación de inocencia que fue posible en el siglo XVI. Conocemos el peligro. Somos hijos de esa flama. Ya no podemos comprometernos con la creencia de que las cosas se pondrán bien porque la verdad será proclamada, porque la sociedad será feliz, porque el Estado será justo y fiel. Tal vez tendríamos fácilmente la convicción contraria y de hecho estaríamos inclinados a no mezclarnos en esa aventura, permaneciendo entre nosotros o más aún, adhiriendo al cristianismo a alguna doctrina social que fuera garantía para la sociedad, al mismo tiempo que nuestra fidelidad a Jesucristo fuera garantía para la vida. Esa doctrina podría ser el socialismo o el liberalismo, aunque esa actitud es también inadecuada y conduce a la misma herejía que el constantinismo. La experiencia y el fracaso de los reformadores nos conducen también a mirar dos veces antes de hacer lo que sea, y con frecuencia hemos sido conducidos a no hacer nada.

Nuestra situación es diferente a la del siglo XVI desde un segundo punto de vista. El siglo XVI todavía fue un siglo cristiano; las reglas tenían un punto dominante desde la perspectiva social, económica, intelectual; el cristianismo era un punto de referencia para todo el mundo, prácticamente era el único sistema intelectual global, la única forma de pensamiento posible y aún las tendencias agnósticas se situaban al interior del cuadro cristiano, como lo demostró Febvre. Desde entonces, lo que pasaba dentro de la Iglesia tenía una gran importancia. Todo el mundo tomaba en serio los conflictos eclesiásticos. Todo el mundo tenía una opinión respecto de la conducta (¡no de los dogmas!) de los monjes o de la formación de la Iglesia. Las discusiones teológicas, incluso si no se entendía nada de ello, parecían importantes y tenían repercusiones efectivas en la sociedad y, cuando se producía un cisma o una reforma, la muchedumbre se involucraba, pues ya se había modificado la creencia de los hombres y porque la estructura de una parte esencial de sus vidas también había cambiado. Lo que los Reformadores pudieron entonces decir y hacer teológicamente, tenía repercusiones reales sobre el comportamiento de los hombres.

Pero hoy, el cristianismo es un residuo del pasado, o mejor dicho, los hombres lo consideran como un sistema de creencias y de pensamiento un poco antiguo, con sus cartas de nobleza y situado en una cartografía compleja de millares de sistemas filosóficos, económicos y políticos, y todos tienen su valor y un valor legítimo. Desde un punto de vista muy concreto, la Iglesia —incluso la romana— no tiene gran influencia. Para los no cristianos, aparece como una fuerza que busca mezclarse en lo que no le concierne cuando interviene en lo político y en lo social. Se le quiere dar su lugar, que es en lo espiritual, pero sobre todo que no salga de su *ghetto*, que no sea para poner un poco de su influencia, al servicio de tal o cual orden de Estado. Es decir: es bueno que la Iglesia ortodoxa apoye la guerra del Estado soviético y el movimiento por la paz. Es bueno que las Iglesias bautistas o presbiterianas apoyen el anticomunismo del Estado norteamericano. Es bueno que la Iglesia protestante alemana no apoye la revolución hitleriana. Pero nada más, nada más allá. Una Iglesia anexa a la corriente político-social dominante, eso es lo que se tolera. En esas condiciones, se comprende mejor por qué las discusiones teológicas no tenían para el hombre del mundo ninguna importancia, y se les veía con una sonrisa de conmiseración: "¡Ah, esos intelectuales!". Sabemos todo eso muy bien y es justo lo que hace que no tomemos en serio una reflexión como la que aquí planteo. Aun si supiéramos claramente lo que nos hace falta ser, lo que nos hace falta hacer para permanecer fieles a la Revelación, nuestras decisiones, nuestras actitudes, nuestras declaraciones no tendrían un gran valor ni hacia las autoridades, ni desde el punto de vista económico, ni hacia las masas. Eso es lo que es totalmente diferente al siglo XVI. Lo sabemos bien y es lo que nos conduce a un cierto desánimo: "Para qué tanto esfuerzo por pensar con exactitud, para qué buscar la actitud justa de la fidelidad, ya que nada de eso tendrá efecto, ya que nadie nos escuchará, y no podremos comprometernos al diálogo con nadie, y en el plano de la eficacia hemos sido reducidos a nada". Simplemente quisiera decir que no es en principio falta de eficacia, sino primeramente falta de fidelidad. Lo que importa es la obediencia —hacia la que hemos intentado poco y para nada. Conviene aquí recordar los siglos de silencio del pueblo de Israel: el gran silencio de Dios que fueron como 200 años durante la esclavitud en Egipto entre el periodo de José y el de Moisés, y el gran periodo de silencio de Dios, de casi 400 años, entre Esdras y los últimos profetas, hasta la aparición de Juan el Bautista. La cuestión para Israel era, durante esos siglos de ausencia, mantener a pesar de todo y contra todo, la esperanza y la fidelidad. Esa es ya nuestra cuestión también.

• • •

Me parece que hemos sido llamados a situarnos en relación con este mundo nuevo, pero también en relación con el mundo antiguo que se desvanece. Nuestra situación es una mezcla inextricable de una cosa y de la otra y, sin embargo, se puede llegar a discernir lo que pertenece a una y a la otra, lo que va en declive y lo que se anuncia en el horizonte, y no podemos enterrar una sin ver venir la otra, así como recibir de oficio lo que ya viene. Lo que nos queda, pese a tal vez ser inútil o una tentativa vana, puede no importar si no está la vía de la verdad. Respecto del mundo antiguo, quizá estaríamos de acuerdo en no extrañar aspectos en vías de desaparición. El capitalismo tradicional con la apropiación privada de los medios de producción, con la explotación del hombre por el hombre, con la edificación de una sociedad entera alrededor del dinero y, como consecuencia, el desencadenamiento de productos inútiles; todo ello no puede dejarnos lamentos; no nos podemos ligar a esta forma en la que la injusticia y la falta de humanidad han rebasado en volumen y en densidad todo lo que existía antes, desviando lo que pudo ser una fuente de bien para todos. Así también el colonialismo, ligado al capitalismo, la conquista supuestamente legítima de los "países salvajes", la explotación desenfrenada de las riquezas naturales, el desprecio por el hombre inferior que está vencido bajo apariencias de civilización, de elevación del nivel de vida y de introducción del cristianismo. La palabra "apariencia" nos introduce sin duda a una de las características más importantes de esta sociedad: su hipocresía. La colonización imperialista que se justifica con móviles idealistas (y que son presentados en apariencia) como el capitalismo, se justifica con la libertad individual y económica, con la vocación del hombre al trabajo, etcétera... Hipocresía que encuentra su más alta expresión en la afirmación de la libertad cuando se introduce al hombre en la peor esclavitud. Así que, pongamos mucha atención a esta hipocresía característica de este mundo decadente, la vivimos y lo hacemos en medio de ella (es en nombre del Espíritu que los tecnólogos más virulentos como Alfred Sauvy, Jean Fourastié, etcétera, han desarrollado la tecnología en su nombre y es en nombre de la libertad que se reglamenta, se planifica, se organiza, se condiciona material y psicológicamente al individuo) y la hipocresía fue lo propio de los regímenes hitlerianos y los estalinianos, como de la misma manera del régimen soviético. Probablemente estamos en presencia del legado trágico del antiguo mundo al nuevo. Tal vez habría otras cosas del mundo pasado que podríamos enterrar sin lamentos, como el individualismo desencarnado del siglo XIX, la democracia formal, el cientificismo idealista, etcétera... y ya no podemos tardar en hacerlo. El problema de los nefastos legados que deja el antiguo al nuevo mundo, nos parece grave. Acabamos de citar la hipocresía colectiva, pero el otro legado a considerar es el nacionalismo. Es esta forma de estructura sociopolítica, convertida en religiosa por la adoración del hombre hacia su nación, que parecía bien ligada a la sociedad occidental del siglo XIX y que condujo a su ruina en medio de desastres y de sangre. He aquí que el abominable expande su poder en el mundo entero: los árabes se hacen nacionalistas, los africanos se hacen nacionalistas y los asiáticos también se hacen nacionalistas, y los comunistas también son nacionalistas, incluso ellos, cuya doctrina contiene, sin embargo, ¡el fermento del anti-nacionalismo! Así que esos nacionalismos diversos presentan exactamente los mismos caracteres que los de Europa occidental, a pesar de algunos análisis superficiales que parecerían oponerse a ellos. Parece cierto que la Iglesia debe luchar en todos los países contra todos los aspectos de esos dos vicios del mundo antiguo, la hipocresía sociopolítica y el nacionalismo, así como esforzarse para aprovechar el cambio de estructuras sociales para comprometerlas y meter a las otras en la vía de la desaparición.

Por el contrario, debemos intentar salvar de nuestro tiempo, algunas adquisiciones que ellas también están amenazadas, pues precisamente por su debilidad y su humildad, son verídicas y justas. Como cristianos y, además, cristianos reformados, nos hace falta estar ligados a la democracia. ¡No porque ella sea un régimen cristiano ni porque sea ideal, ni porque presente más virtudes que cualquier otro gobierno! Es precisamente su debilidad, esa posibilidad de desorden, de incertidumbres, en esa posible ineficacia que aparece el más humano de los regímenes, el más susceptible de respeto por el hombre, el más abierto y, ahora, el más humilde. La democracia no es buena en sí misma pero no tiene la pretensión del orgullo y no cree ser la verdad y la justicia en sí misma. ¡Dios nos guarde de cualquier régimen que pretenda ser la Verdad, la Justicia y el Bien! La democracia es relativa, ella se sabe relativa y es eso mismo lo que debe atarnos a ella seriamente. Ella se ofrece con un inmenso abanico de tendencias expresadas y permite que las posibilidades del hombre, no sean ahogadas desde el principio. Y es por esa misma razón que debemos defender la laicidad frente a los Estados que pretenden encarnar la verdad y discernir lo absoluto; es para nosotros los cristianos (pues la verdad ha sido revelada) un deber dentro de la sociedad civil, sostener la ausencia de una verdad humana y gubernamental o, para tomar un aspecto positivo, sostener la laicidad. Nos hace falta tomar muy en serio todo lo que está contenido en ese término y que enumeraré en cuatro proposiciones: ningún poder en el mundo puede expresar una verdad en sí mismo, porque el hombre no reconoce nada más que verdades, y solo fragmentos, jamás lo absoluto; y dentro de esa opinión del hombre, solo hay parcelas de las verdades humanas; desde ahí, todas las opiniones deben expresarse libremente en la sociedad. No podemos pedir al Estado que asuma cualquier forma de verdad cristiana: es al Estado al que se le encarga la misión sin ayuda externa; el Estado, siendo laico, no tiene el deber de volverse absoluto, pues no puede jamás tomar partido en el debate sobre la verdad y desde ahí, no puede absolutamente jamás contradecir a sus sujetos; un Estado laico es, forzosamente, un Estado limitado, un Estado moderado.

Por último, de las adquisiciones del mundo que se va, yo retendría la Razón. Cosa extraña, pues los cristianos de hoy ¡deberían ser defensores de la Razón! Pero todo ello ya está en la tradición reformada, oponiéndose a la magia, a los misterios, a las credulidades populares, y reclama el ejercicio de una razón recta en la aprehensión misma de la Revelación. Así que, en el tiempo que viene, asistimos al desencadenamiento de delirios, de la negación de la Razón; que en Occidente se trate de la mentalidad gregaria y colectiva, de la obediencia a las corrientes sociológicas, del llamado furioso a las fuerzas oscuras de la inconsciencia, de la propaganda y, en la sociedad comunista, del desarrollo de esquemas, de estereotipos, de prejuicios, de creencias irracionales (sobre las que descansa todo el comunismo) al final por todas partes es una negación del uso simple, firme y modesto, pero riguroso, de la razón. Necesitamos, en medio de ese desencadenamiento pasional, llamar de nuevo al hombre a la razón; y el fracaso del siglo XIX nos demuestra que nos es tan fácil. Así, lo que hace más difícil la cosa, ¡es que las palabras han perdido su sentido! He dicho Democracia, Laicidad, Razón y ¡quién no estaría de acuerdo con ello! ¡Todo el mundo está por la democracia, la laicidad y la razón: Hitler como Stalin, Kruschev como Dulles, Debré como Mollet! Las palabras ya no tienen sentido. Y quizás aquí tenemos los cristianos, como cristianos de la Reforma, una vocación muy singular. No debemos olvidar que somos los hombres de la Palabra, que para nosotros la humilde palabra humana está revestida de una gravedad única pues es a través de ella que la Revelación se ha hecho escuchar. ¡La Palabra recibió esa dignidad fundamental porque el Hijo mismo fue llamado el Verbo! No podemos aceptar que el lenguaje sea una simple convención. No podemos aceptar la decadencia del lenguaje ni que las palabras ya no tengan sentido y que se le pueda decir a cualquiera cualquier cosa. Es a nivel de la Palabra que se juegan la verdad y la mentira. Y desde ese hecho, debemos ser muy rigurosos en el uso de las palabras. En el diálogo con los hombres, nos hará falta siempre testimoniar lo serio de la palabra, así esta sea simplemente humana, nos hará falta recordarle a esos hombres el valor de las palabras que emplean, el compromiso que adquieren en tano usan lo que para ellos se ha convertido en una cómoda fórmula. Nos haría falta ser bastante valientes para denunciar la mentira fundamental de aquellos para quienes la palabra no es más que un sonido —"evidentemente les es permitido hacer un régimen de adhesión, un régimen de plebiscito al 99%, un régimen en donde la sinceridad no tiene derecho a hablar, donde la divergencia de opinión es un crimen, y el pueblo debe solamente recibir y aprobar. Pero entonces no hablen de democracia. Ahí está la mentira. Les está permitido tener una doctrina exclusiva, tener un Estado que pretende detentar la verdad y explicarla a todas las edades de la vida y por todos los medios, pero entonces no hablen de laicidad. Ahí está la mentira".

• • •

Este rigor concerniente al valor de las palabras, esta exigencia de que nuestro interlocutor sepa lo que se le dice, esta afirmación siempre renovada de que el hombre público (político, escritor, economista, etcétera) no tiene el derecho de utilizar palabras como fórmulas, es necesario oponerlas a las grandes pretensiones del mundo que viene. Se proclama por todas partes que el mundo debe ser el de la justicia, el de la felicidad para todos (gracias a la tecnología), el de una justa aprehensión de la realidad... Yo creo que el cristiano reformado no puede rehusarse a estos "valores": justicia, adelante; felicidad, tal vez; realismo, seguramente, pero entonces entendámonos ya.

Seamos serios con el uso de esas palabras. No pretendamos que pudiera haber dos justicias diferentes según las clases o las situaciones. No pretendamos que la justicia es siempre lo que hace el gobierno o el partido o el tribunal. No sobreentendamos que esa justicia será alcanzada a través de un máximo de injusticia. No digamos que hay que romper bien los huevos para hacer una tortilla: hagámoslo, pero no hablemos de justicia, en ese momento las cosas estarán en su lugar y sabremos que el mundo en camino, construido por los hombres que a derecha o a izquierda se justifican así, no será y no podrá ser el mundo de la justicia, pues ¿de dónde les vendría, a los que aceptan tan cómodamente la injusticia para el vecino, el más mínimo sentido de lo que puede ser la justicia? Nos hace falta ser más exigentes y más rigurosos en el tema de los valores que el mundo en formación, bajo nuestros ojos, pretende llevar a cabo, ver con cuáles de esos valores pretende fundarse: ¡hay que ser más exigentes, más rigurosos que los hombres que están construyendo el nuevo mundo! "Ustedes hablan así, y que así sea, pero entonces nosotros, cristianos, exigimos que sean serios, ya que después de todo, tenemos aunque sea una pequeña idea de lo que es la justicia, la felicidad y la realidad. No fuimos nosotros quienes les sugerimos esas palabras, fueron ustedes quienes las escogieron. Y fíjense que esas palabras nos conciernen porque pertenecen a la Revelación de Dios. Son palabras que queman cuando se miente con ellas. Son palabras que explotan cuando se quiere meterlas en la fundación de un edificio que está a la inversa. Hay qué ver cómo explotan las palabras de libertad y de amor en tanto el mundo antiguo está muriendo". El mundo que se construye, se pretende que sea realista, pero es sorprendente que parezca más irreal. Por un lado, se multiplican las doctrinas políticas y económicas, y se pretende aplicar esas doctrinas e informar a la sociedad sobre ellas; ese estilo renovado idealista es hoy en día impresionante e inquietante (¡Ya sea la doctrina de los nacionalistas, de la planificación, de la federación, del comunismo o del *american way of life!*). Por otro lado, se desborda hacia donde sea un optimismo admirable concerniente al hombre. El hombre capaz de retomar en sus manos el sentido de los tecnológicos, el hombre capaz de utilizar bien —y para el bien— los poderes desmesurados que detenta el Estado, providencia apta para arreglar todos los problemas, la planificación que salva la libertad, en tanto el hombre comunista no tendrá problemas personales, el hombre perfectamente adaptado a la sociedad tecnológica, por ese hecho, se ha convertido en un hombre libre... Todas esas fórmulas que se encuentran por los rincones de todos los países, me parecen de un prodigioso irrealismo. Hay un rechazo sistemático a ver de frente la realidad del hombre, del Estado y de la tecnología. Y de ahí se pretende construir un mundo realista. La Revelación nos dice un buen número de cosas concernientes al hombre y al Estado. Nuestra modesta contribución al mundo que viene, podría ser la de recordar la Revelación a todos, para de ahí poder fundar seriamente los valores que ella misma ha elegido. Y es ahí donde diríamos seriamente el sí a esta sociedad que se forma. Pero al mismo tiempo necesitamos decir *no*, no sin seriedad, pero tampoco no con menos pasión y agresividad. No a un mundo que quiere ser total. No a un mundo que quiere ser sagrado. Y aquí encontramos el mismo debate del siglo XVI, pues el mundo que se organiza bajo nuestros ojos, tiende a reproducir las características del mundo medieval, como la totalidad de lo sagrado. Nos encontramos frente a una sociedad que quiere verse íntegra, donde no hay ninguna distinción entre lo individual y lo colectivo, donde el dilema persona-sociedad se resuelve con la identificación: la persona no se realiza más que por y a través de la sociedad. Todo ello presuponiendo que la formación de las personas sea a la vista de su propia realidad. La fusión de la conciencia individual en el gran conjunto, el éxito de P. Teilhard de Chardin es precisamente la medida de la adhesión del hombre moderno e intelectual a esa totalidad; la realidad de base es la sociedad, es el grupo, el individuo ya no tiene existencia por él mismo, su única vocación es pertenecer a un grupo y expresarlo; su única virtud es ser útil al grupo, su única felicidad es estar perfectamente adaptado al grupo. Es la misma fórmula del clan prehistórico. Nos hace falta tener cuidado que esa totalidad que se construye frente a nuestros ojos, igual en la Unión Soviética que en Estados Unidos, es la negación misma de todo lo que fue evolución del hombre desde hace, digamos, cuatro mil años. Es ese difícil acceso a una conciencia individual, es ese difícil avance hacia la responsabilidad de un destino personal. Yo creo que los reformadores no se equivocaron cuando proclamaron que no hay fe cristiana sin lo anterior. Y creo, de manera recíproca, que el P. Teilhard exactamente formuló un anti-cristianismo (lo que además no sorprende, pues en su teoría, la encarnación de Jesucristo se volatilizó). Conozco bien los argumentos de nuestros intelectuales para demostrar que el hombre es perfectamente libre y perfectamente responsable de este mundo. Desde luego, yo no tendría la pretensión de criticar en dos líneas tantas autoridades tranquilizadoras, positivas y optimistas. Me parece que la realidad concreta se encarga de criticarlas. La molestia sería cuando percibimos que la crítica a ese tema era exacta pero también ya sería demasiado tarde, pues el mundo será lo que será y ya no podremos hacer nada al respecto. Al mismo tiempo que se hace total, el mundo se vuelve sacramental. Los objetos religiosos se multiplican alrededor de nosotros. Todos nos piden adoración. Para el hombre todo toma un valor tan eminente que ya nada se puede cuestionar. La nación es un valor absoluto. La tecnología es el bien absoluto. El Estado demanda que se le ame y se le adore. La productividad es la gran vía a la salvación. La independencia es una verdad indiscutible y, poco a poco, el *american way of life* y el comunismo demandan no una razonable estimación, sino la vocación en cuerpo y alma sin reservas y sin límites. Y toda esa gente bella reunida reclama al hombre los sacrificios que solo Dios puede pedir: todo su tiempo, todo su dinero, todo su trabajo, todo su amor y, por supuesto, el sacrificio de la vida es el menor de ellos, pues previamente se le ha pedido el sacrificio de su honor, de su dignidad, de su conciencia y de su libertad. Los primeros cristianos que rehusaban sacrificar bestias a los falsos dioses, así como los reformadores que rechazaban participar de la misa y de encender un cirio delante de estatuas, eran evidentemente hombres faltos de inteligencia, que no habían comprendido todo lo que se debe a la sociedad y a las creencias colectivas. Manifestaron una estrechez y una intransigencia absurdas. Ahora, nosotros tenemos una vista más larga, obediencia hacia la realidad, flexibilidad intelectual que nos hace aptos para participar en el gran sacrificio colectivo. Sobre todo, hemos aprendido que hay que darle al César lo que es del César y cuando el César nos demuestra que todo se encuentra en él… aún conservamos nuestro pequeño fuero interior. He ahí, me parece, el punto del verdadero compromiso, el del "No" radical a la sacralización del mundo que está formándose, a los ídolos sutiles que siempre se presentan con la evidencia de la verdad, la misma evidencia que hizo de aquel fruto, bello para mirar, agradable para comer, útil para tener inteligencia: ¡las tres características de nuestros ídolos! Por eso solo continuamos con la voluntad de fidelidad que los reformadores testificaron: la fidelidad al Único que no es un ídolo.

(Traducción: Francisco Javier Domínguez Solano)

PLANTEAMIENTOS GENERALES

Martín Lutero

Paul Tillich

El momento crucial de la Reforma y de la historia de la Iglesia en general es la experiencia de un monje agustino en su celda monástica: Martín Lutero. Martín Lutero no se limitó a enseñar doctrinas diferentes; otros lo habían hecho antes que él, Wyclif, por ejemplo. Sin embargo, ninguno de los otros autores que habían protestado contra el sistema romano habían logrado transformarlo. El último que realizó una verdadera transformación que alteró la faz de la Tierra fue Martín Lutero. En ello radica su grandeza. No hay que medirla comparándola con el luteranismo, que es algo muy distinto. El luteranismo se ha relacionado a lo largo de la historia con la ortodoxia protestante, los movimientos políticos, el conservadorismo prusiano y otra cantidad de cosas. No obstante, Lutero es algo diferente. Es uno de los pocos grandes profetas de la Iglesia cristiana y su grandeza es apabullante a pesar de haberse visto limitada por algunos de sus rasgos personales y su desarrollo posterior. Es responsable por el hecho de que un cristianismo purificado, un cristianismo de la Reforma, se haya podido establecer en igualdad de condiciones con la tradición romana. Debemos verlo desde este punto de vista. Por lo tanto, cuando yo hablo de Lutero, no me refiero al teólogo que produjo el luteranismo. Hubo muchas otras personas que contribuyeron a ello y Melanchton hizo un aporte incluso mayor que el de Lutero. Me refiero, en cambio, al hombre en quien se produjo la transformación del sistema romano.

1. La ruptura

Se trató de una ruptura con tres distorsiones del cristianismo que constituían la esencia de la religión católica romana. La ruptura consistió en la creación de otra religión. ¿Qué significa "religión" en este contexto? No significa nada más que otra relación personal entre el hombre y Dios —el hombre con Dios y Dios con el hombre. Por esa misma razón resultaba imposible unir a las Iglesias a pesar de los ingentes intentos por lograrlo que se realizaron durante el siglo dieciséis y más adelante. Se puede llegar y más adelante. Se puede llegar a un acuerdo acerca de diferentes doctrinas, pero no se puede llegar a ningún acuerdo acerca de religiones distintas. Uno puede establecer la relación protestante con Dios o la católica, pero no las dos; no se puede llegar a ningún acuerdo.

El sistema católico consiste en relaciones objetivas, cuantitativas y relativas entre Dios y el hombre con el fin de proporcionar a este último la felicidad eterna. Esa es la estructura básica: objetiva, no personal; cuantitativa, no cualitativa; relativa y condicionada, no absoluta. Esto lleva a otro supuesto: el sistema romano es un sistema de administración divino-humano, representado y actualizado por la administración eclesiástica.

Veamos primero el objetivo: el fin es otorgar la beatitud eterna al hombre y salvarlo del castigo eterno. Las alternativas son el sufrimiento eterno en el infierno o el placer eterno en el cielo. La forma de lograr el objetivo es mediante los sacramentos. En ello hay, por un lado, un otorgamiento mágico de la gracia y, por el otro, la libertad moral que produce méritos: la gracia mágica completada por la ley activa, la ley activa completada por la gracia mágica. El carácter cuantitativo también aparece en términos de los mandamientos éticos. Hay dos clases: mandamientos y consejos —mandamientos para todos los cristianos y consejos, todo el yugo de Cristo, solo para los monjes y, en parte, para los sacerdotes. El amor al enemigo, por ejemplo, es un consejo de perfección pero no un mandamiento para todos. El ascetismo es un consejo de perfección pero no un mandamiento para todas las personas. Los castigos divinos también tienen un carácter cuantitativo. Hay un castigo eterno para los pecados mortales, el purgatorio para los pecados leves y el cielo para aquellos que están en el purgatorio y a veces para los santos que están en la Tierra.

Bajo estas condiciones, nadie podía saber jamás si tenía asegurada su salvación pues nunca se podía hacer bastante. Nunca se podía recibir suficiente gracia mágica ni se podía hacer bastante en términos de méritos y ascetismo. La consecuencia de ello fue una profunda ansiedad hacia finales de la Edad Media. En mi libro *El coraje de ser* describí la ansiedad de la culpa como una de las tres grandes clases de ansiedad y la relación, histórica y socialmente, con el final de la Edad Media. Es cierto que dicha ansiedad siempre está presente pero en esa época era algo predominante y se parecía a una enfermedad contagiosa. La gente no podía hacer bastante para obtener un Dios misericordioso y para liberarse de su mala conciencia. Una considerable medida de esta ansiedad se expresó en el arte de aquella época y en la exigencia de más y más peregrinaciones, en la colección y adoración de reliquias, en la oración de muchos "Padre Nuestro", en la donación de dinero, en la compra de indulgencias, en el ascetismo que se imponía torturas y en todo lo que pudiera contribuir a superar la propia culpa. Resulta interesante observar este período pero nos es casi imposible comprenderlo. Lutero sentía la misma ansiedad de culpa y condena en su claustro. Por esa ansiedad ingresó al claustro y comprendió que ninguna medida de ascetismo puede proporcionar a nadie la certeza de la salvación en un sistema de relatividades, cantidades y objetos. Siempre sentía temor ante el Dios amenazador, el Dios que castiga y destruye. Y se formuló la siguiente pregunta: ¿Cómo puedo tener un Dios misericordioso? A partir de esta pregunta y de la ansiedad subyacente, comenzó la Reforma.

¿Qué fue lo que dijo Lutero contra el punto de vista cuantitativo, objetivo y relativo de Roma? La relación con Dios es personal. Es una relación yo-tú que no está mediada por nada ni nadie, únicamente por la aceptación del mensaje de aceptación, que conforma el contenido de la Biblia. Uno no se encuentra en una posición objetiva: es una relación personal que Lutero denominó "fe". No una fe en algo que se puede creer sino la aceptación del hecho de que somos aceptados. Es cualitativo, no cuantitativo. Una persona puede estar o no estar separada de Dios. No hay grados cuantitativos de separación o no separación. En una relación de persona a persona, se puede decir que existen conflictos y tensiones, pero mientras se trate de una relación de confianza y amor, es algo cualitativo. No es una cuestión de cantidad. Al mismo tiempo, es incondicionado y no condicionado como en el sistema romano. Uno no se acerca ni un ápice a Dios al hacer más cosas por la Iglesia o contra el propio cuerpo pues estamos completa y absolutamente cerca de Dios al estar unidos a Él. Y si no estamos unidos, estamos separados. Un estado es incondicionalmente positivo, el otro es incondicionalmente negativo. La Reforma reafirmó las categorías incondicionadas de la Biblia.

De esto se sigue que desaparecen los elementos mágicos y legalistas de la piedad. El perdón de los pecados, o la aceptación, no es un simple acto del pasado efectuado en el bautismo sino que es continuamente necesario. El arrepentimiento es un elemento de toda relación con Dios, en todo momento. Desaparecen los elementos mágicos y legales pues la gracia es una comunión personal de Dios con el pecador. No existe la posibilidad de mérito alguno, lo único necesario es la aceptación. No puede haber ningún poder mágico oculto en nuestras almas que nos haga aceptables, somos aceptables en el momento en que aceptamos esa aceptación. De manera que se rechazan las actividades sacramentales en cuanto tales. Hay sacramentos, pero ahora significan algo muy distinto. Las prácticas ascéticas se rechazan para siempre, pues no puede proporcionar ninguna certeza. Sobre este punto suele prevalecer un malentendido. Surge la pregunta: ¿Acaso no es egocéntrico que los protestantes piensen en su propia certeza individual? Creo que Jacques Maritain me lo dijo alguna vez. Lutero, sin embargo, no se refería a una certeza abstracta: hablaba de la unión con Dios y eso implica la certeza. Todo gira en torno al hecho de ser aceptado. Hay algo seguro: Si uno tiene a Dios, lo tiene. Si uno se observa a sí mismo, sus experiencias, su ascetismo y su moral, solo puede sentirse seguro si es muy complaciente y ciego con respecto a sí mismo. Estas son categorías absolutas. La exigencia divina absoluta. No se trata de una exigencia relativa que produce una especie de beatitud. La exigencia absoluta es la siguiente: aceptar gozosamente la voluntad de Dios. Hay un solo castigo y no distintos grados de satisfacción eclesiástica y de castigos en el purgatorio y en el infierno. El único castigo es la desesperación de estar separado de Dios. Por lo tanto, hay una sola gracia: la reunión con Dios. ¡Eso es todo! Lutero redujo la religión cristiana a este grado de simplicidad. Adolph von Harnack, el gran historiador del dogma, llamó a Lutero "el genio de la reducción".

Lutero creía que lo que hacía era una reafirmación del Nuevo Testamento, especialmente de Pablo. No obstante, si bien su mensaje contiene la verdad de Pablo, no lo agota. La situación determinó lo que extrajo de Pablo, es decir, la doctrina de la justificación por la fe que fue la defensa de Pablo contra el legalismo. Lutero no incluyó, en cambio, la doctrina paulina del Espíritu. Es cierto que no lo negó: hay una buena medida de esa doctrina en Lutero pero no es un factor decisivo. Lo fundamental es que la doctrina del Espíritu, del ser "en Cristo", del nuevo ser, es el punto débil de la doctrina luterana de la justificación por la fe. La situación es diferente en Pablo. Su pensamiento tiene tres núcleos fundamentales, lo cual lo convierte en un triángulo y no en un círculo. El primero es su conciencia escatológica, la certeza de que en Cristo se realiza la escatología y comienza una nueva realidad. El segundo es su doctrina del Espíritu, que significa que ha aparecido el reino de Dios, que aquí y ahora nos es dado un nuevo ser en Cristo. El tercer elemento en Pablo es una defensa crítica contra el legalismo, la justificación por la fe. Lutero aceptó las tres cosas, por supuesto. No obstante, no comprendió realmente el elemento escatológico.

El factor externo de la ruptura de Lutero fue el sacramento de la penitencia. En la Iglesia de Roma hay dos sacramentos fundamentales: la misa, que forma parte de la Cena del Señor, y el sacramento de la penitencia, sacramento subjetivo que se ocupa del individuo y cumple una función educacional muy importante. Se lo puede llamar el sacramento de la subjetividad por oposición a la misa, que sería fundamentalmente objetivo. La vida religiosa de la Edad Media se movía entre dos sacramentos. Si bien Lutero atacó la misa, no era ese el punto central de la crítica: el núcleo real estaba relacionado con los abusos conectados con el sacramento de la penitencia. Estos abusos tenían su origen en el hecho de que el sacramento de la penitencia incluía distintas partes: la contrición, la confesión, la absolución y la satisfacción. El primero y el último eran los elementos más peligrosos.

Se reemplazaba la contrición, el arrepentimiento auténtico, el cambio de mentalidad, por la atrición, el temor al castigo eterno, que Lutero llamaba el arrepentimiento inspirado por la perspectiva inminente del cepo. De manera que para él carecía de valor religioso. El otro punto peligroso era la satisfacción. Esto no significaba que se pudiera obtener el perdón de los pecados con obras de satisfacción sino que había que hacer esas obras porque el pecado permanece en uno inclusive después de haber sido perdonado. El elemento fundamental es la sumisión humilde a las satisfacciones exigidas por el sacerdote. Este imponía toda clase de actividades a los *communicandus,* y algunas eran tan difíciles que la gente quería librarse de ellas. La Iglesia satisfizo este deseo mediante las indulgencias, que también son sacrificios. Hay que sacrificar cierto dinero a fin de comprar las indulgencias y estas anulan la obligación de llevar a cabo las obras de satisfacción. La idea corriente era que estas satisfacciones son efectivas en la superación de la propia consciencia de culpa. Se puede afirmar que se practicaba una especie de comercialización de la vida eterna. Cualquier persona podía comprar las indulgencias y así liberarse de los castigos, no solo en la Tierra sino también en el purgatorio. Estos abusos incitaron a Lutero a reflexionar sobre el sentido del sacramento de la penitencia. Ello lo llevó a conclusiones diametralmente opuesta a la actitud de la Iglesia de Roma. Las críticas de Lutero no se limitaban a los abusos sino a su origen en la puerta de la iglesia de Wittenberg. La primera de ellas es una formulación clásica del cristianismo de la Reforma: "Nuestro Señor y Maestro, Jesucristo, al decir 'Arrepentíos', quiso que toda la vida de los creyentes fuera penitencia". Esto quiere decir que el acto sacramental no es más que la forma de expresar una actitud mucho más universal. Lo que importa es la relación con Dios. Los reformadores no produjeron una doctrina nueva sino una nueva relación con Dios. Dicha relación no es un arreglo objetivo entre Dios y el hombre sino una relación personal de penitencia, primero, y luego de fe.

Quizá la expresión más sorprendente y paradójica la da el mismo Lutero en las siguientes palabras: "La penitencia es algo entre la injusticia y la justicia. Por lo tanto, cuando nos arrepentimos, somos pecadores, pero, a pesar de ello y por esa razón, también somos justos, y en el proceso de la justificación somos en parte pecadores y en parte justos: eso no es nada más que el arrepentimiento". Esto quiere decir que siempre hay algo semejante al arrepentimiento en la relación con Dios. En este momento, Lutero no atacó el sacramento de la penitencia en cuanto tal. Inclusive pensaba que se podían tolerar las indulgencias. Atacó, en cambio, el núcleo de donde procedían todos estos abusos y fue el acontecimiento fundamental de la Reforma.

Después del ataque de Lutero, las consecuencias fueron muy claras. El dinero de las indulgencias solo puede servir para aquellas obras impuestas por el Papa, es decir, los castigos canónicos. Los muertos del purgatorio no pueden ser liberados por el Papa; solo puede orar por ellos, carece de poder sobre los muertos. El perdón de los pecados es un acto exclusivo de Dios y lo único que puede hacer el Papa, o cualquier sacerdote, es declarar que Dios ya lo ha efectuado. No hay ningún tesoro de la Iglesia del cual puedan salir las indulgencias excepto del único tesoro de la obra de Cristo. Ningún santo puede efectuar obras superfluas porque el deber del hombre consiste en hacer todo lo que pueda. El poder de las llaves, es decir, el poder del perdón de los pecados, es otorgado por Dios a cada discípulo que está con Él. Las únicas obras de satisfacción son las obras del amor; todas las demás son un invento arbitrario de la Iglesia. No hay lugar o tiempo para ellas pues en nuestra vida real siempre debemos tener consciencia de las obras de amor que se nos exigen a cada momento. La confesión, hasta por el sacerdote en el sacramento de la penitencia, se dirige a Dios. No hay necesidad de recurrir al sacerdote para ello. Cada vez que rezamos el "Padre Nuestro" confesamos nuestros pecados; eso es lo que importa, no la confesión sacramental. Acerca de la satisfacción, Lutero dijo: "Este es un concepto peligroso pues no podemos satisfacer a Dios, no nosotros". El purgatorio es una ficción y una imaginación de un hombre sin fundamento bíblico. El otro elemento en el sacramento de la penitencia es la absolución. Lutero tenía la suficiente agudeza psicológica como para saber que una absolución solemne puede producir efectos psicológicos, pero negaba su necesidad. El mensaje del evangelio, que es el de perdón, es la absolución en todo momento. Esta se puede recibir como la respuesta de Dios a nuestra oración para obtener el perdón. No hay necesidad de ir a la Iglesia para ello.

Todo esto indica que se disuelve por completo el sacramento de la penitencia. Esta se transforma en una relación personal con Dios y el prójimo, contra un sistema de medios para obtener la liberación de castigos objetivos en el infierno, el purgatorio y la Tierra. En realidad, Lutero minó todos estos conceptos, si no los abolió. Todo se ubica sobre la base de una relación de persona a persona entre Dios y el hombre. Se puede mantener esta relación hasta en el infierno. Esto significa que el infierno no es más que un estado, no un lugar. La comprensión de la Reforma de la relación de Dios con el hombre anula la visión medieval.

El Papa no aceptó las categorías absolutas en la concepción de Lutero de la relación del hombre con Dios. Así surgió el conflicto entre Lutero y la Iglesia. Aclaramos, sin embargo, que no fue ese el comienzo del cisma. Lutero tenía la esperanza de *reformar* a la Iglesia, incluyendo al Papa y los sacerdotes. Pero estos no querían que se los reformara de ningún modo. La única gran bula que definió el poder del Papa decía: "Por lo tanto, declaramos, pronunciamos y definimos que es universalmente necesario para la salvación que toda creatura humana se someta al sacerdote supremo romano". Esta es la bula que define con mayor agudeza el poder ilimitado y absoluto del Papa.

2. La crítica de Lutero a la Iglesia

Lutero criticó a la Iglesia cuando esta no siguió su objeción al sacramento de la penitencia. El único criterio último para el cristianismo es el mensaje del evangelio. Por esa razón, no existe la infalibilidad papal. El Papa puede caer en el error y no solo él, los concilios también pueden equivocarse. No resulta aceptable ni la teoría curialista según la cual el Papa es un monarca absoluto ni la teoría conciliarista que afirma que los grandes concilios de la Iglesia son infalibles en términos absolutos. Tanto el Papa como los concilios son humanos y pueden cometer errores. El Papa puede ser tolerado como el administrador principal de la Iglesia sobre la base de la ley humana, la ley de lo expeditivo. Sin embargo, él afirma que gobierna por derecho divino y se convierte a sí mismo en una figura absoluta dentro de la Iglesia. Lutero no podía tolerar algo semejante pues ningún ser humano puede ser jamás el vicario del poder divino. El derecho "divino" del Papa es una pretensión demoníaca, de hecho, de la pretensión del Anticristo. Cuando pronunció ese juicio, no quedaron dudas acerca de la ruptura con Roma. Hay una sola cabeza de la Iglesia, Cristo mismo, y el Papa tal como existe ahora es la creación de la ira divina para castigar al cristianismo por sus pecados. Esto tenía un significado teológico, su intención no era pronunciar denuestos. Hablaba en términos teológicos serios al decir que el Papa era el Anticristo. No criticaba a un hombre en particular por sus limitaciones. Mucha gente criticaba la conducta del Papa en aquella época. Lutero criticaba la posición del Papa y su pretensión de ser el representante de Cristo por derecho divino. De ese modo, el Papa destruye las almas porque pretende tener un poder que solo pertenece a Dios.

En su calidad de monje, Lutero había experimentado la importancia del monasticismo dentro de la Iglesia de Roma. De la actitud monástica surgía una doble moral; los consejos superiores para aquellos que estaban más cerca de Dios y luego las reglas que se aplican a todos. Los consejos superiores para los monjes; tal como la disciplina, la humildad, el celibato, etc., convertían a los monjes en seres ontológicamente superiores al común de los hombres. Este doble nivel resultaba necesario en vista de la situación histórica dentro de la cual crecía la Iglesia rápidamente. El resultado de ello fue que las masas no podrían cargar, según se decía, con todo el peso del yugo de Cristo porque era demasiado pesado para ellos. De manera que lo hizo un grupo especial, siguiendo los consejos de una moral y una piedad superiores. Ese grupo estaba compuesto por los *religiosi,* aquellos que hacían de la religión su vocación.

Lutero atacó esta moral con dos niveles. Afirmó que la exigencia divina es absoluta e incondicionada. Se refiere a todos. Esta demanda absoluta destruye todo el sistema de la religión. No hay un estado de perfección, tal como el que los católicos atribuían a los monjes. Todos deben ser perfectos y nadie es capaz de serlo. El hombre carece del poder necesario para producir las gracias que le permitan hacer lo correcto y el esfuerzo especial de los monjes no logrará ese objetivo. Lo decisivo es la intención, la buena voluntad, no el hábito mágico (*habitus*) al cual se refería la Iglesia Católica. Y esta intención, esta buena voluntad, es buena a pesar de que su contenido sea erróneo. La valoración de una personalidad depende de la intención interior de una persona determinada hacia el bien. Lutero tomó esto muy en serio. Para él no bastaba con desear hacer lo bueno o cumplir la voluntad de Dios; hay que desear lo que Dios quiere con gozo, con una participación voluntaria. Si se cumple con toda la ley, pero no se lo hace con gozo, no vale nada. La obediencia del siervo no es el cumplimiento de la ética cristiana. Solo aquel que ama y ama a Dios y al hombre con alegría, es capaz de cumplir la ley. Y esto es lo que se espera de todos.

Esto significa que Lutero dio vuelta a la religión y la ética. No podemos cumplir la voluntad de Dios sin unirnos a Él. Resulta imposible sin el perdón de los pecados. Hasta las mejores personas poseen en su interior elementos de desesperación, agresividad, indiferencia y autocontradicción. La única forma de imponer sobre todos los seres todo el peso del yugo de Cristo es sobre la base del perdón divino. Esto es diametralmente distinto de una interpretación moralista del cristianismo. El acto moral es aquello que viene después —puede venir después o no, pero esencialmente debería hacerlo— y el *primus* es la participación en la gracia divina, en el perdón de Dios y en su poder del ser. Esto hace toda la diferencia. Es una gran pena que el protestantismo siempre sienta la tentación de revenir a lo contrario, de hacer depender la dimensión religiosa de la moral. Cuando se hace algo semejante, salimos del terreno del protestantismo auténtico. Si alguien dice: "Ah, Dios debe amarme porque yo lo amo y hago casi todo lo que me pide" es decir, ¡lo que exige el vecino suburbano!; se trastoca por completo la relación religiosa y ética. El núcleo de la Reforma, el significado de la famosa frase, *sola fide,* se expresa, antes, de este modo: "Sé que no hago nada bueno, que todo lo aparentemente bueno es ambiguo, que lo único bueno en mí es la declaración de Dios en el sentido de que soy bueno y que si se limitó a aceptar esa declaración divina, puede darse una realidad transformada de la cual surjan actos éticos". El aspecto religioso precede al ético.

La frase *sola fide* es la fórmula peor interpretada y distorsionada de la Reforma. Se ha enseñado que significa que si se hace la buena obra de creer, en especial de creer algo increíble, esto lo hará a uno bueno delante de Dios. La frase no debería ser "por la sola fe" sino "por la sola gracia, recibida por la sola fe". Aquí fe no significa nada más que la aceptación de la gracia. Esa era la preocupación de Lutero pues había experimentado que si se la expresa de la otra forma, uno siempre se pierde, y si se lo toma en serio, se cae en la desesperación absoluta pues uno se conoce a sí mismo, uno sabe que no es bueno. Uno lo sabe tan bien como Pablo, y ello significa que la ética es la consecuencia y no la causa de la bondad.

¿Qué opinaba Lutero del elemento sacramental dentro de la Iglesia Católica que le daba su enorme poder? La Iglesia de Roma es esencialmente sacramental. Esto quiere decir que se ve a Dios como presente, no como alguien que está lejos y que se limita a exigir cosas. Una cosmovisión sacramental ve lo divino como presente en una cosa, en un acto o en cualquier elemento visible y real. Por lo tanto, una Iglesia del sacramento es una Iglesia del Dios presente. Por otro lado, en la Iglesia de Roma los sacramentos eran administrados de forma mágica por la jerarquía y solamente por ella. De este modo, todos aquellos que no participan en ellos están perdidos y quienes participan, a pesar de que sean indignos, reciben el sacramento. La respuesta de Lutero a esta situación era que ningún sacramento es efectivo por sí mismo sin la participación total del núcleo personal, es decir, sin escuchar la Palabra relacionada con el sacramento en cuestión y la fe que lo acepta. El sacramento *qua sacramento* no puede proporcionar ninguna ayuda. Así se destruye el aspecto mágico del pensamiento sacramental.

De ello se sigue que también quedaba destruida la transubstanciación pues esta doctrina convierte al pan y el vino en un trozo de la realidad divina dentro del tabernáculo y puesta sobre el altar. Pero no sucede nada semejante. La presencia de Dios no es una presencia en el sentido de una realidad objetiva, en un lugar especial, bajo una forma determinada. Solo es una presencia para los fieles. Hay dos criterios de interpretación de este tema: si es solo para los fieles, no es más que una acción. Por lo tanto, si uno entra a la iglesia y el sacramento está expuesto, no hay que hacer nada porque no es más que pan. Es más que eso solo en la acción, o sea, cuando es dado a aquellos que tienen fe. Para la teoría de la transubstanciación, está allí todo el tiempo. Cuando uno entra a una iglesia romana debe arrodillarse ante el tabernáculo porque Dios mismo está presente allí, a pesar de que no Lutero rechazó este concepto de la presencia. Denunció el *character indelebilis* como una ficción humana. No hay nada semejante a un "carácter" indestructible. Si uno es llamado al ministerio, debe servir exactamente igual a la forma en que lo hacen los demás en sus profesiones. Si se abandona el ministerio y se convierte en un hombre de negocios o en un zapatero, ya no es más un ministro y no se retiene ningún poder sacramental. Por otro lado, cualquier cristiano piadoso puede tener el poder del sacerdote en relación con los demás. Pero eso no requiere una ordenación.

Así fue como se quitó el fundamento sacramental de todo el sistema jerárquico. No obstante, lo más importante fue el ataque de Lutero a la misa. La misa es un sacrificio que *nosotros* llevamos a Dios. En realidad, no tenemos nada que llevar a Dios y por lo tanto, la misa es una blasfemia, un sacrilegio. Es una blasfemia porque en ella el hombre da algo a Dios en lugar de esperar el don de Dios mismo en Cristo. Y eso es lo único que se necesita.

3. Su conflicto con Erasmo

El representante del humanismo en aquella época era Erasmo de Rotterdam. Al principio, Erasmo y Lutero mantenían una relación amistosa. Más adelante, en cambio, sus ataques mutuos crearon una brecha entre el protestantismo y el humanismo que no se ha superado hasta ahora a pesar de los intentos de Zwinglio en ese sentido durante la segunda década del siglo dieciséis. Erasmo era un humanista, pero un humanista cristiano; no era antirreligioso en absoluto. Se consideraba mejor cristiano que cualquier Papa de su época. Sin embargo, en cuanto humanista tenía características que lo diferenciaban del profeta. Lutero no podía tolerar el desprendimiento no-existencial del Erasmo, su falta de pasión por el contenido religioso, su actitud erudita de despreocupación por los contenidos de la fe cristiana. Sentía que había de Erasmo una falta de interés por cuestiones de interés esencial y último.

En segundo lugar, Erasmo era un estudioso escéptico, tal como debe ser un estudioso con respecto a las tradiciones y las palabras que debe interpretar. Lutero no podía soportar esta actitud escéptica. En su opinión, se necesitan juicios absolutos acerca de los problemas de interés supremo. En tercer lugar, Lutero era radical en cuestiones políticas y en otros aspectos también. Erasmo parecía ser un hombre dispuesto a adaptarse a la situación política, no por su propio bienestar sino para tener paz en la Tierra. En cuarto lugar, Erasmo sostenía un punto de vista profundamente educacional. Para él, lo decisivo era el desarrollo del individuo en términos educacionales. Todo humanismo, el de entonces y el actual, implica esta inclinación y pasión por el aspecto educativo. En quinto lugar, la crítica de Erasmo era racional, carecía de agresividad revolucionaria.

Toda la controversia entre Lutero y Erasmo se concentró, por último, sobre la doctrina de la libertad de la voluntad. Erasmo sostenía la libertad humana; Lutero se oponía a ella. Esto debe aclararse. Ni Lutero ni Erasmo dudaban de la libertad psicológica del hombre. No concebían al hombre como una piedra o un animal. Sabían que el hombre es esencialmente libre, que es hombre porque es libre. No obstante, a partir de esta base llegaban a conclusiones diferentes. Para Erasmo, esta libertad también es válida al acercarse a Dios. Uno puede ayudar a Dios y colaborar con Él para alcanzar la propia salvación. Tal cosa es imposible según la opinión de Lutero. Quita el honor de Dios y de Cristo y convierte al hombre en algo que no es. De manera que Lutero habla de la "voluntad esclava". La voluntad libre es sierva. Es ridículo decir que una piedra no tiene una voluntad libre. Solo aquel que posee una voluntad libre puede tener una voluntad sierva, es decir, esclavizada por las fuerzas demoníacas de la realidad. Para Lutero, la única certeza puede ser la justificación por la fe y no hay contribución posible por parte nuestra que nos pueda proporcionar algún consuelo. Lutero afirma que en Erasmo se niega el significado de Cristo y, en última instancia, el honor de Dios.

Aquí vemos una diferencia fundamental entre las dos actitudes. La actitud del humanista es el análisis objetivo y si llega a la síntesis, es la actitud del moralista, no la del profeta que ve todas las cosas a la luz exclusiva de Dios.

4. Su conflicto con los extremistas evangélicos

El conflicto de Lutero con los extremistas evangélicos reviste una importancia especial para los protestantes de Estados Unidos. Ello se debe a que la clase de cristianismo que prevalece en ese país no fue producida directamente por la Reforma sino por su efecto indirecto a través del movimiento del extremismo evangélico.

Todos los extremistas evangélicos dependían de Lutero. Las tendencias de esta clase existían desde mucho antes, en la Edad Media, pero Lutero las liberó de la represión a la que estaban condenadas. Los extremistas evangélicos aceptaron casi todos los elementos de Lutero, pero fueron más lejos. Sentían que Lutero se había detenido en la mitad del camino. En primer lugar, atacaron su principio de las Escrituras. Dios no se limitó a hablar en el pasado y ahora guarda silencio. Habla siempre: lo hace en el corazón o la intimidad de cualquier hombre preparado para escucharlo por su propia cruz. El Espíritu está en la profundidad del corazón, no del nuestro sino el de Dios. Thomas Müntzer, el más creativo de los extremistas evangélicos, afirmó que el Espíritu siempre puede hablar por medio de los individuos. No obstante, para recibir el Espíritu, el hombre debe compartir la cruz. Según él, Lutero predica un Cristo dulce, el Cristo del perdón. También debemos predicar el Cristo amargo, el Cristo que nos convoca para cargar la cruz. Podríamos decir que la cruz es la situación límite. Es interna y externa. Müntzer lo expresó de manera sorprendente en categorías existencialistas modernas. Si el hombre toma consciencia de su finitud humana, ello produce en él una sensación de disgusto hacia el mundo. Entonces se convierte en realmente pobre de espíritu. La ansiedad de su existencia como creatura se apodera de él y el coraje le resulta imposible. En ese momento, es transformado por la aparición de Dios. Una vez que le ha sucedido esto, puede recibir revelaciones especiales. Puede tener visiones personales, no solo sobre la teología en su totalidad sino acerca de cuestiones de la vida cotidiana.

Sobre la base de estas ideas, los extremistas se veían a sí mismos como los verdaderos representantes de la Reforma y consideraban que Lutero seguía siendo medio católico. Sentían que eran los elegidos. La Iglesia de Roma no ofrecía ninguna certeza a los individuos con respecto a la justificación. Lutero estaba convencido de la justificación pero no de la elección. Calvino estaba seguro de la justificación y también, en gran medida, de la elección. Müntzer y sus seguidores, en cambio, estaban persuadidos de haber sido elegidos entre un grupo de elegidos: eran el grupo sectario.

Desde el punto de vista del Espíritu interior, todos los sacramentos se derrumban. En los grupos sectarios, el carácter inmediato de la procesión del Espíritu hace innecesario incluso lo que había quedado del oficio del ministro. En lugar de ello, tenían otro ímpetu, que se podía expresar de dos formas. Uno de los movimientos quería transformar la sociedad con el sufrimiento y si no se le podía cambiar, ellos podían abstenerse de usar armas, hacer juramentos, ocupar cargos públicos y cualquier otra cosa que comprometiera a la gente en el orden político. Otro grupo de extremistas pretendía superar la sociedad mala mediante medidas políticas e inclusive con la espada.

También se habla de los extremistas evangélicos como entusiastas. Enfatizan la presencia del Espíritu divino, no los escritos bíblicos como tales. El Espíritu puede estar presente en el individuo en todo momento, inclusive dando consejos sobre las actividades de la vida cotidiana. Lutero no sentía lo mismo. Sentía por sobre todo la ira de Dios, el Dios que juzga. Ese era su experiencia fundamental. Por lo tanto, cuando habla de la presencia del Espíritu, lo hace en términos del arrepentimiento, de la lucha personal, que torna imposible tener al Espíritu como una posición. Desde mi punto de vista, esta es la diferencia entre los reformadores y todas las actividades perfeccionistas y pietistas. Lutero y los demás reformadores ponían el acento principal en la distancia de Dios con respecto al hombre. De ahí que la teología actual de los neo-reformistas, como Barth, por ejemplo, enfatice continuamente que Dios está en el cielo y el hombre en la Tierra. Este sentimiento de distancia —o de arrepentimiento, como dijera Kierkegaard— es la relación normal del hombre con Dios.

El segundo elemento de diferencia entre la teología de la Reforma y de la de los movimientos de los extremistas evangélicos está relacionado con el significado de la cruz. Para los reformadores, la cruz es el acontecimiento objetivo de la salvación y no la experiencia personal de la condición de creaturas. Por lo tanto, el verdadero problema del que se ocupa la Reforma no es la participación en la cruz en términos de la debilidad humana o del esfuerzo moral para asumir la propia debilidad. Claro que esto se da por supuesto. En la actualidad, tenemos los mismos matices en la medida en que algunos, siguiendo la teología de la Reforma, enfatizan más la objetividad de la salvación mediante la cruz de Cristo y otros ponen el acento sobre el hecho de asumir la cruz. Estos dos aspectos no son de ninguna manera contradictorios pero, como sucede con la mayoría de los problemas de la existencia humana, es más un problema de énfasis que de exclusividad. Es evidente que quieres hemos recibido la influencia de la tradición de la Reforma ponemos más énfasis en el carácter objetivo de la cruz de Cristo, como el autosacrificio de Dios en el hombre, mientras que aquellos que proceden de la tradición evangélica, tan fuerte en Estados Unidos, por ejemplo, ponen el acento sobre el cargar la propia cruz, la cruz de las miserias.

En tercer lugar, en Lutero la revelación siempre se relaciona con la objetividad de la revelación histórica en las Escrituras y no en el centro íntimo del alma humana. Lutero sentía que los sectarios manifestaban orgullo al creer que es posible tener una revelación inmediata en la situación humana actual fuera de la revelación histórica encarnada en la Biblia.

En cuarto lugar, Lutero y toda la Reforma, incluyendo a Zwinglio, enfatizaban el bautismo infantil como el símbolo de la gracia proveniente de Dios. Ello significa que no depende de la reacción subjetiva. Lutero y Calvino creían que el bautismo es un milagro divino. El elemento decisivo es que Dios inicia el acto y que pueden suceder muchas cosas antes de la respuesta humana. La diferencia temporal entre el acontecimiento del bautismo y el momento indefinido de la madurez no significa nada a los ojos de Dios. El bautismo es el ofrecimiento divino del perdón y la persona siempre debe volver a él. El bautismo adulto, en cambio, enfatiza la participación subjetiva, la capacidad de decidir del hombre maduro.

Lutero y los otros reformadores también se preocupaban por la manera de aislarse de las sectas que aseguraban ser la Iglesia verdadera y que sus miembros eran los elegidos. Eso era algo inimaginable para los reformadores y creo que tenían razón. Es un hecho comprobado que las sectas de la Reforma carecían psicológicamente de amor hacia quienes no pertenecían a su grupo. Es probable que algunos de ustedes hayan experimentado algo semejante con grupos sectarios o semisectarios de nuestros días. Lo que más falta en esos grupos no es una comprensión teológica, ni siquiera una comprensión de sus propios elementos negativos, sino amor, ese amor que se identifica con la situación negativa en la cual vivimos todos.

La última diferencia se relacionaba con la escatología. La escatología de los reformadores los llevaba a negar la crítica revolucionaria del Estado que encontramos en los movimientos sectarios. La escatología de los reformadores sobre el reino futuro de Dios se movía en una línea vertical y no tenía nada que ver con la línea horizontal que, de todos modos, ya estaba entregada al demonio. Lutero hablaba con frecuencia sobre el amado último día que anhelaba para verse liberado, no tanto de la "ira de los teólogos" como sucedía en Melanchton, como del juego del poder que era tan espantoso entonces como ahora. Esta diferencia de actitudes se pone en evidencia al comparar el estado de cosas que impera en Europa y el de los Estados Unidos. Bajo la influencia de los extremistas evangélicos, la tendencia en Estados Unidos es la de transformar la realidad. En Europa, en especial después de las dos guerras mundiales, existe un sentimiento escatológico —el deseo y la visión del final en un sentido realista— y una cierta resignación de los cristianos ante el juego del poder.

5. Doctrinas de Lutero

El principio bíblico

Todos los monumentos de Lutero lo representan con la Biblia en la mano. Esto resulta confuso y la Iglesia Católica tiene razón cuando afirma que el biblicismo existió a lo largo de toda la Edad Media. Ya señalamos el hecho de que la actitud biblicista fue especialmente preponderante en las postrimerías del medioevo. Vimos que en Ockham, el nominalista, apareció una crítica radical de la Iglesia sobre la base de la Biblia. No obstante, en Lutero el principio bíblico tiene otro sentido. En la teología nominalista, la Biblia era la ley de la Iglesia que se puede volver en contra de la Iglesia concreta actual; pero seguía siendo una ley. En el Renacimiento, la Biblia era la fuente de la verdadera religión y debía ser editada por buenos filólogos como Erasmo, por ejemplo. Estas eran las dos actitudes predominantes: la actitud legal del nominalismo y la actitud doctrinaria del humanismo. Ninguna de la dos pudo romper los fundamentos del sistema católico. Lo único que podía romper con las doctrinas nominalista y humanista era un principio nuevo de interpretación bíblica.

Lutero poseía muchos elementos nominalistas y humanistas. Otorgaba gran valor a la edición de Erasmo del Nuevo Testamento y solía volver con frecuencia a un legalismo nominalista en su doctrina de la inspiración según la cual cada palabra de la Biblia ha sido inspirada por dictado de Dios. Eso fue lo que sucedió en su defensa de las doctrinas de la Cena del Señor cuando la interpretación literal de un pasaje bíblico parecía apoyar su punto de vista. No obstante, por encima de ello Lutero hacía una interpretación de las Escrituras relacionada con su nueva comprensión de la relación del hombre con Dios. Esto resultará claro si entendemos lo que quería decir al hablar de la "Palabra de Dios". Este término se emplea con mayor frecuencia que cualquier otro en la tradición lutera y en la teología dela Neo-Reforma de Barth y otros. Sin embargo, resulta más confuso de lo que podemos percibir. En el mismo Lutero tiene por lo menos seis sentidos diferentes.

Lutero dijo —pero no se engañaba al respecto— que la Biblia es la Palabra de Dios. A pesar de ello, cuando quería explicitar el sentido de sus palabras, decía que *en* la Biblia está la Palabra de Dios, el mensaje de Cristo, su obra de expiación, el perdón de los pecados y el ofrecimiento de la salvación. Deja bien aclarado que lo que está en la Biblia es el mensaje del evangelio y, por lo tanto, la Biblia contiene la Palabra de Dios. También dijo que el mensaje existía antes de la Biblia, en la predicación de los apóstoles. Tal como hiciera más tarde Calvino, Lutero afirmó que los escritos que dieron como resultado los libros de la Biblia fueron una situación de emergencia: eran necesarios y urgentes. Por lo tanto, lo único importante es el contenido religioso; el mensaje es un objeto de la experiencia. "Si sé lo que creo, conozco el contenido de las Escrituras pues no contienen nada fuera de Cristo". El criterio de la verdad apostólica son las Escrituras y la pauta para decidir cuáles son las cosas verdaderas dentro de las Escrituras es si se ocupan de Cristo y su obra *—ob sie Christum treiben*, si tratan de, si se concentran en o si apuntan hacia Cristo. Solo aquellos libros de la Biblia que se ocupan de Cristo y su obra contienen poderosa y espiritualmente la Palabra de Dios.

A partir de este punto de vista, Lutero pudo establecer algunas diferencias entre los libros de la Biblia. Aquellas obras que se ocupan de manera más fundamental de Cristo son el Cuarto Evangelio, las Epístolas de Pablo y I Pedro. Lutero podía decir cosas muy valientes. Dijo, por ejemplo, que Judas y Pilato serían apostólicos si dieran el mensaje de Cristo y Pablo y Juan no lo serían si no dieran tal mensaje. Incluso afirmó que cualquiera que poseyera hoy el Espíritu con tanta fuerza como los apóstoles y los profetas podría crear nuevos decálogos y otro Testamento. Debemos beber de su fuente únicamente porque no poseemos la totalidad del Espíritu. Es evidente que todo esto es por demás anti-nominalista y antihumanista. Enfatiza el carácter espiritual de la Biblia. Esta es una creación del Espíritu divino en aquellos que la han escrito pero no es un dictado. Sobre esta base, Lutero pudo pasar a una crítica semirreligiosa, semihistórica de los libros bíblicos. No significa nada el hecho de que los cinco libros de Moisés hayan sido escritos por él o no. Sabía muy bien que reina el desorden entre los textos de los profetas. También sabía que las profecías concretas de los profetas demostraron ser erróneas más de una vez. El Libro de Ester y el Apocalipsis de Juan no pertenecen, en realidad, a las Escrituras. El Cuarto Evangelio supera a los sinópticos en valor y poder, y la Epístola de Santiago no tiene ningún carácter evangélico.

Si bien la ortodoxia luterana no pudo conservar este gran aspecto profético de Lutero, su libertad logró algo. El protestantismo pudo hacer algo que ha resultado imposible a toda otra religión en el mundo: aceptar el tratamiento histórico de la literatura bíblica. Se suele hacer referencia a ello con términos muy confusos como crítica superior o bíblica. No es más que el método histórico aplicado a los libros sagrados de una religión. Esto resulta imposible en el catolicismo o, al menos, se lo puede llevar a cabo de manera muy limitada. Es posible en el Islam. El profesor Jeffery afirmó una vez en la facultad que cualquier estudioso del Islam que intentara hacer lo mismo que hacía él con el texto del Corán implicaría una crítica histórica del texto actual y eso es imposible en una religión legalista. Por lo tanto, si mantenemos una actitud legalista con respecto a la Biblia, en términos de la teoría del dictado, regresamos al estadio de la religión que encontramos en el Islam y no compartimos la libertad protestante que encontramos en Lutero.

Lutero fue capaz de interpretar el texto común de la Biblia en sus sermones y escritos sin refugiarse en una interpretación especial espiritual o alegórica junto a la interpretación filológica. El ideal de un seminario teológico es ser capaz de interpretar la Biblia de manera tal que se pueda combinar el método filológico exacto, incluyendo la crítica superior, con una aplicación existencial de los textos bíblicos a las preguntas que queremos formular y que, supuestamente, tienen su respuesta en la teología sistemática. La división de una facultad en "especialistas" es una situación muy contraproducente. Se da el caso de que un estudioso del Nuevo Testamento me dice que no puedo tratar ciertos problemas pues no soy un especialista, o yo mismo afirmo que no puedo discutir un tema en particular pues no soy un experto en el Antiguo o Nuevo Testamento. En la medida en que todos nosotros compartimos esta actitud, pecamos contra el sentido original del intento de Lutero de dejar de lado el método alegórico de interpretación y volver a un enfoque filológico que sea, a la vez, espiritual. Estos son problemas muy reales hoy y una gran contribución de los estudiantes sería no permitir que sus profesores se limiten a ser "especialistas" y dejen de ser teólogos. Deben preguntar al biblicista sobre el significado existencial de lo que descubre y al teólogo sistemático sobre el fundamento bíblico de sus afirmaciones en los textos bíblicos concretos, tal como se los interpreta filológicamente.

Pecado y fe

Deseo acentuar mucho las doctrinas sobre el pecado y la fe de Lutero pues son temas en los cuales la Reforma es muy superior a lo que encontramos en el cristianismo popular. Para Lutero, el pecado es la incredulidad. "El verdadero pecado es la incredulidad". "Nada justifica excepto la fe y nada era pecaminosos excepto la incredulidad". "La incredulidad es todo el pecado", "La justicia principal es la fe, y de ese modo, el mal mayor es la incredulidad". "Por lo tanto, la palabra 'pecado' incluye lo que vivimos y hacemos fuera de la fe en Dios". Estas aseveraciones suponen un concepto de la fe que no tiene absolutamente nada que ver con la aceptación de doctrinas. Con respecto al concepto de pecado, significan que las diferencias de cantidad (pecados graves y leves) y de relatividad (pecados que se pueden perdonar de este o de aquel modo) carecen de importancia. Todo aquello que nos separa de Dios tiene el mismo peso: no hay "más o menos" en este punto.

Para Lutero, la totalidad de la vida —su naturaleza y su sustancia está corrupta. Aquí debemos comentar el término "depravación total" que escuchamos con frecuencia. Esto no significa que no hay nada bueno en el hombre: ningún teólogo de la Reforma o de la Neo-Reforma hizo jamás tal afirmación. Significa que ninguna parte del hombre está exenta de la distorsión existencial. El psicólogo actual traduciría el concepto de depravación total en el sentido de que el hombre está distorsionado o en conflicto consigo mismo, en el centro mismo de su vida personal. Todo lo que pertenece al hombre está incluido en esta distorsión y eso fue lo que quiso decir Lutero. Si se toma el término "depravación total" de manera absurda, resultaría imposible al hombre decir que está completamente depravado. Un hombre totalmente depravado no diría que esa es su condición. Incluso el hecho de decir que somos pecaminosos supone algo que está más allá del pecado. Lo que podemos decir es que no hay ninguna parte del hombre que no esté afectada por la autocontradicción y ello incluye el intelecto y todo lo demás. El mal es malo porque no cumple con el único mandamiento de amar a Dios. La falta de amor a Dios es la base del pecado. O la falta de fe. Lutero afirmó ambas cosas. Sin embargo, la fe siempre precede al amor porque es un acto en el cual recibimos a Dios y el amor es el acto en el cual nos unimos a Dios. Todas las personas están en la misma situación de pecado y nadie conocía mejor que Lutero el poder estructural del mal en los individuos y los grupos. No lo llamó compulsión, como hacemos hoy en la terminología. Pero sabía que era eso, un poder demoníaco, el poder de Satanás, que supera las decisiones individuales. Estas estructuras de lo demoníaco son realidades. Lutero sabía que el pecado no se puede comprender meramente en términos de actos particulares de libertad. El pecado debe entenderse en términos de una estructura, de una estructura demoníaca que posee una fuerza compulsiva sobre todos y que solo puede ser neutralizada por una estructura de la gracia. Todos estamos comprometidos en el conflicto entre estas dos estructuras. Según la descripción de Lutero, a veces nos empuja la compulsión divina y a veces, la demoníaca. Sin embargo, la estructura divina de la gracia no es una compulsión o una posesión pues, al mismo tiempo, es liberadora: libera lo que somos en esencia.

El fuerte énfasis puesto por Lutero sobre los poderes demoníacos se manifiesta en su doctrina del demonio a quien concibe como un órgano de la ira divina o como la ira divina misma. En algunas afirmaciones de Lutero no se ve con claridad si habla de la ira de Dios o del demonio. De hecho, para él son la misma cosa. Dios es tal como lo vemos. Si lo vemos con la máscara demoníaca, es eso para nosotros y nos destruye. Si lo vemos en el niño Jesús, donde, en su humildad, nos permite ver su amor, manifiesta ese amor hacia nosotros. Lutero practicaba la psicología profunda en todo sentido, sin conocer la investigación metodológica que conocemos hoy. Veía estas cosas en profundidades no moralistas que se perdieron en el cristianismo calvinista y, en gran medida, en el mismo luteranismo.

Para Lutero, la fe consiste en recibir a Dios cuando Él se nos da. Distinguía entre esta clase de fe y una fe histórica (*fides historica*), que reconoce los acontecimientos históricos. La fe en la aceptación del don de Dios, la presencia de la gracia de Dios que se apodera de nosotros. El énfasis se pone sobre el carácter receptivo de la fe —*nihil facere sed tantum recipere*, no hacer nada sino limitarse a recibir. Todas estas ideas están concentradas en la aceptación del hecho de ser aceptados, en el perdón de los pecados, que genera una conciencia tranquila y una vitalidad espiritual hacia Dios y el hombre. "La fe es algo vivo y sin descanso. La fe viva correcta no puede ser perezosa". El elemento de conocimiento en la fe es existencial y todo lo demás procede de ello. "La fe hace la persona; la persona hace las obras y no las obras a la persona". Esto está confirmado por todo lo que conocemos en la actualidad mediante la psicología profunda. El significado ulterior de la vida es lo que hace a la persona. Una personalidad escindida no es alguien que no hace buenas obras. Hay muchas personas que hacen una cantidad de obras buenas pero carecen del centro ulterior. Este centro ulterior es lo que Lutero denomina fe. Y eso es lo que hace a la persona. Esta fe no es una aceptación de doctrinas, ni siquiera de doctrinas cristianas, sino la aceptación del poder mismo del cual procedemos y hacia el cual nos dirigimos, cualesquiera sean las doctrinas mediante las cuales lo aceptamos. En mi libro *El coraje de ser*, lo llamé "fe absoluta", una fe que puede perder todo contenido concreto y a pesar de ello existir como una afirmación absoluta de la vida como tal y del ser como ser. Por lo tanto, el único elemento negativo es lo que Lutero denomina incredulidad, un estado de no encontrarse unido con el poder del ser mismo, con la realidad divina contra las fuerzas de la separación y la compulsión.

La idea de Dios

La idea de Dios de Lutero es una de las más poderosas de toda la historia del pensamiento humano y cristiano. No se trata de un Dios que es un ser junto a otros: es un Dios que solo podemos tener por contraste. Lo que está oculto ante Dios es visible ante el mundo y aquello que está oculto al mundo es visible ante Dios. "¿Cuáles son las virtudes (es decir, los poderes del ser) de Dios? La debilidad, la pasión, la cruz, la persecución: esas son las armas de Dios". "El poder del hombre se vacía con la cruz, pero en la debilidad de la cruz está presente el poder divino. Con respecto al estado del hombre, Lutero dice: "Ser hombre significa no ser, llegar al ser. Significa estar en la privación, en la posibilidad, en la acción. Significa estar siempre en el pecado, la justificación, la justicia. Significa ser siempre un pecador, un penitente, un injusto". Es una forma paradójica de hablar pero expresa con claridad lo que quiere decir Lutero sobre Dios. A Dios solo se lo puede ver mediante la ley del contraste.

Lutero niega todo aquello que puede convertir a Dios en finito o en un ser junto a otros. "Nada es tan pequeño, Dios es aún más pequeño. Nada es tan grande, Dios es aún más grande. Es un ser sobre quien no se puede hablar, está fuera de todo lo que podemos nombrar y pensar. ¿Quién sabe qué es aquello que se llama 'Dios'? Está por encima del cuerpo, del espíritu, de todo lo que podemos decir, escuchar, pensar". Hace la gran afirmación de que Dios está más cerca de todas las creaturas que ellas mismas. "Dios ha encontrado la forma de que su propia esencia divina pueda estar completamente en todas las creaturas y en todas en especial, con mayor profundidad, intimidad, más presente de lo que está la creatura con respecto a sí misma y al mismo tiempo no está en ninguna parte y nadie lo puede comprender, de manera que incluye todas las cosas y está en su interior. Dios está, al mismo tiempo, totalmente en cada grano de arena y, sin embargo, en todas, por encima de todas y fuera de todas las creaturas". En estas fórmulas queda resuelto el antiguo conflicto entre las tendencias teísticas y panteístas en la doctrina de Dios: muestran la grandeza de Dios, el carácter ineludible de su presencia y, al mismo tiempo, su transcendencia absoluta. Y yo afirmaría de manera muy dogmática que cualquier doctrina de Dios que ignora alguno de estos elementos no habla en realidad de Dios sino de algo inferior a Él.

En la doctrina de la omnipotencia de Lutero se expresa lo mismo. "Llamo omnipotencia de Dios, no a aquel poder mediante el cual no hace muchas cosas que podía hacer sino el poder actual mediante el cual hace potentemente todo en todo". Esto quiere decir que Dios no se sienta a un lado del mundo y lo mira desde afuera, sino que actúa en todas las cosas en todo momento. Ese es el significado de la omnipotencia. La idea absurda de un Dios que calcula si debe hacer lo que podría hacer queda anulada por esta idea de Dios como poder creativo.

Lutero habla de las creaturas como las "máscaras" de Dios: Dios está oculto detrás de ellas. "Todas las creaturas son las máscaras y los velos de Dios a fin de hacerlas obrar y ayudarlo a crear muchas cosas". Así, todas las órdenes y las instituciones naturales están llenas de la presencia divina, como también lo está el proceso histórico. De este modo, se ocupa de todos nuestros problemas en la interpretación de la historia. Los grandes hombres de la historia, los Aníbal, los Alejandro, los Napoleón —y hoy agregaría, los Hitler— o los godos, los vándalos, los turcos —y ahora agregaría, los nazis y los comunistas— son impulsados por Dios a atacar y destruir y de esa manera Dios nos habla por medio de ellos. Son la Palabra de Dios a nosotros, inclusive a la Iglesia. Las personas heroicas, especialmente, rompen con las reglas comunes de la vida. Están armadas por Dios. Dios las llama y las obliga y les da su hora y, yo agregaría, su *kairós*. Fuera de esta *kairós* no pueden hacer nada; nadie puede hacer nada fuera de la hora adecuada. Y en la hora correcta nadie puede resistirse a quienes actúan en ese momento. No obstante, a pesar del hecho de que Dios actúa en todas las cosas de la historia, esta es la lucha entre Dios y Satanás. Es también la lucha entre sus respectivos reinos. Lutero pudo hacer una afirmación semejante porque Dios actúa de manera creativa inclusive en las fuerzas demoníacas. No podrían tener el ser si no dependieran de Dios como el fundamento del ser, como el poder creativo del ser en ellos, en todo momento. Dios hace posible que Satanás sea el seductor. Al mismo tiempo, posibilita la derrota de Satanás.

La doctrina de Cristo

El primer punto interesante en la cristología de Lutero es su método, que es muy diferente del que empleara la Iglesia antigua. Yo lo llamaría un verdadero método de correlaciones: relaciona lo que Cristo es para nosotros con lo que decimos sobre Él. Es un enfoque desde el punto de vista de los efectos que tiene Cristo sobre nosotros. Melanchton expresó la misma idea en sus *Loci.* Afirma que el objeto de la cristología es ocuparse de los beneficios de Cristo, no de su persona y sus naturalezas independientemente de sus beneficios. Al describir este método de correlación, dice Lutero: "Tal como alguien es en sí mismo, así es Dios para él, como objeto. Si un hombre es recto. Si un hombre es puro, Dios es puro para él. Si es malo, Dios es malo para él. Por lo tanto, a los condenados aparecerá como el mal en la eternidad pero a los justos aparecerá como el justo, según lo que cada cual es en sí mismo". Esta es una forma correlativa de hablar sobre Dios. Para Lutero, llamar Dios a Cristo significa haber experimentado efectos divinos que proceden de Cristo, es especial en perdón de los pecados. Hablar de Dios independientemente de sus efectos en un método objetivamente erróneo. Se debe hablar de Él en términos de los efectos que puede producir. Aquel cuyos efectos son divinos debe ser divino. El mismo: ese es el criterio.

Lo que decimos sobre Dios siempre tiene el carácter de la participación: sufrir con Él, ser glorificados con Él, crucificados con Él, resucitar con Él. "Predicar al crucificado significa predicar nuestra culpa y la crucifixión de nuestra maldad". "Así, vamos con Él: primero siervo, por lo tanto ahora rey: primero sufriente, luego ahora en gloria: primero juzgado, por lo tanto, ahora juez… Del mismo modo, se debe actuar: en primer lugar, la humillación a fin de obtener la exaltación". "Juntos condenados y bendecidos, vivos y muertos, en dolor y en alegría". Esto se dice de Cristo y de nosotros. La ley de la contradicción, la ley de la continua acción paradójica de Dios, se realiza en Cristo. Es la clave de la acción de Dios en contradicción con el sistema humano de valores. Esta paradoja también es válida dentro de la Iglesia. En su forma visible la Iglesia es miserable y humilde pero en esta humildad, como en la de Cristo, está la gloria de la Iglesia. Por lo tanto, la gloria de la Iglesia se manifiesta de manera especial en los períodos de persecuciones, sufrimientos y humildad.

Cristo es Dios para nosotros, nuestro Dios, Dios tal cual es en relación con nosotros. Lutero también dice que es la Palabra de Dios. Desde este punto de vista, el protestantismo debería pensar su cristología en términos existenciales, manteniendo la correlación inmediata entre la fe humana y lo que dice sobre Cristo. Todas las fórmulas acerca de sus naturalezas humanas y divina, o sobre el hecho de que es el Hijo de Dios y el Hijo del Hombre, solo tienen sentido si se las entiende existencialmente.

Lutero enfatiza mucho la presencia de Dios en Cristo. En la encarnación, la Palabra divina o el Logos se han hecho carne. La doctrina de Lutero sobre la Palabra tiene distintas etapas. En primer lugar, está la Palabra interior, a la cual también denomina el corazón de Dios o el Hijo eterno. Solo esta Palabra interior, que es la automanifestación interior de Dios, es perfecta. Así como el corazón del hombre está oculto, también lo está el corazón de Dios. La Palabra interior de Dios, su automanifestación interior, permanece oculta al hombre. Pero Lutero dice: "Esperamos contemplar esta Palabra en el futuro, cuando Dios haya abierto su corazón… introduciéndonos en él". El segundo significado de la Palabra en Lutero es Cristo como la Palabra visible. En Cristo, el corazón de Dios se ha hecho carne, es decir, realidad histórica. De este modo, podemos tener la Palabra oculta del conocimiento divino en sí mismo, si bien únicamente para la fe y nunca como un objeto entre otros. En tercer lugar, la Palabra de Dios es la Palabra hablada por los profetas, por Jesús y los apóstoles. Así, se convierte en la Palabra bíblica en la cual se expresa la Palabra eterna. Sin embargo, el ser revelador de la Palabra eterna en Cristo es más que todas las palabras habladas de la Biblia. Estas dan testimonio de Él pero solo son la Palabra de Dios de manera indirecta. Lutero nunca fue tan bibliólatra como muchos cristianos de hoy. Para Lutero, la Palabra era la automanifestación de Dios y esto no se limita de ninguna manera a las palabras de la Biblia. La Palabra de Dios está en, con y bajo las palabras de la Biblia pero no es idéntica a ellas. El cuarto sentido de la Palabra de Dios es la palabra de la predicación, pero solo ocupa el cuarto lugar. Si alguien habla de la "Iglesia de la Palabra", con lo cual hace referencia al predominio de la predicación en los cultos, sin duda alguna no sigue a Lutero en este punto.

El carácter especial de la doctrina de la encarnación de Lutero es el continuo énfasis en la pequeñez de Dios en la encarnación. El hombre no puede tolerar el Absoluto desnudo: Dios. Cae en la desesperación si se ocupa directamente del Absoluto. Por esa razón, Dios ha dado el Cristo, en quien se ha hecho pequeño. "En las otras obras. Dios se reconoce según la magnitud de su poder, sabiduría y justicia y sus obras se presentan como algo demasiado terrible. Pero aquí (en Cristo) aparecen su dulzura, su misericordia y su caridad". Si nos conocemos a Cristo no podemos tolerar la majestad de Dios y caemos en la locura y el odio. Esa es la razón que explica el gran interés de Lutero en la Navidad: escribió algunos de los himnos y poesías más hermosos sobre ese tema. Le gustaba la Navidad porque ponía el énfasis sobre el Dios pequeño en Cristo y Cristo es el más pequeño en la cuna. Esta paradoja constituía para Lutero el significado auténtico de la Navidad: que aquel que está en la cuna es, al mismo tiempo, el Dios todopoderoso. El más pequeño e indefenso de todos los seres tiene en su interior el centro de la divinidad. Esta es la forma que tiene Lutero de pensar en la naturaleza paradójica de la autorrevelación de Dios actúa paradójicamente, el más débil es el más fuerte.

Iglesia y Estado

Cualquiera que conoce la Reforma debe preguntar si es posible que una Iglesia viva sobre la base de los principios de la Reforma. ¿Acaso la Iglesia no debe ser una comunidad, organizada y autoritaria, con leyes y tradiciones fijas? ¿Acaso la Iglesia no es necesariamente católica y el principio protestante no contradice el posibilidad de tener una Iglesia, es decir, el principio de que Dios es todo y aceptación por parte del hombre es meramente secundaria?

Ahora bien. Sin la menor duda la doctrina de la Iglesia es el punto más débil en Lutero. El problema de la Iglesia fue el menos resuelto de todos los que dejó la Reforma a las generaciones posteriores. La razón de ello es que el sistema católico no fue reemplazado ni podía serlo de manera definitiva por un sistema protestante del mismo poder dada la forma de pensamiento de este último, antiautoritario y antijerárquico. Lutero, junto con Zwinglio y Calvino, eligió la Iglesia de estilo eclesiástico en contraposición al estilo sectario de los extremistas evangélicos. Esta distinción, muy adecuada, procede de Ernst Troeltsch. La Iglesia de clase eclesiástica es la madre de la cual procedemos todos. Siempre está presente y pertenecemos a ella desde el nacimiento: no la elegimos. Cuando despertamos de la falta de claridad de los primeros estadios de la vida, podemos quizá reafirmar que pertenecemos a ella en la confirmación, pero ya pertenecemos a ella objetivamente. Esto es muy diferente de las Iglesias de los extremistas para quienes el individuo que decide que quiere ser miembro de la Iglesia es el poder creativo de esa Iglesia. La Iglesia se hace por una alianza por medio de la decisión de los individuos en el sentido de formar una Iglesia, una asamblea de Dios. Todo en ella depende del individuo independiente, que no nace de la madre Iglesia sino que crea comunidades activas de Iglesia. Estas diferencias resultan aún más notables cuando se compara la clase de Iglesia eclesiástica del continente europeo con el estilo sectario de las Iglesias de Eliminar Estados Unidos, cosa que se expresa inclusive en las denominaciones principales de ese país.

La distinción que establece Lutero entre la Iglesia visible y la invisible es una de las cosas más difíciles de entender. Lo más importante que debemos señalar al tratar de comprenderlo, es que se trata de la misma Iglesia, no de dos. La Iglesia invisible es la cualidad espiritual de la visible. Y la Iglesia visible es la actualización empírica y siempre distorsionada de la Iglesia espiritual. Quizá este haya sido el argumento principal de los reformadores en contra de las sectas. Estas últimas pretendían identificar a la Iglesia a partir de los aspectos visible e invisible. La Iglesia visible debe ser purificada y purgada —como dicen todos los grupos sectarios actuales— de cualquiera que no sea un miembro de la Iglesia desde el punto de vista espiritual. Ello da por supuesto que podemos determinar quién es espiritualmente miembro de la Iglesia, que podemos juzgar penetrando en el corazón. Sin embargo, Dios es el único que puede hacer algo semejante. Los reformadores no podían aceptarlo porque sabían que no hay nadie que no pertenezca al "hospital" que conforma la Iglesia. Este hospital es la Iglesia visible y es para todos: nadie puede salir de él de manera definitiva. Por lo tanto, todos pertenecen en esencia a la Iglesia inclusive si espiritualmente están muy lejos de ella.

¿Qué es esta Iglesia? La Iglesia en su verdadera esencia es un objeto de fe. Como dijo Lutero, está "oculta en espíritu". Cuando se ve el obrar concreto de la Iglesia, sus ministros, el edificio, la congregación, la administración, las devociones, etcétera, se sabe que es la Iglesia visible, con todas sus limitaciones; la Iglesia invisible está oculta. Es un objeto de fe y se necesita mucha fe para creer que en la vida de las congregaciones comunes de la actualidad, cuyo nivel no es elevado en ningún sentido, está presente la Iglesia espiritual. Solo se lo puede creer si se cree que lo que hace a la Iglesia no son las personas sino el fundamento, no las personas sino la realidad sacramental, la Palabra, que es el Cristo. De lo contrario, perderíamos las esperanzas acerca de la Iglesia. Para Lutero y los reformadores la Iglesia, en su verdadera naturaleza, es algo espiritual. En Lutero, las palabras "espiritual" e "invisible" suelen tener un sentido idéntico. La base de la fe en la Iglesia es su único fundamento, que es Cristo, el sacramento de la Palabra.

Todo cristiano es un sacerdote y, por ello, tiene en potencia el oficio de predicar la Palabra y de administrar los sacramentos. Todos pertenecen al elemento espiritual. Sin embargo, y a fin de mantener el orden, la congregación llamará a algunas personas especialmente capacitadas para ocuparse de las funciones de la Iglesia. El ministerio es una cuestión de orden. Es una vocación como todas las demás, no implica ningún estado de perfección, de gracias superiores, ni nada por el estilo. El laico es tan sacerdote como cualquier sacerdote. El sacerdote especial es el "vocero" de los demás porque ellos no pueden expresarse y él sí. Por lo tanto, lo único que convierte a alguien en ministro es el llamado de la congregación. La ordenación carece de sentido sacramental. "La ordenación no es una consagración", dice: "Damos en el poder de la Palabra lo que tenemos, la autoridad de predicar la Palabra y administrar los sacramentos: eso es la ordenación". Pero eso no produce un grado superior en la relación con Dios.

En los países luteranos, el gobierno de la Iglesia no tardó en convertirse en algo idéntico al gobierno estatal y en los países calvinistas se convirtió en idéntico al gobierno civil (concejales). La razón es que Lutero anuló la jerarquía. No hay más Papa, obispos ni sacerdotes en el sentido técnico. ¿Quiénes gobernarán la Iglesia, entonces? En primer lugar, los ministros, pero no resultan adecuados pues carecen de poder. El poder viene de los príncipes o de las asociaciones libres dentro de la sociedad, como solemos encontrar en el calvinismo. Lutero llamó a los príncipes los obispos supremos de sus reinos. No deben interferir con los asuntos religiosos internos de la Iglesia, pero deben ocuparse de la administración: el *ius circa sacrum,* la ley alrededor de lo sagrado. Los ministros y cada uno de los cristianos deben ocuparse de los asuntos sagrados.

Esa solución surgió a partir de una situación de emergencia. Ya no había obispos o autoridades eclesiásticas y la Iglesia necesitaba una administración y un gobierno. De manera que se crearon obispos de emergencia y los únicos que podían ocuparse de ello eran los electores y los principios. La Iglesia estatal de Alemania empezó a surgir a partir de esta situación de emergencia. La Iglesia se convirtió, más o menos, y creo que antes "más" que "menos", en un departamento de la administración estatal y los príncipes se convirtieron en sus árbitros. No fue algo intencional pero pone de manifiesto el hecho de que una Iglesia necesita una estructura política. En el catolicismo, ese papel lo cumplía el Papa y la jerarquía: en el protestantismo, los miembros más conspicuos de la comunidad tuvieron que hacerse cargo de ese liderazgo. Podían ser los príncipes o los grupos sociales, como en el caso de países más democráticos.

No es fácil ocuparse de la doctrina del Estado de Lutero, pues mucha gente cree que su interpretación del Estado es la verdadera causa del nazismo. En primer lugar, algunos cientos de años significan algo en la historia, y Lutero es bastante anterior a los nazis. Sin embargo, no es ese el punto fundamental. Lo esencial es que la doctrina del Estado era una doctrina positivista: se entendía a la providencia en términos del positivismo. Positivismo significa que las cosas se toman tal como son. La ley positiva es lo decisivo y Lutero relaciona este hecho con la doctrina de la providencia. La providencia confiere existencia a tal o cual poder y, por ello, resulta imposible rebelarse contra esos poderes. No hay ningún criterio racional a partir del cual se pueda juzgar a los príncipes. Por supuesto, que tenemos el derecho de juzgarlos a partir del hecho de que sean buenos cristianos o no. Sin embargo, cualquiera sea el resultado de ese juicio, están puestos por Dios y, por lo tanto, hay que obedecerlos. El destino histórico ha producido a los tiranos: los Nerón y los Hitler. Puesto que se trata del destino histórico, debemos someternos a él.

Esto quiere decir que ha desaparecido la doctrina estoica de la ley natural, que puede usarse como una crítica de la ley positiva. Solo queda esta ley. Para Lutero, la ley natural en realidad no existe. No usa en absoluto la doctrina estoica de la igualdad y la libertad del ciudadano. De manera que no es revolucionario, ni desde el punto de vista teórico ni desde el práctico. En la práctica, afirma, todo cristiano debe tolerar el mal gobierno pues emana providencialmente de Dios. Para Lutero, el Estado no es una realidad en sí mismo. Siempre resulta confuso hablar sobre la teoría del Estado de los reformadores. El término "Estado" no es anterior al siglo diecisiete o dieciocho. En lugar de ello, usaban el concepto de *Obrigkeit,* de autoridad, superiores. El gobierno en la autoridad, no la estructura llamada "Estado". Ello significa que no hay ninguna implicación democrática en la doctrina del Estado de Lutero. La situación es tal, que hay que aceptar el Estado tal como es.

¿Cómo podía sostener tal cosa? ¿Cómo podía aceptar el poder despótico de los Estados de su época cuando, en mayor medida que cualquier otro, enfatizaba el amor como principio último de la moral? Tenía una respuesta para ello, respuesta profundamente espiritual. Dice que Dios hace dos clases de obras. Una es su obra propia la obra del amor y la misericordia, el don de la gracia. La otra es la obra extraña; también es obra de amor, pero extraño. Opera mediante el castigo, la amenaza, el poder compulsivo del Estado, por toda clase de penitencias, tal como exige la ley. Quienes afirman que esto contradice el amor, formulan la siguiente pregunta: ¿Cómo se puede unir el poder compulsivo y el amor? Y derivan de ello una especie de anarquismo que se suele encontrar en las ideas de los pacifistas cristianos y otros. Creo que la situación que formula Lutero es la verdadera. Considero que percibió con mayor claridad que cualquier otro autor que yo conozca, la posibilidad de unir los elementos del poder y el amor en términos de esta doctrina de las obras "extrañas" y "propias" de Dios. El poder del Estado, que nos permite estar aquí o que se hagan obras de caridad, es una obra del amor de Dios. El Estado debe suprimir la agresión del hombre malo, de aquellos que se oponen al amor; el trabajo extraño del amor consiste en la destrucción de aquello que se le opone. Es correcto llamarla extraña, pero no por ello deja de ser una obra de amor. El amor dejaría de ser un poder sobre la Tierra si no destruyera todo lo que se le opone. Esta es la intuición más profunda que conozco en la relación entre el poder y el amor. Toda la doctrina positivista del Estado torna imposible, desde un punto de vista teológico, la aceptación de la revolución por parte del luteranismo. La revolución produce el caos; inclusive si su intención es producir orden, primero produce el caos y aumenta el desorden. Por lo tanto, Lutero se oponía a la revolución de manera tajante. Aceptaba el don del destino otorgado de manera positiva.

El nazismo fe posible en Alemania en razón de este autoritarismo positivista, por la afirmación de Lutero en el sentido de que el príncipe dado no puede ser relevado de su cargo. Esto provocó una gran inhibición contra cualquier clase de revolución en Alemania. Sin embargo, no creo que ello hubiera sido posible de modo alguno en los sistemas totalitarios modernos. No obstante, la negación de cualquier revolución sirvió como una causa espiritual adicional. Cuando decimos que Lutero es responsable del nazismo, emitimos un juicio absurdo. La ideología de los nazis es prácticamente lo contrario de la de Lutero. Este no profesaba una ideología, nacionalista, tribal o racial. Alababa a los turcos por su buen gobierno. Desde este punto de vista, no hay nazismo alguno en Lutero. La única relación se da desde el punto de vista del conservadurismo de su pensamiento político. Sin embargo, ello no es más que una consecuencia de su supuesto básico. La única verdad en la teoría que conecta a Lutero con el nazismo es que el primero destruyó la voluntad revolucionaria de los alemanes. No hay una voluntad revolucionaria en el pueblo alemán; eso es todo lo que podemos afirmar, y nada más que eso.

Es igualmente absurdo decir que los promotores del nazismo fueron primero Lutero y luego Hegel. Es absurdo pues, si bien Hegel dijo que el Estado es Dios sobre la Tierra, no se refería al Estado del poder. Hablaba de la unidad cultural de la religión y la vida social que se organiza en el Estado. En ese sentido, Hegel pudo decir que hay una unidad entre la Iglesia y el Estado. Sin embargo, al decir "Estado" no se refería al movimiento partidario de los nazis ni a un regreso al sistema tribal. Para él, el Estado es la sociedad organizada que reprime el pecado.

Martín Lutero: retorno al evangelio como ejemplo clásico de cambio de paradigma

Hans Küng

1. Por qué se produjo la Reforma luterana

Prácticamente todas las reformas que deseaba Lutero ya habían sido postuladas anteriormente. Pero los tiempos no estaban maduros. Ahora había llegado el momento, y solo hacía falta un ingenio religioso que sistematizara esas exigencias, las formulara con el lenguaje adecuado y las encarnara en su propia persona. Martín Lutero fue ese hombre.

¿Qué había servido de preparación, antes de la Reforma, al nuevo cambio de paradigma en la historia universal? Resumámoslo brevemente:

— El derrumbamiento del papado como sistema de hegemonía mundial, el cisma de la Iglesia oriental, más tarde el doble y triple pontificado de Aviñón, Roma y Pisa, así como el surgimiento de los estados nacionales de Francia, Inglaterra y España.

— El fracaso de los concilios reformadores (Constanza, Basilea, Florencia, Letrán) en su intento de "reformar a la Iglesia en cabeza y miembros".

— El paso de la economía en especie a la economía monetaria, la invención de la imprenta, el deseo general de cultura y de Biblias.

— El centralismo absolutista de la curia, su inmoralidad, su desenfrenada política financiera y su obstinada resistencia a toda reforma, finalmente el comercio de indulgencias para la construcción en Roma de la iglesia de San Pedro, cosa que en Alemania se consideró el colmo de la explotación por parte de la curia. Por otro lado, también al norte de los Alpes clamaban al cielo los abusos a que daba lugar el sistema romano:

— El carácter retrógrado de las instituciones eclesiásticas: prohibición de la economía de intereses, exención de impuestos para la Iglesia, jurisdicción eclesiástica propia, monopolio clerical de la enseñanza, fomento de la mendicidad, exceso de fiestas religiosas.

- La pérdida de importancia de Iglesia y teología ante la proliferación del derecho canónico.
- La creciente autoconciencia de la ciencia universitaria (París), que se convierte en instancia crítica frente a la Iglesia.
- El relajamiento, la inmensa riqueza de los príncipes-obispos y de los monasterios, los abusos que generaba el celibato forzoso, el excesivamente numeroso, pobre e inculto proletariado eclesiástico.
- La crítica radical de la Iglesia hecha por Wiclif, Juan Hus, Marsilio de Padua, Ockham y los humanistas.
- Finalmente, una terrible superstición en el pueblo, un nerviosismo religioso que a veces tomó forma de fanatismo apocalíptico, una liturgia desprovista de contenido y una religiosidad popular formalista, un odio a los frailes y clérigos por su poco apego al trabajo, un malestar entre los habitantes cultos de las ciudades y, en Alemania, desesperación de los esquilmados campesinos... En conjunto, una hondísima crisis de la teología, la Iglesia y la sociedad medievales y su incapacidad para acabar con ella.

De este modo, todo estaba preparado para un trascendental cambio de paradigma, pero hacía falta alguien que presentase de modo convincente lo que había de ser un nuevo paradigma. Y ello sucedió a través de un único monje, a través de la extraordinaria figura profética de Martín Lutero, nacido el 10 de noviembre de 1483 en la ciudad turingia de Eisleben. Aunque al principio Lutero, joven monje y doctor en teología, no se tuvo en absoluto por un profeta sino por un religioso dedicado a la docencia, llevado de su intuición e inspiración, supo captar los apasionados anhelos religiosos de la Baja Edad Media. Él purificó las poderosas fuerzas positivas de la mística, y también del nominalismo y de la religiosidad popular; con su personalidad genial y profundamente creyente centró, consciente de su propósito, los frustrados movimientos de reforma, y manifestó sus deseos con una asombrosa fuerza de expresión. Sin Martín Lutero, la Reforma no hubiese tenido lugar.

2. La pregunta central: ¿cómo quedar justificado ante Dios?

¿Pero cuándo llegó el momento? Llevado de un intenso miedo a morir, con ocasión de una tormenta con abundancia de rayos, y a su constante temor a no hallar gracia ante Cristo en el Juicio final, Lutero, a la edad de 22 años y contra la voluntad de su padre (minero y maestro metalúrgico), entró en religión. ¿Mas cuándo se convirtió aquel monje agustino, que se esforzaba por cumplir rigurosamente la regla conventual y por justificarse mediante las obras, en el ardiente reformador de la *sola fides* ("la fe sola")? Los historiadores no se ponen de acuerdo en cuanto al momento exacto en que hizo "irrupción" la Reforma.

Los hechos incuestionados, en todo caso, son los siguientes: Martín Lutero, que había recibido una formación escolástica en filosofía y teología muy semejante a la que recibiese antes de él Tomás de Aquino, atravesaba una honda crisis personal. La vida monacal no había resuelto ninguno de sus problemas: antes bien, había agudizado muchos de ellos. Pues las obras piadosas monacales, como los rezos del oficio divino, misa, ayunos, confesión, actos de penitencia, a las cuales Lutero, en su calidad de eremita agustino, se sometía con honda dedicación, no pudieron acallar en él las preguntas relativas a su salvación o condenación. En una súbita e intuitiva experiencia de la indulgente justicia de Dios (si nos atenernos al "gran testimonio personal" de 1545), pero más probablemente en un proceso algo más largo (si se examinan más detenidamente sus escritos anteriores), Lutero entendió de un modo nuevo, en su angustia de conciencia, la justificación del pecador. Independientemente de cuál haya sido la fecha exacta de la "irrupción de la Reforma" (los investigadores más recientes se inclinan, en su mayoría, por una "datación tardía", la primera mitad del año 1518): el tema del "giro reformador" aparece ya aquí.

El punto de partida de la empresa reformadora de Lutero no fue, por tanto, determinados abusos dentro de la Iglesia, ni fue en absoluto el tema de la Iglesia, sino el tema de la salvación: ¿cómo es la relación del hombre con Dios? ¿Y la de Dios con el hombre? ¿Cómo puede estar el hombre seguro de salvarse por obra de Dios? ¿Cómo puede el hombre pecador enderezar su relación con el Dios justo? ¿Cuándo está justificado ante Dios? Lutero había encontrado la respuesta sobre todo en la epístola a los Romanos del apóstol Pablo: el hombre no puede en absoluto por sí mismo, por muy piadoso que sea, aparecer como justo ante Dios, estar justificado ante él. Dios es quien, con la libertad de su gracia, en su calidad de Dios misericordioso, justifica al pecador, sin que este lo merezca. Y esa gracia, el hombre solo puede acogerla si confía lleno de fe. Para Lutero, la fe pasa a ser la más importante de las tres virtudes teologales, con la fe recibe el hombre injusto y pecador la justicia de Dios.

Eso fue lo decisivo teológicamente. Pero a ello se añadió un segundo factor: a partir de su nuevo modo de entender el proceso de la justificación, Lutero vino a dar con una nueva manera de entender la Iglesia. O sea: con una crítica radical de la doctrina y la práctica de una Iglesia apartada del evangelio, corrupta y formalista, y de sus sacramentos, ministerios y tradiciones. ¿Pero no había roto así Lutero totalmente con la tradición católica? ¿No había dejado de ser católico, ya solo por su modo de entender el hecho de la justificación? Para responder a esa pregunta, hay que ver también, además de la discontinuidad, la gran continuidad de Lutero con la teología anterior.

3. El Lutero católico

Una transmisión ininterrumpida de la tradición une a Lutero, especialmente en su modo de entender la justificación, con la Iglesia y la teología anteriores a él. Destaquemos brevemente cuatro líneas de continuidad histórica, que son, en su totalidad, importantes para el concepto de justificación de Lutero y que, en parte, se entrecruzan unas con otras: la religiosidad católica que Lutero halló en la vida monástica; relacionada con esta, la mística medieval; la teología de Agustín y, finalmente, el nominalismo de la Baja Edad Media, en la forma del ockhamismo.

¿La religiosidad católica? Por supuesto: la religiosidad católica tradicional, monástica, desencadenó en Lutero la crisis. Por eso, la vía monástica de la perfección fue para él —hasta el final de sus días— la vía de las obras de la ley y del querer-darse-importancia-ante-Dios, una vía que a él no le aportó ni paz de conciencia ni seguridad interior, sino miedo y desesperación. Y, sin embargo, a lo largo de su crisis, Lutero salvó elementos muy positivos de la religiosidad católica. Para la doctrina de la justificación tiene especial relevancia el hecho de que fuese Juan de Staupitz, el superior de la orden, un hombre de tendencias reformadoras, quien consiguió que Lutero dejase de torturarse con el tema de la propia predestinación, remitiéndole a la Biblia, a la voluntad de salvación de Dios y a la imagen del crucificado, ante la que desaparece el miedo a estar o no estar entre los elegidos.

¿La mística medieval? Por supuesto: los rasgos panteizantes de la mística y su tendencia a borrar las diferencias entre lo divino y lo humano eran completamente ajenos a Lutero. Y sin embargo, se sabe que Lutero conocía la mística de Dionisio el Areopagita y de Bernardo de Claraval. Más aún: descubrió la obra mística *Una teología alemana*, la estudió entusiasmado y la editó en 1515/16 (completa, en 1518). Consideraba a Taulero, el místico, como uno de los más grandes teólogos y recomendaba su lectura. No cabe duda: la sensibilidad de Lutero para el hacerse humilde, pequeño, para el anonadarse ante Dios, el único a quien corresponde toda gloria, su convencimiento de que la piedad basada en las obras solo lleva a la vanidad y a la soberbia y aleja mucho de Dios, finalmente, su fe en el Cristo sufriente, sobre todo el Cristo que él percibía a través de los salmos: todas esas ideas, de importancia decisiva para su concepto de justificación, pertenecen al acervo tradicional de la mística medieval.

¿La teología de Agustín? Por supuesto: la doctrina de la predestinación y la idea del amor perfecto de Dios, tal y como las entendía Agustín, el antiguo antipelagiano, no tuvieron pequeña parte en la crisis de Lutero. Y Lutero entendió siempre la gracia de modo distinto, más personal, que Agustín. Sin embargo, factor determinante en la doctrina de la justificación de Lutero fue la visión de la honda desdicha que es el pecado, en cuanto egocentrismo y repliegue del hombre en sí mismo (*incurvatio in se*), así como la visión de la omnipotencia de la gracia de Dios, que él había aprendido de Agustín. Y por eso, Lutero quedó vinculado a uno de los componentes básicos de la teología medieval: a la teología de Agustín, cuyas Confesiones y grandes tratados *Sobre la Trinidad y La ciudad de Dios* ya estudiara él muy pronto; la teología de Agustín, quien no solo fue figura preeminente durante la primera Escolástica pre-aristotélica y la plenitud de la Escolástica, con Alejandro de Hales y Buenaventura, sino que, aunque claramente relegado, también tuvo su función en Tomás de Aquino y su escuela y, finalmente, en la Baja Edad Media. La continuidad, no solo en la doctrina trinitaria y en la cristología, sino también en la teología de la gracia, era mucho más fuerte de lo que tenía conciencia el propio Lutero. El pasaje decisivo para el estallido de la Reforma, Romanos 1.17, sobre la "justicia de Dios" —así lo vio claramente Lutero— no habla de la justicia inexorable de Dios, ante cuyo tribunal ningún pecador puede hallar gracia, sino de su justicia condenadora. Así entendían este pasaje no solo Agustín, como creía Lutero, sino —como han demostrado investigadores católicos— la inmensa mayoría de los teólogos medievales.

¿El ockhamismo? Por supuesto: en su doctrina de la justificación, Lutero reaccionó violentísimamente contra el pelagianismo de la escuela franciscana ockhamista de la Baja Edad Media, que se halla no solo en el propio Ockham sino en su gran discípulo Gabriel Biel, y también en Bartolomé Arnoldi de Usingen, discípulo de Riel y maestro de Lutero. Sin embargo, también hay un camino que conduce de Ockham y Riel a la doctrina de la justificación de Lutero. La escuela tomista no tiene razón, sin duda, cuando difama la teología de la Baja Edad Media en general y el ockhamismo (nominalismo) en especial, viendo en ellos una desintegración de la teología medieval. Pero a su vez tampoco tiene razón la investigación protestante de la Reforma cuando presenta la teología de la Baja Edad Media tan solo como el oscuro trasfondo ante el cual brilla esplendorosamente la doctrina de la justificación de Lutero. Lutero no debe ser considerado únicamente —como suele suceder en casi todo el ámbito protestante— en su dependencia de Pablo y Agustín, sino también en su relación positiva con Ockham y Biel; por ejemplo: en lo concerniente a determinados aspectos de su concepto de Dios (la absoluta soberanía de Dios), la concepción de la gracia como favor divino, la aceptación del hombre por libre elección de Dios, que no encuentra en el hombre ninguna razón de ello.

¿Qué resulta de ese cuádruple entramado de tradiciones? Resulta que una condenación global de Lutero, de entrada, es imposible para un católico. La tradición medieval católica tiene, en efecto, demasiado en común con el denso conglomerado teológico de Lutero. Por supuesto: en todo ello, no se puede perder de vista lo específicamente luterano. ¿En qué consiste? Lo veremos con claridad si tomamos como ejemplo la célebre querella de las indulgencias.

4. El chispazo de la Reforma

La querella de las indulgencias no fue la causa intrínseca, pero tampoco únicamente el casual motivo extrínseco de la Reforma, sino el catalizador, el factor desencadenante. El papa ¿debe, puede, está autorizado a conceder indulgencias? Es decir, ¿a conceder a los vivos e incluso a los difuntos (del purgatorio) la remisión parcial o total de las penas temporales que ellos merecieron por sus pecados, penas que Dios les impuso y que ellos deben padecer antes de entrar en la vida eterna? En aquel entonces, una cuestión de enorme relevancia, no solo teológica sino también política. Lutero abordó tal cuestión debido a una excepcional campaña de indulgencias que, por orden del papa León X, había sido organizada en Alemania, para el nuevo edificio de la basílica de San Pedro, con todos los medios propagandísticos disponibles. El comisario general de la "indulgencia de San Pedro" fue el arzobispo de Maguncia Alberto de Brandeburgo.

Penitencia: ¿qué cosa es penitencia? La respuesta de Lutero a esta pregunta es, desde un punto de vista teológico, radical. La penitencia no está limitada, para el cristiano, al sacramento de la penitencia, sino que ha de abarcar la vida entera. Y lo decisivo es: el perdonar culpas es solo asunto de Dios; el papa puede, a lo sumo, confirmar mediante una explicación ulterior que una culpa ya ha sido perdonada por Dios. Y de todos modos los poderes del papa abarcan solo esta vida y acaban con la muerte. ¡Qué perversión del gran pensamiento de la gracia gratuita de Dios para con el pecador es el querer comprarse la salvación del alma con costosas papeletas de indulgencias para financiar una lujosa iglesia papal!

Pero ese ataque significaba al mismo tiempo que Lutero, de un golpe, no solo había privado de toda legitimación teológica el comercio de indulgencias, sino quebrantado a la vez la autoridad de quienes habían montado tal negocio en provecho propio: el papa y los obispos. En 95 tesis resume Lutero su posición, las envía al obispo competente, Alberto de Maguncia, y las da a conocer al mismo tiempo al público universitario. Que él mismo clavara esas tesis, exactamente el 31 de octubre (o el 1 de noviembre) de 1517, en la iglesia del castillo de Wittenherg, tal y como ha sido representado tantas veces en las artes plásticas, es probablemente una leyenda que tiene su origen en una declaración de Melanchton, el más inteligente y fiel de los compañeros de Lutero, pero que en aquel entonces aún vivía en la universidad de Tubinga e hizo esa declaración después de la muerte de Lutero.

Pero como quiera que fuese, cabe decir con toda seguridad lo siguiente: Lutero no "iba buscando temerariamente una ruptura con la Iglesia", sino que se convirtió, en efecto, "sin quererlo, en reformador", como escribe el historiador de la Iglesia Erwin Iserloh, quien concluye, con razón: "sin duda es mayor la parte de responsabilidad de los obispos competentes". Y otra cosa es segura también: las tesis de Lutero hallaron rápida difusión por doquier, y a eso Lotero contribuyó personalmente. Comentó esas tesis con "resoluciones" latinas y popularizó sus propias y más importantes ideas en un "Sermón sobre la indulgencia y la gracia", dirigiéndose al pueblo cada vez más, conscientemente, en la lengua materna alemana. El hondo malestar que ya estaba muy extendido en Alemania a propósito de las indulgencias y del fiscalismo de la curia estalló ahora en una tormenta de indignación.

El contraataque no se hizo esperar: ya pronto se inició en Roma el proceso por herejía contra Martín Lutero, siendo acusadores el arzobispo de Maguncia y la orden dominicana. Lutero es citado en el otoño de 1518 ante la Dieta de Augsburgo e interrogado durante tres días por el cardenal-legado del papa. Se trata de Cayetano, el tomista más importante de su tiempo, que había escrito poco antes el primer comentario a toda la *Suma teológica* de

Tomás de Aquino. El interrogatorio, por supuesto, no logra que se llegue a un acuerdo, de tal manera que Cayetano acaba poniendo al obstinado monje agustino ante la siguiente alternativa: retractación o apresamiento y muerte en la hoguera. Su príncipe elector, Federico de Sajonia, recibe la demanda de entregar a Lutero; este, sin embargo, había abandonado clandestinamente Augsburgo.

De pronto, dos perspectivas totalmente diferentes, más aún, dos "mundos" diferentes, dos mundos diferentes en el pensamiento y el lenguaje, en resumen, dos paradigmas diferentes, se encontraron frente a frente en Lutero, el reformador, y en Cayetano, el tomista y legado papal. El resultado fue el que era de esperar: la confrontación total, el debate, sin perspectiva ninguna, el entendimiento mutuo, inalcanzable. Al clamor de reforma de Lutero, las autoridades eclesiásticas, carentes de toda voluntad de reforma, habían respondido, en el fondo, de una sola manera: exigiendo la capitulación y el sometimiento al magisterio papal y episcopal. Y pronto toda la nación se halló, con Lutero, ante una alternativa hasta entonces desconocida: revocación y "retorno" a lo antiguo (al paradigma medieval) o "conversión", acceso a lo nuevo (el paradigma reformador-evangélico). Así dio comienzo una polarización sin precedentes, que pronto dividió a la Iglesia entera en amigos y enemigos de Lutero. Para unos, la gran esperanza de una renovación de la Iglesia; para otros la gran apostasía, el gran rechazo de papa e Iglesia.

Lutero, quien apelaba al evangelio, a la razón y a su conciencia, y por eso no quería ni podía retractarse, había huido de Augsburgo y apelado, contra el papa, al concilio ecuménico. Pero, en lugar de abordar las ideas reformadoras, la autoridad eclesiástica intenta liquidar teológicamente a Lutero para ahogar por fin la llama de la disputa. En el verano de 1519 tiene lugar la llamada disputa de Leipzig, que duró tres semanas. Ahora se enfrenta con Lutero, como principal adversario católico, Juan Eck, quien desarrolla una hábil táctica. En lugar de entrar en la crítica que hace Lutero de la Iglesia, centra todo el problema en la cuestión del primado del papa y de la infalibilidad. Lutero, en efecto, ya no quiere aceptar el primado como institución divina necesaria para la salvación, pero sí como institución de derecho humano. Con eso se había tendido él mismo una trampa, que funciona de golpe cuando surge la cuestión de la infalibilidad de los concilios, sobre todo del concilio de Constanza, que había condenado y enviado a la hoguera a Juan Hus. A Lutero no le queda otro remedio que admitir la posibilidad de que también los concilios se equivoquen, puesto que Constanza, en el caso de Hus, había condenado algunas frases acordes con el evangelio. Pero así, Lutero había abandonado los fundamentos del sistema romano. Y sin que Roma hubiese tenido que plantearse sus exigencias de reforma, Lutero llevaba ya definitivamente la marca de la herejía, había sido dado a conocer públicamente como husita encubierto. Por su parte, Lutero que en un principio no había rechazado, pero sí relativizado históricamente, la autoridad de papa, episcopado y concilios, estaba ahora plenamente convencido de que sus adversarios no tenían la capacidad —y ni siquiera la voluntad— de reflexionar sobre una reforma de la Iglesia acorde con el espíritu de la Escritura.

El proceso por herejía se acercaba a un funesto final. Aplazado en un principio por la curia romana, con vistas a la elección del emperador (en la que el príncipe elector de Sajonia tenía un voto de importancia) y por un periodo de tiempo inusitadamente largo, Lutero se ve confrontado el 15 de junio de 1520 —un año después de Leipzig— con la bula papal *Exsurge Domine*. En ese documento papal no solo son calificados de "heréticos" 41 enunciados de Lutero, seleccionados con bastante falta de criterio, sino que, sobre todo, Lutero se ve amenazado con la excomunión y con la quema de todos sus escritos si no se retracta en el plazo de 60 días. En lugar de ofrecer a Lutero argumentos teológicos, objetivos, la jurisdicción papal (el gremio romano que entendía en la causa de Lutero constaba casi únicamente de canonistas) le aplasta con todo el peso de su poder. Lutero reacciona apelando una vez más, el 17 de noviembre, a un concilio general (como hiciera la Sorbona poco antes, pese a haber prohibido el papa la apelación). Más aún: contra el papa, a quien, por arrogarse el privilegio de interpretar él solo la Escritura y por negarse a toda reforma, Lutero ve cada vez más como el Anticristo, redacta el escrito *Contra la execrable bula del Anticristo*.

La crisis se agrava ahora de modo dramático: cuando Lutero tiene en la mano un ejemplar impreso de la bula y se entera de que el nuncio papal Aleander ha dispuesto que se quemen sus escritos en Lovaina y Colonia, reacciona, el 10 de diciembre de 1520, en Wittenberg, con un acto espectacular: acompañado de colegas y de estudiantes, prende fuego no solo a la bula papal, sino también a los libros del derecho canónico papal (*Decretales*): clara prueba de que ya no acepta la jurisdicción romana ni el sistema jurídico basado en ella, puesto que estos condenan la doctrina evangélica que él defiende. Aquello fue una antorcha que enardeció los ánimos de toda la nación, y así, tres semanas después, a principios de enero de 1521, Roma se apresura a enviar la bula de excomunión (*Decet Romanum Pontificem*).

Aunque al principio no se le presta mucha atención en Alemania, en el "caso Lutero" la suerte estaba definitivamente echada. Y nada había de cambiar tampoco la Dieta de Worms del mismo año de 1521, ante la cual, a instancias del prudente príncipe elector Federico el Sabio, había sido citado Lutero por el joven emperador Carlos V.

5. El programa de la Reforma

El año 1520, año crucial en política eclesiástica, lo fue también para la teología de Lutero. Aparecen los grandes escritos programáticos de la Reforma. Y si el temperamento de Lutero no le llevaba a edificar metódicamente un sistema teológico, sí que le movía a dar a la teología, según lo pedía la situación, nuevos objetivos, que él elegía conscientemente y que llevaba a cabo con energía:

— El primer escrito de ese año está dirigido a las parroquias, y, menos programático que devoto, está redactado en lengua alemana: el extenso sermón *Sobre las buenas obras* (principios de 1520). Teológicamente es uno de los escritos básicos de Lutero, ya que versa sobre "su" pregunta básica, que es la pregunta por la existencia cristiana: la relación entre fe y obras, los íntimos motivos de la fe así como las consecuencias prácticas que todo ello comporta. Partiendo de los diez mandamientos se ve claramente que la fe, que da solo a Dios todo honor, es la base de la existencia cristiana; únicamente partiendo de la fe pueden, y deben venir a continuación también, indudablemente, las buenas obras.
— El segundo escrito, dirigido al emperador, a los príncipes y al resto de la nobleza, hace suyos los *gravamina* (quejas) de la nación alemana y es un apasionado llamamiento, escrito igualmente en la lengua vernácula, a la reforma de la Iglesia: *A la nobleza cristiana de la nación alemana sobre el mejoramiento de la condición cristiana* (junio de 1520). En esta obra, Lutero dirige el —hasta entonces— más duro ataque al sistema papista, que impide la reforma de la Iglesia con las tres arrogaciones siguientes ("muros de los romanistas"): 1) que el poder espiritual esté sobre el poder profano; 2) que el papa sea el único auténtico intérprete de la Escritura; 3) que solamente el papa pueda convocar un concilio. Al mismo tiempo, desarrolla en 28 puntos un programa de reforma tan extenso como detallado. Las 12 primeras reivindicaciones se refieren a la reforma del papado:

renuncia a las pretensiones de soberanía profana y espiritual; independencia del Imperio y de la Iglesia alemanes; eliminación de los múltiples abusos de la curia. Pero después, la reforma se refiere a la vida eclesiástica y profana, en general: vida monástica, celibato de los sacerdotes, indulgencias, misas por los difuntos, festividades de los santos, peregrinaciones, órdenes mendicantes, universidades, escuelas, asistencia a los pobres, erradicación del lujo. Ya aquí aparecen las tesis programáticas sobre el sacerdocio de todos los fieles y sobre el ministerio eclesiástico, que para Lutero consiste solo en la delegación del pleno poder sacerdotal de la comunidad en una persona para que esta lo ejerza públicamente.

— El tercer escrito, de finales del verano de 1520, está dirigido a letrados y teólogos y por eso redactado en latín y de forma científica: *La cautividad babilónica de la Iglesia*. Este escrito es seguramente el único que Lutero concibe, en calidad de exégeta, con rigor teológico-sistemático y está consagrado a los sacramentos: tema extraordinariamente peligroso por tratarse de los fundamentos del derecho canónico romano. Los sacramentos, según Lutero, fueron instituidos mediante una promesa y un signo del propio Jesucristo. Si se acepta plenamente el criterio tradicional de la "institución por el propio Jesucristo", solo quedan los dos sacramentos del bautismo y la cena (eucaristía), todo lo más tres, si se añade la penitencia. Los otros cuatro sacramentos (confirmación, orden sacerdotal, matrimonio, extremaunción), serían entonces costumbres de la Iglesia, costumbres piadosas pero no instituidas por Cristo. Para los sacramentos y las costumbres, Lutero también hace muchas propuestas prácticas de reforma: desde la comunión de los laicos en las dos especies hasta el matrimonio de los divorciados sin culpa.

— El cuarto escrito publicado en el otoño, *De la libertad del hombre cristiano*, sigue desarrollando las ideas del primer escrito y ofrece un resumen de cómo entendía Lutero la justificación, en dos frases que enlazan con 1Co 9:19: "Un hombre cristiano es un hombre libre en todas las cosas y no sujeto a nadie" (en la fe, según el hombre interior), y "un hombre cristiano es un siervo al servicio de todas las cosas y sujeto a todos" (en las obras, según el hombre exterior). La fe es lo que convierte al hombre en persona libre, que con sus obras puede estar al servicio de los otros.

En esos cuatro escritos tenemos ante nosotros los contenidos absolutamente esenciales de la Reforma. Y ahora ya es posible responder a las preguntas de qué es, en definitiva, lo que quiere Martín Lutero, qué le mueve en todos sus escritos, cuáles son los motivos de su protesta, de su teología y también de su política.

6. El impulso básico de la Reforma

A pesar de su enorme fuerza explosiva en materia política, Lutero fue siempre, hondísimamente, un hombre de fe, un teólogo que llevado de su angustia existencial luchaba, conocedor de la naturaleza pecadora del hombre, por hallar gracia ante Dios. Se le entendería de una forma totalmente superficial si se pensara que solo quiso luchar contra los indescriptibles abusos dentro de la Iglesia, en especial contra las indulgencias, y conseguir liberarse del papado. No: el ímpetu personal reformador de Lutero, lo mismo que su inmensa fuerza expansiva en la historia, provenían de un solo afán: el retorno de la Iglesia al evangelio de Jesucristo, tal y como él lo había vivido intensamente en la sagrada Escritura y en especial en Pablo. Y eso significa concretamente (aquí se van perfilando claramente las diferencias decisivas con el paradigma medieval):

— A todas las tradiciones, leyes y autoridades que se han ido añadiendo en el transcurso de los siglos, Lutero opone el primado de la Escritura: *sola Scriptura.*

— A los miles de santos y a los miles y miles de mediadores oficiales entre Dios y el hombre, Lutero opone el primado de Cristo: *solus Christus.*

— A los méritos, a los esfuerzos de piedad religiosa prescritos por la Iglesia ("obras") para conseguir la salvación del alma, Lutero opone el primado de la gracia y de la fe: sola gratia del Dios misericordioso que se mostró como tal en la cruz y la resurrección de Jesucristo, y la fe absoluta del hombre en ese Dios, su confianza absoluta en él (*sola fides*).

Al mismo tiempo, sin embargo, es incuestionable lo siguiente: por mucho que Lutero haya conocido inicialmente la angustia personal de un monje atormentado por su conciencia y tendiese a la conversión del individuo, su teología de la justificación apunta mucho más lejos que a la consecución de una paz interior de carácter privado. La teología de la justificación constituye, por el contrario, la base de un llamamiento público a la Iglesia para que realice la reforma en el espíritu del evangelio, una reforma que no tiende tanto a reformular una doctrina sino a renovar la vida de la Iglesia en todos los aspectos. Pues era el funcionamiento religioso de la Iglesia lo que se había interpuesto entre Dios y el hombre, era el papa quien, con su plenitud de poder, había usurpado, de hecho, el lugar de Cristo. En tales circunstancias era inevitable hacer una crítica radical del papado. Tal crítica no iba dirigida contra el papa como persona sino contra los usos y estructuras institucionales que, fomentados por Roma y consolidados jurídicamente, se oponían claramente al evangelio.

Por su parte, la curia romana pensaba que podría conseguir, o bien la rápida retractación del joven y lejano monje nórdico, o bien, con la ayuda del Estado (como en los casos de Hus, Savonarola y cientos de "herejes" y "brujas"), su quema en la hoguera. Y por eso, desde una perspectiva histórica, no puede ponerse en duda lo siguiente: Roma es la principal responsable de que la discusión sobre el auténtico camino de salvación y la reflexión práctica sobre el evangelio se convirtiese con gran rapidez en una discusión de principio sobre la autoridad en la Iglesia y sobre la infalibilidad del papa y de los concilios. Pues, es evidente que en aquel entonces nadie en Roma —pero tampoco en el episcopado alemán— podía ni quería hacerse eco de aquel llamamiento a la penitencia y a la renovación interior, a la reflexión y a la reforma. Y ¡cuántas cosas habrían tenido que cambiar! Para Roma, completamente sorprendida por el "nuevo" mensaje (y, en política, ocupada con conflictos en Italia, con los turcos y con el Estado eclesiástico), había demasiadas cosas en juego: no solamente la inmensa necesidad de dinero de la curia para la construcción de la basílica de San Pedro, necesidad que debía verse cubierta a base de impuestos y venta de indulgencias, sino sobre todo el principio "Roma, en último término, siempre tiene razón", y con él todo el paradigma romano-católico medieval.

Así lo veía también el emperador Carlos V, de la Casa de los Austrias española, que tenía a la sazón solo 21 años y había sido educado en un estricto catolicismo. Él fue quien, en la primera dieta imperial, que tuvo lugar en territorio alemán, en la Dieta de Augsburgo, presidió la memorable sesión del 18 de abril de 1521, que había de fallar sobre Lutero. Una sesión en la que Lutero, enfrentado en calidad de profesor de teología al emperador y a los Estados imperiales, dio prueba de extraordinaria valentía, al no desviarse, resistiendo a la enorme presión y apelando a la Escritura, a la razón y a su conciencia, de sus convicciones religiosas.

Lo que para Lutero está en juego, lo pone a la vista, con absoluta claridad, Carlos V: al día siguiente da lectura, en alemán, a su impresionante confesión personal, en la que afirma su adhesión a la tradición y a la fe católica. Y al mismo tiempo declara que, aunque respetando la integridad personal garantizada por el salvoconducto, perseguirá sin dilación a Lutero como a hereje notorio. Y, en efecto, el 26 de mayo, en el Edicto de Worms, Carlos V declara proscritos en todo el Imperio a Lutero y a sus seguidores. Todos los escritos de Lutero serán quemados y para todo papel impreso religioso publicado en Alemania se introducirá la censura episcopal.

Como Lutero corría enorme peligro personal, su príncipe elector le ayudó a esconderse en el castillo de Wartburgo. Allí, bajo el nombre de "Junker Jörg" ("hidalgo Jörg") lleva a cabo en diez meses (entre otras obras), tomando como base la edición greco-latina de Erasmo, la traducción del Nuevo Testamento, la obra maestra normativa de la lengua alemana moderna. La Biblia debía convertirse, en efecto, en el fundamento de la religiosidad evangélica y de la nueva vida parroquial. Y el paradigma reformador de Lutero, basado totalmente en la Biblia, había de constituir la auténtica y gran alternativa a la totalidad de la constelación medieval católicoromana.

7. El paradigma de la Reforma

El retorno al Evangelio, como protesta contra actitudes y desarrollos defectuosos de la Iglesia y la teología tradicionales constituye el punto de partida del nuevo paradigma reformador, o sea, el paradigma protestante-evangélico de Iglesia y teología. La nueva manera de entender el Evangelio por parte de Lutero y la importancia totalmente nueva de la doctrina de la justificación reorientaron de hecho toda la teología y dieron a la Iglesia nuevas estructuras: un cambio de paradigma por excelencia. En la teología y en la Iglesia también tienen lugar de vez en cuando tales procesos de cambios paradigmáticos, no solo en el microámbito y mesoámbito, sino también en el macroámbito; el cambio de la teología medieval a la teología de la Reforma es comparable al paso de la concepción geocéntrica a la heliocéntrica:

— Conceptos fijos y bien conocidos sufren una transformación: gracia, fe, ley y evangelio; otros son eliminados por innecesarios: conceptos aristotélicos como sustancia y accidente, materia y forma, potencia y acto.

— Hay un desplazamiento en las normas y criterios que deciden sobre la licitud de determinados problemas y soluciones: sagrada Escritura, concilios, decretos papales, razón, conciencia.
— Teorías completas, como la doctrina hilemorfista de los sacramentos, y métodos como el deductivo-especulativo de la Escolástica, se tambalean.

Lo atractivo del lenguaje del nuevo paradigma influyó sobremanera en la opción de innumerables clérigos y laicos. Muchos estuvieron desde el principio literalmente fascinados por la coherencia interna, la transparencia elemental y la eficiencia pastoral de las respuestas de Lutero, por la nueva simplicidad y el lenguaje vigoroso y creativo de la teología de Lutero. A todo ello vino a añadirse el hecho de que el arte de la imprenta, la avalancha de sermones y folletos y el cántico religioso en lengua alemana resultaron ser factores esenciales para la rápida popularización y divulgación de la constelación alternativa.

Así se transforma, pues, el modelo interpretativo, con todo el complejo de los diferentes conceptos, métodos, áreas de problemas e intentos de solución que habían sido reconocidos hasta entonces por la teología y la Iglesia. Al igual que los astrónomos después de Copérnico y Galileo, también los teólogos se acostumbraron después de Lutero a ver, por así decir, de otra manera: ver en el contexto de otro macromodelo. O sea: ahora se perciben muchas cosas que antes no se veían, y posiblemente también se dejan de ver algunas cosas que antes se distinguían con toda claridad. La nueva manera de Lutero de entender la palabra y la fe, la justicia de Dios y la justificación del hombre, la mediación de Jesucristo y el sacerdocio general de todos los hombres llevó a su revolucionaria nueva concepción bíblico-cristocéntrica de la totalidad de la teología. Partiendo de su redescubrimiento del mensaje paulino de la justificación, Lutero llegó a los siguientes resultados:

— Una nueva manera de entender a Dios: no un Dios abstracto, "en sí", sino un Dios concreto y misericordioso "para nosotros".
— Una nueva manera de entender al hombre: el hombre "al mismo tiempo justo y pecador" en la fe.
— Una nueva manera de entender la Iglesia: no como un aparato burocrático de poder y de finanzas sino como comunidad de los fieles sobre la base del sacerdocio de todos los fieles.
— Una nueva manera de entender los sacramentos: no como rituales que hacen efecto casi de modo mecánico, sino como promesas de Cristo y signos de la fe.

El mundo cristiano occidental se hallaba en un callejón sin salida: la Reforma equivalía, para los católico-romanos tradicionales, a la apostasía de la única forma verdadera de cristianismo, para los de convicción evangélica al restablecimiento de su forma originaria. Y estos últimos abandonaron gozosamente el paradigma medieval de cristianismo. Al reformador, a Lutero, Roma todavía pudo excomulgarle, pero la nueva y radical configuración, acorde con el evangelio, de la vida eclesial, a través del movimiento de la Reforma, que avanzaba excitando los ánimos en toda Europa; eso Roma ya no pudo pararlo. La nueva constelación reformadora de teología e Iglesia pronto quedó sólidamente establecida. A partir de 1525 se llevó a cabo la Reforma en numerosos territorios alemanes, y después del fracasado intento de reconciliación en la Dieta de Augsburgo de 1530 (*Confesión de Augsburgo*), se fundó la Liga de Smalkalda de los príncipes protestantes alemanes, que acabó de estrechar los vínculos entre reforma luterana y poder político.

Con eso quedaba claro que al gran cisma que separara a Oriente de Occidente se había sumado ahora, en Occidente, el no menos grande que separó (*grosso modo*) norte y sur: un acontecimiento de extraordinaria relevancia en la historia universal, con repercusiones —hasta América del norte y del sur— en Estado y sociedad, economía, ciencia y arte, que no es este el momento de describir (en su ambivalencia).

Y pasó mucho tiempo, alrededor de 450 años, antes de que católicos y protestantes abandonaran sus respectivas posiciones polémicas e iniciaran un acercamiento recíproco. La pregunta actual reza hoy día así: ¿No han clarificado aún las Iglesias los viejos puntos contenciosos planteados por Lutero? ¿Cómo podrán volver a unirse por fin? ¿Cuál será la norma que determine los fundamentos de su unidad?

8. La norma de la teología

Lo hemos visto ya: el concepto medieval de justificación no es pura y simplemente a evangélico y el luterano no es pura y simplemente a-católico. Solamente un juicio equilibrado y matizado hará justicia a ambos bandos. Y ese juicio equilibrado y matizado no pretenderá armonizar sino que verá en la continuidad la discontinuidad: es el nuevo y decisivo enfoque de Lutero.

La definitiva discusión teológica —que deberá ser llevada a cabo ante todo por teólogos sistemáticos y no por historiadores de la Iglesia— no deberá ser realizada solamente con el Lutero "católico" (o sea, con un Lutero que aún es católico o que ha seguido siendo católico) sino que tiene que ser realizada con el Lutero reformador, que con Pablo y Agustín atacó a la Escolástica en general y al aristotelismo en particular. Es justamente esa doctrina propiamente reformadora de Lutero la que no solo debe ser interpretada desde un punto de vista psicológico e histórico (vinculándola a la historia de la Iglesia y de la teología y a su historia personal), sino también ser plenamente aceptada desde el punto de vista teológico.

¿Según qué norma? Lamentablemente, esta decisiva pregunta ha sido planteada pocas veces de un modo reflexivo por la historiografía católica. En efecto, la teología de Lutero ha sido valorada muchas veces, no tanto históricamente, cuanto desde un enfoque dogmático. Como norma valorativa se tomó a menudo el concilio de Trento, sin tener en cuenta sus fundamentales deficiencias teológicas (afirma el historiador del concilio Hubert Jedin), o bien la teología de la plenitud de la Escolástica, sin examinar con actitud crítica su catolicidad (afirma el historiador de la Reforma Joseph Lortz), o también la patrística griega y latina, sin echar de ver (afirman teólogos franceses) la distancia que la separa de la Escritura.

A este respecto hay que decir lo siguiente: quien no quiera suspender su juicio teológico, no debe soslayar la limpia discusión exegética con la teología de Lutero y en especial con su modo de entender la justificación. La doctrina de la justificación de Lutero, su concepción de los sacramentos, la totalidad de su teología y su fuerza expansiva a nivel histórico-universal, se basan, como hemos visto, en una sola cosa: en el retorno de la Iglesia y de su teología al evangelio de Jesucristo, tal y como está atestiguado desde sus orígenes en la sagrada Escritura. Así que ¿es posible entrar a fondo en el núcleo de la doctrina de Lutero, si se evita precisamente —ya sea por superficialidad, comodidad o incapacidad— ese campo de batalla en el que también se decide, en último término, la separación o la unión de las Iglesias? No: la teología académica neoescolástica, Trento, apogeo de la Escolástica, patrística, son, en su totalidad, criterios puramente secundarios frente a ese criterio primario, fundamental y siempre vinculante: la Escritura, el mensaje original cristiano, al que apelan tanto los padres griegos y latinos como los teólogos medievales, los doctores de Trento como el academicismo neoescolástico, y ante el cual, naturalmente, también tiene que justificarse el propio Lutero. Es decir: lo decisivo no es si esta o aquella afirmación de Lutero ya se halla, en esta o aquella forma, en un papa, en Tomás, en Bernardo de Claraval o en Agustín, sino si el mensaje originario cristiano, del que depende toda la tradición cristiana posterior, incluidos los concilios, respalda tal afirmación.

9. En qué hay que dar la razón a Lutero

¿Está respaldado Lutero, en la base de su doctrina, por el Nuevo Testamento? Me atrevo a dar una respuesta, basada en mis trabajos en el campo de la doctrina de la justificación en sus enunciados básicos sobre el hecho de la justificación —*sola gratia, sola fides, simul iustus et peccator*— Lutero tiene a su favor el Nuevo Testamento, especialmente a Pablo, cuya importancia, en la doctrina de la justificación, es decisiva. Doy solo conceptos-clave:

— "Justificación" no es, de hecho, en el Nuevo Testamento un proceso de origen sobrenatural, que tenga lugar fisiológicamente en el sujeto humano, sino que es el juicio de Dios en el que Dios no le imputa al hombre impío su culpa, sino que lo declara justo en Cristo y, así, lo hace verdaderamente justo.
— "Gracia" no es en el Nuevo Testamento una cualidad o un hábito del alma, no es una serie de diferentes entidades sobrenaturales cuasi físicas, que le son infundidas sucesivamente, en substancia y facultades, al alma, sino que es la benevolencia y clemencia activas de Dios, su comportamiento personal —que justamente por eso, determina y transforma con plena eficacia al hombre— tal y como se ha revelado en Jesucristo.
— "Fe" no es en el Nuevo Testamento un "tener-verdades-por-verdaderas" de un modo intelectual, sino que es la entrega confiada del hombre entero a Dios, quien le justifica con su gracia, no en razón de los méritos morales del hombre sino únicamente en razón de su fe, de tal manera que pueda acrisolar esa fe en las obras de caridad: como hombre justificado y al mismo tiempo (*simul*) pecador, como hombre que necesita renovadamente, una y otra vez, el perdón, y que solo se halla en camino hacia la consumación.

Por tanto, hoy la teología católica podrá percibir el dictamen de la Escritura, y por tanto la doctrina de Lutero, con más imparcialidad que hace pocas décadas: primero, porque la exégesis católica ha hecho considerables progresos; segundo, porque el segundo concilio Vaticano ha hecho evidente a todos que el concilio de Trento y sus enunciados estaban íntimamente vinculados a su época; tercero, porque la teología oficial neoescolástica y antiecuménica, omnipresente en el periodo interconciliar, ha puesto claramente de manifiesto su incapacidad para solucionar los nuevos problemas de hoy; cuarto, porque el cambio de ambiente desde el concilio ha abierto enormes posibilidades, en el pasado apenas imaginables, para el diálogo ecuménico; quinto, porque la discusión habida en los últimos años en torno a la justificación ha sacado a la luz, indudablemente, grandes diferencias en la interpretación de la doctrina de la justificación, pero ninguna diferencia que lleve irreductiblemente al cisma, entre las doctrinas católica y evangélica de la justificación. Varios documentos ecuménicos oficiales de ambas partes han confirmado que la doctrina de la justificación hoy ya no tiene por qué separar a las iglesias.

Todo esto no quiere decir, por supuesto, que entre la doctrina de la justificación de Pablo y la de Lutero no haya habido, ya solo debido a la distinta situación inicial, diferencias; incluso investigadores protestantes lo echan de ver en muchas ocasiones, muy especialmente una orientación excesivamente individualista. Eso no significa tampoco que Lutero no haya caído en unilateralidades y exageraciones en más de un enunciado de su doctrina de la justificación; algunas formulaciones del *solum* y escritos como *Sobre el siervo arbitrio* o *Sobre las buenas obras* eran y siguen siendo equívocas y necesitan ser completadas y corregidas. Pero el punto básico de partida no era equivocado. Ese punto de partida fue bueno y buena fue también —pese a ciertas deficiencias y unilateralidades— su realización. Las dificultades y problemas radican en las demás conclusiones, sobre todo en cuestiones relativas a la concepción de la Iglesia, del ministerio y de los sacramentos, cuestiones que hoy, sin embargo, están en gran parte solucionadas en la teoría y esperan a su realización práctica.

Por eso vale lo siguiente: si bien hay que celebrar que incluso Roma admita hoy que la doctrina de la justificación ya no debe separar —desde un punto de vista abstracto y teológico— a las Iglesias, no por ello hay que olvidar que Roma no ha sacado las consecuencias prácticas, relativas a las estructuras eclesiales, que para Lutero se inferían de tal doctrina. Más aún, la dictadura a espiritual impuesta hoy por Roma a los espíritus está otra vez en clara contradicción con los principios básicos de la Reforma y de la tradición católica (el papa no es superior a la Escritura). Para lo que Lutero quería, apoyado en el evangelio, se sigue teniendo en Roma poca comprensión.

Sin embargo —era necesario el contrapunto— aun aprobando la gran línea interpretativa básica, en consonancia con el evangelio, de Lutero ¿quién puede dejar de ver que, en sus resultados, la Reforma luterana es contradictoria, tiene un doble rostro?

10. Los problemáticos resultados de la Reforma

El movimiento luterano había desplegado una gran dinámica, propagándose considerablemente no solo en Alemania sino también en Livonia, Suecia, Finlandia, Dinamarca y Noruega. Paralelamente a los acontecimientos de Alemania, en Suiza, que desde mediados del siglo XV ya había empezado a separarse del Imperio, había surgido, por obra de Ulrico Zwinglio y más tarde de Juan Calvino, una modalidad propia y más radical de la Reforma que, con su concepto de Iglesia, había de tener más peso histórico, en el antiguo y en el nuevo mundo, que el luteranismo. Lutero, por su parte, había conseguido al menos, en los años veinte y treinta, consolidar interiormente en Alemania el movimiento reformador.

Y sin embargo, Alemania había quedado dividida en dos bandos religiosos. Y ante el peligro que para el Imperio representaban los turcos, quienes en 1526 habían vencido a los húngaros en Mohács y en 1529 avanzaron hasta las puertas de Viena, Lutero se había planteado la cuestión de qué era más peligroso para la cristiandad, el poder islámico o el papal. Para él, en ambas religiones imperaban las obras, la ley. Incluso el porvenir de las Iglesias reformadas ya no lo veía Lutero en absoluto, al final de su vida, tan de color de rosa como en el año del estallido de la Reforma. Más aún: en los últimos años de su vida, aun teniendo hasta el final una incansable actividad, se abrieron paso crecientemente en él, además de enfermedades y angustias escatológico-apocalípticas, el humor sombrío, la melancolía, depresiones maníacas y tribulaciones espirituales. Y ese creciente pesimismo frente al mundo y los hombres tenía no solo causas de orden psicológico y patológico sino también de carácter objetivo. No le faltaron a Lutero grandes desengaños:

Por un lado, el primitivo entusiasmo reformador se esfumó pronto. A menudo, la vida parroquial languideció; muchos que no tenían madurez para la "libertad del hombre cristiano", perdieron, con el derrumbamiento del sistema romano, toda base eclesiástica. E incluso en el bando luterano muchos se preguntaban si con la Reforma, los hombres se habían vuelto realmente mucho mejores. Tampoco se pudo dejar de ver un empobrecimiento —excepto en la música— en el arte.

Por otro lado, la Reforma encontró una creciente resistencia política. Después de la fracasada Dieta de Augsburgo de 1530 (el emperador rechazó la conciliante *Confesión de Augsburgo* elaborada sobre todo por Melanchton), la Reforma consiguió, en los años treinta, no solo consolidarse en los territorios en que ya estaba asentada, sino extenderse por otras zonas, desde Wurtemberg hasta Brandeburgo. Pero en los años cuarenta, el emperador Carlos V que, excesivamente comprometido en política exterior, había intentado mediar una y otra vez en política interior, pudo terminar las guerras con Francia y Turquía. Y cuando los luteranos se negaron a participar en el concilio de Trento (por celebrarse este bajo la dirección del papa: escrito de Lutero *Contra el papado de Roma, fundado por el diablo*, 1545), el emperador se encontró por fin lo suficientemente fuerte como para osar un enfrentamiento bélico con la poderosa Liga de Smalkalda de los protestantes. Y en efecto, las fuerzas protestantes fueron vencidas en estas primeras guerras de religión de 1546-1547 (guerras de Smalkalda), y la plena restauración del estado de cosas católico-romano (con concesiones únicamente en el tema del matrimonio de los clérigos y de la comunión de los laicos en las dos especies) parecía ser solo cuestión de tiempo. Solamente el cambio de partido del astuto Mauricio de Sajonia —quien se había aliado en secreto con Francia, obligando a huir al emperador en 1552, en un ataque por sorpresa en Innsbruck, y provocando así también la interrupción del concilio de Trento— salvó al protestantismo del naufragio definitivo. El cisma religioso de Alemania, que separó a los territorios de la antigua fe de los de la Confessión de Augsburgo, fue cancelado finalmente mediante la tregua religiosa de Augsburgo de 1555. Desde entonces no rigió la libertad de religión sino el principio *Cuius regio, eius religio*, "de quien es la región, de ese es también la religión". Quien no pertenecía a ninguna de las dos "religiones", quedaba excluido de la tregua. A ello se añade que el propio bando protestante no fue capaz de conservar la unidad: ya pronto, el protestantismo alemán se dividió en una Reforma "de izquierdas" y una "de derechas".

11. El cisma interno de la Reforma

Lutero había conjurado espíritus, de algunos de los cuales solo se liberó por la fuerza. Eran los espíritus del entusiasmo fanático, movimiento que sin duda hundía sus raíces en la Edad Media, pero que se vio enormemente favorecido por la actitud de Lutero. Numerosos intereses particulares, numerosos movimientos, que se escudaban todos en el nombre de Lutero, empezaron a surgir por doquier, y pronto se vio Lutero ante un segundo frente, un frente "de izquierdas". Hasta tal punto que los adversarios de izquierdas de Lutero (disturbios provocados por los entusiastas, tumultos iconoclastas, con un asalto a las imágenes ya en 1522, en su propia ciudad, en Wittenberg) pronto fueron por lo menos tan peligrosos para su obra reformadora como los adversarios de derechas, los tradicionalistas de cuño romano. Si los "papistas" apelaban al sistema romano, los "entusiastas" practicaban un subjetivismo religioso muchas veces fanático que se basaba en una revelación y una experiencia espiritual, vividas de manera personal e inmediata ("voz interior", "luz interior"). En la persona del párroco Tomás Müntzer, primer agitador de esta corriente y el más importante rival de Lutero, se unieron las ideas reformadoras y social-revolucionarias: imponer la Reforma por la fuerza, haciendo caso omiso, si necesario fuese, del derecho establecido, e imponer el reino milenarista de Cristo en la tierra.

Pero Lutero —quien, políticamente, parece evidente que nunca pudo dejar de ver las cosas "desde arriba" siendo por ello objeto de violentas críticas por parte no solo de Tomás Müntzer sino de pensadores como Friedrich Engels y Ernst Bloch— habiéndose mostrado radicalmente exigente en lo tocante a la libertad del hombre cristiano, no mostró la misma radicalidad cuando se trató de obrar en consecuencia en el aspecto social y de apoyar con toda claridad las justas reivindicaciones de los campesinos —quienes perdían ostensiblemente su independencia y eran objeto de creciente explotación— frente a príncipes y nobles. ¿No había también —por muy rechazables que sean los desmanes cometidos— reclamaciones sensatas y justas por parte del campesinado? ¿O no fue todo sino un mal entendimiento o hasta un mal uso del evangelio? Tampoco Lutero podía dejar de ver que la situación económica de los campesinos era angustiosa, de hecho y de derecho. Un proyecto de reforma no hubiese sido *a priori* pura utopía. ¿Por qué no? Porque el orden democrático de la confederación helvética, para los campesinos de Alemania meridional el ideal de un orden nuevo, habría podido ser un modelo perfectamente realizable. Sin embargo, a Lutero —quien, anclado en la estrecha perspectiva de su tierra turingia veía ahora confirmadas sus tendencias conservadoras— todo aquello le resultaba ajeno. Asustado por noticias de horribles revueltas de campesinos, da el paso fatal de ponerse del lado de los de arriba y de justificar la brutal represión de la rebelión campesina.

12. ¿Libertad de la Iglesia?

Junto a la izquierda reformada estaba la derecha. A este respecto hay que observar lo siguiente: el ideal de la Iglesia libre cristiana, tal y como Lutero lo había presentado con todo detalle entusiásticamente, en sus escritos programáticos, a sus coetáneos, no halló realización en el Imperio alemán. Es innegable que innumerables iglesias fueron liberadas por Lutero de la dominación de obispos disolutos y enemigos de reformas y sobre todo de la "cautividad" de la curia romana, de su absolutismo prepotente y de su explotación económica. Mas ¿cuál fue el resultado?

Lutero había defendido básicamente la doctrina de que Estado e Iglesia son "dos reinos". Pero al mismo tiempo, y ante las numerosas dificultades, con Roma por un lado y con iconoclastas y revoltosos sociales por otro, impuso a los príncipes alemanes (y no todos eran un Federico "el Prudente") la obligación de proteger a la Iglesia y de velar por el orden interno de esta. Como en la zona luterana prácticamente ya no había obispos católicos, los príncipes habían de ejercer las funciones de "obispos de emergencia". Pero los "obispos de emergencia" se convirtieron ya muy pronto en *Summepiscopi*, que se arrogaron poderes cuasi-episcopales. Y aquella Reforma con el pueblo como protagonista pasó a ser, en diferentes aspectos, una Reforma para los príncipes.

Resumiendo: las Iglesias luteranas, liberadas de la "cautividad de Babilonia", pasaron muy pronto a depender, de un modo casi total y muchas veces no menos represivo, de sus propios príncipes, con todo el aparato de juristas y de organismos administrativos (consistorios). Los príncipes, que ya antes de la Reforma, tendían, contra campesinos y burgueses, a unificar interiormente sus territorios, muchas veces totalmente heterogéneos, y a unificar rigurosamente a sus súbditos, se habían enriquecido a consecuencia de la secularización de los bienes de la Iglesia y, debido a la retirada de la Iglesia a la esfera religiosa, alcanzaron enorme poder. El príncipe territorial terminó convirtiéndose en una especie de papa en su propio territorio.

No: la Reforma luterana no preparó el terreno (como se afirma tantas veces en las historias de la Iglesia de autoría protestante) a la modernidad, a la libertad de religión y a la Revolución francesa (para ello hará falta otro esencial cambio de paradigma) sino, por lo pronto, al absolutismo y despotismo de los príncipes. Visto en su conjunto, en la Alemania luterana —con Calvino fue distinto— no tomó cuerpo la Iglesia libre cristiana, sino la hegemonía —dudosa desde el punto de vista cristiano— de los príncipes en la Iglesia, una situación que en Alemania tocaría a su —bien merecido— fin solo con la revolución que siguió a la primera Guerra mundial. Pero todavía en el período nacionalsocialista, la resistencia de las Iglesias luteranas a un régimen totalitario de terror como el de Hitler se vio fuertemente reducida por la "doctrina de los dos reinos", por el sometimiento, normal desde Lutero, de las Iglesias a la autoridad estatal y por la insistencia en la obediencia civil en cosas profanas. Solo de paso podemos mencionar aquí que ya Martín Lutero, en los sermones anteriores a su muerte, habló sobre los judíos de una manera tan repugnante y a-cristiana que a los nacionalsocialistas no les resultó nada difícil hallar en él un testigo de excepción para justificar su odio a los judíos y su agitación antisemita. Pero no fueron esas las últimas palabras de Lutero y tampoco serán las mías.

Quisiera terminar con tres grandes palabras, perfectamente características de Lutero:

— Primero, la conclusión dialéctica de su escrito *La libertad del hombre cristiano*: "De todo ello se sigue la conclusión de que un cristiano no vive en sí mismo sino en Cristo y en su prójimo, en Cristo por la fe, en el prójimo por la caridad; por la fe se remonta por encima de sí mismo a Dios, de Dios vuelve otra vez a sí mismo por la caridad, quedando sin embargo siempre en Dios y en la caridad divina... Mira, esta es la libertad verdadera, espiritual, cristiana, que libera el corazón de todos los pecados, leyes y mandamientos, que supera a toda otra libertad como supera el cielo a la tierra. Que ella nos conceda comprender bien a Dios y tenerlo con nosotros".
— Después, las palabras de Lutero —resumen de su posición— ante el emperador y la Dieta de Worms: "Si no se me convence con testimonios de la Escritura o con una causa razonable plausible —puesto que yo no doy crédito ni al papa ni a los concilios por sí solos, ya que consta que han errado y se han contradicho a sí mismos muchas veces— quedaré vinculado a las palabras de la Escritura por mí aducidas. Y mientras mi conciencia esté atada por las palabras de Dios, ni puedo ni quiero retractarme, puesto que el obrar contra la conciencia no es ni seguro ni honrado. Que Dios me ayude. Amén".
— Y, finalmente, la última anotación de Lutero: "A Virgilio, con sus poemas de pastores y campesinos, nadie puede comprenderle si no ha sido cinco años pastor o campesino. A Cicerón, con sus cartas, eso me imagino yo, nadie puede comprenderle si no ha actuado

veinte años en un Estado excelente. La sagrada Escritura que nadie piense haberla comprendido lo suficiente si no ha gobernado las Iglesias cien años con los profetas. No se te ocurra poner la mano en la divina *Eneida*, antes bien, en profunda adoración sigue sus huellas. Mendigos somos. Es verdad".

LUTERO Y LA REFORMA EN PERSPECTIVA CRÍTICA

El sentido filosófico de la Reforma[1]

Leszek Kolakowski

1. A primera vista pudiera parecer que la cuestión planteada en el título carece de objeto. Fácilmente se puede demostrar que, aun considerada desde el punto de vista de la historia de la cultura o de la historia de las ideas, la Reforma no introdujo ninguna novedad que merezca la atención del historiador de la filosofía, sino que se limitó a revivir —según determinados principios de elección— ciertos motivos presentes en el cristianismo desde sus orígenes, y que precisamente ella, la Reforma, en grado mayor que la llamada filosofía del Renacimiento, llegó a ser meramente eso: renacimiento (en el sentido etimológico de la palabra); que, en consecuencia, es imposible incluirla en la historia de la evolución de las ideas filosóficas; a lo sumo aquí cabría investigar las funciones destructivas de la Reforma al quebrantar el monopolio de los dogmas romanos o al catalizar múltiples trasformaciones sociales que la historiador de la filosofía solo podrían interesarle "en su aspecto de acontecimientos".

A mi juicio, tal objeción no dice nada. Todas las modalidades del cristianismo, todas las herejías y sectas, en su intención fueron la interpretación del mismo y único canon, y ninguna pretendió haber descubierto nada nuevo: todas o casi todas las contradicciones fundamentales que planteaba la interpretación se habían articulado en los primeros siglos del cristianismo. Un principio que consecuentemente tendiese a excluir del dominio de los intereses de la historia de la filosofía todo lo que no se hallase legitimado por un contenido definidamente novedoso, nos forzaría a descuidar dominios enteros, no solo de la cultura teológica, sino también de la cultura filosófica cristiana, que serían importantes para el historiador de las ideas solo desde el punto de vista de la investigación de la conciencia social y no por sus propias características esenciales. En realidad, existen por lo menos dos razones para oponerse a un procedimiento semejante. La primera, la circunstancia

1. Título original: "Filozoficzna rola reformacji", publicado en *Archiwum historii filosofii* (Archivo de historia de la filosofía), Varsovia, 1969.

universalmente reconocida y bien estudiada, según la cual el sentido de las ideas filosóficas siempre está codeterminado por el conjunto conceptual y la cultura global en que ellas surgen; aparentemente se repite los mismos pensamientos, pero en cada caso se articulan de modo diverso y cambian radicalmente el lenguaje en que se enuncian; se transforman de acuerdo con el estilo que encuentran, conducen a otras consecuencias y responden a motivos diferentes. En segundo lugar, un vistazo sobre la historia de la filosofía nos revelará siempre exactamente lo mismo que hubiese podido servir como pretexto para excluir del campo de los intereses de la historia de la filosofía las disputas religiosas. En la historia de la filosofía puede descubrirse también que con palabras diferentes se repiten las mismas inquietudes fundamentales, cubiertas en cada caso con ropaje verbal distinto. La distancia entre la monotonía de representaciones religiosas y contenidos de fe, por un lado, y la mutabilidad y variedad de la especulación filosófica, por el otro, es fácilmente reducible al plano verbal y no afecta en absoluto al núcleo sustancial de ambas.

En realidad, como se sabe, la elección y ordenamiento de las mismas ideas pueden determinar por sí solos el carácter renovador de las empresas del pensamiento, de acuerdo con el célebre dicho de Pascal. Cuando, por ejemplo, la Reforma puso en circulación determinadas ideas de Agustín oponiéndolas a los sistemas escolásticos y exponiéndolas de nuevo a la reflexión filosófica, creó, ya por ese solo hecho, una nueva e importante situación en la historia de la Iglesia y del espíritu.

2. Caracterizaremos, pues —al principio por exclusión—, el tipo de problema en cuestión. *En primer lugar*, no se trata de las fuentes filosóficas de las doctrinas de la Reforma, por ejemplo, de la influencia que ejercieron sobre la teología luterana los escritos de los nominalistas tardíos y los místicos alemanes; se trata de cómo funcionó esta teología en la evolución posterior del pensamiento filosófico. *En segundo lugar*, tampoco interesa la función negativa general de la Reforma. Pues es claro y notorio que esta, con independencia absoluta de sus primitivas intenciones, generó una tensión que por lo general abrió el paso al espíritu de crítica, pero que, con ello, permitió que se afirmara la ilusión, por largo tiempo sostenida, de que habría hecho de la libertad de la vida religiosa individual su principio básico. Digo "ilusión", porque la acción liberadora de la Reforma sobre la cultura espiritual no provino de que, por ejemplo —en sus clásicas, "grandes" versiones— hubiese proclamado el principio fundamental de la

libertad de crítica (lo declaró exclusivamente donde y cuando se encontró en la oposición); sin embargo, el simple hecho de haber cuestionado el monopolio dogmático de Roma y de haber quebrado el bloque unitario de la doctrina posibilitó, como sabemos, la articulación de experiencias religiosas y, en consecuencia, también de ideas filosóficas que en su espíritu eran perfectamente ajenas o absolutamente opuestas a las intenciones de los reformadores. Esta función subversiva general del estremecimiento reformador no entra en el círculo de nuestras consideraciones, en primer término, porque es bastante obvia y, en segundo, porque se extiende sencillamente sobre la totalidad de la cultura espiritual europea y no se vincula fijamente con la propiedad esencial de la Reforma. Desde ese punto de vista, puede considerarse como obra de la Reforma todo lo sucedido en la cultura europea de los siglos posteriores, en el sentido de que no podemos representarnos sin ella; pero el hecho de que esta influencia negativa sea universal y no conozca excepciones determina que se la pueda pasar por alto cuando se consideran las funciones filosóficas específicas de la Reforma. *En tercer lugar*, no existe ninguna causa para considerar que en algún aspecto este o aquel filósofo pueda ser interpretado de manera tal que el contenido de sus pensamientos demuestre ser en este o aquel punto "similar" a una idea característica cualquiera relacionada con la teología de la Reforma del siglo XVI. *En cuarto lugar*, por último, tampoco se trata meramente de discutir o considerar los estímulos que este o aquel filósofo ha recibido directamente de los reformadores, pues probable o seguramente muchos de los filósofos cuyo pensamiento es lícito considerar de hecho como determinado por la tradición de la Reforma nunca estuvieron en contacto con estas doctrinas.

Estas exclusiones permiten ya establecer el sentido de la cuestión. Concretamente, se trata aquí de dirigir la atención hacia los temas *positivos y meritorios* que la Reforma como movimiento teológico, como doctrina, puso en circulación o revitalizó; hemos de considerar aquí en qué modo esos temas alteraron la imagen del pensamiento filosófico o qué efectos produjo su presencia sobre la filosofía. Es fácil comprender que en una cuestión como esta ha de darse prioridad a aquellas ideas fundamentales que —sobre todo en los comienzos de la gran Reforma (es decir, entre los años 1517-1523)— determinaron su estructura doctrinal en visible oposición con el cuerpo dogmático existente; según esto, por tanto, a las ideas propias del movimiento reformador que se refieren a problemas nuclearmente filosóficos, es decir, directamente derivados de una perspectiva teológica y antropológica, y no solo a la reforma organizativa de la Iglesia, a cambios en la liturgia, particularidades de las costumbres o prescripciones para la vida en comunidad, interpretación de los sacramentos, etcétera. Pues estas últimas cuestiones, en efecto, son muy importantes para comprender el fenómeno de la Reforma, pero no pueden menos que ocupar un lugar secundario desde el punto de vista puramente filosófico. La abolición de las órdenes religiosas, de la cuaresma o de las indulgencias, así como otras reformas, quizá fueron, desde el punto de vista social, más importantes que las fórmulas puramente teológicas. Es probable que, precisamente, estas iniciativas tan obvias y comprensibles fuesen las auténticas fuentes de los primeros éxitos obtenidos por la Reforma y hasta constituyan a los ojos del historiador el sentido esencial de este fenómeno. No obstante, desde un punto de vista determinado por el interés histórico filosófico, aparecerán como consecuencias secundarias de postulados teológicos y antropológicos, esto es, en resumidas cuentas, filosóficos. El filósofo o el historiador de la filosofía es perfectamente consciente de que semejante punto de vista no puede satisfacer las preguntas por el sentido histórico de todo el fenómeno de la Reforma, pero, so peligro de renunciar por completo a la autonomía del pensamiento filosófico, no tiene derecho a abandonarlo; tratado como mera manifestación encubierta de intenciones e intereses diferentes —supuestamente "los únicos reales"—, dicho pensamiento filosófico deja lisa y llanamente de ser pensamiento para convertirse en simple instrumento de expresión de dominios de vida enteramente diversos. El filósofo o el historiador de la filosofía se explica muy bien que ciertos burgueses alemanes mirasen con benevolencia la reforma de Lutero, porque deseaban comer carne los viernes, y que algunos sacerdotes se pasasen a la nueva fe, pues así podían satisfacer legalmente sus necesidades sexuales; sin embargo, desde la perspectiva filosófica estas y otras reformas por el estilo –aun cuando en los móviles de los hombres particulares hayan sido lo más importante– no pueden menos que parecer secundarias comparadas con la tesis fundamental de la justificación por la fe. Esta, a su vez, aparece como secundaria frente a los supuestos generales que explican el carácter del lazo que une al hombre con Dios. El sentido de una idea filosófica no puede reducirse a los motivos que determinaron su difusión o, inclusive, su nacimiento, si la historia del pensamiento filosófico ha de conservar su independencia —por ejemplo, frente a la historia de la tecnología— es decir, si quiere ser tal; por el contrario, deja de existir tan pronto se abandona la convicción de que la lógica del pensamiento es distinta de la lógica de los intereses, y de que, por tanto, los resultados instrumentales de las ideas filosóficas y religiosas no pueden agotar el sentido de estas.

Al respecto, ya dije que para nosotros son importantes las ideas fundamentales que constituyeron el perfil propio de la Reforma en su fase inicial. En realidad, justamente ellas son significativas desde el punto que empezó la dogmatización de la nueva fe, cuando esta se cristalizó trabada por sus propios catecismos y su propia organización y liturgia, la Reforma se mostró filosóficamente más pobre en contenido que la Iglesia romana, y si con posterioridad fue capaz de producir estímulos de pensamiento en el ámbito filosófico, ello se debió solo a que esos pensadores, de manera consciente, infringieron las obligaciones que ella había impuesto, recurriendo al espíritu que alentaba en la Reforma misma en sus orígenes e intentando henchir nuevamente de vida las primeras consignas reformadoras, caídas poco a poco en el olvido. Por lo demás, como es sabido, este proceso avanzó con muchísima rapidez, ya en la tercera década del siglo XVI, cuando nuevos reformadores (como Sebastián Franck) trataron de reactivar la doctrina de Lutero en cuanto a las intenciones reformadoras (no solo de tipo social, sino también filosófico) más allá de lo que Lutero mismo había pretendido.

3. La falta de contenido filosófico de la Reforma y dogmatizada es crasa e indiscutible (y se conecta seguramente con su rechazo radical de sanciones filosóficas para la propia doctrina). Propiamente, ni en el siglo XVI ni en el XVII hubo filósofos que combinasen claramente un pensamiento original con una firme religiosidad confesional y, por cierto, de inspiración protestante. No existieron en Suárez, un Pascal, un Malebranche protestantes. Si la Iglesia católica produjo en el siglo XVII filósofos importantes que conscientemente asociaban su propia filosofía con la fe romana y no con una fe en Dios y en la inmortalidad formulada en términos meramente genéricos, ello se debió principalmente a que dentro del catolicismo la forma de religiosidad predominante presuponía por principio la aceptación de la naturaleza. La diferencia dogmática fundamental entre Roma y las grandes iglesias reformadas se relaciona con la superioridad de Roma sobre estas en lo que respecta a producción filosófica: la fe en la radical corrupción de la naturaleza humana y, junto con ella, en la impotencia de la razón frente a los problemas definitivamente últimos, metafísicos, era por el curso natural de las cosas paralizante para las tentativas filosóficas. Ni el anglicano Locke ni el arminiano Grocio ni los protestantes Leibniz y Pufendorf pueden ser caracterizados como filósofos protestantes. Completamente ajenas a toda

inspiración religiosa protestante son en particular las doctrinas orientadas en sentido deísta, aun cuando, evidentemente, no se habrían podido desarrollar en la cultura europea sin los cambios espirituales que introdujo la Reforma. Por ejemplo: la filosofía de Leibniz —como muchas veces se ha señalado— está fuertemente impregnada de religiosidad protestante en el sentido de que muchos de sus presupuestos básicos (ante todo en el afán por conciliar el libre albedrío con la doctrina de una armonía preestablecida) constituyen el intento de equilibrar las contradicciones existentes entre los dogmas católico y protestante en torno a la relación recíproca de naturaleza y gracia. Sin embargo, es imposible concebir los esfuerzos de Leibniz como la continuación de la obra ideológica de los reformadores, sobre todo si se atiende a la extraordinaria nitidez con que en ellos se perfila la orientación racionalista y se tiene en cuenta la fe básica en la resolubilidad de todos los problemas mediante el instrumento de la razón discursiva.

No obstante, cuando nos preguntamos por la significación filosófica de la Reforma, no nos preguntamos por los *filósofos protestantes*, por individuos que programáticamente localizaron su trabajo intelectual dentro de las fronteras de una u otra confesión. Cuanto la Reforma ha hecho por la filosofía, lo ha hecho contra su voluntad, a través de gente que no solo creció en la situación social creada por ella, sino que también —y de estos tratamos nosotros— fue inspirada positivamente por valores de la Reforma. Puede decirse que la filosofía retribuyó con bien el rechazo que le opuso la Reforma, elaborando la materia prima suministrada por esta con miras a resultados propios.

En investigaciones que se ocupan de la Reforma desde el punto de vista de la historia general o de la historia de la cultura —como los clásicos tratados de Weber, Troeltsch y Holl— conviene utilizar un concepto amplio de Reforma, es decir, abarcar todas las corrientes reformistas de la Iglesia desde los comienzos del siglo XV hasta la conclusión del Concilio de Trento, el cual en cierta medida delimitó las fronteras entre las confesiones. (Incluimos de ese modo también a Erasmo y los erasmianos, los iluministas, etcétera). Pero cuando de influencias específicamente filosóficas se trate, hemos de reducir el círculo de fenómenos abarcados por el concepto de Reforma y concentrarnos en aquellas ideas teológicas y antropológicas que claramente causaron este movimiento; es decir, hemos de omitir lo que inmediatamente tendía a la enmienda de las costumbres eclesiásticas y de las estructuras organizativas, o a la nueva posición del clero dentro de la Iglesia, así como prescripciones morales y económicas, etcétera; en cambio habremos de tomar en cuenta todo lo que por su contenido ha ejercido influencia sobre el pensamiento filosófico.

4. La religiosidad predicada por los reformadores implica de modo tan natural el menosprecio por la filosofía que en ninguno de sus escritos le dedican mucho espacio y solo esporádicamente lo expresan de manera explícita. Pues es evidente que la corrupción de la voluntad humana, insalvable con los medios naturales, se manifiesta en la depravación de la razón, la cual, si intenta demostrar los misterios divinos con sus propias fuerzas, no hace sino aumentar los frutos de la soberbia y las probabilidades de perdición. "...*nec rectum dictamen habet natura, nec bonam voluntatem*" (el dictado de la naturaleza no ha sido ni directo, ni una buena voluntad): estas palabras de las tesis latinas de Lutero, escritas poco antes del 31 de octubre de 1517, contienen ya todo lo que debe decirse sobre la filosofía, y son completadas con explicaciones adicionales que muestran en forma drástica en qué acaba la ruptura definitiva de Lutero con el aristotelismo y con la teología escolástica. Sostener que el teólogo debe ser lógico es herejía; los argumentos silogísticos no son aplicables a las cosas divinas, y quien, valiéndose de ellos, intente investigar el misterio de la Trinidad ha dejado de creer en ella. "En una palabra: así se compadece Aristóteles con la teología como la tiniebla con la luz". La misma alternativa, confiar en la razón *o* creer en los misterios divinos, vuelve a repetirse después con frecuencia, incluso en los ataques contra Erasmo, el cual, pese a su indiferencia en relación con las especulaciones metafísicas y a despecho en su *Elogio de la locura*, a los ojos de Lutero parecía hallarse unido a los escolásticos por su radical confianza en las posibilidades de la naturaleza humana y, también, de la razón. En realidad, Erasmo no pretendió ni recomendó profundizar en los misterios divinos, ni afirmó que fuese posible sancionar el contenido del cristianismo con medios racionales; antes bien, exhortó a atenerse a las fórmulas de la Sagrada Escritura sin hacerlas añicos una tras otra en las disputas dogmáticas. No obstante, es comprensible el odio de Lutero: para Erasmo todo lo que el cristianismo tiene de esencial es simple y fácil de aceptar a la "luz natural", y ello basta para que el cristiano sepa prácticamente cómo comportarse en la vida; el resto carece de mayor importancia; demasiado conocida es, para extenderse sobre ella, la inclinación de Erasmo hacia las soluciones dogmáticas que deparan el menor número posible de complicaciones excesivamente intrincadas para la sana razón humana (sobre todo en las cuestiones de la Trinidad y de la divinidad de Jesucristo, así como en el problema del pecado original). En suma, según la concepción de Erasmo los preceptos morales del cristianismo no ejercen violencia alguna sobre la naturaleza ni los contenidos teológicos de esta violentan la razón. Para Lutero, por el contrario,

la incomprensibilidad de los misterios divinos sirve, ante todo, para arraigar en el hombre el menosprecio de sí mismo y de las propias fuerzas, en la medida en que “amar a Dios significa olvidarse de sí mismo”.

La hostilidad calvinista hacia la filosofía deriva de los mismos supuestos y tal vez sea más aguda en las formulaciones. Raras veces aparecen en los textos de Calvino las simples palabras “filosofía” y “filósofos”, como no sea acompañadas de expresiones de desprecio. Calvino enuncia claramente una idea que, al parecer, no se halla en los textos de Lutero, aunque coincide con sus intenciones: Dios ha concedido al hombre algún conocimiento natural, a saber, el suficiente para que nadie pueda justificarse ante el tribunal de Dios alegando ignorancia. Según esto, la “luz natural” en materia divina es mero instrumento para privar de coartadas a los pecadores, para hacerles imposible toda escapatoria, pero no indispensable, ni mucho menos suficiente, para alcanzar la fe. Ni la razón ni los argumentos pueden fortalecer el cristianismo en ningún aspecto. Cuando los filósofos paganos se elevaron a algún conocimiento de Dios, lo único que consiguieron fue hacer más profunda su perdición, pues erraron sin medida; la Sagrada Escritura desbarata todas las representaciones de los filósofos acerca de las cosas divinas y humanas.

El celo con que los fundadores de la Reforma persiguieron la filosofía así como las inmediatas consecuencias prácticas de su actividad —sobre todo la destrucción de las universidades alemanas como consecuencia de la Reforma luterana— podrían hacer dudar incluso de si es sensato preguntarse qué papel desempeñó el movimiento de la Reforma en la historia de la filosofía, en la medida en que esta pregunta se refiera a otra cosa que a los resultados puramente negativos. En realidad, por regla general, el historiador de la filosofía toma en cuenta también casi todos los programas anti-filosóficos formulados hasta el momento; más aún, tales programas constituyen una parte esencial —y muy considerable— del destino filosófico de Europa. La execración de la filosofía con el argumento de que es *racional*, o sea, contraria a la luz divina, se repite una y otra vez desde los primeros Padres de la Iglesia hasta Kierkegaard y muchos existencialistas del siglo XX; el repudio de la filosofía precisamente porque ella es *irracional*, o sea, porque no es capaz de darse sanción científica, constituye a su vez un componente nuclear de la historia del positivismo a partir de sus primeros pasos. Ambos pertenecen a la historia de la filosofía con el mismo derecho que la creación de sistemas originales de los grandes metafísicos. De hecho, nada más habitual que el proceso por el cual el desprecio por la filosofía se convierte en raíz de la que se nutren formas de esfuerzo filosófico.

5. Según esto, justo es que consideremos de qué manera las consignas religiosas fundamentales de la Reforma se bifurcaron en su propagación posterior, haciendo germinar ideas filosóficas cuyos resultados —las más de las veces— no guardan ninguna similitud con su raíz, a la que, sin embargo, están unidos realmente desde el punto de vista *genético* y, por tanto, *positivo.* En suma, la interpretación que Lutero da del cristianismo se trasmite en dos líneas completamente distintas y contradictorias entre sí, tienen el mismo origen: la *línea mística* y la *línea existencial.* La posibilidad de tal bifurcación está ya, oculta, en la idea de la justificación por la fe tal como es. Pues no cuesta mucho darse cuenta de que, por un lado, somos capaces de representarnos los motivos personales que condujeron a Lutero a su descubrimiento o, incluso, de entender afectivamente su vivencia de la esperanza cristiana en la redención, pero de que, por el otro, esta vivencia pierde en seguida la integridad de la experiencia personal originaria y comienza a mostrar gérmenes de contradictoriedad interna tan pronto como se le articula en el lenguaje de la teología y se la convierte en doctrina.

Desde el punto de vista psicológico, el acto original del luteranismo consiste en la vivencia de la *resignación*: la conciencia de la propia debilidad en la lucha contra la miseria de la condición humana y la comprensión clarificadora de que no solo han de encomendarse a la omnipotencia de Dios con absoluta confianza los propios destinos exteriores, sino también la propia capacidad de hacer méritos ante sus ojos, la propia corrompida voluntad que ningún esfuerzo humano puede sanar. “Desesperar de sí mismos”, de ahí el mandamiento que precede a todos los demás y constituye el meollo del auténtico acto de fe. Traducido en términos teológicos y no normativos significa: *la naturaleza corrompida no conduce a Dios.* El principio fundamental de la justificación por la fe especifica y es consecuencia de esta convicción más general; si la naturaleza no conduce a Dios, ningún esfuerzo fundado en las facultades innatas del hombre será capaz de hacernos juntos a la medida divina; de ahí que —si excluimos la terrible posibilidad de que todos los hombres se condenen— solamente Dios pueda, por obra de su libre gracia y a pesar de nuestras culpas, reconocernos justos y salvarnos de la eterna rutina. El principio de que la naturaleza corrompida no conduce a Dios —principio que Lutero no enuncia con estas palabras pero que de igual modo resume su respuesta al problema de la relación entre la naturaleza y el orden sobrenatural— significa, en primer lugar, que es imposible hacer méritos ante Dios mediante las obras a que nos mueven las apetencias naturales; en segundo lugar, que la razón natural no es capaz de llevarnos por sus propias fuerzas al conocimiento de las cosas divinas. Ahora bien, este principio, aparentemente claro, en la intención, contiene posibilidades contradictorias entre sí. En efecto, puede entenderse (y ciertos textos de Lutero sugieren tal posibilidad) en el sentido de que *toda autoafirmación del hombre* —todo motivo, toda preocupación que tenga por objeto al hombre mismo— *va en contra de Dios.* Aun el ansia de redención, en la medida en que atiende al fin último de la eterna felicidad, muestra a las claras ser egoísmo pecaminoso, indigno de cristianos: estos deben tener en vista la gloria de Dios únicamente por sí misma, no porque este sea la fuente de la esperanza en la salvación.

Concebido en estos términos, el principio de Lutero admite todavía un desarrollo ulterior dentro de una orientación clásicamente mística: cuando hace que el hombre sea una existencia particular, cuanto lo conserva en su propia estructura y fomenta su actividad es malo (toda actividad propia es obra de la naturaleza; se dirige, por tanto, contra Dios). De manera que el mal es la existencia particular misma. En cambio, el verdadero cumplimiento de las destinaciones humanas consiste en la anegación en la divinidad, en la *theosis*, en la trasformación del ser en la infinitud de la fuente primigenia del ser, es decir, lo que los místicos han llamado *annihilatio.* Y aunque con el paso del tiempo Lutero haya olvidado más y más los motivos recibidos en su juventud de los textos místicos, aun cuando en su calidad de organizador de una nueva iglesia y de una confesión no podía apoyarse en una concepción del cristianismo para la que la aspiración a la fusión inmediata con la divinidad constituye el único valor, el desarrollo posterior de los supuestos luteranos en sentido místico no fue de ningún modo una aberración, sino una interpretación justificada —aunque puesta en duda por el propio Lutero— que, por lo demás, correspondía al carácter de los impulsos que operaron en la fase inicial del pensamiento de Lutero.

Por lo demás, no solo la interpretación mística es una posibilidad real de los supuestos luteranos; también lo es la interpretación místico-panteísta. Una teoría que sostiene la impotencia de la criatura, la absoluta omnipotencia de Dios y la corrupción de la naturaleza fácilmente conduce a la conclusión de que la rebeldía contra la voluntad divina, que se expresa en el afán por la propia realización, exalta de manera especial y negativa la voluntad humana separándola de todo el resto del mundo; pero como todo lo creado es impotente y pasivo, todo lo que sucede no sucede por fuerzas naturales, sino en virtud de la acción divina. Por consiguiente, el mundo entero no solo es la revelación de Dios a través de la creación, sino que es en la totalidad de sus acontecimientos acción divina, es el cuerpo de Dios. De aquí a la fe panteísta en la divinidad de lo creado no hay más que un paso, por mucho que en el punto de partida se afirmase la radical dicotomía entre el mundo de Dios y el mundo de la naturaleza.

También la concepción según la cual la realidad natural en su conjunto es vida de Dios hunde sus raíces en la doctrina luterana de la impotencia de la naturaleza, y toda la filosofía panteísta alemana, que sin duda se contrapone a la intención de Lutero, es, no obstante, obra suya en lo que atañe al impulso inicial. Desde Sebastián Franck, el primer panteísta producido por la Reforma, pasando por Jakob Böhme, quien, a partir de la idea de Lutero sobre la contradictoria revelación de Dios en el amor y la venganza, desarrolló ulteriormente una cosmogonía metafísica de la naturaleza contradictoria del ser; pasando por Valentin Weigel y, por último, por Silesio, el panteísmo protestante alemán ha trasmitido este aspecto del luteranismo a la filosofía romántica alemana, a Schelling y, finalmente, a Hegel. Es verdad que nada hay más distante de las representaciones de Lutero que el panteísmo; pero es verdad también que Lutero, al transmitir la herencia de la mística panteísta medieval alemana a la cultura de los siglos posteriores, constituyó un verdadero eslabón intermedio. La metafísica de Schopenhauer concibe la mera individuación del ser como culpa original de la criatura, como auténtica fuente del mal, arraigada en la misma tradición.

El rechazo de la naturaleza como senda que conduce a Dios tiene además notorias consecuencias morales, pues implica la superación de toda "religión de las obras", la cual representa un craso ejemplo de aquellos estériles intentos de acopio independiente de méritos para el día del juicio. El efecto social de esta reforma es bien conocido para que sea necesario extenderse en consideraciones sobre él. En cambio, es oportuno señalar algunas consecuencias esenciales de esta "subversión" (la palabra "subversión" es equívoca en la medida en que para el propio Lutero, y también en realidad, se trataba del retorno a la versión paulina del cristianismo). Desvalorizar todas las iniciativas brotadas de la "naturaleza" significa, desde el punto de vista de la salvación, desechar la ley como orientación de vida valiosa. El motivo de la abolición de la ley en beneficio del amor recorrió un camino sorprendente desde los tiempos de Lutero. Por una parte, sirvió de estímulo a ciertos movimientos claramente hostiles a la ley, que en los principios de desvalorización de las obras y de todo proceder "exterior" vinieron a ser un pretexto para la anarquía moral y para la supresión de toda disciplina (lo que, por lo demás, nada tiene en común con las intenciones de Lutero). Por otra parte, sin embargo, la ética luterana —cosa que, por lo demás, ha sido señalada con frecuencia— fue, a través del pietismo, la verdadera fuente de la doctrina moral de Kant. La convicción de que la auténtica valoración moral se refiere exclusivamente a la voluntad misma tiene origen luterano y, en este sentido, cabe afirmar que *toda la posición anti-utilitarista desencadenada en la ética por la doctrina de Kant es herencia del luteranismo.* La ética de Kant es la secularización de la teología hostil a las obras de Lutero. En cierta acepción restringida, el principio de que la naturaleza no conduce a Dios puede, pese a todo, servir de estímulo a las tradiciones deístas, si bien también aquí es particularmente profundo el abismo que separa las intenciones originarias de la Reforma de sus resultados. Este principio ejerció una influencia determinante en dos direcciones: eliminó por contraproducente toda injerencia de la razón natural en las cuestiones religiosas, tachando de arrogancia el *usum rationis in divinis* y, al mismo tiempo, dentro de las fronteras del mundo natural manifestó indiferencia siempre que no hubiese que temer, claro está, conflictos entre los resultados del conocimiento natural y la palabra de Dios. Así hizo posible la actitud tan difundida posteriormente entre los eruditos protestantes, según la cual, por un lado, se acepta sin mayores investigaciones la fe, irracional por principio, y, al mismo tiempo se reconoce la autonomía de la razón profana en el dominio del orden natural. Dije que en este caso solo podemos hablar de una influencia filosófica de la Reforma "en sentido limitado", pues ella es más bien negativa. Sin embargo, no solo el deísmo de los países protestantes se vincula genéticamente con esta característica separación de la Reforma entre realidad natural y ser divino; esta convicción de que no existe un camino que conduzca de la naturaleza a Dios une a Descartes con Pascal (como ha señalado Alquié), aunque el sentido de este principio sea distinto en uno y otro, así como los motivos que los indujeron a defenderlo.

6. Pero dejando de lado esta bifurcación del estímulo (bifurcación increíblemente fecunda para la historia de la cultura europea y, sin embargo, "periférica" desde el punto de vista del problema que aquí debatimos) que desde la Reforma se transmite a la vida filosófica, resta aún la segunda línea esencial de influencia, que hemos denominado dirección existencial. Este sentido existencial del luteranismo parece más manifiesto que el sentido

místico, pero su contenido real es un poco más difícil de formular. No obstante, notamos sin esfuerzo en los textos de Lutero la doble orientación polémica de la idea de la justificación por la fe: esta se vuelve contra el principio de justificación por las obras, pero también contra el principio de justificación por la *doctrina.* El mundo de la fe es radicalmente distinto del mundo del pensamiento discursivo y nace de la abrupta fractura del espacio intermedio que separa lo natural de todo lo que es divino.

El verdadero cristiano brota de la superación de la naturaleza, es decir, de la propia voluntad, de la autoafirmación del hombre; empieza a ser posible, precisamente, cuando superamos el falso cristianismo, el cual se aplica a desenvolver, completar o ennoblecer las inclinaciones innatas al hombre, punto en torno del cual giran las varias formas místicas de la subversión reformadora. El verdadero cristianismo es, al mismo tiempo, la victoria sobre el cristianismo entendido como doctrina y como *saber acerca de Dios,* el derrumbe de aquella ciega despreocupación con que el creyente derivaba de su mera ortodoxia la esperanza en una vida eterna. El diablo también cree en Dios y tiembla, según la bella expresión de un texto (Santiago 2:19) que, por otras razones, Lutero consideró sumamente dudoso dentro del conjunto de los libros canónicos. Cristiano no es aquel que ha reunido conocimientos accesibles acerca de Dios. La misión de Cristo no consistió en informar a los hombres o en prometerles la redención a cambio de un correcto aprendizaje de la doctrina. Cristiano es aquel hombre que vive de la fe, pero esta no es convicción intelectual, sino total renacimiento del espíritu, completa renovación, aniquilación del hombre viejo, acto que permite ingresar en la nueva realidad y que ningún medio natural —ni la organización eclesiástica, ni los santos del Señor, ni la doctrina, ni los sacramentos exteriormente recibidos— pueden cumplir en lugar del hombre individual. Esta falta de cualquier apoyo en el orden natural determina que en el acto de fe el cristiano se encuentre en presencia de Dios en cierto modo desprovisto de todo: "...*Deus Pater omnia in fide posuit; haec fides non nisi in homine interiore regnare possit*" (...Dios Padre lo puso todo en la fe; esta solo puede reinar en el hombre interior). Solo ahí, en el "hombre interior", dentro de cada individuo, se consuma el cristianismo.

De tal suerte, un cristianismo que es una abstracción especulativa y en el que también el individuo se trasforma en algo abstracto, se opone al cristianismo de la fe viviente, la *theologia regenetorum,* un cristianismo, en fin, cuyo único lugar real es el contacto con la Gracia del alma purificada. También en este caso, como en el que antes analizamos de la *kenosis* (vaciamiento) mística, tropezamos con el proceso análogo de desvalorización del mensaje de Lutero durante la ulterior evolución del luteranismo "realizado", junto con la trasmisión y el desarrollo posterior de la intención de Lutero fuera de su Iglesia. De hecho, un cristianismo concebido como valor puramente "interior" e incapaz de buscar apoyo en una realidad visible cualquiera, si hemos de ser consecuentes, no puede ser la actitud de un grupo, *no puede* —por principio— *constituir una comunidad.* En la fe los individuos no son agregables, cada uno está aislado ante la presencia de Dios, y la fe de todos ellos, tomada en conjunto, no se estructura como unidad de doctrina ni como colectividad organizada. La justificación de la Iglesia visible se vuelve problemática. Con un mensaje como este puede dirigirse a los hombres un profeta solitario, no el organizador de un movimiento social y fundador de una comunidad reformada, si no quiere derribar a hachazos el árbol que él mismo ha plantado. De acuerdo con esto, es comprensible y hasta, podría decirse, natural que la idea de una fe que consistiese en la intransferible propiedad de un alma individual oculta al mundo y visible solamente a Dios, debiese retroceder en beneficio de otras formas comunitarias de la vida cristiana, apropiadas para la mediación ulterior y la propagación. Tampoco sorprende que la justificación por la fe haya sido interpretada por los fieles precisamente en aquella forma que tantas veces denunciaron públicamente Spener y otros pietistas como contraria a la intención de Lutero: ser justificados por la fe significa que somos hijos de Dios y que nuestra salvación es segura gracias a la verdadera doctrina enseñada por Cristo, que el papado corrompió, mancillándola, y Lutero sacó del olvido.

Ahora podemos entender como un poco más de claridad la diferencia existente entre las dos interpretaciones esencialmente distintas del principio que establece la fundamental separación de naturaleza y Dios: entre la interpretación mística y la existencial. La primera acentúa la necesidad de anular la naturaleza, a la cual, en última instancia, pertenece la individualidad humana como tal, o bien —la versión panteísta— toda individuación del ser. En cambio, la interpretación existencial destaca la necesidad de que cada hombre particular se desprenda de todas las formas "naturales" de apoyo, especialmente de todo lo temporal-terrenal y, al mismo tiempo, de todo lo abstracto, para alcanzar el estado de "hombre interior" que en su absoluta concreción y en su incomunicable subjetividad enfrenta el mundo de la Gracia. Ambas tendencias siguen direcciones contrapuestas: según una, el principio último del ser es un ser absoluto que lo absorbe todo; en contraste con él o en relación con él, toda existencia individual pierde la apariencia de independencia óntica; según la otra, por el contrario, el principio último del ser es la irreducible "mismidad" (*Jemeinigkeit*) (si nos es permitido emplear la expresión heideggeriana) de cada ser humano tomado en particular, no siendo agregables todos ellos en un conjunto.

7. La línea de evolución existencial, iniciada o resucitada por Lutero —aunque también en este punto él fue el renovador de una, si bien oscurecida, verdadera tradición cristiana—, seguramente no posee una continuidad tan ostensible como la línea mística, la cual puede seguirse en la cultura alemana casi de generación en generación hasta el siglo XIX. Sin embargo, también ella es real. El agustinismo católico del siglo XVII en su versión jansenista no puede pasar, con seguridad, como continuación intencional del programa de Lutero; eso es evidente. Pese a ello, constituye la tentativa de una contrarreforma que busca golpear al adversario con sus propias armas, recurre como él a los mismos motivos del cristianismo primitivo y postula dentro de la Iglesia romana el restablecimiento de los mismos valores en que radica la fuerza de los herejes. Desde el punto de vista que aquí nos interesa, el jansenismo pretendió introducir en la religiosidad católica la misma desconfianza respecto de la naturaleza y los medios de redención naturales que manifestaba la Reforma, aunque evidentemente —y como se sabe, sin éxito— trató de mantener dentro de los límites del dogma la fórmula sobre la Gracia. Ciertamente, la desconfianza respecto de la naturaleza no siguió la dirección de la doctrina de la aniquilación mística (aunque en la fase inicial del jansenismo, con Saint-Cyran, no se expresara todavía a las claras la orientación contraria a la mística). La resignación ante la naturaleza, de acuerdo con la concepción jansenista, no significa unión mística con la divinidad o trasformación, sino lo que en el acto de arrepentimiento y de fe tiende a salvar la plena subjetividad del hombre, quien, resignado y contrario, aguarda la Gracia; la razón debe cooperar como fuerza negativa, puesto que ella es capaz de negar libremente el propio valor y abdicar de sí misma. En contraste con los místicos, la religiosidad de Pascal deja al hombre la conciencia agudizada de la propia existencia, conciencia que se revela como percepción penetrante de la propia miseria y de la propia perversidad, acompañada del presentimiento de un camino hacia la liberación que no se abre gracias a los esfuerzos humanos sino a la misericordia de Dios que se revela en Cristo.

Y esto es lo que podemos designar *concepción existencial del cristianismo*: pues la mística no es en absoluto una "subjetivización" de los valores religiosos, sino, por el contrario, la perspectiva de una eliminación de la subjetividad humana en la noche de lo absoluto que todo lo devora. También la religiosidad existencial intenta aplastar la tendencia del individuo a la afirmación de sí mismo en contra de Dios; no obstante, mantiene en pie con todo vigor la sensación de la propia estructura y el ser irreductible del sujeto humano, exige rastrear en sí mismo sin vacilaciones los impulsos de condescendencia con los instintos naturales y pretende reducir el conocimiento de sí mismo a la sensación del pecado y la miseria. Pero todo esto en nombre de la salvación del individuo, en nombre de su redención en su propia subjetividad. En la concepción existencial sería impensable que este acto de resignación llegase tan lejos como entre los místicos: hasta la resignación de la salvación eterna si fuese voluntad de Dios el condenarnos. La conciencia orientada en sentido existencial preserva al mismo tiempo el anhelo de la propia salvación como el máximo valor y la fe en la Gracia, la cual decide en última instancia sobre la salvación independientemente de los esfuerzos humanos, y de ese modo está condenada al eterno martirio de la inseguridad y a la incapacidad de alcanzar esa definitiva calma que, tras largas pruebas, la mística asegura a sus elegidos.

En relación con el siglo XIX, Kierkegaard pasa con razón por el auténtico profeta del cristianismo existencial. Su vinculación con la tradición de la teología luterana parece indiscutible. La crítica a Hegel y la crítica al cristianismo "objetivo", como Kierkegaard lo llamaba, son llevadas a cabo desde las mismas posiciones y en nombre de los mismos valores —los valores de la subjetividad concreta, que es captada en el acto de la humillación de sí mismo, en la conciencia del pecado y la culpa. Kierkegaard enuncia lo que fue el verdadero presupuesto fundamental de la religiosidad del joven Lutero, pero que no había sido posible expresar en esta forma en el lenguaje del siglo XVI: la fe es la negación de toda "objetividad", de todos los valores en que los hombres, como comunidad, como ejemplares de la especie, participan en común. Las subjetividades son absolutamente inagregables, no hay "dos" conciencias, puesto que subordinar la conciencia a una abstracción, cual es el número, significaría privar a la conciencia de su irrepetible concretez, es decir, de su realidad. "La diferencia entre el cristianismo y el hegelianismo —leemos en *Unwissenschaftlichen Nachschrift* [*Post scriptum conclusivo no científico*]— consiste más bien en que la especulación se propone enseñarnos qué camino hemos de seguir para llegar a ser objetivos, mientras que el cristianismo enseña que tenemos que aspirar a ser subjetivos, es decir, a hacernos de veras sujeto". Y la misma objeción fundamental ya dirigida contra el hegelianismo apunta también contra un cristianismo institucional que se entiende como doctrina, como organización, como realidad colectiva: "Pues si el cristianismo fuese una doctrina, la relación con él no sería la relación de la fe, ya que frente a una doctrina no cabe otra relación que la intelectual. Por consiguiente, el cristianismo no es una doctrina, sino precisamente esta realidad: Dios ha existido". Expresado de otro modo: el cristianismo no consiste en la convicción de que la historia narrada en el Evangelio sea históricamente verdadera, ni en la convicción de que tal o cual dogma sean verdaderos; más aún: tampoco consiste en la subordinación a la ley de Dios fijada en las Sagradas Escrituras para todos por igual. El cristianismo es solo para uno, y "solo uno alcanza la meta"; y cada cual puede ser este uno. La fe —de acuerdo con la idea de Lutero y con el ejemplo de Abraham— no es una convicción, sino la completa transformación del hombre interior; el asentimiento a lo absurdo, al escándalo, a lo imposible; trascender todo lo expresable como algo dirigido por igual a todos los hombres, a la comunidad; la superación de la razón y la suspensión de la ley moral. Vivir en la fe significa rescatar la plenitud de la subjetividad, cuya única referencia es la subjetividad divina. El ataque de Kierkegaard contra el luteranismo es la repetición del ataque de Lutero contra la Iglesia de su tiempo: la tentativa de poner en cuestión un cristianismo cuyos portadores son criaturas abstractas —a saber: los individuos humanos concebidos como miembros de una comunidad—, y que se realiza por medio de abstracciones, por la repetición de la doctrina ortodoxa o por la ejecución de ritos; un ataque en nombre de lo único concreto que es de veras concreto: la doctrina de la subjetividad.

Considerar la subjetividad como hecho último definitivo que no admite explicación por ninguna otra cosa y que se resiste a ser descrita en lenguaje "objetivo", pero que al mismo tiempo se reencuentra a sí misma en la conciencia del propio mal y la propia indigencia y necesita de una justificación que no le provee el mundo natural; he ahí el punto central de la vivencia del cristianismo en la perspectiva existencial. El desafío de Lutero, que él mismo concibió como un acto de renovación, como aceptación de la misión y el llamamiento de Pablo, revivió de ese modo en el siglo XIX, oponiéndose por igual al racionalismo hegeliano, al panteísmo romántico y al cristianismo institucional. Kierkegaard trasmitió el mismo motivo a nuestro siglo, a aquellos filósofos que, como en primer lugar Unamuno, luego Jaspers y finalmente también Heidegger, trataron de enunciar con rodeos lo que no se puede enunciar directamente: la irreductible concretez de la subjetividad humana. Kierkegaard representa en esta cadena un eslabón particularmente rico en consecuencias; su presencia y posición en la filosofía nos permite afirmar que la vinculación entre la filosofía existencialista contemporánea y la iniciativa de Lutero no es una coincidencia artificiosa, sino una real vinculación de estímulos, absolutamente al margen de la circunstancia, por lo demás obvia, de que la filosofía existencialista de nuestro tiempo no es consciente de esta procedencia y, en la mayoría de los casos, no reconoce ninguna conexión, no solo con la tradición luterana, sino, en general, con ninguna tradición cristiana. En efecto, apenas si cabría imaginar que Sartre estuviese dispuesto a admitir que en su propia negación del legislador divino —la cual significa al mismo tiempo la negación de toda clase de normas o reglas que pudiesen obligar al sujeto humano fuera de su propia decisión libre— resuena el eco de la negación luterana de la ley, abolida por la religión de la Gracia instaurada por Cristo. Y, sin embargo, esta conexión no tiene nada de fantasioso.

Más aún: la negación luterana de la filosofía, concebida como doctrina que no solo no pertenece al mundo de los valores cristianos sino que le es absolutamente perjudicial, es algo que volvemos a encontrar en la concepción de Kierkegaard —y aun de la filosofía existencialista en general— de la filosofía como un acto de concientización que todo hombre en particular debe renovar sin vacilaciones y que no puede transformarse en una teoría o doctrina abstracta con pretensiones de ser universalmente válida. Este motivo se dibuja con perfiles particularmente agudos en la obra de Jaspers: como la existencia, siempre igualmente originaria en su duración, no puede ser concebida como objeto ni como un conjunto de cualidades enumerables en expresiones abstractas, es imposible la filosofía como intento de catalogación o descripción de la existencia, por lo menos en forma de una teoría. El trabajo filosófico es más bien un desafío renovado sin cesar; donde trate la existencia particular de habérselas con un segundo contacto, allí sabe, sin embargo, que este contacto nunca llega a ser la trasmisión de sí mismo en el sentido en que puede trasmitirse un pensamiento o una cosa. También esta negación auténticamente existencial de la filosofía hunde sus raíces en el cristianismo de Lutero.

8. Resumamos. La iniciativa de Lutero fue una nueva interpretación de la confesión agustiniana *Deum et animam scire cupio* ("A Dios y el alma deseo conocer"), y encierra en sí el anhelo que determina los esfuerzos filosóficos y religiosos casi desde las primeras obras, el afán de definir la

humanidad en su oposición con el resto de la naturaleza. Desprovista de todo apoyo natural, enfrentada a la prepotente atracción de la Gracia, la subjetividad humana se define a sí misma por la conciencia de la propia caída y la propia miseria. Esta radical ruptura de la vinculación con la naturaleza abría un doble camino, que aquí hemos caracterizado como la línea mística y la existencial del desafío reformador. Por la primera, el hombre, en su intento de encontrarse a sí mismo e identificarse en la oposición con el mundo, no halla nada más que la corrupción y la maldad que se ocultan en su simple status de ser, en la mera estructura que le es propia; entonces resigna la existencia individual y cree que destruyéndose a sí mismo en favor de lo absoluto vuelve a alcanzar la raíz de ser de la que desdichadamente había brotado su propia enfermiza existencia individual. Por la segunda vía, en cambio, la subjetividad desnuda torna a encontrarse a sí misma como ser absolutamente irreductible, inderivable de nada que pertenezca al mundo de las cosas o del pensamiento. Si esta subjetividad encuentra a Dios, intentará entablar con él un diálogo íntimo que nadie, desde afuera, es capaz de oír, entender o valorar; si no lo encuentra, se verá forzada a concebirse a sí misma como algo absoluto desprovisto de sustancia, surgido de la nada y tendiente a la nada, como vacío ser para sí, pura negatividad, *passion inutile*. En este sentido puede decirse que el llamado de Lutero ha confiado a los tiempos posteriores el descubrimiento de la subjetividad, el germen de la moderna cultura filosófica. Pues esta trata tenazmente de volver a la más originaria subjetividad humana, no mediada por nada, que suprime incondicionalmente la filosofía como especulación metafísica, como la construcción de sistemas. De ese modo, el rechazo luterano de la filosofía se repite aun en los intentos obstinados por constituir la filosofía a través de la negación de sí misma.

Lutero y el humanismo

Alfonso Rincón González

No es fácil precisar el significado de “humanismo”. La variedad de acepciones de este término responde a la fecundidad semántica del mismo, que recoge un contenido tan amplio como el fenómeno de la humanidad. En términos generales, la palabra humanismo ha estado ligada con una concepción del hombre y con su auténtica realización. Sin embargo, hay que tener cuidado al aplicar la palabra a todos los aportes culturales en los que el hombre aparece como tema porque, de ese modo, desde la Biblia y Homero, pasando por la paideia griega, por la escolástica, por el Renacimiento y por los humanismos más recientes, todo puede sumergirse en la exaltación ideológica de lo humano y todo puede justificarse. No hay que olvidar que los verdugos de nuestro tiempo se han llamado, con frecuencia, humanistas. De ahí que sea necesario acercarse con cierto recelo a las ideologías humanistas. Los humanismos, hoy, han sido puestos en tela de juicio y han sido envueltos en una atmósfera general de sospecha y de acusación de sus, a veces, auténticos antihumanismos. Nuestro tiempo ha criticado todo tipo de humanismo porque ha criticado el pasado y, en él, los sistemas gestados que produjeron esos humanismos.

Por el momento, entendamos el humanismo como una visión del hombre y de lo humano en el marco de la libertad, del diálogo y de la promoción humana, interpretada dentro de la sensibilidad del hombre actual, que ha acumulado experiencias, valores, desengaños, ilusiones y desilusiones, y que ha revalorizado el papel de protagonista que él ha tenido en la historia por encima de los modelos de héroes y superhombres, modelos que, en un momento, pueden ser orientadores, pero nunca totalmente válidos ni definitivos.[1] Como lo afirmaba Gabriel Marcel, “el verdadero ser humano está todavía por venir y nos encontramos en ese momento crítico y decisivo de la

1. Esta concepción del humanismo corresponde a una visión moderna del mismo y recoge las reflexiones que se han realizado en el curso de los últimos años. Para nuestro tema ver el bello libro de Paul Oskar Kristeller, *El pensamiento renacentista y sus fuentes*. México, FCE, 1982.

historia en que se produce a gran escala la toma de conciencia de una humanidad aún por instaurar sobre las ruinas de un mundo desmoronado".[2]

Al hablar del humanismo y de su relación con Martín Lutero, cuyo 500 aniversario de su nacimiento celebramos en este año, es necesario y oportuno tener en cuenta su horizonte de comprensión y el nuestro, su mundo y sus inquietudes, como también los nuestros. Han pasado cinco siglos, durante los cuales han tenido lugar numerosos acontecimientos que nos permiten ver, con ojos más desprevenidos, los aportes, los aciertos y los desaciertos de nuestros predecesores. Hablar sobre Lutero y el humanismo exige descubrir lo que él pensó acerca del hombre, de su destino y de su sentido. Creo que para lograrlo, al menos parcialmente, es conveniente entender el mundo de Lutero, sus raíces intelectuales, sus vínculos, sus pasiones, sus amores y sus odios, sus búsquedas y sus formas de pensamiento.

En el presente trabajo tan solo me propongo señalar algunos puntos a través de los cuales se pueda ver el alcance y la vigencia de los planteamientos de Lutero acerca del humanismo. En primer lugar, es menester ubicar a Lutero dentro del mundo intelectual de su tiempo, señalar las influencias que recibió y describir el mundo cultural del que fue tributario. En segundo lugar, estableceré la relación que tuvo Lutero con los humanistas del Renacimiento y su postura ante ellos; también pondré de presente el interés del Reformador por algunas disciplinas que han ocupado a los humanistas. A partir de ahí se podrá comprender la concepción de Lutero sobre el hombre, su teología y su antropología y los aportes que estas han ofrecido para la configuración de un humanismo que responda a las exigencias de un mundo que se había a quinientos años de distancia de su compromiso histórico. Finalmente, creo poder concluir que Lutero no es un humanista en el sentido renacentista ni en el sentido de la Ilustración, y que, en general, el Reformador, por su concepción teológica, está más cerca de la Edad Media que de lo que se ha dado en llamar la modernidad. Esto no se opone a que él haya marcado de forma profunda el desarrollo de la historia de la Iglesia, de la sociedad y del pensamiento.

I. Lutero en el mundo intelectual de su tiempo

Desde el siglo XII existía en Erfurt un floreciente centro de estudios. En el siglo XIV, este adquirió un carácter universitario, cuando, en 1379, se

2. G. Marcel, *Filosofía paro un tiempo de crisis.* Madrid, Guadarrama, 1971, p. 63.

abrieron las cuatro facultades de Artes, Medicina, Derecho y Teología. A finales de abril de 1501, Martín Lutero ingresó en la Facultad de Artes o Filosofía, requisito indispensable para cursar las carreras de Medicina, Derecho o Teología. El plan de Erfurt se asemejaba al que seguían las universidades de aquel entonces.[3] Para ser bachiller, era preciso cursar las siguientes asignaturas: en Gramática, el *Priscianus Minor* y la segunda parte del *Doctrinale*, de Alejandro de Villedieu; en Lógica, las *Summulae*, de Pedro Hispano, la *Lógica Vetus* (*Isagogé*, de Porfirio; *Categorías y Peri Hermeneias*, de Aristóteles) y la *Lógica Nova* (*Tópicos, Elencos Sofísticos, Analíticos* priores y posteriores); en sicología, el tratado aristotélico *De Anima*; en Cosmografía, la *Sphaera*, de Juan de Hollywood; y en Retórica, el *Laborinthus,* de Everardo el Alemán, poema didáctico sobre las miserias de los profesores de humanidades.[4]

Para la licencia y el magisterio en artes, debían cursarse las siguientes asignaturas: los *Tópicos* (si uno no los había cursado antes), la Filosofía natural o *Física*, de Aristóteles: *De caelo. De generatione et corruptione. De meteoris; los Parva naturalia*, del mismo (*De sensu et sensata, De memoria et reminiscentia, De sommo et vigilia*); la Matemática, de Euclides; la *Aritmética* y la *Música*, de Juan de Muris; la *Theoria planetarum* (¿de Hollywood?), la *Metafísica* aristotélica, la *Ética* nicomaquea y, en fin, la *Política* y *Económica*, del mismo Aristóteles.

Como lo afirma Juan Crotus Rubeanus en una carta que le envió a Lutero, en 1520, este se distinguió en Erfurt como erudito filósofo. La filosofía que aprendió en los cursos universitarios fue, fundamentalmente, la de Aristóteles. El *Organon* de este y las *Summulae Logicales* de Pedro Hispano le dieron a Lutero unas bases muy sólidas en la dialéctica, de la que, años después, no quiso valerse sino en lo estrictamente necesario, y abogó por una simplificación de la lógica formal, de la que, a su parecer, abusaban mucho los escolásticos. La física y la filosofía de la naturaleza o cosmología, tal como las estudió en los textos de Aristóteles y en los comentarios medievales, estuvieron siempre presentes en el pensamiento de Lutero. Ya desde Erfurt empezó a repugnarle profundamente la ética eudemonística de Aristóteles, a quien luego llamó "asno ocioso"[5] y a quien Lutero, a consecuencia de su agustinianismo, despreció notablemente.

3. F. Brasa Diez, "La filosofía en el mundo de Tomás de Aquino", en *Studium*, 19, 1979, pp. 87-109.
4. R. García-Villoslada, *Martín Lutero,* Madrid, BAC, 1973, vol. I, p. 68.
5. R. García-Villoslada, *op cit.*, 72, nota 24. En esta nota ofrece el autor los numerosos epítetos dados por Lutero a Aristóteles: *otiosus asinus, bestia gentilis, vastator piae doctrinae.*

Parece que, en sus años de estudiante, Lutero admiró a Aristóteles y lo leyó con cuidado. En la *Misiva sobre el arte de traducir*, atacando a sus rivales, dice: "Y bajando a la palestra, conozco su propia dialéctica y su filosofía mejor que todos ellos juntos, y sé perfectamente que de ellos ninguno entiende a Aristóteles. Que me desuellen si alguno de ellos comprende correctamente un proemio o un capítulo del Estagirita. No me excedo en estas apreciaciones porque desde mi juventud me he formado entre ellos y conozco lo vasto y profundo de su ciencia".[6] En aquel momento, Aristóteles era considerado como el rey de las escuelas y su conocimiento era indispensable para ser un buen filósofo. Cuando Lutero empezó a profundizar en la doctrina de la Biblia y de San Agustín, asumió una postura muy violenta ante el pensamiento del Estagirita: "*Aquel que quiera sin peligro filosofar en Aristóteles*, debe necesariamente hacerse bien simple en Cristo".[7] "Aristóteles reprende y ridiculiza injustamente la filosofía de las ideas platónicas, la cual es mejor que la suya".[8] En 1520, escribió Lutero:

> Me acongoja el corazón que este condenado, orgulloso y pícaro pagano, con sus falaces palabras, haya seducido y enloquecido a tantos cristianos... Ese despreciable hombre, en su mejor libro, *De Anima*, enseña que el alma muere con el cuerpo... Dígase otro tanto del peor de sus libros, el de la *Ética*, directamente contrario a la gracia de Dios y a las virtudes cristianas... ¡Lejos de los cristianos tales libros! Querido amigo, yo sé bien lo que digo. Conozco a Aristóteles tan bien como tú a tus semejantes; yo lo he leído y he oído lecciones sobre él con más atención que lo hicieron Santo Tomás o Escoto, de lo cual puedo ufanarme sin vanagloria, y, si es preciso, lo demostraré... Yo permitiría que los libros aristotélicos de lógica, retórica y poética se conservasen, o que, reducidos a forma más breve, se leyesen útilmente para instruir a los jóvenes a bien hablar y predicar; pero nada de comentarios.[9]

Y en la obra *A los magistrados de todas las ciudades alemanas*, de 1523, dice que la respuesta de Dios, al no hacer el hombre caso de sus beneficios, fue permitir que "en lugar de libros buenos llegase Aristóteles, acompañado de innumerables libros perniciosos, que cada vez nos fueron alejando más

6. M. Lutero, "Misiva sobre el arte de traducir", en *Obras*, I, edición preparada por Teófanes Egido. Salamanca, Sígueme, 1977, p. 309.
7. M. Lutero., "La disputación de Heidelberg", en *Obras de Martín Lutero*. Vol. I. Versión castellana directa de Carlos Witthaus, Buenos Aires, Paidós, 1962, p. 31.
8. M. Lutero, *Ibíd.*, 32.
9. Citado por R. García-Villoslada, *op. cit.*, p. 72.

de la Biblia, que es lo que en definitiva hicieron esas máscaras del demonio, los monjes y los fantasmas de las universidades".[10]

Para Lutero, Aristóteles es el mayor enemigo de la Gracia. Por eso, el verdadero teólogo se hace sin Aristóteles, y no con él, como pretende la escolástica y Tomás de Aquino, varón eximio que extrae sus opiniones de fe de Aristóteles.[11]

No resiste Lutero la teología tomista, porque, para él, está llena de abstracciones metafísicas y porque da cabida a la filosofía aristotélica. "Lector mío, quienquiera que seas... nunca se ha visto que el humo de la tierra pueda iluminar el cielo... porque la teología es el cielo, más aún, el reino de los cielos, mientras que el hombre es tierra, y sus especulaciones son humaredas... Nunca el cerdo pudo enseñar a Minerva, aunque a veces lo presumía, ni con telas de araña se cazan leones y osos".[12]

Como luego lo diré al hablar de la influencia de Occam en el pensamiento de Lutero, este se inscribe en la línea nominalista. Rechaza el esfuerzo teológico de quienes, apoyados en Aristóteles, buscan mostrar la relación que hay entre la naturaleza y la gracia. Para Lutero, la gracia no está en la naturaleza de las cosas; la gracia no es sino el acto libre, inesperado, de Dios que salva libremente al hombre. Hay una profunda discontinuidad entre la naturaleza y la gracia, entre el hombre interior y el hombre exterior. El rechazo de toda filosofía y la visión pesimista de la condición humana han excluido la naturaleza del pensamiento del Reformador.

Sola Scriptura, sola gratia, sola fides

Terminados sus estudios de filosofía, Martín Lutero decide matricularse en la Facultad de Derecho. Allí estudió las *Instituciones*, de Justiniano, el *Digestum* y las *Novellae*, el *Decretum Gratiani* y las *Decretales*. En 1505, entra en el convento de los eremitas de San Agustín, en Erfurt. Desde ese momento hasta 1517, vive en diferentes conventos de la orden. En 1508, realiza intensos estudios y variadas actividades académicas en Wittenberg. Luego de numerosas lecturas y de permanente y continua enseñanza, Lutero recibe la licencia y el doctorado en Teología. Lee y comenta el libro clásico de los teólogos medievales: las *Sentencias* de Pedro Lombardo. Estudia con

10. M. Lutero, "A los magistrados de todas las ciudades alemanas", en *Obras*, I, edición preparada por Teófanes Egido, 231.
11. M. Lutero. "La Cautividad babilónica de la Iglesia", en *Obras, I*, edición preparada por Teófanes Egido, p. 94.
12. M. Lutero, *W. A.*, 9, 65. Citada por Garcia-Villoslada, *op. cit.*, p. 140.

atención algunos autores escolásticos, entre los cuales se destacan Guillermo de Occam, Pedro D'Ailly, Gabriel Biel y Duns Escoto. Además, conoce la obra de Juan Gerson, quien había sido profesor y canciller de la universidad de París y quien había tomado parte muy activa en el Concilio de Constanza. A dichas lecturas añade el estudio y la meditación de los místicos que le recomendó su gran maestro y amigo Staupitz. Tres de estos místicos influyen en él de manera especial: el Pseudo Dionisio Areopagita, San Bernardo, al que cita en el Comentario a la Epístola a los Romanos, y Taulero, de quien escribe: "Jamás he visto, ya sea en latín, ya sea en nuestra lengua, una teología más sana ni más conforme al Evangelio".[13] Los autores místicos lo entusiasman considerablemente, pero, a la larga, el Dios de la experiencia mística, el Dios de la inmanencia depende demasiado del hombre, para que Lutero pueda aceptarlo por mucho tiempo. Por esa razón, la fase mística del joven profesor fue, según parece, bastante breve.

El rechazo que Lutero hace de Aristóteles, de la escolástica y de los místicos, lo va orientando hacia la *Sola Scriptura* en la que encuentra la única respuesta al hombre pecador. El estudio de San Pablo y de San Agustín consolida en él la idea de la *Sola gratia* y de la *Sola fides.* En proceso de elaboración de un nuevo método teológico, Lutero recibe el influjo del pensamiento de Guillermo de Occam.

En tiempos de Lutero, la escolástica se dividía en dos grandes corrientes: la vía antigua y la vía moderna. La primera incluía el agustinianismo naciente, el tomismo y el escotismo; la segunda, que Lutero conoció más directamente, estaba representada por Occam. En tanto que la vía antigua subordinaba todas las ciencias a la teología, la vía moderna favorecía una cierta autonomía de la ciencia natural con respecto a la teología y se oponía a que la especulación humana incursionara, más allá de las fronteras de la razón, dentro del ámbito de la revelación de Dios. Rechazaba enérgicamente la *vana curiosidad.* Lutero se adhirió a la vía moderna y se alimentó de la doctrina nominalista.[14] Para él, la vía antigua proponía una relación directa y ontológica entre el retrato y lo retratado, mientras que la vía moderna entendía tal relación como un vínculo mental que carece de toda base en la realidad, fuera del observador.[15]

13. Citado por É.G. Léonard, en *Historia general del protestantismo.* Vol. 1. Madrid, Península, 1967, p. 49.
14. H.A. Oberman, *Masters of the Reformation*, Cambridge, Universidad de Cambridge, 1981, pp. 284-288.
15. H.A. Oberman, *Ibíd.*

El nominalismo de Occam, de Pedro D'Ailly y de Gabriel Biel, imperante en las aulas de Erfurt, era, a la vez, pesimista y optimista. Pesimista en lo que se refería al conocimiento intelectual de Dios, cuya absoluta irracionalidad afirmaba resueltamente; optimista y semipelagiano en lo referente a la propia justificación: Dios da su gracia, de un modo infalible, a quien, por conseguirla, hace todo lo que naturalmente puede hacer. Para Lutero, Occam planteaba un doble voluntarismo: un voluntarismo en Dios, quien frente a nosotros es esencialmente "voluntad insondable", cuyos decretos nos parecen arbitrarios y sobre los cuales solo nos informa la Escritura; y un voluntarismo en el hombre, cuya libertad es exaltada hasta el extremo. Lutero abandonó el optimismo soteriológico del voluntarismo nominalista, y se mantuvo fiel a la idea de Dios que el nominalismo le enseñó: un Dios inefable, inasequible por la razón, arbitrario, un Dios incalculable y tremendo ante el cual lo que el hombre cree rectitud natural, acaso no sea sino falsedad y pecado. Para Lutero, la forma "patética" de la religiosidad está en los antípodas de toda posible forma "noética" de la relación del hombre con Dios.

De la desesperación que genera esta imagen de Dios, Lutero se libera mediante el descubrimiento del Evangelio de la misericordia, es decir, de la justicia gratuita que se concede por la fe. Abandonando toda idea de mérito, toda ansia de autojustificación, se dejó invadir por la confianza en el solo poder de la cruz. De ese modo, Lutero experimenta una liberación. Pero a esta experiencia le está indisolublemente unida la aceptación de la pobreza del hombre, de su impotencia, de su nada, condición para el triunfo de la gracia. En la teología del Reformador, la aceptación del juicio de Dios, la condenación de sí mismo y de todo esfuerzo por hacerse valer, es la única puerta abierta a la justicia y a la virtud.

Todos estos rasgos del pensamiento de Lutero muestran claramente la distancia que existe entre él y los humanismos, tanto el renacentista como los nacidos a partir de la Ilustración. En este sentido, el famoso debate que enfrentó a Lutero con Erasmo en torno al Libre Arbitrio, en 1523-1525, no tiene nada de marginal ni de secundario: se halla en el punto de partida de toda la doctrina luterana.

II. Lutero y los humanistas del Renacimiento

"¿Qué tiene que ver Atenas con Jerusalén?"

Los problemas del humanismo cristiano están enraizados en el doble origen de la cultura occidental: la antigüedad clásica y la antigüedad cristiana.[16] A finales del siglo II, Tertuliano afirmaba: "¿Qué tiene que ver Atenas con Jerusalén? ¿Qué tiene que ver la Academia con la Iglesia? Nuestra doctrina procede del pórtico de Salomón. Compréndanlo aquellos que nos han aportado un cristianismo estoico, platónico o dialéctico. Nosotros no necesitamos ninguna sabiduría sutil después de aparecido Cristo. Nosotros no necesitamos ninguna investigación filosófica después del Evangelio. Cuando creemos, no deseamos más que creer; pues ante todo creemos que no existe nada más en lo que debamos creer".[17]

Con la misma fuerza, San Jerónimo se hacía una idéntica pregunta, dos siglos después, al dirigirse a la Iglesia, que, a su juicio, se había hecho demasiado amiga de la cultura griega: "¿Qué tiene que ver Horacio con el Salterio? ¿Qué tiene que ver Marón con el Evangelio, o Cicerón con el Apóstol?".[18] Y mil años después de Jerónimo, escribió Petrarca en una de sus cartas: "Solamente se pueden amar las escuelas filosóficas y darles asentimiento si no se apartan de la verdad. Si alguien pretendiese intentar esto, y aunque se tratase de Platón, Aristóteles, Varrón o Cicerón, se le debería despreciar y pisotear con abierta tenacidad. Ninguna agudeza en la demostración, ninguna gracia del lenguaje, ningún nombre famoso debe seducir. Todos ellos han sido solo hombres instruidos, dentro de lo que alcanza la investigación humana, brillantes por su elocuencia, dotados de dones naturales, pero dignos de compasión por faltarles el más alto e indecible de los bienes. Debemos admirar sus dones intelectuales, pero de forma que adoremos al creador de ellos. Filosofemos de forma que amemos la verdad. Mas la verdadera sabiduría de Dios es Cristo".[19] Lo mismo quería decir Orígenes, tan admirado por Erasmo, al afirmar: "Huyamos, pues, con toda fuerza de ser solamente hombres. Apresurémonos a hacernos iguales a Dios; pues en la medida en que seamos solamente hombres, seremos mentirosos, como es mentiroso el padre de la mentira".[20]

Junto a estos testimonios un tanto negativos encontramos también los de otros autores que no despreciaron los ideales del humanismo griego y latino. Justino, en su *Diálogo con Trifón*, escrito en el año 160, afirma: "Te voy a dar mi opinión: la filosofía es en realidad el mayor de los bienes y el

16. Ch. N. Cochrane, *Cristianismo y cultura clásica*, México, FCE, 1949, pp. 213-258.
17. *De praescriptione haereticorum* 1 (PL 2,20s).
18. *Epístola* 22, p. 29.
19. *Epistolae rer. famil.*, 6,2. Florencia, Fracasetti, 1864, 2, p. 112.
20. *Comentario al evangelio de San Juan* 20, 29 (CGS Origenes 4,367), citado por Hugo Rahner en *Humanismo y teología de Occidente.* Salamanca, Sígueme, 1968, p. 67.

más precioso ante Dios, al cual ella sola nos conduce y recomienda. Y verdaderamente son santos aquellos hombres que consagran su inteligencia a la filosofía".[21] Y, en la *Apología*, el mismo Justino, dice: "Cristo es el Verbo de quien todo el género humano ha participado. Y así, los que vivieron conforme al Verbo son cristianos, aun cuando se les haya tenido por ateos, como sucedió entre los griegos con Sócrates y Heráclito".[22] En los mismos términos se expresó Clemente de Alejandría y Gregorio Nacianceno. Para ellos, la sabiduría de los helenos no era enteramente ajena a la sabiduría de la fe.

Muchos de estos problemas y preguntas volvieron a formularse con gran interés durante la época medieval y, particularmente, durante el Renacimiento. No solo en Italia, sino también en la tierra en donde se inició la Reforma. En esta ocasión no me ocuparé del Renacimiento italiano y de sus grandes representantes. Mi interés se centra en el humanismo de los países nórdicos, en donde va a florecer la Reforma.

Varias han sido las teorías que han querido explicar el humanismo de tales países. Por una parte, hallamos la teoría de Jacobo Burckhart, según la cual el humanismo del norte resultó de la influencia del humanismo italiano, y la del historiador Wilhelm Dilthey, para quien la mayor expresión del Renacimiento fue la Reforma, la cual constituyó el paso decisivo del escolasticismo medieval al idealismo moderno y al concepto de libertad. Por otra parte, encontramos la teoría de quienes afirman que el humanismo nórdico fue autónomo respecto del Renacimiento italiano, pero dentro de una profunda relación con el pasado medieval germano y en dependencia de él, gracias a la actividad de los Hermanos de la Vida Común. No es ahora la ocasión de discutir estas teorías. Baste, por ahora, afirmar, como lo hace Spitz,[23] que la verdad se halla en medio de estas dos posiciones extremas.

¿Cómo entender el concepto de "humanismo" en este período, es decir, en el contexto del siglo XVI? La palabra posee numerosos sentidos, como se señaló al comienzo del presente trabajo. Dos usos del término son, sin embargo, particularmente aptos para producir confusión dentro del contexto histórico a que nos referimos. El primero considera el humanismo como un punto de vista filosófico que refiere toda verdad y todo conocimiento al

21. *Diálogo con Trifón*, 2, I, en *Padres apologistas griegos*. Madrid, BAC, 1954, p. 302.
22. *Apología* I, 46, en *Padres apologistas griegos*. Madrid, BAC, 1954, pp. 232-233.
23. L. W. Spitz, *The Religious Renaissance of the German Humanists*, Cambridge, Universidad de Harvard, 1963, p. 237.

hombre, a quien se le constituye en centro absoluto de toda realidad. Tal antropocentrismo, no ajeno a una cierta tendencia renacentista italiana, no puede aplicarse, en general, a todo el humanismo italiano y mucho menos al humanismo alemán. El segundo considera el humanismo como un interés por la antigüedad clásica, por sus virtudes, que exige el cultivo de los clásicos grecolatinos con el fin de aprender de ellos, juntamente con la elegancia del estilo, la sabiduría antigua en lo que tiene de racional y de humano, y por tanto, de asimilable para todos los cristianos. Tal humanismo exige una *eruditio cum pietate*, como lo repite Erasmo, es decir, una amistosa unión de la doctrina y la erudición de los antiguos con la piedad y la religión cristianas.

Al hablar de Martín Lutero, me limitaré al humanismo alemán, que acentuó notablemente la reforma religiosa y dio un fuerte impulso a la conciencia nacional. Algunos de los humanistas se unieron en torno de Lutero y se convirtieron en defensores y constructores de la iglesia protestante. Entre los problemas que fueron comunes a Lutero y a los humanistas, en general, podemos destacar los siguientes: el rechazo a la escolástica, la reacción contra el formalismo de la vida religiosa y la pérdida de la dimensión existencial, la crítica de las prácticas eclesiásticas, de la jerarquía, y la necesidad de volver a las fuentes bíblicas y patrísticas. Algunas de las más importantes influencias provinieron de la *devotio moderna* y del misticismo alemán. Los Hermanos de la Vida Común desempeñaron un papel muy destacado en el desarrollo del humanismo alemán y formaron hombres de la talla de Nicolás de Cusa, Agrícola, Celtis, Mutiano, Erasmo y Lutero.

Pero ¿cuál fue, efectivamente, la relación de Lutero con el humanismo y la posición de aquél ante este? Hay que decir que la reacción de los humanistas frente a la Reforma no fue uniforme. Ninguno de los grandes humanistas italianos pensó jamás en separarse de la iglesia romana. Lo mismo puede decirse de los ingleses (Colet, Pole, More), de los españoles (Nebrija, Vives, Sepúlveda) y aun de los franceses (Lefebvre d'Etaples, Budé). Es cierto que numerosos humanistas alemanes se aliaron inicialmente con Lutero y le prestaron su colaboración. Entre ellos se cuentan Eobanus Hessus y Crotus Rubeanus, viejo amigo de Lutero. Felipe Melanchton, el mayor humanista de la Reforma, se sintió poderosamente atraído por la personalidad religiosa de Lutero, pero su formación lo fue separando de su maestro y amigo, sin que nunca llegara a romper su relación con él. Melanchton fue un intelectual de la especie de los no fanáticos, de los conciliadores, con una fuerte vinculación con lo antiguo. No podía entender que la naturaleza humana estuviera completamente corrompida. Para él, la voluntad del hombre y sus propias obras buenas son necesarias para la salvación. Erasmo de Rotterdam, en un comienzo, fue simpatizante de Lutero; luego, se convirtió en decidido adversario suyo; Hutten, en cambio, se asoció a las actividades luteranas incondicionalmente. Entre estos dos hombres ilustres: Melanchton y Hutten, hubo una amplia gama de humanistas que adhirieron a Lutero por un tiempo. Lutero admiró siempre a Erasmo, el padre de los humanistas. Lo llamaba "eruditísimo",[24] "nuestra gloria y nuestra esperanza",[25] "varón admirable",[26] que "introdujo el estudio de las lenguas y alejó los estudios sacrílegos. Posiblemente, al igual que Moisés, muera en los campos de Moab".[27] En otro lugar dice: "Lo que no puede negar el orbe entero es que el florecimiento y reinado de las letras, medio para llegar a la lectura limpia de la Biblia, es un don egregio y magnífico que Dios le ha concedido y que hemos tenido que agradecer".[28] Sin embargo, siempre criticó de Erasmo su falta de coraje y su pusilanimidad. Consideraba Lutero que el interés de Erasmo por las letras no le permitió llegar hasta las últimas consecuencias de la fe. Reconociendo su fama y su autoridad, y considerando que es mucho peor un mordisco de Erasmo que ser triturado por todos los papistas, le rogó, en una carta,[29] que se limitara a ser un mero espectador de su tragedia. Erasmo, por su parte, aceptando que su programa de reforma tenía algo de común con el de Lutero, afirmó claramente que, en lo sustancial, no coincidía con él: "¿Dónde digo yo que todo lo que obramos sea pecado?".[30] Sostuvo, además, que "dondequiera que reina el luteranismo, sobreviene la muerte de las letras".[31]

"Humano, demasiado humano"

Lutero tiene, sin duda, muchos puntos de contacto con los humanistas, como ya lo advertimos, pero fueron periféricos y secundarios, y no llegaron a convertir a Lutero en un humanista. Los sentimientos religiosos y la sustancia de su teología separaron a Lutero del ideal humanista. Él rompió el

24. M. Lutero, "Carta a Spalatino, 19 de octubre de 1516", en *Obras*, I, edición preparada por Teófanes Egido, p. 373.
25. M. Lutero, "Carta a Erasmo, 28 de marzo de 1519", *Ibíd*, p. 378.
26. M. Lutero, "Carta a Ecolampadio, 20 de junio de 1523", *Ibíd*, p. 395.
27. M. Lutero, íbid.
28. M. Lutero, "Carta a Erasmo, 18(?) de abril de 1524", *Ibíd*, p. 397.
29. M. Lutero, "Carta a Erasmo, 18(?) de abril de 1534", *Ibíd*, p. 398.
30. Erasmo, "Carta a L. Marliano, 25 de mayo de 1512", en *Allen*, VII, 366. HI, pp. 459-60.
31. Erasmo, Carta a Pinckheimer, 20 de marzo de 1528, en *Allen*, VII, p. 366.

equilibrio entre la fe y la razón, la teología y la filosofía, que se había logrado a lo largo de varios siglos por la asimilación responsable del logos griego en el *kerigma* cristiano, con la inclinación de la balanza del lado de la fe. El principio de la "alteridad" de Dios dominó la teología luterana y la de los primeros reformadores, y las mantuvo en guardia frente a todo intento de dominio racional por parte del hombre.

El objetivo de la lucha de Lutero estuvo mucho más allá de lo que pretendían los humanistas. La cultura podría útil, según el Reformador, siempre y cuando se fundamentara en una fe profunda y sencilla en Cristo. Las letras y el conocimiento de las lenguas tendrían sentido en la medida en que se orientaran al estudio y conocimiento de la Escritura. Aunque Lutero, como lo señalaremos más adelante, dio, con sus escritos y su vida, una justificación histórica y teológica a la cultura estético-literaria del humanismo, sin embargo su interés fundamental fue tan predominantemente teológico y pastoral, que no se le puede llamar, con rigor, humanista. Durante toda su vida fue, ante todo, profesor de Teología y exégeta de la Biblia. Además, su teología, enraizada hondamente en San Pablo, iba mucho más allá de cualquier programa religioso humanista. Por ejemplo, la afirmación del exclusivo papel de Cristo en la historia del hombre, mantuvo a Lutero muy distante de las teorías de los humanistas sobre la religión natural. En su disputa contra Erasmo, subrayó la esclavitud que está inherente en todos los esfuerzos del hombre por alcanzar la libertad, los cuales no son más que manifestaciones del egoísmo. A la luz de la acción salvífica, en la que Dios mismo se entrega en la cruz cargando con la maldición del pecado para liberar al hombre, el optimismo moral de los humanistas le parece a Lutero necia obcecación y el colmo de la ingratitud humana ante la acción reconciliadora de Dios. Para Lutero, el cristianismo no es la síntesis de la filosofía y la revelación, de la palabra humana y la palabra divina, sino la vida de relación del hombre con Dios y la aceptación incondicional de la palabra de Dios por parte del hombre. Creo que puede afirmarse, con toda propiedad, que Lutero no fue humanista, sino un profeta.

El hecho de que Lutero no pueda clasificarse dentro del grupo de los humanistas, desde el punto de vista doctrinal y teológico, no lo excluye de notables intereses que podríamos denominar humanistas. El Reformador creyó que la cultura humana, literaria y artística, ocupa un papel de gran importancia como obra de la creación, pero en tanto se vea la cultura como recurso fundamental para la tarea de la evangelización.

En el escrito *A los magistrados de todas las ciudades alemanas*, para que construyeran y mantuvieran escuelas cristianas (1523), Lutero trazó un programa de enseñanza que lo vincula con el espíritu humanista. En una de sus páginas dice: "Por tanto, señores queridos, empeñados en la obra tan urgentemente reclamada por Dios, tan exigida por vuestra función, tan imprescindible para la juventud y de la que ni el Espíritu ni el mundo pueden desentenderse. Durante mucho tiempo, por desgracia, hemos estado pudriéndonos en la corrupción de las tinieblas; basta ya de seguir siendo 'las bestias alemanas'. Permitid que usemos la razón y que Dios perciba nuestro agradecimiento por sus bondades; que los restantes países se den cuenta de que también nosotros somos hombres, personas capaces de aprender de ellos o de enseñarles algo, contribuyendo de esta suerte a la mejora del mundo".[32]

"El lenguaje es el don más alto"

En primer lugar, hay que destacar el interés que Lutero tuvo por el lenguaje. Como lo afirma García-Villoslada,[33] a Lutero se le puede llamar, con todo derecho, el "hombre de la palabra". De la palabra divina, a la cual sentía encadenada su conciencia, y de la palabra oral y escrita. Toda su vida la pasó hablando y escribiendo; su acción se identificaba con su palabra. Lutero, sin ser un artista ni un puro literato, fue un enamorado de la expresión verbal de sus ideas y sentimientos; para él, entre todos los dones de Dios, el de hablar es el más egregio y hermoso.[34] Lutero poseyó un gran talento de escritor y dominó, con genialidad y maestría, la lengua popular cuya riqueza y expresividad se manifiesta en sus escritos y en sus sermones. Además de la cátedra universitaria y de los púlpitos, contó, como ningún otro hombre de su tiempo, con los beneficios de la imprenta.[35] Para anunciar el evangelio a los intelectuales utilizó la lengua culta de entonces, es decir, el latín; y para dirigirse al pueblo, que no conocía sino el alemán, se valió de la lengua vernácula, empleando las imágenes, las expresiones, las comparaciones que, en la vida cotidiana, usaban los campesinos, los artesanos, las mujeres

32. M. Lutero, "A los magistrados de todas las ciudades alemanas", en *Obras*, I, edición preparada por Teófanes Egido, p. 229.

33. R. García-Villoslada, "Martín Lutero, poeta y músico religioso", en *Miscelánea Comillas* 38, 1980, pp. 85-122. A este artículo debo buena parte de los comentarios realizados sobre Lutero, la poesía y la música.

34. M. Lutero, *Tischreden*, I, 565, n. 1140.

35. R. García-Villoslada, *Raíces históricas del luteranismo*, Madrid, BAC, 1976, pp. 299-300. Ver Chaunu, P., *Le temps des Reformes*. Poitiers, Fayard, 1975, pp. 314-328, 452-461.

y los niños. Para comunicar su mensaje, Lutero se valió de todas las artes: "la pintura, la xilografía. la caricatura, el cartel anunciador, la octavilla y la hoja volante, la sátira en prosa y en verso, el slogan publicitario, la canción heroica, el salmo religioso, el himno litúrgico, la poesía y la música".[36]

"Los auténticos poemas me gustan sobremanera"

En segundo lugar, al doctor Martín le fascinó la poesía. En uno de sus escritos lamenta no haber leído a más poetas. Durante su vida de estudiante, debió conocer a numerosos poetas latinos, entre los cuales cabe mencionar a Virgilio, Ovidio, Horacio, Juvenal, Marcial y Catulo. Según el testimonio de Felipe Melanthon, Martín Lutero, cuando estudiaba humanidades, vencía fácilmente a todos sus condiscípulos en el arte de escribir en prosa y en verso. Escribió numerosos versos en latín, aunque ninguno de ellos se destaque particularmente. Conocía muy bien la prosa latina y la prosodia, pero no fue un retórico ni las usó conforme a los modelos clásicos. Lo que sí le interesó y desarrolló con gran empeño fue la poesía alemana. Parece que tuvo algún conocimiento de la literatura germánica del siglo XIII y de la tardo-medieval. En carta dirigida a su amigo Wenceslao Link, le escribió lo siguiente: "Tú que resides entre ríos de oro y plata, envíame, te ruego, no sueños poéticos, sino auténticos poemas, que me gustan sobremanera... Si la cosa no es demasiado difícil, ni demasiado grande, o muy larga, o muy ancha, o muy alta, o muy profunda, te ruego encargues a un joven recoger todos los cuadros, poemas, canciones, libros, poesías de maestros cantores en alemán, cuantos haya allí pintados, versificados, compuestos o impresos por vuestros poetas alemanes, grabadores o impresores, pues no me faltan motivos para tenerlos de buena gana".[37]

A Lutero le gustaba lo popular. Deseaba, ante todo, hablar y conmover al pueblo religiosamente. Le interesaba el alemán y lo manejaba con seriedad y maestría y como instrumento de combate y de apostolado. Apreciaba más la eficacia de la lengua que su belleza, sin que esta dejara de estar presente en sus escritos. Nos faltan poetas, decía. Por eso buscó poetas entre sus amigos, profesores y predicadores, como Paul Spret, Justus Jonas y la poeta Elisabeth Cruciger, quienes, junto con Hans von Dotzig y Jorge Spalatin, le prestaron ayuda. En carta a este último dice: "Mi plan es, a ejemplo de los

36. R. García-Villoslada, "Martín Lutero, poeta y músico religioso", en *Miscelánea Comillas* 38, 1980, p. 88.
37. M. Lutero, *W. A., Briefwechsel,* VII, 163-64.

profetas antiguos padres de la Iglesia, componer para el vulgo salmos en lengua vernácula; quiero decir cantinelas espirituales que, con la música, metan en el pueblo la palabra de Dios. Busco, pues, poetas en todas partes. Y dado que tú posees riqueza y elegancia del lenguaje germánico, y lo has cultivado mucho, te ruego que colabores conmigo en esta tarea y pruebes a traducir en verso cantable algún salmo, siguiendo mi ejemplo. Pero deseo que no uses palabritas nuevas y cortesanas, sino las más conocidas, las más sencillas y al alcance del vulgo, con tal de que sean puras y aptas para el canto y que el sentido sea perspicuo y lo más próximo a los salmos".[38]

Lutero se propuso reunir en sus composiciones tres elementos que consideró básicos para llegar al corazón popular: la letra de los salmos, los himnos de la liturgia y los aires populares de la edad media. Compuso villancicos rebosantes de ternura y de delicadeza; él sabía que poseía un sentido fuerte de la ternura y que "bajo la áspera corteza se escondía una pulpa suave y dulce", que bajo una palabra ruda y violenta latía un corazón emotivo. La canción más famosa de Lutero es *Ein feste Burg ist unser Gott* ("Castillo fuerte es nuestro Dios"), llamada por Enrique Heine "La Marsellesa de la Reforma". Se trata de un himno de confianza y de súplica a Dios, inspirado en el salmo 46.

Lutero también escribió fábulas. Esopo fue su autor preferido, de quien conocía de memoria muchas fábulas y las recitaba, en latín, en las reuniones con sus amigos. Decía que Esopo poseía más erudición que todos los escritos de San Jerónimo.[39] Además, afirmaba que los escritos de Esopo son el mejor libro después de la Biblia.[40]

El doctor Martín cultivó también el género de los proverbios, los adagios y los refranes. Consideraba que, por medio de ellos, se podía transmitir, en forma breve y bella, una gran sabiduría, particularmente la sabiduría de la Escritura.

"Las lenguas son el cofre del Espíritu"

Ya nos hemos referido al interés que Lutero tuvo siempre por el lenguaje. Hablemos ahora de su aprecio por las lenguas. Dos textos parecen muy importantes al respecto: *A los magistrados de todas las ciudades alemanas, para*

38. Citada por R. García-Villoslada, "Martín Lutero, poeta y músico religioso", en *Miscelánea Comillas* 38(1980), pp. 105-106.
39. M. Lutero, *Tischreden*, 1,194, n. 445.
40. M. Lutero, *Tischreden*, III, 353, n. 3490.

que construyan y mantengan escuelas cristianas (1523), y la *Misiva sobre el arte de traducir* (1530). En el primero, insiste en el aprendizaje de las lenguas que integraban el cuadro humanista general: latín, griego y hebreo:

> Cuanto mayor sea nuestro amor al evangelio, mayor tendrá que ser nuestro celo por las lenguas... Las lenguas son la vaina en que se enfunda este puñal del Espíritu, son el cofre en que se porta esta alhaja... Desde que en nuestro tiempo comenzaron a florecer las lenguas, han ocasionado una luz tan esplendente, han realizado tan grandes cosas, que el mundo entero se ha maravillado y se ha visto obligado a reconocer que poseemos el evangelio casi con la misma pureza de los apóstoles, que ha sido restituido a su total y original limpieza, que se encuentra en estado más puro que el que gozó en tiempos de San Jerónimo o de San Agustín...[41]

En el segundo, Lutero precisa los criterios que lo han guiado en su traducción de la Biblia. Le ha interesado, dice, ofrecer un alemán limpio y claro. Le ha dedicado a su trabajo mucho esfuerzo, tiempo y vigilias: "Cuando andábamos traduciendo a Job, nos ocurría al maestro Felipe, a Aurogallo y a mí que apenas si acabábamos tres líneas en cuatro jornadas... Nos ha sucedido con mucha frecuencia estarnos atormentando y preguntando, durante dos, tres o cuatro semanas, por una sola palabra y no haber dado con ella todavía".[42] Para Lutero, la traducción no es una mera transcripción; hay que conocer muy bien la estructura sintáctica de ambas lenguas. Además, es preciso conocer bien el lenguaje del pueblo: "No hay que solicitar a estas letras latinas cómo hay que hablar en alemán... A quienes hay que interrogar es a la madre en la casa, a los niños en la calle, al hombre corriente en el mercado, y deducir su forma de hablar fijándose en su boca. Después de haber hecho esto, es cuando se puede traducir: será la única manera de que comprendan y de que se den cuenta de que se está hablando con ellos en alemán".[43]

Sobre las artes liberales tiene Lutero páginas que manifiestan el valor que les da. En 1523, escribía:

> Si tuviera hijos y posibilidades para hacerlo, no solo les enseñaría lenguas e historia, sino también a cantar, música y todas las matemáticas. Porque ¿qué otra

41. M. Lutero, "A los magistrados de todas las ciudades alemanas", en *Obras*, I, edición preparada por Teófanes Egido, pp. 222-223.
42. M. Lutero, "Misiva sobre el arte de traducir", en *Obras*, I, edición preparada por Teófanes Egido, p. 310.
43. M. Lutero, *Ibíd*, p. 311.

> cosa sino simples juegos infantiles es esto? De esta forma educaban los griegos a sus hijos, y así salían personas tan estupendamente preparadas para cualquier eventualidad. Cuánto me pesa no haber leído más poetas e historias, y que no tuviese a nadie que me enseñara a hacerlo. En su lugar me vi forzado a leer el estiércol del demonio, a filósofos y sofistas, y esto con tantos gastos, tanto trabajo y tanta contrariedad, que bastante tengo con barrerlo.[44]

Y más adelante, al referirse a las obras que deben tenerse en cuenta para la enseñanza en las escuelas, dice:

> El primer lugar tendría que reservarse a la Sagrada Escritura en latín, griego, hebreo, dondequiera se encontraren. A continuación, los libros útiles para el aprendizaje de las lenguas, como los poetas y oradores, poco importa que sean paganos o cristianos, pues de ellos es de quienes hay que aprender la gramática. Después, los libros de las artes liberales y demás ciencias. Por fin, los libros de derecho y medicina, si bien entre sus comentarios se impone una buena selección. A estos habría que añadir los principales libros de crónicas e historias, no importa la lengua en que estén redactados, dada la prodigiosa utilidad para conocer la marcha del mundo, para gobernarlo y para descubrir las maravillas y las obras divinas.[45]

La obra *Manifiesto a los magistrados* estableció las bases para iniciar la reforma educativa que puso en práctica Melanchton y, luego, otros reformadores de Alemania, Escandinavia y el resto de los países de la Europa protestante. Leopold von Ranke considera que esta obra está a la altura del *Manifiesto a la nobleza cristiana de la nación alemana*, escrito en 1520.

Las artes plásticas, la pintura y la escultura no fueron muy apreciadas por Lutero. La Reforma tuvo una actitud bastante hostil contra ellas, y entre los reformadores desapareció el interés por erigir estatuas sagradas y conseguir artistas para pintar las vidas de los santos. Esta actividad se consideraba demasiado católica-romana. Sin embargo, Lutero apreció las obras de los Cranach, y especialmente las de Durero. En efecto, escogió al pintor Lucas Cranach, uno de los mejores alumnos de Durero, para que hiciera las lustraciones de su traducción de la Biblia. En la obra de Durero se puede apreciar el cambio que produjo en su pintura la influencia de la doctrina de la Reforma: en el cuadro de San Jerónimo, que pintó Durero en 1514, antes de recibir el influjo de Lutero, observamos al santo, patrono de los Hermanos

44. M. Lutero, "A los magistrados de todas las ciudades alemanas", en *Obras, I,* edición preparada por Teófanes Egido, p. 228.
45. M. Lutero, *Ibíd*, p. 231.

de la Vida Común y favorito de Erasmo, en su celda, sentado y rodeado de libros y de todos los símbolos del saber humano. En otro cuadro del mismo San Jerónimo, pintado por Durero en 1523, vemos al santo sentado a la mesa con un libro abierto: la Biblia, tres pequeños libros, un tintero, una calavera y, al fondo del recinto, como rasgo sobresaliente, un crucifijo. La Biblia y la Cruz constituyen los elementos claves de la visión luterana.

"Siempre amé la música"

Lutero consideró que la forma de expresión artística más adecuada para el evangelio es la música. Él no compuso muchas melodías, pero a él se le debe, después de Tomás Müntzer, el mérito de haber introducido en la liturgia los cantos en lengua vernácula.

Con mucha frecuencia Lutero habló de la música, enalteciéndola y poniéndola a la altura de la teología: "No hay que despreciar la música... La música es un don y un regalo de Dios, no es un don humano. Yo le asigno a la música el lugar más próximo a la teología y el honor más alto".[46] Cuando era pequeño, Lutero cantaba en la parroquia de Mansfeld. En su casa, tocaba el laúd a solas o con sus compañeros, y le fascinaba cantar con sus amigos en la universidad. Conoció el arte de la composición armónica, al menos en forma elemental, y con los frailes de Erfurt y de Wittenberg practicó asiduamente el canto gregoriano. Los himnos litúrgicos que se entonaban en los monasterios medievales, le fascinaban; decía que el famoso himno "*Veni, Sancte Spiritus*" era tan bello que no podía haber sido compuesto sino por el mismo Espíritu Santo.

Más que el aspecto estético de la música, admiraba sus efectos espirituales y catárticos: disipar la melancolía, elevar el ánimo conturbado por las torturas de la conciencia, elevar al hombre a Dios, tranquilizar, purificar y limpiar el alma. "La experiencia testifica que la música es, después de la palabra de Dios, la única que merece llamarse con razón señora y gobernadora de los afectos humanos. Si quieres levantar el ánimo de los tristes, animar a los desesperados, abatir a los soberbios, sosegar a los que aman, apaciguar a los que odian, ¿qué cosa hallarás más eficaz que la música?".[47] Por sobre el valor estético, la música posee un considerable valor catártico. En un famoso poema a Doña Música, Lutero canta y ensalza las excelencias y virtudes de su arte:

46. M. Lutero, *Tischreden*, 348, n. 7034.
47. M. Lutero, *WA*, 50, pp. 368-74.

De todas las delicias de esta vida,
ninguna más sabrosa y escogida
que la que brindo yo con los acentos
de mi voz y mis dulces instrumentos.
Cuando un coro de jóvenes entona
su canto, el mal humor nos abandona.
Huye la envidia, el odio, la aversión,
cualquier pena que aflija el corazón".[48]

Conclusiones

¿Qué se puede decir al término de nuestra reflexión sobre Lutero y el humanismo? ¿Cómo sustentar las afirmaciones que hicimos al iniciar el trabajo, según las cuales Lutero no es humanista y tampoco moderno?

Es muy conveniente recordar, como lo señalamos al comienzo, que la palabra "humanismo" posee un campo semántico muy amplio y que, en consecuencia, ha significado muchas cosas; incluso se ha llegado a hablar, no simplemente de humanismo, sino de humanismos, de acuerdo con las diferentes visiones del hombre que han tenido las religiones, las filosofías y los sistemas politicos. Al hablar de Lutero, no podemos imponer a su pensamiento los términos y las etiquetas de la época moderna. Si así lo hacemos, corremos el riesgo de ser anacrónicos y de olvidar el contexto dentro del cual es menester enjuiciar la persona del reformador. De ahí que sea necesario hacer varias precisiones:

Digamos, una vez más, que la palabra "humanismo" tiene hoy algunos sentidos muy ajenos al espíritu del siglo XVI. En ese siglo, no existía tal palabra. Fue acuñada por los historiadores del siglo XIX, que se interesaron por el estudio de los llamados "humanistas" de los siglos XVI y XVII.

Si por humanistas entendemos a los escritores y pensadores del Renacimiento, interesados en los "estudios del hombre", según la expresión de Cicerón, es decir, los *studia humanitatis* o *studia litterarum*, no podemos negar que, según lo expuesto anteriormente en este artículo, y con las reservas que el mismo Erasmo hizo, Lutero podría tener un puesto, aunque secundario, entre ellos. Cabe, sin embargo, afirmar que la tradición humanista que se conservó en las escuelas protestantes alemanas, hasta el siglo XIX, fue más obra de Melanchthon que del mismo Lutero.

48. M. Lutero, *WA*, 35, pp. 483-84. Traducida por R. García-Villoslada, en "Martín Lutero, poeta y músico religioso", pp. 120-121.

Si consideramos como característica del humanismo renacentista el interés por la filología bíblica, no podemos negar que Lutero, por el cuidado y el esmero que puso en su traducción de la Biblia, a partir del hebreo y del griego, ocupa un lugar destacado en tal movimiento, al lado de Lorenzo Valla y de Erasmo.

Si tenemos en cuenta que en el humanismo renacentista un punto central era el ataque a la teología escolástica y la defensa del retorno a las fuentes bíblicas y patrísticas, consideradas estas últimas como los clásicos cristianos, Lutero, entonces, tanto como John Colet, estuvo de acuerdo con tal humanismo.

Si consideramos el humanismo renacentista como movimiento que destaca la dignidad del hombre, su razón, sus posibilidades, su libertad y su lugar en el universo, en la línea de Petrarca, Ficino, Pico y Pomponazzi, ciertamente Lutero estuvo en oposición contra dicho movimiento renacentista, ya que el reformador insistía en la degradación radical del hombre tras el pecado de Adán.

En un balance general, y teniendo en cuenta lo dicho anteriormente, podríamos concluir que Lutero no se inserta holgadamente dentro del movimiento humanista del Renacimiento.

A otro nivel y dentro de otro contexto, si por humanismo entendemos la visión de un hombre autónomo, sin relación alguna esencial con el Dios revelado; la visión de un hombre secularizado y racionista, en el contexto de la Ilustración, sea teísta o atea; la visión optimista del hombre y de la historia que prevaleció en amplios círculos del protestantismo liberal, Lutero ciertamente está en las antípodas de tales concepciones. Para él la pregunta religiosa sobre la gracia y la salvación ocupa el centro de la vida. La historia no es vista como una marcha ascendente de la humanidad hacia el progreso o como la instauración progresiva del Reino de Dios. La visión religiosa de Lutero es trágica: hay un combate incesante del Dios creador contra Satanás y contra el caos, combate que no conocerá final sino al fin de los tiempos.

Estas afirmaciones nos llevan a la pregunta crucial que se han hecho numerosos investigadores contemporáneos: ¿Lutero es medieval o moderno? Responderla supone hacer una distinción importante entre lo que fue Lutero y lo que fueron las consecuencias de su pensamiento para el mundo moderno. En cuanto a esto último, no se puede negar que su obra y la Reforma que de ella brotó están en las raíces religiosas de los principios del mundo moderno. Este punto, de importancia innegable, no es objeto, sin embargo, del presente artículo.

En cuanto a lo primero, no se puede soslayar el hecho de que Lutero fue un monje, con todo lo que esto implicaba, particularmente en Alemania, y que, en el núcleo de sus preocupaciones, estaban los elementos centrales de la concepción cristiana: la fe, la gracia, la salvación, la Escritura. Lutero cree y quiere ser fiel a la Biblia: *Sola Scriptura.* La fe es el acto radical y fundante del cristianismo: *sola fides.* Lutero humilla sin piedad al hombre y ensalza a Dios: *sola gratia.* Cristo y el Evangelio son, para él, el centro de todo.[49] T. Nipperday resume muy bien, a mi parecer, esta idea: "Entonces, a medida que se estudió a Lutero y la Reforma, se comprendió lo medieval de ellos. Lutero es hijo de la Edad Media, y a veces su representante. Responde a una crisis de la Baja Edad Media, y sus respuestas son nuevas, pero sus preguntas y sus categorías y su visión del mundo, todo tiene sus raíces en la Edad Media. Esto se ve mejor si se lo compara con sus contemporáneos: Lutero era más medieval, menos moderno que otros que tenían una respuesta a la crisis de la época: los humanistas, con sus programas de piedad no dogmática y de una ética razonablemente humana; los místicos y los espiritualistas, con sus tendencias al individualismo y al subjetivismo; los escépticos burgueses, los abogados de una cultura autónoma del Renacimiento, o de la profanidad del Estado y de la sociedad. Si bien no se puede separar claramente la Edad Media de la Edad Moderna en el siglo XVI, estos brotes de modernismo de la Baja Edad Media son extraños a Lutero. Su rebelión contra la Edad Media se remonta, en forma pre-modema, a épocas anteriores a la Edad Media".[50]

Con estas observaciones, bastante ajustadas al estudio de lo que fueron Lutero y su entorno inmediato, no se ve tan obvio afirmar que el Reformador es el representante del hombre moderno, el padre del individualismo, el generador de la libertad de pensamiento, el anticipo del endiosamiento de la razón en el pensamiento moderno, así lo hayan dicho muchos ilustres alemanes.

Finalmente, volviendo a nuestro punto de partida —el problema del humanismo y de los humanismos— no podemos negar que Lutero se preocupó por el hombre desde una perspectiva que le es muy propia: la perspectiva religiosa. Para él, el hombre es una creatura de Dios que necesita radicalmente de la gracia divina para su propia realización, para su salvación.

49. A. Rincón, "Nueva comprensión de la figura y de la obra de Martín Lutero", en *Theologica Xaveriana*, 66, enero-marzo de 1983, pp. 27-30.

50. T. Nipperday, "Lutero y el mundo moderno", en *Eco*, tomo XLIV/1, noviembre de 1983, 265, p. 24. Me permití corregir la expresión "Alta Edad Media" por "Baja Edad Media", ya que la crisis a la cual responde Lutero se desencadena en esta última época.

Hoy, quinientos años después de su nacimiento, Lutero sigue vigente en el planteamiento del problema humano. En este sentido, Lutero, el medieval, es profundamente moderno. Si se tiene en cuenta su legado, el humanismo no puede definirse ni explicarse con exactitud, recurriendo a uno solo de sus acentos: la autonomía del hombre. La historia del cristianismo moderno está llena de teologías que se han adaptado a los diversos humanismos, y, en reciprocidad, de enérgicas protestas teológicas contra tales posturas. La discusión ha desembocado siempre en el mismo punto, a saber: el problema de la libertad y la esclavitud, del señor y el siervo. ¿Puede el hombre ser señor de sí mismo, dominador absoluto de la naturaleza y artífice suficiente de un orden social y político perfecto, o esta autorrealización prometeica lo encadena más fuertemente a la servidumbre de su propia voluntad de poder? Lutero plantea inevitablemente el problema teológico de la salvación: ¿es capaz el hombre de buscar y alcanzar la salvación, o está tan sometido al dominio del pecado, que sus mismos intentos de liberación no hacen sino hundirlo más en la desesperación?; ¿necesita la salvación, necesita la gracia para llegar a ser un hombre libre?; ¿necesita la historia el señorío creador de Dios para convertirse en reino de libertad, o puede la mera configuración humanista, de cualquier tipo, hacer de ella una historia de salvación? Las antiguas preguntas, las de los primeros siglos, las de la Edad Media, las de muchas épocas y muchos hombres, siguen siendo actuales. Y en la respuesta a ellas nos encontraremos inevitablemente con la presencia avasalladora de Lutero. Lutero, de una u otra forma, sigue vigente como alumbrador de un camino para quienes se proclaman sus seguidores y como interpelación callada y persistente para quienes no lo siguen.

¿Qué quiso decir Lutero? Introducción

Giacomo Casesse

Identidad luterana

Mi preocupación por el fenómeno llamado identidad luterana viene de muchos años atrás. En un artículo que escribí en 2001 bajo el título "Los hijos bastardos de Martín Lutero", traté de mostrar el error de la tendencia a vincular la identidad luterana con una etnia, país o lugar geográfico. Los arios y los escandinavos nos han hecho sentir al resto de los luteranos como hijos ilegítimos, pero en realidad el luteranismo no es patrimonio de un grupo racial.

La expresión "identidad luterana" debe ser entendida como "identidad teológica", la cual necesita ser cualificada. La teología en Lutero es un acto segundo, pues no fue esta ni la causa original de su labor reformadora ni el fin mismo de aquella gesta. Poder reseñar teológicamente a Lutero no nos hace necesariamente luteranos. Tomarnos en serio las confesiones de nuestra iglesia al punto de darle carácter "canónico", tampoco nos hace luteranos, apenas consigue hacernos "escribas y fariseos de una secta luterana" (cf. Carl A. Braaten, 1983, 29).

Como la teología de Lutero es su propia reflexión de su experiencia de fe, no basta con saberla y repetirla para ser genuinamente luterano, sino que hay que recuperar a partir de ella ese estado de consciencia que la hizo emerger. Los luteranos nunca hemos pretendido tener una teología definitiva y monolítica, esto sería hacer de la teología de Lutero un discurso universal, una especie de "magisterio protestante", cuando en realidad lo más importante en ella no es su carácter prescriptivo sino su sentido y función contestataria.

Es cierto que la identidad luterana es de tipo teológico o confesional, pero esto es cierto en tanto no sea la mera reticencia uniformizante de enunciados teológicos, que no alcanzan a recuperar la "intención histórica" de donde emana todo su sentido. En otras palabras: no es la uniformidad con las declaraciones del pasado lo que nos identifica, sino saber llegar a ellas desde el presente. El núcleo de este asunto, en mi opinión, no está en los resultados teológicos por sí solos, sino en el proceso o método teológico. En conclusión: ser luterano no consiste en calcar o memorizar una sentencia teológico-doctrinal; consiste en saber reconocer los ingredientes para hacer teología y saber además, el para qué de la teología.

Esto quiere decir que, aunque es importante, no es el repetir las conclusiones teológicas lo que nos convierte automáticamente en luteranos, sino ver los "procesos" asumidos para poder concluir de manera teológica. El énfasis no está en ser "confesionales" sino en ser "confesantes". Bonhoeffer nos ayuda a entender mejor este asunto. Cuando Alemania pasaba por la Segunda Guerra Mundial, buena parte del luteranismo local, con reconocidos teólogos a la cabeza (G. Kittel, P. Althaus, E. Hirsch), se plegaron al régimen del "Fuehrer"; fue entonces cuando Dietrich Bonhoeffer junto con otros pastores luteranos comienzan a organizar una "iglesia confesante" (*Bekennende Kirche*), en clara distinción con aquella tradicional iglesia "confesional".

Aquel reducto eclesial de Bonhoeffer y aquel siniestro luteranismo fascista, mantenían la misma identidad teológica o confesional. Sin embargo, la última había perdido la "intención luterana", esto era algo que el grupo de Bonhoeffer conservaba. Ellos eran tan confesionales como el otro grupo, pero además retuvieron el componente confesante que, como en el caso de Lutero, significa ser testigo de la Palabra. Un testigo de la Palabra es aquel que permanece fiel a ella aun a costa de su propia vida.

La intención luterana

Como destacamos anteriormente, lo más esencial al luteranismo es permanecer como "testigos de la Palabra", para lo cual se necesita ir un paso más allá de la confesionalidad hasta llegar a lo confesante, es decir, hasta llegar a ser testigos de la Palabra. La *Confesión de Augsburgo*, la carta magna del luteranismo, se reconoce a sí misma como testigo de la Palabra. El confesional se permite una pasividad ética, mientras que el confesante no. Lutero era confesante porque su teología estaba precedida de su espiritualidad, la cual informa su quehacer teológico, y por lo cual está llena de implicaciones éticas. El confesional se limita a creer lo que cree la iglesia (en su dogmática), por eso Lutero era confesante, porque tuvo que ir más allá de lo que la iglesia-institución creía para poder ser fiel a la Palabra. La intención de Lutero es la causa de su teología y no lo contrario.

Donde podemos ver obrar esa intención es en medio de la Dieta de Worms, donde Lutero les dice a los jerarcas políticos y religiosos: "Bajo esta condición no puedo ni quiero callar, porque estoy convencido que por estos decretos se ha condenado la palabra de Dios, y prefiero perder la vida y la cabeza antes de abandonar tan clara palabra de Dios". Y por eso en su última intervención ante el emperador dijo: "A menos que me convenzan por la Escritura y la razón sencilla, yo no acepto la autoridad de papas y concilios, porque estos se contradicen entre sí. Mi conciencia está cautiva de la palabra de Dios. No puedo ni siquiera retractarme de nada, porque ir en contra de la conciencia no es ni justo ni seguro. Ayúdame, Dios. Amén."

Lo que llamamos "la intención luterana" es precisamente esto, es saber por qué no debemos retractarnos, eso hace que sea no solo una confesión teológica sino un estado de compromiso con una verdad que no es un concepto teórico, sino una relación dinámica con una persona real y divina. La intencionalidad tiene que ver con las convicciones, y estas con la voluntad y el carácter de una persona. Es por eso que no puede limitarse, como en el caso de los confesionales, al asentimiento o subscripción racional a un credo, sino a la aceptación del riesgo de defenderlo por estar "consciente" (convencido, persuadido) de las implicaciones que este tiene para la vida.

Tenemos, entonces, que la intención luterana existe primero a nivel de nuestra espiritualidad, es decir, a nivel de la vida nutrida y reorientada por Dios. La Reforma debe ser una condición interna antes que nada. Lutero no se retractó solo para defender sus textos de teología, sino porque estaba sostenido por las férreas convicciones espirituales que le dan contenido a nuestra fe en Dios. El principal texto de Lutero y su mensaje más nítido era su vida de fe. Esto solo lo podremos entender en la medida que entendamos que la fe no puede mediar universalmente; Kierkegaard decía que de hacerlo se destruiría (Kierkegaard, 1954, 810). La fe es de orden individual y existencial y no es transferible ni heredable. Por eso precisamente Lutero sostenía que el asunto no residía en tener la "teología de la cruz" sino en ser "teólogos de la cruz". Ese es el meollo de la intención luterana. A menos que un cristiano no sea primero un teólogo de la cruz no puede ser genuinamente luterano. Limitarse a tener una teología es meramente un acto confesional; poder articularla es un acto confesante, ¿por qué? porque la teología es la cristalización de nuestra experiencia de fe. No puede haber teología sin teólogos.

La intención luterana es un asunto de *ser* y no de *tener*; la fe de Lutero no puede ser reproducida, pero tampoco debemos reproducir su teología y creer que solo esto ya nos hace luteranos. Luterano es aquel cristiano que vive su experiencia de fe en el nivel de la intención de Lutero e informado por su teología. La una no puede ser separada de la otra. Sería deshonesto enarbolar la teología de Lutero sin tener pasión por Cristo o sin estar persuadidos de morir por obedecer la Palabra. En conclusión: la intención luterana es un acto consciente, es un axioma de vida, es espiritualidad encarnada, tangible y palmaria, solo ahí se unen la experiencia inconmovible de fe en Cristo con la reflexión teológica.

La salvación del luteranismo

El luteranismo hoy parece anquilosado o fosilizado, luce como algo arcaico, vetusto, irrelevante e incomprensible. A veces me parece que las iglesias luteranas son como pequeños museos del siglo XVI, donde la gente asidua a ellas se empecina en mantener viva una tradición ya descontextualizada y ajena a la realidad de hoy. Las veces que he estado en Alemania y en los países escandinavos, he visto los vestigios de la Reforma, los grandes bastiones de aquella gesta fausta, pero no he visto la pasión y la convicción de Lutero en ninguna parte. Pareciera que en algunos lugares el luteranismo se ha reducido a vivir en estado vegetativo, es decir, vivir artificialmente sin posibilidades de recrear o reproducirse.

¿Qué pasó con esa iglesia vibrante que una vez en la historia fue vanguardia del Reino? Esa iglesia génesis de la Reforma tiene más necesidad que nunca de ser reformada. El luteranismo se ha vuelto una religión blanca, elitista e híper-burocrática. Es una iglesia que perdió su capacidad de convocación, su compromiso con las implicaciones éticas del evangelio. Nuestra amada iglesia cada vez se parece más a las funciones de ópera que existen para el deleite de un público cada vez más selecto, que precisa saber un idioma particular, que aprecia la lírica y viste de traje. La ópera es un asunto de adultos, de una élite con poder económico, y amante de lo clásico. Con esta mentalidad de ópera le podemos estar cerrando las puertas a las nuevas generaciones.

La teología luterana es usualmente nuestro mayor orgullo ya que nos contentamos diciendo que tenemos la mejor y más sólida teología de todas las tradiciones. Sin embargo, todas esas bibliotecas teológicas que hemos llenado con nuestros tratados no nos han ayudado a formar una nueva generación de luteranos más apasionados y más enamorados de Cristo. Es más, la teología se ha convertido en un obstáculo para nosotros.

En una ocasión vino a mi mente una parábola que bien podría explicar el problema de nuestra iglesia. Se trata de un hombre dueño de un gran viñedo que buscaba con esmero crear una cepa especial para elaborar el mejor vino del mundo. Un día su esfuerzo dio resultado y produjo grandes cantidades de aquel vino insuperable. Sin embargo, este gran descubrimiento nunca lo llevó a superarse sino por el contrario, lo llevó a la destrucción. Aquel viñador se alcoholizó antes de poder vender una sola botella de su mejor vino. Nuestra iglesia puede estar borracha con su mejor teología y en ese estado no podrá hacer uso de ella. Sin una renovación del Espíritu Santo todas las reformas se quedarán a mitad de camino. Las reformas nos ayudan a regresar a una visión fresca de la doctrina pura, la renovación nos lleva a internalizar y apropiarnos de las reformas.

Lo único que podría salvar al luteranismo de ser una mera fábrica de religión, un museo de la era de la Reforma o una corporación eclesiástica burocratizada, es retornar a lo más simple, a lo más cotidiano, a lo más esencial de la Reforma. Nos referimos a la intención de Lutero, a saber, a la mística cristiana del reformador. La mística luterana es la reforma diaria por la que pasaba la vida del reformador. La Reforma protestante del siglo XVI no fue otra cosa que la consecuencia de la reforma de su propia vida. Es a eso que llamamos la mística, la experiencia de renovación interna que nos hace reformadores. Gran razón tenía Jacques Ellul al decir: "Toda la historia de la iglesia es la historia de su reforma por el Espíritu".

Estos conceptos básicos del luteranismo no fueron escritos para generar tan solo una comprensión y reflexión teórica, sino para provocar una nueva manera de darle contenido teológico a nuestra vida de fe; es algo así como un poco de fermento, que espero haga surgir una mística nueva.

Lutero y su contribución a la modernidad

Juan A. Ortega y Medina

Antecedentes históricos

La Iglesia católica, antes y después del reconocimiento y aceptación oficiales por Constantino I el Grande (286 o 287-337) participó, como toda empresa humana, en los altibajos del proceso histórico. Los sucesivos concilios, desde el famoso y primigenio de Nicea (325) al de Constanza (1415) y de este al no menos célebre y fallido de Trento (1513-1563), ponen de manifiesto el constante entretejido religioso y político entre la conservadora ortodoxia y la liberal (permítasenos expresarlo así) heterodoxia; entre los que toman partido y se separan (*hairesis*) y los que se oponen al cambio considerando errónea (herética) toda innovación espiritual y social, dogmática y política en el *Corpus Christi mysticum* (iglesia).

Desde casi sus inicios, las asambleas cristianas se vieron sacudidas por movimientos sociorreligiosos y evangélicos que conmovieron los cimientos institucionales de la religión. La Iglesia, para mantenerse firme y poderosamente unida, tuvo que combatir —inclusive con saña equiparable a la de los paganos— contra las primitivas congregaciones cristianas, contra las innumerables sectas gnósticas que amenazaban la unidad espiritual establecida por Cristo y delegada al apóstol Simón, hijo de Jonás, al que llamó Pedro (Mateo 16:18-19).

Sería imposible dentro de los límites de esta conferencia, además de innecesario, enumerar las luchas intestinas provocadas en el seno de la Iglesia desde sus orígenes, por las distintas interpretaciones dogmáticas y por las críticas ya doctas o populares sobre su justificación secular. Sin embargo, nos referiremos o, mejor expresado, enumeraremos simplemente algunos de los graves movimientos sectarios que durante la Edad Media obligaron a la Iglesia a actuar con energía: cátaros, valdenses, albigenses, lolardos, beguinas, bogardos, patarenos, lombardos, arnodistas y el ala izquierda de los franciscanos (joaquinitas).

Durante la segunda mitad del siglo XII surgió en la Italia papal un gran movimiento ético-religioso de inspiración evangélica promovido por

Gerardo de Borso, discípulo de cisterciense Joaquín de la Flor, el autor de *El Evangelio eterno,* el cual intentó establecer, de acuerdo con las ideas de su maestro, una nueva iglesia contemplativa, monacal, que hacía innecesaria la jerarquía eclesiástica, desde el papa al simple cura de misa y olla. El *Doctor Seráfico,* San Buenaventura, general de los franciscanos, tuvo que actuar con energía y rapidez para evitar males mayores y pudo salvar de la hoguera al iluminado y agresivo monje Gerardo.

A la Edad Media pertenecen también otras crisis menos espirituales, pero más complicadamente económicas y políticas: las luchas entre el Pontificado y el Imperio o Guerra de las Investiduras con todo y "la humillación de Canosa" (1077); el Cisma de Oriente de 1054 y 1282 (no resuelto hasta ahora); el llamado Gran Cisma de Occidente (1378-1471) durante el cual la cristiandad europea se dio en cierto momento el dudoso y torpe lujo de contar con tres papas (Urbano VI en Roma, Clemente VII en Aviñón y Benedicto XIII, el "antipapa Pedro de Luna", en Peñíscola, España).

José Gaos hizo notar alguna vez que en épocas críticas y disolventes de la cristiandad católica los teólogos-filósofos britanos han aportado sus luces disolutas (no resolutorias) al grave problema de la desunión. Por ejemplo, los tres famosos franciscanos y oxfordianos, Rogerio Bacon, Duns Escoto y Guillermo Occam, pertenecientes los dos primeros al siglo XIII (1214-1294 y 1266-1308, respectivamente) y el tercero al siglo XIV (1300-1349).

Desde antaño, fue peculiar de los filósofos ingleses —y como parece seguir siéndolo hasta nuestros días— subordinar como convencidos fieles nominalistas lo ideal o lo real, la esencia a la existencia; es a saber, la abstracción a la cosa (*universalia sunt nomina: universalia post rem*), lo cual agravó la tendencia centrífuga que la iglesia intentó por aquel tiempo detener por obra y gracia del Doctor Angélico, quien comenzó a escribir su *Summa* en 1267 y la terminó seis años después, uno antes de su muerte. La separación entre teología y filosofía, entre la verdad de la fe y la verdad filosófica, que podía conducir a una total racionalización de la fe o a una negación de toda razón, postulada por los nominalistas, encontró en Santo Tomás una menos violenta solución al otorgar a cada una de las esferas una cierta autonomía en cada campo; lo que no quiere decir o no implica la posibilidad de una ulterior contradicción de ambas verdades. Este esencialismo escolástico (*universalia sunt realia; universalia ante rem*), que sería mejor llamar realismo (los universales son cosas: *res*) fue, dicho sea sin meternos en complicaciones lógicas, ontológicas y teológicas, el aceptado por la Iglesia de la Baja Edad Media. La verdad fue considerada, desde el punto de vista escolástico, como la adecuación (concordia o conveniencia) del intelecto y de la cosa (*adaequatio intellectus et rei*). El abordaje teológico no se hace como en el caso de los nominalistas por el lado místico, amoroso, sensitivo (práctico) sino por el lado especulativo (razón); porque Dios, de acuerdo con este realismo esencialista es comprendido racionalmente: *intelligo ut credam* (entiendo para creer), y no anteponiendo la fe a la razón, *credo ut intelligam* (creo para entender).

La escolástica teológica prerreformista de Juan Wiclef (1324-1384), de Jan Hus (1369-1415) y de Jerónimo de Praga (1380-1416) sigue la vía del escotismo y occammismo, puesto que para ellos Dios era esencialmente voluntad e incluso voluntad arbitraria. Por lo mismo que Dios es voluntad, el fundamento de la naturaleza humana no está en la razón, sino en la voluntad, en lo que hacemos. No importa, por consiguiente, lo que pensamos, sino lo que realizamos; de aquí que las cosas no son buenas sino porque Dios decide que *sean* buenas de acuerdo con su propio arbitrio, una idea que después encontrará Lutero por su propio esfuerzo.

La Iglesia católica en Inglaterra estaba aquejada de los mismos males que debilitaban a la del resto del continente y Wiclef intentó una reforma religioso-social que en cierto modo y hasta cierto punto ha sido considerada como el antecedente de la luterana. El predicador y teólogo Wiclef, antiguo maestro de la Universidad de Oxford, combatió las indulgencias, la confesión oral e incluso la doctrina cristiana de la Eucaristía; solo reconoció la autoridad de la Biblia y la tradujo al inglés; rechazó la jerarquía eclesiástica, no halló las bases bíblicas para justificar la autoridad de los papas y proclamó la igualdad del sacerdocio. Como le ocurriría también a Lutero, las ideas de Wiclef encontraron eco en las masas. Se comprende que su *Civile Dominium* de 1370, donde condenaba la posesión de propiedades por parte de la Iglesia, se atraía no solo al sector de la nobleza sino también y entusiastamente a las bandas de campesinos. En 1381 se sublevan estos y el movimiento es aplastado por Ricardo II; al mismo tiempo los seguidores religiosos de Wiclef, los llamados "lolardos", comenzaron a ser perseguidos. La conciencia disidente, característica inglesa incluso antes de Wiclef, como hemos visto, contribuyó a que la persecución fuese relativamente benevolente y que el heresiarca, apoyado por el rey y la nobleza, pudiese morir en su cama. No le ocurrió así a su seguidor Jan Hus, profesor de la Universidad de Praga, ni al discípulo de este, Jerónimo de Praga, que fueron quemados vivos no solamente por sus ideas heterodoxas, sino asimismo por el entusiasmo que las mismas despertaron en las amplias capas populares (husitas), para las cuales la igualdad en Cristo significaba la anulación de las gavetas feudales y la abolición de la servidumbre.

Ante tal suma de situaciones anárquicas, multiplicación de abusos y corrupción eclesiástica, la Iglesia citó a concilio el cual tuvo lugar en Constanza en 1415, convocado por el "Rey de los romanos" Segismundo de Luxemburgo, para acabar con las herejías de Wiclef, Hus y Jerónimo de Praga, así como con las sectas gnósticas y con los abusos y relajamientos de la Iglesia. La primera providencia fue entregar a las llamas a Hus (1415) y al año siguiente a Jerónimo de Praga. Tras esta primera tarea de *limpieza*, el Concilio se abocó a poner fin al llamado Cisma de Occidente. La reforma que se pretendía llevar a cabo respondía a tres razones o móviles: *causa de unión, causa de fe* y *causa de reforma*. El canciller de la Universidad de París, Gerson, propuso que el Concilio para garantizar las reformas se mostrase independiente, por encima de la autoridad y Hus fue condenado a pesar de haber innovado en su defensa a las Santas Escrituras, anteponiéndose a su dramática y cristiana apelación todo el peso de la tradición eclesiástica. Ingleses y germanos quisieron resolver en primer lugar la cuestión de la reforma; pero los representantes de las naciones latinas antepusieron antes que nada la elección papal. Conseguido esto y elegido el nuevo vicario de Cristo, se clausuró el Concilio y se cancelaron las reformas. Los hussitas se alcanzaron y cinco cruzadas enviadas contra ellos fracasaron. El santo y seña de la insurrección fue: "¡El cáliz para los seglares!" Es decir, la Eucaristía bajo las dos especies del pan y del vino (*sub utraque specie*: ultraquistas o calixtianos), lo cual se convirtió en símbolo democrático del *derecho de las masas*. Un nuevo concilio en Basilea promovió otro cisma: dos concilios y dos papas actuando simultáneamente.

Al no producirse la reforma anhelada, se agudizaron todavía más los males sempiternos de la Iglesia. Una sola nación europea pudo llevar a cabo, desde dentro, la reforma de las órdenes religiosas, España, por obra y gracia del franciscano Cardenal Francisco Jiménez de Cisneros (1595). En el resto de la Europa cristiano-católica siguió sintiéndose cada vez más y con mayor apremio, la necesidad de un cambio radical, de una reforma a fondo; de un Concilio que, ahora sí, racionalizase el culto católico y lo despojase de la hojarasca milagrera; de la *santurronería*, que reorganizase al clero regular y secular y que al mismo tiempo clarificase los dogmas y acabase con la corrupción. Las críticas provinieron también de los representantes del humanismo platónico, del *incremento de la investigación histórica* (un Cardenal, Lorenzo Valla (1440), probando la falsedad del Legado de

Constantino) y de la renovación teológica agustiniana y paulina opuesta a la escolástica tomista. Como ha sido dicho, la Edad Moderna se hizo contra Aristóteles y contra su intérprete recreador cristiano y católico, el Santo de Aquino.

La situación histórica de la Germania

En víspera de la reforma luterana Alemania era, sin duda, una de las naciones más ricas de la cristiandad y, por lo tanto, la que más tributaba a la Roma papal. Poseía una vigorosa burguesía, que rivalizaba con la holandesa e italiana, la cual podemos ejemplificar remitiéndonos a la gran asociación naviera y mercantil, la Hansa fundada en 1241, de la que dependían tres importantes ciudades marítimas (Hamburgo, Lubeck [cabeza directora] y Brema). Esta asociación era tan poderosa que se dice que ella podía poner y quitar reyes. Existían asimismo en Alemania a comienzos del siglo XVI firmas bancarias poderosísimas (Fugger y Welser) que eran prestamistas de reyes y emperadores. Había además en aquella exuberante Germania unas veinte grandes ciudades, extensas explotaciones mineras (nervio del poderío tudesco), establecimientos metalúrgicos y talleres de fundición, así como un disciplinado, ingenioso y productivo artesano. Los campesinos, por contra, los siervos de la gleba, estaban expuestos a los abusos y graves exacciones de sus despiadados señores.

Es comprensible que la emprendedora burguesía alemana aspirase a llevar hacia adelante, sin las trabas ético-religiosas tradicionales, la atrayente y recompensadora aventura individualista. El catolicismo medieval había impedido durante siglos el desarrollo sin límites de la ambición y del egoísmo humano, rigiendo (paralizando y encauzando) la actividad económica por la vía de la virtud y no por la de la necesidad. El sentido suntuario de la riqueza, los estamentos jerárquicos, la mera acumulación crisohedonista, los cánones escolásticos relativos al precio y salario justos, la teoría sobre la esterilidad del dinero y la condena de la usura impidieron o frenaron el desarrollo de una moral económica en sentido capitalista.

Asimismo, en esa Alemania del año del Señor de mil y quinientos diecinueve existía una irrefrenable tendencia, vigorosamente particularista, germanista y *nacional* representada por los orgullosos príncipes, por los prepotentes burgueses y por una pintoresca y temible gama de caballeros aventureros, entre mezcla de poeta y bandido en más de uno, como fue el caso del famoso Ulrico Hutten, incluyendo con él a Silvestre von

Schauenburgo, a Goetz von Berlichigen y al rey de los caballeros salteadores, Franz von Sickingen, que lanzaba miradas ambiciosas sobre los bienes de la Iglesia alemana.

En esta Alemania políticamente dividida, de ricos y ensoberbecidos príncipes electores, se lleva a cabo la elección de emperador, y gracias al prestamo de los Fúcares (así llamaban los españoles del Siglo de Oro a los Fugger) y a los muchos sobornos e intrigas, es elegido para ocupar el trono imperial en cerrada competencia con Francisco I, rey de los franceses, el joven monarca de España, Carlos I. Por supuesto la candidatura de este tuvo el respaldo de la mayor parte del pueblo alemán, que vio en el borgoñón al aspirante más germánicamente idóneo para su congregación. Carlos V tuvo que aceptar previamente una serie de condiciones: no convocar al Reichstag fuera del territorio imperial; no penetrar con tropas extranjeras en el Imperio y emplear como lengua estatal el latín o el alemán.

Unido a este latente y general espíritu germánico de emancipación, de sentimientos de libertad, existía un profundo resquemor contra Roma y contra la astuta curia romana; un hondo resentimiento y desprecio por los ávidos delegados papales radicados en Alemania. Nobles, caballeros, burgueses y pueblo resentían el derroche, la crápula y la inmoralidad romanas y todos querían cerrar la bolsa para que el oro alemán se quedara en casa. La corrupción del papado (nepotismo, simonía, voracidad, dilapidación y lujuria) fomentaba las más acerbas críticas. Las famosas *Epístolas de los hombres oscuros* (1517) del caballero Hutten o las de su amigo el humanista Crotus Rubianus muestran el odio alemán contra los italianos ambiciosos y famélicos; contra la "cátedra de pestilencia" que era Roma. También Erasmo se recargaba en la suerte, y sus críticas en el *Elogio de la locura* ponían al desnudo la inmoral catolicidad que practicaba y promovía la Iglesia dentro y fuera de la Ciudad Eterna.

El problema de las indulgencias

Se ha dicho y repetido con toda la razón del mundo que hay que liberar al Padre de la Reforma Moderna, a Martín Lutero, el exmonje agustino, de dos falsas interpretaciones, de dos máscaras o leyendas: la protestante, que lo ha considerado *Santo,* y la católica que lo ha visto y lo ha seguido hasta poco como un *demonio.* Empero Lutero es, como todo hombre que ha arado profundamente en la historia, uno de los principales causantes, aun sin proponérselo, de la modernidad. Debemos también desechar la fácil y simplista explicación de que Lutero se lanzó por el camino de la Reforma como reacción contra el bulero dominico fray Juan Tetzel. La condena de la venta desvergonzada de las bulas para la remisión de los pecados no es original del monje agustino, sino que, como hemos indicado, se remonta a las actividades consideradas heréticas de los Wiclef, Hus y seguidores. Tenemos además que en 1482 la Sorbona reprobaba tan lucrativo e impío comercio y en 1518 volvía a la carga y vituperaba tan inmundo tráfico. En 1484 el sacerdote Juan Laillier en su *Sornica* se adelanta a Lutero al afirmar que el papa no podía condonar las penas del purgatorio mediante la venta de indulgencias; que los decretos y decretales de la Santa Sede no eran sino trampas y engaños; que el sacerdocio debía hacerse extensivo a todos los seglares; que el matrimonio de los clérigos era lícito; que la iglesia de Roma no era la cabeza de las otras y que no había mayor obligación de creer en la leyenda de los santos que en las crónicas de Francia. Fue procesado y tras jurar que no conocía la doctrina herética de Wiclef fue absuelto por el arzobispo de París, con gran escándalo de los celosos censores de la Sorbona. En 1498 el franciscano Juan Vitrier, quien influyó en Erasmo, fue enjuiciado por sostener que no se debía dar dinero por los perdones y que las indulgencias provenían del infierno.

Por supuesto, Lutero no pudo ignorar estas críticas y cuando él hizo públicas las suyas actuó sin que pensaste que su actitud constituía o encubría una actividad revolucionaria en el campo espiritual. Nada más lejos de eso, porque Lutero al redactar y exponer públicamente sus 95 tesis incitaba, a manera de reto académico como era la costumbre, a una discusión teológica como la que pocos meses antes había suscitado Carlstadt con sus 52 tesis, en las que ya se encuentran los rasgos esenciales de la doctrina luterana. Carlstadt, menos decidido sin duda que Lutero, no aprovechó como este la oportunidad que le brindó la gran concurrencia reunida en Wittenberg ni tampoco pudo utilizar la jerarquía y reconocimiento de que gozaba Lutero dentro de su orden.

En 1516, en el sermón predicado el domingo décimo después de la Trinidad, tocó Lutero el tema de las indulgencias y sostuvo que ellas alejaban de la contrición que las almas debían encontrar en las penalidades. Para esta fecha ya se había liberado de la teología tomista y en su opúsculo *De los hombres y de la libertad del hombre sin la gracia* asienta lo siguiente: "Toda obra de la ley sin la gracia tiene la apariencia de una buena acción; vista de cerca no es más que un pecado. Malditos los que cumplen las obras de la ley: benditos los que cumplen las obras de la gracia. La ley buena que hace vivir al cristiano".

En septiembre de 1517 redacta 99 tesis *Contra la teología escolástica* para el candidato (doctorando) Franz Gunther y el 31 de octubre del mismo año, como un acto normal académico de un profesor universitario de la época, fija un anuncio en latín en la puerta lateral de la capilla del castillo de Wittenberg en el que invita a sus colegas a discutir sus 95 proposiciones o tesis. Su reto es intelectual, teológico. En la víspera de Todos los Santos y los peregrinos, la masa popular, acude al castillo para ganar indulgencias, para admirar o comprar las reliquias que atesora el piadosísimo Federico el Sabio, elector de Sajonia, y con las cuales trafica. Él merca, vende o cambia reliquias y no desea la competencia de Tetzel. Si la Iglesia tenía organizado un seguro de salvación, un comercio entre este y el otro mundo mediante la técnica moderna de mercado, con todo y la vocinglera, atractiva y convincente[1] propaganda del dominico vencedor; el señor de Wittenberg quería a su vez engordar su bolsa y no la de la competencia, haciendo uso de sus innumerables reliquias y asegurando con ellas a los compradores los mismos perdones, puesto que su colección había sido dotada con un millón de años de indulgencia.

Se comprende así que el desafío de Lutero respaldara, aun sin proponérselo, la prohibición señorial para que el descarado y famoso bulero Tetzel, al servicio del arzobispo de Maguncia, no pusiera los pies en el territorio de la jurisdicción del Elector de Sajonia. ¿Si le permito entrar en mis dominios —diría el príncipe— a quién le vendo mis colecciones de pañales del Niño Jesús, de briznas de paja del pesebre *betlemita,* de cabellos de la Virgen, de gotas de su leche, de clavos y astillas de la cruz, de varas de la pasión, de trocitos de la túnica del Señor, etcétera, etcétera? Todavía habría que añadir a estos artículos sagrados las 17.443 partículas de osamentas provenientes de Santos.

1. Tetzel atraía a la gente sencilla y creyente con esta irrespetuosa copla: "*So bald das Geld im Kasten klingt. Die Seele aus dem Fegfeuer springt*" (Tan pronto como la moneda resuena en el cepo/el alma brinca del Purgatorio). La venta de indulgencias se adecuaba a la capacidad adquisitiva de cada quien. El pago, según tarifa, era de 25 florines para los ricos y de medio florín para los pobres. Por medio de un florín más, precio mínimo, el cliente adquiría el derecho a escoger confesor y a obtener de él, en el transcurso de la vida y en artículo de muerte, y todas las veces que fuera necesario, la indulgencia plenaria y la absolución no solo de todos los pecados ordinarios, sino también de los casos reservados, *quosque Virginem Matrem vitiasse* (incluso si mancillase a la Virgen María).

El ataque de Lutero consistía en una abierta acusación: la adquisición de indulgencias confería a los pecadores una falsa seguridad de salvación. "Es una cosa extraordinariamente difícil, incluso para los más hábiles teólogos, exaltar a la vez ante el pueblo la gracia de las indulgencias y la necesidad de la contrición" (Art. 29). A continuación, añade Lutero un tópico ya señalado por nosotros: que la indulgencia relega las penalidades, cosa que, por el contrario, contribuye a atenuar el sufrimiento de la contrición (Art. 40). El tema de las indulgencias era ya desde 1516, como vimos, motivo de las críticas de Lutero años antes de que apareciese Tetzel con su carro lleno de bulas. "El papa, expresaba el heresiarca en potencia, es demasiado cruel si teniendo, en efecto, el poder de liberar a las almas del purgatorio, no concede gratis a las ánimas que sufren lo que otorga por dinero a las privilegiadas". Esta censura, que corresponde a la tesis 82, repite con pocas variantes el texto del citado sermón de 1516.

Lo que históricamente sigue se consigna inclusive en los manuales de Historia: el sermón sobre "Indulgencia y gracia" (22 de febrero de 1518) y la diputación en el convento agustino de la ciudad de Heidelberg (16 de abril) en donde Lutero combate a la teología escolástica, que por obra de Santo Tomás de Aquino había fundido el conocimiento de la fe con la filosofía aristotélica, Lutero defiende su teología protestante, *theologia crucis* (Teología de la Cruz) porque de acuerdo con esta no quiere ver él en la Cruz un objeto de museo, sino algo real y que únicamente en ella y en la Pasión se puede encontrar a Dios, tal y como San Pablo muchos siglos antes lo experimentara.

En junio del mismo año, principia en Roma el proceso canónigo contra Lutero; los dominicos y la Universidad de Francfort del Oder recogieron el guante y comenzaron los ataques teológicos y políticos contra el profesor y predicador de Wittenberg. Ante estos ataques Lutero cuestionó con toda razón la autoridad que tenía el poder pontificio para conceder a unos la defensa libre de su concepción del Evangelio y para negársela a él. Felipe Melanchton, pariente del humanista Johannes Reuchlin, es trasladado a la Universidad de Wittenberg y desde ella este joven y ya célebre teólogo emprende la defensa de Lutero.

Al llamado del legado papal Cayetano, Tomás del Vío, dominico y pues tomista, hombre de buena voluntad, acude Lutero a Augsburgo. Tras discusiones infructuosas ("pruébenme que me equivoco", clama) el famoso *Credis vel non credis* del Cardenal, la apelación, ante el purpurado, al papa y la huida de Augsburgo, Roma exige del Príncipe Elector Federico de Sajonia la extradición de Lutero, a lo que este se negó (8 de diciembre de 1518). Mal aconsejado, creyó terminar León X con el "pleito de frailes" imponiendo silencio al revoltoso; ante la obstinación de Lutero el papa lanzó su bula *Exsurge Domine* (Levántate Señor) que advierte la próxima excomunión, a menos que el rebelde revoque sus ideas en un plazo no mayor de setenta días (15 de junio de 1520). La respuesta de Lutero Es la publicación de su famosa trilogía: *Del cautiverio babilónico de la Iglesia* (julio), *A la nobleza cristiana de la nación alemana* (agosto) y *De la libertad del cristiano* (noviembre). En este último mes se incineran las obras escritas de Lutero a lo que este responde virulentamente *Adversus Execrabilem Antichristi Bulam* (Contra la execrable bula del Anticristo). Los estudiantes de la Universidad queman la bula papal que amenazaban con el anatema y hacen igual con los demás decretos en el desolladero situado frente a la puerta "Elster" de la ciudad de Wittenberg. León X firma la bula de excomunión *Decet Romanum Pontificet* (Conviene el romano pontífice).

Provisto con un salvoconducto imperial, comparece Lutero ante la Dieta de Worms los días 17 y 18 del mes de abril de 1521, la cual había sido convocada para realizar las reformas imperiales y eclesiásticas deseadas por todos desde hacía decenios y para obligar al rebelde monje a abjurar de sus ideas. Ni la presencia del joven emperador Carlos V pudo constreñir a Lutero a retractarse: "¡Aquí estoy y no puedo obrar de otra manera, que Dios me ayude. Amén!". Hay muchas versiones de la respuesta de Lutero e incluso no se sabe a ciencia cierta lo que respondió. De todas maneras conviene recoger la más aceptada por los historiadores alemanes, que reza así: "A menos de que se me convenza por testimonios bíblicos o por una razón de evidencia (porque no creo ni en el papa ni en los concilios solos: es constante que han errado demasiado a menudo y que se han contradicho) estoy ligado por los textos que han aportado; mi conciencia está cautiva en las palabras de Dios. Renovar cualquiera, ni lo puedo ni lo quiero. Porque actuar contra la propia conciencia no es ni seguro ni honrado. Que Dios me ayude. Amén". La decisión de Lutero tiene sus matices religiosos y heroicos pese a que el peligro de Worms era relativo (cosa que, sin duda, ignoraba Lutero) puesto que ni el emperador ni la Dieta imperial tenían por el momento la fuerza suficiente para imponer su voluntad armada a los príncipes, a los caballeros, a los burgueses y al levantisco pueblo. El terco de Lutero, en nombre de la verdad evangélica, no estaba dispuesto a ceder a ninguna presión política y menos a la clerical; pero dado el entusiasmo de los grandes, de los medianos y de los chicos habría que considerar lo que después del encuentro escribió el predicador Tomás Müntzer a Martín Lutero: "¡Si tú hubieras cedido en Worms, la nobleza te hubiera asesinado!".

Carlos V, el cual, según se cuenta, expresó que no sería un hombre como Lutero el que podía hacer de él un hereje, a la mañana siguiente de la segunda sesión de la Dieta hizo llegar a los príncipes alemanes una declaración en la que afirmaba estar resuelto a mantener en el Imperio la fe ancestral. Había mostrado demasiada longanimidad y agotado el plazo acordado en el salvoconducto, Lutero sería llevado a Wittenberg y se procedería contra él como hereje declarado. Sin embargo, Carlos V, armándose de paciencia, permitió que diversos personajes visitasen a Lutero en la Hostería donde estaba alojado, a fin de que se doblegase a la autoridad del emperador para que este pudiese dar una decisión justa asistido por jueces imparciales y no comprometidos. El jueves 25 de abril el delegado imperial von Ecke da por terminado todos los esfuerzos conciliatorios. El emperador concede a Lutero 21 días para dirigirse a donde juzgase más conveniente y transcurrido el plazo sería perseguido, capturado y procesado. Al día siguiente sale Lutero de Worms; en su camino, a pesar de la prohibición imperial, va predicando por todas las ciudades por donde pasa. El 4 de mayo se dirige a Gotha y una vez pasada Wattershausen, ya oscurecido, un grupo de jinetes rapta a Lutero y lo conduce por órdenes secretas del Elector de Sajonia al castillo de Wartburgo. Ya en la fortaleza se le despoja de su hábito de agustino y se le viste con un traje laico. Transformado así en el "caballero Jorge", se deja crecer la barba y el cabello y dedica su tiempo a traducir febril e inspiradamente al alemán del pueblo el Nuevo Testamento. Vive solo en la fortaleza, melancólico, sufriendo alucinaciones delirantes —luciferinas a veces— y ataques de brujas. Resulta curioso que las revelaciones más angustiosas y dramáticas así como las múltiples apariciones diabólicas de que fue objeto, casi siempre le acontecieron hallándose en la letrina haciendo del vientre, esta relación entre lo sobrenatural y lo escatológico le acompañará durante toda su vida y se le irá agudizando verbalmente en sus postreros años, tal y como lo muestran sus cartas y sus *Charlas de sobremesa.*

La secuela luterana

La ruptura de Lutero con Roma arrastró tras él, podemos afirmar, a casi toda Alemania. Buen número de los grandes señores realizaron a su manera la parte de la Reforma relativa a los principados eclesiásticos, monasterios, conventos y abadías. Se secularizan los bienes de la Iglesia, que pasan a manos de los poderosos en calidad de beneficios económicos feudales, y se justifican los cambios cómicos feudales, y se justifican los cambios mediante cataratas de libelos, caricaturas, sátiras, panfletos y canciones obscenas contra los católicos (clérigos y seglares), contra el papa particularmente, al cual el propio Lutero caricaturizará como un abominable borracho que con su cara de beodo abotargado y en un lamentable latín de taberna, lanzaba juramentos, injurias y procacidades. Se hace mofa de todo lo divino, de lo humano, de la religión y fe tradicionales; se destruyen los símbolos de la servidumbre de la Iglesia; se asaltan y profanan iglesias y conventos e incluso se realizan mercados públicos de monjas y monjitas recién exclaustradas. Hay levantamientos de campesinos desde Suiza a los Estados Bálticos, que vienen a ser ecos del movimiento de los aldeanos hussitas y taboritas, que desde finales del siglo XV buscan en la legislación social de Moisés y en el género de existencia de las primeras comunidades cristianas un remedio eficaz contra la explotación de que eran víctimas. Los redobles del "timbalero de Niklashausen" (Hans Bohsim) y las reuniones secretas de los asociados de "El Pobre Conrado" presagiaban la tormenta de la guerra aldeana de 1524-1525 con su énfasis revolucionario sobre la igualdad y la libertad para el pueblo oprimido por las cargas feudales.

Empero, desde el 4 de mayo de 1521 al primero de marzo de 1522 Lutero se encuentra en Wartburgo prácticamente sin contacto con sus amigos, seguidores y secuaces potenciales. Alarmado por las noticias que le llegan del exterior y que de alguna manera se filtraban y llegaban, no obstante, hasta él, escribe una larga carta al Elector de Sajonía y abandona el castillo que le había servido de refugio. El 6 de marzo llega a Wittenberg para ponerse al frente del movimiento, que a redropelo él mismo ha iniciado, para encauzarlo, moderarlo y reprimir sus excesos. Escribe la *Fiel amonestación a todo cristiano de abstenerse de alborotos y sublevaciones* con el intento de sofocar la anarquía imperante por doquier, puesto que él no admite reforma alguna surgida de la agitación popular; la de un pueblo que había malinterpretado su trilogía de 1520, al traducir la libertad espiritual del cristiano en libertad revolucionaria reivindicadora en nombre del Evangelio. Todas las reformas debían proceder únicamente de la autoridad establecida. El pueblo en rebeldía era ciego y su violencia procedía de la inspiración diabólica. Durante su ausencia en Warturgo, Satanás había provocado el desorden y Lutero se sintió llamado providencialmente a aplacar —no importa los medios empleados— la insurrección que los místicos y exaltados, tales como Tomás Müntzer y Sebastián Franck, o los "predicantes" y fanáticos charlatanes (Schwarmer) habían desencadenado.

Todo en vano, el movimiento espiritual-revolucionario, en lo que tenía de social, se le había escapado de las manos a Lutero y el 23 de junio de 1524 estalla la sublevación campesina al sur de la Selva Negra; en marzo del año siguiente aparecen "Los Doce Artículos" o programa de Reforma concebido por dirigentes gremiales, los cuales, invocando la autoridad de Lutero, exponían sus aspiraciones: abolición de la servidumbre, propiedad colectiva de las selvas, aguas y montes y reducción de las cargas feudales. Reclaman una administración democrática de la Iglesia, la supresión de toda arbitrariedad por parte del clero, así como de todas las tasas no fundadas en los textos bíblicos. Exigen además un impulso territorial moderado, la supresión de todos los castigos arbitrarios, el establecimiento de una jurisdicción imparcial y el retorno, en fin, a la comunidad de tierras arrebatadas injustamente por la nobleza.

Mas el grito de guerra de los humildes seguidores de Lutero, "Reforma y Libertad" fue rechazado por el hombre —en extremo tradicionalista— que en su fuero interno fue Lutero, quien, a pesar suyo, fue un reformador aunque el solo había querido cambiar las bases espirituales de la Iglesia: había sembrado vientos fiduciales y cosechaba tempestades revolucionarias. Su *Exhortación* a la paz de finales de abril de 1525, a propósito de los *Doce Artículos,* va dirigido contra los campesinos asesinos y bandidos que no entendían que la injusticia y maldad ejercidas por sus señores no justificaban la rebeldía. La única libertad que les era permitida a los rústicos era la inferior; los únicos derechos que podían reclamar eran los de la espiritualidad. Lutero va a reaccionar con extrema violencia y el 6 de mayo de 1525, de regreso a Wittenberg, aparece su terrible y virulento libro *Contra las hordas salteadoras y asesinas de los campesinos;* horrible y repulsivo escrito en donde el reformador, en nombre del evangelio, aconseja e incita a los príncipes al degüello, a la tortura, al incendio y al maltrato de la masa aldeana acaudillada por Münzer (exsacerdote católico que abrazó la Reforma, pero no fue más allá de lo prescrito por Lutero) y por otros cabecillas del pueblo. Lutero, exasperado porque sus esfuerzos para apagar el incendio resultaban inútiles, perorará grandilocuentemente indignado: "¡Ea, queridos Señores! Golpead, traspasad, degollad a vuesto antojo. Si allí encontraseis la muerte, no podríais soñar una más celeste, pues sucumbiríais obedeciendo a Dios y protegiendo a vuestros semejantes de las hordas satánicas". "Matar un revoltoso —prosigue Lutero— no es cometer un asesinato, sino ayudar a apagar un incendio. Pues hay que pegar de veras. ¡Machacad! ¡Degollad! ¡Traspasad! ¡Y por todos los medios! Matar a un revoltoso es abatir a un perro rabioso. Cubriéndose con el Evangelio, llamándose hermanos en Jesucristo, los campesinos cometen el más horrible de los crímenes; siguen a Satán a cubierto de la palabra de Dios. Por ello merecen diez veces la muerte".

Señores y caballeros tomaron con mucho gusto y muy en serio, con ardoroso y bélico empeño, el consejo incitatorio y absolvente. Alemania quedó teñida de sangre aldeana y más de 140.000 vidas perecieron a fuego y cuchillo. Münzer fue capturado, atormentado y ejecutado con increíble saña. Lutero dará gracias a Dios por la muerte que esta encarnación del diablo había recibido y merecido. Sofocada así la rebelión, los príncipes recobraron la tranquilidad y más de uno se ganó mejor el cielo vertiendo la sangre de los enemigos que rezando, como aconsejó el propio Lutero.

Se ha dicho —y no sin cierta razón— que el reformador no fue oportunista ni fariseo en su alianza con los poderosos; de hecho ni antes ni después de Wittenberg se pronunció nunca contra la autoridad civil, porque esta había sido instituida por Dios y los males y abusos de la misma provenían del pecado; es decir, del hombre carnal cuya apelación a la libertad debía ser estrictamente de carácter espiritual y cristiano.

La trilogía de 1520

El *Manifiesto*

En el convento agustino de Wittenberg, a fines del mes de junio, termina Lutero un manuscrito de unas 70 páginas cuyo título, de contenido espiritual, político y patriótico a la vez, reza así: *A la nobleza cristiana de la nación Alemana.* Estaba redactado en la lengua del pueblo (Bajo alemán), para uso de todo el pueblo, y fue editado a fines de agosto por Melchor Lother con un tiraje de 4.000 ejemplares que se vendieron en seis días, lo que prueba el poder impactante del opúsculo. Procede Lutero con energía a derribar los tres muros con que el papado ha defendido la supremacía jurídica de los romanistas. Frente a la jerarquía tradicional, laica y eclesiástica de la sociedad histórica, opone la nueva nobleza cristiana nacida en la nueva fe regenerada que él predica y que proviene inspiradamente de lo más alto. Con el bautismo, todos los cristianos quedan consagrados sacerdotes; la nueva función del *sacerdocio universal* anula la división entre clérigos y seglares, puesto que dicha función se fundamenta en una fe y en un Evangelio igual para todos por lo que toca a la capacidad de adjudicar lo que es justo o injusto en relación con la primera.

La segunda barrera o muro a derribar se funda en el principio del libre examen, en virtud del cual compete a todos interpretar la Santa Escritura. Este principio dará a los cristianos reformados una libertad de movimiento y pensamiento que les permitirá renovar o desechar todos los impedimentos forjados por dieciséis siglos de tradición eclesiástica católica. La negación de los dos estados (espiritual y mundano) implicará el repudio de toda comunicación o mediación eclesiástica del hombre con Dios. Queda así el hombre reformado en una angustiosa pero vivificante soledad en su contacto o diálogo dramático y directo con la divinidad mediante a la fe. Con esto daba Lutero a todos los hombres, por supuesto también a los humildes, la posibilidad de transhumanizarse, de divinizarse por sí mismos mediante la *sola fides,* lo cual provocará, sin duda alguna, la sublevación de los fieles contra la jerarquía eclesiástica y contra los poderes políticos y civiles. Se intenta rehacer al mundo según el modelo evangélico; según la voz de la libérrima inspiración interior que incita curiosa, revolucionariamente, a la destrucción de toda autoridad y de todo freno de la ley. Se sueña utópicamente la instauración de un comunismo primitivo de los bienes y el furor espiritualmente heroico de un Müntzer, intérprete de la ira divina por revelación íntima, le hará exclamar "Dios no se revela sino en la tempestad". Lutero no pudo prever las consecuencias de su prédica religiosa ni del contenido de este opúsculo; a contrapelo, insistamos en esto, abría el camino para toda futura revolución social. La burguesía, como la comprendería claramente Carlos Marx, encontraría en la religión protestante el apoyo justificante necesario para su consolidación como clase determinante en el mundo moderno.

La libertad espiritual reclamada permitiría el vuelo del pensamiento: la filosofía alemana, la ciencia y la técnica, libre ya de la dogmática escolástica, coadyuvarían a la entronización de la modernidad.

El tercer y último muro que demoler era la dudosa autoridad del papa para convocar a concilios, supuesto de este debía ser sustituido por un concilio comunitario que condenaría el fausto pontificio, declararía la inutilidad de los cardenales y reduciría a más de una centésima parta la comisión papal encargada de resolver los asuntos de la fe. Lo que después sigue en el abatimiento de este tercer muro son 27 puntos renovadores y por lo tanto destructores de la vieja Iglesia en su derecho canónico, monacato, política, economía, festividades, santoral, sacramentos, fundaciones y establecimientos píos, etcétera. Quedan abolidas, además, las indulgencias, milagrerías, mendicidad, votos monásticos y prostitución. Se promueve, por el contrario, la educación de las niñas y jovencitas. El papa queda identificado como hombre de pecado (*homo peccati*), como el *Anticristo,* enemigo del Señor y de los nuevos cristianos. Los resultados de la lectura de esta proclama significó para Lutero su investidura como "jefe espiritual de la nación alemana" pues ya no bastaba el "sé alemán" que con vehemencia patriótica lo estimuló e identificó Hutten en un principio.

Como lo expresa Gaos al referirse a dicho opúsculo (divisoria histórica del mundo cristiano europeo en lo espiritual y político) al que él llama *Manifiesto reformista,* dicho opúsculo fue para la cristiandad lo que el *Manifiesto comunista* ha sido para el mundo capitalista y burgués: la declaración de la guerra revolucionaria.

La generación por la fe

En el cogollo de la doctrina luterana se halla el segundo opúsculo titulado *De la libertad del cristiano.* Con acentuado antinomianismo paulino nos presenta el reformador un par de contradicciones, que, por supuesto, para él no lo son:

> *Christianus homo omnium dominus est liberissimus, nulli subjectus.*
> Un hombre cristiano es un libre señor de toda cosa y a nadie súbdito.
>
> *Christianus homo omnium servus est officiossimus, omnibus subjectus.*
> Un hombre cristiano es un siervo servicial de toda cosa y a todos súbdito.

La contradicción no existe porque el hombre es una dualidad: lo carnal y lo espiritual. El siervo o esclavo es un hombre de carne y hueso, corrompida simiente de Adán, el hombre dedicado al pecado, el hombre natural; pero el hombre espiritual es el regenerado por la gracia de Dios mediante la fe interior, el hombre que posee en sí el verbo de Dios, es decir, la palabra de libertad. Por la fe en Cristo el hombre se regenera y no por obra humana, que procede de la carne corrupta; es una especie de milagro que, como todos los milagros, no puede ser explicado en términos racionales. La regeneración por la fe es un sentimiento, algo que se siente, no una intención. Es la fe confianza (*fiducia*), la fe prácticamente eficaz del nuevo cristiano que se presiente ya a salvo, predestinado o elegido, donde todo depende de Dios y nada del hombre (albedrío siervo). Por obra de Dios se le da al creyente justicia y libertad; solo la fe necesita el hombre para ser piadoso. De aquí surge la inversión de la relación entre la fe y las obras:

> *Bona opera non faciunt bonum virum, sed bonus vir facit bona opera.*
> Obras buenas no hacen un hombre bueno, pero un hombre bueno hace buenas obras.

Mala opera non faciunt malum virum, sed malus vir facit mala opera.
Obras malas no hacen un hombre malo, sino que un hombre malo hace obras malas.

De suerte que de las buenas obras (limosnas, ayunos, penitencias, mortificaciones, renuncias, prácticas religiosas, etcétera) no nace el hombre bueno, sino que del hombre renovado por la fe nacen las buenas obras. Creer, tener fe, eso es lo importante. Interceder para que Cristo asuma los pecados, la muerte y el infierno; solo así, mediante la fe, puede el alma adquirir la gracia, la salvación, la vida eterna. El hombre que cree obrará bien y el que no cree obrará mal; quien ama de veras (en fe y por fe) ya no peca; de aquí el *pecca fortiter* y el *crede fortius* luteranos, que no son una invitación al desenfreno, como vulgarmente ha sido interpretado, sino una nueva paradoja cuyo antecedente está en San Agustín: *ama et fac quod* (ama y haz lo que quieras). Porque el hombre no puede cumplir, aunque quisiera y se forzara a ello, los mandamientos de la Iglesia, y Lutero, que como monje tuvo dolorosa experiencia a este respecto, no pudo dejar de pecar pese a sus esfuerzos. Percibió que no podía cooperar por sí mismo a salvación; que no podía salvarse sino ser salvado. Por consiguiente, más valía pecar y pecar denodadamente, sin remordimiento, contrición ni hipocresía. "Lutero prefiere un pecador convicto al sepulcro blanqueado de uno aparente virtual", como expresa José Luis Aranguren.

Mas para llegar a un punto de eternidad y paz con Dios, el camino que recorrió Lutero estuvo empedrado de dificultades, alucinaciones, torturas espirituales, angustias y tentaciones. Era áspero de carácter, no soportaba las contradicciones, se dejaba arrastrar por la cólera y sufría por tales accesos de furia así como por su espíritu un tanto envidioso. En su imposibilidad de acatar estrictamente los preceptos llegó a aborrecer a Dios, e incluso a murmurar violentamente contra Él en aquel año crucial de 1519, por no comprender bien el sentido de un párrafo empleado por San Pablo en la Epístola a los Romanos: "La justicia de Dios se revela en la fe y por la fe en el Evangelio, como está escrito. Más el justo vivirá por la fe" (1.17). Lutero se sentía pecador y en su convento agustino de Erfurt desesperaba y desconfiaba de que ese Dios justiciero pudiese ser aplacado con sus mortificaciones de monje. Su conciencia se mostraba trastornada y solamente se tranquilizó cuando comenzó a entretener que la justicia de Dios no poseía un carácter activo sino pasivo; aquello por lo cual Dios en su misericordia lo justificaba en y por la fe, como está escrito, el jùsto vivirá por la fe. Desde ese momento, a partir de esa revelación, se sintió renacer, justificado, al adecuar su plena conciencia de pecador con la justa condena divina.

Para rematar lo pertinente a este segundo opúsculo de 1520, únicamente nos resta añadir que el ascetismo extramundano (de renuncia) cristiano-medieval se convierte en Lutero en un ascetismo intramundano que siente a la vida toda como misión religiosa, lo que unido a la concepción dignificadora de la vocación (*Beruf*) transforma toda actividad o trabajo en oración: *laborare est orare.* La vida se mueve tras las cosas terrenas, pero con cierto despego, con un sentido de superioridad. Dada la fuerza que Dios pone en el hombre mediante la fe, el nuevo cristiano no solo es libre sino también dueño del mundo. Esta especie de atleta moral actúa desde arriba de su fe como un ente que posee autoridad y cuyas obras mundanas no son dictadas por la ansiedad de la propia salvación, sino que tienden a fructificar en medio del prójimo como un servicio espontáneo que es la expresión misma de la libertad.

Esta libertad del cristiano fincada en la fe conduce a la negación del católico libre albedrío, porque aunque este puso prácticamente su mayor énfasis en las buenas obras (las piadosas fundamentalmente), estas constriñeron la acción y sirvieron de poco para activar y cambiar al mundo; en cambio, el albedrío siervo del nuevo cristiano, que las negaba, le permitió a este el afanarse ahincadamente en la realidad y en un obrar operativo, independiente y transformador.

Hemos visto que las ideas sociopolíticas de Lutero son francamente reaccionarias y no menos tradicionales, añadamos ahora, las relativas a las relaciones económicas entre los cristianos medievales, a los que se les prohibía la práctica de la usura. La libertad que postula el reformador tiene que ver muy poco, según hemos visto, con las libertades modernas en el sentido del liberalismo económico; sin embargo, Lutero, al cuestionar la legitimidad de la jerarquía y estamentos medievales, dio luz verde al luteranismo posterior anabaptista y baptista que transformaría la libertad trascendental en inmanente: libertad moral en rumbo al imperativo categórico kantiano; libertad político-espiritual con derecho incluso a la rebelión; libertad parroquial entrenadora de la democracia; libertad de conciencia orientada hacia la tolerancia y libertad económica con aceptación incluso del viejo y condenado pecado del préstamo a interés.

Crítica sacramental

El tercer documento demoledor de 1520 se refiere a la *Cautividad o servidumbre babilónica de la Iglesia.* Los siete sacramentos quedan reducidos a tres (bautismo, eucaristía consustancial y penitencia); pero pronto desaparece este último y quedan únicamente los dos primeros por su significación. Sin embargo, lo más importante no son las reducciones sino la afirmación luterana de que el sacramento es de todos y no solo de los sacerdotes, con lo que quedan simplemente estos en calidad de ministros. Lutero devuelve así a los fieles creyentes la libertad de custodiar íntegramente la promesa de Dios que la "tiranía romana" había usurpado. Esto significa que los sacramentos no dan aquí la salvación (gracia santificante) puesto que el nuevo cristiano ya la ha obtenido si tiene fe. Los sacramentos poseen únicamente un grado de comunicación y de suyo no tienen otro valor, su eficacia resulta, pues, subjetiva y no objetiva.

Las repercusiones sociales y espirituales de este opúsculo, al igual que las de los dos anteriores, fueron inmensas. Se multiplicaron por doquier predicadores fanáticos que apelaban a la revelación interior, mediante la cual cada creyente se sentía inspirado por la presencia en él de Dios y creía sincera, apasionadamente, que Este hablaba y actuaba a través de él. Incluso la Santa Escritura no limitaba su inspiración, porque según él la palabra viva de Dios que salía de su boca mortal valía más que todo lo escrito. Los cimientos de la sociedad histórica, como vimos, se resquebrajaron y la reacción contra los caudillos y las masas evangélicas fue brutal y aniquiladora. Sin embargo no todo fue destruido, y la paulatina racionalización por las sectas luteranas arriba indicadas, de tales ideas primigenias, depuradas ya de excesos y utopías, contribuirían en no poca medida a la libertad del hombre y a la apertura del mundo moderno.

Bibliografía

José Luis Aranguren, *El protestantismo y la moral.* Madrid, Ediciones Sapientia, 1954. (Nueva edición: Barcelona, Península, 1995.)

P. Heinrich Denifle, *Luther in Rationalistischer and Christlischer Beleuchtung.* Mainz, Kircheim & Co., 1904.

G. R. Elton, *Reformation Europe 1517-1559.* Londres-Glasgow, Collins Clear Type Press, 1963. (Hay edición en español: México, Siglo XXI Editores, 1979.)

José María Gallegos Rocafull, *La visión cristiana del mundo moderno.* Madrid, Ediciones Taurus, 1959.

Lucien Febvre, *Martín Lutero.* [1927] Trad. de Tomás Segovia. México, Fondo de Cultura Económica, 1956 (Breviarios, 113).

Joseph Lortz, *Historia de la Reforma.* Trad. de L. García Ortega. 2 vols. Madrid, Ediciones Taurus, 1963.
Luthers Werke, 5ª. ed., Berlín, Walter de Gruyter & Co., 1959.
Henry Strahl, *Luther jusq'en 1920.* París, Presses Universitaries de France, 1962.
Ernst Troeltsch, *El protestantismo y el mundo moderno.* Trad. de Eugenio Ímaz, México, Fondo de Cultura Económica, 1951 (Breviarios, 51).

¿Impulsa o retiene? Religión y protestantismo en Hegel y Marx

Hernán Borisonik

> ...debemos fundamentar con solidez el derecho y el poder seculares de modo que nadie dude que están en el mundo por la voluntad y orden de Dios.
>
> Martín Lutero

Pretender escribir una palabra sobre Marx sin referirse a Hegel es, tal vez, una quimera. Pero quizás sea aún más complicado intentar agregar si quiera una letra a la vastísima literatura que ya los ha vinculado, comparado, medido y contrastado. De todas formas, la relación entre ambos pensadores guarda todavía algunos recodos poco recorridos, dados por sentados o despreciados por el grueso de quienes la revisaron. Sin duda, uno de ellos es la reflexión acerca de la religión protestante.

¿Y por qué el protestantismo? Si bien es claro que el pensamiento marxiano ha desdeñado en general a todas las formas religiosas (insistiendo en su oposición al modelo idealista hegeliano), la fuerza que cobra el legado de Lutero en la obra de Hegel exige una indagación más profunda en las opiniones vertidas por su seguidor, como medio para comprender con mayor claridad su punto de vista.

Entonces, y con el fin de realizar tal aporte, la estructura que guiará esta reflexión sobre el vínculo entre política y protestantismo en los autores mencionados deberá comenzar con una breve descripción de las bases del pensamiento luterano, para luego adentrarse en las posturas sostenidas por Hegel y Marx y, finalmente, plantear algunas consideraciones al respecto. Cabe aclarar que, en cualquier caso, este no pretende ser un estudio exhaustivo acerca de la religión, sino más bien en su articulación con lo político y, particularmente, en su rol como motor o como *freno* del proceso histórico que lleva a la realización humana.

En primer lugar, es preciso tener siempre presente que Lutero, así como la enorme mayoría de quienes llevaron adelante la Reforma Protestante, fueron teólogos y no pensadores políticos, por lo cual "no debemos pedirles que nos presenten una filosofía política completa ni una teoría general de la política. [...] Ellos consideraron que sus afirmaciones en materia de política se derivaban directamente de sus premisas teológicas".[1] Y sin embargo, como bien lo explica Wolin, "aunque sería infructuoso negar la primacía de los elementos teológicos en el pensamiento de Lutero, es erróneo deducir de ello que haya sido ajeno al interés por la actividad política".[2]

Asimismo, se ha debatido acerca de la posibilidad de considerar al pensamiento de Lutero como "moderno", o si, más bien, pertenece y reivindica solamente al ideario medieval. Pues bien, parece muy injusto juzgar a un autor por sus intenciones, dado que, en primer lugar, esta (la intención) no es una dimensión posible de ser conocida o tomada como dato, dada su sutileza y subjetividad. Pero, más importante, la intención no es, en muchos casos, la magnitud que define el derrotero de una idea. Al contrario, la recepción de un autor tiene, las más de las veces, mayor relación con el contexto y la voluntad de los intérpretes que con aquellos del pensador original. Por lo tanto, juzgar a Lutero por sus intenciones de medieval o de moderno, parece desacertado. De modo que, si bien existen claros aspectos conservadores y reaccionarios en sus escritos, el legado luterano ha hecho mucho por la concepción política de los "modernos".[3]

De todas formas, aunque eso no haya sido anticipado ni deseado inmediatamente por Lutero, la Reforma protestante ha dado lugar al despliegue de toda una serie de concepciones que han caracterizado al mundo moderno que heredaron e intentaron explicar (para justificarlo o para criticarlo) Hegel y Marx. Asimismo, el luteranismo acabó por ser una especie de catalizador o potenciador de la cultura moderna, bajo mediaciones tales como la secularización estatal, la libertad de conciencia, la concentración del poder político, la irrupción definitiva de la individualidad (e, incluso, de la idea de subjetividad), el trabajo como valor, la racionalidad instrumental,

1. Duncan Forrester, "Martín Lutero, Juan Calvino", en Leo Strauss y Joseph Cropsey, eds., *Historia de la filosofía política.* Trad. Leticia García Urriza, Diana Luz Sánchez, Juan José Utrilla. México, FCE, 1963, p. 305.
2. Sheldon Wolin, *Política y perspectiva.* Trad. Ariel Bignami. Buenos Aires, Amorrortu, 1993, p. 157.
3. Una referencia obligada al respecto es la obra de Ernest Troeltsch, quien intentó sostener que Lutero representaba una continuación de la teología medieval católica (*El protestantismo y el mundo moderno.* México, FCE, 1951, p. 46). Sin entrar en tal disputa, el intento de nuestros párrafos es quitar de la discusión la pertenencia de este autor (claramente transicional) a una u otra tradición, para prestar más atención al legado de su obra.

el eclipse del poder político del Vaticano, etcétera. Todos estos aspectos han provocado que, desde sus mismos orígenes, la Reforma implicara una mutua imbricación entre política y religión. Y será interesante poder ver, a través de sus escritos, cómo tales ideas han dejado sus huellas en las expresiones hegelianas y marxianas sobre tales cuestiones.

De hecho, será fundamental, antes de comenzar con el desarrollo teórico de ambos autores, tomar en cuenta la justificación o el ataque que realizan del Estado, de cara a un tipo de moralidad en el que los dogmas religiosos adquieren un rol central. Precisamente, Hegel sostuvo que *lo real es racional* y por ello vio al Estado (concretamente al Estado prusiano) como la aplicación o plasmación de la Idea —en tanto que sujeto de la historia, como autoconciencia— y, por ende, como la forma de organización correspondiente con el desarrollo del Espíritu. Mientras tanto, Marx plantearía un desplazamiento metodológico[4] que implicaría pensar en las ideas ya no como consecuencias de un movimiento previo, sino como causas del despliegue de la historia. Dicho de otro modo: en tanto que Hegel concibe a la autoconciencia como *efecto* (por ejemplo, del trabajo, en el caso del siervo frente al Señor), o como momento del despliegue de la realidad, Marx verá en la (auto)conciencia de la clase proletaria la causa voluntaria del Estado por venir, aquél que desmantelará para siempre al Estado. Entonces, paradójicamente, mientras que el máximo exponente del *idealismo* alemán se encontraba avalando a un Estado (y a una religión) realmente existente, el gran materialista puso el fin en una realidad que no se hallaba realizada históricamente.

4. "Mi método dialéctico no solo difiere del de Hegel, en cuanto a sus fundamentos, sino que es su antítesis directa. Para Hegel el proceso del pensar, al que convierte incluso, bajo el nombre de idea, en un sujeto autónomo, es el demiurgo de lo real; lo real no es más que su manifestación externa. Para mí, a la inversa, lo ideal no es sino lo material traspuesto y traducido en la mente humana. [...] La mistificación que sufre la dialéctica en manos de Hegel, en modo alguno obsta para que haya sido él quien, por vez primera, expuso de manera amplia y consciente las formas generales del movimiento de aquella. En él la dialéctica está puesta al revés. Es necesario darle la vuelta, para descubrir así el núcleo racional que se oculta bajo la envoltura mística. En su forma mistificada, la dialéctica estuvo en boga en Alemania, porque parecía glorificar lo existente. En su figura racional, es escándalo y abominación para la burguesía y sus portavoces doctrinarios, porque en la intelección positiva de lo existente incluye también, al propio tiempo, la inteligencia de su negación, de su necesaria ruina, porque concibe toda forma desarrollada en el fluir de su movimiento, y por tanto sin perder de vista su lado perecedero, porque nada la hace retroceder y es, por esencia, crítica y revolucionaria". K. Marx. *El capital.* Trad. Wenceslao Roces. México, FCE, 1973, pp. XXIII-XXIV.

Tal vez podría tomarse como punto de partida para pensar las ideas políticas de Lutero a la distinción que establece entre los denominados *reino temporal* [*weltlich*] y *reino espiritual* [*geistlich*]. Al aplicar esta separación, el fraile alemán realizó simultáneamente dos movimientos. En primer lugar, dejaba sentada su oposición a la división jurídica que había realizado la Iglesia romana entre los derechos de los laicos y el derecho canónico, explicando que sobre la tierra no debía existir ningún tipo de privilegio legal para los hombres de la Iglesia, dado que, en realidad, todos los mortales poseen los mismos derechos a nivel religioso, y se diferencian solamente en cuanto a sus funciones. Por lo tanto, la institución eclesiástica no tenía, para Lutero, ningún tipo de centralidad ni, mucho menos, potencia política. Tal y como lo resume Quentin Skinner, "la verdadera iglesia no tiene existencia real, salvo en los corazones de sus fieles seguidores".[5] Pero complementariamente, al separar lo temporal de lo espiritual, Lutero entregaba a los príncipes el control absoluto de los cuerpos, dejando a Dios el cuidado de las almas. En otros términos, mientras que el *foro interno* e inmaterial era gobernado religiosamente, todo aquello que perteneciera al mundo sensible y que pudiera verse reflejado en comportamientos externos debía ser regido por la *espada secular*.

Ciertamente, era tal su desapego de los ideales antiguos (y particularmente a los griegos) que equiparaba al gobierno político con el uso de la violencia, mientras que rechazaba al *logos* como capacidad humana de organización social. De ese modo, al tiempo que censuraba cualquier tipo de distinción jerárquica entre cristianos, afirmaba una jerarquía absoluta en el nivel político. Incluso el propio Lutero llegó a proclamar que, desde los tiempos de los apóstoles hasta la Reforma, nadie había ponderado más que él a la autoridad terrenal, dado que reconocía al gobierno civil como legítimo por Dios, y ya no a través de la mediación de la Iglesia.[6] Así, Lutero otorgaba al poder político una función sagrada y una dignidad divina, hasta entonces inéditas. En resumen: su teoría de los dos reinos (*Zwei-Reiche*), cada uno con su respectivo gobierno (*Regiment*) expondría una imagen del mundo en la cual Dios deseaba con tanta fuerza al cuerpo clerical como al gobierno político.

Teniendo en cuenta estas bases fundamentales del pensamiento político luterano, es menester, entonces, reflexionar acerca de las impresiones que

5. Quentin Skinner. *Los fundamentos del pensamiento político moderno.* Tomo 2. Trad. Juan José Utrilla. México, FCE, 1993, p. 17.

6. M. Lutero. "An den christlichen Adel Deutscher Nation von des christlichen Standes besserung", en *D. Martin Luthers Werke.* Weimar, Hermann Böhlaus Nachfolger, 1966, p. 5.

han dejado en Hegel. Para ello, será importante comenzar por puntualizar ciertos aspectos centrales dentro de sus concepciones.

El objeto de la filosofía hegeliana era lo absoluto, pero no como algo ajeno al mundo, sino implicado en él como uno de sus momentos. Justamente por ello, la moral religiosa cristiana, previa al protestantismo, presentaba para Hegel un grave problema: era demasiado abstracta. Así, sostuvo que, con la llegada de Lutero, la religión encontró su encarnación histórica y pudo desplegarse como universal concreto. El ideal hegeliano "era una religión universal de la humanidad, pero realizada en un mundo real [...] [pues] su propósito es, en efecto, pensar lo absoluto (nada menos) y mostrar que lo absoluto es real".[7] De hecho, todo el sistema hegeliano podría comprenderse como un intento por recuperar a los acontecimientos particulares, frente a la pretensión absolutamente esquematizante y conceptual del iluminismo. Es decir, habría una reconciliación entre la verdad y los hechos históricos, a partir del movimiento hacia la autoconciencia de la idea. Por esa razón es que Michael Theunissen habrá de decir que la teoría hegeliana del Espíritu absoluto es comparable a un tratado teológico-político, al intentar situarse entre una visión puramente humanista y una concepción absolutamente trascendente.[8]

Precisamente, a raíz de su intención de pensar lo inmediato junto con todas sus mediaciones, es que, al margen de cierta dimensión general de toda su filosofía, Hegel se abocó específicamente al problema religioso y al problema político en obras distintas. En ellas se encuentran constantes menciones que vinculan ambas temáticas, pese a tener, en cada caso, un eje principal. Asimismo, valga la aclaración, podría decirse de la empresa hegeliana algo similar a la luterana: su fundamento, en el primer caso, era filosófico en la misma medida en que, en el segundo, era teológico. En consecuencia, la religión (lo eterno) y la política (lo terreno) han sido armonizadas filosóficamente y analizadas desde un marco conceptual y metafísico por Hegel. Las obras principales en las que Hegel hubo de ocuparse de ambos temas son, como sus títulos lo indican, la *Filosofía de la religión y la Filosofía del derecho.*

Sin embargo, existen también en sus escritos de juventud algunas líneas que encontrarían su desarrollo final en Berlín. Siguiendo a Dickey, en la

7. Jean Grondin, *La filosofía de la religión.* Trad. Antoni Martínez Riu. Barcelona, Herder, 2010, p. 139.

8. Michael Theunissen, *Hegels Lehre vom absoluten Geist als theologish-politischen Traktat.* Berlín, De Gruyter, 1970.

década de 1790 Hegel se encontraba sintetizando la concurrencia entre el *zoon politikon* griego y el *homo religiosus* medieval,[9] exponiendo una suerte de mutua complicidad entre ambos en la Modernidad. Pero frente a la excesiva abstracción del cristianismo, la doctrina protestante presentaba la ventaja de ser una materialización histórica y concreta de la idea. "Hegel tiene tan alta idea de la religión porque estima, en su terminología tan exigente, que es la conciencia de sí del espíritu absoluto [...]: por ella, el hombre, al tomar conciencia del espíritu que la anima, puede elevarse hasta el infinito y olvidarse de su particularidad, mientras que es a través de las religiones particulares como el Espíritu mismo alcanza la conciencia de sí".[10]

Parece, entonces, necesario hacer explícitas las múltiples alusiones a Lutero (como fundador de una religión que puede encarnarse en un Estado) que aparecen en la obra hegeliana. Además, como ya se ha dicho, es solo a partir de la figura de Lutero que se hicieron posibles el libre examen, la ruptura con la centralidad del poder espiritual de la Iglesia y la importancia de la conciencia individual, dando lugar a la subjetividad, la cual constituye, en gran medida, el fundamento de la Modernidad.

Hacia el final del prólogo de la *Filosofía del derecho*, puede observarse con claridad cómo Lutero encarna al espíritu del mundo moderno y cómo se acercan lo terreno y lo divino:

> Constituye una gran pretensión, que hace al honor del hombre, no querer reconocer nada en su espíritu que no haya sido justificado mediante el pensamiento, y esta pretensión es lo característico de los tiempos modernos, en todo caso el principio peculiar del protestantismo. Lo que Lutero ha iniciado con fe en el sentimiento y en el testimonio del espíritu, es lo mismo que el espíritu ulteriormente madurado se esfuerza por aprehender a través del concepto, y para liberarse así en el presente y por lo mismo encontrarse en él. Según una expresión que se ha vuelto famosa, una filosofía a medias se aparta de Dios [...], pero la verdadera filosofía conduce, en cambio, a Dios, y lo mismo ocurre con el Estado.[11]

9. L. Dickey. *Hegel. Religion, Economics and the Politics of Spirit.* 1770-1807. Nueva York, Cambridge University Press, 1987, p. 144. Cabe ser destacado que Hegel se refería a la *polis* griega como "bella totalidad", entre otras cosas, por la coexistencia armónica de política y religión en su seno.
10. Jean Grondin, *La filosofía de la religión. Op. cit.*, p. 140. Al respecto, ver G.W.F. Hegel, *Lecciones sobre filosofía de la religión.* Trad. Ricardo Ferrara. Madrid, Alianza, 1984, vol. I, p. 55.
11. G.W.F. Hegel, *Principios de la filosofía del derecho.* Trad. Juan Luis Vermal. Buenos Aires, Sudamericana, 2004, p. 20.

De hecho, la traducción luterana de la Biblia fue considerada por Hegel como la superación de la mutua negación entre clérigos y seculares.

En el parágrafo 270 de ese mismo libro, la cuestión religiosa es objeto de una sugestiva reflexión; y dentro de ella, el protestantismo también hace su aparición, aunque de modo más sutil. Es interesante que, dado que Hegel se encuentra analizando al espíritu objetivo, el abordaje religioso se efectúa allí dentro del marco jurídico-político del Estado. Aun en ese horizonte, la religión es presentada como fundamento ético del Estado, es decir, como algo absolutamente necesario, siempre y cuando no se abuse de la primera en detrimento de este último (lo cual llevaría a una situación de manipulación de los ciudadanos). Por eso, replica el gesto luterano de colocar a las comunidades religiosas por debajo de las leyes públicas (que, a su vez, protegen la forma de vida de los clérigos).

Sea como fuere, el caso es que existe en Hegel, una especie de divinización del Estado en la *Filosofía del derecho*, donde se lo describe como algo semi-divino, o como el paso de Dios sobre el mundo. Si bien la religión (tanto como la filosofía) pertenece al ámbito del espíritu absoluto y, en ese sentido, es "superior" al Estado, este comparte con la reflexión filosófica una *forma*, que consiste en el conocimiento racional de los fines. "Si bien la religión constituye el fundamento, que contiene en sí lo ético en general y más precisamente la naturaleza del Estado como voluntad divina, es al mismo tiempo solo fundamento, y es aquí donde ambas esferas se separan. El Estado es voluntad divina en cuanto *espíritu presente que se despliega en una figura real en la organización del mundo*".[12]

Y es allí donde cobra protagonismo el legado de la Reforma:

> Únicamente de esta manera, por encima de las iglesias particulares, se alcanza el estado de universalidad del pensamiento, el principio de su forma, y la lleva a su existencia. Para reconocer esto no solo se debe saber qué es la universalidad en sí, sino también qué es su *existencia*. La separación de la iglesia, lejos de ser o haber sido una desgracia para el Estado, es el único medio por el cual este pudo haber llegado a su determinación: la racionalidad y la moralidad autoconscientes. Al mismo tiempo, es lo mejor que le pudo haber ocurrido a la iglesia y al pensamiento para que llegaran a la libertad y la racionalidad que les corresponde.[13]

12. *Ibíd.*, p. 241 (subrayado en el original).
13. *Ibíd.*, p. 249 (subrayado en el original).

Entonces, en concordancia con la doctrina luterana, la religión no debe gobernar los cuerpos de los ciudadanos, sino constituir su fundamento ético-espiritual. Resuena en el eco de las palabras hegelianas la doctrina de los dos reinos que casi tres siglos antes había plasmado Lutero.

De ese modo, puede sostenerse que Hegel encontró en la Reforma luterana el acontecimiento fundamental que permite la autoconciencia en el Estado moderno. El quiebre que significó el surgimiento del protestantismo al interior del cristianismo (la particularización de las iglesias) fue condición para la universalización del Estado. En ese mismo sentido es que Hegel considera que el catolicismo no ha podido plasmar la tendencia hacia la libertad del cristianismo, dado que se ha atado a la exterioridad (la mediación de la Iglesia) y no consiguió ser autoconciente. En resumen: para Hegel no es posible pensar en un Estado moderno sin haber pasado por la Reforma que particularizó a la religión y la convirtió en la expresión propia de una sociedad. De ese modo, entre el protestantismo y el Estado ético hay más bien convergencia y armonía, en tanto que ambos sustentan la libertad subjetiva y permiten, por ende, pensar un vínculo entre lo histórico y lo conceptual. Entonces, para Hegel, la Reforma acabó por ser una condición necesaria para una aproximación entre la política y la religión, así como para el avance de la historia. Como lo explica Rubén Dri: "El cristianismo en su expresión luterana constituye la manifestación de la libertad subjetiva. Dios se revela a cada conciencia particular, no a través de la institución eclesiástica o de cualquier otra institución. El mundo adquiere de esta manera una nueva configuración, distinta tanto de la polis como del feudo. En esta nueva configuración el particular, el individuo, ocupa un lugar esencial".[14]

Pero si bien queda claro que en la *Filosofía del derecho* Hegel plantea un acercamiento entre lo estatal y lo clerical, es en su *Filosofía de la religión* donde ambas partes encuentran su reconciliación final, una vez más, a partir de la llegada del protestantismo. De hecho, parecería que es solo a través de ella que puede darse el encuentro entre el espíritu objetivo y el espíritu absoluto, acontecimiento fundamental para el sistema hegeliano.

Una vez más: mientras que el catolicismo plantea una espiritualidad que es (que intenta ser) ajena a la historia, el protestantismo supera esa pura exterioridad. Por ello, al releer el legado de Lutero, se observa cómo la

14. Rubén Dri, "La filosofía del Estado ético. La concepción hegeliana del Estado", en Atilio Borón, *La filosofía política moderna. De Hobbes a Marx*. Buenos Aires, Clacso-UBA, 2000, p. 224.

separación entre lo eclesiástico y lo secular era espuria, al tiempo que la verdadera división se daba entre lo espiritual y lo terrenal. No era la Iglesia, sino el espíritu, el factor que otorgaría fundamento a la organización social. Una vez manifestada la libertad individual, su universalización fue la verdadera tarea religiosa (y no la totalidad abstracta del catolicismo). Hegel asumió el mensaje luterano desde el registro filosófico y vio en la religión protestante el nexo que hizo de la ley estatal también algo divino. En consecuencia, la religión civil de la Revolución Francesa no era, para Hegel, otra cosa que la realización política del ideal luterano, allí donde no había existido una Reforma como la alemana.

Finalmente, sin Lutero y su Reforma, no hubiese sido posible la emancipación política de los hombres, dado que el catolicismo era un factor de retraso, de freno, al libre devenir de la historia. Y pese a ello, Hegel también fue cauteloso con el avance excesivo de la atomización que el —aún incipiente— liberalismo traía aparejado, dado que este podía, por su parte, representar otro escollo para el Estado. En conclusión, el protestantismo significaba, para Hegel, el camino que permitió el avance hacia la autoconciencia del espíritu.

Dada su magnitud e intensidad, la obra hegeliana despertó un sinfín de reacciones, de muy diversos matices y desde ópticas diferentes (e incluso contrapuestas). En relación con la problemática de la religión, mientras que la llamada "derecha hegeliana" se aferraba a la liberación de las doctrinas concretas de sus elementos más *impuros* (las representaciones, las formas históricas) para acabar buscando una idea depurada de la religión, los hegelianos de izquierda insistieron en el carácter mítico de tal "idea pura" y adujeron que ninguna forma absoluta puede ser desplegada en una sola realización histórica.

Al respecto, tal vez la repercusión más estridente y provocadora haya sido la de Karl Marx, quien utilizó una categoría hegeliana —el concepto de *alienación*— para resaltar el carácter opresor e ideológico de la religión. Habiendo estudiado muy cuidadosamente el sistema hegeliano, Marx aceptó algunas de las ideas principales de la crítica realizada por Feuerbach (por ejemplo, su reivindicación de la corporeidad y de la percepción frente a la pura conceptualización hegeliana, su idea de Dios como invención humana, su tesis de la alienación religiosa), al tiempo que se apartó de otras.

En primer lugar, Marx sostuvo que la crítica de Feuerbach a la religión era inadecuada porque este filósofo —tanto como Hegel— no habría conseguido comprender con precisión las razones últimas de los fenómenos religiosos, que para Marx se relacionan con la existencia de una configuración dual, apoyada sobre una estructura económica (basada en la explotación material de una clase sobre la otra) y una superestructura ideológica que la justifica y legitima. "Feuerbach no ve que el "espíritu religioso" es en sí un producto social y que el individuo abstracto que él analiza pertenece en realidad a una forma social determinada".[15]

En segundo lugar, a diferencia de Feuerbach, Marx planteó que para la superación de la religión no era suficiente el desarrollo de una nueva filosofía que mostrase lo absurdo de las creencias tradicionales. Por el contrario, le parecía necesario cambiar la base de la realidad, eliminando un modo de producción que había dado lugar a la alienación religiosa. Así, llegó a sostener que en la sociedad comunista no habría religión pues no existiría la explotación económica.

Pese a ello, es necesario reconocer que Marx admitió también cierta carga positiva, como contrapeso a la fuerte negatividad con la que observaba a las religiones:

> La religión es la teoría general del mundo, [...] su motivo universal de consolación y de justificación. Es la realización quimérica de la esencia humana, porque la esencia humana no posee una verdadera realidad. Luchar contra la religión es pues, indirectamente, luchar contra ese mundo, del que la religión es el aroma espiritual. La miseria religiosa es a la vez expresión de la miseria real y protesta contra esa miseria real. La religión es el suspiro de la criatura agobiada, el alma de un mundo sin corazón, es el espíritu de una época privada de espíritu. La religión es el opio del pueblo. Negar la religión, esa felicidad ilusoria del pueblo, es exigir su auténtica felicidad. Exigir que abandone toda ilusión sobre su situación, exigir que renuncie a una situación que tiene necesidad de ilusiones. La crítica de la religión contiene en germen la crítica del valle de lágrimas del que la religión es una aureola [...]. La crítica de la religión desengaña al hombre a fin de que piense, de que actúe, que forje su realidad de hombre desengañado con la razón recuperada, a fin de que gravite alrededor de sí mismo, es decir, alrededor de su auténtico sol. La religión no es más que un sol ilusorio, que gira alrededor del hombre en tanto que el hombre no gravita alrededor de sí mismo.[16]

15. Karl Marx y Friedrich Engels, *Études philosophiques*. Trad. al francés de Jean Frédéric y Gilbert Badia. París, Éditions Sociales, 1961, p. 63.
16. Karl Marx, *Introducción para la crítica de la "Filosofía del derecho" de Hegel*. Trad. Angélica Mendoza de Montero. Buenos Aires, Claridad, 2009, pp. 6-7.

Si bien la cita carece de gran opacidad, podrían agregarse las opiniones que sostienen algunos comentaristas acerca del término "opio". Jean Grondin ha afirmado que, al utilizar la metáfora del opio (y no acudir al alcohol u otra droga más popular), Marx habría apelado a una idea de refinación, de sutileza, pues el opio en el siglo XIX era consumido por las clases altas.[17] Por su parte, Michael Löwy ha aclarado que afirmaciones semejantes a "la religión es el opio del pueblo" se encuentran en muchos de los referentes del idealismo alemán, y que, en el caso de Marx, la frase tiene el propósito de recalcar el carácter dual del fenómeno (es decir, como expresión de una aflicción y a la vez como queja en contra de esta).[18] Dicho de otro modo, la religión era comprendida como una de las bases de la dominación de clase, pero, a la vez, permitía no perder de vista la miseria de la realidad y la protesta (el refugio) contra ella. Es decir, era la existencia de una realidad ilusoria lo que volvía necesario aferrarse a otra ilusión ("es el espíritu de una época privada de espíritu"). Incluso en un texto tan temprano como La cuestión judía, Marx realizó algunos comentarios que aluden a las religiones como formas de retrasar la emancipación humana, cubriendo con velos sagrados la realidad material que permitía la explotación de los hombres.

Dado que Marx procuraba que sus escritos fueran causa de una emancipación humana de la superestructura ideológica (que suponía, a su vez, una organización religiosa que la apuntalaba), no es posible encontrar en sus textos grandes desarrollos acerca del protestantismo, ni sobre cualquier otra religión en particular. Sin embargo, dada la relevancia que tal manifestación tiene (como ya se ha observado) en el sistema hegeliano, es de gran importancia observar el mecanismo por el cual Marx reelabora la relación entre religión y política (coherentemente con su planteo acerca del vínculo entre filosofía y acción), y prestar especial atención a sus alusiones sobre el luteranismo. Pues bien, pese a su ya mencionado escepticismo (o, incluso, rechazo) por el fenómeno religioso, Marx ha dedicado algunas líneas a pensar la relación entre el protestantismo y el capitalismo —fundamentalmente en el primer volumen de *El capital*— y afirmó (antes que Weber) que sirvió como estímulo para la acumulación originaria de capital, sobre el final del

17. Jean Grondin, *La filosofía de la religión*, p. 143.
18. Michael Löwy, "Marxismo y religión: ¿opio del pueblo?", en A. Borón, comp., *La teoría marxista hoy. Problemas y perspectivas*. Buenos Aires, CLACSO, 2006, pp. 282-283.

Medioevo.[19] Llama también la atención el vínculo entre capitalismo y religión que surge de la célebre categorización marxista acerca del *fetichismo de la mercancía*.[20] En relación con lo anterior, es también notable el hecho de que Marx tuviese un claro interés en elucidar los efectos concretos, temporales y sociales de los fenómenos religiosos. Por ello, dedicó algunas páginas a pensar las consecuencias políticas de las religiones como factor de alienación. De hecho, Marx notó cómo la cultura, mediante sus instituciones sociales, legitima y justifica al modo de producción capitalista, presentándolo como natural y consiguiendo, de ese modo, alienar al proletariado y frenar el avance de la lucha de clases (es decir, el avance de la historia).[21] La religión, justamente, se presenta como una de las mencionadas instituciones sociales que participan del proceso de alienación de las masas, a través de la pasividad y la resignación que profesa. Por ello, "la crítica a la religión es la condición de toda crítica".[22] Y también:

> Es pues una tarea de la historia, una vez desaparecido el más allá de la verdad, establecer la verdad de aquí abajo. Y en primer lugar es tarea de la filosofía, que está al servicio de la historia, desenmascarar su alienación en sus formas profanas, una vez desenmascarada la forma sagrada de la alienación del hombre. La crítica del cielo se transforma así en crítica de la tierra, la crítica de la religión en crítica del derecho, la crítica de la teología en crítica de la política.[23]

Marx se enfrentaba a la dialéctica hegeliana, por no haber sido capaz de tomar como punto de arranque a la realidad material —al contrario, su partida y su llegada se encontraban en la idea, en el concepto. Por ende, le parecía imperioso a Marx efectuar un corrimiento metodológico que permitiera acceder a las ideas desde la realidad más concreta, para modificar a esta última a través de las primeras.

En relación con lo anterior, y recordando lo expresado por Hegel en el ya citado parágrafo 270 de la *Filosofía del derecho*, es importante destacar

19. No hay que olvidar que la mayor disputa interpretativa en relación con los orígenes del capitalismo ha sido la teoría weberiana que basa la transición entre la Edad Media y la Modernidad en la ética protestante.
20. Sobre esta cuestión, ver Michael Löwy, "Marxismo y religión: ¿opio del pueblo?", p. 284.
21. Si bien excede en mucho al alcance e intención de este artículo, es de gran interés pensar las relaciones entre tal hecho (el Estado como impedimento al avance de la historia) y el concepto bíblico de *katechon*, retomado políticamente con diversos sentidos (por ejemplo, en el célebre debate entre Erik Peterson y Carl Schmitt), pero siempre en relación con aquello que frena, que retiene.
22. Karl Marx, *Introducción para la crítica de la "Filosofía del derecho" de Hegel*, p. 5.
23. *Ibidem*.

que si bien Marx abrazó la forma que comparten la filosofía y la política (en detrimento de la religión), para él el pensamiento debe someterse a la acción y no esta a aquél. ¿Por qué, entonces, Marx se opone a la religión como fundamento ético de la organización de una sociedad? ¿Es solamente por causas históricas o existen también razones conceptuales? Como se ha visto, en Hegel la política y la religión se someten a la filosofía, mientras que para Marx la religión y la filosofía deben subordinarse a la acción. Tal idea ha tenido su eco en la opinión de Marx sobre la Reforma protestante:

> El pasado revolucionario de Alemania es teórico, la Reforma. Entonces fue el monje, hoy es el filósofo, en cuya cabeza comienza la revolución. Ciertamente Lutero venció la esclavitud por devoción; pero poniendo en su lugar la esclavitud por convicción. Si quebró la fe en la autoridad, fue porque restauró la autoridad de la fe. Si transformó a los curas en laicos, fue porque transformó a los laicos en curas. Si liberó al hombre de la religiosidad exterior, fue haciendo de la religiosidad el hombre interior. Si liberó el cuerpo de sus cadenas, fue porque encadenaba el corazón. Pero, aunque el protestantismo no fuera la verdadera solución, al menos fue el verdadero planteamiento del problema. [...] La transformación protestante de los laicos alemanes en curas emancipó a los papas profanos, es decir, los monarcas, junto con su clerecía de privilegiados y filisteos; la transformación filosófica de los alemanes clericales en hombres emancipará al pueblo. Y la emancipación se detendrá tan poco en los monarcas, como la secularización de los bienes en el despojo de la Iglesia, tan practicado sobre todo por la hipócrita Prusia. El hecho más radical de la historia alemana, la guerra de los campesinos, se estrelló en su tiempo con la teología. Hoy, cuando la misma teología ha fracasado, el hecho más servil de la historia alemana, nuestro *statu quo*, se estrellará contra la filosofía. En vísperas de la Reforma, la Alemania oficial era el siervo más incondicional de Roma. En vísperas de su revolución, es hoy el siervo absoluto de menos que Roma: de Prusia y Austria, de aristócratas de aldea y filisteos.[24]

Entonces, si bien para Hegel la reconciliación entre la religión y el Estado eran la clave para el avance hacia la autoconciencia de la Idea, para Marx, la confabulación entre ambos significaba el sostén de una situación desigual de lucha de clases, plasmada en las leyes estatales y sustentada ideológicamente por la religión. Importa resaltar que para Marx no siempre es posible (o necesaria) la recuperación o restauración de un momento superado. Así, por ejemplo, el capital y el trabajo son términos de una dualidad

24. *Ibíd.*, pp. 11-12.

que nunca encuentra conciliación o superación dialéctica, sino que solo se puede lograr un avance a través de la supresión de uno de ellos. Lo mismo ocurre con el Estado y la religión: la emancipación humana solamente es posible si estos son finalmente erradicados.

Continuando con la línea crítica al exceso de conceptualización del hegelianismo, es recientemente, en *La ideología alemana,* que Marx (junto con Engels) logra estudiar a la religión como un fenómeno concreto, con un origen y desarrollo a nivel histórico y social. De ese modo, fue más sencillo poder señalarla como uno de los factores ideológicos que sustentan la ficción político-estatal, a través de la producción de una determinada conciencia en las masas. Lo cierto es que uno de los fundamentos de tal escrito se encuentra en el intento de explicar la génesis y el desenvolvimiento de diversas formas de conciencia (entre las cuales se encuentra la religión), a partir de las relaciones sociales de producción.

Al respecto, los autores plantean con claridad que:

> Hasta ahora, los hombres se han formado falsas ideas sobre sí mismos, sobre lo que son o debieran ser. Han organizado sus relaciones en función de las representaciones que hacen de Dios, del hombre normal, etcétera. [...] Siendo sus creadores, se han inclinado ante sus propias creaciones. Liberémosles, pues de sus quimeras, de las ideas, de los dogmas, de seres imaginarios bajo cuyo yugo se marchitan. Rebelémonos contra la domesticación de estas ideas. Enseñemos a los hombres a cambiar estas ilusiones por pensamientos que se correspondan con la esencia humana, a tener una actitud crítica hacia ellas, a expulsarlas del cerebro, y la actual realidad se hundirá.[25]

En estas palabras hay una clara intención crítica hacia la dialéctica del idealismo que no permite liberarse de la alienación religiosa. Y, frente a ella, la búsqueda de un materialismo histórico que consiga movilizar a la realidad develando sus espurias bases. Algo similar ocurre en el *Manifiesto del Partido Comunista,* donde Marx y Engels colocan al ideario reformista como base necesaria para el capitalismo:

> Las ideas cristianas cedieron el sitio a las ideas de progreso, la sociedad feudal libró su última batalla con la burguesía, entonces revolucionaria. Las ideas de libertad de conciencia, de libertad religiosa trasladas el reino de la libre competencia al terreno del saber. Sin duda, se dirá, las ideas religiosas, morales, filosóficas, políticas, jurídicas, etc. se han modificado en el curso del desarrollo

25. Karl Marx y Friedrich Engels, *L'idéologie allemande.* Trad. al francés por G. Badia y R. Cartelle. París, Éditions sociales, 1976, p. 9.

histórico. La religión, la moral, la filosofía, la política, el derecho se han mantenido siempre a través de estas transformaciones. [...] el comunismo derriba la religión y la moral en lugar de renovarlas, contradiciendo así todo el desarrollo histórico anterior.[26]

De acuerdo con ello, hay al menos dos aspectos específicos del protestantismo que se relacionan directamente con las críticas marxistas al modo de producción capitalista. En primer lugar, la fuerza que cobra en la religión luterana la experiencia interior, más allá de cualquier comportamiento externo. En ese sentido, frente a un proletariado que debe cumplir con las leyes impuestas por la burguesía (del mismo modo que, en los escritos de Lutero, se debe acatar exteriormente aquello que emana de la voluntad del príncipe), la experiencia interior, invisible, de la fe en Dios, es la que legitima, tranquiliza y permite continuar con una vida de sacrificios.

En segundo lugar, esa justificación interna y mediada solamente por la fe, abre la puerta al pensamiento de lo individual por fuera del colectivo social. Entonces, aquellos hombres que se encuentran en las mismas condiciones de explotación frente al poder del Estado, dividen sus fuerzas en lugar de unirlas (allí aparece la idea de conciencia de clase). El luteranismo se presenta como una llave hacia la gracia divina, la cual no se obtiene a través de la iglesia, sino directamente en la interioridad del vínculo que cada sujeto puede establecer con Dios.

Así, el pensamiento de Marx se enfrenta a la filosofía alemana que se desarrolló tomando como ideal de libertad a esa concepción luterana de conciencia individual, no sometida a un todo social que vendría a imponer una mirada única en vez de dar lugar al desarrollo subjetivo. De hecho, uno de los fines de la filosofía hegeliana es la autoconciencia del Espíritu, en tanto que forma absoluta y total, cuyo primer momento es la subjetividad. Contra esta noción de libertad, Marx apostaría a la categoría "clase social", rechazando al individuo como centro de sus reflexiones, y pensando a la libertad desde la perspectiva de una emancipación voluntaria y activa. Además, y aun al respecto de la justificación por la fe, si bien el protestantismo permite pensar a los hombres como homogéneos espiritualmente, refuerza la desigualdad en el plano jurídico, cultural y material, al manifestarse a favor de un gobierno político impuesto por medio de argumentos teológicos. Efectivamente tal hubo de ser la *confusión* de los campesinos

26. Karl Marx y Friedrich Engels, *El manifiesto comunista*. Trad. de Miguel Vedda. Buenos Aires, Herramienta, 2008, pp. 62-63.

alemanes del siglo XVI, que habían leído en los escritos luteranos la posibilidad de una emancipación política, contra la cual, como se sabe, Lutero levantó todo su arsenal ideológico.[27]

Podría decirse que, tras la redacción de *La ideología alemana*, los escritos marxianos no volvieron a preocuparse demasiado acerca de la religión. No obstante, en el primer volumen de *El capital*, Marx retornó sobre el tema, para ubicar en el protestantismo a la expresión de la burguesía, que no solo se encontraba en una lucha ideológica por instalar su propia visión (liberal) del mundo, sino que, al mismo tiempo, precisaba liberarse del estorbo medieval cristiano por medio de una nueva fe.[28] Asimismo, en este escrito, el autor hace referencia a la religión como el factor ideológico dominante durante toda la Edad Media.

En resumen: todo el legado marxista presenta un fuerte componente anti-religioso, expresado en palabras tan contundentes como: "El primer deber del hombre inteligente y libre es el de expulsar la idea de Dios de su espíritu y de su conciencia, porque Dios, si existe, es esencialmente hostil a nuestra naturaleza, y no aceptamos su autoridad de ninguna manera. Llegamos a la ciencia a pesar de él, al bienestar a pesar de él, a la sociedad a pesar de él: cada uno de nuestros progresos es una victoria en la cual inscribimos la Divinidad".[29]

Dentro de tal concepción general, el protestantismo representa una forma específica de la ideología burguesa, que se articula con el Estado moderno como modo concreto de justificación de ciertos factores específicos del capitalismo (la conciencia individual, las desigualdades materiales, etcétera). De ese modo, la posteridad de la doctrina luterana sirvió, a ojos de Marx, para detener el avance de la lucha de clases (que, de no ser por los componentes superestructurales, llevaría a la dictadura del proletariado y posteriormente al comunismo).

27. Lutero escribió en 1525 su artículo *Contra las hordas ladronas y asesinas* de los campesinos. El mismo año (y a raíz de una serie de críticas) publicó una *Carta abierta sobre el duro panfleto contra los campesinos*. En ambos toma una postura crítica en extremo —incluso violenta— contra las revueltas.

28. Esto hallaría una justificación en los estudios de Hugh Trevor-Roper acerca de la Contrarreforma católica y la consecuente migración de empresarios y comerciantes desde países que abrazaban la fe romana hacia espacios reformistas, caracterizados por una mayor tolerancia y libertad para sus actividades (Hugh Trevor-Roper, *Religion, the Reformation, and Social Change, and other essays*. Londres, Secker & Warburg, 1984).

29. Karl Marx, *Misère de la Philosophie. Philosophie de la misère*. París, UGE, 1964, pp. 199-200.

Para finalizar, solamente resta remarcar que, dado que para Hegel el sujeto de la historia es la idea, el desarrollo de la primera tiene sentido exclusivamente en y por la última. Ninguna manifestación escapa al despliegue del espíritu en su camino hacia la libertad y la autoconciencia. De ese modo, el protestantismo (en tanto que encarnación de la idea cristiana que el catolicismo no puede plasmar) es, en definitiva, un catalizador, significa un avance.

El sujeto marxiano, en cambio, es el género humano y no algo superior o ajeno a él. Por lo tanto, la historia tiene como sentido o fin la emancipación completa de los hombres, cuestión que no se desarrolla ni automática ni idealmente. Haciendo una lectura esquemática (que no pretende ser exhaustiva), puede afirmarse que tal emancipación se da a través de la lucha de clases y de la conciencia y voluntad del proletariado (la clase universal, que encarna a los objetivos de toda la humanidad). Entonces, desde esta perspectiva, la religión en general, y el protestantismo en particular, son impedimentos, frenos, en tanto que formas ideológicas que sustentan al Estado burgués.

De todos modos, y para concluir, sería interesante —luego de haber realizado el presente recorrido y descubrir el papel de la religión en general, y del protestantismo en particular, en la crítica de Marx a Hegel— pensar si, pese a la importancia de "lo humano" en su ideario, cabría la posibilidad de analizar al comunismo como una suerte de *escatología marxista*, lo cual devolvería a Marx a la línea de pensamiento religioso que él mismo se encarga de amonestar.

De Martín Lutero a Juan Calvino. Sobre el papel del protestantismo en el surgimiento de la modernidad

Alberto Ramírez Z.

Muchas de las realidades y situaciones que nos ha tocado vivir recientemente nos han llevado a designar la época actual, en cuanto época cualitativamente diferente en relación con las que nos han precedido, en términos de post-modernidad. De hecho, al designarla así, reconocemos que sus raíces están en un momento de nuestra historia en la que empezó a abandonarse definitivamente la Edad Media, la llamada época moderna, época en la que acontecieron hechos cuya significación comprendemos hoy mejor, cuando han transcurrido ya aproximadamente cinco siglos desde sus orígenes. Uno de los acontecimientos que tuvieron que ver con ese cambio en la historia de Occidente fue la reforma protestante.

El espíritu ecuménico que anima a la Iglesia en nuestros días nos permite ciertamente comprender mejor la significación que ha tenido para la historia del cristianismo y de la Iglesia el movimiento de reforma que pusieron en marcha personajes providenciales como lo fueron principalmente Martín Lutero y Juan Calvino. Con ese espíritu mismo ecuménico, la Facultad de Teología de la Universidad Pontificia Bolivariana se ha querido asociar a la celebración del V Centenario del nacimiento del gran reformador que fue Juan Calvino, que tuvo lugar el 10 de julio de 1509. Es apenas comprensible que valoremos la significación de su vida y de su obra en la historia del cristianismo: a la distancia en el tiempo, su memoria nos ayuda a comprender mejor el papel decisivo que desempeñó el Protestantismo en el surgimiento de la modernidad con la cual quiere entrar decisivamente en diálogo la Iglesia de nuestros días, especialmente desde la época del Concilio Vaticano II.

Como es apenas comprensible, la significación de la vida y de la obra de una persona como la de Calvino solo se comprende si se la mira desde el contexto general de los orígenes de la Reforma Protestante y en particular desde su relación con la persona y la obra de Martín Lutero.

Martín Lutero y la Reforma Protestante

La noción de "Protestantismo" ha sido utilizada tradicionalmente para designar el movimiento cristiano y eclesial que desencadenó en el Cristianismo occidental el monje alemán Martín Lutero. Él mismo no utilizó esta expresión: su proyecto era propiamente un proyecto de reforma de la Iglesia y lo que conocemos como la reforma protestante es algo indisolublemente ligado con su nombre desde los orígenes. Se ha dicho por eso, con cierta razón, que la reforma es Lutero, lo que significa que sin Lutero no es posible comprender lo que aconteció en el cristianismo de Occidente desde el XVI, no solo porque él fue el que puso en movimiento este proceso, sino porque lo que él implica está profundamente relacionado con su persona, con su manera de pensar, con su manera de vivir la fe cristiana. De hecho, Lutero no fue el único que habló de reforma de la Iglesia en su tiempo, ni el único que emprendió en ella una tarea en este sentido. Antes que él, otros habían hecho intentos semejantes y algunos inclusive se sumaron a su movimiento.[1]

El siglo XII, por ejemplo, puede ser considerado como una importante época de reforma en la historia de la Iglesia. Fue la época de las órdenes mendicantes. El propósito que animaba a San Francisco de Asís y a Santo Domingo de Guzmán no era simplemente realizar una reforma de la vida monástica tradicional cristiana, sino una reforma de la misma Iglesia según el espíritu original del Cristianismo. La reforma que realizaron produjo importantes consecuencias en la Iglesia. En el siglo XIII, el siglo que siguió al nacimiento de estas nuevas Órdenes religiosas, llegó a su culminación, en su mejor sentido, el proceso cultural y eclesial de toda la Edad Media. Estos movimientos contribuyeron a la purificación de las costumbres religiosas del cristianismo tradicional y despertaron de nuevo en la Iglesia el interés por una espiritualidad acorde con el evangelio. No fueron de menos relevancia otras consecuencias que se derivaron de estos movimientos de reforma,

1. Las nociones de "Reforma" y de "Protestantismo" son evidentemente diferentes y tienen sobre todo diversos orígenes. En principio se habla simplemente de "Reforma". La noción de "Protestantismo" se empieza a utilizar con ocasión de la "protesta" de los seguidores de Lutero que tuvo lugar en 1529 en la ciudad de Espira (Speyer) contra las disposiciones de Roma. Pero con el tiempo las dos nociones llegan a tener una estrecha relación hasta convertirse prácticamente en términos intercambiables, aunque la primera se la apropió en cierto sentido el luteranismo y la de Reforma el calvinismo. Es de mucha utilidad para comprender, desde el punto de vista ecuménico, la realidad y la significación históricas del protestantismo la obra del teólogo suizo Hans Küng, profesor de la Universidad de Tubinga y gran ecumenista, titulada *El cristianismo. Esencia e historia.* Madrid, Trotta, 1997.

entre ellas la gran actividad académica, principalmente teológica, que se dio en la Universidad de París, donde fueron grandes maestros representantes de la orden de los franciscanos Alejandro de Hales y San Buenaventura y de la de los dominicos San Alberto Magno y Santo Tomás de Aquino.

Muy cercanos en el tiempo a Lutero fueron dos personajes de la Iglesia que en distintos lugares intentaron también emprender una tarea de reforma, el sabio teólogo de Oxford John Wyclif y el célebre predicador de Bohemia, Jan Hus. La reforma que ellos proponían era en muchos aspectos semejante a la de Lutero.

Pero quien merece una especial mención en lo referente a estos propósitos de reforma por su vinculación explícita con Lutero es el gran humanista Erasmo de Rotterdam. De la misma manera que sus amigos ingleses, entre los que se contaba el Lord Canciller Tomás Moro, Erasmo poseía un profundo conocimiento de la Biblia, hecho muy importante para comprender su afinidad con los intereses de reforma de Lutero. Como Lutero, Erasmo se sentía igualmente llamado a luchar por la verdadera libertad cristiana, por la libertad que había hecho posible Cristo y que había proclamado con tanto entusiasmo San Pablo. Como Lutero, también Erasmo estaba convencido de la necesidad de una renovación de la Iglesia y de la teología, de la necesidad de purificar la piedad popular.

De Erasmo se hubiera esperado un firme respaldo para la reforma de Lutero. Sin embargo, a pesar de las incomprensiones y de las dificultades que tuvo que afrontar de parte de la Iglesia oficial, Erasmo se mantuvo siempre fiel a la Iglesia de Roma. Su muerte acaeció en la noche entre el 11 y el 12 de julio de 1536 en Basilea, 10 años antes de la muerte de Lutero. Es bien significativo, en el sentido del ecumenismo, el hecho de que sus exequias fueron celebradas por un pastor evangélico en la catedral —también evangélica— de Basilea, con la asistencia de una numerosa comunidad de la misma confesión, a pesar de que él no había dejado de ser nunca un teólogo "católico".

Sin embargo, Erasmo no se asoció a Lutero en su obra de reforma de la Iglesia. Se ha hecho notar, en los tiempos ecuménicos que vivimos, que Erasmo habría podido jugar un importante papel en la situación de entonces para señalar un camino alternativo en la confrontación entre el Papa y Lutero, entre Wittenberg y Roma. Pero esa solución no se dio. La Iglesia occidental se dividió a partir de Lutero en dos grandes corrientes paralelas, el catolicismo y el protestantismo, enfrentadas de manera irreconciliable en los siglos que siguieron. Algunos pretenden adivinar lo que podría haber sido una reforma de la Iglesia en la cual hubiera participado Erasmo: habría sido, se dice, un camino alternativo de reforma semejante a lo que aconteció originalmente con el movimiento del anglicanismo.[2]

Lutero en la historiografía cristiana

La búsqueda general de la reforma de la Iglesia fue, pues, la gran pasión de Lutero, por lo menos desde cierto momento en adelante. Nacido en Eisleben, una pequeña ciudad de la región alemana de Turingia, el 10 de noviembre de 1483, además de algunos detalles importantes de su ambiente familiar y de su formación académica se recuerda sobre todo en su biografía una experiencia espiritual de algún momento de su juventud que definirá su futuro. Con ocasión de una terrible tempestad que lo sorprendió en pleno bosque, Lutero promete hacerse monje e ingresa efectivamente en la orden de los agustinos, dentro de la cual es ordenado sacerdote y llega a ser doctor en teología. En el ejercicio de su actividad académica, Lutero comenta la epístola a los Romanos. Sus lecciones sobre San Pablo lo van haciendo cada vez más consciente de la importancia que tienen los anhelos religiosos de reforma que de hecho se venían dando en la Iglesia de la Baja Edad Media.[3]

Es cada vez más evidente, en la época de ecumenismo que vivimos,[4] la tendencia a mirar de manera positiva la figura de Lutero y a reconocer las importantes consecuencias que tuvo en la Iglesia y en la historia de Occidente su proyecto de reforma. Pero se necesitó un largo proceso

2. En realidad, la Iglesia nacional anglicana de Enrique VIII no se hizo protestante en sus orígenes según el modelo alemán de la reforma de Lutero sino que siguió siendo fundamentalmente católica: en ella se integraron en principio elementos católicos con elementos del protestantismo. "La diferencia principal entre (esta) Iglesia (de Enrique VIII) y la del Papa era que la jurisdicción y autoridad otrora romana estaba ahora por completo en el rey o en el arzobispo de Canterbury". Con el correr del tiempo, el Anglicanismo se convirtió en un movimiento con una clara identidad protestante a causa de la ruptura definitiva con la Iglesia de Roma.
3. Émile G. Léonard, *Histoire du protestantisme.* París, Presses Universitaires de France, 1963.
4. Desde hace ya varios decenios ha habido un progreso notable en el sentido del ecumenismo. Es ya muy abundante la literatura en la que se recoge desde muchos puntos de vista lo logrado en estos años, desde cuando fue fundado el Consejo Mundial de las Iglesias en 1948 y desde cuando el Concilio Vaticano II abrió el camino que habría de seguir recorriendo la Iglesia, hasta nuestros días. Uno de los primeros balances de lo realizado en este sentido en el siglo pasado fue la obra de un importante teólogo del Concilio, el profesor belga Monseñor Gustave Thils (*Histoire doctrinale du mouvement oecuménique,* Desclée de Brouwer-E. Warny; nueva edición: París-Lovaina, 1962).

para superar la actitud negativa de una historiografía condicionada durante mucho tiempo por prejuicios de tipo confesional.

La interpretación católica de la vida y de la obra de Lutero fue tradicionalmente una interpretación apologética de controversia, marcada por una fuerte hostilidad antiprotestante.[5] No se le perdonaba a Lutero haber dividido la Iglesia. Fue esta la posición del historiador católico del siglo XVI Johannes Cochläus cuyo influjo fue decisivo durante mucho tiempo en la historiografía católica: Lutero habría sido, según él, un demagogo degenerado y libertino, un hereje revolucionario que dividió la Iglesia y el Imperio. Su juicio se fundamentaba en el testimonio de los adversarios contemporáneos del reformador, en especial en el del religioso dominico Johannes Eck, con quien Lutero entró ciertamente en controversia sobre todo en torno al problema de las indulgencias, y el cardenal jesuita Roberto Belarmino, teólogo tridentino cuyo papel fue tan importante en la elaboración de la eclesiología católica anti-protestante y en todo lo referente a la llamada Contrarreforma.

Entre los historiadores recientes de la Iglesia, sobre todo entre los del siglo XX, Joseph Lortz ha sido el verdadero pionero de la presentación de una nueva imagen católica de Lutero.[6] Para él, Lutero fue un *homo religiosus* genial, un cristiano sin tacha, un reformador que vivió su situación desde una fe profunda y actuó también desde esa misma convicción. Lortz se preocupó ante todo por liberar a Lutero, por lo menos en parte, de la responsabilidad que se le atribuía en relación con la división de la Iglesia. El propósito de Lutero no fue dividir la Iglesia, ni mucho menos realizar una revolución de carácter político-religioso, sino realizar, como se ha dicho, la reforma profunda de la Iglesia. Poco a poco la historiografía católica irá presentando a Lutero como una figura religiosa relevante en la historia del cristianismo occidental, y la Reforma Protestante como un proceso también de carácter religioso de trascendencia histórica indiscutible.

En el contexto de la historiografía protestante, las posiciones de los historiadores han fluctuado entre los que han visto en él un espíritu liberal, revolucionario, y los que veían en él a un simple "restaurador" del cristianismo auténtico, un espíritu por lo tanto conservador. La Ilustración,

5. Una idea general de la abundante bibliografía que existe sobre la vida y la obra de Lutero se puede ver en la obra citada de Küng, pp. 533-534 y 885-886.

6. Joseph Lortz, *Historia de la Reforma*, 2 v. Madrid, 1972 (original alemán: *Die Reformation in Deutschland*, v. I-II, Friburgo 1940, reimpresión 1982).

tan ligada con el protestantismo por muchas razones, vio en él, además del hombre ilustrado, políglota y pionero de los tiempos modernos en cuestiones de interpretación de la Biblia, al liberador del despotismo moral de la época, defensor de la razón, adversario decidido de una religión practicada en un sentido supersticioso.[7]

Con base en la investigación de las fuentes sobre Lutero, no solo de las que provienen del Lutero "maduro" (apostillas a las clases universitarias, sermones, etcétera), sino también de las del Lutero "joven" (manuscritos de las clases universitarias), teólogos protestantes como Karl Holl y sobre todo Karl Barth (este último realmente uno de los teólogos más importantes de toda la historia del protestantismo), han abandonado definitivamente, desde comienzos del siglo XX, la caracterización de Lutero a partir del criterio de lo liberal o lo conservador. Lutero fue, según ellos, un hombre de Dios, un testigo privilegiado de la Palabra de Dios, de la gracia, de la libertad auténtica. La historiografía protestante actual, al mismo tiempo que intenta liberar a Lutero de toda idealización, descalifica cada vez más la tendencia a interpretar de manera política su obra.[8]

La Reforma luterana

¿Qué fue, pues, originalmente la reforma de Lutero: un proyecto exclusivamente religioso o un proyecto que tenía también originalmente otros propósitos? ¿Un proyecto que produjo con el tiempo consecuencias diferentes a las que se podían prever en las intenciones originales?

7. Sobre el juicio tradicional histórico acerca de Lutero en el protestantismo, W. Maurer, *Protestantismus (in evangelischer Sicht)*, en *Handbuch theologischer Grundbegriffe* II, editado bajo la dirección de H. Fries, Kösel Verlag Munich 1963, 372-387. Teólogos muy importantes del protestantismo han señalado la relación estrecha que se dio entre el protestantismo y la Ilustración. Ver por ejemplo la obra de Paul Tillich, *Pensamiento cristiano y cultura en Occidente. De la Ilustración a nuestros días.* Buenos Aires, La Aurora, 1977.
8. Una actitud hermenéutica especial en relación con la figura de Lutero ha sido la del Nacional-Socialismo alemán que ha tratado de hacer de él un "mito nacional" y ha tratado de ver en él una referencia importante para fundamentar su ideología y sus actuaciones: el "alemán eterno". Al respecto se citan afirmaciones de Lutero sobre los judíos, las cuales fueron utilizadas en un contexto nazi con fines políticos: "... en sus sermones anteriores a su muerte, (Lutero) habló sobre los judíos de una manera tan repugnante y a-cristiana que a los nacional-socialistas no les resultó nada difícil hallar en él un testigo de excepción para justificar su odio a los judíos y su agitación anti-semita". Hans Küng, *Grandes pensadores cristianos.* Madrid, Trotta, 1995, pp. 149-150.

Se ha señalado siempre como motivación coyuntural inmediata de este movimiento de reforma la cuestión religiosa, eclesiástica, de las indulgencias. Es una realidad histórica que no se puede desconocer u olvidar. Pero también hay que tener en cuenta otros factores. Entre ellos se cuenta su conocimiento e interés por los movimientos místicos de la época, con los que estaba estrechamente ligado el propósito de profundización del Cristianismo y la purificación de la religiosidad popular, así como, en general, la purificación de las costumbres de la Iglesia.[9]

La práctica de las indulgencias era una costumbre que se remontaba a una antigua tradición penitencial de la Iglesia (siglos II y III). En esa época de persecuciones se dio entre los penitentes la costumbre de recurrir a los "confesores", es decir, a cristianos que por confesar la fe habían tenido que padecer grandes sufrimientos sin llegar hasta el martirio (la muerte), con el fin de solicitar de ellos los méritos que no necesitaban, para apropiarse de ellos de acuerdo con el principio de la "comunión de los santos". En virtud de los méritos de estos "confesores", a los penitentes se les abreviaba el tiempo de penitencia que se les había impuesto para obtener el perdón de los pecados y la reconciliación con la comunidad. Con otras palabras: se les concedía la indulgencia.

Con el tiempo, cuando en los comienzos de la Edad Media desapareció la práctica de la "penitencia pública" y surgió una práctica nueva, la práctica de la penitencia privada que se llamará "confesión", esta costumbre de las indulgencias perdió su razón de ser puesto que a los penitentes se les concedía de manera inmediata el perdón de los pecados y se les reconciliaba también de inmediato con la comunidad de la Iglesia sin tener que pasar por un período largo de penitencia y sin que se diera una ceremonia solemne de reconciliación. La indulgencia adquirió entonces una significación escatológica: no se concedía a los penitentes para abreviar la penitencia que debían practicar en esta vida, sino para abreviar el tiempo de purificación (purgatorio) que, como se pensaba, debían afrontar quienes, habiendo muerto en

9. Se ha señalado el nominalismo del franciscano Guillermo de Occam como el sistema filosófico y teológico en el cual se formó Lutero, para explicar así su actitud crítica radical frente a la tradición teológica escolástica. Hans Küng hace notar con razón que este juicio que aparece con frecuencia en los estudios históricos sobre Lutero merece ser revisado: el occamismo no constituiría un elemento puramente negativo en la vida de Lutero, puesto que le aportó principios teológicos importantes sin los cuales no podría comprenderse su teología. Uno de ellos es, por ejemplo, la concepción de Dios de este sistema en la que se fundamentará en gran medida la teología luterana.

gracia, tenían que ser purificados todavía de la "pena temporal" después de la muerte, condición necesaria para obtener la salvación eterna.

Con esta cuestión tiene que ver una disposición institucional de la Iglesia de la Edad Media importante para comprender el hecho coyuntural de la reforma protestante. Para contribuir a la construcción de los templos, el Papa promulgaba en ciertas circunstancias una indulgencia plenaria, es decir, la liberación total del purgatorio, con la condición de aportar una limosna y de cumplir con otras prácticas espirituales. En tiempos de Lutero fue proclamada una indulgencia plenaria en este sentido con el fin de conseguir recursos para la construcción de la basílica de San Pedro en Roma. El obispo alemán Alberto de Brandeburgo logró que se le concediera la administración de la indulgencia en Alemania por el lucro que ese encargo significaba para él. Para realizar su tarea se sirvió de la orden de los dominicos, los cuales asumían el encargo de "predicar la indulgencia" y de recolectar las limosnas. En cuanto a estas, una parte debía ser enviada a Roma, otra correspondía al obispo, otra a la orden de la que él se servía. El hecho de haber descartado a la orden de los Agustinos, a la que pertenecía Lutero, para realizar esta tarea, hizo más consciente a Lutero de los males que afectaban al cristianismo de la época: el comercio religioso que tenían estas prácticas era algo que revelaba en alguna forma la grave crisis que afectaba a la Iglesia en general y, en realidad, a toda la sociedad sacral medieval.[10] Los historiadores de la Iglesia describen esta crisis señalando los siguientes aspectos:

- En relación con la fe cristiana misma, el haberla convertido en la observancia de prácticas devocionales, más o menos supersticiosas y formales, que estaban acompañadas con frecuencia por una tendencia a fomentar un creciente nerviosismo en lo referente a la salvación: se experimentaba una gran angustia frente al futuro, un gran temor en relación con el peligro de la condenación. En este contexto aparecían cada vez más interpretaciones de las realidades escatológicas que se basaban en una comprensión literal del género apocalíptico de la Biblia.
- Desde el punto de vista institucional, existía una profunda crisis del papado que se había manifestado en situaciones como la del cisma

10. La cultura medieval fue ciertamente una cultura sacra: en ella desempeñaba una función fundamental la religión en todos los campos. Nada se explicaba sin recurso a lo sagrado, sin contar con "Dios". Esta manera de ver las cosas solo cambiará con el advenimiento de la época moderna, época de la razón y de la ciencia en la que se empezó a dar el llamado fenómeno de la secularización (desacralización), la posibilidad de reconocer el carácter autónomo de lo profano.

del siglo XV en Occidente (tres Papas al mismo tiempo: en Roma, en Aviñón y en Pisa). Con este aspecto tenía relación el centralismo absolutista de la curia romana con su política obstinada en rechazar toda propuesta de reforma. Por otra parte, mientras crecía un proletariado pobre e ignorante, sin una conciencia religiosa sana, los príncipes-obispos y los monasterios constituían instituciones de poder, llenas de riquezas, afectadas por una lamentable relajación en las costumbres, por ejemplo, en lo referente a la práctica del celibato impuesto.

- Era evidente que todo esto tenía consecuencias sociales prácticas. El carácter retrógrado de las instituciones eclesiásticas se manifestaba en cuestiones tales como la de los privilegios de los que gozaba la Iglesia en lo referente a la exención de impuestos, a la extensión de la jurisdicción sobre todas las personas y en todos los aspectos de la vida, en lo referente al monopolio de la educación.

Una conciencia creciente de descontento frente a todo esto había ido manifestándose durante mucho tiempo y se percibía no solo en un contexto universitario, en el ámbito de la teología, sino también en la vida concreta de las gentes. Lutero comprende de manera profética la situación y lanza su llamamiento de reforma con un éxito que no había tenido ningún otro reformador de su tiempo.

La reforma planteada por él fue radical: no se limitó al ámbito de lo eclesiástico, es decir, al ámbito de lo puramente institucional de la Iglesia, sino que tocó las raíces mismas de la fe cristiana. Su crítica se refirió además a la teología escolástica que se venía cultivando en Occidente y que Lutero despectivamente consideraba como invención de los "doctores", alejada del espíritu del evangelio. Después de fijar el 31 de octubre de 1517 en la puerta de la iglesia de Wittenberg las 95 tesis que proponía para la discusión, de acuerdo con las costumbres de la época, Lutero explicitará en sus escritos sus propósitos. Cuatro de ellos merecen una especial mención ya que en ellos se encuentran los principios fundamentales de la Reforma.

- El primero de dichos escritos es un sermón compuesto en lengua alemana a comienzos del año 1520 ("Sobre las buenas obras"). En él propone Lutero a las comunidades, de manera sencilla y edificante, el principio fundamental de la Reforma: la necesidad de reconocer la primacía de la fe sobre las obras para poder entender el sentido evangélico de la justificación.

- Compuesto también en lengua vernácula, el segundo tiene como título "A la nobleza cristiana de la nación alemana acerca de la reforma de la condición cristiana": se trata de un escrito de junio del mismo año 1520, una crítica radical del sistema romano en cuanto sistema que impedía la reforma de la Iglesia. Este sistema romano está fundamentado, según él, en varias pretensiones: el poder espiritual está sobre el poder secular, solo el Papa es el verdadero intérprete de la Escritura, solo él puede convocar un concilio. En 28 puntos propone Lutero un detallado programa de reforma que toca todos los aspectos de la institución de la Iglesia.
- El tercero está dirigido a los eruditos y teólogos y es en realidad el único estrictamente sistemático-teológico: fue compuesto en lengua latina a finales del verano del mismo año 1520 con el título *De la cautividad babilónica de la Iglesia.* En él, Lutero trata una problemática central dentro de los propósitos de la Reforma: la cuestión de los sacramentos.
- El cuarto fue publicado en el otoño del mismo año 1520: se trata de un escrito que tendrá grandes repercusiones. Su título es: *Sobre la libertad del hombre cristiano.* En él, Lutero resume su concepción acerca de la justificación en el sentido de la doctrina de San Pablo (1Co 9:19).

Su propuesta de reforma abarca todos los aspectos de la vida cristiana y de la institución de la Iglesia. Para fundamentarla, Lutero pone todo el énfasis en la necesidad de recurrir a la Sagrada Escritura, la única referencia necesaria para inspirarlo todo y para comprenderlo todo, según él. De esta manera, cuestiona radicalmente el recurso a la tradición que ha servido en la Iglesia para justificar costumbres e instituciones humanas. La radicalidad de su propuesta aparece en el adjetivo utilizado por él al hablar de la Biblia: *sola Scriptura;* lo único necesario, como fundamentación para la Iglesia y para la teología, es la Palabra de Dios contenida en la Biblia.[11] Con base

11. La importancia de la Biblia en la concepción protestante del cristianismo es algo bien conocido. Lutero, habiéndose preparado con todo esmero inclusive en el conocimiento de las lenguas bíblicas, realizó una tarea ingente: la de traducir al alemán el texto bíblico, traducción tan importante que llegó a ser el fundamento de la lengua alemana tal como la conocemos actualmente. Encerrado en el castillo de Wartburg, adonde había huido después de ser declarado hereje en la Dieta de Worms y de haber sido excomulgado, Lutero se dedicó a esta tarea y solo abandonaba su retiro para visitar los lugares donde podía encontrar al pueblo para percibir su manera concreta de hablar. Igualmente importante fue su catecismo para la formación de los responsables de la comunidad y de un catecismo abreviado para la formación catequética de la gente sencilla.

en este criterio, cuestiona el sistema sacramental de la Iglesia: los únicos sacramentos auténticos de la Iglesia que pueden ser fundamentados a partir de la Escritura son, según él, el bautismo y la eucaristía. Cuestiona también toda la organización jerárquica de la Iglesia, el ministerio del Papa, la vida monástica y propone la doctrina del sacerdocio universal de los fieles: todos los cristianos tienen condición sacerdotal. No hay campo alguno de la vida de la Iglesia que no haya sido tocado por este proyecto de reforma.

Pero el núcleo propiamente dicho de la reforma de Lutero lo constituye la doctrina acerca de la justificación.[12] Con base en la autoridad de San Pablo que se refiere a esta temática sobre todo en la epístola a los Romanos, Lutero responde la pregunta fundamental que tiene que plantearse la religión, la pregunta acerca de lo que hace al hombre realmente justo ante Dios.

En contraposición con la doctrina tradicional de la Iglesia que, de acuerdo con la explicación de la teología escolástica, considera los méritos del hombre, sus obras buenas, como causa de la justificación, Lutero sostiene, fundamentándose en San Pablo, que la causa de la justificación es solamente la acción de Dios que se ha realizado a través de Jesucristo, el único mediador de la salvación. La radicalidad de sus planteamientos aparece una vez más en su manera de hablar: la justificación es pura gracia de Dios (*sola gratia*), que acontece solamente por mediación de Cristo (*solus Christus*). De parte del hombre, lo único que se necesita para que sea posible la justificación es la fe (*sola fides*), entendida esta como apertura y entrega incondicionales, respuesta plena al Dios de la misericordia. Una fe que Lutero entiende como "fe de confianza" (*fides fiducialis*), una actitud caracterizada por un sentido total de gratuidad. No son las obras del hombre, sus méritos, las que hacen posible la justificación del pecador, sino la fe: hay que hacer obras buenas, es cierto, pero ellas no son causa de la justificación, sino signo y fruto de la misma. Obramos el bien porque estamos justificados.

Así queda cuestionada la doctrina tradicional de la justificación que ponía el énfasis en las obras buenas realizadas por el hombre a las que Dios estaría obligado a responder por medio de una contraprestación, la "gracia

12. Este tema ha sido objeto de numerosas investigaciones, como es apenas comprensible. Monseñor Gérard Philips, un teólogo belga que desempeñó un papel muy importante en el Concilio Vaticano II, puesto que a él se debe la elaboración del proyecto de Constitución sobre la Iglesia que llegó a ser la Constitución *Lumen Gentium*, recogió una abundante bibliografía clásica teológica sobre la doctrina de Lutero acerca de la justificación que él examina analíticamente a partir de los textos originales del reformador (*De origine et sensu gratiae "creatae": Doctrina Lutheri de iustificatione*. Lovaina: pro manuscripto, 1962-1963, 109-116).

creada", indispensable para la salvación, que se obtendría por los propios méritos. Por medio de la noción escolástica de "gracia creada", la teología medieval explicaba el tema de la justificación: la gracia creada es un don de Dios que le es concedido al hombre, "hábito entitativo" concebido en categorías aristotélicas, que el hombre puede obtener por medio de sus buenas obras y le da derecho a exigir a Dios la salvación. Lutero cuestiona esta doctrina tradicional escolástica que comprende la salvación como un intercambio "comercial" entre Dios y el hombre, y concibe la salvación más bien como una relación interpersonal entre Dios y el hombre en Jesucristo, fundamentada en la iniciativa misericordiosa de Dios.[13]

¿Qué pretendía entonces Lutero?

Es un hecho indiscutible que Lutero no quería la división de la Iglesia sino su reforma, puesto que él mismo lo afirma en sus escritos. Por esta razón había solicitado ya muy pronto la convocación de un Concilio, la máxima instancia de la Iglesia, competente para ocuparse de una situación como esta. Lamentablemente, cuando fue convocado el Concilio de Trento (1545), habían transcurrido ya aproximadamente treinta años y la división de la Iglesia occidental estaba consumada. Los protestantes se negaron a asistir al Concilio que duró largos años (1545-1563). Algunos años antes hubo intentos de conciliación: ante la Dieta de Augsburgo de 1530, Felipe Melanchton, discípulo de Lutero, el gran teólogo de la reforma luterana, había presentado una fórmula en este sentido. Pero esta fórmula fue rechazada por el emperador Carlos V, quien intervino —inclusive más tarde— de manera decidida para favorecer la causa católica, sometiendo militarmente la poderosa Liga protestante de Smalkalda en las guerras de los años 1546-1547. Solo unos años después se salva el protestantismo de la derrota definitiva por la proclamación de la llamada "paz religiosa de Augsburgo". Desde entonces se consolida no un principio de auténtica libertad de religión, sino el conocido principio del compromiso con la religión del príncipe (*cuius regio eius et religio*).

El Concilio de Trento enfrentó el reto planteado por la reforma luterana: en algunos puntos tuvo en cuenta los planteamientos teológicos de

13. La Iglesia católica y el luteranismo han realizado un importante diálogo en el Grupo Mixto de Trabajo de un organismo del Consejo Mundial de Iglesias (Fe y Constitución) acerca del tema de la justificación y han producido un importante documento al respecto que constituye un progreso sustancial en el diálogo ecuménico.

Lutero para la formulación de sus doctrinas, pero en general asumió una posición apologética y condenatoria. En lugar del programa de reforma luterana, estableció un programa de Contrarreforma que recogía, purificándolo, el paradigma medieval romano-eclesial en su mejor forma, con una buena fundamentación teológica basada en gran parte en la teología de Santo Tomás de Aquino. Este proceso de la Contrarreforma se pone en marcha desde entonces en el catolicismo y se desarrolla durante los cuatro siglos siguientes sin grandes modificaciones. La Compañía de Jesús, que había sido fundada en ese tiempo por San Ignacio de Loyola, desempeña un importante papel para consolidar el paradigma eclesial católico tridentino y para reconquistar los territorios que se habían perdido para la Iglesia a causa del Protestantismo.

Se puede decir en alguna forma que en el Concilio Vaticano II la Iglesia católica se decidió recientemente a abandonar el paradigma eclesial medieval. Convocado por el Papa Juan XXIII, quien alcanzó a presidir la primera sesión (1962), este Concilio fue conducido hasta el final por el Papa Paulo VI, quien presidió y orientó sus otras tres sesiones (1963-1965). En este Concilio se señaló a la Iglesia el camino hacia el futuro como un futuro de diálogo con las otras confesiones cristianas (ortodoxia y protestantismo), e inclusive de diálogo con las grandes Religiones de la humanidad y con el Mundo Moderno, como se puede constatar por la rica documentación que fue promulgada en él, en particular en la Constitución Pastoral sobre la misión de la Iglesia en el mundo actual (*Gaudium et Spes*).

La Reforma protestante después de Lutero

Lutero muere, tras unas pocas "horas de debilidad", el 18 de febrero de 1546, cuando se dirigía como predicador ("en viaje de servicio") hacia Eisleben, el lugar donde había nacido. Sus últimas palabras son un hermoso testimonio de humildad: "Realmente no somos más que mendigos" (*Wir sind Bettler, das ist wahr*). Condenado como hereje, no había aceptado retractarse en ningún momento como se lo exigía la Iglesia institucional de Roma. Su actitud en todo momento había sido consecuente con lo que había declarado el 18 de abril de 1521 ante la asamblea de príncipes reunida bajo la presidencia del emperador Carlos V en la Dieta de Worms:

> Si no se me convence con testimonios de la Escritura o con una causa razonable plausible —puesto que yo no doy crédito ni al Papa ni a los concilios por sí

solos, ya que consta que han errado y se han contradicho a sí mismos muchas veces— quedaré vinculado a las palabras de la Escritura por mí aducidas. Y mientras mi conciencia esté atada por las palabras de Dios, no puedo ni quiero retractarme, puesto que obrar contra la conciencia no es ni seguro ni honrado. Que Dios me ayude. Amén.[14]

Excomulgado, Lutero pudo escapar de la condenación a la hoguera por la protección que se había comprometido a brindarle el emperador Carlos V bajo la presión de los príncipes que apoyaban sus proyectos de reforma. En un acto simbólico de gran repercusión, Lutero había quemado públicamente la Bula pontificia *Exsurge, Domine*, del 15 de junio de 1520, por medio de la cual el Papa León X lo amenazaba de excomunión. A ella siguió efectivamente en enero de 1521 la Bula pontificia por medio de la cual se le excomulgaba: *Decet Romanum Pontificem.*

Sin lugar a dudas, ninguna propuesta de reforma había tenido un alcance y unas consecuencias comparables con la suya. Con ella se había abierto para la Iglesia la posibilidad de entrar en una nueva época. Pero, de nuevo, ¿se trataba solamente de un proyecto religioso de reforma? Hans Küng expresa, en los siguientes términos, la manera como los historiadores de la Iglesia se refieren a las intenciones originales de la reforma luterana:

> Lutero no era un revolucionario político ni la Reforma una revolución burguesa temprana como lo describe una determinada historiografía marxista. Guste apreciarlo o no, no se puede comparar a Lutero con aquellos grandes revolucionarios de la historia universal, desde Espartaco, pasando por los puritanos ingleses y los jacobinos franceses, hasta Marx, Lenin y Mao, que apuntaron desde un principio al vuelco súbito y violento del orden social, de sus valores y representantes... Lutero no quería ser otra cosa que un "re-formador" de la Iglesia que trataba de "volver" a la "forma" original del cristianismo.[15]

Se podría pensar que la reforma luterana tuvo ya implicaciones políticas durante su vida al considerar el apoyo que Lutero brindó a la intervención violenta de los príncipes contra la revolución de los campesinos y contra quien los animaba, desde un punto de vista religioso, Thomas Müntzer. El hecho es bien conocido: tras un intento inicial de mediación en favor de la paz, Lutero reacciona radicalmente ante el vandalismo de los campesinos exigiendo a la autoridad civil que intervenga "sin miramientos" contra esa

14. Final del discurso de Lutero ante el emperador y los estados del imperio en la ciudad de Worms. *Obras de Martín Lutero.* Vol. 1., p. 149, cit. por Küng, *Cristianismo*, p. 545.
15. Küng, *Cristianismo*, p. 550.

rebelión condenable. Así lo expresa en uno de sus escritos ("Contra las bandas asesinas y salteadoras de los campesinos"). Los campesinos sufren una terrible derrota militar en Frankenhausen y un terrible castigo: ellos que constituían el mayor grupo social del imperio desaparecen como factor de política imperial. Thomas Müntzer, su animador, es torturado y decapitado. Los vencedores son los príncipes y a ellos los convierte Lutero en "obispos de urgencia", amos por lo tanto también de la Iglesia.[16]

Este hecho, en lugar de mostrar las consecuencias políticas y sociales positivas que tuvo la reforma luterana, revela más bien sus debilidades y cómo Lutero, ubicado "desde arriba", no estuvo dispuesto a sacar de su exigencia radical de libertad para el hombre cristiano consecuencias sociales y políticas igualmente radicales para la sociedad.[17] Sin embargo, la reforma luterana tuvo consecuencias inesperadas en el surgimiento de la modernidad, con todo lo que ello implica.

No deja de ser interesante lo que al respecto afirma Jacques Martin Barzun, un historiador de mucha autoridad, quien en sus consideraciones acerca de los influjos que han determinado el rumbo de la historia occidental se refiere explícitamente a Lutero y al Protestantismo. Según él, en el proceso de la historia se producen con frecuencia consecuencias de acontecimientos e ideas que no eran previsibles originalmente y que inclusive se dan en un sentido distinto y aún contradictorio en relación con dichos acontecimientos e ideas. Barzun considera que las intenciones originales de Lutero eran religiosas: sin embargo, tarde o temprano, las consecuencias de la reforma luterana trascenderán el ámbito de lo religioso. Se necesitará, de todos modos, la aparición de nuevos actores para que se dé esta evolución.[18]

Ya en vida de Lutero, sus contemporáneos, partidarios de la reforma, se habían dividido. Desde el principio se presentaron diferencias no solo entre sus seguidores en Alemania, sino también entre el Luteranismo alemán, el movimiento suizo de reforma de Zwinglio y el movimiento calvinista. Y también al interior de cada uno de estos movimientos. Los reformadores

16. *Ibid.*, 568. Esta cuestión fue objeto de un escrito de F. Engels después de la revolución de 1848 (*Der deutsche Bauernkrieg*. Trad. castellana: *La guerra de los campesinos en Alemania*, 1934) y también de otro de Ernst Bloch en el que afirma tras la Primera Guerra Mundial, que Thomas Müntzer fue el fundador de una tradición revolucionaria en Alemania (*Thomas Müntzer als Theologe der Revolution*, 1921).

17. Küng, *Ibídem*.

18. Jacques Martin Barzun, *Del amanecer a la decadencia. Quinientos años de vida cultural en Occidente*. 3ª ed. Madrid, Taurus, 2002, primer capítulo, en particular, p. 32.

Ulrico Zwinglio (1484-1531) y Juan Calvino (1509-1564) serán pronto los protagonistas de la evolución del Protestantismo. De estos movimientos y del Anglicanismo que se adherirá posteriormente a la reforma, se derivarán otros movimientos y otras corrientes en virtud del principio de la libertad proclamada por Lutero, pero también en virtud de la ausencia de una autoridad central capaz de asegurar una cohesión como la de la Iglesia católica.

Ulrico Zwinglio y la Reforma en Suiza

A diferencia de Lutero, el reformador suizo Ulrico Zwinglio no era un monje sino un párroco de formación escolástica, un predicador que actuó primero en el santuario mariano de Einsiedeln y en la colegiata de Zurich y luego como predicador castrense. Sus proyectos de reforma tienen que ver originalmente sobre todo con el humanismo cristiano de Erasmo a quien Zwinglio había encontrado personalmente por primera vez en 1515 en Basilea. Pero luego él mismo vive una evolución en el sentido de la reforma evangélica luterana. A diferencia de Erasmo y de Lutero, Zwinglio no fue solamente un pastor sino también un personaje político que se ocupaba, además de las cuestiones teológico-eclesiásticas, de cuestiones socio-políticas. En esto era más consecuente, se dice, que Lutero. Su reforma buscaba la constitución de una Iglesia completamente renovada, una Iglesia sinodal bajo la auto-administración de las ciudades. Ante las divisiones que se presentan, Zwinglio, que cada vez más se ha convertido en un hombre de Estado, participa en las guerras que causaron estas divisiones. De todas maneras lo hacía como predicador castrense. En una de esas guerras (Kappel) cae en 1531: su cadáver es descuartizado y quemado por los católicos. Pero su obra perdura. Un aspecto muy importante de ella es el haber abierto el horizonte para la reforma de Calvino quien, bajo la protección de la ciudad reformada de Berna, podrá organizar su Iglesia, diez años después de la muerte de Zwinglio, en Ginebra.

La Reforma calvinista

Juan Calvino no era monje como Lutero, ni párroco como Zwinglio, sino jurista e hijo de un jurista episcopal. Destinado en principio al sacerdocio, estudia filosofía y el arte de argumentar (*disputatio*) en Montaigu, el mismo Colegio de París en el que por ese tiempo estudiaba Ignacio de Loyola. Docente extraordinario de derecho en la Universidad de Orléans, Calvino se siente atraído, bajo el influjo del proyecto reformador de Erasmo, por el estudio del griego, de la Biblia, de los Padres de la Iglesia y sobre todo de San Agustín. En la Universidad de París, adonde llega posteriormente, entra en contacto con personas que lo ponen en relación con las discusiones en torno a la reforma de Lutero.

Diversas circunstancias que lo vinculan en París con la reforma luterana, le traen dificultades que lo obligan a exilarse en Basilea a comienzos del año 1534. Allí presenta en 1536 su obra teológica principal, la *Institutio religionis christianae.* Escrita originalmente en latín, esta obra es revisada por él mismo repetidas veces hasta su edición definitiva en 1559, algunos años antes de su muerte el 27 de mayo de 1564. Se trata de uno de los libros más leídos en el siglo XVI: en él expone Calvino la doctrina reformada con una lógica impecable y una gran claridad. Su traducción francesa lo convirtió en un clásico de la lengua. De Ginebra pasa a Estrasburgo, lugar que le permite tener contacto con reformadores de Alemania como Melanchton. Finalmente es llamado de nuevo a Ginebra (1541) donde despliega una incansable actividad como predicador en la catedral, como exégeta de la Biblia, como docente de teología, como escritor. Allí implanta su reforma que implica una disciplina eclesiástica estricta con repercusiones en lo civil (controles domésticos, tribunal de costumbres, prohibición del baile y de los juegos de cartas).

La doctrina calvinista concuerda con los principios fundamentales de la reforma luterana pero tiene algunas características propias. La más importante de todas es la doctrina de la predestinación: no todos los hombres están destinados para la salvación; también existe la predestinación para la condenación. Pero unos y otros, los salvados y los condenados, contribuyen, en virtud de la misma predestinación, a la realización la gloria de Dios. Todo tiene que acontecer *ad maiorem Dei gloriam.* Y si bien, como en la interpretación de Lutero, las buenas obras no son causa de la justificación, ellas sí son en la teología de Calvino signo de la elección a la vez que contribuyen para la gloria de Dios. Para ordenar la conducta de todos, se requiere un autocontrol racional, una ascesis que contribuye al acrisolamiento de la fe y de la vocación personal en la vida profesional y económica de las personas. En la vida y en la profesión el cristiano debe comprometerse activamente en todo orden de cosas de forma activa para contribuir a la gloria de Dios.

En estos principios se fundamenta la llamada ética de Calvino a la que se ha referido Max Weber para contradecir la tesis de Marx según la cual las situaciones económicas determinan las concepciones religiosas. Calvino permitiría demostrar más bien lo contrario: según la ética de Calvino, con su principio de la elección que se constata en la prosperidad lograda por el esfuerzo responsable, es la economía la que ha sido determinada por la religión.[19]

Calvino fue en realidad un hombre práctico, abierto al mundo, realista. Supuesto el principio de la elección, aprueba la praxis de la propiedad privada, la productividad del capital y del trabajo humano. Con base en sus mismos principios, atribuye al trabajo un gran valor. No hay trabajo deshonroso. Por el contrario, todo trabajo es dignificante porque contribuye a la gloria de Dios. Su ética no le impide, sin embargo, con su actitud antifeudal y anticlerical, criticar con dureza a los príncipes eclesiásticos de su tiempo y al "capital muerto" de los nobles. Los críticos de Calvino han hecho notar como aspectos negativos de su ética el haber promovido una interpretación religiosa de un fenómeno puramente secular: descalificar como "no elegidos" a quienes no consiguen éxito material en la vida profesional y mundana. Y el hecho de reducir lo religioso al compromiso secular. De todos modos, Calvino desarrolla así la reforma de Lutero, con implicaciones que no parecían previsibles en la obra del reformador alemán: "Conservador por naturaleza, por educación y convicción, sus ideas llegaron a encontrarse entre las más revolucionarias de Europa. El orden, de tendencia aristocrática, que él ensalzaba y a cuya implantación dedicó toda su vida, se convirtió en una de las plataformas para la democracia en los siglos siguientes".[20]

En este sentido, hay algo todavía que señalar en el desarrollo del protestantismo calvinista: si la doctrina calvinista de la predestinación ha tenido importancia para explicar el desarrollo del capitalismo moderno, la constitución de la Iglesia que él estableció, en la que se conjugaban el orden comunal presbiteral con el orden eclesiástico sinodal, contribuyó también al desarrollo de la democracia moderna. No se debe olvidar, en todo caso, que Calvino, que rechazaba de forma tajante la "dominación de la plebe", consideraba posible la colaboración de la aristocracia y aun de la monarquía

19. Weber, Max. *Ensayos sobre sociología de la religión*, Taurus, Madrid 1983. Con frecuencia se ha querido mostrar la eficacia de la ética calvinista en comparación con la católica, haciendo referencia a las diferencias en el desarrollo entre el Norte y el Sur del mundo, entre Norteamérica y Suramérica.

20. Este es el sentido de la Reforma calvinista que presenta uno de los principales conocedores del Calvinismo, el historiador inglés T.H.L. Parker a quien se deben varias obras al respecto, entre ellas *The Oracles of God. An Introduction to the preaching of John Calvin*, Londres, 1947, citado por Küng, *Cristianismo, o. c.*, 579.

con una participación controlada del pueblo. A diferencia del luteranismo que promovió un cierto absolutismo de Estado, la constitución eclesiástica presbiteral y sinodal creada por Calvino promocionó la formación de una comunidad y sociedad autónoma, capaz de ordenarse a sí misma.

A manera de conclusión

Al terminar estas reflexiones sobre los orígenes y la significación del Protestantismo que hemos querido presentar con ocasión de la celebración del quinto centenario del nacimiento de Calvino, vale la pena volver a plantearse preguntas que tradicionalmente se han hecho: ¿cuál ha sido el influjo real del Protestantismo en el surgimiento de la edad moderna?, ¿en qué sentido contribuye a explicar la Reforma Protestante la realidad del mundo en el cual vivimos, no solo desde el punto de vista de su situación religiosa, sino también desde el punto de vista de las ideologías que lo fundamentan, por ejemplo en el campo de lo político, de lo económico, de lo cultural?

Es evidente que la figura providencial, sin la cual es imposible explicar el fenómeno de la Reforma y comprender el papel desempeñado por cada uno de los actores en este momento de la historia del cristianismo, fue Martín Lutero. Pero no es menos importante la figura de Juan Calvino cuya reforma, aunque no se identifica plenamente con la de Lutero, no se puede sin embargo explicar tampoco plenamente sin su relación con ella.

Al referirse al Protestantismo en una obra sobre el Cristianismo que se ha citado repetidas veces en el desarrollo de estas reflexiones y que hace parte de una trilogía dedicada a las llamadas religiones proféticas de la humanidad (judaísmo, cristianismo, Islam), su autor, el teólogo suizo Hans Küng, hace una lectura "ecuménica" del acontecimiento protestante desde la perspectiva hermenéutica de la sucesión de "paradigmas" en la historia del Cristianismo y de la Iglesia.[21] La manera como es definido el protestantismo en esta obra, desde esta perspectiva, es muy iluminadora: el protestantismo, tanto en el sentido de la reforma de Lutero como en el de la reforma de Calvino, constituye el "paradigma evangélico" que reemplazó al "paradigma romanomedieval" que lo precedió en la historia del cristianismo. De acuerdo con esta manera de explicar este momento de la historia cristiana, con la reforma

21. Sobre la teoría de los paradigmas: Thomas Kuhn, *La estructura de las revoluciones científicas*, F.C.E de España, Madrid 1971 (ed. original 1962), donde se define esta noción como la constelación global de convicciones, valores, modos de proceder, etcétera, compartidos por los miembros de una comunidad determinada.

protestante se despejó en Occidente un nuevo horizonte, también intrínsecamente fundamentado en el cristianismo, en el que apareció lo que hemos llamado la modernidad.

Es cierto que el protestantismo original del siglo XVI se ha desarrollado en numerosos grupos. En general se puede decir que la mayor parte de ellos han recogido básicamente los fundamentos de la reforma luterana y calvinista. Pero, desde el punto de vista eclesial, de todos modos en virtud del principio de la libertad cristiana que debemos a Lutero, se hará posible una gran diversificación en las tendencias y los grupos.

Muchas de las cosas acontecidas a partir del siglo XVI en todos los campos, principalmente claro está en la historia de Occidente, han tenido que ver con el protestantismo. Es posible decir que, a causa de la evolución que se dio al interior del mismo movimiento del protestantismo desde Lutero hasta la consumación del llamado paradigma de la Reforma en el calvinismo, las implicaciones del protestantismo en la historia moderna de Occidente no se agotan en el campo religioso y eclesial, sino que han tenido ciertamente consecuencias de tipo ideológico e inclusive político de mucha trascendencia en ella.

La Reforma Magisterial y la Reforma Radical[1]

George H. Williams

Los anabaptistas, que casi siempre ponían el Nuevo Testamento por encima del Antiguo, solían celebrar sus reuniones, a imitación de los primitivos cristianos, en casas particulares o al aire libre. Cuando comenzaron a edificar casas dedicadas expresamente a sus asambleas, las hicieron de tipo más sencillo, por ejemplo en Polonia y en los Países Bajos, evitando todas las particularidades tradicionales y eclesiásticas en su construcción. Solo en la ciudad de Münster (el tiempo que duró la teocracia anabaptista), en unas cuantas parroquias de la montañosa Retia, en la Transilvania de los unitarios y en algunos lugares de Polonia-Lituania llegó a ocurrir que los viejos

1. La validez de la concepción de una Reforma Radical lanzada en tres direcciones, con partidarios venidos de diversos estratos —antiguos sacerdotes, monjes, frailes y prelados, humanistas y caballeros, pero sobre todo gente ordinaria del campo y de las ciudades— no descansa única y exclusivamente en el hecho de que, procedentes de las zonas marginales de los *corpora christiana* territoriales, protestantes o católicos, o acorralados en esas zonas (según el principio, aceptado a la sazón incluso por los católicos, de que *cuius regio, eius religio*), los radicales hayan acabado al menos por ser una agrupación supranacional, sin dejar de conocerse los unos a los otros, a pesar de las condiciones casi siempre sectarias de su existencia, y separados en casi todos los casos del estado territorial. Uno de los críticos más importantes del concepto del carácter no-magisterial de la Reforma Radical es James M. Stayer, *Anabaptists and the Sword*, nueva edición (que incluye unas páginas de "Reflections and Retractions"), Lawrence, Kansas, 1976. También John H. Yoder, "'Anabaptists and the Sword' Revisited: Systematic Historiography and Undogmatic Nonresistants", en H. Oberman, ed., *Deutscher Bauernkrieg*, pp. 270-284, ha optado por distanciarse de lo que fue en un tiempo un verdadero dogma historiográfico menonita, a saber, la existencia continua de anabautistas evangélicos que fueron decididamente pacifistas, y reconoce, al igual que yo, una gran variedad de posiciones en la gama que va del pacifismo a la beligerancia. Véase también Paúl P Peachy, "The Radical Reformation, Political Pluralism. and the *Corpus Christianum*", en Marc Lienhard, ed., *The Origins and Characteristics of Anabaptism.* La Haya, 1977. Sin embargo, ninguna de estas investigaciones recientes, ciertamente valiosas por su documentación y por su percepción de las especificidades históricas, va más allá de la forma germánica del anabautismo, o sea que ninguna toma en cuenta a los anabaptistas italianos, que fueron pacifistas evangélicos convencidos, como tampoco el enorme contingente de pacifistas que hubo precisamente entre la aristocracia grande y pequeña de la zona polaco-lituana, y que fueron a menudo los dirigentes de los hermanos polacos.

edificios eclesiásticos fueran ocupados por los radicales. No se trataba solo de que en muy pocos casos los magistrados locales hubieran tolerado que los radicales utilizaran las estructuras eclesiásticas del viejo régimen. Para los radicales, la consideración más importante era más bien que no se hubieran hallado a gusto en esas estructuras, pues, conscientes de ser un pueblo reformado y renovado, sentían ser ellos la iglesia auténtica de Dios, el templo vivo del Espíritu Santo (1 Corintios 3:16; 2 Corintios 6:16). En lo íntimo de sí mismos habían llevado a cabo una ruptura radical con el establecimiento cristiano precedente o prevalente, católico lo mismo que protestante, antes de apartarse exteriormente de sus lugares físicos de culto. En casi todos los sectores, desde Inglaterra hasta Lituania y hasta Sicilia, la Reforma Radical fue una cristiandad sin campanarios. No estuvo atada a postes monumentales. La grey radical de Cristo se apacentó en campos y valles sumamente variados. Esta movilidad social y geográfica ya ha sido observada en los capítulos precedentes como una de las características más salientes de la Reforma Radical.

Este es el lugar adecuado para agrupar también nuestras impresiones acerca de la Reforma Radical en su conjunto, contrastándola con la Reforma Magisterial sobre todo desde el punto de vista del edificio político de la cristiandad. En efecto, un elemento básico de toda la exposición que hasta aquí hemos hecho es que, a pesar de las no pocas diferencias que hubo entre ellas, las diversas agrupaciones de radicales estuvieron marcadamente de acuerdo en esta línea de conducta: se apartaron siempre de las estructuras políticas en todos los niveles de magistratura, desde el trono imperial hasta el ayuntamiento local, en contraste con el protestantismo clásico, que se mantuvo marcadamente del otro lado, aceptando el apoyo e incluso la dirección de los magistrados en la tarea reformadora, pues los protestantes sostenían la teoría de que los magistrados de mentalidad reformista podían actuar como *miembros principales* de la iglesia (dentro del amplio contexto del sacerdocio de todos los creyentes) o como funcionarios *ordenados por Dios* y encargados por él del mantenimiento de la ley, el orden y el culto religioso adecuado. Tan importante fue esta oposición entre el protestantismo magisterial y el *protestantismo radical* (expresión que utilizaremos aquí por única vez), que se hacen necesarios algunos retoques finales en nuestra terminología y en nuestra tipología.

Las reformas de Lutero, Zwinglio, Bucer, Calvino y Cranmer han recibido hasta aquí dos designaciones: la de "protestantismo clásico" cuando el aspecto subrayado es fundamentalmente el doctrinal, y la de "Reforma

Magisterial", colectivamente, cuando el aspecto que se enfoca es más bien la manera como las alteraciones doctrinales e institucionales fueron puestas en práctica por orden de los magistrados. Sin embargo, el término "magisterial" sirve adjetivamente para designar no solo la tarea del magistrado, sino también la del *magister*, el maestro. En la iglesia católica, el *magisterium* es, eminentemente, algo que pertenece solo a la competencia del Papa y a la de los obispos reunidos en concilio. En el protestantismo clásico, el *magisterium* doctoral fue algo que se les reconoció a los reformadores más importantes, uno solo de los cuales, Cranmer, llegó a recibir la consagración episcopal. Tan grande fue la autoridad magisterial (magistral) en este sentido doctrinal o doctoral por parte de los reformadores más destacados, que dos de las tres principales subdivisiones doctrinales de la Reforma tomaron su nombre y se llamaron luteranismo y calvinismo.

Así, pues, la Reforma Magisterial clásica fue "magisterial" no solo en el sentido que fundamentalmente nos ha interesado, o sea en cuanto al papel amplísimo que en ella desempeñó el estado para poner en obra la reforma e incluso para imponer decisiones en cuestiones doctrinales, litúrgicas y eclesiológicas, sino también en el sentido subsidiario de haber concedido autoridad extraordinaria a la figura de un maestro que (en contraste con todos los antiguos Padres de la Iglesia y con los escolásticos de la Edad Media, aunque uno de estos fuera Santo Tomás de Aquino) pudo monopolizar la interpretación autorizada de la Escritura y de la tradición, y esto no solo en cuanto maestro o fundador de una escuela de pensamiento teológico, sino también en cuanto el maestro más destacado de una iglesia reformada que afirmaba su verdad con exclusión de las otras.[2]

En la Reforma Magisterial el *magister* teológico (en su función de *doctor ecclesiae*) y el magistrado se ayudaron mutuamente en la tarea de mantener la ley, el orden y la religión adecuada. Es verdad que Lutero tuvo que vencer una gran resistencia interior antes de reconocerle al príncipe una categoría de *Notbischof*, con el derecho episcopal de visita y superintendencia de las iglesias a través de representantes seglares y clericales. Es verdad también que Calvino prefirió, durante un tiempo, vivir desterrado en Estrasburgo, en protesta contra la desmesurada intervención de los magistrados en las

2. Es verdad que los anabaptistas sobrevivientes reciben también el nombre de un maestro y se llaman "menonitas" y "hutteritas"; los racionalistas se llaman "socinianos", y los espiritualistas, "schwenckfeldianos". Pero solo en el caso de estos últimos el depósito literario original del fundador ha ejercido un papel comparable con el de Lutero y Calvino.

reglamentaciones clericales que se hacían en Ginebra para la comunión. Pero, en su mayor parte, los reformadores magisteriales se entregaron en manos del estado, y a la hora de expulsar a los viejos creyentes de sus venerables recintos y a los radicales de sus conventículos, lo hicieron por la autoridad del Estado.

Hubo también —innecesario es decirlo— diferencias muy importantes entre los luteranos y los calvinistas en cuanto a la teología del Estado. Lutero no era hombre que se hiciera ilusiones acerca de los magistrados evangélicos. Desde luego, cuanto más religiosos fueran, mayores probabilidades habría de que cumplieran sus funciones honrosa y eficazmente, con un sentido muy agudo del papel que tenían en cuanto seglares en la santa tarea por ellos elegida, pero Lutero jamás hubiera considerado el estado como una institución expresamente cristiana, y jamás hubiera aprobado una cruzada (una guerra santa). Se contentó con marcar la frontera entre los Dos Reinos, el exterior y el interior, y para las cosas exteriores, incluso en materia de religión —aunque no en materia de conciencia—, aconsejó abandonarse a la sabiduría del estado. Calvino, que en varios sentidos estaba más cerca de los radicales que Lutero, por ejemplo en su resolución de limpiar no solo la doctrina, sino también la forma de gobierno, de todos los elementos tradicionales que no estuvieran expresamente ordenados en la Escritura, y en su gran interés por la santificación y por la disciplina de la iglesia, se hallaba en lo referente al estado mucho más cerca de la iglesia papal. Calvino procuró fundar la autoridad y la competencia políticas en la revelación, y en toda la medida de lo posible se esforzó en lograr una magistratura regenerada bajo la tutela de la Iglesia Reformada. Pero, a pesar de estas importantes diferencias, una cosa capital tuvieron en común Lutero, Zwinglio, Bucer, Calvino, Cranmer y todos los demás reformadores magisteriales: la importancia que concedieron a las estructuras políticas vigentes y al mantenimiento del orden social y moral, cosa que de ordinario significaba también la supresión o expulsión y en muchos casos la ejecución de los disidentes religiosos y otros no-conformistas.

La Reforma Radical, por el contrario, estuvo escatológicamente orientada a cierta forma inminente de un nuevo gobierno de Cristo, que tal vez sus santos estaban ya anunciando, y, en consecuencia, se mantuvo neutral, o ajena, o incluso claramente hostil con respecto a las estructuras políticas vigentes de Imperio, reino, principado y ciudad-Estado.

Los radicales tenían una aguda conciencia de que Jesús había situado la acción litúrgica central de la comunidad de los santos —la celebración de su Cena— como acto de rememoración y de esperanza, dentro del contexto de algo que podríamos llamar política cósmica, cuando les dijo a sus discípulos que no bebería más del fruto de la vid "hasta aquel día en que lo tengo de beber nuevo con vosotros en el reino de mi Padre" (Mateo 26:29). Sabían que San Pablo, después de referir en severo tono de lección a los pendencieros corintios de qué manera había recibido del Señor el uso de la eucaristía, acompañada del nutritivo sustento del ágape, los instruyó en cuanto al significado escatológico de la periódica celebración: "Todas las veces que comiereis este pan y bebiereis esta copa, la muerte del Señor anunciáis hasta que venga" a juzgar al género humano y a vindicar a los suyos (I Corintios 11.26).

Los radicales fueron restauracionistas, empeñados en poner en práctica la idealizada armonía comunal de los santos de la iglesia de Jerusalén, según se describe en el segundo capítulo de los Hechos de los Apóstoles; pero también, algunas veces, fueron apocalipticistas, inspirados por la revelación bíblica y por las revelaciones de sus tiempos, y amigos de describir las señales del Reino y del Juicio inminentes. En este temple escatológico se hallaban más cerca de Lutero; pero aunque es verdad que también Lutero veía en todas partes portentos anunciadores del final de los tiempos, nunca dejó de leer el capítulo 13 del Apocalipsis a través del prisma del capítulo 13 de la epístola a los Romanos. En el caso de los radicales sucedía todo lo contrario.

El fracaso de la Guerra de los Campesinos y de movimientos análogos de aspiración social, económica y constitucional, que se extendieron desde Delft hasta Danzig y desde el Trentino hasta Transilvania, fue el trasfondo común de la actitud de repudio social para las estructuras establecidas de la cristiandad católica y reformada, actitud muy difundida, que encontró expresión en los tres sectores de la Reforma Radical.

Desilusionados y privados de derechos civiles, algunos de los radicales forzaron de tal manera la mirada para descubrir los signos de los tiempos, que llegaron incluso a imaginar que el Reino estaba ya tomando forma frente a ellos. Tomás Müntzer les dio a los príncipes reinantes de Sajonia una última oportunidad para que, abrazando la verdadera fe, se pusieran política y marcialmente al frente de las huestes de santos. Miguel Gaismair, el caudillo campesino del Tirol, estaba incluso dispuesto a aliarse con Zwinglio y con el Dogo. En Zúrich, durante un breve pero muy significativo momento, Conrado Grebel acarició la posibilidad de crear un "congregacionalismo reformado", esto es, de elegir una magistratura cantonal totalmente regenerada. Juan Hut, como hombre que había estado en medio de la Guerra de los Campesinos, suspendió temporalmente su beligerancia y sublimó sus energías guerreras, remitiéndose al tiempo en que los santos rebautizados gobernarían junto con Cristo y darían la muerte a los impíos. Baltasar Hubmaier, el reformador zwingliano-anabautista de Waldshut y Nicolsburg, no abandonó nunca, durante su corta vida, la opinión de que era lícito el uso de la espada para mantener el orden en la sociedad e incluso para proteger a la iglesia auténtica. Para Bernardo Rothmann, la entronización de Juan Beukels de Leiden como rey de Münster no fue otra cosa que la anunciada restauración del belicoso reino de David, en preparación del advenimiento del pacífico reinado de Cristo, el nuevo Salomón.

Esas afirmaciones, esas especulaciones y extravagancias escatológicas no fueron, ciertamente, actitudes y episodios insignificantes. Todo lo contrario: se agigantaron de tal manera a los ojos de sus adversarios, que a todos los radicales, y no solo a los münsteritas, se aplicó la designación de "anabautistas" *en un sentido sedicioso y teocrático.* Sin embargo, casi todos los racionalistas evangélicos de Italia y de Polonia fueron pacifistas, y otro tanto hay que decir de todos los espiritualistas y espiritualizantes, como Sebastián Franck, Gaspar Schwenckfeld, Jorge Sículo y Enrique Niclaes. Bien visto, la única excepción fue la de Tomás Müntzer y sus seguidores. El pacifismo fue la actitud de la inmensa mayoría de los anabaptistas no-münsteritas.[3]

Entre todos estos radicales que no soñaban con participar en ninguna guerra santa de los últimos tiempos, la actitud frente a las estructuras políticas vigentes tuvo muchas variedades, desde la indiferencia hasta la agradecida aceptación de la protección de los príncipes (los hutteritas en Moravia, la Iglesia Menor en Polonia y Lituania, los unitarios en Transilvania). En su mayor parte, estos radicales moderados estuvieron de acuerdo en la necesidad de pagar impuestos. Algunos de ellos no vieron inconveniente en cumplir las funciones de guardias o de vigías en las murallas de sus ciudades, a condición de no tener que hacer uso de la espada. En general, los radicales de las diversas tendencias consideraron la magistratura como institución ordenada por Dios para castigar a los malhechores y para mantener el orden entre los "no-cristianos".

3. Clarence Bauman, *Gewaltlosigkeit im Täufertum: Eine Untersuchung zur theologischen Ethik des oberdeutschen Täufertums der Reformationszeit.* Leiden, 1968. Sobre los hutteritas, cf. el extenso articulo cuarto ("vom Schwert") del *Gran libro de los artículos* (1577), ed. por Friedmann, *Glaubenszeugnisse,* II (*QGT,* XII), pp. 239-298.

Es verdad que Schwenckfeld y otros, especialmente aquellos que provenían de la clase de los caballeros o de los patricios, reconocieron incluso que el Estado había sido instituido por Dios para la realización de obras buenas, como la construcción de caminos y canales, y también para reprimir el mal. Pero todos ellos, por regla general, sostuvieron que el estado no debía intervenir para nada en lo que era la vida cristiana, al menos en lo tocante a los "cristianos auténticos". En consecuencia, muchos miembros de los conventículos anabaptistas, desde Vilvoorde hasta Venecia, no quisieron aceptar nunca ningún cargo magisterial que pudiera requerir el uso de la espada. La Iglesia Menor de Polonia fue casi totalmente pacifista, y sus miembros provenientes de la nobleza llevaban un simple palo en lugar de espada. Tenían, al igual que Lutero, una doctrina acerca de los dos Reinos, pero no aceptaban la manera como Lutero había protestantizado el legado constantiniano con la doctrina de las vocaciones divinas en el mundo, entre ellas la del magistrado y la del militar. Más aún: sintieron que su obligación era dar la espalda no solo a los cargos de gobierno y al oficio de soldado, sino también a varios otros oficios y profesiones que contribuían a la perduración de formas de vivir que ellos, como súbditos renacidos del Reino de Cristo, no podían ya aprobar moralmente.

La expresión más completa del impulso radical fue quizá la república hutterita, cuyos jefes, con el apoyo de benévolos magnates a quienes les complacía verse rodeados de colonos tan industriosos, organizaron el conjunto de una sociedad cristiana regenerada en todos los aspectos importantes, salvo en lo relativo a la acuñación de monedas y a las medidas de defensa militar. Las aspiraciones político-sociales de los campesinos y mineros acaudillados por Miguel Gaismair en el Tirol se vieron parcialmente realizadas en el comunismo cristiano del tirolés Jacobo Hutter, bajo la mirada benigna de los magnates de Moravia.

Según la visión histórica de estos hutteritas (expuesta en su famosa *Crónica*), como también de otros radicales, la degeneración del cristianismo, cuyos primeros síntomas pudieron haberse manifestado hacia fines de la era apostólica, tal vez unos cien años después de la crucifixión, fue un hecho consumado cuando el papa Silvestre I y el emperador Constantino hicieron su intercambio de prerrogativas. La consecuencia era clara: había que rechazar todas las doctrinas religiosas "impuestas" a la Iglesia por el Estado. De esas doctrinas, ninguna tenía implicaciones religioso-políticas tan profundas como la de la Trinidad. Se decía, en efecto, que esta doctrina había sido formulada por Constantino en el Concilio de Nicea, el año 325, e impuesta por él en su calidad de *pontifex maximus* imperial que profesaba ser "obispo de los de fuera", hasta el grado de que sus portavoces episcopales, como Ensebio de Cesárea, estuvieron a punto de identificar su imperio con el Reino prometido de Cristo sobre la tierra. No es, pues, de extrañar que, en medio del vigoroso movimiento de casi todas las agrupaciones por emancipar sus iglesias de la férula del estado, afirmando al mismo tiempo su ciudadanía cristiana en una ciudad celestial (Filipenses 3:20), una "ciudad con fundamentos, el artífice y hacedor de la cual es Dios" (Hebreos 11:10), los radicales hayan lanzado buen número de acometidas contra la doctrina "niceno-constantiniana" de la Trinidad, oponiéndole enérgicamente las formulaciones ante-nicenas, mucho más simples, y expresando, en consecuencia, un gran desdén por las reglamentaciones y salvaguardias refinadamente elaboradas y filosóficamente formuladas por los Padres en los concilios celebrados entre el de Nicea (325) y el de Constantinopla (381). Sin embargo, el único lugar en que se organizó una Iglesia Unitaria totalmente anti-nicena fue Transilvania, en territorio del sultán de Turquía. Algo parecido puede decirse del grupo de Budny en Lituania. (Los hermanos polacos adoraban a Cristo como Rey del Universo y también de su Iglesia.)

La Reforma Radical alteró doctrinas e instituciones, movida por un afán de restauración radical de las creencias y prácticas del cristianismo primitivo en el contexto de un intenso fervor escatológico. La Reforma Católica (que hasta hace poco ha sido llamada Contrarreforma) corrigió abusos morales e institucionales y se preocupó de reorganizar cuidadosamente la iglesia según los módulos del Concilio de Trento. La Reforma Magisterial del protestantismo clásico cargó eminentemente el acento sobre la reforma de la doctrina. Decía Lutero: "Hay que distinguir entre doctrina y vida. La vida es tan mala entre nosotros como entre las papistas". Y a continuación: "Pero si no se reforma la doctrina, la reforma de la moral será en vano, pues la superstición y la santidad ficticia no pueden reconocerse sino mediante la Palabra y la fe".[4] Los protestantes clásicos, que tomaron posesión de los recintos sagrados de la cristiandad animados del espíritu de reforma doctrinal y apoyados además por la magistratura, se sintieron siempre los continuadores (ya reformados) de la iglesia católica de la Edad Media; y, desde el

4. Tomo estas citas del articulo de Heiko Oberman, "Das tridentinische Rechtfertigungsdekret im Lichte spätmittelalterlicher Theologie", en *Zeitschrift für Theologie und Kirche,* LXI, 1964, p. 252, notas 2 y 3. En este artículo, Oberman hace ver la utilidad de distinguir entre "reformación" (de la doctrina) y "reforma" (de la moral y de las instituciones).

punto de vista de las estructuras, instituciones y dotaciones eclesiásticas, era ése un hecho que saltaba a la vista. En Inglaterra, bajo el mando de Enrique VIII y del arzobispo Cranmer, la ruptura con las costumbres del pasado fue menor aún. El ejemplo más visible y tangible de ruptura con el pasado es el de Zúrich, bajo Zwinglio y el ayuntamiento reformado.

Esta ruptura personal e institucional con las cosas que en un pasado inmediato se habían creído y practicado fue un bandera desplegada al viento en todas las fases y en todos los sectores de la Reforma Radical. La sola práctica del bautismo de los creyentes bastaría para poner dramáticamente de relieve ese afán de discontinuidad, pues en la vida de cada individuo había un momento crucial y trascendental que señalaba el paso de la etapa precristiana a la etapa cristiana. Así, pues, tomando en cuenta el alcance moral, doctrinal e institucional y la profundidad social de la Reforma Radical, tal vez no sea acertado llamarla, como algunos proponen, "el Ala Izquierda de la Reforma [Protestante]".

En realidad, hubo en la Reforma Radical no pocos residuos ascéticos y místicos procedentes de la tradición patrística, de la escolástica y de la piedad popular de la Edad Media;[5] y desde varios puntos de vista, pese a la endémica fisiparidad sectaria, estuvo más cerca que el protestantismo clásico del catolicismo reformado. Los radicales vieron a Jesucristo como el fundador de la Iglesia, la cual no era, para ellos, una continuación del Israel de la Vieja Alianza. A semejanza de los católicos, defendieron la libertad del albedrío en el campo de la fe y exaltaron la santificación como meta de la vida cristiana y anticipo de la salvación. Por consiguiente —aunque sin salirse, naturalmente, del marco sectario— los radicales se proclamaron miembros de una Iglesia universal no ligada a ninguna raza o nación, un pueblo gobernado por compromisos congregacionales y por disciplinas internas que trascendían las leyes de cualquier estado terrenal y de ninguna manera dispuesto a ser absorbido por uno de esos estados; un grupo selecto, separado del resto del mundo y caracterizado por la búsqueda de la santidad.

5. Véanse los siguientes estudios: Kenneth Ronald Davis, *Amibaptism and Ascetism: A Study in intelectual origins.* Scottdale-Ontario, Penn Kitchener, 1974; David Steinmetz, "Scholasticism and Radical Reform", art. Cit; J.K. Zeman, "The medieval background", en *MQR* L, 1976; G.H. Williams, "German mysticism and the polarization of ethical behavior in Luther and the Anabaptists", en *MQR*, XLVIII, 1974; Steven E. Ozment, *Mysticism and Dissent.* New Haven-Londres, 1973 (Müntzer, Hut, Denck, Franck, Castellion, Weigel); y Werner Packull, *Mysticism and the Anabaptist Movement, 1525-1531.* Elkhart, Indiana, 1976.

Protestantismo, pensamiento y cultura en Alemania

Ignacio Carlos Maestro Cano

La cuestión de la relación entre religión e historicidad, civilización o sociedad queda "resuelta" con demasiada frecuencia con la adscripción a una de las dos posturas extremas habituales: o bien Europa es cristiana (o no es) o bien la religión es el opio del pueblo (e impide, por tanto, el *ser*).

En efecto, cuando se trata de analizar el posible vínculo existente entre la religión y la historia de la humanidad (su desarrollo *material o efectivo*) se escucha con relativa frecuencia el obstinado mantra marxiano que aparece en el prólogo a la *Crítica de la filosofía del derecho de Hegel*: "El fundamento de la crítica irreligiosa es: el hombre hace la religión, la religión no hace al hombre [...] La miseria de la religión es, a la vez, la expresión de la verdadera miseria y la protesta contra ella. La religión es el suspiro de la criatura oprimida, el alma de un mundo desalmado, así como el espíritu de un tiempo sin espíritu. Ella es el opio de pueblo".[1] La cuestión reside, como ocurre tantas veces, en la simplificación que de esta afirmación se hace. De acuerdo con una interpretación cotidiana de estas palabras, parece que el mundo tenga que dividirse por fuerza, entre los que escogen vivir entre las *alucinaciones* que su religión les ofrece y aquellos que mantienen la *lucidez* ultrarracional del materialismo. Bien pensado, la maniquea simplicidad de ambas posturas reduce al hombre a la nada. Si el uno vive alucinado por su Dios, el otro vive alucinado por lo material, de manera que ni uno ni otro parecen conservar su capacidad para nada verdaderamente auténtico o elevado. Pero lo cierto es que hay vida (intelectual) fuera de la teología, como la hay fuera del materialismo. Así, una tercera posibilidad de síntesis sería la de, admitiendo la parte de verdad que puedan encerrar ambas posturas, reconocer que, si la religión constituye una fuerza (narcótica o no) tan poderosa, ¿no configurará de forma inevitable el desarrollo del ser humano, de sus creaciones de toda índole (éticas, políticas, culturales, etcétera)? Incluso

1. Marx, 1844, p. 378.

en el caso de que la religión fuera un mito, bien podríamos observar dicho mito como aquel "fermento de la historia" del que habló Ortega y Gasset.[2]

Tampoco puede obviarse que aquella concepción del cristianismo que Birkner atribuyó a Schleiermacher como "guardiana de la humanidad",[3] ya no tiene plena vigencia. Con el claro avance de la secularización (entorno al 15% según los datos del CIS de julio de 2014)[4] y la adscripción a eso que se denomina los "no practicantes" (el 59% de los que se consideran creyentes según los mismos datos del CIS), para algunos autores la religión se ha convertido en una forma de subcultura en el sentido de que, en la práctica, ha dejado de constituir la cultura dominante. Se hace hoy más vigente que nunca aquel pensamiento de Ernst Troeltsch según el cual la religión constituye una fuerza más formativa que creativa, pero una fuerza situada en el fundamento de la civilización: "la religión se torna una fuerza en la vida cotidiana solo incorporando a la civilización en sí misma y dándola una dirección especial. Pero siempre se mantiene distinta de tal civilización".[5] De hecho, muy en línea con la concepción de D.F. Strauss según la cual el cristianismo constituía un "principio enemigo de la cultura [*Culturfeindliches Prinzip*]",[6] Troeltsch defiende que "la grandeza de la religión consiste precisamente en su contraste con la cultura [*Kulturgegensatz*]. En su diferencia con respecto a la ciencia y la moral socio-utilitarista, en su empleo de fuerzas ultramundanas y sobrehumanas, en su desarrollo de la fantasía y su tendencia hacia aquello que se sitúa más allá de los sentidos"[7] (nótese aquí la especial connotación que se da en alemán al término Kultur, situado a medio camino, y según el contexto, entre nuestros conceptos de "civilización" y "cultura").

En definitiva, y en palabras de H. Homann, "el cristianismo ya no prescribe el mundo, sino que lo interpreta. La religión no decide ya ninguna cuestión extrarreligiosa concreta, aunque pueda encontrarse en ella lo religioso".[8] Aquella fusión ("confusión" quizás) existente entre cultura —nuestra forma de pensar y actuar, al fin— y religión, a la que Paul Tillich denominó *teonomía*,[9] parece estar cada día más lejos y se torna cada vez más

2. Ortega y Gasset, 1914, pp. 112-114.
3. Birkner, 1964, p. 93.
4. Centro de Investigaciones Sociológicas, 2014, p. 20.
5. Troeltsch, 1912, p. 176.
6. Strauss, 1872, p. 64.
7. Troeltsch, 1911, p. 100.
8. Homann, 1991, p. 77.
9. Tillich, 1968, p. 160.

ajena al ser humano. Dicho esto, no debe ignorarse que cualquier individuo, creyente o no, arrastra, conscientemente o no, un importante bagaje cultural que es el peso de la religión de sus antepasados. En palabras de Troeltsch, "uno no puede [...] desprenderse de su piel histórica heredada; solo puede modificar, perfeccionar, enriquecer, criticar la religión heredada, pero no puede ahogar la voz de milenios en su propia sangre".[10] De acuerdo con esta interpretación, cada uno de nosotros viene a sintetizar la humanidad entera, con sus miles de años. Como diría Roger Garaudy, "nacemos muy viejos" ("¡Cuán viejo es un niño cuando nace! Madurado como un hermoso fruto de millones de años en la historia de la tierra y del hombre, conlleva todo el pasado de la vida y de la especie"; "está tan saturado del pasado que por sí mismo nada nuevo puede originar".[11])

Toda religión constituye, al fin, una cosmovisión y, en este sentido, influye sobre la forma en que el individuo o la sociedad perciben todo aquello que les rodea. Resulta difícil encontrar un aspecto de la vida que no se vea afectado por la propia actitud frente a la religión (ya sea abrazando una o rechazándolas todas). Así, si el cristianismo constituye, como religión, una forma particular de cosmovisión, la Reforma vino a definir una nueva variante de dicha cosmovisión que inevitablemente se traduciría en una transformación no solo dentro del ámbito de lo religioso, sino también en el de lo social, lo cultural y lo económico. La Reforma constituye un acontecimiento de tal magnitud que allí donde es acogida, lo impregna todo: desde el arte[12] a la política, pasando por el pensamiento, la ciencia o las costumbres (incluyendo la ética). Esta es una situación que puede apreciarse de manera gráfica y muy expresiva en lo que se conoce como mapas culturales.[13] En este sentido, resultaría justificado analizar la influencia que

10. Troeltsch. Citado en: Zieger, 1991, p. 149.
11. Garaudy, 1975, p. 16.
12. Suele destacarse, entre las influencias de la reforma protestante, el hecho de que supuso en el arte el fin de la *iconodulia* católica y la aparición de una mayor o menor hostilidad hacia las imágenes religiosas (en especial en forma de esculturas o grandes pinturas), que pasaron a ser consideradas como la expresión de una mera idolatría. Ello hizo que, en los países protestantes, los artistas (Cranach, Brueghel, Rembrandt, Vermeer, etc.) optaran por diversificar sus argumentos, desarrollando especialmente los temas seculares como los retratos, las escenas costumbristas, los paisajes o las naturalezas muertas (apareciendo con frecuencia utensilios cotidianos como aperos de labranza o de cocina, así como herramientas de artesano). Se ha dicho que este nuevo arte pretendía encontrar la verdadera dignidad del hombre en su quehacer cotidiano, en su oficio, con el cual, por humilde que este sea, glorifica a Dios.
13. Inglehart y Welzel, 2010, p. 554.

la cosmovisión protestante haya podido tener sobre el carácter alemán y, con ello, también sobre el pensamiento alemán.

El primer obstáculo que surgirá en tal dirección será el de definir qué debe entenderse por "protestantismo" ya que, a decir verdad, sería más correcto hablar de "protestantismos". Debe tenerse presente que lo que se entiende de manera muy simplificada por protestantismo es el resultado no de una única y nítida secesión dentro del cristianismo sino de una serie de tendencias más o menos secesionistas y distanciadas entre sí (luterana, zwingliana, calvinista, anglicana, pietista, anabaptista, husita, etcétera), con un origen común en lo que se conoce como la Edad Moderna y bajo el auspicio del humanismo renacentista. Tras la problemática asociada a ese nombre colectivo que es el protestantismo y que aquí se ha simplificado limitándolo al ámbito del protestantismo luterano, surge la siguiente: ¿sería posible vincular luteranismo con *germanidad*? Una respuesta negativa resulta evidente en primera instancia. Esto es evidente. Un primer argumento en esta dirección vendría del hecho conocido de que, dentro del ámbito geográfico que podría entenderse "germano", no se profesa únicamente la religión protestante. Ni siquiera es la mayoritaria en muchas regiones. No obstante, sí puede alegarse que gran parte de lo que se conoce como el ámbito de distribución de las lenguas germánicas, lógica o casualmente, se ajusta de forma bastante aproximada al ámbito de predominio protestante en Europa. La razón para mencionar este hecho es ese vínculo que, con frecuencia, se ha buscado entre idioma y pensamiento. Evidentemente, no se trata de que un idioma común suponga una manera de pensar común (un entendimiento común), pero ha de tenerse presente que el lenguaje no deja de ser una manera de simbolizar (esto es, simplificar) destinada a expresar nuestros pensamientos. En este sentido, podría decirse que el lenguaje es epítome de "lo racional". Es, tal y como señalara Ferdinand Tönnies, "el entendimiento vivo mismo";[14] "el uso del idioma común, al hacer posible el entendimiento mediante el habla, aproxima las mentes y los corazones humanos, así damos con un común estado mental que, en sus formas más elevadas —costumbres y creencias comunes—, compenetra a los miembros de un pueblo".[15] Tal y como hermosamente lo sintetizó Hegel, "el lenguaje es la existencia, el estar ahí del espíritu".[16]

14. Tönnies, 1887, p. 108.
15. Tönnies, 1887, p. 111.
16. Hegel, 1807, p. 751.

No es intención del presente trabajo la de constituir un panegírico del protestantismo o de Lutero. Retomando a Ortega, "no se trata de avalorar sino de comprender".[17] Y es que difícilmente sea posible dar con una explicación completa y precisa del vínculo que pueda existir (o no) entre la creencia religiosa de un pueblo y su manera de "estar en el mundo", concretamente, su manera de "estar pensando en el mundo". Por otro lado, no se trata de establecer una serie definida de conclusiones, dada la intrínseca dificultad de llegar a ellas en un tema como el que nos ocupa. La intención es más bien la de recoger los principales puntos de vista que hasta el momento se han manifestado en torno a la cuestión. Por todo ello, se abordará el presente trabajo recurriendo fundamentalmente a lo que otros hayan dicho al respecto. Como en aquella frase, a menudo atribuida a Newton,[18] se trata de subirse "a hombros de gigantes" y tratar de mantener vivo el interés por una cuestión que consideramos tiene más trascendencia de la que comúnmente suele atribuírsele. Quizás las actuales (*críticas*) circunstancias socioeconómicas hagan imprescindible no ahorrar ningún esfuerzo en apoyo de los fundamentos de nuestra sociedad, los cuales provienen en gran medida (aunque se nos haya podido olvidar) de la reflexión crítica y, por ende, de la filosofía. Especialmente de aquellas corrientes de pensamiento que, ya desde hace mucho tiempo, tratan de poner religiosamente, esto es, escrupulosamente,[19] las cosas en su sitio.

Luteranismo y germanidad

Si Ortega y Gasset caracterizaba al hombre sentenciando que era él "y su circunstancia", no cabe duda de que el protestantismo constituye una de

17. Ortega y Gasset, 1914, p. 80.
18. El uso de la frase en cuestión (*nos esse quasi nanos, gigantium humeris insidentes*) consta por vez primera en el *Metalogicon* de Juan de Salisbury, de 1159, quien se la atribuye a su maestro Bernardo de Chartres (En: Taylor, 1919, p. 133).
19. Pretende destacarse así la comprensión que de la palabra "religiosidad" tenía Ortega y Gasset: "cuando el hombre cree en algo, cuando algo le es incuestionable realidad, se hace religioso de ello. *Religio* no viene, como suele decirse, de *religare*, de estar atado el hombre a Dios. Como tantas veces, es el adjetivo quien nos conserva la significación original del sustantivo, y *religiosus* quería decir "escrupuloso"; por tanto, el que no se comporta a la ligera, sino cuidadosamente. Lo contrario de religión es negligencia, descuido, desentenderse, abandonarse. Frente a relego está *nec-lego*; religente (*religiosus*) se opone a negligente" (Ortega y Gasset, 1941, p. 96). La razón es que, a lo largo de este artículo han de encontrarse multitud de planteamientos que vendrían a avalar el hecho de que, si hay una filosofía que sea *en tal sentido* religiosa, es la filosofía alemana de ascendencia protestante

las grandes "circunstancias" del carácter y del pensamiento alemán. De este modo, para caracterizar estos de forma íntegra y adecuada, resulta conveniente abordar la influencia de aquel. No parece haber muchas dudas con relación a la importancia que para la historia política europea y del mundo anglosajón —occidental, si se prefiere— ha tenido la reforma protestante. Es posible que dicha influencia no llegue al extremo de poder afirmar con Robert Beauvais que "todos seremos protestantes",[20] aunque pueda apreciarse algo de cierto en aquello de que "todos nos despertamos cada día un poco más protestantes". Puede que tampoco se llegue a lo establecido por Carlyle, para quien "el protestantismo es la gran raíz de donde procede toda la subsiguiente historia de Europa".[21] No obstante, lo que no se puede negar es que el impacto del protestantismo ha sido más que notable, pudiendo zanjar la polémica en torno a una hipotética contribución "en bloque" (en una única y clara dirección) del protestantismo citando lo ya manifestado por Graf y Tanner: "El hecho es que el protestantismo alemán es tan variado y polifacético como lo es la sociedad en la que este existe".[22]

Se ha dicho que el protestantismo actuó en el ámbito político, sobre todo en sus orígenes, como factor cohesionador entre la multitud de principados alemanes y, en consecuencia, como factor determinante de lo que podría llamarse la "esencia alemana". Más tarde, el carácter del protestantismo en Alemania tendría un momento verdaderamente decisivo entre finales del siglo XIX y comienzos del XX, durante el debate entre protestantismo liberal y conservador. No ha faltado quien ha visto en esta vertiente novecentista del protestantismo una deriva, sino excluyente, al menos antipluralista o, incluso, nacionalista. Así, dice F.W. Graf: "Todos los conceptos culturales en el protestantismo del siglo XIX poseen una estructura fundamental monista, antipluralista. Ello muestra tanto la estrecha conexión entre protestantismo y nacionalismo alemán, como también la percepción de la pluralidad confesional del cristianismo en Alemania. En la concepción cultural del protestantismo del siglo XIX, la mayoría de las veces los católicos no tenían ningún lugar propio. La auténtica cultura se identificaba con la cultura protestante. Los católicos quedaban excluidos

20. Este es el título de una curiosa obra de Robert Beauvais (Beauvais, 1976) en la que advierte de los supuestos peligros de una especie de, utilizando el término acuñado por el suizo Herbert Lüthy, "Internacional protestante" que conspiraría con la intención de lograr una Francia protestante.
21. Carlyle, 1841, p. 144.
22. Graf y Tanner, 1991, p. 56.

como incultos y culturalmente inferiores".[23] Ello habría supuesto que, tal y como afirma Klaus Tanner, "en Alemania, el nacionalismo es sobre todo una ideología de interpretación cultural [*Kulturdeutungsideologie*] protestante, y que en el siglo XIX se invocará una y otra vez una estrecha relación entre Reforma, Protestantismo y fe en el estado nacional [*Nationalstaatsglaube*]. Lutero se convirtió así básicamente en un héroe nacional, que con la traducción de la Biblia ha puesto los fundamentos de nuestra cultura nacional [la Alemana]".[24] No debe olvidarse que, en efecto, con su traducción de la Biblia al alemán, y pese a no haber sido la primera, Lutero se hizo digno merecedor de un reconocimiento que hoy perdura con relación al enriquecimiento y normalización del alemán (de lo que hoy se conoce como nuevo alto alemán, para ser más exactos). Su interés por estas cuestiones queda remarcado por el hecho de que, en su traducción, Lutero no escoge el vocabulario teniendo presente su propio dialecto (el alemán centro-oriental) sino el que por aquel entonces estaba más extendido en los territorios alemanes. Con ello, Lutero hizo del idioma una cuestión nacional. El alemán no era ya un idioma más, sino el idioma nacional.

Consecuencia de lo anterior sería un especial vínculo entre lo político y lo religioso que Niperdey ha descrito diciendo que, en Alemania, "en la época de la creencia política, la nación adquirió tal rasgo religioso, que predicados religiosos —eternidad y destino cumplido, santidad, hermandad, sacrificio, martirio— se vincularon con ella. Lo religioso se secularizó en lo nacional, lo secular se sacralizó".[25] Este vínculo constituye un aspecto muy a tener en cuenta en una nación que se caracteriza precisamente por una tardía y singular construcción (ya sea al margen o no de supuestos *Sonderwege*).

Es en este contexto en el que no resulta extraño que Heinrich Heine afirmara de Lutero que no solo era "el hombre más grande de nuestra historia, sino también el más alemán de todos"; "en su carácter se funden del modo más grandioso todas las virtudes y todos los defectos de los alemanes".[26] En cierto modo, Heine vino a identificar así germanidad con luteranismo. Y es que, a decir verdad, Lutero dio un considerable impulso a la conciencia nacional alemana. En el extremo más nacionalista de este planteamiento han podido encontrarse autores, como Wilhelm Dilthey, para quienes

23. Graf, 1991a, p. 101.
24. Tanner, 1991, p. 91.
25. Nipperdey, 1983, p. 300.
26. Heine, 1834, p. 82.

Lutero viene a ser nada menos que el padre de la nación alemana: "En el nombre del nuevo espíritu cristiano, Lutero exigió una remodelación de la sociedad alemana en sus planos secular y eclesial. Aquel fue el tiempo en el que las palabras de aquellas gentes alemanas resonaban casi en cada pecho alemán, y todo lo que la nación anhelaba para el régimen del *Reich* parecía estar de acuerdo con la reforma de Lutero".[27]

Protestantismo y pensamiento alemán

Se ha revisado la cuestión de la influencia que las creencias religiosas, con su conjunto de dogmas y normas éticas asociadas, puedan tener sobre el resto de actividades humanas. Se trata ahora de ver cómo estas han podido deslizarse en el fondo de las más destacadas corrientes de pensamiento, concretamente, alemanas.

Como señala Arsenio Ginzo, "el complejo universo teórico de la filosofía alemana tiene entre sus señas de identidad la referencia, expresa o tácita, al legado espiritual de la Reforma".[28] Yendo un paso más allá, Haller ya había afirmado que "el pensamiento alemán [...] y la conciencia alemana son por naturaleza protestantes".[29] Lo cierto es que, con el paso del tiempo, esta influencia ha traspasado inevitablemente las fronteras germanas pues, como afirma Rupp, "el protestantismo devino un factor educacional de primer orden. Desde los días de Lutero y bien hasta el presente, ha producido incontables poetas y pensadores, científicos y filósofos que han dejado su impronta sobre la vida intelectual y no solo en Alemania".[30]

En el extremo opuesto es posible encontrarse con el parecer de Jaime Balmes, el llamado *doctor humanus*, quien ya en 1842 alegaba: "Glóriense enhorabuena los protestantes de haber dado a la civilización europea una nueva dirección, glóriense de haber enflaquecido el poder espiritual de los papas, extraviando del santo redil a millones de almas; glóriense de haber destruido en los países de su dominación los institutos religiosos, de haber hecho pedazos la jerarquía eclesiástica y de haber arrojado la Biblia en medio de turbas ignorantes, asegurándolas para entenderla las luces de la inspiración privada, o diciéndoles que bastaba el dictamen de la razón; siempre será cierto que la unidad de la religión cristiana ha desaparecido de entre ellos,

27. Dilthey, 1914, p. 62.
28. Ginzo, 2009, p. 8.
29. Haller, 1923, p. 182.
30. Rupp, 1996, p. 613.

que carecen de un centro de donde puedan arrancar los grandes esfuerzos, que no tienen un guía, que andan como rebaño sin pastor, fluctuantes con todo viento de doctrina, y que *están tocados de una esterilidad radical para producir ninguna de las grandes obras que tan a manos llenas ha producido y produce el Catolicismo*".[31]

Como puede observarse, parece tarea imposible la de encontrar puntos de vista verdaderamente neutrales acerca de la cuestión. Por ello, y a modo de nota previa que se resista a la tentación de elaborar o aceptar lecturas simplistas tanto de los planteamientos de Lutero como de las ulteriores consecuencias de estos, resulta conveniente destacar que Lutero poseía una personalidad verdaderamente contradictoria. Este hecho ha servido para que, desde todas las visiones partidistas y en todos los ámbitos imaginables, se haya intentado apropiarse de su figura (como héroe o villano). Lo mismo el liberalismo que el marxismo. Lo mismo demócratas que totalitaristas. Lo mismo economistas que expertos en metafísica. Así, se aprecia que la figura de Lutero no resulta nunca definitiva pero tampoco puede ignorarse jamás. Lutero no poseía una mentalidad moderna y sin embargo dio un gran impulso al surgimiento de la modernidad. Lutero no era un humanista (para empezar, porque tal término es posterior a él[32]) y sin embargo con él, como se verá, surge una forma de humanismo. Si a todo lo anterior, le añadimos ésa forma de escribir tan característica de Lutero —en palabras de Michel Villey, "violenta, libre, impulsiva [*primesautière*], rica en ocurrencias [*boutades*] contradictorias"[33]—, la controversia queda asegurada.

Por ello debe insistirse en la necesidad de evitar explicaciones que, de puro simples, resulten completamente falsas. No parece razonable seguir la estela de determinados autores que han llegado a identificar, por poner solo un ejemplo, una vía de conexión directa entre el régimen nacionalsocialista alemán y una tradición protestante "tamizada" en un primer momento por el idealismo y más tarde por esa extraña y tediosa argamasa metapolítica compuesta por Wagner y Nietzsche a partes iguales.[34]

Con bastante acierto, dejó escrito Heinrich Heine: "La filosofía alemana es un asunto importante, que afecta a toda la humanidad, y solo nuestros

31. Balmes, 1842a, p. 145.
32. Parece ser que el término "humanismo" aparece por primera vez en 1808, en *Der Streit des Philanthropismus und des Humanismus in der Theorie des Erziehungsunterrichts unserer Zeit* de Friedrich Philipp Immanuel Niethammer. Así se afirma en: Ferrater, 1965, p. 875.
33. Villey, 1975, p. 283.
34. A este respecto podrían citarse: Govern, 1941; Niebuhr, 1943, p. 197

remotos nietos podrán decidir sobre si se nos debe elogiar o condenar por haber elaborado primero nuestra filosofía y hecho luego nuestra revolución. Me da la impresión de que un pueblo metódico como nosotros tenía que empezar con la Reforma, podía ocuparse luego de la filosofía y, solo consumada esta, podía pasar a la Revolución política".[35] Resulta singular cómo Heine, con este planteamiento, no solo transmite la idea de la relevancia del pensamiento alemán sino que señala de una manera muy sutil que este solamente pudo (en los alemanes) partir desde un ámbito más espiritual: "un pueblo metódico como nosotros tenía que empezar con la Reforma".

Es de sobra conocido el aforismo en el que Nietzsche afirma que "el párroco protestante es el abuelo de la filosofía alemana"[36] y en el que, *martillo* en mano, termina por calificar a la filosofía alemana de "teología artera [*eine hinterlistige theologie*]". El asunto no es baladí ya que, según se ha visto, antes que él, el propio Heinrich Heine había intentado exponer "cómo del protestantismo se originó la filosofía alemana".[37] Ahondando en la cuestión, decía Habermas que "la filosofía alemana está tan condicionada por el espíritu protestante, que los católicos prácticamente deben hacerse protestantes para hacer filosofía".[38] Es posible que todas estas posturas resulten exageradas, pero lo que no puede negarse es que dentro de la tradición filosófica alemana ha existido desde siempre un cierto proceso de ósmosis o transferencia entre religión y filosofía más destacado que el que se haya podido dar en otras corrientes filosóficas, tal y como intuyó Hegel al designar al místico protestante Jakob Böhme como el "primer filósofo alemán [*Teutonicus Philosophus*]".[39]

Quizás no resulte oportuno hablar de una filosofía alemana equiparándola con una especie de *filosofía protestante* puesto que, para empezar, esta no devendría sino un "hierro de madera", como dijera Heidegger al referirse a una posible filosofía "cristiana".[40] En cualquier caso, tiene cierto sentido considerar que, al abordar las llamadas cuestiones "trascendentales" —esto

35. Heine, 1834, p. 206.
36. Nietzsche, 1895, p. 34.
37. Heine, 1834, p. 53.
38. Habermas, 1971, p. 68.
39. Hegel, 1836, p. 91.
40. Lo que Heidegger pretendía transmitir con ello es que, a su entender, el cristianismo no puede ser filosófico, puesto que constituye una respuesta. Del mismo modo, la filosofía no puede ser cristiana, por ser una pregunta que debe discurrir exclusivamente por su dominio de "preguntabilidad" (*Fraglichkeit*), esto es, el adecuado a su forma de ser-pregunta (Heidegger, 1935, p. 9).

es, al filosofar— puede apreciarse al "trasluz" la forma en que la religiosidad de un pueblo queda definida. En este caso se trata del pensamiento germano pero probablemente sucedería lo mismo si se considerara la infiltración del budismo Zen en el pensamiento japonés (Kitaro Nishida, pongamos por caso) o del islam en el sufismo (por ejemplo, Seyyed Hossein Nasr). De hecho, si se acepta la hipótesis de un vínculo entre protestantismo y pensamiento alemán, podría argumentarse que la huella de tal conexión podría ser "rastreada" remontándose al periodo anterior a la reforma protestante, a aquellos sucesos que determinaron a su vez el surgimiento del protestantismo. Y, en cierto modo, es así como sucede. La Reforma (o al menos la "viabilidad" o "facilidad" de su propagación) no tiene su origen únicamente en Lutero. El suelo alemán ya había sido roturado y abonado tiempo ha. Así lo vino a entender un siglo antes de Lutero el legado en Alemania del papa Eugenio IV, el cardenal Julián Cesarini, quien, indignado por la "degeneración e indisciplina del clero alemán" y al evaluar la rebelión husita en Bohemia, diría: "Ya se ha puesto el hacha al pie del árbol".[41] No es, pues, nada descabellada la afirmación realizada por autores, como el disidente católico Hans Küng, de que "prácticamente todas las reformas que deseaba Lutero ya habían sido postuladas anteriormente. Pero los tiempos no estaban maduros".[42] Uno de estos importantes agentes que cabe decir que pudieron "marcar" la manera en que quedó definido el protestantismo sería el misticismo germánico y, en particular, las figuras del Maestro Eckhart y su discípulo Johannes Tauler[43] a quienes los jesuitas llegaron a considerar como el preludio del cisma protestante.[44]

Lo cierto es que muchos de los principales actores en la configuración del pensamiento alemán (filósofos, teólogos, científicos, juristas, políticos, artistas, etc.) tuvieron filiación protestante o fueron sensiblemente influidos por el espíritu de la Reforma. Puede haber quien alegue que el hecho de haber crecido en el seno de determinadas creencias religiosas resulta, sino intrascendente, de insuficiente relevancia a estos efectos. Sin duda habrá

41. Citado en: Coulton, 1950, p. 79.
42. Küng, 1995, p. 125.
43. No resulta extraño, pues, que los jesuitas (su Padre General entre 1573 y 1580, Everardo Mercuriano) prohibiesen la lectura de los místicos alemanes (a Johannes Tauler le fue incorrectamente atribuida la *Theologia Germanica*, incluida por el Papa Pablo V en el *Index Librorum Prohibitorum* en 1612 y en el que permaneció hasta hace solo unas décadas). Además de considerarlos el preludio del cisma protestante, se les echaba en cara sus "tendencias quietistas".
44. Sagarra, 1977, p. 225.

casos en los que esto sea así, pero resulta difícil ignorar que, desde una perspectiva global, algo de esto parece ser cierto. Baste para ello contrastar la situación que aquí se repasará brevemente con su equivalente en el caso de los pensadores alemanes del ámbito católico. En cualquier caso, no se trata aquí de revisar cuál fuera la filiación religiosa (o irreligiosa, dado el caso) de tales figuras, sino de destacar la presencia de cierta influencia del protestantismo o sus principales elementos "identitarios" (libre examen, justificación por la sola fe, sacerdocio universal, etcétera) sobre ellos. Para ahondar en los matices "protestantes" apreciables en cada uno de estos pensadores, puede acudirse a trabajos monográficos como el de Arsenio Ginzo.[45]

Lejos de seguir un estricto orden cronológico ni, mucho menos, hacer una revisión exhaustiva, sería posible abordar alguno de los ejemplos más notorios. Así, Leibniz, uno de los padres del racionalismo alemán, fue bautizado protestante si bien no sería especialmente ferviente. Su personalidad le llevó a tratar de compatibilizar fe y razón, algo que se manifiesta de forma evidente en su obra *Teodicea*.[46] Más tarde, Kant recibiría desde niño una formación orientada a convertirlo en un teólogo del pietismo, la religión en la que fue educado, si bien terminaría dedicándose a la filosofía. Debido a su fuerte reacción en contra de la rígida disciplina religiosa predominante, lo cual tornó algo difusa su ascendencia protestante, algunos autores[47] han puesto en tela de juicio la influencia del protestantismo en su pensamiento. A pesar de la controversia existente al respecto (comprensible, dada la magnitud de la figura de Immanuel Kant), son varios los autores que han llegado a considerar a Kant como el "filósofo del protestantismo".[48] En cualquier caso, el influjo pietista se deja entrever a lo largo de toda su obra. Pocos años después, Fichte, a la sazón antiguo alumno de teología en el seminario de Jena (y más tarde uno de sus profesores), consideraría que la filosofía alemana venía a constituir una especie de prolongación y ulterior desarrollo del principio crítico actuante en la Reforma, de modo que no dudaría en afirmar que el filósofo y el sabio "modernos" habían de mostrarse necesariamente como "protestantes".[49] Siguiendo la ruta marcada por su maestro, los estudiantes (amigos y compañeros de cuarto) Friedrich Hölderlin, Friedrich Schelling y Georg Wilhelm Friedrich Hegel desarrollaron su pensamiento

45. Ginzo, 2000.
46. Leibniz, 1710.
47. Fischer, 1875.
48. A este respecto podrían citarse: Paulsen, 1900, pp. 1-31; Kroner, 1921; Schultz, 1960.
49. Fichte, 1807, p. 609.

desde la ineludible perspectiva del protestantismo (como no podría ser de otro modo en el caso de unos estudiantes del seminario de Tubinga), viniendo a "sistematizar"[50] lo que hoy se conoce como idealismo alemán. De todos ellos, el tiempo ha destacado especialmente a Hegel, de quien Arsenio Ginzo dice que "convierte a la Reforma en uno de los referentes fundamentales de la Historia Moderna".[51]

Medio siglo después, el joven luterano Søren Kierkegaard, siguiendo las huellas de Schleiermacher, desarrolla su pensamiento sobre la base del *temor y temblor* a los que el hecho religioso (¿existencial?) nos arroja. Y es que a Kierkegaard le molestaba especialmente esa terca obsesión que, en determinadas instancias de la jerarquía eclesial, existía por poner de acuerdo a la fe y la razón, conforme la ciencia progresaba y comenzaba a (al menos en apariencia) cuestionar determinados aspectos del dogma cristiano. Casi pudiera decirse que el resultado de sus inquietudes fue que la herida existencial y nihilista quedara al descubierto. Desde este momento, el mundo sería testigo de una filosofía completamente distinta. El racionalismo y la pérdida de fuerza de la religión traerán entonces a Feuerbach, Stirner (ambos estudiantes de teología en Berlín), en primer lugar, y, más tarde, al *pequeño pastor* (como tempranamente sería apodado en el colegio): Friedrich Nietzsche. Dice Ginzo Fernández acerca de la adscripción protestante de Nietzsche: "aunque el joven Nietzsche abandona los estudios teológicos, el ambiente predominantemente católico que encuentra en Bonn no deja de producirle aversión, contribuyendo sin duda a reafirmar, por contraste, una peculiar identidad protestante".[52]

De entre la vorágine nihilista, surgiría (y con él concluye este apartado, no por casualidad) el *católico* Martin Heidegger, quien tras sus estudios de teología en Friburgo de Brisgovia, se pasó primero a la filosofía y después al protestantismo, tal y se desprende de su carta al párroco católico que le había casado, Engelbert Krebs del 9 de enero de 1919 en la que manifiesta su ruptura con el "sistema del catolicismo", el cual "se le hace inadmisible", y su preferencia por un "cristianismo libre".[53] Casado con una protestante, había sido Husserl el que lo había introducido propiamente en la teología protestante, originando más tarde un importante intercambio epistolar

50. Hegel, Schelling y Hölderlin, 1797, pp. 234-236.
51. Ginzo, 2009, p. 10.
52. Ginzo, 2000, pp. 262-263.
53. Denker, Gander y Zaborowski, 2004, p. 67 y ss.

con el teólogo Rudolf K. Bultmann, de quien diría en una carta a Karl Jaspers con fecha de 13 de junio de 1924: "Afuera es magnífico; en la universidad [por entonces Heidegger era profesor asociado en la universidad de Marburgo] no ocurre nada, ningún estímulo. El único ser humano es el teólogo Bultmann, con quien me encuentro cada semana".[54] Se comprende así que Bultmann afirmara a su vez de Heidegger: "[Heidegger] procede del catolicismo, pero es completamente protestante".[55] Con relación al vínculo existente entre Heidegger y el protestantismo, nos limitaremos a reseñar nuevamente el trabajo del profesor Ginzo Fernández al respecto: "ningún gran pensador, desde los tiempos de Hegel, iba a ejercer un impacto semejante en la Teología —católica y protestante".[56] El propio Heidegger llegó a manifestar que "Agustín, Lutero y Kierkegaard son filosóficamente esenciales para la configuración [*Ausbildung*] de una comprensión radical del Dasein".[57]

Si bien la mera enunciación de los grandes pensadores de origen alemán y ascendencia protestante no puede demostrar nada por sí misma, si basta para que llame la atención e induzca a otros investigadores a ahondar en la cuestión y, sobre todo, aportar luz. Mientras tanto, será posible servirse de la luz ya existente y que nos ofrece Ernst Troeltsch cuando afirma que es posible colegir la impronta del protestantismo en la filosofía (en "la metafísica alemana, de Leibnitz y Kant a Fichte, Schelling, Hegel y Fechner", dice) en "la dirección de la especulación hacia la unidad e interconexión de cosas, hacia la racionalidad interior y la consistencia lógica de la concepción de Dios, hacia los principios generales, puntos de vista ideales y el sentido intuitivo de la presencia interior de lo divino".[58]

El protestantismo: ¿un humanismo?

El término humanismo es un concepto huidizo, algo que, paradójicamente, probablemente se deba al hecho de disponer de una infinidad de "asideros" por los cuales tomarlo. En definitiva, es un término con una gran diversidad y nebulosidad semántica. Una vez hecha esta matización, no resulta descabellado afirmar que el protestantismo es en cierto modo una forma de

54. Capelle-Dumont, 2012, p. 230.
55. Andrew, 2003, p. 133.
56. Ginzo, 2009, p. 13.
57. Carta a Rudolf Bultmann del 31 de diciembre de 1927. En: Bultmann y Heidegger, 2009, p. 47.
58. Troeltsch, 1912, p. 163.

humanismo, puesto que establece una actitud específica con relación a la cuestión de qué sea el hombre y cuál su lugar en el mundo. Una actitud, por cierto, mucho menos optimista y amable con el hombre que la adoptada en general por el Humanismo renacentista. Así se ha destacado con frecuencia al analizar determinados rasgos de la teología protestante, marcada por las raíces agustinianas de Lutero, y que podría resumirse acudiendo a lo dicho por Ernst Bloch: "según Lutero [...] el libre albedrío [...] solo puede sustentar aspiraciones egoístas".[59]

Esta perspectiva del protestantismo como forma de humanismo es algo completamente natural puesto que el cristianismo no es ni más ni menos que una forma de humanismo. Lo que sucede en este caso es que, yendo un paso más allá, si se entiende el humanismo como la lucha "ética" del hombre contra la degeneración del hombre, contra su deshumanización, no cabe duda de que el protestantismo puede considerarse como una forma *renovada* de humanismo.

Aclarado este punto, tampoco puede obviarse que, si bien es posible hablar del luteranismo como una cierta forma de humanismo, no cabe hablar de Lutero como de un "humanista" (en el sentido en el que suele hablarse de tal). Nada más lejos de la realidad. No obstante, tampoco ha de extrañar el diálogo que se estableciera entre Lutero y Erasmo de Rotterdam (el propio Lutero admitió en numerosas ocasiones la influencia que recibió de Erasmo en su traducción de la Biblia al alemán). Al margen de las conocidas diferencias que surgirían entre ambos personajes, inevitables en el intercambio de opiniones entre cualquier pareja de pensadores libres y sinceros, es conocido el comentario que le haría por carta Erasmo a Lutero acerca de sus 95 tesis: "no puedo describir la emoción, la verdadera y dramática sensación que provocan",[60] así como su irónico comentario acerca de la condena a Lutero por parte de la Iglesia católica: "Nada me extraña que haya causado tanto ruido, porque ha cometido dos faltas imperdonables: haber atacado la tiara del Papa y el vientre de los frailes".[61] En realidad, Erasmo era partidario de poner fin a los abusos cometidos por la jerarquía católica partiendo de las ideas cristianas. Por lo que no estaba era por un

59. Bloch, 1921, p. 152.
60. Thompson, 2003, p. 56.
61. Comentario que Georg Spalatin, presente en una conversación que tuvo lugar en Colonia en 1520 entre el príncipe elector de Sajonia Federico el Sabio y Erasmo de Rotterdam, atribuye a este último al ser preguntado por su opinión acerca de la condena de la Iglesia a Lutero. Citado en: Augustijn, 1986, p. 223.

cambio en las ideas mismas. Para él era posible *una* reforma *sin la* Reforma; una reforma que no implicara cambios doctrinales. En resumen, lo que Erasmo le reprocha a Lutero es el hacer públicas sus críticas y la forma en que las expone (a este respecto afirmó: "no siempre es necesario exponer la verdad, y supone una gran diferencia el cómo es expuesta"[62]).

Ese peculiar humanismo que se inicia con Lutero queda reflejado en la misma actitud de Lutero ante la Dieta Imperial de Worms de 1521. Una actitud que marcó el principio de un nuevo talante frente al poder. Una posición de rebeldía y cuestionamiento (que no destrucción) de la autoridad, elogiada por Thomas Carlyle como "heroicidad" (para Carlyle el principal rasgo de los héroes es la sinceridad[63]). Siempre habrá quien vea en las cualidades de Lutero las de un fanático, pero de lo que no cabe duda es de que se exigió a sí mismo como a ningún otro. Lutero adopta una postura que no admite otra forma de obrar que aquella que esté de acuerdo con la propia *conciencia como individuo* ("Es pesado [*beschwerlich*], poco saludable [*unheilsam*] y peligroso [*ferlich*] obrar contra la propia conciencia",[64] concluiría su argumentación ante la Dieta reunida). Una postura que trasciende claramente el ámbito de la religión, dado que supone indiscutiblemente una puesta en valor de la conciencia individual, y en cuyo significado radica lo verdaderamente importante del protestantismo como humanismo. De hecho, en este sentido, podría decirse que es puro humanismo. La suerte estaba echada. Lutero ya se había enfrentado al poder religioso (ya había sido excomulgado por el papa León X) y ahora lo estaba haciendo al poder secular del emperador Carlos V. En este sentido, no cabe duda de que Lutero era consciente de que se arriesgaba a morir por hereje ("Mucho erré en no matar a Lutero" diría Carlos V a los frailes en su retiro del monasterio de Yuste[65]).

Así pues, se observa que un rasgo diferencial de importancia (y, por ende, del que derivan ciertas consecuencias materiales) en el protestantismo es ese punto crítico o reacio inherente a él. El protestantismo pone en valor al individuo resaltando, por no decir dispensándole, su jurisdicción intrínseca sobre los asuntos relativos a la conciencia. Se trata de que si cualquiera, como individuo, es capaz de interpretar y entablar una nueva relación directa

62. Rotterdam, 1988, p. xiii.
63. Carlyle, 1841, pp. 147 y 174.
64. Wrede, 1896, pp. 581-582.
65. Citado en: Menéndez, 1882b, p. 403.

con Dios, con aquello que se sitúa en el "más allá" (libre examen), ¿cómo no habría de poder interpretar y entablar una nueva relación con sus señores en el "más acá"? En este sentido, no se trata de que el protestantismo tenga su origen en un hipotético carácter impetuoso alemán pero, ciertamente, pudo ser un factor que facilitara la recepción del mensaje protestante. No se trata de la adscripción a ninguna teoría "fuerte" de la *geopsique* como la que fuera desarrollada por Willy Hellpach,[66] sino de que, bajo este punto de vista, el protestantismo constituiría la forma en que el cristianismo podría desarrollarse de un modo más "natural" dentro del ámbito germano más "genuino". Por otro lado, el principio vigente por aquel entonces de *cuius regio, eius religio* (traducible por algo así como "de quien rija, la religión"[67]) y las masacres llevadas a cabo por los *serenissimos* príncipes electores católicos durante la Guerra de los campesinos no ayudaron demasiado a que el mensaje protestante calara en otras regiones con un carácter germano, por así decir, menos "marcado" (el sur y oeste de Alemania).

Sin querer trivializar, ni entrar en aspectos demasiado manidos como el propio apelativo con el que es conocida esta religión (la religión de los que "protestan"), debe admitirse que, cuando la tradición (la inercia religiosa, política y filosófica de la época) otorgaba inmensos poderes a la Iglesia, Lutero vino a decir "basta, no me puedo callar": "no puedo hacer otra cosa".[68] Para Lutero aquello pervertía la esencia misma de la religión. Una cosa es el poder, el Estado, y otra muy distinta la religión, incluso admitiendo que esta separación no implique necesariamente una oposición (no justifique los derroteros de la revuelta campesina, por ejemplo). En este sentido, resultan verdaderamente representativas las palabras de Wolfgang Steck: "Modernidad, liberalidad e individualidad marcan tales directrices de la praxis vital protestante. [...] El protestantismo se concibe desde un principio y se concibe hasta hoy no como una filosofía edificante, sino como una fuerza crítica reformadora de la civilización [*Kultur*] y la sociedad".[69] Quizás

66. Hellpach, 1911.
67. La importancia de esta doctrina es grande dado que, en cierto modo suponía el reconocimiento de que nación y confesión eran de *facto* sinónimos, algo que no fue discutido hasta la aprobación del llamado edicto de Nantes, en 1598.
68. En realidad, no existen ni testimonios ni registros escritos que prueben que Lutero dijo estas palabras pese a que han sido ampliamente divulgadas (y aceptadas como auténticas sin más) por la literatura. En cualquier caso, incluso admitiendo que no dijera estas palabras, *se non è vero, è ben trovato.* Las actas de la Dieta de Worms pueden consultarse en: Wrede, 1896, pp. 581-582.
69. Steck, 1991, p. 111.

sea excesivo alegar que el protestantismo, con su puesta en valor del sujeto, lleve en su seno la semilla de la revolución, pero no lo es tanto afirmar que lo que sí lleva es la semilla del cambio (también político), y con ello, de la modernidad. Como decía Troeltsch, el luteranismo "destruye los derechos estamentales hacia arriba pero los conserva hacia abajo".[70]

En resumen, el protestantismo constituye una variante de humanismo en la que la libertad de conciencia adquiere un papel central y que acentúa el rasgo de espiritualidad del cristianismo y del que surge la proverbial predilección por la vida interior o ascetismo secular del protestantismo. Un ascetismo caracterizado por su carencia de levedad, un ascetismo, como decía Troeltsch, "en el más amplio sentido de la palabra, indicando una actitud metafísica hacia la vida"[71] y que, en consecuencia, ha de trascender el hábito religioso. El hogar como monasterio. Sobre las consecuencias de esta actitud diría Karl Marx: "Lutero ha vencido la servidumbre de la devoción, porque ha puesto en su lugar la servidumbre por convicción. Ha quebrantado la fe en la autoridad, porque ha restaurado la autoridad de la fe. Ha transformado a los párrocos en laicos, porque ha transformado a los laicos en párrocos. Ha liberado a los hombres de la religiosidad exterior, porque *ha llevado la religiosidad a su interior*. Ha emancipado el cuerpo de las cadenas, porque ha encadenado el corazón".[72] En cualquier caso, parece suceder que, debido a la propia idiosincrasia de la religión (considerada esta en general) como algo profundo e íntimo, al protestante se le antoja que solo es posible conservar su pureza confinándola dentro del ámbito privado del individuo. Algo que se manifiesta en cuestiones como el cierre de monasterios y conventos, la prohibición de reliquias, la limitación del uso de imágenes sagradas a lo estrictamente necesario o la reducción del número de días festivos. Ello en contraposición a un catolicismo que se presenta como una religión en la que los ritos y símbolos poseen un peso más que notable. Ya en 1524, Lutero llamaría la atención sobre este hecho y sus consecuencias al afirmar que "esa noble cosa a la que llaman "limosna" o "dar por el amor de Dios", no la aplican más que a las iglesias, monasterios, capillas, altares, campanarios, campanas, órganos, cuadros, imágenes, joyas y casullas de plata y oro, y después a las misas, vigilias, cantos, celebraciones, legados testamentarios,

70. Troeltsch, 1912, p. 112. En contra de esta tesis puede consultarse: Bloch, 1921, p. 179.
71. Troeltsch, 1912, p. 83.
72. Marx, 1844, p. 386.

cofradías y así sucesivamente"[73] para rematar diciendo: "habría que velar más bien por la pureza que por el esplendor". Es en este sentido en el que no le faltaba razón a Richard Wagner con aquella broma acerca del catolicismo y el protestantismo, a los que comparaba con el té (más lujoso o aristocrático —*vornehmer*) y el café, respectivamente.[74]

Como se puede intuir, el problema reside en identificar con verdadero rigor cómo estos rasgos *humanistas* del protestantismo se traduzcan en la vida cotidiana del ser humano, más allá de teorías más o menos herederas de la obra de Max Weber[75] o de opiniones como las expuestas por Marx o Wagner. No debe olvidarse que la cuestión afecta a un ámbito en el que, lógicamente, se dan muchas y diversas sensibilidades y en las que la moderación y el sosiego científicos son, como no podía ser de otro modo, completamente oportunos. En este contexto, puede resultar interesante concluir con las palabras de Wolfgang Steck al respecto: "Modernidad y liberalidad aparecen [...] casi como accidentes. Se muestran ciertamente inevitables, pero como algo más que una mera consecuencia exterior de los principios internos de la religiosidad protestante, de los principios de la individualidad".[76]

Protestantismo, razón y librepensamiento

Parece ser que el historiador Gabriel Monod dijo en cierta ocasión de sí mismo: "no conservo la fe, pero en el fondo sigo siendo un viejo hugonote y no me arrepiento".[77] Más aún, con cierto tono simplista, llegó a afirmar que "el protestantismo no es más que una serie y una colección de formas religiosas del libre pensamiento".[78] Para Hegel, más moderado (y seguramente acertado), la realidad parece estar más cerca del siguiente enunciado: "Este es el contenido esencial de la Reforma; el hombre está determinado por sí mismo a ser libre".[79] Como era de esperar, no han faltado interpretaciones de todo tipo a este respecto ya que, como señaló con perspicacia Émile Faguet al invocar el libre examen, los protestantes "tenían la causa ganada —y

73. Luther, 1524a, p. 33.
74. Anotación en el diario de Cósima Wagner con fecha 7 de diciembre de 1878 (Wagner, 1873-1877, p. 251).
75. Weber, 1904.
76. Steck, 1991, p. 116.
77. Carta a la marquesa Arconati Visconti de 9 de febrero de 1910. En: Monod, 1909-1912.
78. Reseña de M.A. Rébelliau. M.A. (1891). *Bossuet. Histoiren du protestantisme.* París, Hachette, en Monod, 1892, p. 103.
79. Hegel, 1837, p. 502.

también perdida. Habían encontrado la sentencia de muerte de sus adversarios y la suya propia" [...] "erigieron una religión libre, progresista, capaz de todo aquello que la investigación científica libre les reportaría", pero con ello también "crearon una religión ilimitada, esto es, *indefinida*, esto es, indefinible, que no sabría qué día el libre examen le traería el ateísmo, si el ateísmo formaría parte de ella misma o no; una religión que no sabría dónde acabaría y hasta dónde llegaría; una religión destinada a desvanecerse en el círculo indefinido del filosofismo que ella había abierto".[80] Es lo que, al confrontar el libre examen con la inerrancia bíblica, Auguste Sabatier denominó "*la antinomia protestante*".[81] Un planteamiento que, apenas dos años más tarde, le criticaría (con cierta ironía) François Laurent a un tal Monseñor de Ségur:[82] "la Reforma conduce al ateísmo. ¿Por qué? Porque no tiene razón de ser sino a condición de dar completa libertad al pensamiento humano, y esto es la esencia del ateísmo".[83]

No obstante, debe reconocerse que, esa cualidad, ampliamente aceptada, del protestantismo como reivindicación del individuo era algo que, casi dos siglos antes de Lutero, ya se había hecho hueco (a su manera) a través de los textos de místicos alemanes como el Maestro Eckhart, quien afirmaría: "si alguien que no sea Jesús quiere hablar en el templo, es decir en el alma, entonces Jesús calla"[84] o de ciertos escritos preprotestantes como la *devotio moderna* (de finales del siglo XIV) o la *Imitación de Cristo* de Tomás de Kempis (de finales del siglo XV). En cualquier caso, no debe confundirse el fortalecimiento del individuo con un individualismo que debilite a la comunidad, la cual constituye una entidad fundamental para el protestantismo. Es algo que puede apreciarse al analizar, yendo más allá de las pretensiones de este artículo, el engarce que realiza el protestantismo entre Estado y religión. Lo que acaso si hizo el protestantismo fue, según lo ha expresado muy acertadamente Diarmaid MacCulloch, "interrumpir *algunas formas de comunidad*, las estructuras creadas por el catolicismo medieval, pero lo hizo precisamente por considerarlas nocivas para la comunidad".[85]

80. Faguet, 1895, p. 541.
81. Sabatier, L.A. Reseña del libro *Cinquante ans de Souvenirs* de M. Pédezert en el *Journal de Genève,* 5 de mayo de 1896. Citado en: Goyau, 1898, p. xii.
82. Ségur, 1861, p. 52. Y es que, para M. Ségur, la libertad de pensamiento constituye "*un sinsentido*" (Ségur, 1861, p. 95).
83. Laurent, 1897, p. 561.
84. Maestro Eckhart, 2011, p. 145.
85. MacCulloch, 2003, p. 606.

En definitiva, tal y como era de esperar, esta preponderancia del individuo no tardó ni dudó en contraponerse y criticar el poder de la jerarquía eclesial. Como explica Ernst Bloch, Lutero consideró sacrílega esa "voluntad parlamentarista [...] en contra de Dios"[86] propia de la Iglesia católica, todo ese poder que se arrogaba la Iglesia. Fue así como el protestantismo devino esa "revolucionaria magia del sujeto"[87] de la que habló Bloch, si bien refiriéndose a Thomas Müntzer —situado más bien en las antípodas protestantes de Lutero. Tal y como plantea Erich Fromm, con la concepción sustentada por Lutero, "el hombre se halla libre de todos los vínculos que lo ligaban a las autoridades espirituales, pero esta misma libertad lo deja solo y lo llena de angustia, lo domina con el sentimiento de insignificancia e impotencia individuales. Esta experiencia aplasta al individuo libre y aislado. La teología luterana manifiesta tal sentimiento de desamparo y de duda".[88] Frente a las aspiraciones universalistas de la Iglesia católica (eso que se denomina espíritu "misionero" o "evangelizador" —una teología "imperialista" o de subordinación religioso-cultural, según sus críticos), con sus *Annuarium Statisticum Ecclesiae*, el protestantismo nunca se ha mostrado excesivamente preocupado por estas cuestiones (claramente vinculadas, por otro lado, con el ejercicio del poder). Con relación a tal aspiración universalista, decía François Laurent para explicar el supuesto desdén de Voltaire hacia la Reforma: "depende [este desdén] de una preocupación propia de la raza latina, la cual prefiere una religión universal a una religión individual, preocupación cuyo principal origen se encuentra en la educación católica, que subsiste aún y que ha adquirido nueva fuerza en la reacción que han fomentado, por partes iguales, la ignorancia, la ceguera y el odio".[89]

Destacando este posible vínculo entre Reforma e Ilustración (humanismo), Diarmaid MacCulloch señala en su conocido trabajo monográfico sobre la historia de la Reforma que, si bien la Ilustración se inició como un movimiento "enemigo del misterio y emancipador de la humanidad de las cadenas de la religión revelada", [...] "mucho de esto empezó siendo más anti-católico que anti-cristiano".[90] Para MacCulloch, no puede verse como algo paradójico ni fortuito el hecho de que "el siglo de la Ilustración fuera

86. Bloch, 1921, p. 178.
87. Bloch, 1921, p. 73.
88. Fromm, 1941, p. 135.
89. Laurent, 1897, pp. 560-561.
90. MacCulloch, 2003, p. 698.

también testigo de un nuevo florecimiento del protestantismo".[91] Wilhelm Dilthey ha visto de hecho en la Reforma ni más ni menos que la culminación del espíritu del Renacimiento y un movimiento decisivo que abriría la puerta al idealismo.[92]

Pese a todo lo expuesto, cuando se habla del vínculo del protestantismo con el humanismo, resulta oportuno recordar que no debe confundirse humanismo con racionalismo. No olvidemos, de hecho, la propensión renacentista a los saberes arcanos y el desarrollo que tuvieron en aquel periodo diversas formas de esoterismo, el hermetismo, la mitología y cualquier forma de simbolismo en general (la Cábala o el gnosticismo, por ejemplo). Sea como fuere, debe tenerse absolutamente claro que, a este respecto, la desconfianza que muestra Lutero no es hacia la razón en sí sino hacia la estridente intromisión de esta en el ámbito religioso. Lutero desdeña los abusos de la razón como herramienta para interpretar las Escrituras y, en general, la doctrina cristiana. Del mismo modo en que Tertuliano se había manifestado en *De carne Christi*,[93] Lutero no se inmuta ante las inconsistencias que puedan existir entre la razón y la fe cristiana. Más bien al contrario, aprecia en ellas el auténtico valor y fuerza de la fe, por lo que no entiende que se intente siquiera acometer la conciliación entre fe y razón. De hacerse —esto es, sin paradoja— ya no podría hablarse de "fe". Una actitud esta, de apariencia fideísta, que el protestantismo considera acorde con lo expuesto por los propios evangelios ("Te alabo, Padre, Señor del cielo y de la tierra, porque escondiste estas cosas de los sabios y de los entendidos, y las revelaste a los niños. Sí, Padre, porque así te agradó"[94]) y que no es admitida por el catecismo de la Iglesia católica.[95] Es por ello que Lutero siempre manifestó una clara oposición a la intromisión que, al modo de una especie de

91. MacCulloch, 2003, p. 700.
92. Dilthey, 1914, p. 68.
93. "Y el Hijo de Dios murió; precisamente es creíble, porque es absurdo [ineptum]. Y, sepultado, resucitó; es cierto, porque es imposible". Dado que está muy extendido el error según el cual Tertuliano escribió "credo quia absurdum" ("creo porque es absurdo"), infiriendo de tales palabras un supuesto irracionalismo dogmático por parte de la Iglesia, se incluye aquí el texto original: "*Et mortuus est dei filius; credibile prorsus est, quia ineptum est. Et sepultus resurrexit; certum est, quia impossibile*". Tertuliano (ca. 211). *De carne Christi*, 5, 4.
94. Mt 11, 25-26 y Lc 10, 21 (La Biblia, versión de Reina-Valera de 1960). El texto de ambos evangelios coincide casi literalmente.
95. Sirva de referencia el siguiente texto de la encíclica de Juan Pablo II *Fides et Ratio* de 1998, *avalada* más tarde por Benedicto XVI: "Tampoco faltan rebrotes peligrosos de fideísmo, que no acepta la importancia del conocimiento racional y de la reflexión filosófica para la inteligencia de la fe y, más aún, para la posibilidad misma de creer en Dios".

propedéutica, hizo el aristotelismo escolástico en el ámbito de la fe. Por ello, no dudó en calificar a Aristóteles de "asno ocioso",[96] lamentando que con su "sofistería pagana" hubiera sido capaz de seducir a tantos cristianos.

Como ya se ha dicho, Lutero no le niega a la razón su importancia en las cuestiones "terrenales", pero, a su entender, cuando pretende irrumpir en lo sobrenatural con la intención de valorar la revelación, no pasa de trocarse en una embaucadora. Hay que tener en cuenta que Lutero, de acuerdo con la teoría de los dos reinos inspirada por Agustín de Hipona, distinguía de forma muy nítida el ámbito divino del terrenal. Por tanto, y en definitiva, Lutero no le niega a la razón, como se ha pretendido descubrir en numerosas ocasiones (principalmente desde las filas del catolicismo), su inmenso valor como herramienta en el ámbito secular. Este posicionamiento protestante ante la razón será el que, si bien circunstancialmente, alinearía al pietismo con la Ilustración (como "gemelos desiguales" se ha dicho[97]), al poseer ambos como enemigo común al clericalismo, con su formalismo ortodoxo y su teología escolástica. "El pietismo y el racionalismo se habrían encontrado unidos en su origen en una lucha común contra la ortodoxia reinante",[98] según lo expresara Victor Delbos. No olvidemos que en su alegato de la Dieta de Worms, lo que demandaba Lutero era ser rebatido mediante alguna cita directa de la Biblia o algún argumento racional ("Si no se me convence mediante testimonios de la Escritura o razones claras [*scheinliche ursachen*]"[99]). No es de extrañar, por tanto, que Hegel concluyera que "el protestantismo no consiste tanto en una confesión particular cuanto en el espíritu de la reflexión y de una educación [*Bildung*] superior, más racional".[100] Quedan conectadas así la libertad religiosa, situada en el origen del protestantismo, con una libertad de pensamiento derivada de la primera y, fruto de la cual, diría Heine, surgiría esa importante "flor" que es la filosofía alemana.[101]

En el marco de este vínculo entre Reforma y humanismo, se ha destacado en ocasiones el caso de la leyenda de Fausto. La leyenda alemana de Fausto fue contemporánea de la reforma protestante y posee una serie de

96. Luther, 1532, p. 157.
97. Gassmann, 2004, p. 60.
98. Delbos, 1905, p. 4.
99. Wrede, 1896, p. 581.
100. Hegel, G.W.F. Carta a Niethammer del 3 de noviembre de 1810. En: Hegel, 1785-1812, p. 337.
101. Heine, 1834, p. 87.

rasgos que han bastado para que diversos autores se hayan interesado por la influencia que la Reforma pudiera haber tenido sobre la leyenda y las distintas versiones literarias que de esta nos han llegado (en especial las de Marlowe y Goethe, ambos protestantes). Se ha llegado a hablar, aunque no existan evidencias de ello, de un posible vínculo personal entre el que ha sido llamado *Praeceptor Germaniae* y uno de los padres del protestantismo, Philipp Melanchthon, y el Fausto histórico, el doctor Johann Georg Faust,[102] quien casualmente también fue formado en teología en la universidad de Wittenberg. Sea como fuere, uno de los vínculos establecidos entre el Fausto y la Reforma ha sido el de que ambos ponen el foco de atención sobre el problema de la salvación del hombre. Mientras que la Reforma lo trata desde un punto de vista positivo, Fausto lo aborda desde uno negativo.[103] Ha habido quien ha considerado que la leyenda de Fausto "es usualmente considerada un panfleto luterano" debido a su "específica orientación ideológica".[104] Incluso exégetas más próximos geográficamente, como Ernesto Giménez Caballero, han llegado a afirmar que Goethe "elabora el Fausto y el Mefisto porque son *potencias castizas de su pueblo, virtualidades luteranas, contracristianas*".[105]

De forma similar, algunos autores han llegado a apreciar cierta afinidad (tanto en los planteamientos implícitos como en sus objetivos), entre protestantismo y masonería. No ha de olvidarse que la masonería constituye una fraternidad filantrópica de claro corte ético-filosófico y progresista, que declara buscar el perfeccionamiento personal y el progreso de toda la humanidad a través del desarrollo de "la razón, la educación y un esfuerzo constante y paciente" y que únicamente acoge en su seno a "hombres libres", "solo dependientes de su conciencia".[106] Así, la revista de la masonería alemana *Latomia* afirmaba en su número 4 de 1844: "El protestantismo es en

102. Manlius, 1562, pp. 38-41.
103. Davidson, 1962, p. 514.
104. Ginsberg, 1985, p. 150.
105. Citado en González-Ruano, 1932, pp. 182-187.
No obstante, dice González-Ruano al respecto: "Goethe me parece un protestante por casualidad. Es protestante porque su familia lo era, y por nada más, pero en él concurren los mínimos exponentes de la psicología de la Reforma, y esto lo prueba claramente su gusto por lo pagano que se enfrenta al sentido de la sequedad protestante, y el dirigirse a las ideas por mediación de las formas, mientras que el protestante trata de captar directamente con el discernimiento, con el análisis".
106. Así se recoge en la página web de la Gran Logia de España:<http://gle.org/que-es-la-francmasoneria> [30 de enero de 2015]

la relación religiosa solo la mitad, mientras la masonería lo es todo. Aquel considera el contenido de la religión como una comunicación sin intermediarios entre la humanidad y Dios y permite solo un uso formal de la razón para estructurar asuntos irracionales. Por el contrario, en la masonería, la razón no debe únicamente desarrollar la forma, sino también el contenido de la religión. Así pues, el protestantismo debe, bien retornar al catolicismo, bien mantenerse voluntariamente a medio camino o dar un paso al frente [*vorwärts schreitend*] para alcanzar el terreno [*Gebiet*] de la masonería".[107] Tampoco sorprende lo que afirmaría el diario masónico alemán *Hamburger Fremdenblatt* el 13 de junio de 1917, con motivo de la celebración de los 400 años del protestantismo y los 200 de la masonería: "Las dos fuerzas espirituales del protestantismo y la masonería están siempre bien unidas y en buenas relaciones. La masonería reconoce al protestantismo como a su fundador, y no se puede concebir aquella sin este. No hubiera habido verdadera y auténtica masonería sin Lutero y sin la Reforma contra nuestro común e implacable enemigo el romanismo".[108] A tenor de estas palabras se comprende también aquello que dijera Eugène Sue de que, con vistas a lograr una Europa liberal, la mejor manera de "descristianizar" Europa era "protestantizarla". Consideraba Sue al protestantismo como un "mal incompleto", una "religión transitoria y especie de puente [...] con ayuda del cual puede llegarse, sin duda, al racionalismo puro"[109] y, para defenderse de las previsibles críticas liberales a su apología del protestantismo, añadía: "¿no es esta religión [la protestante] la más adecuada de todas para satisfacer el carácter transitorio que tanto buscamos en ellas, cuando una de sus sectas,[110] progresando y por la reflexión, llega a negar la divinidad de Cristo y de las Escrituras? ¿Qué queda después de esto?", para concluir de manera tajante: "el protestantismo [...] es [...] respecto al racionalismo, lo que los gobiernos parlamentarios respecto a la república".[111] En un sentido parecido se ha manifestado recientemente Michael Burleigh al escribir

107. Citado en: Schweyer, 1925, p. 40.

108. Citado en: Bogdan y Snoek, 2014, p. 162.

109. Citado en: Roa Bárcena, J.M. *Florilegio para un poeta*. En: Pesado, 2002, p. 142.

110. Sue no precisa a qué secta se está refiriendo, pero es muy probable que sea la Iglesia Adventista del Séptimo Día, a pesar de que la Alianza Evangélica Mundial no considera protestantes a los adventistas. Así quedó establecido en las conversaciones teológicas entre adventistas y evangélicos que tuvieron lugar en agosto de 2007 en la Universidad Andrews, de Michigan. El comunicado conjunto puede consultarse en línea en: [30 de enero de 2015]

111. Citado en: Roa Bárcena, J.M. *Florilegio para un poeta*. En: Pesado, 2002, p. 143.

sobre "los protestantes actuando como el caballo de Troya del liberalismo y el laicismo".[112]

La actitud del protestantismo frente a la cultura

En el apartado anterior se ha tratado de describir cómo el protestantismo ha sido entendido por diversos autores como una religión con una especial sensibilidad hacia los planteamientos personales de cada individuo, hacia la única e inalienable forma de entender la propia relación con Dios. Ello ha permitido que se desarrollaran en su seno, con relativo éxito, corrientes críticas con el mismo dogma. Si bien no es fácil definir el origen de tales corrientes (según la interpretación que se haga, podría remontarse al maestro Eckhart o incluso a mucho antes), suele citarse como representante al joven hegeliano David Friedrich Strauss (autor de la influyente *La vida de Jesús críticamente examinada*[113]). Para Strauss, el dogma no constituye ninguna verdad revelada divinamente, sino que es un resultado de la historicidad y, como tal, debe ser estudiado aplicando el método histórico y crítico ("de un modo forense [*juristische*]",[114] dice Strauss). Su postura suele resumirse a través de su conocida sentencia: "la verdadera crítica del dogma no es más que su historia".[115] En esta línea, Adolf von Harnack caracterizaría al dogma como un obstáculo para la fe (la cual debiera desarrollarse libremente) que no es sino la manifestación de una "helenización" del cristianismo ("una construcción del espíritu griego sobre el suelo del evangelio"[116]). Estas tendencias, reunidas en la actualidad bajo la denominación de teología liberal, llevaron a destacados miembros de la Iglesia protestante a hacer un llamamiento en favor de un cristianismo sin dogmas.[117] Esta concesión al individuo, esta "flexibilidad" del protestantismo hacia las interpretaciones del mensaje cristiano, ha dado origen a que algunos católicos lo vean como una especie de deificación del individuo. No obstante, debe reconocerse que la libertad conferida por el libre examen, así como la autoridad derivada desde la jerarquía eclesial hacia el individuo, no ha de implicar necesariamente una actitud que todo lo admita en la interpretación del cristianismo y de sus dogmas. Tal es, de hecho, la visión que la teología dialéctica de Karl Barth

112. Burleigh, 2006, p. 309.
113. Strauss, 1836.
114. Strauss, 1836, p.737.
115. Strauss, 1840, p. 71.
116. Harnack, 1890.
117. Es el caso del superintendente de la ciudad de Gotha, Otto Dreyer (Dreyer, 1888).

ha logrado hacer prevalecer en la actualidad. En realidad el protestantismo pone en valor al individuo, pero no como "ego" sino como responsabilidad, siendo que la primera consecuencia de esta "confianza" depositada en el individuo sea la necesidad de asegurar individuos cultivados, bien formados. Este es el aspecto que se abordará a continuación.

En contra de lo que manifestara Erasmo de Rotterdam ("allá donde reina el luteranismo las letras son arruinadas [*interitus*]"[118]), diversos autores[119] han defendido que la contribución a lo que podría denominarse "la cultura en Alemania" ha sido notablemente menor en el caso del catolicismo. Ya en tiempos de la Revolución francesa se lamentaba Eulogius Schneider diciendo: "¿Acaso respiramos nosotros [los católicos] un aire beocio mientras ellos [los protestantes] viven bajo un cielo ático?".[120] En cualquier caso, es bastante aceptada la idea de que la Reforma ha supuesto una de las influencias más importantes sobre la educación en Alemania a lo largo del Renacimiento,[121] que es el periodo en el cual esta comenzó a tomar forma en la mayoría de países de Europa. Es en este sentido en el que no sorprende que, el que se considera como el primer libro ilustrado para niños (el primer libro de texto, podría decirse), el *Orbis Sensualium Pictus* ("El mundo observable en imágenes"), fuera publicado en Núremberg en 1658, en latín y alemán. Obra del humanista moravo Johann Amos Comenius, pronto se extendió por las escuelas de Alemania y otros países.

En claro contraste, tal y como señala MacCulloch,[122] la Inquisición española había establecido (incluso antes de que el propio Vaticano lo hiciera) su propio *Índice de libros prohibidos de la Inquisición española*, en el que prohibía cualquier libro impreso fuera de la Península, a la vez que ordenaba a todos sus docentes y estudiantes retornar a casa. Con relación a la labor de Comenius, Peter F. Drucker destacó en su obra *Las nuevas realidades* el empeño de este por potenciar la autonomía en el proceso de formación y evitar así que "el dominio político de los profundamente

118. Rotterdam, E. de (1528). Carta nº 1977 a Willibald Pirckheimer del 20 de marzo de 1528. En: Allen y Allen, 1928, p. 366.
119. Sagarra, 1977, p. 224 y 230.
120. Citado en: Dru, 1963, pp. 35-36. Se refería Schneider a la fama de rudos e ignorantes que tenían los beocios entre los áticos (atenienses), ya reseñada, entre otros, por Horacio: "El que tenía un juicio tan recto (…) parecía haber respirado el aire espeso de la Beocia" (Horacio, 1909, p. 161).
121. Sagarra, 1977, p. 79.
122. MacCulloch, 2003, p. 299.

[*fiercely*] católicos Habsburgo"[123] acabara con el protestantismo en la República Checa. Para ello, Comenius insistió en el papel del hogar familiar como responsable primero de la educación señalando, por ejemplo, que "debiera haber una escuela materna [*Gremium maternum*] en cada casa; una escuela primaria [*Grundschule*] en cada pueblo y cada aldea, una escuela secundaria [*Gymnasium*] en cada ciudad y una universidad en cada país o gran provincia".[124]

En la actualidad, es una teoría bastante aceptada, que el origen de una alfabetización generalizada surgió de la percepción de una necesidad de leer la Biblia en lengua vernácula, algo que tuvo una especial relevancia en el caso protestante. Tal y como lo expresó Fichte, la lectura se había convertido en un problema de orden salvífico.[125] Así, sería la teología pietista, que dejara su impronta en el espíritu del prusianismo, la que resaltó la necesidad de una "espiritualidad interior" que solo era posible a través de una lectura individual de la Biblia. De este modo, los pietistas iniciaron su notable influencia sobre los principios de un embrionario sistema educativo público alemán.

Para el protestantismo, favorecer la alfabetización, así como la adopción de la lengua vernácula en la liturgia, en detrimento de una lengua no conocida por todos, como era el latín, constituía un factor crucial a la hora de garantizar que todos fueran capaces de comprender (y meditar) las Sagradas Escrituras o determinadas cuestiones de la doctrina cristiana. Es fácil intuir el impacto que ello tendría sobre el desarrollo del individuo. Hasta el año 1534, en que se publica íntegramente la traducción de Lutero, solo circulaban versiones en latín de la Biblia, destinadas exclusivamente a unos pocos, fundamentalmente sacerdotes y estudiosos. Con su traducción, Lutero quiso poner la Biblia al alcance del pueblo llano, de acuerdo con su concepción de un sacerdocio universal real ("Un zapatero, un herrero, un campesino, todos tienen la función y el cargo de su oficio y, no obstante, todos están por igual consagrados sacerdotes y obispos"[126]). En este aspecto, el reconocimiento a Lutero ha sido muy extendido si bien fue Thomas Müntzer quien definió y comenzó a utilizar una liturgia en

123. Drucker, 1989, p. 231.
124. Comenius, 2012, p. 272.
125. Fichte, 1808, pp. 190-191.
126. Luther, 1520, p. 11.

alemán.[127] Tampoco puede menospreciarse el hecho de que fuese una figura como Müntzer la que fijara su atención en la cuestión de llegar a todo el mundo. Si hay algo que distinguió a Müntzer, al liderar las revueltas campesinas de 1524 y 1525, fue su vocación como trasformador de la realidad, como revolucionario. Hasta entonces, para un pueblo no instruido, había tenido una importancia vital unos preceptos y rituales que, en cierto modo, desconocían lo que para ellos significaran puesto que no sabían latín. En cualquier caso, poco puede objetarse a la idea de que la introducción de la lengua vernácula en el ámbito de la religión implica un mejor conocimiento de los contenidos de esta (o, cuando menos, un acceso más sencillo a estos) y, con ello, se ayuda a tener una vida religiosa más personal y, en cierto modo, más sincera. Es un planteamiento que ya sugirió Ernst Bloch al afirmar: "Müntzer, en cuanto primero en disponer que se cantase y predicase en alemán, lo hizo para que el pueblo no siguiera atribuyendo ninguna fuerza a las oscuras palabras latinas".[128] El núcleo de la cuestión resulta evidente: no tiene sentido que aquello que tanta importancia tiene para la vida de una comunidad religiosa (su mensaje, sus creencias, a partir de las cuales dicha comunidad desarrolla sus fundamentos y valores), utilice como medio de comunicación una lengua desconocida.

En su estudio sobre la sociedad europea en los inicios de la modernidad, escribe Henry Kamen: "La promoción de la alfabetización entre el pueblo llano fue llevada a cabo con mayor seriedad en los países protestantes. La Biblia era la base de la fe y la Biblia había que leerla. 'Las Escrituras', argumentó apasionadamente Lutero, 'no pueden ser comprendidas sin los idiomas y los idiomas solo pueden aprenderse en la escuela'" [...] "A finales del siglo XVII podía afirmarse que los países protestantes eran los más alfabetizados de Europa"146.[129] Por su parte, afirma François López al respecto: "Hacia 1680 el espacio mediterráneo de la vieja cristiandad (España, Portugal e Italia), a partir del cual había ido forjándose Europa, empezaba a quedarse casi totalmente marginado por la nueva "Europa de las Luces". El contraste Norte-Sur, claro en Francia, es cada vez más notable a lo largo del siglo XVIII. Europa se escinde en dos: al Norte, la Europa científica, ilustrada [...] Esta es la Europa que lee, la de las Luces [...] con un índice

127. Müntzer, 1523, pp. 185-199.
128. Bloch, 1921, p. 229.
129. Kamen, 2000, p. 209.

de crecimiento superior al de la Europa mediterránea. Y al Sur, los países católicos, mucho menos alfabetizados, mucho más resistentes a los cambios y a la Ilustración".[130]

Podría decirse que este interés de la Reforma por la educación se remonta a su propio origen, en las 95 tesis de Lutero, en las que ya señaló que los cristianos debían ser instruidos". No obstante, los textos de Lutero más frecuentemente citados en lo relativo a la defensa de una educación universal son *A las autoridades municipales de todas las ciudades de Alemania, que debieran crear y mantener escuelas cristianas*[131] y *Sermón para que se mande a los hijos a la escuela.*[132] De todas maneras, sería posible encontrar innumerables referencias a cuestiones relativas a la educación a lo largo de todos sus escritos y sermones. Más tarde, Melanchthon, llamado significativamente *Praeceptor Germaniae*, se propuso como uno de los objetivos de su vida el "borrar aquella absurda noción de que una ignorancia cristiana constituía una dicha",[133] participando de forma activa en la creación y reforma de escuelas. Para ello, y valiéndose del argumento ya desarrollado por el propio Lutero,[134] expuso su convicción de que la educación, al contribuir a la formación del ser humano, debe integrar la vida religiosa con la vida civil, resultando así que la educación beneficiaría tanto a la Iglesia como al Estado: "no sería posible mantener la comunidad ciudadana ni una unión sólida entre las personas, ni sería posible que fueran gobernadas [...] *caso de que las ciencias se desvanecieran. Ya que a través de ellas se alumbrarán buenas leyes y buenas costumbres, así como una buena Humanidad, la cual a través de la religión se enraizará en nuestro tiempo y perdurará*".[135] Se establece de este modo el vínculo, tan característico en el protestantismo, entre piedad religiosa y responsabilidad civil. Si bien jamás consideró el conocimiento como un fin en sí mismo sino más bien como una herramienta al servicio de la educación religiosa, no es exagerado afirmar que Melanchthon inició el desarrollo del sistema educativo en Alemania. Redactó la normativa de muchas de las escuelas y universidades reformadas, asesorando a

130. López, 1987, pp. 769-812.
131. Luther, 1524b.
132. Luther, 1530.
133. Faber, 1998, p. 428.
134. Luther, 1524b.
135. Discurso de Melanchthon pronunciado el 23 de mayo de 1526 ante el consejo municipal y los "ciudadanos ilustrados" de Núremberg: *Zum Lob der neuen Schule* (existe una traducción al inglés: Keen, 1988).

administradores académicos de toda Europa. También escribió multitud de libros de texto y gramáticas, así como manuales sobre educación. Los textos más conocidos a este respecto son *Sobre la mejora de los estudios de la juventud*[136] (discurso inaugural de la universidad de Wittenberg) y *En elogio de la nueva escuela.*[137] Puede decirse que Melanchthon personificó la formación espiritual de su época, sistematizando las ideas de Lutero desde una perspectiva que podríamos calificar como "conciliadora" y convirtiéndolas en el fundamento de la educación (en primera instancia religiosa pero más tarde también de la laica). Por todo ello, no es de extrañar la designación que Dilthey hiciera de él como "el espíritu del humanismo cristiano".[138] Una vez se comprende el calado y la forma en que el protestantismo se ha infiltrado en el pensamiento alemán, no sorprende que tal influjo se haya transferido, de algún modo, al propio sistema educativo alemán. Aquel interés que desde un principio manifestara Lutero por una especie de "educación universal" (que abarcara a todas las clases y tanto a niños como a niñas) desembocaría en que, bajo el reinado de Federico Guillermo I (el Rey Sargento), Prusia implantara el primer sistema de enseñanza "obligatoria" en 1717. La dirección de tal sistema se puso en manos del teólogo pietista Johann Julius Hecker. La idea (más que el "sistema" como tal) era la de obligar (más bien alentar) a cada comunidad a tener y mantener su propia escuela, de modo que, si bien se planteaba como un servicio gestionado de forma relativamente local, su importancia residía en que, por vez primera, se hacía de la educación una tarea de Estado (fundamentalmente a través de la formación del profesorado, la realización de inspecciones y la financiación). Nacía así el concepto de educación pública. Lógicamente, tendría que pasar un tiempo considerable para que este sistema alcanzara un grado de desarrollo notable. Así, en 1763, Federico II el Grande instauraría el *Generallandschulreglement* (algo así como "Reglamento General para las escuelas locales"), con el cual se hizo obligatoria la escolarización de todos los niños de entre 5 y 13 años en las llamadas *Volksschulen* o escuelas populares. Son muchos los autores que consideran que, tan solo una generación más tarde, Prusia había superado ya claramente al resto de países europeos en materia de enseñanza general.[139]

136. Melanchthon, 1519.
137. Melanchthon, 1526.
138. Dilthey, 1914, p. 168.
139. A este respecto puede citarse: Mann, 1844; Cipolla, 1969, p. 72; Gutiérrez, 2010.

Hablar de conclusiones cuando se analiza la influencia de la religión en el ámbito secular (política, sociedad, cultura, etcétera) es una cuestión verdaderamente compleja. En este sentido, el caso del protestantismo no es distinto, siendo necesarias muchas reservas en su análisis. Por ello, el presente trabajo ha querido limitarse a evaluar la huella que cinco siglos de protestantismo (los cuales se celebrarán en 2017 bajo el joánico lema "En el principio era el Verbo") han podido dejar en el mundo, y, más concretamente, en uno de sus dominios "naturales": Alemania.

Los hechos revisados en este trabajo parecen indicar que el influjo de la Reforma sobre el pensamiento y el mundo cultural alemán (incluido su sistema educativo) ha sido, por muy difícil que sea de expresar cuantitativa o cualitativamente, de profundo calado. Resultaría realmente difícil comprender el peculiar itinerario efectivamente seguido por el pensamiento alemán (incluso por la propia nación alemana) si prescindiéramos de la Reforma. Prescindir de esta equivaldría, en cierto modo, a prescindir de una parte de la esencia de aquel. Según nuestro parecer, en el centro de esta influencia se sitúa el papel del individuo y, más concretamente, aquellos valores de los que se le considera portador. Lutero amplió el papel y la responsabilidad de cada individuo en lo concerniente a su vida religiosa y con ello, en cierto sentido, también en su vida secular o civil. Es una cuestión que, naturalmente, se manifiesta de forma más concreta en cuestiones como el libre examen o el sacerdocio universal pero que, sin duda, va mucho más allá. Es una realidad que, al margen de hechos concretos, este planteamiento se despliega en la forma de una auténtica cosmovisión; de un determinado humanismo según se propone aquí. Un humanismo que, precisamente por su importancia, resulta más difícil de caracterizar pero que sin duda posee las señas de esa peculiar mezcla de razón y religión, de racionalidad y sentimiento, que constituye el protestantismo.

Así, en las circunstancias del mundo actual (homogeneizador en lo positivo, pero también en lo negativo) esta centralidad del individuo, lejos de configurar al protestantismo como un exceso (un individualismo egoísta), podría servir para garantizar el papel transformador del individuo como superador de los verdaderos egoísmos de nuestro tiempo. De dónde proceda un apoyo en tal sentido es, en cierta medida (aunque *solo* en cierta medida) indiferente. En este sentido, si una mirada a la historia del pensamiento alemán de raigambre protestante permite adivinar soluciones, no debería renunciarse a ella. Entendemos que queda fuera de toda discusión el dimensionamiento de la presencia de pensadores de origen germanoprotestante en el campo de la filosofía occidental, el cual, simplificando mucho, podríamos caracterizar como con un origen en la mística germana y el idealismo y un desenlace, previo paso por el tamiz dialéctico de Hegel y el nihilismo vitalista de Nietzsche (Schopenhauer *mediante*), en el existencialismo de Martin Heidegger.

Conectado con este florecimiento protestante de la filosofía, este trabajo no ha querido olvidar la influencia que la notable presencia de administradores o pedagogos de filiación protestante (en muchos casos pietista) ha podido tener en la definición del modelo educativo alemán. Un modelo de educación que, constituyendo un interés central de la Reforma desde los tiempos de Lutero y Melanchthon, se ha distinguido por ser pionero en la concepción de una educación pública; como derecho y necesidad humana y como cuestión de Estado, si se quiere. Se han evitado expresamente afirmaciones burdas tales como que el protestantismo sea la causa de unos índices de alfabetización superiores o alcanzados con mayor dinamismo en el ámbito cultural protestante. Se ha evitado también situarse en la línea de quienes aprecian el vínculo entre un mayor desarrollo económico y una supuesta ética del trabajo protestante. No obstante, tampoco consideramos que la ausencia de una cierta investigación en torno a este tipo de hipótesis sea algo recomendable. En este sentido, la principal (y casi única) conclusión de este trabajo podría resumirse en la estimulación de la capacidad analítica y crítica en torno a la cuestión abordada y, si fuera posible, la extracción de alguna consecuencia que sea de provecho práctico para los problemas de un mundo actual en crisis (y quizás no solo económica).

Bibliografía

Abella Vázquez, C.M. Globalización y multiculturalismo: ¿son posibles las democracias multiculturales en la era del globalismo? Scripta Nova: Revista electrónica de geografía y ciencias sociales. [En línea]. Barcelona: Universidad de Barcelona, 15 de febrero de 2003, vol. VII, nº 135.

Andrew Barash, J. *Martin Heidegger and the Problem of Historical Meaning.* Nueva York, Fordham University Press, 2003.

Augustijn, C. Vir duplex: German interpretations of Erasmus. *Erasmus of Rotterdam. The Man and the Scholar: Proceedings of the Symposium Held at the Erasmus University*, Rotterdam, 9-11 November 1986, vol. 9-11, pp. 219-227. Leiden-Nueva York, E.J. Brill, 1986.

Balmes y Urpiá, J.L.A. *El protestantismo comparado con el catolicismo en sus relaciones con la civilización europea.* Tomo III. Barcelona, Antonio Brusi, 1842a.

Balmes y Urpiá, J.L.A. *El protestantismo comparado con el catolicismo en sus relaciones con la civilización europea.* Tomo IV. Barcelona, Antonio Brusi, 1842b.

Bastian Cnres, J.P. Los dirigentes protestantes españoles y su vínculo masónico, 1868-1939: hacia la elaboración de un corpus. *Anales de Historia Contemporánea*, 2005, vol. 21, pp. 409-426.

Beauvais, R. *Nous serons tous des protestants.* París, Ed. Plon, 1976.

Becker, S.O. y Woessmann, L. Was Weber Wrong? A Human Capital Theory of Protestant Economic History. *The Quarterly Journal of Economics*, 2009, vol. 124, nº 2, p. 531-596.

Berglar, P. *Wilhelm von Humboldt.* Reinbek bei Hamburg, Rowohlt Verlag, 1970.

Birkner, H.J. *Schleiermachers christliche Sittenlehre in Zusammenhang seines philosophisch-theologischen Systems.* Theologische Bibliothek Töpelmann, cuaderno nº 8. Berlín, Verlag Alfred Töpelmann, 1964.

Bloch, E. *Thomas Müntzer, teólogo de la revolución.* Madrid, Ciencia Nueva, 1921 (1968).

Bogdan, H. y Snoek, J.A.M. (eds.). *Handbook of Freemasonry.* Leiden, Brill Academic Publishers, 2014.

Bultmann, R. y Heidegger, M. *Briefwechsel* 1925-1975 (ed. A. Grossmann/ Ch. Landmesser). Frankfurt am Main-Tübingen, Vittorio Klostermann/ J.C.B. Mohr Verlag, 2009.

Burleigh, M. *Sacred Causes: The Clash of Religion and Politics, from the Great War to the War on Terror.* Nueva York, Harper Perennial, 2006.

Cacho Viu, V. *Revisión de Eugenio d'Ors* (1902-1930), *seguida de un epistolario inédito.* Barcelona, Quaderns Crema/Publicaciones de la Residencia de Estudiantes, 1997.

Capelle-Dumont, P. *Filosofía y teología en el pensamiento de Martín Heidegger.* Buenos Aires, Fondo de Cultura Económica, 2012.

Carlyle, T. *Los héroes.* Madrid, Sarpe, 1841 (1985).

Centro de Investigaciones Sociológicas. *Barómetro de julio de 2014. Estudio nº 3033, p. 20.* [En línea] [30 de enero de 2015] <http://www.cis.es/cis/export/sites/default/Archivos/Marginales/3020_3039/3033/es3033mar.pdf>

Cipolla, C.M. *Educación y desarrollo en Occidente.* Barcelona, Ediciones Ariel, 1969.

Coulton, G.G. *Five Centuries of Religion, vol. IV: The Last Days of Medieval Monachism.* Cambridge, Cambridge Press, 1950.

Davidson, C. Doctor Faustus of Wittenberg. *Studies in Philology*, 1962, vol. 59, nº 3, p. 514-523.

Declaración de Tutzing, 1973. [En línea] <http://www.ekd.de/download/EZWINF58.pdf> [30 de enero de 2015]

Delbos, V. *La philosophie practique de Kant.* París, Ed. Ancienne Librairie GermerBaillière, 1905.

Denker, A., Gander, H.H. y Zaborowski, H. (editores). *Heidegger und die Anfänge seines Denkens. Heidegger-Jahrbuch 1. Freiburg/München:* Verlag Karl Alber, 2004.

Wrede, Adolf (ed.). *Deutsche Reichstagsakten. Jüngere* Reihe, Bd. 2: Deutsche Reichstagsakten unter Kaiser Karl V. Gotha: Hrsg. v. A. Wrede, 1896.

Diesterweg, F.A.W. *Pädagogischen Jahrbuch für Lehrer und Schulfreunde.* In Diesterweg, F.A.W. *Sämtliche Werke*, Ab. I, Bd. 14: Aus den "Rheinischen Blättern für Erziehung und Unterricht" von 1859 und 1860. Aus dem "Pädagogischen Jahrbuch für Lehrer und Schulfreunde" 1860 und 1861. Berlín, Volk und Wissen Verlag, 1861.

Dilthey, W. *Hombre y mundo en los siglos XVI y XVII.* México- Buenos Aires, Fondo de Cultura Económica, 1914 (1947).

D'ors Rovira, E. *Religio est Libertas.* Madrid, Cuadernos literarios, 1925.

Dreyer, O. *Undogmatisches Christentum: Betrachtungen eines deutschen Idealisten.* Braunschweig, Schwetschke, 1888.

Dru, A. *The Church in the Nineteenth Century: Germany 1800-1918.* Londres, Burns & Oates, 1963.

Drucker, P.F. *The New Realities: In Government and Politics, in Economics and Business, in Society and World View.* Nueva York, Harper & Row, 1989.

Faber, R. Philipp Melanchthon on Reformed Education. *Clarion. The Canadian Reformed Magazine*, 1998, vol. 47, nº 18, pp. 428-431.

Faguet, E. Auguste Comte. — II. Sa Morale et sa Religion. *Revue des Deux Mondes*, 1895, tomo 130, pp. 534-559.

Ferrater Mora, J. *Diccionario de filosofía.* Buenos Aires, Sudamericana, 1965.

Fichte, J.G. Politische Fragmente aus den Jahren 1807 und 1813. Alte und neue Welt. In Fichte, J.G. Werke, Bd. VII: Zur Politik, Moral und Philosophie der Geschichte (herausg. von I. H. Fichte). Berlín, Walter de Gruyter, 1807 (1971).

Fichte, J.G. *Discursos a la nación alemana.* Madrid, Tecnos, 1808 (2002).

Fischer, K. Vida de Kant. In *Revista Contemporánea*, tomo I, vol. I. Madrid, Tip. de Manuel G. Hernández, 1875, pp. 98-120.

Fromm, E. *El miedo a la libertad.* Buenos Aires, Paidós, 1941.

Garaudy, R. *Palabra de hombre.* Madrid, Cuadernos para el Diálogo, 1975.

Gassmann, L. Pietismus – wohin? Eine Einladung zur Besinnung und Umkehr. In *Erneuerung und Abwehr.* Evangelische Zweimonatsschrift, Evangelische Notgemeinschaft in Deutschland, Doppelnummer 3/4/2004, pp. 59-83.

Gilmort, J.F. Reformas protestantes y lectura. In Cavallo, G. y Chartier, R. (coords.). *Historia de la lectura en el mundo occidental.* Madrid, Taurus, 1995.

Ginsberg, E.S. L'Histoire Prodigieuse du Docteur Fauste (reseña del libro de PierreVictor Palma-Cayet). In *Renaissance and Reformation*, 1985, vol. 21, nº 2, pp. 150-151.

Ginzo Fernández, A. *Protestantismo y Filosofía.* Alcalá de Henares, Universidad de Alcalá, 2000.

Ginzo Fernández, A. Heidegger y la reforma protestante. *Revista de Filosofía*, 2009, vol. 27, nº 62, pp. 7-47.

González-Ruano, C. Goethe ante la Hispanidad. In *Acción Española*, 1932. Madrid, 1 de abril de 1932. Tomo II, nº 8, pp. 182-187.

Govern, W.M. *From Luther to Hitler: The History of Fascist-Nazi Political Philosophy.* Nueva York, Houghton Mifflin Company, 1941.

Goyau, G. *L'Allegmane religieuse. Le protestantisme.* París, Perrin et Cie., 1898 (1911).

Graf, F.W. Kultur des Unterschieds? Protestantische Tradition im multikulturellen Deutschland.

In Ziegert, R. Protestantismus als Kultur. Bielefeld, W. Bertelsmann Verlag KG, 1991a, pp. 97-108.

Graf, F.W. Protestantische Wortkultur heute. In Ziegert, R. *Protestantismus als Kultur.* Bielefeld: W. Bertelsmann Verlag KG, 1991b, pp. 125-132.

Graf, F.W. y Tanner, K. Das religiöse Fundament der Kultur. Zur Geschichte der neueren protestantischen Kulturdebatte. En: Ziegert, R. *Protestantismus als Kultur.* Bielefeld, W. Bertelsmann Verlag KG, 1991, pp. 7-66.

Graff, H. *Legacies of Literacy. Continuities and Contradictions in Western Culture and Society.* Bloomington-Indianápolis, Universidad de Indiana, 1987.

Gran Logia de España. [En línea] <http://www.gle.org/que-es-la-francmasoneria> [30 de enero de 2015]

Gutiérrez Gutiérrez, C.C. Legislación y prácticas educativas en el siglo XVIII. *Revista Cabás*, 2010, nº 4. Diciembre 2010.

Habermas, J. *Philosophical-political Profiles.* Cambridge, MIT Press, 1971.

Hahn, H.J. *Education and Society in Germany.* Nueva York, Berg Publishers, 1998.

Haller, J. *Las épocas de la historia alemana.* Buenos Aires, Espasa-Calpe Argentina, 1923.

Harnack, A. Von. *Lehrbuch der Dogmengeschichte.* Freiburg Im Breisgau-Leipzig, Akademische Verlagsbuchhandlung von J.C.B. Mohr (Paul Siebeck), 1890.

Hegel, G.W.F. *Fenomenología del espíritu.* Madrid, Universidad Autónoma de Madrid/Abada Editores, 1807 (2010).

Hegel, G.W.F. Carta a Niethammer del 3 de noviembre de 1810. In *Briefe von und an Hegel. Band 1: 1785-1812.* Hamburg, Meiner Verlag (ed. de Johannes Hoffmeister), 1810 (1952).

Hegel, G.W.F. *Vorlesungen über die Geschichte der Philosophie III.* Frankfurt am Main, Suhrkamp, 1836.

Hegel, G.W.F. *Vorlesungen über die Philosophie der Geschichte* (ed. de Eduard Gans). Berlín, Duncker und Humblot, 1837.

Hegel, G.W.F., Schelling, F.W.J. y Hölderlin, F. Das älteste Systemprogramm des deutschen Idealismus. In Hegel, G.W.F. Werke, Bd. 1: *Frühe Schriften.* Frankfurt am Main, Suhrkamp, 1797 (1971).

Heidegger, M. Einführung in die Metaphisik. In *Gesamtausgabe*, Bd. 40 (GA 40). Frankfurt am Main, Vittorio Klostermann Verlag, 1935.

Heine, H. *Sobre la historia de la filosofía y la religión en Alemania.* Madrid, Alianza Editorial, 1834 (2008).

Hellpach, W. *Geopsique.* Madrid, Casa de Horus, 1911.

Homann, H. Religion in der "bürgerlichen Kultur". Das Problem des Kulturprotestantismus. In Ziegert, R. *Protestantismus als Kultur.* Bielefeld, W. Bertelsmann Verlag KG, 1991, pp. 67-84.

Horacio. Epístola a Augusto. In *Obras completas de Horacio.* Tomo II: Sátiras y epístolas. Epístola 1, Libro II. Madrid, Biblioteca de Perlado, Páez y Cª, 1909.

Inglehart, R.F. y Welzel, C. Changing Mass Priorities: The Link Between *Modernization and Democracy. Perspectives on Politics*, 2010, vol. 8, nº 2, pp. 551-567.

Johann Amos Comenius. *Didáctica Magna.* Madrid, Akal, 1986.

Johansson, E. The History of Literacy in Sweden in comparison with some other countries. *Educational reports Umeå*, nº 12. Umeå, University of Umeå, 1977, pp. 2-42.

Juan PablO II. Encíclica Fides et ratio del Santo Padre Juan Pablo II, 14 de septiembre de 1998. [En línea] <http://www.w2.vatican.va/content/John-paul-ii/es(encyclicals(documents/hf_ip-ii_enc_14091998_fides-et-ratio.html> [30 de enero de 2015]

Kamen, H.J. *Early Modern European Society.* London, Routledge, 2000.

Keen, R. *A Melanchthon Reader.* American Universities Studies, Series 7, Theology and Religion, vol. 41. Nueva York, Peter Lang, 1988.

Kroner, R. *Von Kant bis* Hegel. Tübingen, J.C.B. Mohr, 1921.

Küng, H. *Grandes pensadores cristianos. Una pequeña introducción a la teología.* Madrid, Trotta, 1995.

Biblia. Reina-Valera 1960 (RVR1960).

Laurent, F. *Estudios sobre la historia de la humanidad.* Tomo V. Madrid, Hija de M. Rodríguez, 1897.

Leibniz, G.W. *Ensayos de Teodicea. Sobre la bondad de Dios, la libertad del hombre y el origen del mal.* Salamanca, Ediciones Sígueme, 1710 (2013).

Limage, L. The growth of literacy in historic perspective: clarifying the role of formal schooling and adult learning opportunities. In UNESCO. *Education for All Global Monitoring Report 2006: Literacy for Life.* París, UNESCO, 2005.

Lledó, E. Notas históricas sobre un modelo universitario. En *Volver a pensar la educación,* vol. 1: Política, educación y sociedad (Congreso Internacional de Didáctica). Madrid, Morata, 1995, pp. 60-70.

López, F. La resistencia a la Ilustración: bases sociales y medios de acción. In Historia de España, tomo XXXI, vol. 1: *La época de la Ilustración: El Estado y la cultura (1759-1808).* Dirección de Ramón Menéndez Pidal. Madrid, Espasa Calpe, 1987.

Luther, M. A la nobleza cristiana de la nación alemana acerca de la reforma de la condición cristiana. En: Luther, M. *Escritos políticos.* Madrid, Tecnos, 1520 (2008).

Luther, M. *Sobre el comercio y la usura.* Palma de Mallorca, Ed. José J. de Olañeta, 1524a (2009).

Luther, M. An die Ratsherren aller Städte Deutschlands, dass sie christliche Schulen einrichten und halten sollen. In *Martin Luthers Werke, Kritische Gesamtausgabe (Weimarer Ausgabe).* Abteilung 1: Schriften, Bd. 15:

Predigten und Schriften 1524. Weimar, Verlag Hermann Böhlaus Nachfolger, 1524b (1899).

Luther, M. Eine Predigt, daß man Kinder zur Schulen halten solle. In *Martin Luthers Werke, Kritische Gesamtausgabe (Weimarer Ausgabe).* Abteilung 1: Schriften, Bd. 30- II: Schriften 1529/30. Weimar, Verlag Hermann Böhlaus Nachfolger, 1530 (1909).

Luther, M. Johannes Schlaginhaufens Nachschriften. In *Martin Luthers Werke, Kritische Gesamtausgabe (Weimarer Ausgabe).* Abteilung 2: Tischreden, Bd. 2: Tischreden aus den dreißiger Jahren, Nachschriften Schlaginhaufens, Sammlungen Rabes und Cordaux', nº 2412b. Weimar, Verlag Hermann Böhlaus Nachfolger, 1532 (1913).

Macculloch, D. *Reformation. Europe's House Divided: 1490-1700.* Londres, Penguin Books, 2003.

Maestro Eckhart. Sermón Marta y María. In Maestro Eckhart *El fruto de la nada y otros escritos.* Madrid, Siruela, ca. 1320 (2011).

Mann, H. *Seventh Annual Report of the Board of Education; Together with the Seventh Annual Report of the Secretary of the Board.* Boston, Dutton and Wentworth, State Printers, 1844.

Manlius, J. *Locorum communium collectanea.* Basel, Oporinus, 1562.

Marx, K. Zur Kritik der Hegelschen Rechtsphilosophie. In *Karl Marx-Friedrich Engels Werke.* Bd. I. Berlín, Dietz Verlag, 1844 (1959).

Melanchthon, P. (1519). Sermo habitus apud iuventutem Academiae Wittenberg. De corrigendis adulescentiae studiis (Über die Verbesserung der Ausbildung der Jugend). In *Melanchthon Studienausgabe,* Bd. 3: Humanistische Schriften. Gütersloh, Gerd Mohn, 1969.

Melanchthon, P. (1526). In laudem novae scholae (Lobrede auf die neue Schule). In *Melanchthon Studienausgabe,* Bd. 3: Humanistische Schriften. Gütersloh, Gerd Mohn, 1969.

Menéndez Pelayo, M. *Historia de los heterodoxos españoles.* Volumen I. Madrid, CSIC, 1882a (1992).

Menéndez Pelayo, M. *Historia de los heterodoxos españoles.* Volumen II. Madrid, CSIC, 1882b (1992).

Monod, G. *Revue historique,* tomo 49 de mayo-agosto de 1892. París, Ancienne Librairie Germer Baillière et Cie, 1892.

Monod, G. *Correspondance reçue par la marquise Arconati-Visconti, née Marie Peyrat. XXV. Lettres de Gabriel et Olga Monod.* Manuscrits de la bibliothèque VictorCousin, MSVC 287. París, Bibliothèque interuniversitaire de la Sorbonne, 1909-1912.

Müntzer, T. Ordenación y razón del servicio divino en alemán de Allstedt, [que] a través de los servidores de Dios recientemente ha sido introducido, In *Tratados y sermones.* Madrid, Trotta, 1523 (2001).

Niebuhr, R. *The Nature and Destiny of Man: A Christian Interpretation*, vol. II: Human Destiny. New York, Charles Scribner's Sons, 1943.

Nietzsche, F. *El anticristo. Maldición sobre el cristianismo.* Madrid, Alianza Editorial, 1895 (1988).

Nipperdey, N. *Deutsche Geschichte 1800-1866. Bürgerwelt und starker Staat.* Munich, Verlag C.H. Beck, 1983.

Novalis. Amor y fe o el rey y la reina. En Novalis. *Europa o la cristiandad: Amor y fe o El rey y la reina; Aforismos políticos.* México, Libros del Umbral, 1788 (1999).

Ortega y Gasset, J. *Meditaciones del Quijote.* Madrid, Ed. Revista de Occidente, 1914 (1975).

Ortega y Gasset, J. *Del imperio romano.* In Ortega y Gasset, J. Obras completas. Tomo VI (1941-1955), pp. 83-134. Madrid, Fundación José Ortega y Gasset/Taurus, 1941.

Painter, F.V.N. *Luther on Education.* St. Louis, Concordia Publishing House, 1889.

Paulsen, F. Kant, der Philosoph des Protestantismus. In *Kant-Studien*, vol. 4, nos. 1- 3, pp. 1-31. Berlín, Reuther & Reichard, 1900.

Ratzinger, J. *Zur Lage des Glaubens. Ein Gespräch mit Vittorio Messori.* München, Verlag Neue Stadt, 1985.

Roa Bárcena, J.M. Florilegio para un poeta. In Pesado Pérez, J.J. *Obra literaria y miscelánea.* México, Universidad Nacional Autónoma de México, 2002.

Rotterdam, E. The Correspondence of Erasmus. Letters 1122-1251 (1520-1521). In *Collected Works of Erasmus*, vol. 8. Toronto/Buffalo/Londres, University of Toronto Press, 1988.

Allen, P.S. y Allen, H.M. *Opus Epistolarum Des. Erasmi Roterodami*, vol. VII: 1528-1529. Oxford, Oxford University Press, 1928.

Rupp, H.F. Philipp Melanchthon (1497-1560). Prospects: *The Quarterly Review of Comparative Education*, 1996, vol. 26, nº 3, pp. 611-621.

Sagarra, E. *A social history of Germany 1648-1914.* Londres, Methuen & Co., 1977.

Sagrada Congregación para la Doctrina de la Fe. *Declaración sobre la masonería del 26 de noviembre de 1983.* <http://www.vatican.va/roman_curia/congregations/cfaith/documents/rc_con_efaith_do_c_

19831126_declaration-masonic_sp.html> [En línea] [30 de enero de 2015]

Schiller, F. *Sämtliche Werke*, vol. IV: Historische Schriften (ed. G. Fricke y H.G. Göpfert). Munchen, Carl Hanser Verlag, 1980.

Schultz, W. *Kant als Philosoph des Protestantismus.* Serie Theologische Forschung: Wissenschaftliche Beiträge zur kirchlich-evangelischen Lehre, vol. 22. Hamburg-Bergstedt, Reich & Heidrich/Evangelischer Verlag, 1960.

Schweyer, F. *Politische Geheimverbände. Blicke in die Vergangenheit und Gegenwart des Geheimbundwesens.* Freiburg im Breisgau, Herder Verlag, 1925.

Scoville, W.C. *The Persecution of Huguenots and French Economic Development, 1680-1720.* Berkeley-Los Angeles, University of California Press, 1960.

Ségur, L.G. *Causeries sûr le protestantisme d'aujourd'hui.* París, J.B. Pélagaud, 1861.

Steck, W. Protestantische Attribute: Individualität-Modernität-Liberalität. Eine Meditation. In Ziegert, R. *Protestantismus als Kultur.* Bielefeld, W. Bertelsmann Verlag KG, 1991, pp. 109-123.

Strauss, D.F. *Das Leben Jesu, kritisch bearbeitet*, Bd. 2. Tübingen, C.F. Osiander, 1836.

Strauss, D.F. *Die christliche Glaubenslehre, in ihrer geschichtlichen Entwickelung und im Kampf mit der modernen Wissenschaft dargestellt*, Bd. 1. Tübingen-Stuttgart, C.F. Osiander/F.H. Köhler, 1840.

Strauss, D.F. *Der alte und neue Glaube: ein Bekenntnis.* Leipzig, Verlag von S. Hirzel, 1872. Tanner, K. Protestantische Religiosität zwischen Subjektivismus und Staatsfrömmigkeit. In Ziegert, R. *Protestantismus als Kultur.* Bielefeld, W. Bertelsmann Verlag KG, 1991, pp. 85-96.

Taylor, H.O. *The Mediaeval Mind A history of the development of thought and emotion in the Middle Ages*, vol. 2. Nueva York, The Macmillan Company, 1919.

The Encyclopædia Britannica, 11ª ed., vol. XIII. Cambridge, University Press, 1911.

Thompson, L. *El triunfo de la fe. Martín Lutero y su vigencia hoy.* Grand Rapids, Portavoz Portavoz, 2003.

Tillich, P. *A Complete History of Christian Thought*, vol. II. Nueva York, Harper & Row Publisher, 1968.

Tönnies, F. *Comunidad y asociación. El comunismo y el socialismo como formas de vida social.* Madrid, Biblioteca Nueva, 1887 (2011).

Troeltsch, E. Die Kirche im Leben der Gegenwart. In *Gesammelte Schriften, Band 2: Zur religiösen Lage, Religionsphilosophie und Ethik.* Tübingen, J.C.B. Mohr (Paul Siebeck), 1911.

Troeltsch, E. *Protestantism and Progress. A historical study of the relation of protestantism to the modern world.* Boston: Beacon Press, 1912 (1958).

Zieger, R. Protestantismus als kultur? Bemerkungen zur kulturellen Situation des protestantischen Kirchenwesens. In Ziegert, R. *Protestantismus als Kultur.* Bielefeld: W. Bertelsmann Verlag KG, 1991, pp. 133-150.

Villey, M. *La formation de la pensée juridique moderne.* París, Les Édition Montchretien, 1975.

Wagner, C. *Die Tagebücher*, Bd. 2: 1873-1877 (ed. Martin Gregor-Dellin y Dietrich Mack). München, Piper, 1982.

Weber, M. *La ética protestante y el "espíritu" del capitalismo.* Madrid, Alianza Editorial, 1904 (2009).

Wheeler-Carlo, P. Huguenot Identity and Protestant Unity in Colonial Massachusetts: The Reverend André Le Mercier and the "Sociable Spirit". *Historical Journal of Massachusetts,* 2012, vol. 40, nos. 1-2, pp. 122-147.

MOMENTOS CULMINANTES DE LA REFORMA LUTERANA

La disputa de Leipzig, momento culminante en el rompimiento de Martín Lutero con la iglesia romana (1517-1521)

Francisco Illescas

Introducción

"Por amor a la verdad y por el anhelo de alumbrarla",[1] así inicia Martín Lutero (1483-1546) su texto con *Las 95 tesis* que clavara en la puerta de la iglesia del castillo de Wittemberg en 1517. Palabras en que expresaba, no tanto un desafío a la Iglesia Romana ni las bases para un debate teológico,[2] sino las conclusiones de una búsqueda personal , búsqueda que, siguiendo las palabras de James William, sanara a su *alma enferma*[3] del peso del pecado y que habría de atormentarlo por años, desde su estancia en el convento de Erfurt hasta el descubrimiento de la doctrina de la justificación por la gracia, tras el estudio de la *Epístola a los romanos* del apóstol Pablo siendo ya profesor de Teología en la Universidad de Wittenberg, ca. 1516.

Indudablemente, las tesis luteranas representaban una respuesta a la exitosa pero cuestionable venta de indulgencias[4] que el monje domi-

1. Martín Lutero, "Las 95 tesis", en *Obras*. Salamanca, Sígueme, 2001, p. 65.
2. Como anota Jaques Barzun: "lo último que se proponía era escindir su Iglesia, la católica = ("universal"), y dividir su mundo [...] tampoco estaba realizando un acto desacostumbrado [...] era común entre los clérigos iniciar un debate de esta manera. El equivalente actual sería publicar un artículo provocador en una revista académica". J. Barzun, *Del amanecer a la decadencia. Quinientos años de vida cultural en Occidente*. Madrid, Taurus, 2001, pp. 31-32.
3. En relación con el análisis de la experiencia religiosa de Martín Lutero y su descubrimiento de la doctrina de la justificación por medio de la fe, véase el estudio de William James sobre psicología de la religión. W. James, *The Varitеties of the Religious Experience*. Touchstone, 2004, caps. 6 y 7.
4. Originalmente fue una concesión hecha a cualquiera que participara en las cruzadas o que diera dinero para permitir que alguien carente de recursos lo hiciera. Las indulgencias liberaban a los pecadores de un determinado tiempo de castigo en el purgatorio antes de que fueran al cielo. En teoría, estas creaban una especie de crédito sobre el tesoro de méritos acumulado por Cristo y los santos en el cielo. Pero ni la teoría ni la conexión con el dinero estaba bien definida, y los clérigos aprovechaban para simplemente vender indulgencias. M. *Chambers et al., The Western Experience*. McGraw-Hill College, 1999, p. 438.

nico Johannes Tezel estaba llevando a cabo en los territorios adyacentes a Wittenberg, como apuntan algunos autores.[5] Sin embargo, otros escritores asientan que los contenidos de Las 95 tesis contra las indulgencias probablemente no estaban inspirados del todo en la actividad de Tezel: Lutero "no necesitaba del 'escándalo de Tezel' para ver en acción a los predicadores de 'indulgencias'".[6] De cualquier forma, Lutero respondió a la masiva venta de indulgencias como quien habiendo buscado una "solución evangélica a sus propias deudas, le es imperdonable que la gente fuera privada de su dinero difícilmente ganado a cambio de promesas carentes de valor".[7]

Esta postura cambia tan solo tres años después. Lutero en tres de sus más radicales panfletos: *A la nobleza cristiana de la nación alemana, La cautividad babilónica de la iglesia* y *La libertad del cristiano,* se ha olvidado completamente de la posición abierta al diálogo y sujeta de la autoridad eclesiástica, que había claramente manifestado en Las 95 tesis,[8] al punto de desafiar y rebatir los fundamentos de la autoridad papal. En otras palabras, la protesta comenzada en 1517, se consumaba en 1521 ya no como protesta o propuesta de Reforma, sino como rompimiento con la Iglesia Romana.[9] Es así que surge la pregunta, ¿cuáles fueron las causas de esta súbita transformación de las primeras ideas reformadoras en un ataque directo a la Iglesia?

La importancia de este cuestionamiento radica en que en los años siguientes al rompimiento, las características particulares del pensamiento de Lutero que fundamentaron el quebrantamiento, determinarían también el curso de la Reforma protestante. La importancia del tema es evidente: el 32.54% de la población mundial profesa el cristianismo; 15.56% conformado por católicos y 13.50% por grupos cristianos derivados de la revolución de Lutero.[10] De modo que la Reforma, y específicamente las ideas de Lutero que la definieron, están directamente vinculadas histórica e ideológicamente con alrededor del 30% de la población mundial de nuestros días.

5. Cf. J. W. Zophy, *A short History of Renaissance and Reformation Europe.* Prentice Hall, 1996, pp. 158-159; D. Schwanitz, *La cultura.* Madrid, Taurus, 2004, pp. 101-102.
6. Lucien Febvre, *Martín Lutero: un destino.* México, FCE, 2004, p. 82. Véase también P. Collinson, *La Reforma.* Barcelona, Debate, 2004, pp. 68-70.
7. M. Chambers *et al., op. cit.,* p. 438.
8. "T. Egido", en M. Lutero, *op. cit.*, p. 19.
9. Ante la Dieta de Worms y su negativa a retractarse de estos y otros escritos frente al Emperador Carlos V, los príncipes electores y autoridades eclesiásticas.
10. P. Johnson y J. Mandryck, *Operation World.* WEC International, 2001, pp. 2-5.

Así, a lo largo del presente trabajo, a través de una revisión documental y el análisis de diversas fuentes históricas, se analizará cómo es que la doctrina desarrollada por Lutero, con base en su estudio bíblico y en su experiencia religiosa, fue la que lo llevó, al seguirla radicalmente, a desafiar la autoridad papal y a cuestionar los fundamentos doctrinales de la Iglesia; culminando en la Disputa de Leipzig,[11] el rompimiento definitivo e irreversible con la Iglesia de Roma.

Antecedentes

Martín Lutero nació en 1483, hijo de Hans Luther, un ambicioso minero,[12] y Margarethe Lindermann, pertenenciente a una familia burguesa de Eisenach,[13] quien le inculcó una rigurosa confianza en Dios y en la Iglesia. Gracias a ella y a la ambición de su padre, Lutero recibió una excelente educación, primeramente en Magdeburg y posteriormente en Eisenach,[14] donde cursó sus estudios universitarios. Allí sería introducido al nominalismo de Guillermo de Occam y de Gabriel Biel.[15]

Lutero era un alumno brillante[16] y, sin embargo, súbitamente abandonó sus estudios de derecho para entrar al convento de los Agustinos-ermitaños de

11. De aquí en adelante se referirá indistintamente como "la Disputa de Leipzig" o únicamente como "Leipzig"

12. De Lamar Jensen, *Reformation Europe. Age of Reform and Revolution.* Heath and Company, 1992, p. 55.

13. P. Collinson, *op. cit.,* p. 65.

14. D. L. Jensen, *op. cit.,* p. 55.

15. El nominalismo fue propuesto por el fraile inglés Guillermo de Occam, sostiene una acentuada separación entre la razón y la fe —al contrario de lo propuesto por Tomas Aquino y la escolástica medieval— y concede la primacía a esta última, junto con un fuerte énfasis en tanto la incognoscibilidad de Dios así como su omnipotencia. "Los universales —decía— no son cosas reales… sino palabras (*nomina*) […] Nuestro espíritu por su naturaleza, no puede aprehender sino realidades individuales y contingentes; de donde se deduce que todas las ciencias que pretenden sobrepasarlas, como la metafísica y la teología, no ofrecen ninguna seguridad: fallan desde la base". C. Guignebert, *Cristianismo medieval y moderno.* México, FCE, 1957, p. 165. Además de ello, Occam afirmaba "[…] que la Iglesia debe transformarse según las necesidades de las edades sucesivas, que ni la primacía del papa ni la jerarquía son en sí necesarias a su existencia […] El papa puede equivocarse, el Concilio también […] la única regla debe buscarse en las Escrituras". C. Guignebert, *op. cit.,* pp. 161-162.

16. Un contemporáneo suyo recuerda: "el empezó a estudiar seria y esforzadamente lógica así como el resto de las artes libres y retóricas [...] empezaba sus estudios cada mañana con oración y misa. Su regla era 'Ansiosamente orado es casi estudiado'. Nunca se quedaba dormido o faltaba a clase, cuestionaba a sus profesores de una manera honorable. Estudiaba con sus compañeros y el tiempo en que no había clases lo pasaba en la biblioteca". D. L. Jensen, *op. cit.,* p. 56.

Erfurt. Esta decisión determinó su futuro;[17] pues fue dentro de la vida monástica, en la severidad de la práctica católica, en la que Lutero experimentó la penuria de ser un "monje impecable",[18] el de las buenas obras ante la realidad atemorizante del pecado, lo cual será el preámbulo de su descubrimiento de la doctrina de la justificación por la fe.

Por otro lado, el ambiente social en el que se desarrolló el joven Lutero transpiraba el deseo de una reforma religiosa. En primer lugar, el humanismo cristiano había inspirado en las clases educadas[19] una preocupación por el retorno al estudio del Antiguo y Nuevo Testamentos;[20] en segundo lugar, se vivía una interiorización del cristianismo,[21] es decir, se manifestaba el deseo de vivir un cristianismo liberado de superstición y vulgaridad; y en tercer lugar, el intelectualismo sobre la valoración de la *filosofía de Cristo*[22] y la búsqueda de una Iglesia depurada de la corrupción; ideas expuestas por pensadores como Erasmo de Rotterdam, John Wycliff y Jan Hus,[23] de entre

17. De tal forma que Lucien Febvre afirma en su biografía Martín Lutero: un destino: "Pero si Martín Lutero no se hubiera revestido de ese hábito despreciado por los burgueses prácticos [...] si no hubiera hecho la experiencia personal y dolorosa de la vida monástica, no hubiera sido Martín Lutero". L. Febvre, *op. cit.*, pp. 17-18.

18. Traducción del latín de Teodoro K. Rabb del Prefacio de Lutero a la edición de 1545 de sus escritos apud Otto Scheel, ed., *Dokumente zu Luther Entwicklung*. Tubinga, Mohr, 1929, pp. 191-192.

19. "[...] hay que señalar que la el movimiento humanístico septentrional dio a la reforma el armazón técnico y la independencia mental suficientes para construir y estructurar la verdadera rebelión religiosa". R. Romano y A. Tenenti, *Historia universal siglo XXI. Los fundamentos del mundo moderno. La Reforma protestante*. México, Siglo XXI, 2002, p. 228.

20. "El deseo de leer la escritura en su más genuina forma era, sin duda, piadoso... Pero tras ese deseo se ocultaba la exigencia de encontrar la confirmación a una espiritualidad nueva, todavía no estructurada, pero claramente opuesta a la tradicional, y, en especial, a la de los últimos siglos de la Edad Media. No es extraño, ciertamente, que la sanción que se necesitaba fuese encontrada en seguida, proclamada progresivamente y de un modo cada vez más decidido... entre 1466 y 1478, habían salido las primeras ediciones en alemán, holandés, italiano y francés de la Biblia; en 1470 había visto la luz en Augsburgo la primera de las Biblias ilustradas, más accesibles por su complemento iconográfico. Ya antes de que Lutero se rebelase contra Roma, las distintas ediciones de la Escritura no se contaban en Europa por decenas sino por centenares". *Ibíd.*, p. 229.

21. "En esta especie de nueva entrega al contacto directo —es decir, a la búsqueda del contacto— entre el hombre y Dios, el prestigio perdido por las instituciones tradicionales y el profundo descontento espiritual por ellas provocado, empujaban a los creyentes a poner, por lo menos, entre paréntesis a la Iglesia visible, y a intentar la realización de una renovada experiencia religiosa con solo las propias fuerzas". *Ibíd.*, p. 231.

22. D. L. Jensen, *op. cit.*, p. 53.

23. Armando Saitta, *Guía crítica de la historia moderna. La Reforma protestante*. México, FCE, 1998, pp. 57-59.

los que cabe destacar al Cardenal Cisneros y la reforma efectuada exitosamente por él en la Iglesia de España.[24]

A diferencia de España, en Alemania, en un escenario político muy distinto, la situación de la Iglesia había llegado a ser intolerable.[25] En medio de la agitación política causada por la muerte del Emperador Maximiliano I en 1519; Carlos V, para ser coronado Sacro Emperador Romano, debió hacer numerosas concesiones[26] a los príncipes electores,[27] deseosos de aumentar su poder territorial y autonomía dentro del Imperio.[28] Bajo este clima de incertidumbre política y de incipiente nacionalismo, la fe que salva, o la justificación por la fe predicada por Lutero, sería el decisivo catalizador[29] del proceso reformador[30] precipitado por la situación de corrupción que vivía la Iglesia.

Esta corrupción puede ser ejemplificada en el caso de Alberto de Maguncia y del asunto de las indulgencias. El príncipe Alberto-Hohenzollern, arzobispo de Magdeburgo y administrador de Halberstadt, llegó a un arreglo con Roma para obtener el arzobispado de Maguncia; a través de un préstamo hecho por la familia de banqueros imperiales, los Fugger. Eventualmente, la Curia exigió a Alberto que recaudara los 29000 florines de oro adeudados a través de la promulgación de la indulgencia para la construcción de la Basílica de San Pedro en Roma, quedándose él con la mitad de lo recaudado.[31] El dominico Johanness Tezel llevó a cabo con gran éxito la venta, provocando que Lutero expresara públicamente los

24. De tal modo que cuando, años después, las atronadoras prédicas de los reformadores protestantes resonaron por toda Europa, no encontraron ecos en España. Cf. J. A. Ortega y Medina, *Reforma y modernidad*. México, Instituto de Investigaciones Históricas/UNAM, 1999, p. 70.
25. *Ibíd.*, p. 72.
26. Entre ellas, "*a)* no convocar el *Reichstag* [Dieta] fuera del territorio imperio; *b)* no penetrar el imperio con tropas extranjeras; c) no emplear otra lengua sino la Latina o germana". *Ibíd.*, p. 72.
27. El derecho de elección era ejercido por los siete príncipes electores (Maguncia, Colonia, Tréveris, Sajonia, Palatinado, Brandeburgo y Bohemia); ellos elegían al "Rey de Romanos", el cual requería de la coronación por parte del papa para poder ostentar el título de emperador". H. Lutz, *Reforma y Contrarreforma*. Madrid, Alianza Universidad, 1992, p. 43.
28. "Los nuevos campos de conflicto aparejados a la crisis de la Iglesia han de verse sobre el trasfondo de este antagonismo de principio entre el Emperador y el Estado territorial de impronta estatamental". *Ibíd.*, p. 45.
29. R. Romano y A. Tenenti, *op. cit.*, p. 231.
30. "En cierto sentido [...] significaba la culminación de una añeja esperanza mantenida por siglos por todos los pueblos nórdicos: la reivindicación germano-nacional, frente a la latinidad representada por Roma, y el rescate Paulino del Evangelio, de la influencia tomista". *Ibíd.*, p. 73.
31. H. Lutz, *op. cit.*, p. 53.

descubrimientos doctrinales que había realizado durante sus años como profesor de teología en la Universidad de Wittenberg.[32]

Desarrollo

Lutero: su experiencia religiosa y la respuesta bíblica

"Lo que enseño" escribió Lutero a Staupitz[33] en 1518 "es que los hombres depositen su confianza, no en oraciones ni en méritos ni en obras propias, sino solo en Jesucristo, porque no nos salvaremos sino por la misericordia de Dios".[34] En estas palabras Lutero esboza la doctrina paulina que lo llevó al enfrentamiento con Roma. Doctrina compuesta de dos partes esenciales: la justificación a través de la fe —*sola fides*— y las Escrituras como única fuente de autoridad religiosa —*sola Scriptura.*

En junio de 1505, Lutero entró al convento de los ermitaños-agustinos de Erfurt, llevando en sus inquietudes religiosas el germen de la Reforma.[35] Pues, como apunta De Lamar Jensen, si bien Lutero justificó su entrada al convento como consecuencia del voto hecho durante una repentina tormenta eléctrica en la que se sintió cerca de la muerte; esta fue, sin embargo, únicamente el catalizador de la gran ansiedad que sentía respecto a sus convicciones religiosas, específicamente, sobre la dificultad de obtener la salvación a través de buenas obras.[36] Así que "nadie señaló con el dedo al agustino de Erfurt y de Wittenberg el camino que había de seguir. Lutero fue el artesano, solitario y secreto, no de su doctrina, sino de su tranquilidad interior".[37]

De tal modo que, durante años, su vida monástica consistió en una constante *Anfechtung*—asaltos de duda y terror por su situación delante de Dios.[38] La rigidez de su vida en el monasterio, de sus penitencias y exigencias, no bastó para brindarle la seguridad de la salvación. Sin embargo, gracias al doctor Staupitz, Lutero fue enviado a la Universidad de Wittenberg, donde se doctoró en teología en 1512 y se convirtió en lector de teología. Fue entonces que Lutero encontró en el Evangelio y, después de tanto

32. Véase nota 1.
33. *Johannes de Staupitz*, vicario general del convento agustino de Erfurt, mentor y amigo de Lutero.
34. "Carta de Lutero a Staupitz. 31 de marzo 1518", en M. Lutero, *op. cit.*, p. 376.
35. L. Febvre, *op. cit.*, p. 17.
36. *Idem.*
37. *Ibíd.*, p. 56.
38. J. Strohl, "Luther's Spiritual Journey", en *The Cambridge Companion to Martín Luther*, p. 150.

tiempo, la tranquilidad[39] que buscaba a través de la apropiación de la doctrina paulina de la justificación por la fe:

> Cuando el hombre no encuentra nada dentro de sí que le pueda salvar. Este es el momento en el que advierte la promesa y la oferta divina que dice: '¿quieres cumplir todos los mandamientos [...] verte libre de los pecados a tenor de lo exigido por la ley? Pues mira: cree en Cristo; en él te ofrezco toda gracia, justificación, paz y libertad; si crees lo poseerás [...] a base de la fe' [...] Esto significa que la fe, compendio de la ley entera, justificará a quienes la posean, de forma que no necesitarán nada más para ser justos y salvos [...] 'La fe de corazón es la que justifica y salva' (Epístola a los Romanos, cap. 1).[40]

De este modo, satisfacía Lutero no solo su propia necesidad sino la de la incipiente sociedad renacentista de una fe fundamentada en las Escrituras;[41] de carácter personal e interior[42] y centrada en la figura de Cristo.[43] Y, más importante, despojaba a la Iglesia Romana de la exclusividad de la salvación. Lutero había encontrado en las Escrituras, en la respuesta a su inquietud individual, un argumento concluyente contra uno de los principios fundamentales de la hegemonía de la iglesia romana: la salvación sí era posible fuera de la iglesia, a través de un acto estrictamente personal no regulable: *sola fides*.

Resulta evidente entonces la importancia del segundo principio fundamental de Lutero: la autoridad suprema de las Escrituras. Pues en ellas se encontraba el único fundamento a la doctrina de la justificación por la fe, a la posibilidad de la salvación fuera de la Iglesia Romana. Eventualmente, según las mismas Escrituras, estas son la fuente de la fe y, consecuentemente, necesarias para la vida de cualquier cristiano: "Lo único que en el cielo y en la tierra da vida al alma es la palabra de Dios. Nada más necesita si posee la palabra de Dios... para actuar y fortalecer esta fe de manera permanente".[44] Y más aún:

> Nadie está justificado excepto el que cree en Dios, como está dicho en la Epístola a los Romanos 1:17 y en Juan 3:18 [...] Por tanto, la justificación

39. Probablemente realizó su descubrimiento ca. 1513, año en el que ya era lector de Teología en Wittemberg y del que se conserva su escrito más antiguo: Lecciones sobre el salterio. En él, ya se encuentra un avance de su doctrina de la justificación por la gracia, cf. "T. Egido", en M. Lutero, *op. cit.*, p.18. Cf. L. Febvre, *op. cit.*, p. 56.
40. "La libertad del cristiano", en M. Lutero, *op. cit.*, p. 159.
41. R. Romano y A. Tenenti, *op. cit.*, p. 229.
42. *Ibíd.*, p. 231.
43. D. L. Jensen, *op. cit.*, p. 53.
44. "La libertad del cristiano", en M. Lutero, *op. cit.*, p. 159.

> de un justo y de su vida como hombre justo constituye su fe [...] La fe no es más que creer lo que Dios promete o dice [...] Cualquier cosa destacable que leemos que sucedió en el Antiguo o en el Nuevo Testamento, leemos que fueron hechas por la fe, no por las obras, no por una fe general, sino por una fe dirigida [...] Yo aplaudo y sigo a la Iglesia en todo. Solo me opongo aquellos que, en nombre de la Iglesia Romana, quieren construir una Babilonia para nosotros, como si la Sagrada Escritura ya no existiese.[45]

De este modo, al tiempo en el que Tetzel recorría los territorios aledaños a Sajonia con su exitosa venta de indulgencias, Lutero ya había resuelto sus inquietudes personales, y estructurado sus doctrinas en los cursos impartidos en la Universidad de Wittenberg sobre las epístolas paulinas; doctrina que desafiaba dos de los mayores fundamentos del poder Romano: la exclusividad de la salvación —al ser esta ganada personalmente a través de la fe— y la autoridad papal —al ser la Biblia la única autoridad en asuntos espirituales. Entonces, con el asunto de las indulgencias, las ideas de Lutero —cuyas implicaciones probablemente él mismo desconocía—[46] se hicieron eco a lo largo de todo el imperio en las aspiraciones nacionalistas del pueblo germano, y llevaron a Lutero y a su doctrina al rompimiento con Roma.

La doctrina luterana y el desafío a la iglesia

El asunto de las indulgencias es "el primer eslabón de una cadena que une a Wittenberg con Worms".[47] Una cadena que une el descubrimiento de la teología personalista de Lutero con su papel de agente de cambio, de maestro y predicador de la Reforma.

Algunas fuentes le dan mucha importancia al papel de Tezel y la venta de indulgencias realizada en las fechas conforme a la "compra" del Obispado de Maguncia por Alberto de Hohenzollern y su deuda con la casa de Fugger, como catalizador de la publicación de las tesis.[48] Sin embargo, otros autores, principalmente Lucien Febvre, consideran que la acción de Tezel en suma tuvo poca importancia: "¿Así, pues, Tezel? Sin duda. Pero, en primer lugar, fijémonos en la fecha. El 31 de octubre es la víspera de Todos los Santos. Y el día de Todos los Santos era cuando cada año los peregrinos

45. "Lutero frente a Cayetano en Augsburgo", en J. Atkinson, *Lutero y el nacimiento del protestantismo.* Madrid, Alianza, 1971, pp. 190-191.
46. Cf. L. Febvre, *op. cit.;* "Egido T", en *op. cit.*; P. Collinson, *op. cit.*
47. L. Febvre, *op. cit.*, p. 77.
48. Véase a Armando Saitta, Patrick Collinson, De Lamar Jensen y Jonathan Zophy.

acudían [...] a Wittenberg, para ganar los perdones visitando las reliquias [...]. La indulgencia predicada por Tezel: bien. La indulgencia adquirida en Wittenberg igualmente".[49]

Partiendo del análisis del contenido de las Tesis: "Todo cristiano verdaderamente arrepentido tiene la debida remisión plenaria de la pena y de la culpa, aun sin la adquisición de las cartas de indulgencia [...] El tesoro verdadero de la Iglesia consiste en el sacrosanto evangelio".[50] Lutero "une, con el más estrecho de los lazos, su doctrina sobre las indulgencias a su doctrina general, a su concepción en conjunto de la vida cristiana"[51] basada en la fe como único medio de salvación y en la Escritura como única fuente de autoridad teológica.

Por otro lado, la publicación de *Las 95 tesis* generalmente recibe, para el efecto de revisar el rompimiento con la Iglesia, una mayor atención de la que requiere. ¿Si verdaderamente estas consisten el acto rebelde de Lutero, si realmente estas desafiaban en sí la autoridad papal, por qué la respuesta de Roma —la bula papal— no llega hasta 1520? Es más, después de 1517 Lutero no solo continúa enseñando en la universidad de Wittenberg, sino que incluso logra hacer triunfar sus tesis en el capítulo agustino en Heidelberg a principios de 1518. ¿Qué sucedió en esos dos años en los que las represalias de Roma tardaron en llegar? ¿Cuál fue en realidad el detonante del rompimiento de Martín Lutero con la Iglesia Romana?

La doctrina de Lutero de la justificación por la fe y la gracia y la importancia de las escrituras, eventualmente llevaría —como se desarrollará en el siguiente apartado— a disputar la autoridad de la Iglesia. Un asunto que, a diferencia de la relativa insignificancia de las indulgencias, conducía necesariamente al cuestionamiento de la autoridad papal, la estructura eclesiástica y del *statu quo* y, consecuentemente, al enfrentamiento directo con Roma. Aparentemente, Lutero "no comprendió cabalmente las consecuencias de su interpretación de las Escrituras [el fundamento de su teología]"[52] en un principio. Esto explicaría su tono conciliador —"Yo aplaudo y sigo a la Iglesia en todo"—[53] de un principio. ¿Cuándo se dio cuenta de las implicaciones de su teología que hasta entonces había permanecido inofensiva dentro de los muros universitarios?

49. L. Febvre, *op. cit.*, p. 87.
50. M. Lutero, "Las 95 tesis", en *op. cit.*, pp. 68-69. Tesis 36, 62 y 93 respectivamente.
51. *Ibíd.*, p. 87.
52. *Idem.*
53. "Lutero ante Cayetano en Augsburgo", en J. Atkinson, *op. cit.*, pp. 190-191.

En 1518, Lutero es llamado a compadecer en Augsburgo[54] frente al cardenal Cayetano.[55] La respuesta de Lutero fue todavía más contundente: "la Biblia tiene primacía sobre todos los decretos [...] Su Santidad abusa de la Escritura. Yo niego que esté por encima de la Escritura".[56] La reacción de Cayetano fue simbólica de la posición de la Iglesia frente a las ideas de Lutero y su teología que rescataba el fundamento de las Escrituras: "explotó y le gritó a Lutero que no volviese a menos que fuese para retractarse".[57] Ante el fracaso del encuentro, la situación se torna peligrosa. Staupitz intenta reunir dinero para mandar a Lutero a París y lo releva de su voto de obediencia para que pudiera huir libremente. Lutero finalmente regresa a Wittenburg presintiendo el fin.[58] Entonces, Federico decide protegerlo mientras no se haya entablado contra él ningún juicio justo y se le declare culpable. Después, Lutero goza de un breve tiempo de paz que, sin embargo, habría de llevarlo únicamente a una segunda disputa en la que, esta vez, el rompimiento sería definitivo.[59]

En 1519, Lutero escribe: "Eck, mi hombre astuto, quiere arrastrarme a nuevas disputas".[60] Y en efecto, el profesor Johannes Eck[61] de la Universidad de Ingolstad, rival de Lutero, desafió a Andreas von Karlstadt, uno de sus colegas, a debatir en Leipzig en julio de 1519. Lutero insistió en acompañarlo

54. Gracias a la intervención del príncipe Federico, padrino de la Universidad de Wittenburg, y príncipe elector de Sajonia, quien intercedió por Lutero ante el emperador Maximiliano pidiéndole que las autoridades romanas escucharan a Lutero en un lugar neutral.
55. "Tommaso de Vito, vicario general de los dominicos que participaba en la Dieta de Augsburgo como legado papal...el teólogo más distinguido de su generación". P. Collinson, *op. cit.,* p. 75.
56. *Idem.*
57. *Idem.*
58. Lutero escribe a Spalatin: "Espero mi excomunión desde Roma cualquier día...Seré como Abraham, sin saber a dónde voy. Sin embargo, yo estoy más seguro de a dónde voy, porque Dios está en todas partes". J. Atkinson, *op. cit.*
59. Mientras tanto, la política alemana habrá de jugar también en su contra: justo cuando Roma intenta continuamente sobornar a Federico para que ceda a Lutero, el emperador Maximiliano muere (1519) y resulta evidente que Carlos de España —su sobrino— lo sucederá en el trono. Federico era uno de sus principales opositores, de modo que para Roma —quien también se oponía a su elección— una buena relación con Federico era vital. Cuando fue evidente que Carlos sucedería al emperador, para Roma una buena relación con Federico dejó de ser importante. De momento Lutero pasó a un segundo plano.
60. "Carta de Lutero a Staupitz. 20 de febrero 1519", en M. Lutero, *op. cit.*
61. "el polemista más temido de Alemania...un erudito por derecho propio, fuere, sin miedo e independiente". J. Atkinson, *op. cit.,* 197.

y tomar parte en el debate.[62] En la primera semana del encuentro, Eck fácilmente derrotó al viejo Karlstadt. Cuando Lutero se unió al debate el 4 de julio, Eck logró desviarlo hacia la exposición de su doctrina, haciéndolo desafiar públicamente la autoridad papal y de los concilios eclesiásticos[63] e identificarse con las ideas de Huss —considerado oficialmente como hereje.

Fue en estas disputas formales, en Augsburgo y en Leipzig, en las que, a los ojos de Lutero, la intransigencia de Cayetano y de Eck como partidarios del papado, parece haber llevado a Lutero a apreciar la verdadera naturaleza excluyente de su *nueva teología* con la autoridad romana. Así, la resistencia de Roma a aceptar la crítica del humilde teólogo, en la insignificante cuestión de las indulgencias,[64] despertó al Reformador nacido del fuego del debate y la disputa, dispuesto a desafiar la autoridad de Roma hasta la muerte.[65]

En consecuencia, una vez que Lutero comprendió cabalmente las implicaciones de su nueva teología, y con ello su papel de profeta, y al movimiento que encabezaba como "la causa de Dios"[66] no tardó en confirmarse en el papel que ya se atribuía de tiempo atrás: "Dios no solo me conduce, me arrebata, me empuja".[67] Entonces y, como consecuencia de los debates, Lutero emprendió una nueva etapa de escritura programada.[68] Es el momento de la publicación de sus obras reformadoras, manifiestos "que eran...declaraciones de guerra":[69] *La libertad del Cristiano, A la nobleza cristiana de la nación alemana sobre la reforma de la cristiandad* y *La cautividad*

62. D. L. Jensen, *op. cit.,* p. 61.
63. *Idem.*
64. En el cuestionamiento de las indulgencias, Lutero "no estaba atacando el Dogma en lo absoluto (con lo que quería decir la doctrina que había sido definida clara y formalmente por el papa y el Concilio), solamente doctrinas que... como doctor de la divinidad, estaba autorizado a traer a discusión y a discutir. Incluso, esta cuestión de las indulgencias aún estaba *sub judice* técnicamente; estaba esperando que se concretase la doctrina". J. Atkinson, *op. cit.,* p. 181.
65. Lo que puede observarse en una carta que escribe camino a Augsburg en 1518 para entrevistarse con Cayetano, "las palabras de un hombre consciente por completo de su situación peligrosa y de las ideas que estaba dispuesto a defender con su vida": "Solo queda una cosa: mi cuerpo débil y quebrantado. Si me quitan esto, me convertiré en el más pobre durante una hora de mi vida [...] Pero no podrán quitarme mi alma". *Ibíd.*, p. 185.
66. *Ibíd.*, p. 188.
67. "Carta de Lutero a Staupitz. 20 de febrero 1519", en M. Lutero, *op cit.,* p. 377.
68. D. L. Jensen, *op. cit.,* p. 63.
69. P. Collinson, *op. cit.,* p. 77.

babilónica de la Iglesia, fundamentados en su nueva teología.[70] En diciembre del mismo año, Lutero quemó públicamente la bula de excomunión. La ruptura había sido consumada. "Tres semanas después, León X emitía otra bula en la que [lo] excomulgaba definitivamente".[71]

La Disputa de Leipzig como el detonante del rompimiento de Martín Lutero con la Iglesia Romana

Con base en las palabras de Lutero, vistas a la luz de diferentes interpretaciones de la Reforma, es posible responder que la Disputa de Leipzig fue el detonante del rompimiento de Martín Lutero con la Iglesia Romana[72] hasta el punto de que:

a) La Disputa de Leipzig hizo patente a Lutero las implicaciones de su propia doctrina y, así, lo impulsó a manifestarlas claramente por primera vez.
En Leipzig a Lutero "debe de habérsele hecho claro...que su enfoque exegético y su razonamiento teológico fundamental permitían como única autoridad a las Escrituras y cuestionaban radicalmente la estructura misma de la Iglesia".[73] Primeramente, debe comprenderse que la teología[74] luterana de la justificación por la fe implicaba el "cuestionamiento de la autoridad última dentro de la Iglesia"[75] por sus dos principios fundamentales: primero: *Dios salva a través de la fe. Consecuentemente y contrario a lo establecido por el derecho canónico, sí es posible la salvación fuera de la Iglesia. Segundo: la Biblia, como fuente única de la fe, es la única autoridad en materia religiosa.* Evidentemente, la Iglesia pierde a la luz de esta nueva teología sus dos prerrogativas teológicas esenciales: la administración de la salvación y el carácter intermediario entre Dios y el hombre.

70. "[...] una serie de deducciones que se inferían del principio soberano de la justificación por la fe". *Ibíd.*, p. 79.
71. *Idem.*
72. A partir de aquí referida únicamente como "Iglesia".
73. M. Wriedt, "Luther's Theology", en Donald McKim, ed., *The Cambridge Companion to Martín Luther*. Universidad de Cambridge, 2003, p. 93.
74. En el presente trabajo se hace una distinción importante entre *teología y doctrina*, términos usualmente confundidos. Así, teología refiere a la concepción general sobre Dios y el cristianismo. Así, sus ideas sobre la justificación por la gracia a través de la fe y la supremacía de la Biblia forman parte de su teología. Por otro lado, doctrina refiere a una aplicación más concreta contenida dentro de un sistema teológico; de este modo, las diferentes opiniones sobre las indulgencias, se tratan así de doctrinas.
75. M. Wriedt, "Luther's Theology", en D. McKim, ed., *op. cit.*, p. 94.

Sin embargo, hasta 1519 la cuestión no había llegado a ser decisiva sobre la forma en la que Lutero veía su relación con Roma, y no sería hasta la Disputa de Leipzig cuando Lutero se manifestaría abiertamente tras descubrir las implicaciones de su doctrina. Muchos autores consideran que el desafío de Lutero a la autoridad papal comienza con la fijación de las *Tesis* en 1517. De forma casi mecánica viene la dramática imagen a la memoria cada vez que se menciona la palabra Reforma o Lutero, a tal grado que la simplificación alcanza dimensiones grotescas: "1. Lutero movió su mano; 2. Clavó una pieza de papel a la puerta de su iglesia en Wittenberg; 3. Lutero causó la Reforma".[76] Atkinson, reconociendo la importancia del debate teológico suscitado posteriormente contradice dicha hipótesis categóricamente: "La historia siempre recordará la dramática fijación de las *tesis* [...] y la aún más dramática situación en Worms, ante la Iglesia y el Estado, pero el juicio de Augsburgo fue igualmente dramático y posiblemente más trascendente que los otros dos".[77]

¿Por qué? Simplemente porque en el momento en el que clavó las tesis Lutero no sabía que su planteamiento teológico, como acertadamente comenta Oberman, planteaba de fondo una pregunta trascendental: ¿de quién era la autoridad última, de la Biblia o del papa? La controversia se manifestó primeramente en el juicio que el teólogo oficial del papa, Prierias, hizo de las tesis en 1518; posteriormente, en la audiencia a la que fue sometido Lutero en Augsburgo en 1518 y, finalmente y más importante, en Leipzig en 1519. Sin embargo, Atkinson concluye apresuradamente a favor de la importancia de Augsburgo y las indulgencias, en esto concuerdan Atkinson y Guignebert.

De acuerdo con ellos, "Criticar a fondo las indulgencias y su justificación era plantear, quisiéralo o no, todo el problema del pontificialismo".[78] Atkinson, con su conocimiento teológico, complementa haciendo patente el peso de Leipzig en dicha cuestión: "Leipzig hizo a Lutero verse a sí mismo más claramente. Ahora comprendía que su ataque al tráfico de indulgencias no estaba simplemente fustigando un abuso, sino clavando una daga en el corazón de la mediación sacerdotal, que negaba el derecho de cada creyente individual a acercarse a Dios".[79] Ciertamente, Leipzig hizo ver a Lutero que

76. R. Plant, *Politics, Theology and History*. Universidad de Cambridge, 2001, p. 92.
77. J. Atkinson, *op. cit.*, p. 187.
78. C. Guignebert, *El cristianismo medieval y moderno*. México, FCE, 1957, p. 204.
79. J. Atkinson, *op. cit.*, p. 202.

desafiaba la mediación sacerdotal, pero no a causa de la cuestión de las indulgencias, como afirma Atkinson, sino con base en la nueva teología de Lutero, de acuerdo con lo que se ha explicado previamente. Con ello concuerda Oberman: "no fueron las tesis sobre las indulgencias lo que provocó los revolucionarios efectos… [sino] el debate sobre la cuestión de la inhabilidad de los concilios, del poder universal del papa y del derecho a invitar a la Iglesia a la conversión apelando a las Escrituras";[80] debate que no habría de llevarse acabo directamente hasta la Disputa de Leipzig. Dicho debate, si bien comenzaría centrado sobre la doctrina de las indulgencias —que era en todo caso superficial y, como apuntan algunos autores, ni siquiera estaba bien definida en aquella época— condujo rápidamente al debate de la nueva teología de Lutero y el consecuente cuestionamiento de la autoridad papal.

Sin embargo, mientras que Guignebert únicamente ve en el asunto teológico la causa de la ruptura, Atkinson aporta algo sumamente importante: en Leipzig, Lutero "dominaba una gran cantidad de material histórico, que le empujó a poner en duda por completo los decretos y a ver el pontificado medieval como una imposición reciente y falsa en el cristianismo".[81] Si bien Lutero ya había previamente sentado los precedentes para desafiar las prerrogativas espirituales de la Iglesia Romana en su teología; Leipzig lo conducía por otro camino: la argumentación histórica. De este modo, la controversia de Leipzig…

b) La Disputa de Leipzig impulsó a Lutero cuestionar históricamente la autoridad papal —llevando al ámbito social su ataque a los pilares de la hegemonía romana.

A pesar de que Guignebert no logra identificar la importancia de la crítica histórica del papado —realizada por Lutero como preparación para la controversia de Leipzig— intuye la importancia del desafío histórico como el punto de partida de Lutero. Según él, para resolver el problema teológico de Lutero: "era necesario remontarse en la tradición de la Iglesia más allá de los límites de la Edad Media y representarse la cristiandad sin papa".[82] Y eso fue justamente lo que el desafío de Eck lo llevó a hacer. Para responder al argumento de Eck —repetición del inefable papal—, Lutero esgrimió

80. H. Oberman, *Lutero: un hombre entre Dios y el Diablo*. Madrid, Alianza Universidad, 1992, pp. 232-233.
81. J. Atkinson, *op. cit.*, p. 198.
82. C. Guignebert, *op. cit.*, p. 204.

una crítica histórica:[83] "[En Leipzig] demostró que la supremacía del papa no tenía más que 400 años de antigüedad, que no existía en lo absoluto en la mitad oriental de la Iglesia, ni nunca había existido. La Iglesia Griega no tenía nada que ver con el papa, y los grandes Concilios que habían formulado la fe católica, no sabían nada de la primacía papal".[84]

Así, en su preparación para la Disputa, Lutero además logró probar la invalidez del argumento temporal de la Iglesia. Después de Leipzig, Lutero no veía en la Iglesia nada más que otra institución humana, ¡ni siquiera demasiado antigua! De este modo, la crítica histórica junto al cuestionamiento teológico, hacían al ataque de Lutero contra la autoridad papal algo devastador: ¡los papas y concilios podían, de facto, ser desafiados dentro de un contexto cristiano! Un argumento histórico a favor del mismo argumento teológico: ¡el cristianismo era posible fuera de la Iglesia Romana! Más aún, antes de Leipzig el desafío a la autoridad pontificia era únicamente teológico: limitado a los clérigos y eruditos. Después de Leipzig, el papado se pone bajo discusión histórica y, por ende, social. Así, cuando Lutero regresa a Wittenberg y "según su costumbre, escribió para el pueblo alemán un informe del debate"[85] estaba trasgrediendo el terreno teológico y académico, reducido y seguro, y llevando el conflicto al ámbito social: invitaba a la gente a participar en el juicio y llamaba a la convulsa Alemania a tomar parte en la contienda. Así, Lutero...

c) La Disputa de Leipzig hizo evidente a la Iglesia Romana el peligro político que representaba dentro del contexto social, económico y político de Alemania (inquietudes/desigualdad; burguesía, gran riqueza, poco poder político, incomprensión de la mediación sacerdotal; ambición de los príncipes y debilidad del imperio) para sus intereses.

Como apunta Guignebert, tomando muy en consideración el contexto social en el que se inscribe históricamente la Disputa de Leipzig: "el monje alemán se convirtió, inmediatamente, en el núcleo de la cristalización de todas las ideas de oposición al Clero romano, de todos los anhelos de reforma

83. "Que la Iglesia [Romana] sea superior a todas las demás se demuestra con insípidos decretos que han lanzado los papas... durante 400 años. Contra esto, están la evidencia histórica de 1500 años, el texto de la Divina Escritura y el decreto del Concilio de Nicea". M. Lutero *apud* J. Atkinson, *op. cit.*, p. 198.
84. *Ibíd.*, p. 202.
85. *Idem.*

dispersos en Alemania".[86] Pero, ¿cuáles eran estos anhelos de reforma y a qué características sociales correspondían?

Febvre, en un efectivo análisis de la sociedad alemana de 1517, señala tres elementos principales: a) el descontento de los burgueses y campesinos por el abuso económico de la Iglesia Romana, y su incomprensión de la mediación eclesiástica; b) la ambición de los nobles y los príncipes por los dominios de la Iglesia; c) y el descontento nacional por "la mala disposición de la Curia" a llevar a cabo reformas importantes en su relación con el imperio y su desdén hacia el pueblo germano.[87]

En este contexto debe juzgarse la importancia del hecho de que, tras el desafío histórico/teológico de la autoridad papal desarrollado en Leipzig: "Los burgueses vieron que la oposición a la tiranía sacerdotal no era necesariamente irreligiosa, y que una Alemania independiente de Roma era una posibilidad religiosa".[88] Febvre reconoce este mismo efecto pero va más allá en su análisis y resalta algo que Atkinson pasa desapercibido: tras la Disputa de Leipzig no solo "negaba el derecho y el origen divino del pontificado, así como la inhabilidad del concilio universal"[89] —como ya lo hacía antes sin saberlo con su teología— sino que pasa a ser visto como un líder capaz de unir a la desarticulada Alemania en un movimiento protonacional. Hasta tal punto, que Hutten, quien dirigiría las revueltas de 1520 la "Revuelta de los caballeros" contra los príncipes eclesiásticos, escribió a Lutero instándolo a unírsele bajo la tentadora consigna de: "Padre de la Patria".[90]

Oberman, en su enfoque microscópico de la teología de Lutero no acierta a ver que tan importantes como su teología, son los efectos sociales que esta tuvo. De modo que, como concluye Febvre, uniendo tanto lo teológico y lo social, tras la Disputa de Leipzig había mucho más que un simple debate teológico e histórico: "detrás de los bancos de Leipzig, atiborrados de auditores, estaba toda una Alemania todavía estremecida por la elección imperial y que escuchaba con avidez. Una Alemania que, cada vez más nítidamente, percibía en Lutero una fuerza de combate y de destrucción".[91] La iglesia definitivamente sintió también al Reformador que se gestaba tras el

86. C. Guignebert, *op. cit.*, p. 204.
87. L. Febvre, *op. cit.*, p. 103. Sobre el contexto social, político y económico de la Reforma véase el extenso estudio de H. Lutz, *op. cit.*
88. J. Atkinson, *op. cit.*, p. 202.
89. L. Febvre, *op. cit.*, p. 202.
90. *Ibíd.*, p. 131.
91. *Ibíd.*, p. 129.

debate de Leipzig, y fue justamente en él en el que se asestó oficialmente el golpe definitivo contra Lutero, pues…

d) En la Disputa de Leipzig, Eck logró de forma concluyente exponer a Lutero como un hereje sin mayor discusión; único argumento que buscaba la Iglesia para condenarlo.

Desde que Lutero cuestionó la doctrina de las indulgencias, la posición de la Iglesia se había mantenido constante, no habría discusión: "Obedece, o la muerte".[92] En principio, esta fue dada por el teólogo oficial de la corte papal, Prierias, como respuesta a Las 95 tesis contra las indulgencias de Lutero: "'Quien al contemplar las indulgencias diga que la Iglesia Romana no debe hacer lo que efectivamente hace, es un hereje.' Así, declaraba infalibles no solo las enseñanzas, sino también los actos de la Iglesia".[93] Más aún, este planteamiento se repite más adelante cuando —por intercesión del príncipe elector de Wittenberg, protector de Lutero— fue auditado en Augsburgo en vez de Roma por el cardenal Cayetano.

La posición de Cayetano era contundente: "decir a este 'andrajoso' frailecito el curso de la acción que esperaba de él: la retracción".[94] Sobre la importancia de Augsburgo, Oberman se muestra decidido: "Cayetano contribuyó de manera importante a aclarar la posición de Lutero… [quien] se mantuvo firme en tomar como maestra a la Escritura".[95] A fin de cuentas, Cayetano planteó a Lutero —como último recurso— la pregunta "*Credis, vel non credis*?… ¿Crees o no?", a la que se reducía todo el asunto a los ojos de la Iglesia, nuevamente esta disyuntiva inevitable: la obediencia o la muerte. Y así surge naturalmente la pregunta, ante semejante disyuntiva ¿por qué Lutero no se retractó?

Aparentemente, la reticencia del papado a escuchar su postura —surgida del *anfechtung*, de una sed existencial de muchos años que solo había superado a través de la *certeza* que tenía en su nueva teología— le daba a Lutero la razón. Pues, justamente, el apóstol Pablo advertía: "Aunque un ángel del cielo os anunciase otro evangelio distinto del que os hemos anunciado, sea anatema".[96] En ese momento el papado, miope y seguro en sus muchos años de dominio, no acertaba ver lo que ya era evidente a los ojos

92. *Ibíd.*, p. 137.
93. H. Oberman, *op. cit.*, pp. 245-246.
94. J. Atkinson, *op. cit.*, p. 189.
95. H. Oberman, *op. cit.*, pp. 239-240.
96. San Pablo, "Epístola a los Gálatas", cap. 1, v. 8.

de muchos de los humanistas, burgueses y eruditos de la época: que su autocracia corroía —como en este caso, al contradecir *de facto* lo explícitamente establecido en la Biblia; además de los numerosos abusos y corrupciones— los principios no solo de su autoridad moral sino espiritual.

Febvre entonces, enmarca claramente a Lutero inmerso en este contexto: "Cuando Lutero comparece en Augsburgo ante Cayetano, cerca de un año antes de su torneo con Eck, ya ha sido declarado herético, sin más trámites, por sus jueces romanos...Al clasificarlo así [de hereje]... [la Iglesia] lo expulsaba poco a poco fuera de esa unidad, de esa catolicidad en cuyo seno proclamaba querer vivir y morir... Cerraba el camino de Martín Lutero, la puerta pacífica, la puerta discreta de una reforma interior".[97]

En otras palabras, la estrategia de la Iglesia de zanjear de antemano el debate y condenar a Lutero como hereje, lo impulsó a desafiarla con más fuerza, a llegar al rompimiento. Sin embargo, la Iglesia —busca hacerlo desde el principio— no logra condenar a Lutero abiertamente como hereje, hasta que Eck, en la Disputa de Leipzig no logra hacerle reconocer públicamente que para él, la teología de Huss, esas ideas que la Iglesia condena como desafiantes y heréticas, son "evangélicas y cristianas y no podían ser condenadas abiertamente".[98] Así, Leipzig permitió a la Iglesia condenar a Lutero definitivamente, sin ver que lo arrastraba así a la confrontación directa de Worms. De esta forma, como bien resume Collinson: "Fue como arrojar el guante. Eck redactó el escrito de acusación formal y lo envió a Roma".[99] Finalmente, en junio de 1520, el papa León X promulgó la bula Exsurge Domine amenazando a Lutero de excomunión.

La amenaza no podía surtir efecto pues, la identificación con Huss que Eck había logrado hábilmente, proporcionó a Lutero un último argumento que vino a resumir todos aquellos que lo conducían al rompimiento y que fueron expresados anteriormente. Primero, entre la teología de Huss y la de Lutero, existía tal "afinidad"[100] que Lutero veía en su condena la condena de su propia teología; y, puesto que esta no podía estar equivocada, por estar fundamentada en la Biblia, mostraba claramente a la Iglesia Romana como directamente contraria a la Escritura: he aquí la semilla de los grandes

97. L. Febvre, *op. cit.*, pp, 139, 141.
98. J. Atkinson, *op. cit.*, p. 200
99. P. Collinson, *La Reforma.* Madrid, Debate, 2004, p. 77.
100. J. Atkinson, *op. cit.*, p. 200.

escritos reformadores de 1520 especialmente de la *Cautividad babilónica de la Iglesia.*

Oberman halla en este aspecto una conclusión aún más atrevida: de la identificación de la Iglesia como contraria a la Biblia, Lutero inmediatamente la concibe como "instrumento del diablo" un elemento, para Oberman, indispensable de su teología.[101] De este modo, Lutero comienza a ver en la Iglesia no solo una confrontación, ni una alternativa, sino la acción del mismísimo demonio, una antítesis contra la cual no puede sino enfrentarse abiertamente y sin importar las consecuencias.[102] Segundo: al estar convencido Lutero de la corrección de la doctrina de Huss y de su carácter cristiano; su condena por parte de la Iglesia consistía en otro argumento en contra de su hegemonía: con base en el ejemplo de Huss era evidente que sus condenas podían ser erróneas e incluso, al ser contrarias a la Biblia, anticristianas. Así, la Iglesia en su aparente triunfo y condena de Lutero en Leipzig, le daba sin saberlo las armas de la lucha que le proporcionarían la victoria en Worms en 1521, cuando frente al emperador Lutero se mostró decidido en su defensa del rompimiento.

Conclusión

"A menos que se me convenza por testimonio de la Escritura o por razones evidentes puesto que no creo en el papa ni en los concilios... estoy encadenado por los textos escriturísticos que he citado y mi conciencia es una cautiva de la palabra de Dios. No puedo ni quiero retractarme de nada",[103] fue la conclusión del discurso de Lutero frente al emperador, los príncipes y las autoridades eclesiásticas en la dieta de Worms. Constituye aquel momento, el frenesí de su enfrentamiento con Roma, finalmente, después de audiencias y disputas, de escritos y discusiones, de debates académicos, cartas y enfrentamientos indirectos, de verse amenazado y entre el juego político, Lutero, finalmente, toma una decisión y lo hace plenamente, ante el riesgo de muerte, delante del mismo emperador.

Cabe entonces concluir en primer lugar, que fue la *nueva teología* de Lutero —*sola fides, sola Scriptura*— lo que lo llevó al rompimiento con Roma.

101. H. Oberman, *op. cit.,* p. 187.
102. En relación con el enfrentamiento Lutero afirma: "Solo queda una cosa: mi cuerpo débil y quebrantado. Si me quitan esto, me convertiré en el más pobre durante una hora de mi vida...Pero no podrán quitarme mi alma". J. Atkinson, *op. cit.,* p. 185.
103. "Discurso pronunciado en la dieta de Works, 1521", en M. Lutero, *op. cit.,* p. 175.

Desde el asunto de las indulgencias en 1517 hasta su comparecencia ante el emperador en 1521. Primeramente, cuando en el plano del debate académico protestó contra el abuso de las indulgencias —teniendo como base la paz interior que su descubrimiento doctrinal le había dado; posteriormente, en cada una de las disputas —en Augsburgoo e Ingoldstadt— que le descubrieron las implicaciones últimas de su propia doctrina y su papel de reformador antagónico a la curia romana; finalmente, en el mismo momento en el que se presentó delante del emperador y respondió a la famosa pregunta con la que Cayetano cerró tajante toda posibilidad de debate en su encuentro en Augsburgo: "*Credis, vel non credis?...* ¿Crees o no?".

La respuesta de Lutero nuevamente volvía a ser igual de tajante: sí, creía en la Escritura pero no en el papa, ni en los concilios ni en la jerarquía eclesiástica que tan poco digna de confianza había demostrado ser. Lutero creía, sí, en su doctrina, en la *suficiencia de la fe* y en *la autoridad insuperable de la Escritura* —creía en la fórmula teológica que eventualmente había traído a su vida la certeza de la salvación en Cristo y solo en Cristo—. Así, a fin de cuentas, su doctrina, su *nueva teología* —producto de su descubrimiento escritural como de su búsqueda espiritual— la que lo llevó finalmente al rompimiento definitivo con Roma.

En segundo lugar, específicamente sobre la Disputa de Leipzig, cabe retomar las palabras de Lutero: "Fue él [Eck en Leipzig] quien inspiró mis primeros pensamientos contra el papa, el que me empujó hasta donde yo nunca hubiera llegado de otra forma",[104] donde se observa que Lutero acertaba a apreciar con claridad dos de los elementos fundamentales que hacen de Leipzig el detonante del rompimiento: primeramente, el que Lutero viera en la oposición del papa a su doctrina bíblica, no solo un desafío personal sino la misma acción del diablo. Hasta que ya no se trataba de denunciar los crímenes o los errores, ni de reformar, sino de un rompimiento definitivo. Del mismo modo, en el que Eck lo hubiera empujado a donde él "*nunca hubiera llegado de otra forma*". Esto nos muestra que Eck literalmente llevó a Lutero más lejos, puesto que fue la misma Disputa de Leipzig la que lo proveyó de los argumentos y el convencimiento suficiente para seguir el camino de la ruptura, incluso frente al emperador en Worms. En ese sentido, es posible retomar lo presentado a lo largo del trabajo y ver que ciertamente la Disputa tuvo el efecto de un catalizador. Lutero salió de la Disputa habiendo reafirmado su teología de la justificación por la fe y reconociendo

104. "Charlas de sobremesa", en M. Lutero, *op. cit.*, p. 431.

sus más profundas implicaciones; convencido de haber demostrado históricamente la invalidez de la hegemonía romana y, quizá, incluso, comenzando a apreciar el papel de líder que su trabajo y sus ideas le conferían al frente de Alemania. Y, nuevamente y sobre todas ellas, la convicción producto evidente del debate de que su teología y la ortodoxia romana eran irreconciliables. En suma: fue la Disputa de Leipzig, precisamente por cada una de estas razones, el detonante del rompimiento de Lutero con la Iglesia Romana. Nuevas líneas de investigación futura aparecen ahora al preguntarse, una vez que se aprecia su importancia en el rompimiento, ¿hasta qué punto —en consonancia con las fuerzas políticas, económicas y sociales desatadas tras el rompimiento— influyó la Disputa de Leipzig el curso mismo de la Refoma? Y en todo caso, ¿hasta qué punto podría considerarse a Leipzig —en contraposición con la fijación de las tesis en Wittenberg (1517)— su verdadero punto de partida?

La disputación de Heidelberg y su *theologia crucis*. Elementos de una gramática fundamental de la teología evangélica

Daniel Carlos Beros

Introducción

La "Disputación de Heidelberg" de 1518 constituye una presentación sistemática, cuidadosamente formulada, de la teología temprana de Martín Lutero. En ella el joven monje agustino y profesor *in Bibliam* en la Universidad de Wittenberg bosquejó mediante una serie de "paradojas teológicas" su revolucionario discurso sobre Dios y el ser humano, el pecado y la gracia, la fe y las obras, extraídas "para bien o para mal" del testimonio autorizado del apóstol Pablo y de su "fiel intérprete" —y patrono de su orden— Agustín. [1]

Nuestra propia tesis teológica con respecto a la mencionada obra es que ella pone de manifiesto una serie de aspectos decisivos de una *gramática fundamental de la teología evangélica*,[2] que a nuestro juicio *resulta sumamente relevante volver a recordar en la actualidad* — en tiempos en que dicho "soporte fundamental" del discurso de la fe de la Reforma parece desdibujarse peligrosamente en sus espacios de realización paradigmática: el

1. Cf. Martín Lutero, "La Disputación de Heidelberg", en: Carlos Witthaus (Ed), *Obras de Martín Lutero* (tomo I), Buenos Aires, Paidós, p. 29.
2. Con respecto al uso que hacemos aquí del concepto de "gramática" confrontar el clásico estudio de Georg A. Lindbeck, *La naturaleza de la doctrina. Religión y teología en una época postliberal*, Editorial CLIE, 2018. Desde la perspectiva de su abordaje teórico las religiones y las culturas pueden ser comparadas "en la medida en que, desde un punto de vista semiótico, ambas pueden ser comprendidas como sistemas de realidad y valor, es decir, como idiomas con cuyo auxilio son construidas la realidad y las formas de vida". Desde ese punto de vista "las religiones representan un medio de interpretación de la mayor amplitud, un soporte o andamiaje categorial fundamental, dentro de la cual se realizan experiencias determinadas y se forman determinado tipo de frases. En el caso del cristianismo el andamiaje fundamental es dispuesto por los relatos bíblicos, que son ligados unos con otros de un modo muy específico". Aquí llamamos "gramática" a las referencias y distinciones fundamentales que caracterizan la "lógica" de ese modo específico en que se "entreteje" la teología evangélica.

testimonio público de las iglesias y de las y los cristianos.[3] A continuación, nos propondremos destacar algunos de sus elementos principales.

1. El texto en su contexto inmediato

En enero de 1518 tuvo lugar la asamblea provincial de la orden dominica de Sajonia, en el Sacro Imperio Romano-Germánico.[4] En ese marco Johannes Tetzel defendió 106 tesis en contra de las 95 tesis "acerca de la determinación del valor de las indulgencias"[5] que habían sido hecho públicas por Martín Lutero a fines de octubre del año anterior, derivando en un amplio y acalorado debate. Como resultado de dicha disputación, el capítulo de los dominicos decidió acusar a Lutero en la curia romana como hereje.

A partir de allí se planteaba la cuestión de cómo iban a reaccionar los agustinos (*Ordo Fratum Sancti Agustini* — O.S.A), a los que pertenecía Lutero, con respecto a la ofensiva de la Orden de los Predicadores (*Ordo Praedicatorum* — O.P). Ello quedó en evidencia cuando en ocasión de la reunión trienal del capítulo de la rama observante de su orden, convocada para el mes de abril de 1518 en la ciudad de Heidelberg, el vicario general de la congregación sajona Johann von Staupitz convocó a Lutero como presidente de la disputación académica que normalmente tenía lugar en dichos encuentros. De ese modo la O.S.A le daba su explícito apoyo a su miembro atacado.

La disputación tuvo lugar el 25 o 26 de abril. Para la ocasión Lutero compuso 40 tesis (*conclusiones*), 28 *ex theologia* (teológicas) y 12 *ex philosophia* (filosóficas), con sus respectivas pruebas (*probationes*). En ellas no discute directamente el tema de las indulgencias ni se ocupa de responder a las acusaciones en su contra, sino que retoma su crítica radical contra la

3. Cf. Daniel Beros, "Iglesia: criatura… ¿de qué 'palabra'? Reflexiones sobre el sentido de la conmemoración de los 500 años de la Reforma en América Latina", en Martin Hoffmann *et al.*, eds., *Radicalizando la Reforma. Otra teología para otro mundo*, San José-Buenos Aires, UBL-La Aurora, 2017, pp. 51-65.
4. Sobre el marco histórico y biográfico general, ver recientemente en español: Thomas Kaufmann, *Martín Lutero. Vida, mundo, palabra*, Madrid, Trotta, 2017. Junto a esa presentación sintética centrada en la persona de Lutero, remitimos al erudito *opus magnum* del mismo autor: *Geschichte der Reformation in Deutschland*, Berlín, Suhrkamp, 2009.
5. Cf. Martín Lutero, "Disputación acerca de la determinación del valor de las indulgencias", en: Witthaus, *Ibíd*, pp. 7-15

teología escolástica,[6] desarrollando sintéticamente *las bases* de su novedosa teología bíblica.

2. Estructura de las tesis teológicas

Dado que nuestro objeto de interés se centra en las tesis *teológicas* de la disputación, obviaremos remitirnos a su sección filosófica.[7] Ello se justifica no solo en vistas de su contenido temático específico, sino también desde un punto de vista formal, como queda indicado por la oposición que se establece entre el inicio de la tesis 1 ("La ley de Dios...") y el inicio de la tesis 28 ("El amor de Dios..."). Ambas tesis constituyen los "pilares" sobre los que Lutero extiende el "arco" en que desarrolla su "teología de la cruz".[8]

Las tesis teológicas de la disputación se desarrollan a través de cuatro grandes bloques temáticos:[9] 1) las tesis 1 al 12 tratan sobre las obras de Dios y de los seres humanos, tanto de los no justificados como de los justificados; 2) las tesis 13 a 18 discuten el libre albedrío y la preparación del ser humano a la gracia a partir de sus propias fuerzas; 3) las tesis 19 a 24 tratan sobre el "teólogo de la gloria" y el "teólogo de la cruz", es decir, de la existencia del

6. Cf. por ejemplo su "Disputación contra la teología escolástica" de septiembre de 1517 (Hasta ahora no se dispone de traducción al castellano; ver la "Edición de Weimar" [WA] de las obras de Martín Lutero: *WA* I, p 224 ss.).

7. Sobre las pruebas de las tesis filosóficas ver: Helmar Junghans, "Die probationes zu den philosophischen Thesen der Heidelberger Disputation Luthers im Jahre 1518", *Lutherjahrbuch* 46 (1979), p 10-59.

8. Normalmente los intérpretes de la *theologia crucis* de la "Disputación de Heidelberg" se han concentrado en las tesis 19, 20 y 21 con sus respectivas pruebas (cf. por ej. Jürgen Moltmann, *El Dios crucificado*. Salamanca, Sígueme, 1975, p 288-298; Walther von Loewenich, *Luthers theologia crucis*, Bielefeld, Luther-Verlag, 1982, p 18-25; Paul Althaus, *Die Theologie Martin Luthers*, Gütersloh, Gütersloher Verlagshaus / Gerd Mohn, 1962, p 34-42; entre otros). Nosotros optamos en este artículo por intentar captar los motivos teológicos principales que desarrolla Lutero a lo largo de las tesis teológicas en su conjunto. Sobre el tema "teología de la cruz" en el contexto amplio de la teología evangélica europea, ver: Michael Korthaus, *Kreuzestheologie. Geschichte und Gehalt eines Programmbegriffs in der evangelischen Theologie*, Tubinga, Mohr Siebeck, 2007 (ver allí también importantes referencias bibliográficas sobre la "Disputación de Heidelberg", p 344s). Una buena discusión de la teología de la cruz en el contexto latinoamericano la ofrece Martin Dreher, "A Redescoberta da Teologia da Cruz de Lutero no Debate com a Teologia da Libertação", en *Estudos Teológicos*, 34, 2, 1994, p 124-139. Más recientemente cabe destacar los aportes de Vítor Westhelle (*O Deus escandaloso. O uso e abuso da cruz*, San Leopoldo, Sinodal, 2008) y Martin Hoffmann (*La locura de la cruz. La teología de Martín Lutero*, San José, DEI, 2014).

9. En este punto seguimos de cerca coincidiendo con la propuesta de estructura que sugiere Jos E. Vercruysse, en: "Gesetz und Liebe–Die Struktur der 'Heidelberger Disputation' Luthers (1518)", en *Lutherjahrbuch* 48 (1981), p. 7-43.

ser humano que tiene un falso o un recto conocimiento de Dios; 4) las tesis 25 a 28 vuelven a hablar del actuar de Dios y del actuar humano a partir de la fe en Cristo, que justifica e invita al seguimiento.

Como veremos más adelante en detalle, Lutero propone un recorrido que profundiza gradualmente el plano de análisis del vínculo entre el ser humano y Dios, avanzando —por así decir— desde "fuera" hacia "adentro", para luego regresar, a partir de la tesis 25, a la misma instancia de reflexión de la que había partido, hablando de la justicia y el amor de Dios que viven en y a través de los seres humanos por medio de Jesucristo (tesis 25-28).[10]

3. Panorama de los bloques temáticos de las tesis teológicas[11]

1. Tesis 1 a 12: Obra de Dios — obra de los seres humanos

Las tesis 1 y 2 sostienen que ni la ley de Dios, ni las obras humanas pueden conducir al ser humano a la justicia delante de Dios.[12]

Lutero niega vehementemente dicha posibilidad apoyándose en la autoridad paulina, con varias citas de la Carta a los Romanos, que destacan el vínculo entre la ley y el pecado; y de Agustín, citando su obra "Sobre el

10. Si bien nuestra propia lectura e interpretación no se basa estrictamente en un análisis semiótico del texto, al plantear como hipótesis de lectura la existencia de una estructuración quiásmica concéntrica en la organización discursiva de las tesis teológicas de la disputación, resulta sugestivo observar que la tesis 13 (junto a la 14 y 15), que expresaría aproximadamente su *elemento medular* y tematiza la cuestión del "libre arbitrio", es la única sentencia de la "Disputación de Heidelberg" que fue colocada en la lista de "Errores de Lutero" que fueron publicados y condenados por la Bula Papal *Exsurge Domini,* del 15 de junio de 1520 (cf. Sentencia 36 (776/1486), en: H. Denzinger, *Enchiridion Symbolorum.* Barcelona, Herder, 1967, p 361). Ello podría ser entendido como un "signo" de la aguda lucidez con que los teólogos de la curia romana percibieron tempranamente por dónde pasaba la "médula" teológica de todo el debate para unos y para otros. Más tarde, ello volvería a ser puesto de manifiesto en la famosa polémica en torno a la misma cuestión, sostenida entre el propio Lutero y el gran humanista Erasmo de Rotterdam, en 1525.

11. Las citas de las tesis las tomamos de: Martín Lutero, "La Disputación de Heidelberg", en: Witthaus, *Ibíd,* pp. 29-46. Por su parte, para las referencias a la versión latina recurrimos la Edición de Weimar de las Obras de Martín Lutero: *WA* I, p 353-365. Para un estudio detallado del texto, a partir de los estándares más actuales de la crítica, es ineludible la referencia que ofrecen las ediciones de estudio de escritos seleccionados del Reformador (cf. Hans-Ulrich Delius, ed., *Martin Luther. Studienausgabe*, Berlín, Evangelische Verlagsanstalt, 1979, Tomo I, pp. 186-218; Wilfried Härle, ed., *Martin Luther. Lateinisch-Deutsche Studienausgabe.* Leipzig, Evangelische Verlagsanstalt, 2006 – Tomo I: Der Mensch vor Gott, pp. 35-69).

12. I. La ley de Dios, salubérrima doctrina de vida, no puede hacer llegar al hombre a la justicia, antes bien, se lo impide.
II. Mucho menos pueden conducirle, con la ayuda de la inspiración natural, las obras humanas frecuentemente repetidas, como se dice.

Espíritu y las letras" (*De spiritu et littera*): la ley de Dios no solo no lleva al ser humano a la justicia, sino que se lo impide; y mucho menos la alcanzará por sus obras, "reducido a sus propias fuerzas".

Así queda planteada implícitamente la pregunta que cruzará todo el texto: ¿cómo llega la persona humana a ser justa ante Dios?, ¿qué es lo que produce su justificación? Estas preguntas permanecerán abiertas hasta la tesis 25, en la que Lutero comenzará a formular su respuesta positiva. Hasta entonces, se dedicará a despejar el panorama teológico en lo que se refiere a sus aspectos más relevantes, sometiendo a una aguda crítica a la doctrina escolástica en la materia: partiendo de la discusión de su comprensión de las buenas obras (tesis 1 a 12), ahondará el análisis al revisar su planteamiento acerca de la preparación del ser humano para recibir la gracia justificante (tesis 13 a 18), para alcanzar finalmente el plano más profundo de su reflexión juzgando críticamente la vía escolástica de conocimiento teológico (tesis 19 a 24).

Las tesis 3 y 4 establecen una radical oposición entre las obras humanas y las obras de Dios en los seres humanos.[13]

En cada una de ellas se da una oposición irreductible entre apariencia y realidad: las obras humanas, en apariencia, son buenas, pero en realidad son malas; en cambio, las obras de Dios parecen malas, pero en realidad son buenas. La persona no justificada, sin la gracia y la fe auténtica, se caracteriza por tener una conciencia invertida sobre la verdadera cualidad de sus obras; ella juzga como lo hace el "teólogo de la gloria", que "llama a lo malo, bueno y a lo bueno malo" — cuestión que planteará más adelante la tesis 21.

Lutero por ahora no señala explícitamente cual es la raíz del aludido fenómeno de inversión del juicio y la apariencia; simplemente lo constata y se limita a fundamentar su tesis, sosteniendo que "si las obras de los justos son pecaminosas… —como lo comprobará posteriormente en la tesis 7— con más razón lo son las obras de los que aún no son justos".[14] Citando Gá. 3,10 afirma que esas obras son "obras de la ley", que "están bajo maldición" y por tanto son pecados mortales.

En el desarrollo de la prueba de la tesis 4 Lutero se detiene a analizar las obras de Dios. Ellas tienen en el crucificado su paradigma fundamental,

13. III. Las obras de los hombres, aun cuando sean siempre espléndidas y parezcan buenas, son, no obstante, con toda probabilidad, pecados mortales
IV. Las obras de Dios, aun cuando sean siempre de aspecto deforme y parezcan malas, son, en verdad, méritos eternos.

14. Witthaus, *Ibíd.*, p 33.

ilustrado mediante las citas de Is. 53:2 ("No hay parecer en él ni hermosura") y 1Sa. 2:6 ("Jehová mata, y él da vida; él hace descender al sepulcro, y hace subir"). Contra toda apariencia y experiencia contraria del fenómeno, expuesto a la vista, a la percepción existencial y al intelecto de los seres humanos fuera de la fe que justifica, Dios actúa análogamente en la persona, conduciéndola como a Cristo, a través de la muerte a la vida: "Dios nos humilla y nos asusta por la ley y por la visión de nuestros pecados, para que tanto ante los hombres como delante de nosotros mismos parezcamos ser nada, necios, malos, tal como en verdad somos".[15] En este contexto el teólogo agustino distingue entre la "obra extraña" de Dios (*opus alienum Dei*), por la que "nos humilla dentro de nosotros mismos y nos lleva a la desesperación" y su "obra propia" (*opus proprium Dei*), por las que nos levanta en su misericordia y nos da esperanza.[16]

A partir de la dialéctica inherente a su obrar paradójico con el ser humano, Dios logra a su vez invertir la conciencia invertida-pervertida de su criatura, haciendo que coincidan por primera vez en ella "juicio" (aspecto noético) y "realidad" (aspecto ontológico). Así él es llevado a confesarse como lo que realmente es: un pecador que, como el crucificado, "no tiene parecer ni hermosura". No teniendo nada de lo que gloriarse, confrontado con su auténtica realidad, desespera de sí mismo y vive sin nada que le permita erigir su autojustificación delante de Dios. Ahora ya no se esconde *a sí mismo* ante Dios que lo llama, sino que abandona su cobertura o máscara existencial, y —reconociendo su desnudez absoluta a partir de la palabra que le ha sido dirigida (cf. Gn. 3)— pasa a vivir "en lo escondido *de Dios*". Esa inversión radical que se expresa en la dialéctica presencia/ocultamiento y apariencia/realidad, significa concretamente que el ser humano pasa a vivir únicamente en la simple y pura confianza en la misericordia de Dios (*in nuda fiducia misericordiae eius*).[17]

Lutero agrega a sí mismo —explicitando otro aspecto esencial de la mencionada dialéctica— que la nueva situación en la existencia del pecador que cree, marcada por ese cambio radical de su disposición "interior" (de su "afecto" [*affectus*]), tiene como correlato un cambio similar en su praxis "exterior", puesto que ahora hace cosas "que a los otros parecen necias y deformes" — como por ejemplo lo es solidarizarse con quienes aparentan

15. Witthaus, *Ibíd.*, p 34.
16. *Ibidem.*
17. *Ibidem.*

no ser "nada" ante los ojos del mundo, como señalará más adelante en la prueba de su tesis 28. Con ello deja planteado un tema —el del seguimiento de Cristo— que retomará en cuanto desarrolle a partir de la tesis 25 y sobre todo en la tesis 28, las obras que son producto del amor de Dios —que Lutero describe enfática y distintivamente como "amor de la cruz, nacido en la cruz" (*amor crucis ex cruce natus*).

Al finalizar su argumentación, se introducen dos términos claves, que reaparecerán una y otra vez a lo largo de los dos primeros bloques temáticos (tesis 1 a 18): "humildad" (*humilitas*) y "temor de Dios" (*timor Dei*). Con ellos describe la recta disposición interior, que es fruto del obrar de Dios en el ser humano.

Las tesis 5 y 6 están directamente relacionadas con las dos tesis anteriores.[18]

Ello se evidencia no solo en su paralelismo formal, que mantiene el esquema de oposición entre las obras humanas y las obras de Dios, sino también en su contenido, que apunta a precisar y profundizar lo afirmado anteriormente. De ellas se deduce una afirmación tajante y radical acerca de la situación de los seres humanos frente a Dios (*coram Deo*): la persona humana es y permanece pecadora, independientemente de si frente a los otros seres humanos (*coram hominibus*) es o no un buen ciudadano o ciudadana (tesis 5), o de si Dios obró en ella justificándola (tesis 6) —planteando un punto de vista marcadamente disruptivo con respecto al paradigma hegemónico escolástico, de enormes implicancias, que irá *in crescendo* a medida que Lutero profundice su plano de análisis.

La cuestión del "temor de Dios", introducida por las tesis 7 y 8, inaugura un nuevo pasaje dentro del primer bloque, que va hasta la tesis 12.[19]

Como ya dijimos, Lutero desarrolla su argumentación penetrando desde "fuera" hacia "dentro", para mostrar —a nivel antropológico— donde radica el criterio que determina la situación de la persona humana *coram Deo*. Sin temor de Dios surgen una falsa confianza y seguridad, y la existencia humana comienza a girar idolátricamente en torno a sí misma: "confiar

18. V. Las obras de los hombres (hablamos de las que son aparentemente buenas) no son pecados mortales en el sentido de que constituyan crímenes.
VI. Las obras de Dios (hablamos de las que se realizan por medio del hombre) no son méritos en el sentido de que no constituyan pecados.
19. VII. Las obras de los justos serían pecados mortales, si los justos mismos, por un piadoso temor a Dios, no tuvieran miedo de que lo fuesen.
VIII. Con mucha más razón las obras humanas son pecados mortales, ya que se realizan sin temor, con una seguridad engañosa y exenta de dudas.

en la obra que debería realizarse con temor, significa otorgarse la gloria para sí y arrebatársela a Dios, al cual se debe temer en toda obra. Mas en esto reside la perversidad total: a saber, complacerse y gozarse uno mismo en las propias obras y adorarse como a un ídolo".[20] Se trata de una violación práctico-existencial del primer mandamiento, y por ello de un pecado *mortal*.[21]

Lo que hace necesariamente mortal al pecado, no se refiere apenas al propio pecador, a causa del obrar "extraño" del Dios airado en su juicio sobre él, sino también a su carácter *mortífero* con respecto al prójimo y al resto de la creación, que para Lutero tiene su raíz en la aniquilación del propio Dios en el corazón humano —como lo pone de manifiesto paradigmáticamente la crucifixión de Jesucristo en el Gólgota.[22] En desarrollo de la prueba de la tesis 23 mostrará que el carácter mortal (y por tanto sacrificial) de esa auto-referencialidad idolátrica se asocia a la realimentación dialéctica del deseo humano (*cupiditas/concupiscentia*) y a su despliegue simultáneamente anímico e histórico, que se expresa como auto-posicionamiento apropiador e ilimitado, violento y vacuo.

Por su parte, la prueba de la tesis 8 acentúa la conexión interna entre falta de temor de Dios e ira y juicio de Dios: "porque allí donde no hay temor, no hay humildad; y donde no hay humildad hay soberbia, ira y 'juicio de Dios': 'porque Dios resiste a los soberbios'".[23]

A nuestro juicio, tanto este último aspecto de la "resistencia" de Dios frente a la *hybris* humana, como la comprensión de su nocivo despliegue dialéctico desarrollada por Lutero a lo largo de la disputación, resultan sumamente significativos y deben ser reconocidos y articulados como referencias importantes de la gramática fundamental de una teología evangélica

20. Witthaus, *Ibíd*, p. 36.
21. En la prueba de la tesis 7 Lutero desarrolla otros tres argumentos para sostener su posición. En ellos afirma, apoyado en referencias a la Escritura, que el justo es efectivamente un pecador, que cometería pecados mortales si no temiese a Dios en todas sus obras. En ese contexto, polemizando con autores escolásticos, llega a suprimir la distinción entre pecados mortales y pecados veniales. Para Lutero ambos impiden la entrada al reino de los cielos.
22. En su importante estudio "justicia de la fe según la enseñanza doctrinal de Lutero", Hans J. Iwand ha realizado la significativa observación que el profesor de Wittenberg, en su temprana lección sobre la Carta a los Romanos (1517), describe al fenómeno de inextricable auto-referencialidad del ser humano en tanto pecador en su cualidad idolátrica como "aniquilación de Dios" en el corazón humano (*annihilatio Dei*). Cf. Daniel Beros, ed. y trad., *Hans J. Iwand. Justicia de la fe. Estudios sobre la teología de Martín Lutero y de la Reforma evangélica del siglo XVI*. Buenos Aires, Ediciones La Aurora, 2015, p 52s.
23. Witthaus, *Ibíd.*, p. 36s.

que se proponga aprender de esta *theologia crucis* en virtud de su propia tarea y responsabilidad en el contexto actual.

Avanzando ahora en nuestra exposición cabe observar que en las tesis 9 y 10 Lutero se detiene a analizar una "opinión" formulada en el marco de la teología escolástica de tu tiempo, vinculada a la distinción entre "obras mortales" y "obras muertas".[24]

Mientras las primeras serían las obras que dan lugar a un pecado mortal, las segundas serían "buenas obras", pero realizadas sin la fe en Jesucristo. Lutero rechaza de plano esa distinción por ser peligrosa e incomprensible. La argumentación decisiva es que dicha opinión deja la puerta abierta a una falsa seguridad (*securitas*) y a la soberbia (*superbia*): "Así pues, la gloria debida a Dios es continuamente usurpada por el hombre, quien se la atribuye a sí mismo... aquel que no está en Cristo o se aparta de él, le sustrae la gloria, como es notorio". [25] Así, la compulsiva "usurpación" a la que alude el teólogo agustino aquí, producto del amor a sí mismo y del odio a la cruz (cf. tesis 21 y 22 y sus comentarios) refleja en su origen toda la ilimitada virulencia a la que ya aludía el comentario de la tesis 7 y retomará, profundizando su análisis, la prueba de la tesis 23.

Lutero concluye esta primera unidad temática —tesis 11 y 12— retomando ideas centrales desarrolladas fundamentalmente en la tesis 7 y su prueba. [26]

El tema aquí es la recta disposición interior (*affectus*) con respecto a las propias obras y al pecado. Solo el temor de Dios permite evitar la "soberbia", que surge de basar idolátricamente la esperanza en las criaturas —incluyendo aquí particularmente las propias obras. "Esperanza verdadera", por el contrario, surge al "desesperar de todas las criaturas" poniendo toda la esperanza en Dios, el Creador. Pero como no hay nadie que tenga esa pura esperanza en Dios, se debe temer en todas las obras el juicio de Dios.

24. IX. Afirmar que las obras sin Cristo son sin duda muertas, pero no pecados mortales, parece constituir un peligroso abandono del temor de Dios.
X. En efecto, resulta dificilísimo comprender cómo una obra puede ser muerta sin ser, al mismo tiempo, un pecado pernicioso y mortal.

25. Witthaus, *Ibíd*, p. 37.

26. XI. La soberbia no puede evitarse ni puede haber esperanza verdadera si, ante cada oportunidad en que se obra, no se teme el juicio de la condenación.
XII. Los pecados son verdaderamente veniales ante Dios, cuando los hombres temen que sean mortales.

De allí la regla —característica del joven Lutero— de que "cuanto más nos acusamos, tanto más Dios nos excusa".[27]

Al término del primer bloque temático es posible realizar un balance provisorio de los resultados obtenidos. El mismo lleva a señalar que Lutero desenmascara todo el ámbito de las obras humanas: tanto objetiva como subjetivamente ellas se hallan marcadas por la realidad del pecado. El ser humano por sí mismo es incapaz de poner toda su confianza en Dios. En todo su obrar él se manifiesta como un idólatra, un déspota y como un virtual asesino —con respecto a Dios, al prójimo y al resto de la creación. Solo el reconocimiento de esta situación mediante la confesión humilde del pecado, realizada en el temor de Dios, le abre al pecador una perspectiva de esperanza.

2. Tesis 13 a 18: Libre arbitrio —hacer aquello que está en sí mismo[28]

El segundo bloque temático se inicia con la tesis 13.[29] La misma se divide en dos partes y cada una de ellas enuncia el tema que será retomado y profundizado en las tesis subsiguientes: las tesis 14 y 15, que tratarán sobre el "libre arbitrio" (*liberum arbitrium*) y las tesis 16 a 18, que versarán sobre el principio de "hacer aquello que está en sí mismo (poder hacer)" (*facere quod in se est*).

Con ese enfoque temático, ya hemos señalado que Lutero desarrolla su línea argumentativa buscando fundamentar su visión en un nivel cada vez más profundo, avanzando del plano "objetivo" de las obras al plano "subjetivo" de las capacidades del ser humano en su relación con Dios. Así es como somete a crítica la doctrina escolástica acerca de la preparación del ser humano para recibir la gracia justificante, discutiendo sus presupuestos antropológicos. La pregunta que planteará es: ¿qué fuerzas posee el ser humano para moverse desde sí mismo hacia Dios?, ¿cómo puede la persona, gracias a su libre arbitrio, dar pasos preparatorios para alcanzar la gracia y la justificación? Su respuesta, en lo fundamental, la anticipa en la prueba de la

27. Witthaus, *Ibíd*, p. 38.
28. Para obtener una detallada descripción de la posición escolástica a la que se enfrenta Lutero ver: Pierre Bühler, *Kreuz und Eschatologie. Eine Auseinandersetzung mit der politischen Theologie, im Anschluss an Luthers theologia crucis.* Tubinga, J.C.B. Mohr (Paul Siebeck), 1981, p. 102ss.
29. XIII. El libre arbitrio no es más, después de la caída, que un simple nombre, y en tanto que el hombre hace aquello que en sí mismo es, comete pecado mortal.

tesis 13, que sostiene paradójicamente la "cautividad" del "libre" albedrío y en fin, su "nulidad", salvo su inclinación hacia el mal.[30]

Ya dijimos que las tesis 14 y 15 forman una unidad. En ellas juegan un papel central los conceptos de *potentia subiectiva* (potencia subjetiva) y *potentia activa* (potencia activa).[31]

La primera debe ser entendida como mera potencialidad, es decir: como un "poder" vacío y pasivo, que carece de un "querer" que lo active para la realización efectiva de algo; la segunda designa la coincidencia entre "poder" y "querer" en la realización efectiva de algo. En la tesis 14, que trata sobre la situación del ser humano después de la caída, se afirma que, con respecto al bien, el libre arbitrio es pura potencialidad (que no se actualiza en acto), mientras que con respecto al mal es una "potencia siempre activa".

El nivel más profundo en que se puede discutir sobre el ser humano y sus capacidades, Lutero lo alcanza al hablar del libre arbitrio antes de la caída, *in statu innocentiae* (en el estado de inocencia) (tesis 15). Allí radicaliza su punto de vista señalando que en ese estado, no perturbado por el pecado, el ser humano tampoco pudo progresar desde y por sí mismo en dirección al bien; también allí su libre arbitrio era mera "*potentia subiectiva*", es decir, un "poder" sin un "querer" propio que lo "active".

La tesis 16 produce un nuevo cambio de perspectiva en el discurso.[32]

Retomado la segunda parte de la tesis 13 Lutero pasa a criticar el principio sobre el que se alza la doctrina escolástica sobre el arrepentimiento y la gracia en su conjunto. "El hombre que crea..." —así comienza la tesis y con ello parece querer decir que aquel que sostenga una opinión tal, exagerada y falsa, sobre sus posibilidades frente a Dios, olvida que él solo es un ser humano. Este comete actos pecaminosos, no solo porque desde y por sí mismo no puede hacer otra cosa que pecar, sino porque a ello le agrega su conciencia falsa, invertida.[33]

30. Descartado el *liberum arbitrium* como capacidad del hombre para decidirse desde y por sí mismo a favor de Dios, también se descarta el *facere quod in se est*, ya que la voluntad humana, cada vez que se pone en juego desde y por sí misma, obra lo malo.

31. XIV. Después de la caída, el libre arbitrio no tiene, para hacer el bien, más que una capacidad subjetiva (*potencia* [sic] *subiectiva*), pero para el mal, una capacidad siempre activa. XV. Y no ha podido, en efecto, permanecer en el estado de inocencia por una capacidad activa, sino por una capacidad subjetiva; y menos aún pudo progresar hacia el bien.

32. XVI. El hombre que crea tener la voluntad de alcanzar la gracia, haciendo aquello que él es en sí mismo, agrega pecado sobre pecado, de modo tal que permanece doblemente culpable.

33. La crítica de Lutero a la doctrina escolástica (especialmente desarrollada por su corriente nominalista) sobre el "*facere quod in se est*" es precisamente que promueve el juicio erróneo

Así el ser humano se hace doblemente culpable frente a Dios: "mientras el hombre hace lo que él es en sí mismo, peca, y busca únicamente lo suyo. Empero, si supone que por el pecado se vuelve digno de la gracia y apto para ella, agrega aún una orgullosa presunción a su pecado y cree que el pecado no es pecado ni el mal es mal, lo cual es un pecado enorme".[34] De la cita anterior merece especial atención la expresión "busca únicamente lo suyo" (*sua quaerit*), pues describe la verdadera meta del que actúa "haciendo lo que está en sí mismo" (*faciendo quod in se est*) en su auto-referencialidad y auto-posicionamiento característico.[35] Quien actúa según ese principio cae necesariamente en un enceguecimiento egoísta y violento, como el de aquél que vive del espíritu de la "teología de la gloria" (cf. tesis 22 y 23 y sus pruebas).

Ahora bien, al reproche de que su doctrina les cierra a las personas el camino a la salvación, Lutero responde con la reintroducción de los pensamientos que desarrolló en la prueba de la tesis 4 sobre la obra de Dios en el ser humano. El discurso sobre su pecaminosidad radical no lo debe conducir a la resignación o a una falsa desesperación, sino que debe llevarlo a pedir la gracia y a poner su esperanza únicamente en Cristo, "en el cual está la salvación, la vida y nuestra resurrección". Él debe cesar de buscar lo suyo en todo y —habiendo reconocido su pecado— comenzar a buscar con humildad la gracia de Cristo. De este modo, Lutero vuelve a recalcar que Dios realiza su "obra extraña" en el ser humano al "hacerlo pecador" —mediante el conocimiento del pecado que provee la ley— para luego "volverlo justo" realizando su "obra propia" mediante su misericordia.

Las tesis 17 y 18 elaboran positivamente la posición de Lutero con respecto a la "preparación para recibir la gracia" (*praeparatio ad gratiam*).[36]

En la prueba 17, luego de subrayar que su teología no da lugar a la desesperación, sino a la esperanza, cuando señala al ser humano como pecador, da respuesta a la cuestión afirmando que "aquella predicación del pecado es la preparación para la gracia o, más bien, el conocimiento del pecado y la fe en tal predicación". Pues el conocimiento del pecado hace ansiosa a la persona

de la persona humana con respecto a sus posibilidades de alcanzar la gracia de Dios a partir de sus propias fuerzas.

34. Witthaus, *Ibíd*, p. 39.

35. Se trata de una actitud contraria a la que asume el verdadero amor, que "no busca lo suyo" (cf. 1Co. 13:5 y prueba de la tesis 28).

36. XVII. Empero hablar así, no significa dar al hombre motivo para desesperarse, sino para humillarse y despertar el anhelo de buscar la gracia de Cristo.

XVIII. Es cierto que el hombre debe desesperar totalmente de sí mismo, a fin de hacerse apto para recibir la gracia de Cristo.

por "la gracia de nuestro Señor Jesucristo". A su vez, la prueba de la tesis 18 vuelve a describir el proceso de justificación en términos de la realización de la obra extraña de Dios en el ser humano: "La ley quiere, en efecto, que el hombre desespere de sí cuando lo 'hace descender a los infiernos' y 'lo empobrece' y le demuestra que es pecador en todas sus obras". Esa desesperación específica —la desesperación con respecto a sus propias fuerzas y posibilidades frente a Dios (no la desesperación absoluta de la que habla la tesis 17)— es la que hace al ser humano "apto para recibir la gracia de Cristo". Sin embargo, aquel que hace aquello que está en sí mismo poder hacer (*facit quod in se est*) "no desespera de sus fuerzas sino, al contrario, es tan presuntuoso de sí mismo que confía en sus propias fuerzas para alcanzar la gracia".

Así, las dos últimas tesis plantean —resumiendo todo lo señalado anteriormente— cuál es la alternativa radical en la que se debate el ser humano: confianza en sí mismo o confianza en Dios, desesperar de sí mismo y esperar en Dios o poner la esperanza en la criatura, negando *de facto* al Creador. En esa disyuntiva se juega nada menos que su salvación o su perdición.

3. Tesis 19 a 24: teólogo de la gloria —teólogo de la cruz

A partir de la tesis 19 Lutero parece abordar una temática completamente nueva y desconectada del desarrollo que había trazado hasta el momento. Sin embargo, esa impresión engaña, pues en el contexto de la teología escolástica el *facere quod in se est* presupone necesariamente la capacidad humana de obtener un conocimiento natural de Dios. Pues dentro de su concepción, el ser humano posee una razón natural precisamente para reconocer su origen en Dios y pedir su auxilio. Por tanto, la temática planteada en el nuevo bloque —la del recto conocimiento de Dios— guarda una relación orgánica con el resto de la disputación.[37]

Las tesis 19 y 20 forman una unidad,[38] que se evidencia en el estricto paralelismo que caracteriza su construcción.[39]

37. Sobre este aspecto llama la atención Jos E. Vercruysse. Cf. *Ibíd*, p. 28.

38. XIX. No se puede con derecho llamar teólogo aquel que considera que las cosas invisibles de Dios se comprenden por las creadas [*Non ille digne Theologus dicitur, qui 'invisibilia' Dei 'per ea, quae facta sunt, intellecta conspicit*] – NB: Lutero cita aquí casi textualmente el pasaje de Ro. 1:20.
XX. Más merece ser llamado teólogo aquel que entiende las cosas visibles e inferiores de Dios, considerándolas a la luz de la Pasión y de la Cruz [*Sed qui visibilia et 'posteriora Dei' per passiones et crucem conspecta intelligit*] – NB: Aquí Lutero alude al pasaje de Éx. 33:18ss.

39. Especialmente llamativo y teológicamente significativo es el quiasmo que se evidencia en la versión original latina entre *intellecta conspicit* (ve lo entendido) y *conspecta intelligit* (entiende lo visto).

El tema planteado es la distinción entre el verdadero y el falso *teólogo* —como queda definido por el "afecto" desde el que cada uno de ellos emprende su tarea y el "método" de conocimiento teológico por el que opta en consecuencia con ello. Queda claro, entonces, que lo que está en juego en primer lugar aquí no es el instrumentario teorético o su utilización más o menos apropiada en función del objeto o campo de estudio de la ciencia teológica como tal. Antes bien, la diferencia fundamental establecida por Lutero entre un tipo u otro de teólogo radica en la meta perseguida y el camino histórico-existencial a través del cual el ser humano concreto desarrolla su discurso referido a Dios.

En la tesis 19, Lutero sostiene que no es digno de ser llamado teólogo aquel que tiene como meta "ver" aquello que es "invisible" de Dios ("el poder, la divinidad, la sabiduría, la justicia, la bondad, etcétera"[40]) mediante la aplicación de su intelecto a las cosas creadas.[41] En la tesis 20, por contrapartida, señala que el verdadero teólogo "entiende" lo que es "visible" y "reverso" de Dios ("su humanidad, su debilidad, su necedad"[42]) "habiendo visto" a través de los sufrimientos y la cruz.[43] Mientras que el primero procede estableciendo analogías entre lo que se evidencia en las obras de la creación y el ser de Dios en su majestad, el segundo ve al crucificado, participa de sus sufrimientos en el mundo y recién así entiende como obra Dios entre los seres humanos.[44]

40. Witthaus, *Ibíd*, p. 41.
41. Para la tradición escolástica, con referencia al pasaje de Ro. 1:20 "se conecta la compleja cuestión del conocimiento natural de Dios. Las cosas creadas remiten a su Creador, pues los efectos no son ajenos a su causa, ellos están con ella en una relación de correspondencia, que le permite a la razón reconocer esa causa". Si bien se afirma que la causa sobrepasa infinitamente sus obras, ello no anula la analogía del ser (*analogía entis*) en que se relacionan una y otra, que le permite al hombre reconocer a Dios como principio y fin de toda la realidad. Cf. Bühler, *Ibíd*, p 104ss
42. *Ibidem*. En la cita corregimos el error de la versión castellana que traduce *stulticia* por "necesidad" en vez de "necedad".
43. "Cuando hoy se dice que en la Teología Dogmática siempre fue usual distinguir entre una revelación natural y una revelación salvífica, aquí queda en claro que la Reforma se inicia teológicamente con el conocimiento unilateral de Dios en Cristo", Hans J. Iwand, "Theologia crucis", en: Daniel Beros, trad. y ed., *Hans J. Iwand. Justicia de la fe… Ibíd.*, p. 153.
44. Cabe destacar aquí la ambivalencia intencional con que Lutero utiliza en este contexto los conceptos *opera* y *crux/passiones*: el primero designa tanto las obras de Dios en la creación (ante todo en la prueba de la tesis 20) como las obras morales de los hombres (en la prueba de la tesis 21); el segundo par de conceptos designa tanto la cruz y los sufrimientos de Cristo como la cruz y sufrimiento de los hombres. Cf. Althaus, *Ibíd*, p. 35ss. El autor sostiene que esa ambivalencia no es ninguna falta de claridad en el pensamiento de Lutero, sino que tiene

La actitud de ambos teólogos es totalmente opuesta: si el primero asume una posición de dominio sobre aquello que pretende hacer su glorioso objeto de conocimiento, operando mediante su intelecto sobre él, el segundo, en cambio, le deja la iniciativa a aquel que permanece como su Señor y verdadero actuante del conocimiento, sufriendo su obrar cruciforme en el seguimiento de Jesucristo. Mientras que el "teólogo de la gloria" se eleva a sí mismo subrepticiamente a la condición divina —incurriendo en aquella disposición idolátrica fundamental que Lutero había descrito como propia del pecador en el comentario de la tesis 7 (ver arriba)—, el "teólogo de la cruz" deja a Dios ser Dios, siguiéndolo por el camino a través del cual él mismo quiso revelarse a sus criaturas; acogiendo en la fe el primer mandamiento en toda su dimensión, le da la gloria solo a él.

Ello lo lleva a experimentar la cruz en la totalidad de su existencia: tanto en su "corazón" como en la "historia", como producto del conflicto irreductible en que se encuentra el Espíritu de Dios con el poder del pecado y de la muerte dentro suyo y en el mundo. Según Lutero, el ser humano pecador es puesto en condiciones de dar testimonio del poder y de la sabiduría de Dios, oculta en la "débil" y "necia" humanidad de Jesucristo, gracias a la "metamorfosis" del entendimiento que obra el Espíritu de Dios precisamente a través de esa experiencia cruciforme, marcada por la completa entrega sí al juicio y a la gracia de Dios (cf. Ro. 12:1-2). No obstante, no es esa experiencia "como tal", sino el obrar de Dios mediante la "Palabra de Cruz" y la fe que la acoge incondicionalmente, lo que define esa posibilidad, que permanece indisponible al ser humano a partir de sus propias fuerzas y cualidades —pues tiene su fuente y origen "fuera de nosotros" (*extra nos*), en Jesucristo.[45]

En la actitud divergente de ambos teólogos Lutero ve prefigurado con Pablo el motivo del giro decisivo dado por Dios en la historia de la salvación: "En efecto, como los hombres abusaron del conocimiento de Dios basado en las obras, Dios, a su vez, quiso ser reconocido por los sufrimientos; Él ha desechado la sabiduría de las cosas invisibles por el conocimiento de las visibles, de modo tal que aquellos que no adoraban a Dios manifestado en sus obras, lo adorasen como oculto en sus sufrimientos".[46]

su profunda razón y sentido: "La cuestión del recto conocimiento de Dios y la cuestión de la recta disposición ética para Lutero en el fondo no son dos, sino una y la misma (cuestión)".

45. Cf. al respecto el estudio fundamental de Karl-Heinz zur Mühlen, *Nos extra nos. Luthers Theologie zwischen Mystik und Scholastik*. Tubinga, Mohr-Siebeck, 1972.

46. *Ibidem.*

La tesis 21 se relaciona directamente con las dos anteriores. Su tema es el modo en que juzgan la realidad el teólogo de la gloria y el teólogo de la cruz, así como las consecuencias práctico-existenciales de ese juicio.[47]

Mientras que el primero valora la realidad en forma invertida, el segundo le hace justicia. Según Lutero este fenómeno se relaciona con la clase de conocimiento de Dios que tiene cada uno, así como con las cosas que los seres humanos aman u odian. Pues ambos aspectos se relacionan mutuamente —verdad y amor: "...el hombre, al ignorar a Cristo, no conoce al Dios escondido en los padecimientos. Así prefiere las obras a los sufrimientos, y la gloria, a la cruz; la potencia, a la debilidad; la sabiduría, a la estulticia; y en general, lo bueno a lo malo... [...]. Quienquiera que fuere, por odiar la cruz y los sufrimientos, ama, en verdad, las obras y la gloria de ellas. Y así llaman al bien de la cruz, mal y al mal de la obra lo declaran bien".[48] En cambio, aquellos que saben que "a Dios no se lo puede hallar sino en los padecimientos y en la cruz... afirman que la cruz es buena y que las obras son malas, puesto que por la cruz se destruyen las obras y se crucifica a Adán, el cual por las obras es, más bien, edificado".

Por tanto, para Lutero lo que define la rectitud del juicio que realizan los seres humanos sobre la realidad —de Dios, del ser humano, del mundo— no es en primer lugar de orden teórico-abstracto, sino que nace de la experiencia (antes mencionada) de haber sido "crucificado juntamente con Cristo" (cf. Ro. 6:6). Pues: "es imposible... que no se hinche por sus buenas obras quien antes no sea anonadado y destruido por los sufrimientos y los males, al punto de saber que él en sí mismo no es nada y que las obras no son suyas sino de Dios". Su argumentación muestra la profunda correspondencia que se da entre la persona que con su teología busca un conocimiento de Dios a través de sus especulaciones metafísicas a partir de las "obras de la creación" y aquella que con su piedad busca tener acceso a él mediante las "buenas obras": ambos tienen como resultado una "inflación del ser humano" —y ello concretamente no significa otra cosa que el imperio de la ley, del pecado y de la muerte.

47. XXI. El teólogo de la gloria llama a lo malo, bueno y a lo bueno, malo; el teólogo de la cruz denomina a las cosas como en realidad son [*dicit id quod res est*] – NB: En la primera parte de la tesis Lutero sigue casi literalmente a Is. 5:20a: "Ay de los que a lo malo dicen bueno, y a lo bueno dicen malo...".
48. *Ibidem.*

La estructura de las tesis 22 a 24 es similar a la de las tres tesis anteriores. En ellas se retoma y profundiza el análisis de las consecuencias práctico-existenciales de la "teología de la gloria" y de la "teología de la cruz".

En la tesis 22 Lutero se ocupa de la "sabiduría de las cosas invisibles", basada en el amor a la gloria y al poder.[49] Esa "sabiduría", por la índole de los objetos de su amor, produce en el ser humano una irresistible dinámica de apropiación y acumulación, que una vez desatada no reconoce límites ("ciega" y "endurece"): el objeto concreto que se ha apropiado refuerza el sentimiento de vacío, de distancia infinita entre lo que se posee y lo que "aún" falta poseer. Ello conduce al intento permanente e irrealizable de "cerrar" el "agujero del ser" a través de una creciente acumulación de objetos y de poder, que vuelve a aumentar el sentimiento de vacío y el ansia de acumulación sin fin.

Lutero describe esa "dialéctica del deseo" con varios ejemplos; significativamente, el primero de ellos es el de la relación con el dinero:[50] "Porque es imposible que la codicia quede satisfecha por las cosas que desea, una vez que ellas sean adquiridas. Del mismo modo que crece el amor al dinero, a medida que la fortuna aumenta, así también para los hidrópicos del alma cuanto más se bebe, más sed se tiene; como dice el poeta: 'Cuanto más beben, tanto más sed de agua tienen'… así sucede con todos los deseos".[51] El único remedio contra esa enfermedad del alma, definido como un deseo codiciosamente insaciable de apropiación, el joven teólogo agustino lo ve en un cambio radical de la lógica y de la praxis histórica, que ya vinculó indisolublemente al obrar cruciforme de Dios y a la fe: no acumular bienes simbólicos y materiales en la búsqueda de "sabiduría", sino dar y compartir de lo que se tiene como consecuencia de una sabiduría que para el mundo es "necedad" —describiendo así una posición tan radicalmente opuesta al espíritu reinante en su mundo temprano-capitalista, como al reinante en el presente, definido por el imperio ilimitado de la finanzas.

49. XXII. Aquella sabiduría que considera que las cosas invisibles de Dios se comprenden partiendo de las obras, infla, ciega y endurece por completo

50. No es casual la conexión que establece Lutero entre la sabiduría que es fruto de la teología de la gloria y la práctica de acumulación insaciable de capital. Aquí resulta significativa no solo su lucha contra las prácticas de una iglesia que —por ejemplo, mediante la venta de indulgencias— se hacía cada vez más rica, sino también su crítica a las prácticas económicas del capitalismo temprano. Sobre esto último cf. Daniel Beros, "La ética protestante y el espíritu del capitalismo. Reflexiones a partir del pensamiento ético-económico de Martín Lutero", en *Cuadernos de Teología*, XXVI, 2007, pp. 49-72.

51. Witthaus, *Ibíd*, p. 42s.

La tesis 23 describe las consecuencias que se dan para aquellos que, a partir de la sabiduría de la gloria, creen disponer sobre la voluntad de Dios, revelada en la ley.[52]

Así como la "sabiduría" que desconoce la cruz da lugar al abuso violento de todos los dones de la creación, así también da lugar al abuso violento de la ley. Pero "el que se gloría de la ley como sabio y docto, se vanagloria de su confusión, de su maldición, de la ira de Dios, de la muerte". Así es como la prueba de la tesis 23 pone de manifiesto la consecuencia última de esa sabiduría que —de modo sutil— se quiere poner en el lugar de Dios: la muerte.

Finalmente, la tesis 24 cierra todo el bloque temático.[53] En ella se afirma que el ser humano, sin la teología de la cruz, necesariamente abusa de los dones de Dios y de la ley: "quien aún no ha sido destruido y reducido a nada por la cruz y el sufrimiento, atribuye a sí mismo las obras y la sabiduría, no a Dios y de este modo abusa de los dones de Dios y los mancha".

La persona humana en cuanto pecadora busca "lo suyo" en todo y por ello se sirve de todo para edificarse a sí misma como "dios". Es por ello que Dios, para que el ser humano reconozca su deidad, obrando en él como su Señor y Salvador, "destruye" su autoconciencia, su "sabiduría", a través de su "obra extraña" para crear "de la nada" (*ex nihilo*), a través de su "obra propia", una nueva criatura, que viva en relaciones justas en él y con sus prójimos, como ya sostuviera la tesis 4 y su comentario.

4. Tesis 25 a 28: fe, seguimiento y amor

La correspondencia entre las tesis 19 y 20 y la tesis 25 (*Non ille… sed…*)[54] marca desde lo formal el inicio de un nuevo bloque temático en el conjunto de la disputación, que tratará sobre el justificado en forma positiva.

Retomando lo sostenido en la tesis 2, la prueba de la 25 comienza con una crítica abierta a la aplicación de principios de la doctrina aristotélica de la virtud al ámbito de la fe. Con referencia a Pablo señala: "La justicia de Dios no se obtiene por actos frecuentemente repetidos, como ha enseñado Aristóteles, sino que nos es infundida por la fe. En efecto, 'mas el justo vive

52. XXIII. Y la ley obra la ira de Dios, mata, maldice, acusa juzga y condena todo lo que no está en Cristo.

53. XXIV. No obstante, aquella sabiduría no es mala ni debemos huir de la ley; pero el hombre sin la teología de la cruz, malgasta [mejor: "abusa de", *abutitur*] las cosas mejores en forma pésima.

54. XXV. No es justo el que mucho obra, sino aquel que sin obrar cree grandemente [mejor: "mucho", *multo*] en Cristo.

por la fe'".[55] La justicia que vale ante Dios no es adquirida por esfuerzo propio, sino que le es regalada a la fe, sin las obras de la ley. Pero "sin obras" no significa que el justo no obre en modo alguno. Significa que sus obras no son la causa de su justicia —ellas son, más bien, la consecuencia de su ser aceptado por Dios. Es por ello que él sabe que tales obras son de Dios. En ellas no busca "lo suyo", sino la gloria de Dios. Pues Cristo, mediante la fe, ha venido a ser la sabiduría y la justicia del creyente — y así este llega a ser, por su parte, la obra y el instrumento de Cristo (*Christi operatio seu instrumentum*).

En la tesis 26 —que guarda una similitud formal con la tesis 21 (*dicit... dicit...*)—[56] Lutero trata el tema de la ley y la gracia, cómo y qué obran cada una de ellas: la ley manda, pero no proporciona el cumplimiento; en cambio, la gracia justifica y cumple la ley mediante la unión con Cristo: "Así pues, Cristo está en nosotros por la fe; más aún, es uno con nosotros. Mas Cristo es justo y cumple todos los mandamientos de Dios. Por esta razón también nosotros, por medio de él, cumplimos con todos los mandamientos, puesto que él llega a ser nuestro por la fe".[57]

La tesis 27 describe el actuar del justo.[58] El verdadero sujeto de ese actuar es Cristo. El obrar del creyente es consecuencia del obrar de Cristo en y a través suyo. La obra del creyente es aceptada por Dios a causa de Cristo. En tanto Cristo vive en nosotros mediante la fe, nos mueve a través de esa fe viviente a actuar en su obra. Cuando observamos sus obras "nos sentimos impulsados a imitarlas", siguiéndolo a él.

La tesis 28, con la que Lutero cierra sus "paradojas teológicas", opone el amor de Dios al amor de los seres humanos.[59]

¿Cómo habla Lutero del amor aquí? Él comenzó a partir de la tesis 25 a describir la existencia del justo. En el cierre de su meditación la presenta como una existencia en el amor: creada, sostenida y conducida por el amor de Dios. Por contrapartida, la existencia bajo la ley (tesis 1) es señalada

55. Witthaus, *Ibíd.*, p. 44.
56. XXVI. La ley dice "Haz esto", y ello no es hecho jamás; la gracia dice: "Cree en esto", y todas las cosas ya está hechas.
57. Witthaus, *Ibíd.*, p. 45.
58. XXVII. Podría afirmarse con razón, que la obra de Cristo es a la vez el sujeto que opera y el cumplimiento de nuestra obra y, que de esta manera, aquello que es operado agrada a Dios por la gracia de la obra operante.
59. XXVIII. El amor de Dios no encuentra, sino crea aquello que le place; el amor del hombre se origina por su objeto.

como una existencia marcada por la búsqueda permanente de la propia conveniencia, de aquello mediante lo cual la persona aspira al engrandecimiento de su nombre, beneficio y poder: "en todas las cosas ella busca lo suyo, y más bien recibe lo bueno antes que darlo". Lutero dice que la base teórica de esa existencia la proveyó Aristóteles, para quien "el objeto es la causa del amor", a virtud de que "toda potencia del alma es pasiva y material y actúa en la medida en que recibe". Quienes viven desde una disposición tal, amarán únicamente aquel objeto que logre encender su deseo gracias a la cualidad apetecible que reconozcan en él, que los moverá a querer poseerlo para sí.

Por eso Lutero rechaza tal filosofía por ser opuesta a la teología por principio. Pues esta busca dar testimonio de aquella realidad categorialmente distinta al amor humano, que ingresa al mundo cuando Dios obra y reina en él con *su* amor —un amor que "viviendo en el hombre, ama a los pecadores, a los miserables, a los necios y a los débiles a fin de hacerlos justos, buenos, sabios y fuertes". El amor de Dios en Jesucristo —"el amor de la cruz, nacido en la cruz"— "no se dirige allí donde encuentra lo bueno, para aprovecharlo para sí, sino allí donde le puede dar lo bueno al pobre e indigente". Esa es a su vez la praxis que Cristo actúa a través de la fe: aquello que la persona no justificada no percibe —al/a la pobre y miserable— aparece en su existencia, es percibido. Mientras el ser humano sin Cristo permanece prisionero bajo el juicio de la apariencia, el justo "ve" realmente lo que a los ojos del mundo no es "nada" —y con ese "ver" la realidad de ambos es transformada en inclusión y aceptación mutua, en derecho y vida plena, gracias al amor viviente de Dios.[60]

4. Dos cuestiones cruciales para una gramática fundamental de la teología evangélica

En lo que sigue, retomaremos dos cuestiones que surgen en el marco de la *theologia crucis* de la Disputación de Heidelberg, que nos parecen especialmente relevantes como parte de una "gramática fundamental" de la teología evangélica: la cuestión epistemológica y la cuestión antropológica. Al

60. Edgar Thaidigsmann, en su artículo dedicado a revisar el tratamiento de la "Disputación de Heidelberg" en el pensamiento teológico evangélico contemporáneo, destaca la escasa o nula atención que se le ha prestado a la tesis 28 y su prueba en dicho contexto. Esto lo juzga —con razón— como un déficit importante, que debe ser superado, tanto más cuanto "ellas representan la cima y la suma del todo" de la disputación. Cf. del mismo, "Kreuz und Wirklichkeit. Zur Aneignung der 'Heidelberger Disputation' Luthers", en *Lutherjahrbuch*, 48, 1981, pp. 80-96.

hacerlo no nos proponemos una exposición exhaustiva de las mismas, sino apenas indicar una "dirección" en la que seguir ahondando nuestra reflexión en común.[61]

1. La cuestión de una epistemología teológica

¿Cómo es posible alcanzar un conocimiento auténtico de Dios? La respuesta a esa pregunta Lutero la desarrolla describiendo el "afecto" o disposición fundamental con que se abocan a su tarea y la "vía" que recorren en virtud de ello dos clases de teólogos distintos (cf. tesis 19 a 24 y sus pruebas). Como ya señalamos anteriormente, allí él no plantea en primer término la cuestión de una teoría del conocimiento o una metodología en forma abstracta, sino el hecho concreto de que un ser humano *pecador* aspire a conocer a Dios y testimoniar su Palabra. Al respecto, una cuestión clave para Lutero radica en quién asume la iniciativa en la empresa del conocimiento teológico: Dios o el ser humano. El "teólogo de la gloria" es aquel cuya disposición lo llevar a tomar él mismo la iniciativa en ese empeño y a sustraerse así al obrar de Dios en él. Por eso elige una vía de conocimiento de Dios que refleje en sus *invisibilia* lo que él mismo está buscando: la autoedificación y el crecimiento en poder, en gloria, en sabiduría.

En cambio "teólogo de la cruz" es aquel que, dejándole la iniciativa a Dios, se dispone en la fe a sufrir su obrar en él; por eso acepta incondicionalmente su palabra, por la que se expone a ser deconstruido y anonadado en tanto pecador, dejándose conducir como un ciego allí donde Dios, inaugurando paradójica y milagrosamente una nueva realidad de perdón, misericordia y vida, le revela sus "realidades visibles" (*visibilia*): su "humanidad, su debilidad, su necedad". De allí que el verdadero conocimiento de Dios surja de su revelación cruciforme: solo aquel que, poniendo su vista en el Crucificado, padece el obrar de Dios a través de la cruz y los sufrimientos por el camino del seguimiento histórico-real de Jesucristo —y por eso se ubica en solidaridad y clamor junto a las y los crucificados—, es puesto en

61. Sobre ambas temáticas hemos realizado oportunamente breves contribuciones. Cf. Daniel Beros, "Fuera de lo cual no se enseña otra cosa que apariencias y palabrería. Algunas consideraciones sobre el significado de la herencia de la Reforma en América Latina", en *Cuadernos de Teología*, XXX, 2011, pp. 45-52; del mismo, "'¿Qué es… el hijo del hombre para que *lo visites*?' Reflexiones sobre el ser humano en perspectiva teológica", en Daniel Beros *et al.* comps., *Dios, ser humano, mundo. Entre la filosofía y la teología.* Buenos Aires, Facultad de Filosofía y Letras de la Universidad de Buenos Aires, 2016, pp. 135-152.

condiciones de entender el modo en que Dios obra en el mundo, su sabiduría, justicia y poder.[62]

Sin embargo, para Lutero ese conocimiento es indirecto: es la fe la que ha de reconocer la realidad de Dios y su Reino en su carácter oculto "bajo la apariencia de lo contrario" (*sub contraria specie*).[63] Como lo indica su lapidaria conclusión: *in Christo crucifixo est vera Theologia et cognitio Dei.*[64]

2. *La cuestión de una antropología teológica*

¿Quién es Adán? En el marco de las tesis expuestas y defendidas en Heidelberg, Lutero sugiere que el conocimiento de la verdadera condición del ser humano solo se hace evidente a partir del obrar de Dios en él a través de la fe. Pues según lo descubierto en sus indagaciones bíblicas, el ser humano se revela como aquel que es únicamente a la luz del Crucificado; es decir, a la luz del juicio y de la gracia de Dios. Fuera de este juicio y gracia manifiestos en la "Palabra de la Cruz" el ser humano permanece oculto para sí mismo en su auténtica y decisiva realidad, ante Dios (*coram Deo*). Ello es así porque él juzga en forma invertida sobre su realidad: llama a lo malo, bueno y a lo bueno, malo —como lo hace el teólogo de la gloria, que no es otro que el mismo Adán en su condición sujeta al poder del pecado. Ese modo de juzgar tiene su raíz más profunda en su irresistible inclinación a buscar "lo suyo" en todo, adorándose como a un ídolo. En la práctica de ese culto a sí mismo el ser humano abusa de Dios, del prójimo y de los dones de la creación. Está siempre en búsqueda de lo bueno, para apropiárselo, y en esa empresa su deseo no reconoce límites: cuantos más bienes simbólicos y materiales acumula, más quiere —introduciendo así una dinámica de apropiación, sojuzgamiento y violencia que se extiende potencialmente a toda la creación.

62. Karl Barth nos recuerda al respecto aquella sentencia de Calvino, que apunta exactamente en la misma dirección: "todo recto conocimiento de Dios nace de la obediencia" (*omnis recta cognitio Dei ab oboedientia nascitur*). Cf. del mismo, *Introducción a la teología evangélica.* Salamanca, Sígueme, 2006, p 36.

63. "...no se puede hallar a Dios sino en los padecimientos y en la cruz... puesto que por la cruz se destruyen las obras y se crucifica a Adán, el cual por las obras es, más bien, edificado...". Witthaus, *Ibíd*, p 42. Con respecto a esta afirmación de Lutero Hans J. Iwand comenta: "No hay muchas frases que sean tan instructivas en cuanto a la teología del Lutero joven como esta. Aquí se ve como engranan entre sí ambos temas de su teología: ley y evangelio, el uno; teología de la cruz y teología de la gloria, el otro", en: Daniel Beros, trad. y ed., *Hans J. Iwand. Justicia de la fe..., Ibíd*, p. 154.

64. "Por consiguiente, en Cristo crucificado está la verdadera teología y el conocimiento de Dios". Witthaus, *Ibíd*, p. 42.

Ese ser humano —confrontado con la verdadera humanidad: la *humanidad de Dios*— se descubre des-humanizado, pecador. Solo a través de la acción de Dios en Jesucristo, que lo lleva a pasar mediante la "Palabra de Cruz" por el juicio y así por el "infierno del conocimiento de sí mismo" como pecador, estará en condiciones de escuchar que Dios está allí para él, ofreciéndole al pecador su gracia y perdón. Solo entonces, a partir de la fe que acepta agradecida ese sorprendente e inmerecido regalo se hará realidad aquella otra forma de ser "humano" que parte de y regresa permanentemente a la humanidad de Dios.

Lutero hace una primera referencia al tema cuando en la prueba de la tesis 4 señala que mediante su "obra extraña" Dios lleva al ser humano a perder su "forma", volviéndose "deforme".[65] Esa deformidad es la deformidad del Crucificado, que se hace manifiesta —gracias a la "obra propia de Dios"— en el nuevo obrar del creyente en el mundo, que ya no se rige por la búsqueda de "lo suyo" sino por lo que es "de Dios"; que ya no abusa de sus bienes sino que los usa rectamente, creando junto al prójimo necesitado una comunión fraterna y solidaria. Ese obrar tiene su fundamento en un nuevo "juicio" que se le regala al ser humano por conocer en Jesucristo "al Dios escondido en los padecimientos" —el mismo que le permite, en medio de una multiplicidad de discursos y mensajes, que tergiversan y falsean realidad por causa de la injusticia (cf. Ro 1.18), decir "aquello que es lo real" (*quod res est*), actuando en consecuencia.[66]

A modo de cierre

Las dos cuestiones planteadas anteriormente —la epistemológica y la antropológica— son desarrolladas por Lutero a partir de su cristología, que resulta

65. "Tal hombre… se desagrada a sí mismo en todas sus obras; no ve en sí mismo hermosura alguna, sino solo su indignidad. Mucho más aún, hace exteriormente cosas que a los otros parecen necias y deformes". Witthaus, *Ibíd*, p. 34.

66. Cabe aclarar que la nueva forma de ser humano que se da a partir de la obra de Dios en él no da lugar a una transformación cualitativa del mismo, como si hubiera un "antes" pasado en que él fuera pecador y un "ahora" en que es justo. Ambas condiciones se dan simultáneamente, como sostiene Lutero en la tesis 6 y su prueba, donde, en referencia al *simul iustus et peccator* del ser humano, señala: "Lo dicho podría compararse con un labrador que, siendo diestro en el uso del hacha, usara una que tuviese el filo carcomido y mellado. Por más que quisiera, sus incisiones serían defectuosas e irregulares. Así también ocurre cuando Dios obra a través nuestro". Witthaus, *Ibíd*, p. 35. Al respecto sigue siendo valiosa en más de un aspecto la lectura el estudio clásico de Rudolf Hermann, *Luthers These "Gerecht und Sünder zugleich"*. Darmstadt, Wissenschaftliche Buchgesellschaft, 1960.

ser el paradigma fundamental de su "*theologia crucis*", a partir del cual modula y desarrolla sus temas. En el Cristo crucificado no solo está la verdadera teología y el conocimiento de Dios, sino también, al mismo tiempo, la verdadera antropología y el conocimiento del ser humano, la verdadera eclesiología y el saber sobre la iglesia... —y así podríamos seguir declinando los distintos tópicos de una teología evangélica. Pues dicha teología será teología de la cruz o no será verdadera teología evangélica.[67]

Esta última afirmación merece ser subrayada con especial énfasis en nuestro contexto actual. Pues no es menor la tentación —así como no lo fue en otras épocas y contextos— de elaborar teologías orientadas por la eficacia y el éxito con que logren ir al encuentro de los deseos y fantasías que acicatea el sistema capitalista globalizado que rige nuestra sociedad[68] —como es el caso de las "teologías de la prosperidad", tan en boga en determinados círculos "evangélicos". En abierta contradicción con esa tendencia, una teología evangélica que quiera hacer justicia a la revelación bíblica y estar a la altura de los desafíos que el presente contexto plantea a la misión de la Iglesia, no intentará deshacerse del "aguijón en la carne" que significa el Crucificado para el testimonio cristiano en todo tiempo.

Por tanto, los teólogos/as que la hagan suya (potencialmente todas las personas que confiesan el señorío de Jesucristo), no perderán de vista que en la "Palabra de la Cruz" son llamados a reconocer —haciendo propia, en solidaridad y protesta, la cruz de las miles y miles de crucificadas y crucificados de nuestras sociedades— el juicio de Dios establecido de una vez para siempre la mañana de la Pascua contra todo lo que se pretende elevado y noble, piadoso y verdadero en este mundo sin Cristo, comenzando por ellos mismos. A la vez, se sabrán convocados/as a servir al pueblo de Dios (potencialmente toda la humanidad, sin distinción de credos) testimoniando públicamente la manifestación de su amor incondicional por las y los pequeños vilipendiados, orando y trabajando para que —tanto a nivel personal como a través de las instituciones y el derecho— comenzando por ellos, se haga palpable y concreto "amor de la cruz, nacido en la cruz" a toda la creación de Dios.

67. Como señala Lutero: "...no es suficiente ni provechoso para nadie conocer a Dios en su gloria y majestad, si no se le conoce también en la humildad y en la vergüenza de la cruz...". Witthaus, *Ibíd*, p. 41.
68. Cf. Daniel Beros, "El límite que libera...", en Martin Hoffmann *et al*, eds., *Radicalizando... Ibíd.*, pp. 209-234.

LUTERO Y LA BIBLIA

Misiva de Martín Lutero sobre el arte de traducir

Herón Pérez Martínez

Presentación

Este corto escrito de Lutero es conocido en el mundo de la teoría de la traducción con el título de "Carta del traductor". En alemán fue conocida familiarmente por su nombre corto: *Sendbrief vom Dolmetschen.* Es uno de los documentos más importantes para la historia occidental de la teoría de la traducción junto con la matriz teórica tradicional que se hace arrancar de Cicerón sobre la traducción, donde se enfrentan dos maneras de traducir: la traducción literal y la traducción según el sentido del texto. La historia de la teoría de la traducción se inclina por la traducción *ad sensum*, manera privilegiada por los más grandes traductores como el orador Marco Tulio Cicerón, por ejemplo, en su *De optimo genere oratorum,*[1] Quinto Horacio Flaco en su célebre *Ars poética* más conocida como *Carta a los Pisones,*[2] San Jerónimo en la célebre *Carta 57 a Pamaquio,*[3] el humanista valenciano Juan Luis Vives en el capítulo xii de su libro *De ratione dicendi*[4] y otros como el también biblista agustino fray Luis de León en su traducción del *Cantar de los cantares.*[5]

La *Sendbrief* fue enviada por Lutero el 12 de septiembre de 1530 desde la fortaleza de Koburg a su amigo Wenceslao Link, a la sazón predicador en Nürnberg; este manda imprimir el escrito con un prólogo suyo, fechado precisamente en Nürnberg el 15 de septiembre de 1530, en el que, entre

1. Véase para esto, Cicerón, *El modelo supremo de los oradores, introducción, traducción y notas,* de José Quiñones Melgoza, México, UNAM, 2000.

2. Véase Quinto Horacio Flaco, *Arte poética,* introducción, versión rítmica y notas de Tarsicio Herrera Zapién, México, UNAM, 1970.

3. Véase *Cartas de San Jerónimo*, edición bilingüe, introducción, versión y notas por Daniel Ruiz Bueno, Madrid, BAC, 1962, 483 y ss.

4. Véase Juan Luis Vives, *Obras completas*, 2 tomos, tomo I, Madrid, Aguilar, 1947, 547- 981.

5. Fray Luis de León, *Poesías completas. Obras propias en castellano y latín y traducciones e imitaciones latinas, griegas, bíblico-hebreas y romances*, edición de Cristóbal Cuevas, Madrid, Biblioteca Clásica Castalia, 2001. Véase también fray Luis de León, *Cantar de los cantares*, Barcelona, Ediciones Orbis, "Prólogo", 1986, 11 y ss.

otras cosas, dice: "Mucho se ha hablado a últimas fechas sobre la traducción del Antiguo y Nuevo Testamento: los enemigos de la verdad, en concreto, pretenden hacer ver que el texto ha sido alterado e incluso falseado en muchos pasajes; ello ha causado temor a los muchos cristianos sencillos que no conocen el hebreo y el griego". La carta tenía, por tanto, la función de atenuar "la blasfemia de los impíos y hacer desaparecer los escrúpulos de las personas piadosas".

El punto de partida de la *Carta del traductor* fue la traducción del Nuevo Testamento hecha por Lutero. El proyecto de traducir el Nuevo Testamento, expresado el 18 de diciembre de 1521, era ya para marzo siguiente una realidad. En efecto, cuando el 6 de marzo de 1522 se presentó en Wittenberg, Lutero tenía ya traducido todo el Nuevo Testamento y se aprestaba a revisarlo en compañía de Felipe Melanchthon, gran helenista, como se sabe, e impulsor de la traducción según confiesa el propio Reformador: "Felipe Melanchthon me obligó a la traducción del Nuevo Testamento".[6]

El 30 de marzo de 1522 escribe a Spalatino:[7]

> No solamente el evangelio de Juan, sino todo el Nuevo Testamento, lo traduje en mi Patmos; ahora Felipe y yo hemos empezado a limarlo. Y será, si Dios quiere, una obra digna. También necesitaremos de tu colaboración en el empleo ajustado de algunos vocablos; está, pues, apercibido; pero no nos suministres palabras castrenses o cortesanas, sino sencillas, pues la sencillez quiere brillar en este libro. Para principiar, mira si puedes comunicarnos, de la

6. *Philippus Melanchthon coegit me ad Novi Testamenti versionem...* , en Weimarer Ausgabe, *Werke*, tomo 48, Weimar, 1833 y ss., 448, Su nombre era Felipe Schwarzerd (1497-1560) o, como alguna vez latinizaría Lutero, Felipe Nigroterráneo. Su apellido alemán significaba, en efecto, "negra tierra" y eso significa la helenización que él hizo de su apellido y con el que se le conoce: Melanchthon. Era un hombre de una gran talento y una predisposición natural a las humanidades. Llegó a Wittenberg el 25 de agosto de 1518, tenía apenas 21 años, y a los cuatro días pronunció su discurso de entrada que tituló *De corrigendis adolescentiae studiis* que, dicen, causó la admiración de toda la gente culta. Su llegada como profesor de lengua griega significó, para la Universidad de Wittenberg, el soplo de vientos de renovación. Se crearon, en efecto, las cátedras de hebreo y griego. Había sido invitado para cubrirlas el sabio hebraísta y notable helenista Juan Reuchlin; pero por entonces era ya un anciano de 62 años. Él fue quien recomendó a su sobrino-nieto Felipe Schwarzerd, quien enseñaba en la Universidad de Tübingen. Melanchthon no solo fue quien ayudó a Lutero en la traducción del Nuevo Testamento, sino que en 1521 redactó la primera exposición sistemática del protestantismo y, en 1530, formuló la famosa "Confesión de Augsburgo".

7. Su nombre era Jorge Burkhardt (1484-1545), pero gustaba que le dijeran *Spalati- nus*—él mismo así se firmaba— por haber nacido en Spalt, poblado cercano a Nüremberg. Amigo fiel de Lutero, excelente humanista, Spalatino cuenta en su *curriculum* el haber sido de los primeros graduados de la Universidad de Wittenberg; se laureó, en efecto, en artes en 1503.

corte o de donde sea, los nombres, los colores y ojalá los aspectos de las piedras preciosas del Apocalipsis.[8]

Para mayo, completamente terminada la revisión, estaba listo el texto para entrar a las prensas de Melchor Lotther de las que el 21 de septiembre salieron unos 3 000 ejemplares bajo el nombre de *Das Neue Testament Deuzsch, Wittenberg*. La obra fue un éxito editorial rotundo: se agotaron enseguida y hubo que hacer inmediatamente una segunda edición que estuvo lista para diciembre de ese mismo 1522. Solamente en Wittenberg, la obra llevaba en 1537 —quince años después— nada menos que 16 ediciones. Según Villoslada entre los méritos de esta versión está el no haber sido hecha, como era frecuente anteriormente, de la Vulgata latina, sino del original griego —por más que Lutero no fuese un gran helenista— atendiendo al sentido más que a la letra; y en un lenguaje alemán tan vivo, tan natural, tan sabrosamente popular, que todos lo entendían y gustaban como si fuera un escrito originariamente germánico y no una traducción de lengua extraña.[9]

Lutero usa la palabra *verdeutschen* para designar su trabajo de traducir el Nuevo Testamento al alemán. Estrictamente hablando significaría "traducir al alemán". Sin embargo, en el léxico creado por Lutero significa, más bien, la traducción exacta hecha desde la singularidad y exigencias de la lengua alemana. En vez de los giros y expresiones típicas de los originales, Lutero busca las expresiones y giros propios del alemán: su preocupación es que el lenguaje usado en su traducción corresponda al lenguaje usado por el hablante de la lengua alemana, al hombre de la calle.

Los protagonistas de la *Sendbrief*

Entre los enemigos más encarnizados de Lutero hay que contar, desde luego, al duque Jorge de Sajonia (1471-1539). Educado muy religiosamente por el monje agustino Andrés Proles, recibió una esmerada formación científica pensando inicialmente en el estado eclesiástico. En todo caso, en plena crisis de la Reforma, Jorge de Sajonia fue tenido como un paladín del catolicismo al grado

8. En la *Weimarer Ausgabe*, serie *Briefwechsel*, tomo II, Weimar, 1930-1967 (para los 12 tomos de cartas), p. 490, citado en Ricardo García-Villoslada, *Martín Lutero*, 2 tomos, tomo II, Madrid, BAC, 1973, 33. Una buena parte de la información contenida en esta presentación puede el lector encontrarla muy ampliada y detallada en esta obra que en lo sucesivo citaremos solo como Villoslada.

9. *Op. cit.*, tomo II, pp. 33-34.

de merecer el encomio de Erasmo en una carta escrita el 31 de julio de 1520. Pues bien, Jorge de Sajonia, llamado por Lutero "mi más venenoso, amargo y orgulloso enemigo",[10] es uno de los personajes centrales de la *Sendbrief*. Por lo pronto, no bien salió a la luz pública la traducción del Nuevo Testamento al alemán hecha por Lutero, Jorge de Sajonia se apresuró a prohibir en sus dominios, mediante decreto fechado en 1522, su compra o venta. Por lo demás, la larga y muy pintoresca historia del intercambio de insultos entre el duque y Lutero, aunque ilustrativa y divertida, es harina de otro costal.

Otro protagonista importante de la *Sendbrief* fue Jerónimo Emser (1478-1527) llamado por Lutero ya en 1519 "el cabrón de Leipzig" a causa de su escudo heráldico en que figuraba un *Bock* —o cabrón— viejo rival del Reformador y durante algún tiempo secretario del duque Jorge. Resulta, en efecto, que Emser la emprendió contra la traducción de Lutero: un análisis suyo habría, según dijo, topado con centenares de errores, inexactitudes y falsedades: 1400, en total. El problema estuvo en que Emser, como el mismo Lutero señala en la *Sendbrief*, no tuvo ningún escrúpulo en apropiarse la traducción de Lutero, plagiándola casi en su totalidad y publicándola como suya con todas las recomendaciones, elogios y bendiciones del caso. Todo esto último corrió a cargo, nuevamente, del duque Jorge de Sajonia. Los otros protagonistas son Lutero, desde luego, Melanchthon —ya mencionado—, Mateo Goldhahn, el famoso "Aurogalo" (1490-1543), hebraísta de la Universidad de Wittenberg. Los dos juanes, Cocleo y Fabro, sus adversarios del bando del catolicismo, son mencionados más adelante en el pasaje de la *Sendbrief* donde Lutero hace referencia a ellos.

La circunstancia de la *Sendbrief*

En septiembre de 1530 encontramos aún a Lutero confinado contra su voluntad en la fortaleza de Coburgo, su "eremo". Los aires que la Reforma ha volcado sobre Alemania se han vuelto muy inseguros para el exagustino: su retiro en Coburgo es, por tanto, una medida de seguridad. Mientras, de junio a noviembre de ese mismo 1530, tiene lugar la dieta de Augsburgo: sus teólogos con Felipe Melanchthon a la cabeza, por un lado, el emperador a Carlos V al frente de los teólogos católicos, por el otro. El 25 de junio, en efecto, Melanchthon lee, como ya se dijo, la "Confesión de Augsburgo".[11]

10. En Villoslada, *op. cit.*, p. 128.
11. Para una reseña detallada de la Dieta de Augsburgo, sus protagonistas y todo lo que allí pasó, véase a Villoslada, *op. cit.*, tomo II, pp. 323-367.

La justificación por la fe

Como ya se sabe, la discusión que suscita la traducción hecha por Lutero de Ro. 3:28, se debe precisamente a la importancia que la doctrina resultante de la traducción tiene para las pretensiones de la Reforma; la *Sendbrief* no habla de traducción a secas, sino que habla de traducción en la medida en que este texto se refiere al tema central de la Reforma: la justificación por la fe. Si, en efecto, un individuo, para salvarse según las creencias cristianas, lo único que tiene que hacer es creer en Cristo, todo el aparato eclesiástico, empezando por el papa y todo su boato, sale sobrando. En eso consiste la Reforma: no es necesario ningún tipo de mediación entre un individuo y Dios. A todo el mundo le basta solo su fe. Es, por tanto, la reivindicación del individuo con todas las importantes consecuencias que ello tuvo: individualismo en todos los sectores de la actividad humana, el surgimiento de las ideas democratistas, el desarrollo de la inducción como método del conocimiento —la verdad ya no viene de arriba (como en la deducción base de la escolástica) sino que hay construirla pacientemente, desde "abajo". Es impresionante, por lo demás, la capacidad didáctica que Lutero muestra en la *Sendbrief* al exponer y fundar su doctrina de la justificación por la sola fe, sin las obras. El Reformador, en efecto, justifica su traducción tanto con razones lingüísticas como con razones teológicas.

El concilio de Trento, decimoctavo concilio ecuménico de la Iglesia católica, celebrado en Trento entre 1545 y 1563 fue convocado principalmente para enfrentar las nuevas situaciones traídas a colación por el protestantismo. En relación con el tema de la justificación, el concilio le dedicó la sesión vi que dio comienzo el lunes 21 de junio de 1546[12] bajo la presidencia del cardenal Marcel Cervino. La tercera de las cuestiones repartidas entre los asesores decía: "¿Cómo hay que entender la frase *iustificari hominem per fidem*?".[13] Los miembros del concilio, a la pregunta sobre "el papel que juegan las obras en la justificación", responden así: "Con respecto a la primera justificación, las buenas obras precedentes son solo una preparación y una disposición para la fe y para la gracia en vistas a la fe: este es el sentido que tiene la afirmación de que el hombre se justifica por la fe sin las obras".

12. Para una información exhaustiva de lo acaecido en Trento, puede verse Hefele/ Leclercq, *Histoire des conciles*, tomos IX al XI, París, L. Letouzey et Ané, 1938. Véase especialmente el tomo X.

13. *Quomodo intelligendum sit "justificari hominem per fidem"*?

La teoría de la traducción en Lutero

Las razones que Lutero esgrime para defender su traducción son de dos clases: lingüísticas y teológicas. Nos referiremos solo a las primeras. La referencia a las segundas tiene, sin embargo, para la traducción, la importante función de reafirmar la vieja teoría del texto según la cual los textos constan de *res et verba*: la *Sendbrief* ofrece argumentos tomados de ambos componentes. Esta es, desde luego, la primera y muy importante enseñanza de la *Sendbrief*: para traducir, no basta saber bien ambas lenguas implicadas en el proceso, hay que conocer el tema o asunto que trata el texto. Esta es una novedad en el contexto de la teoría de la traducción. Como bien se sabe, la tradición conocida sobre el arte de traducir enfatiza en Cicerón y en Jerónimo —sus más importantes representantes— la atención a criterios formales para verificar una traducción.

La segunda enseñanza de la *Sendbrief* para el traductor está expresada por estas palabras de Lutero:

> Al traducir, me propuse hacerlo en un alemán puro y claro [...] Es cierto, no están físicamente esas cuatro letras, *sola* [...] No ven que a pesar de todo el sentido del texto va hacia allá. Hay que ponerlas si se quiere traducir a un alemán pleno y vigoroso. [...] En mi traducción me propuse hablar alemán y no latín o griego. [...] Pues bien, es propio del genio de nuestra lengua [alemana] emplear, al lado de las palabras *nicht* [no] o *kein* [nada de, ningún], la palabra *allein* cuando se está hablando de dos cosas de las cuales una es afirmativa y la otra negativa. [...] Si bien, en ese tipo de expresiones, no sucede lo mismo en las lenguas latina y griega, sí es característico del alemán insertar la palabra *allein* para que las palabras *nicht* o *kein* sean más plenas y claras. [Por tanto, quien quiera traducir bien debe preguntar a la lengua a la que traduce cómo se dicen las cosas. Quien quiera traducir bien al alemán, dice Lutero, debe dirigirse al ama de casa, a los niños de la calle, al hombre común, debe verles el hocico para ver como hablan; y de acuerdo con ello hay que traducir. De esta manera entenderán y notarán que se les está hablando en alemán [...].

Es la teoría española del "genio de la lengua" tan bien defendida por fray Luis de León: hacer que [las figuras del original y su donaire] hablen en castellano y no como extranjeras y advenedizas, sino como parecidas en él y naturales.[14]

14. Fray Luis de León, *Obras completas*, introducción y notas del padre Félix García, vol. II, Madrid, BAC, 1957, 741.

La tercera enseñanza está implícita en lo anterior: en el proceso de traducción hay unas cosas más importantes que otras. La más importante de todas es el sentido del texto. Lutero lo llama *die Meinung des textes*, lo que el texto quiere decir sin importar las palabras que para ello use.

Desde luego la enseñanza central de la *Sendbrief* está en la línea más tradicional y más prestigiada de la teoría de la traducción: no hay que traducir palabra por palabra. Toda la carta, se podría decir, es una apología a este principio que en las palabras bien dichas de Horacio sonara así: *non verbum verbo curabis reddere fidus interpres.* Con él, Cicerón (*In quibus non pro verbo verbum necesse habui reddere, sed genus omnium verborum vimque servavi*), Jerónimo (*Ego enim non solum fateor, sed libera voce profiteor me [...] non verbum e verbo sed sensum exprimere de sensu*), los traductores árabes de la Edad Media, Erasmo y Vives, entre muchos otros, defienden este principio tan férreamente como Lutero. En concreto, lo que el Reformador plantea es que para poder ser fiel al sentido del texto original hay que ser fiel al genio de la lengua a la que se traduce. Ambas cosas son inseparables. Empero las palabras del texto que se traduce son siempre el único punto obligado de referencia que debe tener el traductor.[15]

La estructura de la *Sendbrief*

Este pequeño escrito está muy bien estructurado. El primer elemento estructurante son las dos preguntas que lo ocasionan: por qué Lutero puso la palabra *sola* en su traducción de Ro. 3:28; y si es cierto que los santos fallecidos pueden intervenir por nosotros. La *Sendbrief*, por tanto, tiene dos partes bien definidas de las cuales, empero, la primera ocupa la mayor parte: la segunda es insignificante comparada con ella. El escrito empieza con una introducción de tipo epistolar dedicada principalmente a los saludos iniciales y a una brevísima recapitulación de las materias de la carta. La primera parte está muy bien marcada por una clara frase introductoria —"por lo que hace a la primera pregunta"— y se cierra con esta cláusula: "lo que queda por decir quiero decirlo, si Dios me lo permite, en un pequeño libro sobre la justificación". Esta primera parte tiene, a su vez, dos secciones igualmente muy bien marcadas. La primera de ellas es una invectiva polémica contra los "papistas" que empieza con estas palabras: "por lo que hace a la primera pregunta podrían ustedes, si es que quieren hacerlo, contestar a sus papistas

15. Para mayores datos, véase nuestro *Lenguaje y tradición en México*, Zamora, El Colegio de Michoacán, 1989, 35-62.

en mi nombre de la siguiente manera". La segunda sección de esta primera parte consiste en una respuesta en serio "a ustedes y a los nuestros"; empieza así: "a ustedes, sin embargo, y a los nuestros quiero decirles por qué yo he decidido emplear la palabra *sola* (*allein*)...". Esta sección consta, a su vez, de dos subsecciones: en la primera de ellas Lutero fundamenta su traducción con argumentos lingüísticos; en la segunda lo hace con razones sacadas de la teología.

Lo que sigue se refiere a la segunda cuestión que empieza con un explícito "vayamos a la segunda pregunta"; sus consideraciones se centran en la tesis de que el culto a los santos es inaceptable porque desvía del culto a Cristo y son cortadas bruscamente con la frase: "baste por esta vez; ya se ha dicho suficiente sobre la pregunta. En otra ocasión diremos más sobre el tema". Concluye el texto con una breve despedida de tipo epistolar.

La estructura de la carta sería, pues, la siguiente:

a) Saludos iniciales y recapitulación del asunto: estilo epistolar.
Sección I: Invectiva polémica contra los "papistas"
b) Primera parte
Subsección I: razones lingüísticas de la traducción
Sección II:
Subsección II: razones teológicas de la traducción
c) Segunda parte: las razones para el culto a los santos
d) Despedida epistolar

Documento

Al sabio y honorable N.[16] Mi muy benévolo señor y amigo. ¡Gracia y paz en Cristo![17]
Honorable, sabio, querido señor y amigo,
He recibido la carta de ustedes en la que me plantean dos problemas o preguntas, y piden mi opinión sobre dos tipos de cosas. Me preguntan ustedes, en primer lugar, por qué yo traduje las palabras de San Pablo en el tercer capítulo[18] de la carta a los Romanos "*arbitramur hominem iustificari ex fide absque operibus*" así: *Wir halten dafür, dass der Mensch gerecht werde ohne des Gesetzes Werke, allein durch den Glauben* ["sostenemos que el hombre

16. El nombre del destinatario de la carta es Wenzeslaus Link.
17. Es una fórmula muy común en las epístolas paulinas. Véase, por ejemplo, 1Co. 1:3; 2Co. 1:2; Gá. 1:3, etcétera.
18. En el verso 28.

se vuelve justo por la fe *sola*, sin las obras de la ley"]. Me informan ustedes que los papistas andan muy furiosos, sin razón, alegando que en el texto de Pablo no está la palabra "allein" [sola], que esta añadidura mía, tratándose de la palabra de Dios, es imperdonable, etc. La segunda pregunta consiste en si también los santos fallecidos rezan por nosotros dado que leemos que los ángeles rezan por nosotros, etcétera. [19]

Por lo que hace a la primera pregunta, podrían ustedes, si es que quieren hacerlo, contestar a sus papistas en mi nombre de la siguiente manera.

En primer lugar, si yo, el doctor Lutero, hubiera podido esperar que, el montón de papistas estaba en condiciones de, entre todos, traducir correctamente y bien al alemán aunque fuera un capítulo de la Biblia, ciertamente me hubiera humillado y les hubiera pedido su ayuda y asesoría para traducir el Nuevo Testamento. Pero como yo ya sabía —y ahora lo tengo claramente ante mis ojos— que ninguno de ellos sabe cómo se debe traducir o hablar alemán, me evité y les evité esa molestia. Se nota muy bien que, con mi traducción y con mi alemán, apenas están aprendiendo a hablar y escribir alemán. De manera que no solo me roban mi lengua —de la que sabían muy poco antes de esto— sino que, en vez de darme las gracias, se complacen en usarla en mi contra. Yo, por mi parte, se los tolero de buena gana; me halaga sobremanera el haber enseñado a hablar a mis malagradecidos alumnos, además de enemigos.

En segundo lugar, pueden ustedes decir a los papistas que yo he traducido el Nuevo Testamento lo mejor y más concienzudamente que he podido. Además, a nadie he obligado a leerlo; mi intención más bien ha sido traducirlo y, con gusto, ponerlo a disposición de quienes, por sí mismos, no lo pueden hacer algo mejor. Pues a nadie se le prohíbe hacer otra traducción mejor. Quien no quiera leerlo, que no lo lea: ni le voy a suplicar que lo haga, ni le voy a echar flores por ello.

Es *mi* Nuevo Testamento y *mi* traducción, y míos seguirán siendo. Y aunque contuviera algún error —ciertamente no tengo conciencia de ello, y tengan por seguro que al traducir no he falseado, a sabiendas, ni una sola letra— de ninguna manera estoy dispuesto a tolerar que los papistas se erijan en jueces del asunto: por ahora, tienen las orejas demasiado largas y

19. Como el interés por traducir este texto de Lutero proviene exclusivamente por su gran importancia para el problema de la traducción, y no por razones teológicas, omitimos la respuesta a la segunda de las dos preguntas planteadas. Por lo demás, la respuesta a la segunda pregunta ocupa muy poco espacio en la *Sendbrief*, muestra del escaso interés que tiene en la mente misma de Lutero.

sus rebuznos[20] son muy débiles como para juzgar mi traducción. Yo sé muy bien la capacidad, dedicación, sentido común e inteligencia que debe tener un buen traductor; ellos, en cambio, saben de esto menos que un burro de molino, dado que nunca han ni siquiera intentado traducir.

Hay un dicho que dice que "quien edifica a la vera del camino, muchos maestros tiene". Eso me pasa a mí. Individuos que no son capaces ni de hablar correctamente —no digamos de traducir— se han convertido de buenas a primeras en mis maestros y yo, a mi vez, tengo que ser discípulo de todo mundo. Si me viera en la necesidad de preguntarles cómo traducirían ellos las dos primeras palabras del evangelio de Mateo (1:1) *Liber generationis,*[21] ninguno sería capaz ni de decir "cua-cuá". ¡Estos son los distinguidos colegas que pretenden juzgarme a mí y toda mi obra! Lo mismo le pasó a San Jerónimo cuando tradujo la Biblia: todo mundo quería ser su maestro. Él era el único que no sabía; se pusieron a criticarle al buen hombre su obra gente que no hubieran servido ni para limpiarle los zapatos. Por eso, quien quiera hacer algo bueno que sea de interés público, debe armarse de aguante. Pues todo mundo quiere ser maestro perspicaz, pese a que no es capaz de hacer nada por sí mismo y siempre anda embridando el caballo por la cola. Esta es su calaña y no puede apartarse de ella ni un ápice.

¡Me encantaría ver cómo se las arregla un papista para traducir una carta de Pablo o el libro de algún profeta sin echar mano del alemán y de la traducción de Lutero! Serían dignos de verse el fino, hermoso y excelente alemán o la traducción que resultaría. Ya hemos visto, en efecto, cómo ese sureño de Dresden ha corregido mi Nuevo Testamento.[22] Me hice el propósito de no volver a mencionar su nombre en mis libros; ya ha encontrado su juez[23] además de ser muy conocido. Pese a reconocer que mi alemán era dulce y bueno, y no obstante que se dio perfecta cuenta de que no podía mejorarlo, quiso ridiculizar mi Nuevo Testamento antes de apropiárselo casi palabra por palabra, tal cual yo lo había hecho: quitó mi prólogo, mis notas y mi nombre, y en vez de ello puso su nombre, su prólogo y sus notas, y

20. El original dice: sus "iah, iah".
21. La expresión, como es evidente, corresponde a la Vulgata. Es raro que Lutero ponga un ejemplo tomado de la versión latina puesto que una de las singularidades de su Nuevo Testamento, en contraste con otras versiones de la Biblia que circulaban en la Alemania de su tiempo, es que se trataba de una traducción hecha a partir del texto original griego.
22. Se refiere, según veíamos, a Jerónimo Emser, llamado también por Lutero el "cabrón de Leipzig" (*An den Bock zu Leipzig*, se llamaba un opúsculo del Reformador a él destinado).
23. Estamos en 1530 y, como dijimos, Emser había muerto tres años antes, en 1527.

se puso a vender mi Nuevo Testamento, a su nombre. ¡Ah, queridos hijos, cómo me pudo que el príncipe de ese territorio[24] en su horrible prólogo haya condenado y prohibido leer el Nuevo Testamento de Lutero a la par que mandaba leer el Nuevo Testamento del sureño que es, ni más ni menos, el mismo que Lutero hizo!

Y para que nadie vaya a pensar que estoy mintiendo, toma ambos textos ——el Nuevo Testamento de Lutero y el Nuevo Testamento del sureño—— y compáralos y podrás darte cuenta quién de los dos es el traductor. Pues lo que él cambió o remendó en algunos pocos lugares —si bien no me gusta todo— podría yo darlo por válido en la medida en que toca el texto. Por ello no he querido escribir nunca en su contra. Me he contentado con reírme de la gran sapiencia que tan horrorosamente ha calumniado, maldito y prohibido mi Nuevo Testamento mientras apareció a mi nombre, en tanto que ha ordenado leerlo no bien apareció a nombre de otro.

Esa es sagacidad de verdad: calumniar y difamar el libro de otro para luego robárselo y publicarlo a nombre propio, buscando para sí, con el vituperado trabajo ajeno, la alabanza y la gloria. Que cada quien juzgue por sí mismo. A mí me basta y estoy contento con que mi trabajo —como el mismo San Pablo se gloriaba—[25] sea requerido hasta por mis enemigos y que el libro de Lutero sin el nombre de Lutero, haya de leerse aunque sea con el nombre de sus enemigos. ¿Qué mejor podría ser mi venganza?

Viniendo de nuevo al asunto: si su papista insiste en acalorarse sin necesidad a causa de la palabra *sola* ("*allein*") díganle, sin más: —el doctor Lutero así lo quiere y declara que papista y burro es lo mismo. *Sic volo, sic iubeo, sit pro ratione voluntas* ("así lo quiero, así lo mando, mi voluntad es la única razón").[26]

Porque nosotros no queremos ser alumnos ni discípulos de los papistas, sino sus maestros y jueces, queremos también hacerle también un poco al necio y jactarnos ante esos cabezas de burro, y como Pablo se ufana ante sus

24. Como es evidente por lo ya dicho, "el príncipe de ese territorio" es nada menos que Jorge de Sajonia.
25. Este vocablo es una referencia al célebre texto de la Carta a los Filipenses 1:12-28.
26. Se trata, desde luego, de una cita del poeta latino Juvenal (60-140) *Sátiras*, II, 6, 223. Es una evidente alusión burlesca a las fórmulas habituales en las definiciones y en los juramentos según el ritual de la Iglesia católica. El juramento antimodernístico, por ejemplo, aún usa esta fórmula consclusoria: *sic spondeo, sic voveo, sic iuro, sic me Deus adiuvet et haec sancta Dei evangelia.* Véase, por ejemplo, los tipos de juramentos en el *Pontificale Romanum*, Mechliniae, 1845, 84-86.

santos locos, así yo quiero gloriarme contra estos mis cabezas de burro. ¿Son ellos doctores? Yo también. ¿Son sabios? Yo también. ¿Son predicadores? También yo. ¿Son teólogos? Yo también. ¿Saben disputar? También yo. ¿Son filósofos? Yo también lo soy. ¿Son dialécticos? También yo. ¿Son profesores? Yo también. ¿Escriben libros? Yo también.

Y quiero llevar mi jactancia más allá: yo puedo explicar los salmos y los profetas; ellos no pueden. Yo puedo traducir; ellos no. Yo puedo leer la Sagrada Escritura; ellos no. Yo puedo orar; ellos no. Y bajando a otro plano: yo entiendo su dialéctica y su filosofía mejor que ellos mismos, todos juntos. Yo sé muy bien, además, que ninguno de ellos entiende su Aristóteles. Que me cuelguen si hay entre ellos uno que sea capaz de entender correctamente aunque sea un prólogo o un capítulo de Aristóteles. Y no vayan a creer que exagero; pues desde mi juventud yo aprendí y fui educado en su ciencia de manera que conozco muy bien su amplitud y profundidad. Ellos saben muy bien, además, que yo sé y puedo hacer todo lo que ellos pueden hacer.[27]

A pesar de ello, estos infelices me tratan como si yo fuera un novato en su ciencia, recién llegado esta mañana, que nunca ha visto ni oído lo que ellos enseñan o son capaces de hacer. Por ello, se jactan en grande de su ciencia y me quieren enseñar algo en lo que yo gasté las suelas de mis zapatos hace veinte años; así pues, sobre sus berridos y lloriqueos no me queda más que cantar con aquella prostituta: "desde hace siete años sé lo que son las herraduras".

Esta es la respuesta a la primera pregunta. Yo les ruego que a los lloriqueos inútiles de esos burros sobre la palabra *sola* ("*allein*") respondan solo esto: Lutero que es más doctor que todos los doctores del papado así lo tiene establecido, y así debe quedar. Yo quiero, en lo futuro, simplemente despreciar y tratar despectivamente a esa gente (quise decir burros); pues, entre ellos, hay babosos tales que ni siquiera han llegado a aprender su propia ciencia, la de los sofistas, como el doctor Herrero (Schmied),[28] el doctor

27. Toda esta diatriba autobiográfica está basada en el capítulo 11 de la Segunda Carta a los Corintios considerada por los críticos como un texto resultante de varios escritos de distinta proveniencia. Nuestro capítulo XI forma parte del bloque 10-13 y la forma literaria asume las apariencias de una competencia cuyas estructuras dominantes son de 2 tipos. De igualdad: "¿son, hacen o tienen ellos tal cosa? También yo". Y de superioridad: "¿son, hacen o tienen ellos tal cosa? Yo más que ellos"; o bien, "yo sí, ellos no".

28. Se trata de Johann Faber (1470-1530) cuyo apellido Faber significa "herrero" que en alemán se dice Schmied y en italiano Fabro. Es el típico Schmidt de los apellidos anglosajones. Fabro, prior del convento dominico de Augsburgo y erasmista hacia 1520, es autor de un celebérrimo escrito, aparecido en Colonia en diciembre de 1510, cuyo título era *Consilium*

Cucharamocosa (Rotzlöffel)[29] y similares. Después se lanzan contra mí en cosas como estas que, ya lo dice san Pablo, están por encima de toda mundana sabiduría y de toda razón. En verdad no tiene que rebuznar mucho un burro para que se le descubra, se le puede identificar también por las orejas.

cuiusdam ex animo cupientis esse consultum et Romani Pontificis dignitati et christianae religionis tranquilitati, atribuido frecuentemente a Erasmo. El 22 de enero de 1521 lo encontramos en Worms, en la célebre dieta celebrada allí, predicando en alemán en las exequias de Guillermo de Croy. Sobre las relaciones de Fabro con Lutero baste citar una carta de Lutero a Federico de Sajonia, fechada el 29 de mayo de 1523, en la que le dice que no puede dejar de escribir insultos contra sus adversarios —como le había pedido el príncipe— puesto que le siguen atacando "especialmente Juan Faber, vicario del obispo de Constanza, que ha escrito un grueso libro latino contra mí, recientemente reimpreso en Leipzig; también Emser escribió otro libro contra mí en alemán [...] con muchos vituperios no solo de mi nombre cristiano, sino del santo evangelio, me será muy difícil soportar tales blasfemias [...]. En Villoslada, *op. cit.*, tomo II, p. 163.

29. Su nombre es Juan Cocleo (1479-1552). Su apellido en alemán era Dobeneck en latín *Cochleus* que significa "cuchara"; de allí la burla que hace Lutero. Este Cocleo fue también un paladín del catolicismo y adversario especial de Lutero. Hacia fines de 1522, por ejemplo, salió a luz un libro de Cocleo contra Lutero titulado *De gratia sacramento- rum* en el que, entre otras cosas, acusa a Lutero de no haber aceptado una disputa sobre las tesis de Wittenberg. A Lutero le llegó el libro de Frankfurt en el Meno por conducto del gramático Guillermo Nesen. El Reformador responde con un librito titulado *Adversus armatum virum Cokleum* que empieza parodiando el inicio de la *Eneida* de Virgilio: *Arma virumque cano, Trojae qui primus ab oris Italiam, fato profugus, Laviniaque venit Litora. Multum ille et terris jactatus et alto.* Que en la traducción de don Joaquín Arcadio (Publio Virgilio Marón, *La Eneida*, tomo I, transcripción, prólogo y notas de Sergio López Mena, México, SEP, 1986) Pagaza dice así: Las armas canto, y al varón que, huyendo de las playas de Troya a Italia vino por hado, y a las plácidas riberas de Lavinia. En la tierra y en los mares fue perseguido de los altos dioses por la fuerza, y de Juno por las iras [...]. El texto de Lutero empezaba precisamente así: *Arma virumque cano, Mogani qui nuper ab oris Leucoream fato stolidus, Saxonaque venit litora, multum ille y furiis vexatus et oestro...* ("Canto a las armas y al hombre que, apendejado por el destino, acaba de llegar de las riberas del Meno a Wittenberg, a los litorales de Sajonia, fuertemente acosado tanto por las furias como por los tábanos..."). La respuesta de Cocleo no se hizo esperar. En efecto, escribió, parodiando también a Virgilio, un panfleto titulado *Adversus cucullatum Minotaurum wittenbergensem* ("contra el minotauro encapuchado de Wittenberg") en que el humanista canta, con no menor delicadeza, "a los monstruos y al buey que, primero entre todos, prófugo de las riberas del septentrión empuerca las tierras teutonas [...]". En 1534, encontramos de nueva cuenta a Cocleo en fuerte pugna con Lutero. Un año antes, el Reformador había publicado su escrito contra "la misa rinconera y la consagración sacerdotal". Impreso en Leipzig en 1534, Cocleo, en efecto, da a luz un libro que titula *Von der heiligen Mess und Priesterweihe.* Diez años más tarde, en plenos preparativos del Concilio de Trento, apenas un año antes de la muerte de Lutero, tiene lugar el último encuentro entre ambos a raíz de que, en marzo de 1545, el Reformador publicó un libro lleno del insultos y burlas contra el papado que tituló *Wider das Bapstum zu Rom vom Teufel gestift* (Contra el papado de Roma, fundado por el diablo).

A ustedes, sin embargo, y a los nuestros quiero decirles por qué yo he querido emplear la palabra *sola* ("*allein*") [...].[30] Al traducir, me propuse hacerlo en un alemán puro y claro. Muy frecuentemente, nos ha sucedido tener que investigar y entretenernos con una sola palabra durante dos, tres y hasta cuatro semanas, sin dar con ella. El libro de Job nos dio tanto trabajo que nos llegó a suceder al maestro Felipe,[31] a Aurogalo[32] y a mí, avanzar apenas tres líneas en cuatro días.

Ahora, querido amigo, allí está traducido y listo; cualquiera puede leerlo y criticarlo. Y es posible ahora, también para cualquiera, recorrer con los ojos más de tres o cuatro páginas sin tropezar ni una sola vez, y sin percatarse de las piedras y troncones que subyacen donde él ahora transita como sobre una tabla bien pulida, en que hemos tenido que sudar y acongojarnos antes de limpiar el camino de esas piedras y troncones para que se pueda transitar por él con tanta suavidad. Da gusto arar cuando el campo ha sido limpiado de antemano; pero nadie quiere desmontar troncones y preparar tierras de cultivo en el monte. Nadie te lo agradecerá. Como nadie da gracias a Dios por el sol, el cielo y la tierra, y ni siquiera por la muerte de su propio hijo. El mundo es del diablo y así seguirá porque no quiere que las cosas sean de otro modo.

Ya sabía yo muy bien, pues, que la palabra "*allein*" no está ni en el texto latino ni en el texto griego (de Ro. 3:28); no tenían que venir a enseñarme eso los papistas. Es cierto, no están físicamente esas cuatro letras, *sola*, que los cabeza de burro contemplan como vaca a portón nuevo. Ellos no ven empero, que a pesar de todo el sentido del texto[33] va hacia allá. Hay que ponerlas si se quiere traducir a un alemán pleno y vigoroso. Mi propósito

30. El texto en la edición de la *Siebenstern Taschenbuch Verlag* ha omitido un par de renglones cuyo contenido es el siguiente: "a pesar de que en el capítulo 3 de Romanos no aparezca 'sola' sino 'solum' o 'tantum'. Bien han rebuscado los burros en mi texto. No obstante, he empleado en otra parte la palabra 'sola' y quiero tener a mi disposición ambos vocablos, 'sola' y 'solum'".
31. Se trata de Felipe Melanchthon (1497-1560) que, ya lo hemos visto, era uno de los brazos derechos de Lutero desde sus días de la Universidad de Wittenberg cuya transformación académica lidera Melanchthon ya en 1518. La reforma universitaria de Melan- chthon retrata bien los intereses de este humanista: introduce en la universidad los cursos de griego y hebreo y propugna un humanismo bíblico. En todo caso, la reforma definitiva de esa universidad tuvo lugar en 1533 y se atuvo a los Estatutos de Melanchthon que prescribían, entre otras cosas, la supresión total del escolasticismo y la introducción de una teología puramente bíblica.
32. Su nombre era Mateo Goldhahn, más conocido según se ha visto, por la latinización de su apellido, Aurogallus, "gallo de oro" (1490-1543); fue, como Melanchthon, hebraísta de la Universidad de Wittenberg.
33. El texto original dice *die Meinung des Textes.*

era hablar alemán y no latín o griego, puesto que me propuse traducir al alemán.

Pues bien, es propio del genio de nuestra lengua emplear, al lado de las palabras *nicht* ["no"] o *kein* ["nada de", "ningún"], la palabra *allein* cuando se está hablando de dos cosas de las cuales una es afirmativa y la otra negativa.[34] Por ejemplo: *Der Bauer bringt* ***allein*** *Corn und kein Geld* ["el campesino lleva solamente trigo y nada de dinero"]; *Nein, ich habe wahrlich jetz nicht Geld, sondern* ***allein*** *Korn* ["No, realmente no traigo ahora dinero, sino solo trigo"]; ["*Ich habe* ***allein*** *gegessen und noch nicht getrunken* [Solo he comido y no he aún bebido"]; *Hast du* ***allein*** *geschrieben und es noch nicht durchgele- sen?* ["¿solamente has escrito y no has aún leído aún?"]. Y como esas, numerosas expresiones de uso cotidiano.

Si bien, en ese tipo de expresiones, no sucede lo mismo en las lenguas latina y griega, sí es característico del alemán insertar la palabra *allein* para que las palabras *nicht* o *kein* sean más plenas y claras. Porque, si bien es cierto que yo puedo decir también *Der Bauer bringt Corn und kein Geld*, la expresión *kein Geld* no suena, de esta manera, tan clara y plena como cuando digo *Der Bauer bringt* ***allein*** *Corn und kein Geld*, en donde la palabra *allein* apoya a la palabra *kein, de suerte* que el discurso se vuelve pleno y claro: alemán. No hay que andar a la caza de las letras del texto latino cuando se trata de hablar alemán —así lo hacen esos burros—; hay que preguntarles y verles el hocico —más bien— al ama de casa, a los niños de la calle, al hombre común, para ver cómo hablan; y de acuerdo con ello hay que traducir. De esta manera entenderán y notarán que se les está hablando en alemán.

Así, por ejemplo, si hubiera que seguir a esos burros, cuando Cristo dice (Mt. 12:34) *ex abundantia cordis os loquitur*, habría que traducir: *Aus dem Überfluss des Herzens redet der Mund* ["de la abundancia del corazón habla la boca"]. Pero, dime, ¿es eso alemán?, ¿Qué alemán lo entendería? ¿Qué cosa es *eso de Überfluss des Herzens* ["abundancia del corazón"]? Ningún alemán diría eso a no ser que quisiera referirse a alguien que tiene el corazón excesivamente grande o que tiene mucho corazón; aunque tampoco eso es correcto. Pues *Überfluss des Herzens* no es alemán; es tan alemán como decir *Überfluss des Hauses* ["abundancia de la casa"], *Überfluss des Kachel- ofens* ["abundancia de la estufa"], *Überfluss der Bank* ["abundancia del banco"].

34. En el alemán contemporáneo se usa más frecuentemente *nur* o *bloss*, en vez de *allein* en las funciones señaladas por Lutero.

En cambio, la madre en la casa y el hombre común prefieren decir: *Wes das Herz voll ist, des geht der Mund über* ["cuando el corazón está repleto, se desborda por la boca"]. A eso se le llama hablar bien alemán y esa ha sido mi preocupación pese a que, por desgracia, no siempre lo haya logrado ni siempre haya dado con la frase exacta, pues las letras del latín son un obstáculo infranqueable para hablar correctamente un alemán de buena calidad.

Igualmente, cuando el traidor Judas dice, según Mateo (26:8), ¿*Ut quid perditio haec*? y, según Marcos (14:4), ¿*Ut quid perditio ista unguenti facta est*? Si hiciéramos caso a esos burros chupaletras habría que traducir *Warum ist diese Verlierung der Salbe geschehen*? ["¿por qué este desperdicio de ungüento?"]; pero entonces ¿qué clase de alemán resultaría? ¿Qué hablante del alemán dice *Verlierung der Salbe ist geschehen*? Y aunque quizás hubiera alguno que llegara a entender la frase tal como está (pese a ser oscura y confusa), pensaría, sin duda, que el ungüento se había perdido y que, en consecuencia, era preciso ponerse a buscarlo. Si eso es un buen alemán, ¿por qué no se lucen haciéndonos un bonito Nuevo Testamento en alemán y dejan en paz el de Lutero? De verdad, creo que ya es hora de que nos hagan una demostración de su capacidad.

Y, sin embargo, eso no es alemán: un alemán diría la frase *ut quid* etc. así: *Was soll doch diese Vergeudung?* ["¿Qué despilfarro es ese?"] o bien *Was soll doch dieser Schaden?* ["¿a qué viene ese daño?"] o *Nein, es ist Schade um die Salbe* ["¡No!, ¡lástima del ungüento!"], entonces ese sí que es buen alemán. Se entiende, entonces, que Magdalena al derramar el ungüento actuó con ligereza y provocó un daño. Esa era la opinión de Judas: estaba convencido, en efecto, de que él le habría dado un mejor destino al ungüento.

Lo mismo sucede en el pasaje de Lc. 1:28 donde el ángel al saludar a María le dice: *Gegrüsset seist du, Maria voll Gnaden, der Herr sei mit dir!* ["¡te saludo, María, llena de gracia, que el Señor esté contigo!"]. Así, en efecto, ha llegado hasta nosotros esta alemanización de las letras latinas. Díganme si esto es buen alemán. ¿En dónde se ha oído que un alemán diga *Du bist voll Gnaden*? ["tú estás llena de gracia"]. En efecto, ¿qué alemán entiende lo que se está diciendo con ello? Se piensa, enseguida, en un barril "lleno" de cerveza, o en una talega "llena" de dinero. Por este motivo, he preferido traducir *Du holdselige* ["afortunada tú"]; de esta manera puede un alemán entender mucho mejor lo que el ángel quiso decir con su saludo. Pero de eso se agarran los papistas para revolverse contra mí, frenéticos, diciendo que he corrompido el saludo del ángel. Y eso que aún no he empleado el mejor alemán, porque de haberlo hecho hubiera tenido que traducir *Gott grüsse dich, du liebe Maria* ["Dios te saluda, querida María"] —eso es, en efecto, lo que el ángel quiere decir y lo que hubiera tenido que decir, de haberla saludado en alemán. Pero entonces, yo creo que en un arranque de veneración hacia la querida María los papistas se hubieran colgado por haber reducido yo a la nada el saludo del ángel.

Esto supuesto, me gustaría preguntarles si aún se encrespan y rabian. Así como no quiero impedirles que traduzcan lo que les dé su gana, tampoco quiero traducir a voluntad de ellos sino como a mí se me antoje. Al que no le guste, simplemente déjeme en paz y guárdese su crítica escuelera para sí: no me interesa ni verla ni oírla. No deben sentirse responsables de mi traducción ni tienen que rendir cuentas de ella. Fíjate bien: yo quiero decir *Du holdselige Maria* ["afortunada tú, María"], *du liebe Maria* ["tú, querida María"]; deja que ellos sigan diciendo *Du voll-Gnaden-Maria* ["tu, la llena de gracia, María"]. El que sabe alemán, sabe muy bien la exquisita cordialidad que encierran expresiones como *die liebe Maria* ["la querida María"], *der liebe Gott* ["el querido Dios"], *der liebe Kaiser* ["el querido emperador"], *der liebe Fürst* ["el amado príncipe"], *die liebe Mann* ["el hombre amado"], *das liebe Kind* ["el hijo amado"]. Yo no sé si, como sucede en alemán, también en latín o en otras lenguas la palabra *liebe* sea capaz de expresar tanta cordialidad y perfección que penetra y retintinea en el corazón por todos los sentidos.

Pues yo pienso que san Lucas —haciendo gala del dominio que tenía tanto de la lengua hebrea como de la griega— quiso traducir con precisión y claridad la palabra hebrea usada por el ángel, mediante el vocablo griego *kejaritoméne.* Pienso también que el ángel Gabriel habló con María usando los mismos términos que usó con Daniel cuando lo llamó *jamudoth* e *ish jamudoth, vir desideriorum* [*según la* Vulgata]*; es decir: "querido Daniel"* [*Du lieber Daniel*]. Esa es, en efecto, la manera de hablar de Gabriel que encontramos en el libro de Daniel. Si, pues, hubiera querido traducir apegándome a la letra según quieren esos burros, tenía que haber dicho: "Daniel, hombre de los deseos" [*Daniel, du Mann der Begehrungen*]; o bien "Daniel, hombre de los antojos" [*Daniel, du Mann der Lüste*]. ¡Bonito alemán sería ese! Un hablante alemán percibiría, desde luego, que *Mann, Lüste* o *Begehrungen* son palabras alemanas (no se trata, por cierto, de palabras traducidas con mucha propiedad al alemán; quedarían mucho mejor las palabras *Lust* y *Begier*); mas cuando están unidas entre sí en expresiones como "hombre de los deseos" [*Du Mann der Begehrungen*], entonces ningún alemán entiende lo que con ello se quiere decir; puede pensar tal vez que Daniel está quizás retacado de malos deseos. ¡Eso sí que se llama traducir en fino alemán!

Por esa razón hay que dejar de lado las letras e investigar cómo expresaría el hablante alemán lo que el hablante hebreo quiere decir con *ish jamudoth*. Encuentro, entonces, que un hablante alemán diría así: "querido Daniel" [*Du lieber Daniel*], "querida María" [*Du lieber María*] o bien "muchacha guapa" [*du holdselige Maid*], "linda doncella" [*du feine Jungfrau*], "dulce mujer" [*du zartes Weib*], etc. El que quiera ser traductor, en efecto, debe tener un gran acervo de palabras del que pueda disponer en caso de que alguna no encaje en todos los pasajes.

¿Qué cosa de importancia me quedaría por decir sobre la traducción? Si tuviera que explicar los motivos y fundamentos de cada una de mis palabras, tendría que pasarme un año escribiendo sobre el asunto. Sé muy bien, por experiencia, el trabajo que cuesta y el arte que se requiere para traducir. Por eso no soporto que los burros papistas, esas mulas, [que ciertamente no han hecho aún el más mínimo intento de traducir] se erijan en jueces o censores míos. El que no guste de mi traducción, quítele los dedos de encima; el diablo agradecerá a quienes no pudiendo soportarla, se ponen a criticarla a mis espaldas. Yo soy el único que puede hacerlo; los demás, dejen en paz mi traducción y haga cada quien para sí lo que le plazca, y que le aproveche.

Puedo afirmar en conciencia que he puesto mi mayor celo y diligencia en todo esto, y que nunca he actuado de mala fe. Pues no he recibido ni un centavo, nada he pretendido y nada he ganado con mi traducción. Tampoco lo he hecho pensando en mi honra; Dios, mi Señor lo sabe muy bien. Lo he hecho como un servicio a los queridos cristianos y para honor de uno que, sentado desde las alturas, me colma de tantos bienes a cada instante, que hubiera traducido mil veces con la misma diligencia, no habría ganado con ello ni una hora de vida ni la salud de uno solo de mis ojos. Todo lo que soy y todo lo que tengo es obra de su gracia y misericordia. En efecto, todo es mérito de su preciosa sangre y de su sudor amargo; pues todo debe servir a su gloria, con alegría y de corazón. Que sigan con sus calumnias los sudistas y burros papistas con tal que reciba los elogios de los auténticos cristianos junto con Cristo su Señor. Yo me doy por muy bien pagado con un solo cristiano que me reconozca como un fiel trabajador. No les pido nada a los burros papistas; no son dignos de reconocer mi trabajo; y en el fondo de mi corazón sufriría si ellos me alabaran. Sus calumnias son mi mayor gloria y honor. Yo quiero ser doctor, un modelo de doctor; y sin embargo ellos no estarán dispuestos a aceptarme con ese nombre hasta el día del juicio. Lo sé con exactitud.

Por otro lado, desde luego, he tenido buen cuidado de no alejarme arbitrariamente de la letra del texto. Al contrario, tanto mis colaboradores como yo hemos tenido un gran cuidado en ello; de tal manera me he mantenido apegado a la letra, —y quizás haya sucedido eso precisamente en algún pasaje— que no he podido apartarme del texto con una traducción suficientemente libre. Por ejemplo en Juan 6:27, donde Cristo dice: "a él Dios Padre lo ha sellado" [*Diesen hat Gott der Vater versiegelt*]; hubiera estado mejor dicho en alemán de esta otra manera: *Diesen hat Gott der Vater gezeignet* ["a él, lo ha señalado Dios Padre"]; o bien: *Diesen meint Got del Vater* ["a él se refiere Dios Padre"]. Empero, yo he preferido transgredir el alemán antes que apartarme del texto. ¡No, si traducir no es un arte que cualquiera pueda practicar como creen esos benditos imbéciles! Hay que tener un corazón recto, piadoso, fiel, diligente, temeroso de Dios, cristiano, docto, experimentado y avezado. Por eso creo que ningún seudocristiano y ningún sectario puede traducir con fidelidad. Eso se puede ver claramente en la traducción de los libros proféticos aparecida en Worms: hecha verdaderamente con mucho cuidado, es análoga y se ha acercado mucho a mi traducción; pero hubo judíos de por medio que no estaban dispuestos a rendir homenaje a Cristo. Por lo demás, en cuanto a saber y diligencia no le ha faltado nada a esa traducción. Eso por lo que se refiere a traducir y al genio o manera peculiar que cada lengua tiene de decir las cosas.[35]

Sin embargo, cuando yo puse la palabra *allein* en Ro. 3:28, no me atuve solo, ni me encadené al genio de las lenguas; lo requerían y exigían con fuerza tanto el texto como el pensamiento del mismo San Pablo. Allí se trata en efecto del pasaje más importante de la doctrina cristiana; la doctrina, en efecto, de que somos justificados por la fe en Cristo sin ninguna obra de la ley. De esta manera distingue él de manera tan plena lo que son las obras, que llega hasta a decir que las obras de la ley —¡ y eso que se trata de la ley y palabra de Dios !— no ayudan para la justificación. Pone como ejemplo el caso de Abraham que de tal manera fue justificado absolutamente sin el concurso de las obras de la ley, ni siquiera la circuncisión, que aunque la más excelsa de sus obras —entonces nueva pero que luego Dios mismo pediría colocándola por encima de todas las demás leyes y obras—, nada contribuyó a su justificación. Antes bien, sin la circuncisión y sin ninguna de las

35. Aquí termina la primera parte de la respuesta de Lutero a la primera de las dos preguntas que ocasionan el escrito: las consideraciones hasta aquí son de índole lingüística. A partir de aquí, en cambio, empiezan las consideraciones de carácter teológico.

obras de la ley, Abraham fue justificado por la fe. De manera que san Pablo puede decir en Ro. 4:2: "si Abraham fue justificado por sus obras, tiene de qué jactarse. Sí, pero ante Dios no hubo tal". Si de manera tan absoluta se excluyen toda clase de obras, quiere decir que solo la fe justifica. Y quien quiera hablar claramente y con palabras escuetas de esa exclusión de las obras, tiene que decir: "es solo [*allein*] la fe y no las obras la que nos hace justos". A eso conducen tanto el asunto en sí mismo como las exigencias propias del alemán.

Está bien, dicen los papistas, pero eso suena escandaloso, y la gente podría desprender de ello que no tiene necesidad de hacer obras buenas. Amigo mío, ¿qué decir a esto? ¿No es, desde luego, mucho más escandaloso que el mismo San Pablo no diga "la fe sola" sino que de una manera mucho más burda se desboque y descubra el fondo del barril cuando dice "sin las obras de la ley" —por ejemplo en Gá. 2:16 donde dice "no por las obras de la ley"— y en expresiones parecidas de otros pasajes. Pues la expresión "la fe sola" podría todavía explicarse de alguna manera; pero la expresión "sin las obras de la ley" es tan burda, escandalosa y vergonzosa que no se puede componer con ninguna explicación. Con cuánta mayor razón podría la gente desprender de aquí que no tiene por qué hacer obras buenas cuando oyen que se les predica con las tan áridas palabras sobre las obras, recién mencionadas: "ningunas obras", "sin obras", "no mediante las obras". Si, pues, no es escandaloso que se predique que "ningunas obras", "sin obras", "no mediante las obras", ¿cómo va a ser escandaloso que se predique "la sola fe"?

Y qué hay más escandaloso que el que San Pablo repruebe no las simples obras ordinarias, sino las obras mismas de la ley. De ello podría muy bien escandalizarse alguien y decir: con ello la ley queda condenada y maldita ante Dios, por consiguiente, no queda sino hacer el mal con vehemencia como decían aquellos de quienes se habla en Ro. 3:8: "hagamos el mal para que resulte el bien", y como ha empezado a hacer en nuestros días un faccioso. ¿Habrá acaso que negar, a causa del escándalo, las palabras de San Pablo, o bien no hablar de la fe, en lo sucesivo, espontánea y libremente?

Amigo mío, ni San Pablo ni nosotros queremos ese escándalo. Por eso, enseñamos tan directamente contra las obras y estimulamos solo a creer, a tal grado, que la gente se disgusta, se escandaliza y desmaya. Ellos deben aprender y estar conscientes de que no son justificados por sus buenas obras, sino solo por la muerte y resurrección de Cristo. Ahora bien, ¡si no pueden ser justificados por las obras buenas de la ley, mucho menos pueden ser justificados por las obras malas, al margen de la ley! La conclusión final —"si las obras buenas no ayudan, deben hacerlo, en consecuencia, las obras malas"— es, por tanto, falsa. Es tan poco refinada como inferencia: "el sol no puede ayudar a que un ciego vea, por consiguiente la noche y las tinieblas pueden ayudarlo a ver".

Me maravilla, sin embargo, tanta resistencia en cosas tan evidentes. O díganme si la muerte y resurrección de Cristo es obra *nuestra*, algo que *nosotros* hacemos o dejamos de hacer. Está claro que ni es obra nuestra ni es obra de alguna ley. Ahora bien, es la muerte y resurrección de Cristo la que nos libera de los pecados y nos hace justos, como dice Pablo (Ro. 4:25) "murió por nuestros pecados y resucitó para nuestra justificación". Más aún, díganme, ¿cuál es la obra por la que nos apropiamos la muerte y resurrección de Cristo y asimos a ellas? No puede ser, ciertamente, una obra superficial: solo puede ser la fe imperecedera que brota del corazón. Ella sola, totalmente sola y sin el concurso de ninguna otra obra se apropia esa muerte y esa resurrección, cuando se predican por medio del evangelio.

¿Qué es, pues, lo que causa tanto alboroto y tanta rabia?, ¿cuál es la herejía y cuál la causa de tanta desazón, cuando la cuestión de fondo está tan clara y demuestra que solo la fe, sin ninguna otra obra, puede aferrar la muerte y resurrección de Cristo, y que, precisamente, esa muerte y esa resurrección son nuestra vida y nuestra justificación? Si, pues, es ya tan evidente de por sí que solo la fe nos otorga esa vida y esa justificación, las aferra y nos las da, por qué entonces no hablar también de ello en esos términos? No es ninguna herejía el que solo la fe sea capaz de aferrar a Cristo y darnos la vida. Sería herejía, sin embargo, si alguien lo dijera o hablara en ese sentido. ¿No son necios, idiotas y dementes? Se reconoce que una realidad es en sí misma correcta y recriminan como incorrecto el decirlo. Una misma cosa sería, por tanto, correcta e incorrecta al mismo tiempo.

Por lo demás, no soy ni el único ni el primero que dice que solo la fe justifica. Lo han dicho antes que yo Ambrosio, Agustín y muchos otros. Y cualquiera que lea y entienda a San Pablo no puede hablar de otra manera. Sus palabras son demasiado claras y no dejan ninguna, absolutamente ninguna obra en pie. Ahora bien, si no queda ninguna obra en pie, entonces tiene que ser solo la fe. ¡Oh, qué finísima, altamente renovadora y honestísima doctrina sería aquella en que la gente aprendiera que al mismo tiempo que con la fe era posible alcanzar la justificación también por las obras! Ello equivaldría a decir que no ha sido solo la muerte de Cristo la que nos ha remitido los pecados sino que nuestras obras tuvieron también algo de parte en ello. ¡Chula manera de honrar la muerte de Cristo, si aceptáramos que nuestras obras le han ayudado y son capaces de producir los mismos efectos que la muerte de Cristo convirtiéndonos en igual de buenos y fuertes que él! Es el diablo que no ceja en su afán de ultrajar la sangre de Cristo.

Por tanto, el fundamento de la realidad en sí misma exige que se diga: "solo la fe justifica"; lo exige también el genio propio de nuestra lengua alemana, que enseña a expresarlo de esa manera. Tengo, además, el ejemplo de los santos padres y la experiencia de la gente que me mueven a ello; no sea que por quedarnos colgando de las obras, perdamos la fe y perdamos a Cristo, especialmente en estos tiempos cuya costumbre por las obras es vieja y muy difícil, por ende, de desarraigar. Así, pues, no solo es correcto sino que es altamente necesario que se diga con toda claridad y sin reticencias que "la justificación viene por la fe independientemente de las obras". Me puede ahora no haber puesto las palabras *alle* ["todas"] y *aller* ["de toda"] de esta manera: *ohne alle Werke aller Gesetze* ["sin ninguna de las obras de la ley toda"] con la que se habría dicho todo de una manera plena y redonda. Por eso hay que dejar mi Nuevo Testamento tal como está. Aunque los papistas se pongan furiosos hasta la locura, no me harán quitar nada. Y baste ya del asunto. Lo que queda por decir quiero decirlo, si Dios me lo permite, en un pequeño libro sobre la justificación [...].[36] Baste por esta vez; ya se ha dicho suficiente sobre la pregunta.[37] En otra ocasión diremos más sobre el tema.

Reciban con benevolencia este mi largo escrito. Cristo nuestro señor esté con todos ustedes. ¡Amén!

Desde el "desierto", el 8 de septiembre de 1530 Martín Lutero, su buen amigo. Al honorable y distinguido N., mi benevolente señor y amigo.

36. Aquí empieza la respuesta a la segunda pregunta que ocasionó el escrito: "¿interceden por nosotros los santos fallecidos?". La respuesta es mucho más breve y de mucha menor importancia, en el conjunto del documento, que la primera: en español apenas ocupa dos páginas y media y es de índole teológica. Toda la cuestión gira en torno al culto a los santos abolido, como se sabe, por el protestantismo. Es una consecuencia lógica y teológica del postulado de la justificación por la sola fe, punto central en la argumentación de la primera pregunta. Véase lo ya dicho arriba.

37. Se refiere, desde luego, a la segunda de las dos preguntas.

El doble vínculo de la Reforma Protestante: el nacimiento del fundamentalismo y la necesidad del pluralismo

Robert Glenn Howard

Cuando Martín Lutero utilizó la imprenta para ayudar a realizar su visión del acceso individual a los textos bíblicos, lo hizo a expensas de la unidad de creencias hecha posible por la Iglesia Católica. Lutero trasladó la verdad de la autoridad de una clase de sacerdote especializada a las mentes individuales de cada ser humano. Para Lutero, la iglesia no tenía autoridad. En cambio, solo Dios la tenía. Y esa autoridad era accesible para cualquiera que pudiera leer o escuchar el texto de la Biblia. Este ensayo argumenta que el movimiento de la autoridad desde el latín sagrado en las lenguas de los sacerdotes hasta las páginas impresas en las lenguas vernáculas europeas generó simultáneamente el impulso fundamentalista y la necesidad del pluralismo que este impulso busca restringir. Este doble vínculo es el resultado de un "cambio radical". Con la Reforma, la concepción occidental de la verdad se alejó de la *controversia*[1] ciceroniana y hacia la necesidad de una experiencia directa de lo divino a través de su palabra.

Lutero liberalizó la autoridad divina ofreciéndola a cada individuo. Tenía una profunda fe en que Dios hablaba a través de la Biblia con una claridad que, con la ayuda del Espíritu Santo, los individuos podían acceder y comprender por sí mismos. En este sentido básico, al hacer los textos infalibles accesibles a los individuos y al afirmar que solo había una verdad comunicada, Lutero hizo posible el fundamentalismo.

1. Por controversia no se quiere decir aquí el método más específico de enseñanza basado en declamaciones modelo. Más bien, del método general de deliberación pública. Véase T. M. Conley, *Rhetoric in the European Tradition.* Nueva York, Longman, 1990, pp. 36-38; con especial referencia a Erasmo, C.A. Kennedy, *Classical Rhetoric and its Christian and Secular Tradition from Ancient to Modern Times.* Chapel Hill, Universidad de Carolina del Norte, 1998, pp. 46-47. Conley describe la controversia en el sentido que uso aquí: "...la controversia requiere que ambas partes sean escuchadas para crear así las condiciones necesarias para llegar a decisiones y negociaciones de manera razonable tanto en política como en filosofía", p. 37.

Parece extraño desde la perspectiva actual, pero la liberalización del acceso a la única verdad divina significó, para Lutero, que los individuos no tenían libre albedrío. Su argumento de que esta era la única interpretación verdadera de la Palabra de Dios, enfrentó notablemente al joven Lutero contra el respetado teólogo ciceroniano Erasmo de Rotterdam. En su intercambio sobre el libre albedrío, sus diferentes concepciones de autoridad colocaron de inmediato a los dos teólogos en un *impasse* insalvable.

Lutero había localizado la verdad por sí mismo y no tenía necesidad de participar en una deliberación razonada con Erasmo o incluso considerar la sabiduría acumulada de los teólogos del pasado. Se animó a confrontar la autoridad de la Iglesia Católica con base en sus propias experiencias de lo divino.[2] Basándose en este argumento, Lutero inició un proceso que haría necesario el pluralismo.

Después de la Reforma Protestante, el pluralismo se hizo necesario porque un Estado que intenta imponer una creencia compartida acerca de lo divino podría ser desafiado por individuos con creencias conflictivas si esas creencias se consideraban autorizadas por una experiencia individual de lo divino. Estos retos tenían el potencial peligroso de socavar la autoridad de cualquier sistema de gobierno. Como resultado, los gobiernos estatales finalmente buscaron mantener una posición pluralista en relación con la verdad divina.

Para Lutero, la Biblia tiene un significado singular y cognoscible. Una vez que cada cristiano potencial tuvo la oportunidad de experimentar la Biblia y encontrar este significado singular para él o ella, se hizo posible la ideología fundamentalista que ve el texto bíblico como un conducto inerrante del Espíritu Santo. Aunque Lutero esperaba que hubiese períodos de desacuerdo causados por el diablo y sus demonios que insertarían el error en las mentes de los individuos que buscaban el acceso a este conducto de lo divino, no esperaba la repentina y amplia diversidad de interpretaciones que surgirían con la Reforma. En retrospectiva, la Biblia ha demostrado no tener un significado claro y singular y, como resultado, se ha multiplicado la variedad de creencias comprensivas y normativas.

Desde una perspectiva secular, esta multiplicidad es un problema de comunicación. Si la verdad solo puede encontrarse en la experiencia individual de un texto compartido, entonces la comunicación precisa de esa

2. Está bien documentado por sus partidarios y sus detractores que Lutero pensó haber sido conducido al sacerdocio por una experiencia directa de lo divino.

experiencia es necesaria. Sin embargo, también abre la posibilidad de que tal comunicación se vuelva desestabilizadora. La comunicación es necesaria porque para que una sociedad juzgue y actúe sobre valores compartidos, debe, hasta cierto punto, comunicar y comprender esos valores. Al mismo tiempo, la comunicación es potencialmente desestabilizadora porque cuando hay variación en las experiencias individuales de lo divino, no existe una autoridad externa de guía para que los miembros de esa sociedad puedan recurrir a una decisión final para resolver esas experiencias en conflicto. Los textos vernáculos de la Biblia concedieron a las masas la libertad de acceder a la verdad. Este acceso fomentó un sentido de libertad y pensamiento individual. Sin embargo, esa misma libertad condujo a la emergencia repentina de una enorme diversidad de conflictos en los sistemas de creencias. Los conflictos resultantes redujeron a Europa occidental a un fango de violencia.

El filósofo John Rawls señaló el problema necesario generado por la liberalización del acceso a la Biblia. La Reforma Protestante "fragmentó la unidad religiosa de la Edad Media y condujo al pluralismo religioso, con todas sus consecuencias para siglos posteriores" (Rawls 1996, XXIV). Algunas de esas consecuencias han sido las repetidas y violentas guerras que surgen de conflictos de creencias religiosas que se desarrollan entre o dentro de los gobiernos. Precisamente estos conflictos violentos llevaron a los pensadores de la Ilustración a intentar sistemáticamente separar la Iglesia y el Estado. Esta separación significó que un gobierno adoptaba un enfoque necesariamente pluralista de la verdad divina en la medida en que los gobiernos protegían la práctica religiosa y la creencia en sus diversas formas.

Para Rawls, este tipo de pluralismo político requiere una aceptación "razonable" de múltiples puntos de vista: "Los ciudadanos son razonables cuando, viéndose unos a otros como libres e iguales en un sistema de cooperación social a través de generaciones, están dispuestos a ofrecerse unos términos justos de cooperación social (definidos por principios e ideales) y aceptan actuar en esos términos, incluso a costa de sus propios intereses en situaciones particulares, siempre que otros también acepten dichos términos".[3]

Para él, las personas razonables que trabajan hacia o en una democracia pluralista deben "estar preparados" para ofrecerse unos "términos justos

3. John Rawls, *Political Liberalism.* Nueva York, Universidad de Columbia [1993], 1996, p. xliv.

de cooperación social". Los individuos en una sociedad pluralista deben ofrecer a otros individuos los mismos términos que ellos están dispuestos a tomar incluso cuando no podrían beneficiarse en todas las aplicaciones de esos términos. De esta manera, el pluralismo requiere un valor compartido de la reciprocidad que domina incluso una creencia en la autoridad de lo divino. Aun cuando los gobiernos exitosos posteriores a la Reforma desarrollaron este tipo de acercamiento a lo divino, entraron en conflicto con las crecientes "afinidades electivas" entre la teología de Lutero y los fundamentalismos que rechazan cualquier pluralismo.

Max Weber señaló notablemente las "afinidades electivas" entre el pensamiento calvinista y el sistema económico.[4] Aunque los críticos posteriores han argumentado que sus afirmaciones simplificaban excesivamente el caso, la interacción mutuamente constitutiva de la ideología y las estructuras sociales sigue siendo una poderosa herramienta para comprender la relación entre la religión, la religión, la autoridad y el gobierno.[5]

En el caso de Lutero y el fundamentalismo, el ascenso del acceso individual a lo divino creó un potencial de conflicto debido a las afinidades entre el liberalismo de Lutero y el fundamentalismo religioso, en este ensayo ubico estas afinidades tal como ellas comenzaron a surgir durante el debate público entre Martín Lutero y el humanista ciceroniano, Erasmo de Rotterdam.

El doble vínculo de la Reforma

El día de Todos los Santos, el 1 de noviembre de 1517, un funcionario local de la iglesia había recibido la autoridad del Papa para ofrecer una indulgencia especial para la venta a los laicos alrededor de Wittenberg.[6] Ese día,

4. Max Weber, *The Protestant Ethic and. the Spirit of Capitalism.* Nueva York, Charles Scribner's Sons, 1958; y su *Economy and Society: an Outline of Interpretive Sociology.* Berkeley, Universidad de California, 1978.
5. R.H. Tawney, *Religion and the Rise of Capitalism.* Nueva York, Harcourt, Brace & World, Inc., 1926; Jacob Viner, *Religious Thought and Economic Society.* Durham, Universidad de Duke, 1978; Robert W. Green, *Protestantism and Capitalism: The Weber Thesis and Its Critics.* Boston, D. C. Heath and Company, 1959; Tony Dickson y High V. McLachlan, "In Search o fThe Spirit of Capitalism: Weber's Misinterpretation of Franklin", en *Sociology,* 23, febrero de 1989, pp. 81-89.
6. Las indulgencias eran documentos especiales comprados por los feligreses de la iglesia romana que pretendían liberarlos a ellos o a sus parientes de un periodo de tormento determinado en el limbo o purgatorio que se suponía debía atravesar la mayoría de seres humanos antes de ser juzgados y dignos de entrar al cielo en el final de los tiempos.

las multitudes se reunirían en la catedral para celebrar la fiesta y escuchar un sermón que los exhortaría a comprar las indulgencias por el bien de sus parientes muertos. Lutero, entonces todavía un oscuro maestro provincial, eligió ese día para colocar sus noventa y cinco tesis en la puerta de la catedral. No era necesariamente un acto consciente de rebelión, porque Lutero no podía saber qué consecuencias tendría su acción. Era una práctica común publicar artículos académicos en la puerta de la catedral para que sus colegas y estudiantes pudieran leerlos y luego comentar. Sin embargo, Lutero parece haber escogido el día cuidadosamente, porque debió de saber que se reuniría un gran número de personas y también sabía que las indulgencias serían vendidas y discutidas.

Al parecer, sin su autorización, alguien tomó las tesis, las tradujo al alemán, y comenzó a distribuirlas utilizando la nueva tecnología de la imprenta. En pocas semanas, las declaraciones de las tesis se estaban vendiendo y distribuyendo en todas las regiones de habla alemana. Lutero había dado voz a un creciente sentimiento acerca de que las autoridades romanas estaban aprovechando el acceso a Dios a través de indulgencias y otros honorarios. De repente, Lutero fue seguido por muchas personas. Un año después, un impresor había publicado una colección de obras de Lutero, incluidas las tesis, y se estaba vendiendo muy bien. El popular recibimiento que logró Lutero fue posible gracias a la imprenta porque esta tecnología dio a los nobles alfabetizados de Alemania un acceso barato y rápido a su texto. Sin embargo, el éxito de Lutero entre los nobles no se basó tanto en su teología como en la conveniencia política de ese teólogo. Para los nobles europeos, Lutero justificó un nuevo cuestionamiento del poder de Roma.

Las tesis causaron revuelo, en primer lugar, porque en ellas Lutero refutó no solo el uso específico de las indulgencias, sino también la autoridad de la Iglesia Católica Romana. Específicamente, negó que el Papa tuviera algún control sobre el destino de los individuos después de la muerte. En cambio, él localizó la única fuente y expresión de la autoridad divina en el texto actual de la Biblia: "El verdadero tesoro de la Iglesia es el Santísimo Evangelio de la gloria y de la gracia de Dios", escribió en las noventa y cinco tesis.

Con la popularidad de sus afirmaciones, Lutero llamó de repente la atención de los funcionarios de la iglesia. Entre 1517 y 1521, escribió nuevas obras y las anteriores fueron impresas y reimpresas para una audiencia cada vez mayor. En ese momento, desafiar la autoridad del Papa era una herejía, pero un profesor oscuro en Alemania no debía haber ofrecido ninguna amenaza al poder de Roma. Sin embargo, la creciente notoriedad de Lutero eventualmente llevó su nombre hasta el escritorio del Papa.

Lutero fue llamado a defender sus puntos de vista en los debates públicos con los teólogos más importantes de su tiempo. A través de esos debates y de las obras impresas, surgió una fuerte polémica pública sobre las indulgencias. Aunque Lutero pareció haber estado claramente interesado en transmitir su autoridad, esa autoridad se encuentra en el texto de la Biblia misma, otros vieron las implicaciones políticas de esa exigencia. Si Lutero argumentaba que la Biblia era la única fuente de la autoridad divina, entonces no era necesario el tributo pagado a Roma por los nobles y los campesinos de toda Europa. Si, por supuesto, Roma perdió su capacidad de impuesto, entonces ya no podría ejercer influencia sobre la aristocracia europea. Las tesis de Lutero desafiaron inesperadamente el centro mismo del poder de Roma y causaron un torrente de disputas e intrigas políticas.

El 10 de septiembre de 1520, Lutero recibió por primera vez una bula papal condenando sus afirmaciones y escritos como heréticos. Sin embargo, la política del momento ya estaba trabajando a favor de Lutero. Todas, menos tres ciudades alemanas, se habían negado a publicar la condena pública de las herejías de Lutero por parte del Papa. Una vez que los miembros más letrados de la nobleza alemana habían sido, en gran medida, ganados por su postura anti-romana, Lutero organizó magistralmente un evento público para desarrollar su devoción por las ideas que estaba escribiendo para las masas en gran parte no alfabetizadas. Sus acciones, nuevamente, tendrían implicaciones mucho más allá de cualquier teología. Aprovechó el nacionalismo y los sentimientos anticlericales de los nobles y los campesinos.

El día en que terminó su periodo de gracia para retractarse de la herejía y fue oficialmente requerido para ser interrogado por las autoridades católicas, Lutero fijó un anuncio en la puerta de la catedral que invitaba a todos los estudiantes de la universidad de Wittenberg a unirse con él fuera de la ciudad. Allí llevó a cabo una gran reunión pública para quemar no solamente el edicto papal que esencialmente lo condenó a la muerte como un hereje, sino también los libros de la ley papal y la teología escolástica que la sostenía. En ese acto, Lutero accedió al poder del populismo, y su fama se extendió ampliamente. Era un héroe local, según los estándares alemanes, por levantarse contra el poder opresor y codicioso de la Iglesia Católica institucional. Para los nobles, creó un argumento legítimo para comenzar a disputar, en última instancia, rechazar el poder político que Roma ejerció sobre toda Europa.

En los tres años anteriores a estos dramáticos acontecimientos, Lutero había escrito cartas personales al influyente teólogo, sacerdote y humanista cortesano Erasmo de Rotterdam pidiendo su apoyo. Erasmo era un conocido crítico de las indulgencias y las había satirizado fuertemente en su largo volumen *El elogio de la locura*. En ese momento, Erasmo era considerado un reformador liberal de la iglesia debido a su disposición a cuestionar las indulgencias y hasta la representación autorizada de la palabra divina de Dios en ese momento: la traducción latina de Jerónimo de la Biblia. Sin embargo, para entonces, Erasmo no era un hombre joven. Había pasado su vida negociando la compleja política de los nobles europeos y de la Iglesia romana. Había logrado salir de la oscuridad para participar en la vida cortesana de la aristocracia europea. Y no se apresuró a apoyar públicamente el movimiento radical de Lutero.

Tanto Erasmo como Lutero sintieron que Roma abusaba de su autoridad política. Sin embargo, a nivel intelectual estaban profundamente divididos. Erasmo representaba la línea más antigua del pensamiento renacentista, que colocaba el poder de la corrupción en manos de unos cuantos hombres "elocuentes", como Cicerón y Quintiliano habían imaginado. Todavía no había una concepción amplia de la libertad individual. Para Erasmo, al igual que para Agustín, las élites educadas debían debatir públicamente los temas y participar en controversias en un esfuerzo por localizar la verdad más probable en cualquier caso dado.

En la política, esto pudo no haber ocurrido a menudo. Sin embargo, Erasmo sintió que podía y debía ocurrir en la interpretación de la Escritura que, en ese momento, no estaba conscientemente separada de las cuestiones de gobierno. Lutero, por otra parte, creía que tal debate no era necesario. Para él, las verdades específicas de la Escritura eran evidentes e irrefutables. Argumentando que todas las personas debían ser "teólogos", Lutero afirmó que los individuos podrían entender fácilmente el "sufrimiento" de Cristo como su mensaje primordial: Cristo amó tanto a los humanos que soportó la crucifixión y sacrificó su propia vida. En la famosa Disputa de Heidelberg, Lutero proclamó: "Porque los hombres abusaron del conocimiento de Dios a través de las obras, Dios quiso ser reconocido en el sufrimiento y condenar la sabiduría de las cosas invisibles por medio de la sabiduría de las cosas visibles, por lo que debería honrarlo como él está escondido en su sufrimiento". En otros lugares, Lutero lo expresó con más franqueza: "El Espíritu Santo es el escritor y consejero más simple en el cielo y en la tierra, por eso sus palabras no podían tener más que el significado más simple que llamamos el escrito o el significado literal de la lengua".[7]

Lutero argumentó que no había necesidad de interpretar los misteriosos escritos de Dios. Incluso atacó directamente la autoridad de la clase sacerdotal. Argumentando que cada individuo cristiano tiene el derecho y la obligación de "orar delante Dios", eliminó la función principal de los sacerdotes como ejecutantes de los rituales religiosos. Esta afirmación funcionalmente deslegitimizó la forma primaria en que la Iglesia romana recaudaba fondos: mediante la realización de ritos sacerdotales pagados. Como dijo Lutero: "Cristo nos hizo posible, siempre que creyéramos en él, no solo a sus hermanos, co-herederos y compañeros-reyes, sino también a sus compañeros sacerdotes".[8] El sacerdote, así como la Iglesia, era innecesario.

Para Lutero, el Espíritu Santo condujo a los individuos a la claridad. Para aquellos que no alcanzaban esta claridad, las influencias satánicas nublaban sus mentes. En la base, era un conflicto sobre la naturaleza de la verdad misma. Para Lutero, la verdad fue expresada explícitamente por Dios en el texto de la Biblia. Y este argumento significaba que había una necesidad significativamente reducida de sacerdotes especializados o sus debates eruditos sobre teología.[9] Para Erasmo, por otro lado, la Biblia presentó la misterio divino de la comunicación de Dios y debe ser estudiado y debatido por hombres elocuentes.

Esta diferencia fundamental en el pensamiento fue más evidente públicamente en el llamado "debate" sobre la naturaleza del libre albedrío. Digo que es supuesto porque, en realidad, el debate no ocurrió. Erasmo intentó a través de sus publicaciones comprometer a Lutero en la controversia. Pero Lutero se negó a debatir con el viejo ciceroniano. Con ello, Lutero promulgó su creencia y su nueva confianza en el acceso individual a la autoridad divina sobre cualquier deliberación pública. Para Lutero,

7. M. Lutero, "Heidelberg Disputation", en *Martin Luther's basic theological writings*. Minneapolis, Augsburg Fortress Press, 1989, p. 43.
8. M. Lutero, "The Freedom of a Christian", en *Martin Luther's basic theological writings*. Minneapolis, Augsburg Fortress Press, 1989, p. 607.
9. Cabe señalar que Lutero dejó espacio para la utilidad de la mayoría de los sacramentos y de una clase de sacerdotes como lo que se podría considerar en términos modernos como herramientas "evangélicas". Sin embargo, él disputó implacablemente cualquier reclamación sobre la necesidad de las actividades sacerdotales para entrar en el cielo o el logro de la gracia cristiana. Véase, por ejemplo, "Respuesta al hipercristianismo", pp. 88 y siguientes.

había una interpretación única, simple y correcta de las Escrituras, y él la había localizado.

Presionado por las autoridades eclesiásticas para denunciar públicamente a Lutero y a su movimiento, en 1524 Erasmo publicó *Una diatriba o un sermón sobre el libre albedrío*, en lugar de pelear con Lutero sobre el tema de las indulgencias, el papel de los sacerdotes o el lenguaje en que debían administrarse los sacramentos, Erasmo fue a lo que, en ese momento, se pensaba que era el corazón de la cuestión: ¿los seres humanos tenían algún poder sobre su destino en la otra vida? Con el fin de responder a esta pregunta, Erasmus intentó comprometer el argumento con los métodos de controversia. Como lo hizo Lutero a lo largo de sus escritos, Erasmo usó las Escrituras para localizar argumentos sobre el libre albedrío de los individuos y su relación con lo divino. Sin embargo, a diferencia de Lutero, exploró sistemáticamente varias perspectivas interpretativas diferentes en un esfuerzo por localizar la respuesta más razonable o probable a la pregunta de si los humanos tenían o no libre albedrío.

Al año siguiente, Lutero publicó lo que fue anunciado como una respuesta: *La esclavitud de la voluntad [De servo arbitrio]*. En esencia, Lutero argumentó que los individuos estaban predestinados por Dios a vivir buenas vidas y tener acceso a la salvación eterna o sufrir la condenación en la separación eterna de la deidad después de la muerte. Huelga decir que estas dos opiniones radicalmente divergentes dejaron el tema en un callejón sin salida.

Impasse sobre la libertad de la voluntad

En el fondo, la posición de Lutero contra el libre albedrío ponía en entredicho la visión humanista del mundo del Renacimiento. Para Erasmo, estaba claro que los seres humanos podían actuar en el mundo mejor o peor. Además, era esencial que los seres humanos se esforzaran por actuar en las circunstancias que Dios les había dado para cumplir con su propósito como la más alta creación suya. Esta acción era posible, desde la perspectiva humanista, mediante el ejercicio de la voluntad humana.

Desde la perspectiva de hoy, parece extrañamente contradictorio que el gran énfasis de Lutero en el acceso individual a lo divino estuviera basado en la negación de la "libertad de la voluntad", pero en su teología esta negación de la libertad permite plantear la necesidad del individuo a acceder a los textos bíblicos. Tanto Erasmo como Lutero, a su manera, enfatizaban un nuevo tipo de individualismo —una nueva clase de libertad. Para Erasmo, se basaba en el valor de los logros humanos en el contexto de una comunidad de los hombres elocuentes y educados. Para Lutero, sin embargo, se basaba en la falta de poder que las acciones humanas tenían sobre la autoridad de lo divino.

En aquella época, el debate sobre el libre albedrío ya era antiguo y recurrente en el pensamiento occidental y, en particular, en el pensamiento cristiano. Para Lutero, el tema era claro por su propia inspiración divina. En su intento por destituir a la autoridad humana, Lutero vio que la institución católica estaba tomando de lo divino, y denunció la idea de que los seres humanos tengan alguna influencia en su destino a los ojos de Dios. Para Lutero, la omnipotencia de Dios hacía imposible concebir que los seres humanos, incluyendo sus representantes en la tierra como el Papa, controlaran su destino en el Juicio de Dios. Lutero escribió: "¡Ah! ¿Por qué debemos presumir que el libre albedrío puede hacer algo en la conversión del hombre?... Mientras el Espíritu Santo no entre en nosotros, no somos sino incapaces de hacer nada bueno".[10] Al defender que la autoridad de Dios conduce a los seres humanos irrevocablemente hacia el bien o el mal, Lutero expresó su propia autoridad sobre este asunto en su acceso personal al Espíritu Santo que obtuvo a través de la meditación en la Biblia. Lutero argumentó que su estudio de la Biblia creó el vínculo comunicativo entre él y Dios. Este canal divino de comunicación eclipsó completamente cualquier debate humano. Afirmó: "No debemos criticar, explicar o juzgar las Escrituras por nuestra mera razón... El Espíritu Santo debe ser nuestro único maestro y tutor".[11]

Lutero era muy consciente del ciceronianismo de Erasmo. En el prefacio de *La esclavitud de la voluntad,* Lutero lo ataca directamente. En primer lugar, reconoce específicamente que Erasmo es un "hombre elocuente" en contraste con la presentación de sí mismo como "un hombre incivilizado que ha vivido su vida en los bosques".[12] Entonces Lutero condena esta misma cualidad de elocuencia. Afirma que Erasmo ha fingido "modestia" en un esfuerzo por socavar la voluntad de Lutero para "pelear".

Sin embargo, Erasmo deja claro en su diatriba que no estaba tratando de comprometer a Lutero en un intercambio contradictorio. En cambio,

10. Martin Luther, *Table Talk.* Londres, Harper Collins Publishers, 1995, pp. 134-135.
11. *Ibíd.*, pp. 4-5.
12. M. Lutero, *The Bondage of the Will.* Grand Rapids, Barker Books, 1957, p. 62.

Erasmo, al presentarse "modestamente" como un hombre razonable y bien intencionado, invita específicamente a Lutero a comprometerlo en la "investigación" sobre el tema del libre albedrío. Escribió: "Que nadie malinterprete nuestra batalla. No somos dos gladiadores incitados en contra de otros. Quiero discutir solo contra una de las enseñanzas de Lutero, iluminando, si esto es posible, en el choque subsecuente de pasajes bíblicos y argumentos, la verdad, cuya investigación siempre ha sido la más reputada actividad de los estudiosos... Soy muy consciente de que soy un partido pobre en tal concurso".[13]

Erasmo intentó, como Lutero reconoció, abrir un debate comprometido sobre el libre albedrío. Como dijo Erasmo, Lutero debía para participar en el debate, "no dejarse agobiar por los juicios previos". En cambio, debe mantener una mente abierta como señala Erasmo para sí mismo: "Incluso si he entendido lo que Lutero discute, es totalmente posible que me equivoque. Por lo tanto, solo quiero analizar y no juzgar; indagar y no dogmatizar. Estoy listo para aprender de cualquier persona que avance hacia algo más exacto o confiable".[14]

En respuesta a Erasmo en *La esclavitud de la voluntad*, Lutero ridiculizó la invitación de Erasmus diciendo que con ella ha "drenado [su] fuerza antes de comenzar la lucha. Específicamente, Lutero cita nuevamente la elocuencia de Erasmo como un obstáculo para un normal "celo para la batalla": "Su habilidad para el debate, porque usted discute el asunto con toda la moderación notable, por el cual has prevenido mi cólera contra ti".[15]

Sin embargo, el problema principal de Lutero era el despliegue de la elocuencia de Erasmo y fue aún más condenatorio. Basado en su ciceronianismo, Erasmo, al igual que el humanismo en general, creía que uno debía leer e involucrar a la literatura ya escrita sobre un tema para aprender y aplicar el "decoro".[16] Para Lutero, sin embargo, esta dependencia del pasado era una forma de conservadurismo: "La fortuna (o la suerte, o el destino,

13. Erasmo, "A Diatribe or Sermon Concerning Free Will", en *Erasmus-Luther: A Discourse on Free Will.* Nueva York, Continuum Publishing, 1992, p. 6.
14. *Ibíd.*, 7.
15. M. Lutero, *The Bondage of the Will*, p. 62.
16. El concepto de "decoro" (que significa "adaptación" en latín) es una idea profundamente ciceroniana. Se refiere a la capacidad de aplicar correctamente el juicio en casos específicos mediante la adquisición de la elocuencia a través de un examen de muchos (o "copioso") casos. Erasmo lo describe diciendo: "En la selección, el juicio se requiere, en el almacenamiento de distancia, la diligencia". Erasmo, *On Copia of Words and Ideas.* Milwaukee, Universidad Marquette, 1999, p. 20.

si lo prefieres) te ha llevado a no decir nada en todo este vasto tema que no se ha dicho antes, y decir mucho menos sobre él, y asignar mucho más al "libre albedrío" que los sofistas antes que tú (diré más sobre esto más adelante), que parecía una completa pérdida de tiempo para responder a sus argumentos".[17]

En este caso, Lutero utilizó el término "sofistas" para referirse a los escolásticos, a quienes consideraba como los principales creadores de la compleja teología basada en argumentos, que tanto defendían a la Iglesia católica como obstaculizaban la simple claridad de la Biblia. Al emplear la elocuencia de Erasmo, tanto a los antiguos sofistas como los escolásticos, Lutero claramente desmiente y ataca no solo el argumento de Erasmo, sino también su organización. Para Erasmo, los métodos de la controversia son necesarios para llegar a buenos juicios en casos de probabilidad. Como se vio en *On Copia, Ciceronianus*, y en otros lugares, el sentido de controversia de Erasmus era que los seres humanos, a través de la deliberación pública, pueden llegar a conclusiones razonadas sobre cuestiones que son factualmente incognoscibles.[18]

Lutero afirma con claridad que su autoridad no se basa en ninguna acción humana. En su lugar, se basa en su acceso personal al Espíritu Santo mismo. Y, en un solo barrido de imprenta, Lutero condena a Cicerón, el humanismo del Renacimiento y la autoridad de la Iglesia católica. Al mismo tiempo, inicia lo que se convertiría en el doble vínculo de la Reforma.

Lleno de un profundo y consciente sentido de la autoridad personal, Lutero anuda esa autoridad con la voluntad del Espíritu Santo: "A los que han bebido en las enseñanzas del Espíritu en mis libros, ya hemos dado suficiente y de sobra, y no hay dificultad en desechar vuestros argumentos [de Erasmo]. Pero no es de extrañar que aquellos que leen sin el Espíritu sean arrojados aquí y allá, como una caña es lanzada por cada viento que sopla".[19]

En pocas palabras: Lutero afirma que su argumento será visto como correcto por aquellos que sienten el "Espíritu" de su trabajo. Vale la pena destacar la sutileza de Lutero. Contradice el dominio bien conocido de Erasmo sobre la "abundancia" de la elocuencia al afirmar una "abundancia" de "Espíritu". Y, aquí, Lutero no significa su propio "espíritu". En su lugar, significa el Santo "Espíritu". Reclamando este acceso individual y directo a

17. M. Lutero, *The Bondage of the Will*, p. 62.
18. Thomas M. Conley, *Rhetoric in the European Tradition*. White Plains, Longman, 1990.
19. M. Lutero, *The Bondage of the Will*, p. 63.

lo divino, ¿qué esperanza tenía el viejo ciceroniano de involucrar en absoluto a Lutero en la controversia? Como resultó, no tenía ninguna.

En su *diatriba*, Erasmo comenzó con que los humanistas y Lutero habrían reconocido como una invitación comprometerse a participar en la deliberación sobre el tema. Siguiendo las enseñanzas de Cicerón, Erasmo establece el problema: "el libre albedrío después del pecado es una realidad solo en el título, y cuando hace lo que está en él, es un pecado mortal". A continuación, se transmite inmediatamente su reconocimiento de que es un tema difícil e importante. Reconoce que Lutero tiene alguna razón para desacreditar todo el peso de la Iglesia católica, así como el empuje del humanismo del Renacimiento. Es, como Lutero señaló en su respuesta, un gesto modesto que reconoce que la deliberación puede y debería proceder. Erasmo incluso admite que es solo en "su opinión" que los largos debates sobre el libre albedrío no han proporcionado mucha "recompensa": "Entre las dificultades, no pocas de las cuales nos enfrentamos en la literatura divina, apenas hay un laberinto más intransitable que el relativo a la libertad de elección. Porque esta materia ha ejercitado notablemente los talentos de los filósofos, y también los de los teólogos, antiguos y recientes, aunque en mi opinión, con más grandes problemas que recompensas".[20]

De hecho, el mismo nombre que Erasmo dio a su obra desmentía su enfoque deliberativo. En latín, Erasmo llamó a la publicación: *Diatriba.* Aunque relacionado con la palabra moderna "diatriba", este género de deliberación escrita no era una polémica gladiatoria. En cambio, fue una invitación a una investigación compartida de un tema con una larga tradición en la retórica clásica. Una experta en la *Diatriba*, Marjorie O'Rourke Boyle, ha demostrado más que adecuadamente: "El tratamiento de Erasmo de la libertad de la voluntad en el modo deliberativo coincide con la definición de la diatriba clásica". El género de la *diatriba* se desarrolló en el periodo clásico como "...una popularización del diálogo filosófico, que limitaba esa disciplina a la investigación de las cuestiones morales y la crítica de la moral popular. Deliberó sobre la naturaleza del bien y del mal, y los medios para su adquisición y evasión respectivas; enseñó el cultivo de la virtud y el logro de la sabiduría".[21]

20. Erasmo, "A Diatribe or Sermon Concerning Free Will", p. 1.
21. Marjorie O'Rourke Boyle, *Rhetoric and Reform: Erasmus' Civil Dispute with Luther.* Cambridge, Universidad de Harvard, 1983.

En su *diatriba*, Erasmo aísla el problema del libre albedrío como uno que solo se puede explorar a través de la deliberación sobre lo que es probablemente cierto porque el libre albedrío es, en sí mismo, un misterio de Dios. Con Agustín, Erasmo ve algunos elementos de las Escrituras como fundamentalmente incognoscibles para los seres humanos en el mundo: "La Sagrada Escritura contiene secretos en los que Dios no quiere que penetremos demasiado profundamente, porque si intentamos hacerlo, la oscuridad en aumento nos envuelve, para que podamos llegar a reconocer de esta manera la insondable majestad de la sabiduría divina, así como la debilidad de la mente humana".[22]

Además de la cuestión de la libertad de la voluntad, Erasmo cita específicamente las doctrinas del nacimiento virginal y la Trinidad como misterios mejores que no son explorados por personas "comunes" o que se "ofrecen para consideración indiscriminada".[23] En cambio, cuando los textos divinos exaltar esos misterios, "la Sagrada Escritura sabe cómo ajustar su lenguaje a nuestra condición humana".[24] Aun así, reconociendo que Lutero había planteado la cuestión, prosigue "investigando" la probabilidad de que los humanos tengan de hecho libertad.[25]

Al comienzo de su magistral orden de citas del Antiguo Testamento y del Nuevo Testamento, Erasmo señala y expresa su disgusto de que Lutero rechace específicamente cualquier necesidad de referirse a los estudiosos y teólogos anteriores que han tratado el tema. Erasmo, en broma, agradece a Lutero haber rechazado todos esos discursos porque evita a Erasmo el problema de pasar por todos los eruditos anteriores. Entonces, sin embargo, Erasmo nota con suavidad los muchos hombres "piadosos" que "dedicaron sus vidas" al estudio de las Escrituras. En realidad nombra 20 de ellos. A continuación, señala que "ningún autor ha negado hasta ahora completamente la libertad de la voluntad, salvo Maniqueo y John Wychffe". Erasmo despliega su ciceronianismo cuando declara, aunque lo defina en su "propia opinión", el punto obvio que sus colegas humanistas hubieran sabido bien y hubieran estado de acuerdo con ello: "Su poderosa y sutil argumentación, en mi opinión, nadie puede despreciar por completo".[26] Desde la perspectiva

22. Erasmo, "A Diatribe or Sermon Concerning Free Will", p. 8.
23. *Ibíd.*, p. 10ss.
24. *Ibíd.*, p. 12.
25. *Ibíd.*, p. 10ss.
26. *Ibíd.*, pp. 13-14,

de Erasmo, la confianza de Lutero en su acceso personal al espíritu divino "desdeñaba completamente" a las generaciones de "hombres piadosos".

Erasmo continúa argumentando contra las afirmaciones de Lutero de ser divinamente inspirado al notar la imposibilidad de comunicar ese conocimiento personal: "Supongamos que el que tiene el Espíritu está seguro del significado de la Escritura. ¿Cómo puedo también poseer la certeza que el otro pretende tener? ¿Qué puedo hacer cuando varias personas reclaman diferentes interpretaciones, pero cada una jura tener el Espíritu?".[27] Por otra parte, aun aceptando la acción del Espíritu Santo en el mundo, Erasmo señala: "Nadie podía creer que este Espíritu haya tolerado deliberadamente un error en su Iglesia durante 1300 años".[28]

Para Erasmo, todo el peso de los muchos años y horas pasadas estudiando las complejidades de las misteriosas palabras de Dios no podían ser simplemente desechadas por un solo individuo o incluso un pequeño grupo de individuos que reclamaban inspiración divina. Para Erasmo, un grupo grande de hombres elocuentes y educados probablemente daría una solución más probable a cualquier problema de interpretación. Así lo expresó: "Si se objetara: ¿a qué pueden contribuir un gran número a la comprensión del Espíritu? Yo respondo: ¿qué puede hacer un pequeño número de personas?". Erasmo promovió su creencia en la controversia al imaginar una audiencia de individuos que no son fácilmente convencidos e interesados en participar en el debate y, al mismo tiempo, argumentando que solo tal debate entre un gran grupo de individuos educados debería producir una mejor decisión. Erasmo sigue localizando la autoridad sobre la interpretación de las Escrituras en una clase de sacerdotes educados al afirmar: "Si dicen: ¿en qué puede un Sínodo reunido, en el cual tal vez nadie está inspirado por el Espíritu, contribuir a la comprensión de la Escritura? Respondo: ¿la reunión privada de unos pocos contribuye?".[29]

Pero Lutero y sus inspirados reformadores aún están ahí para contender con Erasmo. Por lo tanto, les implora: "Si alguien se compromete a enseñarme, no me opongo conscientemente a la verdad. Si mis oponentes prefieren calumniarme, aunque discuto sinceramente y sin calumnias, en vez de pelear, entonces todos extrañaran el espíritu de los Evangelios".[30] En

27. *Ibíd.*, pp. 19 20,
28. *Ibíd.*, p. 19.
29. *Ibíd.*, p. 17.
30. *Ibíd.*, p. 19.

resumen, Erasmo invitaba a Lutero y a sus partidarios a participar en un razonamiento razonado, como lo demostró en el resto de su diatriba.

Después de ordenar un asombroso conjunto de pasajes de las Escrituras que implican y no el libre albedrío, Erasmo señala que otras escrituras más tienen sentido si se piensa que existe libre albedrío. Pero en su conclusión, Erasmo declara explícitamente su incertidumbre acerca del misterio que Dios impuso cuando hizo a los humanos libres y atados por el pecado. Nunca renuncia a su afirmación de que la discusión es sobre lo que es probable y que el misterio de cómo Dios hizo a los seres humanos con libre albedrío es un misterio divino: "Quiero que el lector considere si piensa que es justo condenar la opinión ofrecida por los Padres de la Iglesia, aprobados por tantos siglos por tantas personas, y aceptar algunas paradojas".[31]

Erasmo se limita a la afirmación de que solo es probable que los seres humanos tengan libre albedrío. Y, al hacerlo, se alinea claramente con el método ciceroniano de controversia: sugiriendo que el misterio de la acción de Dios en el mundo no puede, de hecho, como afirmó Lutero, ser conocido con certeza por los seres humanos. En cambio, como es apropiado para la deliberación, es un asunto al que los humanos deben aplicar la razón y el juicio para llegar a la respuesta más probable. En cierto modo, parece que Erasmo estaba empujando suavemente a Lutero como si fuera un colegial rebelde que estaba tan lleno de arrogancia que no sentía necesidad de leer sus historias o escuchar a sus maestros.

Independientemente de que los nobles y los teólogos, que serían la audiencia actual de los textos de Erasmo y Lutero estuvieran felices de vivir con la incertidumbre en la posición de Erasmo sobre el misterio de la Palabra de Dios, la total disyunción de Erasmo y la posición un tanto autoritaria de Lutero debieron ser evidentes para todos. Erasmo, el preclaro humanista, buscó aplicar la razón y la erudición previa, mientras que Lutero, el reformador, afirmaba tener acceso personal a la autoridad divina. Y fue esta misma división la que llevó rápidamente a esos mismos nobles y príncipes a las guerras más sangrientas conocidas en Europa hasta ese día.

En el debate sobre el libre albedrío, las bases con las que Lutero y Erasmo abordan el problema estaban en desacuerdo; ellas implicaban mucho más que una simple diferencia de perspectiva. La diferencia estaba en, en el fondo, dónde se encuentra la autoridad para acceder a la verdad. Dicho de manera aún más contundente, se trataba de un debate sobre si existía un

31. *Ibíd.*, p. 94.

individuo que pueda saber algo con certeza. Erasmo, en una larga tradición de retórica proveniente desde Aristóteles, sentía que los problemas que no se ocupaban de hechos documentables se respondían solo en términos de probabilidad. Para él, la aproximación más cercana a esa probabilidad se obtuvo con elites educadas, como los senadores de la Roma republicana, en un examen justo y exhaustivo de los medios disponibles de persuasión en cada aspecto del problema. Una verdad probable fue establecida, al menos en el ideal, por el compromiso público de la controversia a través de hombres elocuentes. Lutero, por otro lado, sentía que los individuos con acceso a la Biblia simplemente podían conectar con el Espíritu Santo que lo representaba. Pronto, las Biblias vernáculas serían impresas y vendidas. Cada individuo sería capaz de interactuar con el Espíritu Santo mediante la participación del texto en su propio idioma. Para Lutero, no habría necesidad de que una clase sacerdotal interpretara la Biblia para los laicos, porque la Biblia no solo era inerrante, sino también comprensible y clara. De esta manera, nació la ideología fundamentalista.

El nacimiento del fundamentalismo

La localización del surgimiento del fundamentalismo cristiano tan temprano como con Martín Lutero es una afirmación atrevida, porque, simplemente, la palabra "fundamentalismo" se asocia más estrechamente con una publicación de 1910 de Lyman Stewart, *The Fundamentals*. Desde entonces, el término ha estado cargado con una serie de significados que hacen que sea difícil de definir. Sin embargo, mi uso del término no se refiere a la doctrina específica planteada por Lyman Stewart. En cambio, por fundamentalismo me refiero a la ideología del acceso individual a la autoridad divina que sentó las bases de las características básicas que ahora asociamos con el fundamentalismo como una ideología cristiana.

Estudios recientes de la psicología del fundamentalismo han arrojado una definición arraigada en su sentido descriptivo actual como un tipo específico de ideología religiosa. En 1991, los científicos sociales Lyman Kellstedt y C. Smidt definieron la creencia fundamentalista cristiana "como un subgrupo dentro del evangelicalismo que acepta la autoridad bíblica, la salvación por medio de Cristo y el compromiso de difundir la fe".[32] Esta definición, sin embargo, describe más o menos una amplia franja de

32. Lyman Kellstedt y C. Smidt, "Measuring Fundamentalism: An Analysis of Different Operational Strategies", en *Journal for the Scientific Study of Religion*, núm. 30, 1992, p. 260.

cristianos, muchos de los cuales rechazarían definirse a sí mismos como "fundamentalistas". Desde la perspectiva de la ciencia política, Harold Perkin definió el fundamentalismo de manera más estrecha, afirmando que "es la convicción de que los adherentes tienen un conocimiento especial y una relación con la Deidad, basada ya sea en un texto sagrado incuestionable o en el contacto directo con y la experiencia del mensaje de Dios.[33] Aquí Perkin se acerca a la definición ideológica que estoy usando para el fundamentalismo cristiano.

Sin embargo, un catálogo más sistemático de rasgos observables que identifican el discurso fundamentalista puede encontrarse en la obra de Charles B. Strozier, quien enumera los cuatro rasgos siguientes para definir la expresión discursiva de la ideología fundamentalista cristiana: 1) una "orientación hacia el literalismo bíblico", 2) "la experiencia de ser renacidos en la fe", 3) "evangelicalismo (o la obligación de convertir a otros)", y 4) "un apocalipticismo en su forma específica del tiempo final".[34] Para los propósitos de este estudio, cuando estos cuatro rasgos se expresan en el discurso, esa expresión discursiva puede llamarse apropiadamente fundamentalista cristiana ideológica.

Y, precisamente, estos cuatro rasgos los mostró Martín Lutero. Como ya he descrito, Lutero argumentó que la Biblia era claramente comprensible. Y discutió repetidamente, como ya he señalado anteriormente, que la Biblia tiene "un significado simple... el significado literal".[35] Este fue uno de los fundamentos de su argumento acerca de que la Iglesia Católica debe renunciar a su monopolio de acceso al texto.

En términos de una "experiencia de renacimiento espiritual", Lutero creía que tuvo acceso especial al conocimiento revelador, que le dio la comprensión fundamental de que solamente la fe conduce a la salvación. Aunque los historiadores han encontrado evidencia de que su nueva concepción de la autoridad divina tomó forma lentamente, Lutero la describe como una repentina revelación que ocurrió en 1513. Describió su momento revelador como un "renacimiento": "La justicia de Dios es revelada por el evangelio, es decir, la justicia pasiva con la cual el Dios misericordioso nos

33. Harold Perkin, "American Fundamentalism and the Selling of God", en *The Political Quarterly*, 2000, p. 79.
34. Charles B. Strozier, *Apocalypse: On the Psychology of Fundamentalism in America*. Boston, Beacon Press, 1994, p. 5.
35. M. Lutero, "Heidelberg Disputation", en *Martin Luther's basic theological writings*. Minneapolis, Augsburg Fortress Press, 1989, p. 78.

justifica por la fe, como está escrito: 'El justo por la fe vivirá'. Aquí sentí que había vuelto a nacer y que había entrado en el paraíso mismo a través de puertas abiertas".[36]

Además, el argumento de la postura evangélica de Lutero es claro en sus agresivos intentos por convertir a la sociedad europea a su propia posición sobre la necesidad de la experiencia individual de la fe.

Y, por último, Lutero estuvo dispuesto, a diferencia de la iglesia católica de entonces, como de hoy, a acercarse al libro final de la Biblia, el Apocalipsis, como una descripción literal del acercamiento del juicio de Dios al final de los tiempos.[37] Hay amplias evidencias, a lo largo de sus escritos, de que Lutero creía en la fuerza activa de Satanás en el mundo. Además, hasta el final de su vida expresó la creencia de que la Segunda Venida de Cristo estaba cerca. Una de sus más virulentas expresiones de esta creencia se puede encontrar en los muchos materiales publicados en los que dice sin rodeos que el Papa fue, de hecho, el Anticristo.

En un artículo de 1537 sobre el papado, Lutero se expresa claramente. Asocia totalmente al Papa León X con el Anticristo, como líder de una falsa religión al afirmar: "Todas las bulas y libros del Papa, en los que ruge como un león (como sugiere el ángel en Apocalipsis 10:3) están disponibles". Al llegar su corto artículo al punto culminante, Lutero es más directo aún. Debido a que el Papa se coloca por encima de Cristo en su demanda de autoridad, se establece como un dios falso, como se profetiza acerca del Anticristo en el Apocalipsis: "Esta es una poderosa demostración de que el Papa es el verdadero Anticristo que se ha levantado a sí mismo y se puso en contra de Cristo, porque el Papa no permitirá a los cristianos ser salvos excepto por su propio poder".[38]

Desde que San Agustín escribió *La ciudad de Dios*, la iglesia católica había aceptado oficialmente una interpretación "simbólica" o "tipológica" de la profecía del fin de los tiempos contenida en Apocalipsis. Tanto para Agustín como para la iglesia católica de hoy, el mensaje de Apocalipsis utiliza la alegoría para describir la experiencia humana individual de la muerte inmediata e inminente. Sin embargo, para Lutero y todos los fundamentalistas que lo seguirían, el Apocalipsis debe ser tomado en su valor literal:

36. M. Lutero, *Luther's Works. Volume 34: Career of the Reformer IV.* Filadelfia, Fortress Press, 1999, p. 337.
37. Paul S. Boyer, *When time shall be no more: Prophecy belief in modem America.* Cambridge, Universidad de Harvard, 1992, p. 61.
38. M. Lutero, "The Smalcald Articles", en *Martin Luther's basic theological writings,* p. 513.

una profecía de guerra y contienda que comprenderá un período histórico llamado generalmente el "Fin de los Tiempos". Estos acontecimientos, si el texto es tomado literalmente, están a la vuelta de la esquina. De las muchas referencias a lo largo del Nuevo Testamento a la proximidad del retorno del "Reino de los Cielos", el evangelio de Mateo es uno de los más representativos. Después de que Jesús describe con cierta extensión la violencia y el sufrimiento que marcará el período de los Últimos Tiempos, declara sin rodeos: "Así también vosotros, cuando veáis todas estas cosas, sabed que está cerca, a las puertas. De cierto os digo, esta generación no pasará, hasta que todas estas cosas sean cumplidas. El cielo y la tierra pasarán, pero mis palabras no pasarán. Pero de aquel día y hora nadie los sabe, ni los ángeles del cielo, sino mi Padre solamente".[39] Por lo tanto, no es ninguna sorpresa que Lutero creyera que el fin de los tiempos estaba tan cerca.

Como unidad ideológica, estos cuatro principios, de hecho, se implican y se apoyan mutuamente. Con la eliminación de la autoridad de la iglesia católica y su traslado a la experiencia directa del renacimiento espiritual, los individuos deben tener acceso directo a la Biblia para que puedan ser guiados por el Espíritu Santo hacia ese renacimiento. Esto, sin embargo, no debería haber llevado a una diversidad de interpretación de la Biblia porque, como Lutero pensaba, el mensaje de la Biblia era claro y evidente por sí mismo. Ese mensaje era, para Lutero, la simple idea de que solo por medio de la fe el individuo humano podía acceder a la gracia de Dios, y ese acceso se basaba en una experiencia personal de renacimiento espiritual. Esta afirmación es una interpretación simple y literal del Evangelio de Juan: "En verdad te digo que si un hombre no vuelve a nacer, no puede ver el reino de Dios".[40] El método literal de interpretación de la Biblia se extiende necesariamente al libro del Apocalipsis que, a primera vista, parece una profecía del fin de los tiempos. De esta manera aparecen los cuatro rasgos entrelazados y definitivos de lo que se llamaría fundamentalismo cristiano Son evidentes en la ubicación de la autoridad divina en la experiencia individual de los textos bíblicos y fueron posibles gracias a la ubicación de la autoridad divina en la experiencia individual de los textos bíblicos que llevó a cabo Martín Lutero.

La necesidad del pluralismo

39. Mateo 24:33-36.
40. Juan 3:3.

Mientras que la teología de Martín Lutero hizo posible la ideología fundamentalista cristiana tal como la he definido, la rápida propagación de esa ideología no fue producto solo de su voluntad. En vez de eso, Lutero llegó a la escena histórica en un momento en que Europa estaba madura para un mensaje fundamentalista.[41] La introducción de las prensas de tipo móvil comenzaría a permitir a los individuos acceder a las traducciones de la Biblia para interpretarlas individualmente[42] Utilizando la prensa para comunicarse con una gran audiencia, Lutero efectivamente aprovechó un sentimiento popular, primero entre los nobles de Europa y más tarde entre los demás individuos. Presentó a los aristócratas y monarcas de Europa un argumento legítimo contra el poder imperial que ejercía Roma. Aprovechó las tendencias nacionalistas que se levantaban primero en Alemania y después en otras regiones. Al hacerse del poder, los nobles de las diversas regiones de Europa aprovecharon la oportunidad para desafiar el poder político de Roma. Al hacer esto, en Europa estalló una guerra.

Lutero había cambiado fundamentalmente la escena ideológica. Ya no dominada por la autoridad única sobre la ética, la moral, la ciencia y la filosofía ejercida por la iglesia católica, un caos de nuevas ideas explotó en toda Europa en forma de una miríada de sectas protestantes. Como Rawls señaló con razón, la Reforma ayudó a generar un pluralismo de ideologías en Occidente. Al mismo tiempo, aceptó esa diversidad necesaria para cualquier cuerpo político posterior a la Reforma debido a las afinidades teológicas de Lutero con el fundamentalismo. Los escritos de Lutero hicieron posible para la autoridad divina que fue la base de la vida religiosa y política en la Europa de la pre-Reforma para ser distribuida en el nivel ideológico. Sirvió de base para los movimientos que se esforzarían por una mayor igualdad entre los seres humanos individuales que todavía está en proceso hoy en día. Al mismo tiempo, el fundamentalismo podría surgir cada vez que un individuo llegara a creer que su interpretación de la Palabra de Dios era la única verdadera y aceptable. Los individuos con tal poder tienen la capacidad de desafiar la autoridad estatal. En casos extremos, esos desafíos impidieron la capacidad del Estado para evitar la violencia entre sus ciudadanos.

41. David C. Steinmetz, *Reformers in the wings: from Geiler von Kayserberg to Theodore Beza*. Universidad de Oxford, 2001.

42. Elizabeth L. Eisenstein, *The printing press as an agent of change: Communications and cultural transformations in Early-Modem Europe.* Vol.1. Universidad de Cambridge, 1979, p. 336ss.

Así como Cromwell y Calvino lucharon contra la explosión de la diversidad en las creencias, el acceso a la Biblia dio a los individuos la oportunidad de formular sus propias interpretaciones de las poderosas doctrinas derivadas de la tradición bíblica. El resultado no fue tanto una reforma de la iglesia católica como una rápida y radical descentralización del poder político de la iglesia. Las doctrinas de la iglesia funcionaban para apoyar el sistema político en toda Europa. La fragmentación de la autoridad sobre las doctrinas religiosas en ese continente hizo que no solo fuera posible que hubiera múltiples interpretaciones de la Biblia sino que las hiciera inevitables. Como resultado, ese sistema político fue lanzado al caos. Si había alguna esperanza de evitar la violencia, el pluralismo apoyado por el Estado se volvió necesario por el colapso de la influencia imperial de la iglesia católica sobre la ideología. En esta coyuntura crítica de la historia, surgieron gobiernos que impondrían algún tipo de pluralismo razonable o estarían condenados a soportar la violencia en curso.

La introducción de una pluralidad de doctrinas comprensivas y normativas ha tenido un impacto paradójico en la comprensión de cómo y qué puede o debe ser la verdad. Era liberal o liberador en el sentido de que permitió a los individuos buscar y localizar verdades comprensibles para ellos mismos. Sin embargo, ha llevado con esta liberación una responsabilidad que problematiza la libertad misma que la ideología del liberalismo permitió. En la medida en que los individuos pueden buscar, localizar o crear su propia comprensión de las doctrinas que guían sus vidas, también deben coexistir, de alguna manera, con una multitud de otros individuos que están persiguiendo y localizando verdades propias. Esta coexistencia significa que debe imponerse algún tipo de pluralismo autorizado por los gobiernos si se quiere evitar conflictos. A su vez, esta necesidad de pluralismo en el gobierno ha enfrentado a los fundamentalistas contra el mismo Estado que debe esforzarse por mantener la tolerancia en su sistema de creencias como uno al lado de los demás.

(Traducción: L. Cervantes-Ortiz)

LECTURAS Y RELECTURAS DOCTRINALES

Lutero en perspectiva católica

Marc Lienhard

Los investigadores católicos no siempre se han situado de la misma manera ante Lutero. En el momento actual se está dando una fuerte recuperación católica de su persona y de su doctrina. El artículo de Lienhard nos muestra algo de dicha recuperación. Lo hace a partir de diversos aspectos muy sugerentes: la relación entre la existencia de Lutero y su doctrina, la pregunta por un posible "núcleo católico" en él, la doctrina de la actuación única de Dios en la obra de salvación, la justificación y sus relaciones con la eclesiología, etcétera. En último término se trata de ver si la investigación católica sobre Lutero tiene alguna aportación nueva a hacer dentro del espacio protestante.

El juicio católico sobre la persona y la teología de Lutero ha sufrido cambios notables en el siglo XX. Diversos estudios han marcado las etapas de esta historia. Para poder situar la cuestión hay que partir siempre de la obra decisiva de Joseph Lortz, *Historia de la Reforma*, aparecida en 1939-1940. Para apreciar el cambio de clima que representa, basta con compararla con la obra que Janssen dedicó al tema del siglo XIX, por no hablar de Denifle. Lortz reconocía, en efecto, la legitimidad de la Reforma en el plano histórico. Así hablaba de las faltas de la iglesia tradicional, en particular de las de la jerarquía, mostrada en los abusos de la vida eclesiástica y religiosa. Lortz reconocía a Lutero como una personalidad religiosa.

La polémica suscitada por esta obra cabe, pues, situarla en el plano histórico. Se trata de una polémica que no ha terminado todavía, pues los principales temas abordados siguen teniendo capital importancia para el conocimiento del siglo XVI. Así, se habla del occamismo, tanto en sí mismo como en su impacto sobre Lutero, sobre la realidad y consecuencias de los abusos, la reacción de la iglesia institucional ante ellos, así como del juicio que se merecen los controversistas católicos del siglo XVI y el mismo Erasmo. La discusión suscitada por Lortz se refería naturalmente también a Lutero, sus motivaciones e intenciones sin pasar por alto su persona, su psicología y su evolución intelectual y religiosa.

Se podría mostrar sin grandes dificultades que las tesis de Lortz no se han impuesto enteramente. Así, reina gran disconformidad en lo que se refiere al occamismo de Lutero, sobre todo entre los especialistas protestantes. También parece que hay que juzgar más positivamente a los controversistas católicos. Ciertos historiadores y teólogos protestantes admiten el juicio positivo de Lortz sobre el rechazo de Erasmo por parte de Lutero, pero entre ambientes católicos se insiste recientemente en rehabilitar el proceso religioso y teológico de Erasmo. Más adelante hablaremos sobre el juicio que Lortz hace del mismo Lutero. En trabajos posteriores Lortz mismo ha cambiado muchas de sus afirmaciones aparecidas en el citado libro.

Dos artículos de O.H. Pesch aparecidos en 1966 podían haber hecho pensar que la fase inaugurada por la obra de Lortz podía ser superada. El mismo Pesch estimaba necesario ir más allá de la persona de Lutero y su contexto histórico para pasar al estudio de las cuestiones teológicas planteadas por Lutero.

Esta fase ya ha llegado. Últimamente ha aparecido un gran número de trabajos católicos de gran valor que estudian cuestiones como la justificación por la fe o su doctrina sobre el *servo arbitrio*. El tono de ciertas publicaciones recientes, en general mucho más críticas con referencia a Lutero, no deja de impresionar y hace pensar incluso en la posibilidad de recaer en una fase que ya había sido superada por Lortz.

En las páginas siguientes nos proponemos exponer algunas cuestiones más generales suscitadas por estos estudios católicos más recientes.

I. Presupuestos y modalidades de estos estudios

1. Relación entre el hombre Lutero y su teología

Notemos ante todo un hecho importante: los trabajos protestantes de los últimos decenios dedicados a Lutero estudian casi exclusivamente su obra teológica, dejando por tanto muy en segundo plano su persona. La investigación católica, al contrario, se interesa mucho por su psicología y continúa ligando muy estrechamente la psicología del Reformador y la Reforma. Recordemos en este sentido una de las más importantes tesis de Lortz. En su obra de 1939-1940 afirma que Lutero había interpretado la Biblia en función de sus necesidades personales. De ahí su subjetivismo. Esta misma crítica la mantienen gran número de autores hasta fecha muy reciente, incluso Ives Congar.

Llegados a este punto parecen necesarias algunas observaciones:

a) Ante todo surge la pregunta: ¿por qué en vez de dar tanta importancia a la crisis interior de Lutero, atestiguada por otra parte únicamente por los testimonios del mismo Lutero en los últimos años de su vida, no se centra el estudio sobre el contenido teológico de sus primeras obras?

b) La cuestión de si Lutero ha interpretado la Escritura de forma subjetiva no debería proponerse de forma psicológica ("subjetivismo", "satisfacción de las necesidades personales"), sino como una cuestión hermenéutica. En realidad, lo que está en juego es la cuestión del centro de la Escritura.

c) No cabe duda que en un plano estrictamente histórico la persona de Lutero, en particular su carácter, ha jugado un papel importante en el desarrollo de la Reforma, así como ejercido un influjo considerable en el desarrollo posterior del protestantismo. Pero hay que subrayar también como no menos importante el hecho que Lutero nunca quiso imponer a otros su propia experiencia religiosa. La norma era el Evangelio y no su experiencia personal.

2. En perspectiva católica, ¿qué categoría religiosa se podría aplicar a Lutero?

a) Son muchas las razones que nos impiden hacerlo "santo". Antes de poder calificar a Lutero de santo —santo canonizado— habría de levantarse la excomunión a que se le condenó.

b) Pero ¿se le podría llamar "profeta"? El hecho de que Lutero haya recusado para su persona tal designación no debe dejar de tener su importancia para el historiador. De hecho, encontramos tal designación en trabajos católicos. Según Oliver la confrontación entre Roma y Lutero representa el choque de dos concepciones irreductibles del cristianismo. Estas concepciones serían irreconciliables en tanto no se encuentre la manera de reconciliar el pontífice con el profeta. Esta perspectiva ha encontrado muchas críticas de parte católica. La irreductible insumisión de Lutero a la institución, así como su exclusión, impide a gran número de católicos el poder darle el calificativo de profeta.

c) ¿Le convendrá mejor la categoría de reformador? Tampoco. El padre Congar ha subrayado con frecuencia en sus escritos que Lutero, más que un reformador, había sido un innovador. Más que contentarse con reformar las costumbres y la vida religiosa Lutero habría introducido innovaciones importantes en materia doctrinal. Se trataría pues de algo más que de una reforma en el sentido tradicional del término.

d) Peter Manns le aplica el calificativo paulino de "padre en la fe". Hay que entender esta frase en el sentido de que Lutero en cuanto testigo de la fe, ha llevado a otros a la fe y lo continúa haciendo.

e) Nos encontramos también con la categoría de "doctor de la iglesia". De forma tímida hace uso de ella el cardenal Willebrands ante la asamblea luterana de Evian (1970). Algunos trabajos católicos recientes parten de la convicción de que la iglesia católica debe escuchar a Lutero como teólogo y como doctor de la fe.

3. Núcleo católico en Lutero

Se podría establecer toda una tipología para clasificar las distintas formas como se ha intentado conservar a Lutero dentro del catolicismo. Ya Denifle había subrayado que la concepción luterana de "justicia pasiva" era conocida e integrada en la tradición católica. Durante los últimos decenios los estudiosos católicos de Lutero se han esforzado en mostrar lo que se podría llamar el aspecto ontológico y objetivo en Lutero, oponiéndolo a las interpretaciones existencialistas de su pensamiento. Destacan en particular su adhesión a los dogmas de la iglesia antigua y su concepción de los sacramentos. Hay que mencionar también la distinción que se suele hacer entre los distintos periodos de la vida de Lutero. En la línea de Lortz se hacen grandes esfuerzos para alargar lo más posible el período propiamente católico de Lutero. Según Lortz dentro de este período cae todavía el comentario a la carta a los romanos. Según Iserloch incluso las 95 tesis son perfectamente ortodoxas. Ello no significa de ninguna manera que toda la obra posterior a 1517 deba ser considerada totalmente como herética. También allí continúan existiendo muchos elementos católicos. Pero junto a estos elementos católicos aparecen otros que ya no lo son. El problema surge sobre todo en los escritos de 1520, en especial el Preludio a *La cautividad babilónica,* cuando se considera que la confrontación de Lutero con los iluministas y otros disidentes le han acercado de nuevo a la iglesia institucional, en particular por lo que se refiere al tema del ministerio.

A partir de aquí aparecen con más claridad los problemas que debe afrontar toda investigación de la obra de Lutero, a saber: ¿en qué consiste la unidad de su teología?, ¿qué escritos (y qué periodo de su actividad) deben servir de base para la interpretación de su pensamiento? Pero fijándonos ya más de cerca en la investigación católica vamos a limitarnos a tres tipos de cuestiones:

a) ¿Es posible romper el proceso de Lutero y mantener solamente el lado objetivo y ontológico en detrimento del lado existencialista, o también de mantener aquellos pasajes sobre el ministerio que son conciliables con la doctrina católica, dejando de lado aquellos que la contradicen? Operar de tal manera, ¿no supone de hecho abandonar el verdadero Lutero con todas sus tensiones internas inherentes a su evolución, que son precisamente aquellas que provocan el verdadero interés y le hacen actual? ¿Qué se sacará con manipular a Lutero para hacer posible su integración en una tradición determinadas?

b) ¿Es correcto y legítimo aplicar a Lutero criterios teológicos y eclesiásticos que intentan anular el aspecto provocador y fecundante de su teología? ¿Es más necesario buscar ante todo el consenso, o más bien aceptar la interpelación de un proceso distinto al de la tradición en la que se sitúa el investigador mismo?

c) ¿Qué criterio nos permitirá juzgar la obra de Lutero y decidir aquello que es católico? Algunos confrontan a Lutero con Tomás de Aquino, otros con el Concilio de Trento. ¿Pero son únicamente posibles estas tradiciones? ¿Son las más adecuadas? ¿No deben ser, más bien, también ellas interpretadas y actualizadas? En fin, se impone la cuestión de si es justo recurrir a estas categorías, por ejemplo, el "existencialismo" de Lutero, cuando estas mismas categorías forman ya parte de la teología católica contemporánea.

II. Problemas del diálogo teológico con Lutero en los investigadores católicos contemporáneos

Con los trabajos de O.H. Pesch y alguno más se ha entrado en una fase nueva con respecto a Lortz. Ya no se trata de resaltar la "herencia católica" de Lutero ni de la aplicación de unos criterios determinados de antaño para juzgar su obra. La nueva investigación católica entra en su proceso teológico y lo confronta con el dato bíblico cuestionándola en cuanto a su significado para la teología actual. Se considera el camino de Lutero como un camino legítimo para la teología católica actual. Queremos resaltar cuatro grupos de problemas a este respecto:

1. Las estructuras de la teología de Lutero

Este tipo de investigación no se contenta con designar simplemente los *loci* teológicos donde se muestran tradicionalmente las divergencias entre la Iglesia católica y la teología luterana: eclesiología, ministerio, sacramentos, etcétera. El cuestionamiento va mucho más lejos. Se presta especial atención a las mismas estructuras de la teología de Lutero, al proceso intelectual y manera de expresar el dato bíblico y de formular la fe cristiana. Se compara su propio proceso con el de otros tipos de teología. Se sabe que Pesch ha distinguido una teología existencial (Lutero) de otra de tipo sapiencial (Tomás de Aquino). Semejante procedimiento ha desbloqueado toda una serie de cuestiones tradicionalmente combatidas, sobre todo en el campo de la justificación por la fe. En vistas a los resultados de una confrontación entre Lutero y Tomás de Aquino, Pesch puede llegar a afirmar la legitimidad cristiana e incluso católica de las dos estructuras de pensamiento.

Nos parece, además, poder constatar una segunda orientación en las investigaciones católicas y que presta especial atención a lo que se considera ya una diferencia teológica básica entre Lutero y la tradición católica. Esta diferencia se sitúa en la doctrina luterana de la sola actividad de Dios en el proceso de salvación. En un artículo muy importante, Congar había notado el mismo tipo de problema en la cristología de Lutero: devaluación de la cooperación de la humanidad de Cristo a la salvación en provecho de la divinidad. Le daba la impresión de que Lutero se quedaba en la teología antigua, sobre todo de san Agustín, sin tener en cuenta las precisiones que había aportado en este terreno la teología medieval.

Aquí interesa únicamente señalar la cuestión: la afirmación luterana de la *Alleinwirksamkeit* (actividad única) de Dios, ¿es ciertamente una diferencia fundamental y permanente con respecto a la teología católica?

2. Relación entre justificación por la fe y eclesiología

¿Cuál es la relación mutua entre la justificación por la fe y la eclesiología? Si se puede considerar que hay acuerdo o por lo menos convergencia en cuanto a la justificación por la fe, hay que preguntar también por las consecuencias eclesiológicas de tal acuerdo. A este respecto hay que preguntarse dónde había que sentar las prioridades según el mismo Lutero. La afirmación según la cual lo esencial de su combate se dirigía contra el papado nos parece muy discutible. Pero conviene, con todo, esclarecer la relación existente entre la afirmación de la justificación por la fe y un tipo determinado de eclesiología. Será igualmente necesario distinguir entre las raíces y motivaciones soteriológicas y teológicas de la crítica de Lutero contra el papado y la expresión mitológica con que se presentó esta crítica. Es totalmente necesario ir más allá del acuerdo relativo a la justificación por la fe sola para estudiar las consecuencias eclesiológicas que se podrían y deberían sacar de un tal acuerdo. Ello significaría sin duda la sumisión de la Iglesia a la Palabra así como la elaboración de una teología del ministerio determinada. O.H. Pesch reconoce que en la investigación católica sobre Lutero apenas ha sido articulada la punta crítica frente a la iglesia que comporta la justificación por la fe sola.

Nos da la impresión que los diálogos entre católicos y luteranos de los últimos años (Documento de Malta, Cena del Señor, el ministerio) han abierto algunas perspectivas en este sentido, justamente al tratar de la relación entre la justificación por la fe sola y la eclesiología, a pesar de que la cuestión del papado es todavía, si exceptuamos el diálogo en los Estados Unidos, un tema muy poco tratado.

3. ¿Inmutabilidad de las posiciones católicas?

Nos parece de gran importancia la cuestión que ha planteado O.H. Pesch: las posiciones católicas ¿han sido determinadas una vez por siempre? No se trata únicamente del criterio (Tomás de Aquino, Trento y otros concilios, etcétera). La cuestión está en saber si los elementos considerados como católicos en el siglo XVI lo continúan siendo hoy todavía. Algunos ejemplos pueden mostrar claramente que hay variaciones incluso a este nivel. El occamismo, que era considerado como ortodoxo en el siglo XVI es rechazado por eminentes especialistas católicos del siglo XX. O el hecho de que algunas afirmaciones del Concilio de Trento, por ejemplo, la condena del *simul justus et peccator* luterano, están siendo revisadas hoy día en la medida en que teólogos católicos pueden integrar en el progreso católico las ideas de Lutero sobre este punto. Tampoco la doctrina de la transubstanciación se considera ya como la única forma adecuada de expresar la presencia real de Cristo en la eucaristía. No hay la menor duda de que una manera semejante de ver las cosas es eminentemente fecunda para el diálogo ecuménico, sobre todo cuando esta revisión crítica tanto del siglo XVI como del presente católico abarca también el tema de la eclesiología.

4. La diversidad de la unidad

La recepción católica de Lutero se ve por último confrontada con el problema fundamental de la unidad y de la diversidad dentro de esta unidad. ¿Somos capaces hoy día de poner las fronteras más allá de donde se pusieron en el siglo XVI? ¿Dónde empieza dentro de una perspectiva católica actual el elemento herético en Lutero? ¿No sería hoy día aceptable una mayor diversidad tanto en teología como en espiritualidad dentro de una cristiandad unida, cuya unidad queda por cierto todavía por precisar? En este sentido han sido emprendidas reflexiones muy interesantes por parte de K. Kretschmar y R. Laurentin a propósito del culto a los santos. En este campo ven, bajo determinadas condiciones, la posibilidad de una diversidad aceptable que de ninguna forma debería convertirse en un obstáculo a la comunión.

III. Acogida de la investigación católica de Lutero en el mundo protestante

Es evidente que los especialistas protestantes de Lutero así como también las comunidades protestantes en su conjunto se ven directamente afectadas por las investigaciones llevadas a cabo por los especialistas católicos.

1. Recordemos ante todo que estas investigaciones han constituido un desafío para la ciencia protestante. Debido a ello se ha visto obligada a profundizar con verdadero celo en un buen número de puntos. De esta forma la obra de Denifle ha suscitado la multiplicación de los estudios luterológicos, estimulando de manera especial el estudio de las relaciones entre Lutero y la teología de la edad Media. Otros trabajos católicos han obligado a los luterólogos protestantes a examinar más cuidadosamente la interpretación que Lutero hace de la Biblia. Y así se podrían citar otros muchos ejemplos.
2. Los trabajos católicos suscitan asimismo otra cuestión: la que hace relación al lazo que une Lutero con la iglesia que se dice suya. Ante todo hay que tener en cuenta que el interés católico por Lutero interpela en nuestros días a buen número de protestantes que tienden a olvidar a Lutero y el siglo XVI. Pero el cuestionamiento católico afecta también a la continuidad y discontinuidad entre las iglesias surgidas de la Reforma y Lutero. Los protestantes se dan, en general, poca cuenta de la discontinuidad. De hecho se podría mostrar fácilmente que el protestantismo actual está más condicionado por las corrientes posteriores al siglo XVI, tales como el Pietismo y la Ilustración, que por la reforma misma. Los luterólogos católicos no se olvidan de recordárnoslo.
3. La investigación católica contribuye de forma útil a situar a Lutero en la historia. No se gana nada con absolutizar a Lutero. Si el pasado tiene que ser fecundo será siempre a base de una recepción crítica

de este pasado. En el caso de Lutero esta exigencia se concreta en dos pasos:

- confrontar las afirmaciones de Lutero con las de la Sagrada Escritura;
- examinar atentamente las intenciones de Lutero por una parte y las condiciones históricas en las que obró y escribió por otra.

En esta perspectiva, una recepción crítica de Lutero no se fijará únicamente en la forma de expresión de su pensamiento (¡las invectivas!) sino también en el tipo de iglesia (y de organización) en juego, en ciertas opciones socio-políticas, o incluso en ciertas concepciones de Lutero sobre los judíos. De la misma forma se podrá plantear otro problema: ¿no se da ya en el mismo Lutero, y mucho más todavía en el desarrollo posterior, una tendencia a subrayar unilateralmente la dimensión pedagógica del culto en detrimento de otras dimensiones?

Estas, entre otras, son las cuestiones planteadas por la investigación católica. Y no hace falta repetir la fuerza del estímulo que producen, a pesar de que sea necesario poner en tela de juicio algunos de sus presupuestos o algunos de sus desarrollos.

(Tradujo y condensó: Josep de Castanyé)

La "*theologia crucis*" de Lutero

Theobald Beer

El movimiento ecuménico no se ha entregado a la resignación. Lo demuestran preguntas que apuntan al centro de la teología de Lutero, por ejemplo, las cuestiones sobre la Teología de la Cruz tratadas por H. Petri. También es alentador que J. Moltmann se refiera a la importancia de la Teología de la Cruz en su relación con el misterio del Dios trino. H. Petri resume de la siguiente manera sus consideraciones acerca de Lutero y su Teología de la Cruz:

> La *theologia crucis* de Lutero pretende ser, como lo enfatiza él con toda claridad, teología de la fe; una teología que parte de la fe y se mueve en el ámbito de la fe. El creyente tiene una certeza total de que Dios se ha revelado en la Cruz de Cristo y que por medio de la Cruz nos alcanza la salvación. Pero la Pasión y la Cruz de Cristo, como realidades perceptibles, ¿son también verdaderamente cognoscibles en cuanto sucesos de la revelación? ¿Se manifiesta realmente en ellas lo que de la esencia de Dios es visible y se muestra al mundo? ¿Cómo se puede demostrar esta interpretación? ¿No hay posibilidad de verificarla fuera de la fe, si 'es que no se trata de una simple opinión? He aquí unas preguntas a las que no encontramos en Lutero una respuesta propiamente dicha. Por lo demás, sería interesante valorar la Teología de la Cruz de Lutero en el contexto de la Cristología y de la Soteriología.[1]

H. Petri parte de la disputa de Heidelberg de 1518, en la que Lutero emplea la expresión *theologia crucis.* La tesis 19 de esta disputa reza así: "No podemos llamar con propiedad teólogo a aquel que percibe y contempla la esencia invisible de Dios (*invisibilia Dei*) a través de lo creado". Tesis 20: "Solo merece ser llamado teólogo con propiedad, aquel que capta, expresado en la Pasión y en la Cruz, lo que de la esencia divina es perceptible y se muestra al mundo (*visibilia et posteriora Dei*).[2]

1. H. Petri, *Die Kreuzestheologie Martin Luthers,* Regensburg 1983, p. 53 (Ciclo de conferencias con ocasión del año de Lutero).
2. 1, 354, 17-20 (a. 1518): "19. Non ille digne theologus dicitur, qui invisibilia Dei per ea, quae facta sunt, intellecta conspicit. 20. Sed qui visibilia et posteriora Dei per passiones et crucem conspecta intelligit".

Los *visibilia et posteriora Dei*

¿Qué significan en estas tesis las palabras *visibilia et posteriora Dei?* Lutero da una explicación al respecto: "Los *visibilia et posteriora Dei* son lo contrario de lo invisible. Son la humanidad, la necedad, la locura y la debilidad de Dios, como las designa 1Co. 1:25".[3]

Los *visibilia et posteriora* o como traduce Lutero, "lo recóndito" (en oposición a lo invisible) designa la función de la Humanidad de Cristo en relación a la Divinidad. Esta antítesis, que se encuentra en todos los escritos de Lutero, es la estructura fundamental de su Cristología.

En la disputa de Heidelberg y en su discusión con Schwenckfeldt de 1543, se limita a repetir lo que ya había dicho objetivamente en 1511 sobre el papel de Cristo como roca o escudo, que protege frente a la gloria de Dios.

Cristo no es persona, sino roca, espalda, refugio

En 1511 Lutero escribe en una nota marginal a Pedro Lombardo: "Si se pregunta ¿qué es Cristo?, el que cultiva la lógica dirá: es persona, etc.; el teólogo en cambio responderá: es Roca, Piedra angular, etcétera".[4] En el escrito *Sobre las últimas palabras de David* de 1543 expone Lutero la función de Cristo como Roca protectora o como mano, que Dios concede al pasar su gloria. "Luego dijo Yahvéh: Mira, hay un lugar junto a mí; tú te colocarás sobre la roca. Y al pasar mi gloria, te pondré en una hendidura de la roca y te cubriré con mi mano hasta que Yo haya pasado. Luego apartaré mi mano, para que veas mis espaldas; pero mi rostro no se puede ver" (Éx. 33:21-23). La explicación de Lutero a este pasaje es la siguiente: "Aquí hablan dos personas de Yahvéh. Una dice: 'al pasar mi gloria'. Esta es la persona del Padre, que habla del paso de su gloria, es decir, de su Hijo. Y Él mismo, el Hijo, dice que es Él es que pasa... y querría, por tanto, llamar a la humanidad (de Cristo) sus espaldas, o su dorso, en el que nosotros lo podemos reconocer en esta vida, hasta que lleguemos allí donde veremos también su rostro y su gloria".[5] La función de la humanidad de Cristo como dorso o espaldas y la de la divinidad como rostro, las expone Lutero repetidas veces ya desde el primer comentario a los Salmos (1513-1516): "En Cristo se

3. 1, 362, 45: "Posteriora et visibilia Dei sunt opposita invisibilium, id est, humanitas, infirmitas, stulticia, sicut 1Co. vocat infirmum et stultum Dei".
4. 9, 91, 23s: "Quid est Christus? respondet logicus: est persona, etc.; theologus autem: est petra, lapis angularis, etc.".
5. 4, 80, 32-81, 6, 22-24,

llama a su Humanidad las espaldas. Je. 18:17: 'La espalda, que no la cara les mostraré'". Is. 30:21: "y tus oídos percibirán la voz de Aquel que .te amonesta detrás de ti (*post tergum monentis*), esto es, del Dios 'encarnado que te adoctrina'".[6] "La espalda de Cristo es su humanidad".[7]

"En relación con la carne, Cristo es llamado roca sobre la cual se edifica la Iglesia... También se le llama *Zelmon,* o sea sombra y toldo, porque sirve para esconderse ante la divinidad (*latibulum divinitatis*), así como también *Zelmon,* alegóricamente, es la Iglesia misma, y tropológicamente, su fe. Pues refugio y ocultamiento ante la divinidad (*absconsa et latibula divinitatis*) es todo esto: la Iglesia, la fe y la humanidad de Cristo".[8]

En su comentario a Hebreos (1517-1518), Lutero describe así la fe en Cristo crucificado: "Por tanto, como la palabra de Dios se encuentra sobre todo, fuera de todo, dentro de todo, antes que todo, después de todo y, por lo tanto, en todas partes, es imposible de cualquier modo huir de ÉL. Este es aquel horror y aquella confusión de la cual hablan con frecuencia las Sagradas Escrituras. Por este motivo aconseja Isaías: 'Ve a la roca y escóndete en la tierra' (o sea, cree en Cristo crucificado) 'lejos de la presencia pavorosa de Yahvéh y de la gloria de su majestad, cuando El se alce para hacer temblar la tierra' (Is. 2:10, 19".[9] Lutero describe el terror ante la majestad con expresiones pseudoherméticas: *supra, extra, ubique,* manifestando que la esencia de Dios está presente como un punto sin extensión.[10]

6. 3, 604, 37-39: "Est autem humanitas Christi dorsum sive posterius eius, et divinitas facies eius. Is 30: 'Et erunt aures tuae audientes vocem post tergum monentis, i.e., Dei incarnati te docentis".
7. 3, 617, 9; 4, 475, 6: "Dorsum autem Christi est humanitas eius".
8. 3, 386, 38-387, 19-22: "Sicut Christus secundum carnem dicitur petra, super quam edificata est Ecclesia, ita et mons propter idem... Dicitur autem Zelmon, i.e., umbria et umbrorum, quia est latibulum divinitatis, sicut et Zelmon allegorice ipsa Ecclesia, et tropologice fides eius, quia omnia sunt absconsa et latibula divinitatis, Ecclesia, fides et humanitas Christi".
9. Heb, 162, 2-4, 13-18: "Igitur cum sermo Dei sit supra omnia, extra omnia, intra omnia, ante omnia, post omnia ac per hoc ubique, impossibile est posse effugere aliquo; ... Hic ergo est iste pavor et confusio, de quibus Scriptura frequentissime loquitur. Quare Esaias secundo consulit dicens: 'Ingredere in petram, et abscondere in fossam manus' (i.e. crede in Christum crucifixum) 'a facie formidinis Domini et a gloria maiestatis eius, cum surrexit percutere terram'".
10. Ver las proposiciones II y III del *Liber XXIV Philosophorum*, editado por C. Baeumker en el vol. 25 de los *Beiträge zur Geschichte der Philosophie und Theologie des Mittelalters.* Münster, 1913, 1927. El texto del *Liber* lo he reproducido en mi *Der fröhliche Wechsel und Streit. Grundzüge der Theologie Martin Luthers.* Einsiedeln 1980, Apéndice 2.

El cambio y la lucha

¿Cómo se ha forjado esta función u oficio de Cristo crucificado como Roca, esto es, como refugio ante ese Dios que está presente *supra, extra, ubique?* "Dios envió a su Hijo bajo la forma de carne pecadora... En esta *translatio* no estamos ante una cuestión solo de palabras, sino de realidades. De la misma manera que Cristo es llamado por el Apóstol verdaderamente roca, 'y la roca era Cristo' (1Co.10:4), así es Cristo verdaderamente pecado".[11] Lutero, al contemplar la Encarnación, no parte, como S. Agustín, de la misión intratrinitaria, sino del intercambio con Cristo, del que está necesitado el pecador. La función de Cristo como roca es la que el teólogo debe contemplar en la prueba, y no la función personal, que es consiguiente a la Encarnación (según la interpretación tradicional). En la prueba suprema "se priva al alma del consuelo del Evangelio... Aquí se nos quita a Cristo, que es negado como Cabeza *(Hic ablatus negatur Christus esse caput).* Se espera solo en Dios, que podría devolvernos a Cristo. Aquí se trata la causa sin mediador (*Hic sine mediatore agitur res*) y se discute sobre la benevolencia y la voluntad divina".[12]

La lucha en Cristo es ahora cosa nuestra: "Esta batalla —espiritual en sumo grado, pero terrible— tiene lugar dentro de ti, tú solo con Dios solo, apoyándote y esperando en la sola esperanza,. encomendando a Dios todo el negocio y venciendo a Dios contra Días, como Jacob (Gn. 32:23ss.)".[13] La gloria y la majestad de Dios en su amor no pueden ser contempladas juntamente en un solo acto en la bajeza y en la humillación de la Cruz. También Cristo en la Cruz se encuentra ante nosotros en una doble perspectiva: como Dios y como hombre. "Él es quien en el Monte Sinaí entrega a Moisés los Diez Mandamientos y dice 'Yo soy el Señor tu Dios que te ha sacado de Egipto. No debes anteponer a mí otros dioses': Es más, Jesús Nazareno, que murió por nosotros en la Cruz, es el Dios que anuncia en el primer mandamiento: Yo soy el Señor tu Dios".[14] Por medio de la fe "surge

11. 8, 87, 6-8.135 (a. 1521): "Misit Deus filium in similitudinem carnis peccati... Et in hac translatione non solum est verborum, sed et rerum metaphora... Ut ergo Christus vere petra dicitur ab apostolo 1Co. 10.4 'Petra autem erat Christus'; ita Christus vere est peccatum".
12. 5, 622, 7.13-15 (a. 1519-1521): "Hic ablatus negatur Christus esse caput, et in solo Deo operatur qui faciat Christum sibi reddi. Hic sine mediatore agitur res, et disputatur de Dei beneplacito ac voluntate".
13. 5, 167, 13-16 (a. 1519-1521): "sed contra ad opera evocaris, quia spiritualissima, etsi acerbissima haec pugna est intra te solum cum Deo solo consumanda, sola spe· sustinente et exspectante, Deoque causam totam commendante Deumque contra Deum vincente".
14. 54, 67, 10-14 (a. 1543).

(*jit*) el verdadero Cristo. Así abandono la contemplación de la Majestad y me adhiero a la Humanidad".[15]

La Vulgata como apoyo lingüístico

Lutero atribuye a Cristo las dos "naturalezas" , ambas sin embargo con funciones opuestas, para las cuales debe buscar fundamentos bíblicos. Piensa haberlos hallado en la Vulgata: "El venció en sí mismo (*in semetipso*) al pecado" (Col 2.15). Lutero une 2Co. 5:21 ("A quien no conoció el pecado Dios le hizo pecado por nosotros") con Ro. 8:3, siguiendo la puntuación de la *Vulgata*: "...y por el pecado condenó al pecado en la carne".[16] De la unión de ambos pasajes resulta para Lutero lo sucedido en la Cruz: "Por medio del pecado condenó Él el pecado; es decir, por medio de aquel pecado que El hizo ser a Cristo al trasferir a Cristo nuestro pecado, Dios condenó nuestro pecado".[17] "Por medio del pecado condenó el pecado".[18] Lutero sabe que la interpretación correcta de 2Co. 5:21 es la siguiente: Cristo "se hizo 'maldición', esto es, 'cordero de sacrificio', por el pecado".[19] A través de la unión de 2Co. 5.21 con Ro.8.2, según la versión de la Vulgata, llega, sin embargo, al resultado que busca: "Tú oyes que Cristo, a través de su pecado, condenó y expulsó el pecado del mundo. Un discurso extraño y sorprendente, en verdad: que el pecado eche fuera al pecado, que el pecado condene al pecado. ¿No sería más elegante decir: la justicia echa fuera el pecado, o Cristo con su justicia ha echado fuera y condenado los pecados del mundo? No. Y ¿por qué? Porque los pecados y las penas del mundo entero están cargados sobre Cristo y le asedian (Jn 1:21)".[20] La *Vulgata* traduce Col 2:15 *(Thriambeusas autous en auto): "Triumphans illos in semetipso"*. Lutero comenta: "El *semetipsum* hace el texto maravilloso".[21]

La doble crucifixión

Esta primera y principal función de la muerte de Cristo fue descrita por Lutero en 1509 en las primeras notas marginales al *De Trinitate* de San

15. 40/1, 93, 55 (a. 1531).
16. "Verdammt die Sünde im Fleisch durch Sünde" (DB 7, 52, a. 1522; DB 7,43, a. 1544).
17. 8, 78, 28-30 (a. 1521): "'et de peccato damnavit peccatum', de peccato illo quod Christum esse fecit translato nostro in illum, damnavit peccatum nostrum...".
18. 21, 549, 22 (a. 1526): "de peccato damnavit peccatum"
19. 40/ 1, 448, 11s (a. 1531).
20. 23, 711, 1-6 (a. 1527) .
21. 40/1, 440, 7 (a. 1531).

Agustín, que datan de 1509: "Así como la muerte de Cristo redime *(redimat)* al alma de la muerte, así Él ha matado la muerte por medio de su muerte".[22] Esta es la *crucifixio Christi* como *sacramentum.*[23]

Pero esta primera crucifixión debe ser completada por ·la crucifixión en nosotros: "Así como la muerte de Cristo hace morir *(faciat mori)* el alma al pecado, así estamos nosotros crucificados para el mundo y el mundo para nosotros".[24] A estas dos funciones corresponde la siguiente diferenciación en Cristo y en el hombre (Abraham): "Muy distinto es Abraham el creyente, de Abraham el que obra. Muy distinto es Cristo el que redime, de Cristo el que obra *(redimens-operans).* Tienes que distinguir esto como el cielo de la tierra".[25]

A partir de las primeras notas de 1509 Lutero habla de una "doble crucifixión" , a la que designa con esta misma expresión.[26] Después de la Dieta de Augsburgo, en la que Melanchthon no quería ni podía sacar a debate esta distinción, Lutero vuelve a ella sobre todo en el gran comentario a Gálatas. Explica: "Pedro dice: 'Cristo ha padecido por nosotros'. Aquí no habla de aquella crucifixión ('Yo estoy crucificado con Cristo'), sino de la excelsa cocrucifixión en la que el diablo y la muerte son crucificados. ¿En dónde? En Cristo, no en mí. La otra crucifixión se realiza en mí".[27]

Predicando en 1531, Lutero repite esta distinción, haciendo referencia a la Dieta de Augsburgo: "No busques indulgencias en las bulas, sino en el sacrificio del pecado, en la carne de Cristo. El tomó el pecado en sí mismo y lo colgó de su cuello. Por su pasión lo venció en sí mismo. Aunque yo sienta el pecado, ciertamente está tan estrangulado, muerto y abrasado, que no me puede condenar, porque le digo: estás colgado de Cristo. Esto solamente lo entiendo por la fe... Esta es nuestra doctrina, que fue prohibida por el Papa y también fue condenada en Augsburgo".

"Antes (1Pe.2.21) nos lo puso Pedro como ejemplo nuestro, aquí nos lo pone como Pastor (1Pe.2.25). Aprende esta doctrina con exactitud. En el mundo se la desconoce. Lo segundo (pastor) es la obra maestra. Esta obra

22. 9, 18, 27 s: "ut mors Christi redimat animam a morte, sic per mortem suam mortem momordit".
23. 9,18,19s.
24. 9, 18, 29 s: "ut mors Christi faciat animam mori peccato, ut sic simus crucifixi mundo et mundus nobis".
25. 40/1, 390, 2-4 (a. 1531): "Ergo aliud Abraham credens, operans. Aliud Christus redimens, operans. Hic de redimente Christo et Abraham credente...; et haec distingue ut coelum et terra".
26. 4, 476, 26 (a. 1513); 2, 141, 8ss. (a. 1519); 2, 501, 35 (a. 1519); 22, 97 s. (a. 1544); 22, 104, 7 (a. 1544).
27. 40/1, 281, 1-4 (a. 1531).

no la podemos imitar y el que así enseña es un traidor a Cristo, como el Papa. Además de ser Cristo mi sacerdote, mi cura, el estrangulador de mis pecados, es también mi director, que me indica cómo debo vivir y sufrir. De manera que tienes a Cristo duplicado: primero es Cristo un regalo, sacerdote y obispo, luego un ejemplo y modelo. Así es como eres un cristiano".[28]

¿Por qué es el Papa un traidor?

Porque "confunde"[29] las dos funciones de Cristo como estrangulador de pecados y como ejemplo al que debemos seguir. Pero no solo el "Papa" , hemos de decir; también Melanchthon tiene una concepción diversa tanto en el contenido como en la relación entre estas dos ayudas de Cristo, que Lutero separa como "cielo y tierra" y que no se pueden nombrar ni imaginar juntas. El nombrar o pensar juntos *sacramentum* y *exemplum* lo llama él —Lutero— *aequivocatio,* la madre de todo error.[30] Lo mismo vale acerca de la fe y de la caridad. "La fe actúa en nosotros sin nosotros, la caridad actúa con nosotros y en nosotros".[31]

Melanchthon, tanto en Augsburgo (1530) como en Ratisbona (1541), ni pudo ni quiso entrar en el tema de la doble justicia ni en el de la doble crucifixión. En su comentario a Colosenses, Melanchthon unifica las dos funciones de Cristo, porque relaciona con ellas otro contenido: "Pablo dice: Cristo es todo en todo. Es decir, todo lo que es propio del hombre nuevo eso es Cristo, y lo es tanto en lo que se refiere al mérito como en lo que se refiere al efecto; o lo que es lo mismo, en cuanto a la *gratia* y en cuanto al *donum.* Cristo se ha convertido para ti en justicia (1Co. 1:30), de manera que, gracias a Él, se te imputa a ti la justicia; y, a la vez, Cristo es para ti el dispensador de la vida, que vivifica el corazón por la voz del evangelio y da el Espíritu Santo".[32]

Esta exposición de la relación entre gracia y don no se compagina con la distinción tajante en la que Lutero insiste: "La gracia debe separarse 'claramente de los dones'".[33] Tampoco es compatible con la distinción que hace Lutero entre una doble función de Cristo y una correspondiente recepción

28. 34/1, 359, 12-360, 13.30s (a, 1531).
29. 34/1, 370, 5.
30. 39/1, 448, 14-16 (a. 1538 y con frecuencia).
31. 6, 530, 17 (a. 1520): "Caetera nobiscum et per nos operatur, hoc unicum in nobis et sine nobis operatur".
32. CR 15, 1275.
33. 8, 107, 11 (a. 1521): "...ut longe, sicut dixi, gratia adonis secernenda sit".

o cooperación activa por parte del hombre: "Una cosa es Abraham, el creyente, y otra cosa es Abraham, el que obra; una cosa es Cristo, el que redime; otra cosa es Cristo, el que obra... Distingue esto como el cielo de la tierra".[34]

Lutero prohíbe nombrar o pensar conjuntamente los dos auxilios de Cristo; Melanchthon, en cambio, los contempla como una unidad: "Ya que el himno de Filipenses une al Padre eterno con Cristo, debemos contemplar conjuntamente la omnipotencia del Hijo y su oración de petición. Cuando el himno dice que la gracia y el don son concedidos por el Padre y el Hijo juntamente, esto significa que el Hijo también por naturaleza procede de Dios".[35] Melanchthon y Lutero interpretan 1Co. 1:30 desde posiciones diametralmente opuestas. Lutero parte del concepto de "hecho" *(gemacht)*, desconocido por la tradición e incompatible con ella. Melanchthon se funda en el concepto tradicional de "increado" . Esto se manifiesta en la diversa interpretación de 1Co. 1.30. Lutero traduce: "Cristo nos ha sido hecho para la justicia". Manteniendo una distancia consciente con San Agustín, no habla del amor increado o de la gracia increada,[36] sino del amor creado: "est etiam dilectio creata: sicut Christus est fides, justitia, gratia nostra et sanctificatio nostra".[37] Cristo y la fe se encuentran en una función que se condiciona mutuamente. Así lo había expresado ya Lutero en 1509 en las primeras notas al *De Trinitate* de San Agustín: "Esta fe es Él mismo en su Humanidad".[38]

Melanchthon traduce 1Co. 1:30 así: "Cristo nos ha nacido *(geboren)* de Dios para ser nuestra Justicia".[39] Del nacimiento eterno de Dios deduce Melanchthon la relación de Cristo con la Iglesia: "El Hijo es llamado Logos porque es la Persona que, de manera inmediata y desde el seno del Padre Eterno, nos trae el Evangelio; y, porque, también inmediatamente, sustenta el misterio, nos habla y mantiene a la Iglesia".[40]

En la disputa con Osiandro, Melanchthon procura mediar partiendo de esta base.[41] Osiandro dice: "La palabrita 'hecho' *(gemacht)* es demasiado tosca". Las interpretaciones de Lutero y de Melanchthon corren en direcciones teológicas diferentes. Melanchthon no entró por el nuevo

34. 40/1, 390, 2-3 (a. 1531).
35. CR 15, 1235.
36. 1, 42.
37. 9, 43, 1 (a. 1510),
38. 9, 17, 19: "Illa autem est ipse in humanitate sua".
39. CR 7, 889.
40. CR 15, 1224.
41. CR 7, 896.

camino por el que anduvo Lutero, aunque utiliza esta formulación. Los presupuestos y las consecuencias de la diversa interpretación de 1Co. 1:30 se hacen visibles cuando se compara la orientación teológica de Lutero con la de Melanchthon.

Datos que obligan a una decisión

Si no rehuimos la comparación entre Lutero y Melanchthon, nos encontraremos necesariamente ante la cuestión sobre el núcleo mismo de la teología. Veamos algunos ejemplos de esta provechosa comparación.

Lutero recrimina a los modernos (Biel) con las siguientes palabras: "Ellos mantienen que la naturaleza divina o el *suppositum* divino apoya y sostiene a la naturaleza humana. Es este un discurso inaudito, y se obliga a Dios casi a cargar o a llevar *(gestare)* la Humanidad".[42] Hagamos notar de pasada que Biel no hace equivalentes la naturaleza divina y el *suppositum* divino, sino que los diferencia con precisión.[43]

Melanchthon, por su parte, no habla en abstracto de un *suppositum,* sino que habla de manera personal del *hyphistamenos* y también emplea la expresión *gestare:* "Cristo es una persona o u n *hyphistamenos,* o sea, que dos naturalezas, la divina y la humana, se encuentran ligadas inseparablemente en la unión hipostática, por la cual la naturaleza humana es llevada por el Logos *(gestatur)"*.[44]

Alternativa para la unión personal (no aceptada por Melanchthon)

No es una casualidad que Lutero, precisamente en este momento, utilice una abundancia de conceptos e imágenes con las que pretende ofrecer una alternativa teológica que sustituya a la unión personal de Humanidad y Divinidad en Cristo. Me refiero al momento en el que los Padres, con agudeza intelectual, concluyen: Si alguien quiere designar la unión personal de divinidad y humanidad en Cristo con las expresiones *appositam (periephthai),*[45] *adiectum (prostithemenon),*[46] *copulati (synemmenon), haben-*

42. 39/II, 95, 34-37 (a. 1540): "Hi dicunt humanam naturam sustentari seu sup- positari a divina natura, seu supposito divino. Hoc et portentose dicitur et cogit pene Deum velut portare vel gestare humanitatem".
43. G. Biel, *In III Sent.* 1, 1, a. 1, n. 2, E; 6, 2, Conel 5, C.
44. CR 15, 1226.
45. Denz Schonm., 258.
46. *Ibidem, 259.*

tem (eschekotos)[47] sea anatema. El fundamento de estas decisiones reside en que, con estos conceptos, perdemos la llave para entrar en la revelación personal del Dios trino en Cristo.

Lutero sigue empleando el concepto tradicional de persona o hipóstasis, pero al mismo tiempo lo vacía de sentido, pues con él designa la función que cumple la humanidad de Cristo. A continuación damos algunos ejemplos. "Cristo está hecho a imagen de Dios hipostáticamente, *pero añadido* a ella" *(Christus qui est factus ad imaginem Dei hypostatice, sed additus ad eam).*[48] Esta frase contiene, en una fórmula sintética, la lucha de Lutero con la tradición y, a la vez, su esfuerzo por crear un campo conceptual teológico para la función de Cristo en su intercambio con el pecador. ¿A qué referimos el "ad eam" en la frase mencionada? Cristo no es imagen, *imago,* sino *ad imaginem,* reproducción. También más tarde, en su escrito *Los tres símbolos* o la *Confesión de fe* (1538), todavía escribe Lutero estas palabras: "La esencia divina es eterna. Pero lo que comienza a ser es temporal. Ahora bien, una esencia temporal y una esencia eterna son completamente diferentes, hasta tal punto que ninguna puede ser igualmente imagen de la otra y, menos aún, ser su imagen misma".[49]

No podemos referir "ad eam" a hipóstasis, pues el mismo Lutero lo señala cuando escribe: *hipostáticamente,* y añade *pero.* Lutero no ha dejado espacio para una verdadera unión personal. En lugar del *Ego-eimi* él ha colocado el *ipse in humanitate sua.*[50] En la palabra de Cristo: "así como el Padre tiene *en sí mismo* la vida, así también ha dado al Hijo tener la vida en sí mismo" (Jn. 5:26), Lutero enfatiza las palabras "tener vida" . Este "tener" es equivalente a la "fe" , que es "El mismo (Cristo) en su humanidad".[51] La alegría que San Agustín experimenta en el origen trinitario de la Encarnación —cuando escribe: "el Padre invisible con el Hijo igualmente invisible ha hecho visible a este Hijo cuando lo ha enviado al mundo",[52] la califica Lutero con las siguientes palabras: "Mira qué extraña conclusión".[53]

En vez de *additus,* añadido, como reza la nota mencionada de 1509, emplea Lutero en 1511 también *compositus,* compuesto. Pedro Lombardo

47. *Ibidem, 262.*
48. 9, 14, 7 (a. 1509).
49. 50, 275, 25; 50, 276, 10-16; 50, 278, 12-15 (a. 1.538).
50. 9, 17, 18.
51. *Ibidem* .
52. San Agustín, *De Trinitate,* II, 5, 9 (PL 42, 851).
53. 9, 17, 34 (a. 1509).

escribe refiriéndose a Agustín y a Hilario: "No dicen que Cristo esté compuesto de dos naturalezas, a saber, la divina y la humana".[54] Lutero comenta al respecto: "Si entendemos *compositum* en su sentido propio, es verdadero. Si se entiende en sentido amplio, como *constitutum,* es falso".[55] También en la disputa sobre la Divinidad y la Humanidad de Cristo de 1540 Lutero defiende la expresión *compositus* para señalar la relación entre la Divinidad y la Humanidad: "Precisamente todos niegan que Cristo esté compuesto, aún cuando mantienen que esté constituido".[56] "Los sofistas prohíben decir que Cristo es una Persona compuesta o formada de dos naturalezas".[57] Del mismo modo que la divinidad y la humanidad, así también fe y obras "conveniunt in concreto vel composito".[58] El concepto de composición es un concepto clave para la Cristología y para la antropología teológica. Lutero lo emplea en la polémica con "Wyclif y los sofistas, que usan malla lógica... Pues es verdad que, cuando esas diferentes naturalezas se juntan para ser una sola cosa, realmente devienen una nueva esencia única a partir de esa conjunción".[59] En el mismo escrito dice Lutero a propósito de la Última Cena del Señor: "Si queremos ser cristianos y pensar y hablar rectamente acerca de Cristo, nuestro pensamiento debe ser que la divinidad está fuera de las criaturas y sobre ellas. y respecto de la Humanidad hay que decir que, si bien es criatura, como solo ella y jamás ninguna otra está pegada a Dios, hay que decir, repito, que es una persona con la divinidad" 60.[60] En la última *Disputatio* (1545) dice Lutero: "En la Encarnación una cosa se une con otra cosa *(copulati res cum re)*".[61] Lutero hace hincapié en que "no debemos hacer de Cristo un Dios imaginado *(ne nos faciamus fictitium Deum ex Christo)*".[62]

54. Pedro Lombardo, *III Sent.,* d. 6, c. 2 (Ed. Grottaferrata, p. 574).
55. 9, 85, 33s: "Si compositum capitur proprie, verum dicit. Sed si longe, ut constitutum, falsum est".
56. 39/II, 95, 30: "Omnes enim negant, Christum esse compositum, etsi constitutum affirmant".
57. 40/II, 517, 27s (a. 1532).
58. 0/1, 427, 22s (a. 1531): "Humanitas non est divinitas. Et tamen homo est Deus, ita hic distinguo: lex non est fides, et tamen fides operatur et conveniunt fides et opera in concreto vel composito, et tamen utrumque habet et servat suam naturam et proprium officium".
59. 26, 443, 21.30s (a. 1528).
60. 26, 340, 35-341, 1; 340, 16.
61. 31/II, 390, 24.
62. 31/II, 24, 5 (a. 1539: *Disputatio super Iohann.):* "Hoc nos urgemus, ne nos faciamus fictitium Deum ex Christo, sed verum Deum natura vere et naturalem hominem, ut tu et nos".

En la cuestión sobre la unidad de divinidad y humanidad en Cristo, Lutero no quiere ir más allá de la expresión "una cosa *(ein Ding)*". En una charla de sobremesa que él mismo reconstruyó posteriormente (1541), escribe que sus oponentes exponen el artículo de la Encarnación del siguiente modo: "El Hombre es Dios, o sea, es el Hijo de Dios, pues necesariamente el sujeto y el predicado deben designar al mismo *(pro eodem supponere)*. Este es el Hijo de Dios (Mt. 3:1; Mc. 1:11; Lc. 3:22), él sustenta *(sustentans)* la naturaleza humana, Él es mi Hijo amado. Este Hijo de Dios que en su ser de Hijo sustenta la naturaleza humana, este es el Creador del mundo. Pretenden con esto hacer un discurso magnífico y defender la fe cristiana desde la filosofía... Pero he aquí que la Humanidad de Cristo es conocida y existe, ponen un parche a las palabras *homo, hic, puer,* etcétera, con el añadido: *sustentans humanam naturam*". Lutero sostiene que sus adversarios "han empleado también esa falsa filosofía en el artículo de la Encarnación... No permiten esta manera de hablar: que Dios y el hombre sean una cosa y que el hijo de María y el Creador sean una cosa".[63]

¿Qué filosofía emplea Lutero?

En el comentario a la Carta a los Hebreos dice Lutero: "El que quiera elevarse provechosamente al amor y al conocimiento de Dios ha de abandonar todas las reglas humanas y metafísicas para el conocimiento de Dios y ejercitarse ante todo en la humanidad de Cristo" . Inmediatamente después Lutero comenta Col. 1:15 y He. 1:3, sirviéndose sin embargo de un texto tomado de la tesis XVII del *Pseudo-Hermes:* "La representación de la gloria divina es llamada resplandor o luz de Dios, porque es semejanza de la gloria de Dios, en la que el Padre se reconoce a sí mismo. No brilla para nosotros sino para Dios y para sí misma... No es imagen de la sustancia de Dios para nosotros, sino para Dios mismo, de manera que solo Dios reconoce su sustancia *(formam)* en sí mismo".[64] La tesis XVII dice: "Dios es conocimiento de sí mismo. Solo Él no se puede determinar por un predicamento... Sino que Él se conoce a sí mismo porque Él engendra a sí mismo para sí mismo".[65] Lutero hizo suyo el enfoque de *Theologia Deutsch.* Sobre este pequeño libro, que él editó en 1516 y en 1518 con un prólogo propio, dice:

63. Br 9, 444, 51-445, 66.
64. 57/He, 99:14-16; 100:8-10 (a. 1517-1518).
65. Baeumker, p. 208, 8: "Deus est intellectus sui, solus praedicationem nos recipiens... sed se ipsum ipse intellegit, quia ipsum ad ipsum generat".

"Aparte de la Biblia y de San Agustín, no hay otro libro del que yo haya aprendido más acerca de Dios, de Cristo, del hombre y de todas las cosas".[66] ¿Qué ha encontrado en este libro en el que se mezclan de la manera más confusa motivos de cuño platónico con otros de origen cristológico? ¿Qué ha sacado Lutero de *Theologia Deutsch* para la contemplación de lo perfecto, del ser verdadero, del único Uno que se llama Dios?[67]

Lutero usa esta contemplación en sus comentarios a Col. 1:11 y He. 1:3. En una disputa de 1544, Lutero se manifiesta contra Melanchthon y sus discípulos así: "El Hijo es Luz de Luz, resplandor e impronta de su sustancia. Bajo el predicamento de substancia no se enseña que los rayos de la gloria (Col. 1:11) sean del sol, y sin embargo así habla el Espíritu Santo... El Hijo es imagen del Dios invisible. Esto sobrepasa a las criaturas, está más allá de ellas".[68] Pero Lutero, aquí, lo mismo que en otras partes,[69] no sigue a las palabras del Espíritu Santo, sino a *Theologia Deutsch:* "Lo perfecto es un ente *(Wesen)* que incluye y concluye todo en sí, y sin el cual y fuera del cual no hay ser *(Sein)* verdadero, y en el cual todas las cosas tienen su ser *(Sein),* pues es la esencia *(Wesen)* de todas las cosas y es inmutable e inmóvil en sí misma y cambia y mueve todas las otras cosas. Lo fragmentario o lo imperfecto es, en cambio, aquello que ha tenido su origen en esto perfecto, así como un resplandor o un brillo emanan del sol o de una luz, y aparecen como algo, esto o aquello, y se llama criatura. Y, entre todos estos 'fragmentos' *(Teilheiten)* ninguno es lo perfecto. Por lo tanto, lo perfecto tampoco es ninguno de estos 'fragmentos'. Estos son inteligibles, cognoscibles y expresables. Lo perfecto es, para todas las criaturas en cuanto criaturas, incognoscible, inabarcable e inefable".[70]

"Ahora bien, lo que ha emanado *(ausgeflossen)* no es un ser verdadero y no tiene ser sino en lo Perfecto, es algo que acaece *(Zu-fall),* un destello o un rayo, que ni es ni tiene ser, porque su ser reside en el fuego, de donde emana el destello, como sucede en el sol o en una luz".[71]

66. 1, 378, 20-23.
67. A.M. Haas, *Theologia Deutsch,* Leipzig 1920, In neuhochdeutscher Ueber- setzung herausgegeben und mit einer Einleitung versehen, p. 20. Vid. también H. SEUSE, *Das Büchlein der Ew. Weisheit,* hg. M. Greiner, Leipzig 1956.
68. 39/II, 296, 14s. 22s.
69. Por ejemplo, 40/1, 416, 8 Y 417, 13.
70. *Theologia Deutsch,* p. 39.
71. *Ibidem,* p. 41.

Lutero fundamenta su intelección del texto del Símbolo de Nicea, *Lumen de Lumine,* sobre estas ideas de "lo que son Dios, Cristo, el hombre y todas las cosas",[72] como veíamos. Con lo cual explica Col. 1:13 (en contra de Melanchthon), como todavía hemos de ver más adelante. También se sirve de la afirmación de *Theologia Deutsch* sobre "lo perfecto y lo acaecido",[73] junto al Pseudo Hermes Trismegisto, para explicar Jn 858 "...en verdad, en verdad os digo: 'Antes que Abraham viniese a ser, yo soy'".

Lutero introduce en estas palabras de Cristo la diferencia entre una afirmación sustancial y una accidental. El accidente es a la sustancia como "lo acaecido es a lo perfecto" . Esta diferencia subyace a una nota marginal de Lutero de 1511. Se dirige contra los lógicos que hablan de Cristo como persona en vez de hablar "teológicamente" de la función de Cristo como roca[74] y explica: "Cristo no ha dicho: antes que fuese Abraham *soy yo, Cristo;* sino simplemente: *Yo soy.* Así sucede en todas las designaciones que indican un accidente, pero no en las que indican una sustancia".[75] El modo de pensar y de hablar que Lutero emplea aquí, también subyace a la tesis VI del Pseudo Hermes Trismegisto.[76] Este lenguaje, aplicado a la relación de la divinidad y de la humanidad no puede apoyarse en Gabriel Biel.[77] Para la relación entre la divinidad y la humanidad en Cristo es cierto que Lutero utiliza términos de Gabriel Biel: "Lo que es blanco en relación con hombre, eso es Cristo en relación a Hijo de Dios".[78] Biel rechaza sin embargo esta conclusión.[79] Por lo tanto, Lutero no conoció a través del "nominalismo" un catolicismo al que debía primero humillar para descubrir la verdad, como piensa Lortz.

En la *Disputatio de divinitate et humanitate Christi,* en 1540, Lutero repite, combinándolas de idéntica manera, las declaraciones contenidas en las notas marginales de 1511. Esto es una prueba más de que su orientación teológica estaba determinada desde el principio.[80] Melanchthon no ha tomado nada de ella. Lutero y Melanchthon tienen una concepción diferente del misterio de la unión de la divinidad y humanidad de Cristo, porque

72. *Ibidem,* p. 28.
73. *Ibidem,* p. 41.
74. 9, 91, 23.
75. 9, 87, 36-38: "Sicut fit in omnibus nominibus accidentalibus, non autem in substantialibus, quia Christus non dixit: antequam Abraham fieret, ego sum Christus, sed simpliciter: ego sum".
76. Baeumker, p. 209, 11.
77. G. Biel, *In III Sent.* d. 6, q. 2, n. 4C; d. 7, q. *unica,* a. 3, dub. 3 p.
78. 9, 87, 39: "sicut albus est respectu hominis, ita Christus respectu filii Dei".
79. G. Biel, *III Sent.* d. 6, q. 2, n. 4C.
80. 39/II, 111, 8-10.

tienen una *concepción diferente de la Trinidad.* Lutero, ante la exposición que hace San Agustín de la misión intratrinitaria del Hijo y del misterio de la encarnación, exclama, como ya dijimos: "Mira qué curiosa conclusión".[81] A esta falta de consideración ante la misión personal intratrinitaria del Hijo, corresponde en Lutero su tesis sobre la relación entre persona y esencia en la Trinidad: "Persona et essentia sunt idem".[82] Lutero es, pues, consecuente, cuando aplica al Hijo de Dios encarnado y no al preexistente la *kénosis* de que habla el himno de la Carta a los Filipenses.[83]

Lutero y Melanchthon

En su comentario a Colosenses, Melanchthon parte de la manifestación del amor intratrinitario en la encarnación: "Antes de asumir la naturaleza humana, es Él (Cristo) la persona que es enviada".[84] "Dios se revela en el Hijo y manifiesta en esta maravillosa unión de la naturaleza divina con la naturaleza humana su amor hacia la humanidad".[85] Para Melanchthon, Col. 1:13 significa lo siguiente: "Nosotros somos amados en el Amado".[86] Lutero interpreta Col. 1:13 en oposición consciente a San Agustín: parte Lutero de *Theologia Deutsch*,[87] tomando la idea de "lo perfecto y lo fragmentario". De ahí que distinga un doble reino; uno, el de la divinidad, al que Cristo nunca renunció y en el que nosotros no podremos participar, porque es la esencia misma de Dios;[88] y otro, el de la humanidad: "Nosotros solamente estamos insertos en el reino de la humanidad, reino del que El se desprenderá en el último día. En este reino, en el que nosotros, por la fe en su Carne, nos insertamos, Cristo gobierna bajo el velo de la humanidad".[89]

Melanchthon y Lutero se diferencian en el fundamental punto de partida, o sea en la comprensión de la revelación intratrinitaria de la Encarnación, pues a Melanchthon le es extraño el objetivo fundamental de

81. 9, 17, 34 (a. 1509): "Vide hanc mirabilem resolutionem".
82. 9, 37, 20; 9, 48, 27; 9, 53, 41; 9, 54, 11-16 (a. 1509-1510).
83. Vid. *Der fröhliche Wechsel* (citada en nota 10), pp. 370s.
84. CR 15, 1238.
85. CR 15, 1239.
86. CR 15, 1245.
87. *Theologia Deutsch,* p. 39.
88. 57/Gal, 55, 23; 2, 457, 20-33.
89. 9, 23, 295; 39, 2955 (a. 1509-1510): "Non enim sumus translati in regnum Christi, ubi ipse regnat in fide humanitatis suae et in velamento carnis suae, quod regnum ipse tandem tradet Deo patri 1Co. 15".

Lutero, la protección contra la ira de Dios por medio de Cristo, la Roca o Piedra Angular.

Melanchthon habla como los lógicos, que, según Lutero, falsean la teología. Melanchthon pregunta: ¿quién es Cristo? Lutero pregunta: "¿Qué es Cristo? El lógico contesta: Él es una persona, etcétera; el teólogo en cambio responde: El es Roca, Piedra angular".[90] Debido a la diversidad de intenciones teológicas, Lutero y Melanchthon tienen una concepción diferente de la relación de Cristo con la Iglesia. En el comentario a Colosenses escribe Melanchthon: "Cristo es todo en todo, en relación a la gracia y en relación al don".[91] "EI Logos, Hijo del Padre eterno, es enviado siempre a la Iglesia".[92] "Esta persona ha sido, en sentido propio, enviada con este fin: para que Dios por medio de ella reúna a la Iglesia".[93]

Para Lutero, en cambio, como no es posible una misión intratrinitaria del Hijo —debido a la función de Cristo como Roca que nos protege de la ira de Dios— tampoco es posible, en consecuencia, que la Iglesia proceda del seno del Padre a través del Logos. De ahí que Lutero diga a la manera neoplatónica o neopitagórica: "El Padre y el Hijo son más una sola cosa que un punto matemático... Cristo dice 'que sean uno' (Jn. 17:22). Debemos entender correctamente el ser uno, pues no se trata de un consenso de ambas personas, sino de la naturaleza. Por eso, nosotros somos en la Iglesia un cuerpo de Cristo, pero un cuerpo externo, no un cuerpo de naturaleza". "Somos un *Corpus materiale Christi*".[94]

Lutero y Melanchthon sostienen sistemas propios, diferentes y separados: Lutero, debido a la función de Cristo como Roca, se ve obligado a renunciar a la consideración de las relaciones intratrinitarias, mientras que Melanchthon deduce de ellas tanto el contenido como la función de la Cabeza, Cristo, y su relación con los miembros de la Iglesia. Melanchthon utiliza de vez en cuando expresiones de Lutero, pero nunca sus concepciones ni sus instrumentos de lenguaje y de pensamiento. Lutero emplea para cada uno de los dos auxilios de Cristo enfoques y lenguajes diferentes: "Se debe hablar clara y diferenciadamente del hombre piadoso y cristiano, que tiene, ante todo, una santidad ajena *(aliena),* que es Cristo, el Hijo de Dios.

90. 9, 91, 23s (a. 1511). Vid. *supra,* nota 4.
91. CR 15, 1275.
92. CR 15, 1235.
93. CR 15, 1241.
94. 39/II, 299, 105, 14ss, 285 (a, 1544): "Ergo Pater et Filius magis sunt unum quant punctum".

La otra santidad ha crecido en él y esa es la nuestra. Pero la santidad cristiana está por encima de nosotros y fuera de nosotros y es una cosa absolutamente celestial".[95] Las palabras *aliena, extra, supra* están tomadas de la segunda tesis del Pseudo Hermes Trismegisto.[96] "La gracia no se divide y se fracciona como los dones".[97] "Dios no divide la gracia, como divide los dones".[98] Aquí se hace evidente que la división conceptual de *Theologia Deutsche* ("lo perfecto y lo fragmentario") ha venido a convertirse para Lutero en un esquema teológico. La gracia es "extraña" a nosotros. "Cristo es nuestra justicia capital, plena, acabada".[99] "La justicia no está formalmente en nosotros, como dice Aristóteles, sino que se encuentra fuera de nosotros *(extra nos),* según la estimación divina".[100] En cambio, el don se encuentra formalmente en nosotros, "pues el Espíritu Santo comienza a cumplir en nosotros formalmente la Ley, o bien, nosotros comenzamos, por el Espíritu, a cumplir la Ley".[101]

Aquí se puede preguntar: ¿qué "sistemático" se atrevería a servirse de dos conceptos filosóficamente incompatibles? Lutero quiere y debe explicar su "sistema" con el auxilio de diversos enfoques, a veces incluso contrarios: "La gracia debe ser claramente separada de los dones... La gracia, en efecto, no tiene allí nada de pecado, porque la persona descansa plenamente en el beneplácito de Dios; el don, en cambio, tiene pecado, al que debe combatir y expulsar. Pero, a la vez, la persona no descansa en el beneplácito de Dios ni tiene la gracia sino por medio del don, que se esfuerza de este modo en expulsar al pecado".[102]

Lutero hace estas distinciones y separaciones en todos los campos, separa pecado de pecado, la persona de la misma persona, *Christus redimens* de *Christus operans,* Dios de Dios. Es comprensible que la investigación sobre Lutero casi no se haya atrevido a abordar esta cuestión de la doble

95. 34/I, 370, 15-18 (a, 1531),
96. Baeumker, 208, 10ss.
97. DB 7, 8, 18 (a, 1522 y 1546),
98. 8, 107, 3-4: "Non enim partitur hanc gratiam, sicut dona partitur",
99. 40/II, 90, 22 (a, 1531): "nos vero certo statuere debemus, nostram capitalem, rotundam et perfectam iustitiam esse Christum".
100. 40/1, 370, 9 (a, 1531): "..,quod pendeat nostra iustitia non formaliter in nobis, ut rero Aristoteles disputat, sed extra nos in aestimatione divina".
101. 39/1, 443, 28s (a, 1538): "Imperfecta impletio legis est, quando Spiritus Sanctus incipit formaliter legem in nobis, seu quando per Spiritum Sanctum nos incipimus implere legem".
102. 8, 107, 11.32,35 (a. 1521): "...gratia adonis secernenda sit... Gratia quidem nullum ibi peccatum habet, quía persona tota placet, dona autem peccatum habet, quod expurget et expugnet, sed et persona non placet nec habet gratiam, nisi ob donum hoe modo peccatum expurgare laborans".

justificación. Esta problemática se manifiesta también en la división entre fe y caridad: "Solo la fe actúa en nosotros sin nosotros, todas las demás virtudes actúan en nosotros y por nosotros".[103] "Solo la fe alcanza a Cristo, a la fe le sigue la caridad, que se alcanza por el precepto y la ley".[104] La fe y la caridad tienen objetos materiales y formales diferentes.[105] La fe, en la "alegre desesperación", se apodera del Evangelio (en abundantes pasajes). Paul Hacker ha hecho notar esta problemática. Debido a la separación entre fe y caridad, Lutero califica a la fórmula *fides caritate formata* como "veneno infernal".[106]

En la cuestión de la interpretación de Gá. 5:6, con la que Melanchthon fue acosado especialmente en Augsburgo, Lutero, para aclarar su intención, acude al lenguaje y al pensamiento neopitagórico: "El camino que lleva al cielo es la línea de un punto indivisible, la conciencia. Esto lo decimos contra los que nos asedian, llenos de envidia, con el argumento de la caridad (Gá. 5:6)".[107]

También en el concepto de "conciencia" introduce Lutero una distinción para ilustrar y defender su idea de la seguridad en la fe: "Nuestra teología es segura porque nos coloca fuera de nosotros. No debo apoyarme en mi conciencia, en mi persona sensible, en la obra, sino en la promesa divina, en la verdad, que no puede errar. Eso no lo entiende el Papa".[108] "Hay un doble pecado, uno que no va contra la conciencia y otro que va contra la conciencia". [109] Tampoco en el coloquio de Ratisbona de 1541 logró Lutero hacer comprender a sus interlocutores las distinciones y separaciones antropológicas, cristológicas y teológicas que había realizado para la interpretación de la relación entre fe y caridad. W.V. Loewenich, que ha investigado a fondo este coloquio, llega a la siguiente conclusión: "En cuanto al tema de la *duplex justitia* en cuanto tal, Lutero ni siquiera lo toca, aunque, ya

103. 6, 530, 17 (a, 1520). Vid. texto latino *supra,* nota 31.

104. 39/II, 201, 21 (a. 1542): "Sola fides apprehendit Christum. Charitas sequitur fidem et apprehenditur a praecepto et lege".

105. 42, 565, 40 (a. 1535-1545).

106. 40/1, 239, 11 (a. 1531 y con frecuencia).

107. 0/1, 21, 12ss (a. 1531): "Ergo via in coelum est linea indivisibilis puncti: conscientiae. Contra eos qui gravant nos invidia per argumentum charitatis".

108. 40/1, 589, 8-10 (a. 1531): "Ideo nostra theologia est certa quia ponit nos extra nos: non debeo niti in conscientia mea, sensuali persona, opere, sed in promissione divina, veritate quae non potest faliere. Roe Papa nescit...".

109. 39/II, 245, 32s (a. 1543): "Et sic duplex peccatum est, unum, quod non est contra conscientiam, alterum, quod est contra conscientiam".

desde sus primeros tiempos, no podría dejar de ser tema de gran interés para él. Lo único teológicamente digno de mención, que Lutero aportó a los problemas del coloquio de Ratisbona, es su interpretación de Gá. 5:6. Pero esta, a pesar de su agudeza, no puede convencer. De esta manera, en este punto, tan crítico como prometedor, de la historia de la Reforma, nos quedamos sin la aportación que esperábamos de Lutero. El historiador se abstendrá de reprochárselo, pero, desde nuestra actual situación, resta como algo lamentable".[110]

Nos podemos preguntar: ¿por qué no logró Lutero esclarecer, ante sus interlocutores católicos y evangélicos, su pretensión teológica, que él vincula con la doble justificación o doble crucifixión? Una respuesta sintética podría ser esta: porque, desde el principio, introdujo una función de Cristo desconocida, que tampoco era aceptada por Melanchthon. "Para lograr la *manuductio* de las afirmaciones autorizadas de San Agustín"[111] —esto es, tomadas de Agustín pero contra Agustín— Lutero explica: "También hay una caridad creada, así como Cristo es la fe, la justicia, nuestra gracia y nuestra santificación (1Co. 1:30)".[112]

Lutero introduce esta *gratia creata* entre la *gratia increata* y la *gratia creata* en el sentido de la escolástica y de Agustín. La caridad, o gracia, o justicia, para la cual Cristo es *hecho,* no puede conjuntarse con la gracia increada de la auto-revelación o de la auto-donación salvadora.

Lutero se apoya una vez más en el enfoque de *Theologia Deutsch* sobre "lo perfecto y lo fragmentario" y explica esta irreconciliabilidad. Daremos aquí solo algunas breves referencias al respecto. Cristo, que ha sido hecho para nosotros, no es causa primera y auto-revelación de Dios, sino que se cuenta entre las "causas segundas": "Cristo y la Iglesia han sido hechos como causas segundas para las obras de Dios, o sea, para las obras (morales) de la fe".[113]

En correspondencia con la *caritas creata* para la que ha sido hecho Cristo —y que representa una forma intermedia desconocida para los Padres y la Escolástica— Lutero introduce en el himno de Filipenses también

110. W. von Loewenich, *Duplex Iustitia. Luthers Stellung zu einer Unionsformel des 16. Jahrhunderts.* Mainz, 1972, p. 55.

111. 9, 42, 35 (a. 1510).

112. 9, 43, 1 (a. 1510): "Sed est etiam dilectio creata. Sicut Christus est fides. iustitia, gratia nostra, et sanctificatio nostra".

113. 3, 368, 15-16 (a. 1513-1516): "Facta autem sint ipse Christus et Ecclesia tanquam causae secundae operum Dei".

otra forma intermedia. El distingue entre *forma dei* y *formae dei. Forma dei* es la esencia de Dios, que no está incluida en la *kénosis* o renuncia de Cristo. No renuncia del preexistente, sino el encarnado.[114] La renuncia afecta según Lutero a las *formae dei,* a las formas de Dios.[115] Lutero habla en muchos sitios[116] de estas formas o bienes de Dios. De esto nada saben, piensa él, todos los "que no han entendido en absoluto el himno de los Filipenses y lo han aplicado a las naturalezas de la divinidad y de la humanidad".[117]

Lutero no puede decir nada acerca del origen de estas formas de Dios. Pero estas "grandes desconocidas" han llegado a ser actuales a través de los *Loci* de Melanchthon (1521) y de la obra de Bultmann. Ni Bultmann,[118] ni sus discípulos han intentado una justificación bíblica del origen, fin y fundamento de estas formas o bienes de Dios.

Lutero no quiere vincular la gracia increada a la originación intratrinitaria de la Encarnación y excluye, además, la gracia creada (en sentido formal) del ámbito de la función capital de Cristo, construyendo un *tertium quid* hasta ahora desconocido. Esto aparece ya, de la manera más evidente, a partir de sus primeras glosas marginales al *De Trinitate* de San Agustín, en las que Lutero, en lugar del *Ego-eimi* sitúa el *Ipse in humanitate sua,* que es la fe.[119]

Como Lutero parte del elemento intermedio (todavía no nombrado, pero sí intencionalmente querido) rechaza, como ya hemos dicho, la doctrina agustiniana de la misión intratrinitaria, "realizada por el Padre eterno con el Hijo igualmente eterno"; y la rechaza con las siguientes palabras: "Mira también qué curiosa interpretación y conclusión".[120] Que el elemento intermedio (la "caridad creada, para la que ha sido hecho Cristo") no posee ninguna posibilidad de vinculación con la gracia increada, se deduce también de múltiples textos desde 1509 hasta 1545, en los que Lutero sostiene, "contra todos", que divinidad y humanidad forman en Cristo un compuesto

114. Por ejemplo, 10/1, 1. 150, 8-10 (a. 1522).
115. 7, 65, 21-24 (a. 1520).
116. Vid. *Der fröhliche Wechsel* (citado en nota 10), p. 84.
117. 9, 65, 14-18.
118. R. Bultmann, *Kerygma und Mythos.* Hamburg 1954, vol II, p. 184; *Glauben und Verstehen.* Tübingen, 1972, vol. 1, p, 267.
119. 9, 17, 18.
120. 9, 17, 34.

en sentido real, y que no le constituyen *(compositum non constitutum)*;[121] que la humanidad está "añadida",[122] que la divinidad y la humanidad están *copulatae.*[123] Lutero omite el origen del elemento intermedio entre la gracia increada y la grada creada, diciendo simplemente esto: "Dios y Hombre son una cosa".[124] De esta forma esquiva dar una información teológica sobre el misterio de la Cruz, identificando Cosa con Persona: "Pero, ahora que Dios y hombre están unidos en una Persona, podemos hablar con propiedad de muerte de Dios cuando muere el hombre que es, con Dios, una cosa o una persona.[125]

En Lutero ya no se da la posibilidad de hablar de una gracia increada, pues, a propósito de las relaciones intratrinitarias, dice: "Persona y esencia son lo mismo". Lutero confirma finalmente la imposibilidad de establecer una unión con la gracia increada cuando, en su última *Disputatio* de 1545, afirma: "Decimos correctamente: El Verbo se hizo carne. Ya que, también para Cristo, Jehová no significa otra cosa que el ente que es eterno, *aeternitas facta ex carne".*[126]

La función intermedia de la humanidad de Cristo no es permanente, está pensada solo para la función de redentor, especialmente en la Cruz. K. Holl —y otros muchos con él— ha manifestado sus reparos sobre este tema cuando escribe: "¿Qué sucede con la humanidad de Cristo —quisiera uno preguntar a Lutero— cuando Cristo haya acabado su obra y devuelto su poder al Padre?".[127]

Si captamos el esfuerzo de Lutero por interpretar la función de Cristo en la Cruz como Roca o protección ante la ira de Dios, se hace entonces evidente que él, desde el comienzo, ha excluido de su consideración el origen trinitario de la Encarnación y con ello la misma Trinidad como origen y fin de una entrega oblativa.

121. 9, 85, 33 (a, 1511); 40/II, 517, 4 (a. 1532),
122. 9, 14, 8 (a. 1509).
123. 39/II, 390, 24.
124. Br 9, 445, 72 (a. 1541),
125. 50, 590,.20s. (a. 1539).
126. 39/II, 374, 10-14: "Cum ergo et Christo Jehowa nihil aliud significat, quam ens quod est aeternum, aeternitas facta ex carne".
127. K. Holl, *Gesammelte Aufsätze zur Kirchengeschichte.* Tübingen, 1923, vol. 1, p. 72, refiriéndose a Lutero 4, 406, 23-35. En relación a las reservas de A. Schlatter, R. Hermann, P . Philippi y A. von Harnack, vid. *Der fröhliche Wechsel* (citada en nota 10), p. 94. Además, M. Habizky, en *Theologisches*, pp. 4391 ss.

El significado de esta exclusión para la piedad evangélica

F. Gogarten ve la diferencia entre Lutero y el pietismo, en que, para este último, "de la fe cristiana surge un culto a Cristo. En Lutero, esto nunca fue así ni pudo serlo. No es mera coincidencia que, en el cantoral de Lutero no encontremos ni uno solo de los llamados "Jesus lieder" , mientras que los poetas pietistas, antiguos y modernos, se caracterizan por la abundancia de estos cánticos, que significativamente solo se dirigen a Jesús". [128]

J. Moltmann reconoce la dificultad de conciliar la economía de la salvación, como intención y herencia luterana, con la Trinidad: "El tránsito que operan los reformadores desde la pura contemplación teológica a la teoría crítica de la praxis teológica al servicio de la fe, llevó de hecho al abandono de la doctrina trinitaria, ya que la doctrina trinitaria en la antigua tradición de la Iglesia tenía su lugar propio en la alabanza de Dios y en la contemplación de Dios y no en la economía de la salvación. Pero, ¿pertenece la doctrina trinitaria, real y objetivamente, a la contemplación de la majestad divina en sí, independientemente de la revelación de Dios a través de Cristo para nosotros, en nuestra historia y en nuestra carne? Si se hace esta distinción, entonces es correcto ese distanciarse de la doctrina trinitaria como pura especulación, para volverse a la historia de ley, pecado y gracia que a nosotros concierne. Pero tal distinción es completamente errónea".[129] Moltmann resume críticamente la tradición como sigue: "Es importante la distinción entre la naturaleza divina *in genere* y la segunda Persona de la Trinidad *in concreto,* que Lutero tomó en cuenta de vez en cuando, aunque no siempre la mantuvo. El empleó esta distinción para reconocer, en la pasión y muerte de Cristo, a Dios en persona. Pero, en ocasiones, hizo caso omiso de las relaciones que se dan en Dios entre esta persona divina del Hijo, que sufre y muere, con las personas del Padre y del Espíritu Santo. Esto quiere decir que su cristología está dominada por la encarnación y por la teología de la Cruz, pero no alcanza un desarrollo trinitario. Lutero empleaba el nombre "Dios" *in genere* y *promiscue* para designar: *a)* la naturaleza divina, *b)* la Persona del Hijo de Dios y *c)* las Personas del Padre y del Espíritu Santo. Lutero, al hablar polarizadamente de Dios y Hombre, del Dios que se hace hombre y del Hombre Jesús que deviene divino, vino a caer en las distinciones paradójicas entre Dios y Dios, entre el Dios que crucifica y el Dios crucificado; entre el Dios que

128. F. Gogarten, *Die Verkündigung Jesu Christi.* Tübingen 1965, p. 373.
129. J. Moltmann, *Der gekreuzigte Gott.* Múnich, 1972, p. 224.

muere y el Dios que no muere; entre el Dios que se revela en Cristo y el Dios escondido más allá de Cristo. La teología de Lutero acerca del *Dios* crucificado permanece en el marco de la antigua doctrina de las dos naturalezas, representa un importante desarrollo de la doctrina de la *communicatio idiomatum* y radicaliza la doctrina de la encarnación aplicándola a la Cruz. Si bien su cristología presupone el concepto de Dios adquirido a partir de la distinción general entre Dios y mundo, así como entre Dios y hombre, Lutero, en su Teología de la Cruz, llegó, es cierto, a una sólida modificación de este concepto de Dios, pero no a una doctrina de la Trinidad desarrollada y cristológica".[130]

Partiendo de esta resumida documentación sobre la teología de la Cruz de Lutero, podemos intentar dar respuesta sintética a los interrogantes que plantea Moltmann.

El pensamiento de Lutero en su Cristología es "encarnacionista" en cuanto que emplea los conceptos "encarnado" y "compuesto" como equivalentes. Con esta diferenciación y separación se quiere al mismo tiempo señalar también una doble función de la fe, función absoluta y función compuesta o encarnada: "¿Por qué la Escritura no va a poder hablar de la fe de maneras diferentes, si habla de Cristo diferenciándole como Dios y como hombre, o sea, una vez de toda la Persona, y otra vez de las dos naturalezas separadamente, de la divina o de la humana? Cuando la Escritura habla separadamente de cada una de las naturalezas, habla de Cristo de forma absoluta. Pero cuando habla de la naturaleza divina unida a la humana en una persona, habla de Cristo *ut composito et incarnato*".[131]

> Permitámosle al Espíritu Santo que hable en las Escrituras unas veces de la fe abstracta, desnuda, sencilla, y otras de la fe concreta, compuesta, encarnada... Así, al hombre Cristo se le entrega el reino de la divinidad no a causa de su humanidad, sino a causa de la divinidad. Porque es la sola divinidad la que ha obrado todo, sin la cooperación de la humanidad. Y así, tampoco la humanidad ha vencido al pecado y a la muerte; sino que fue el anzuelo oculto debajo de la lombriz —que mordió el diablo— el que venció y devoró al diablo que quería devorar a la lombriz. Así pues, la humanidad no hizo nada, sino que la

130. *Ibidem*, p. 222.

131. 40/1, 415, 1, 26-31 (a. 1531): "Quidni ita varie loqueretur Scriptura de fide cum etiam de Christo Deo et homine varie loquatur, scilicet iam de tota persona, iam de duabus naturis ipsius seorsim. aut divina, aut humana. Si de naturis seorsim loquitur, de eo absolute loquitur, Si vero de divina unita humanae in una persona loquitur, de Christo composito et incarnato loquitur".

sola divinidad, *humanitati coniuncta,* lo hizo todo, y la humanidad gracias a la divinidad. De igual manera es la *sola fides* la que justifica y hace todo y, sin embargo, lo mismo se atribuye a las obras a causa de la fe.[132]

M. Lienhard comenta este texto así: "El Reformador no ofrece aquí más que una exposición incompleta, incluso endurecida y retorcida, de su Cristología, porque describe la Humanidad de Cristo solo con la imagen del cebo".[133] "Encontraremos aquí, en el centro de su pensamiento, una ruptura que no podemos pasar por alto".[134]

Al respecto hay que decir que el uso de la imagen gnóstica del Leviatán cebado, y por cierto de una forma de la que ya previenen los predicadores griegos, es muy frecuente en Lutero desde el principio,[135] e ilustra y testifica la ruptura, que Lutero intenta superar empleando diversos instrumentos de pensamiento y lingüísticos extraños a la Biblia: ante todo, con el intercambio entre Cristo y el pecador, que está inspirado en el antiguo culto mistérico.[136]

La lucha en Cristo colgado de la Cruz —*in semetipso,* Col. 2:15, según la *Vulgata*— se desarrolla según la regla de la *communicatio idiomatum.* Lutero aplica esta regla a la lucha en Cristo, esto es, al devorar la divinidad el pecado al que está sometida la humanidad de Cristo. De forma análoga a la lucha en Cristo, se desarrolla la lucha en el hombre, que es al mismo tiempo pecador y justo: "Pero, como es el mismo y único hombre completo el que consta de carne y espíritu, (Pablo) atribuye al hombre entero las dos acciones contrarias que provienen de las dos partes enfrentadas. Se llega así a una *communicatio idiomatum,* por la que el mismo es, a la vez, espiritual y carnal, justo y pecador, bueno y malo, de la misma manera que una y la misma persona de Cristo está a la vez muerta

132. 40/1; 417, 12.29-418, 11: "Permittamus igitur Spiritui Sancto, ut loquatur in Scripturis vel de fide abstracta, nuda, simplici, ve! de concreta, composita, incarnata... Ut regnum divinitatis traditur Christo homini non propter humanitatem sed divinitatem. Sola enim divinitas creavit omnia humanitate nihil cooperante: sicut neque peccatum et mortem humanitas vicit, sed hamus qui latebat sub vermiculo, in quem diabolus impegit, vicit et devoravit diabolum quí erat devoraturus vermiculum. Itaque sola humanitas nihil effecit, sed divinitas humanitati coniuncta sola fecit et humanitas propter divinitatem. Sic hic sola fides iustificat et facit omnia. Et tamen operibus idem tribuitur propter fidem".

133. M. Lienhard, *Martin Luthers, christologisches Zeugnis.* Göttingen, 1980, p. 226,

134. *Ibidem,* p. 280.

135. 9, 18, 27 (q. 1509).

136. E. Wolf, en *Peregrinatio,* 1954, p. 86.

y viva, es paciente y gloriosa, a la vez activa y pasiva, etcétera, a causa de la *communicatio idiomatum*".[137]

El uso de la *communicatio idiomatum* que Lutero hace para explicar la lucha en Cristo, hace que la suprema divinidad sea a la vez ínfima criatura y esté sometida al Demonio. Pero también es válida la viceversa. Estas distinciones y antítesis, que Moltmann querría explicar y hacer inteligibles como "paradojas" , contienen en realidad los planteamientos de *Theologia Deutsch*, se agudizan con la imagen del Leviatán cebado y tienen como presupuesto teológico el prescindir del origen intratrinitario de la Encarnación, como ya expuso Lutero, frente a San Agustín, en las primeras glosas marginales de 1509-1511. Un ejemplo de cómo Lutero *no quiere presentar paradojas, sino enseñar la Historia de la Salvación*, de la que el Papa nada entiende y que fue también condenada en Augsburgo,[138] lo encontraremos en su última gran *Vorlesung* (1535-1545): "Nosotros, hombres carnales y rudos no entendemos nada de aquella inefable *conjunctio* y *consortium* de la naturaleza divina con la humana, que es tal, que no solo fue asumida la humanidad, sino una humanidad hecha deudora y sujeta a la muerte y al infierno. Y, a pesar de ello, en esta humillación devoró al Diablo, al infierno y a todas las cosas *in semetipso* (Col 2.15). Esta es la *communicatio idiomatum*. Dios, que ha creado todo y está sobre todo, es el supremo y el ínfimo, de forma que debemos decir: ese hombre flagelado, sometido al poder de la muerte, a la ira de Dios, al pecado, a todo tipo de maldad y finalmente al infierno; ese que es la cosa más baja, ese es, a la vez, el Dios supremo. ¿Por qué?, porque es una y la misma persona; y aunque la naturaleza sea doble, la persona no está divida. Por este motivo es verdadero lo uno y lo otro: la divinidad suprema es la criatura más baja, hecha sierva de todos los hombres, e incluso sometida al mismo demonio. Y, al contrario, la criatura más baja, la humanidad o el hombre, está sentada a la derecha del Padre, ha llegado a ser la mayor y somete bajo su poder a los ángeles, no debido a su naturaleza humana, sino por la admirable *conjunctionem et unionem*,

137. 56, 343, 15-21 (a. 1515-1516): "Sed quia ex carne et spiritu idem unum homo constat totalis, ideo toti homini tribuit uttaque contraria, quae ex contrariis sui partibus veniunt. Sic enim fit communio idiomatum, quod idem homo est spiritualis et carnalis, iustus et peccator, bonus et malus. Sicut eadem persona Christi sicut mortua et viva, simul posse et beata, simul operata et quieta, etc. propter communionem idiomatum...".
138. 34/1, 359s.

que está constituida de dos naturalezas contrarias e incompatibles en una única persona".[139]

Cristo en la Cruz no es el misterio de la unidad personal en el amor, sino la expresión de que el hombre "debe reconocer un Dios tal que realiza lo contrario en lo contrario".[140]

Una "historia de la salvación" con tales contrastes es posible y necesaria cuando Cristo es entendido como *hecho* y no como *nacido.* Lutero encuentra de nuevo en la *Vulgata* un punto de apoyo para el Cristo *hecho.* Se acoge, en efecto, a la traducción de la *Vulgata* de Ro. 1:3 *(factus ex semine David)* y de Gá. 4:4 *(factum ex muliere).* Rigiéndose por estos textos, decide sobre el misterio clave de la revelación: "Pues así como se dice de Cristo que ha nacido de la Virgen y no ha sido hecho de ella, así se dice de Él, en cuanto hombre, que ha sido hecho para Dios y no nacido. Por este motivo el Apóstol añade significativamente: el que fue hecho para él, esto es, para el Padre. No para cualquiera, o para la Madre, sino solo para el Padre.[141] En 1544 Lutero repite lo mismo y concluye: "De Cristo no podemos decir ni en el pasado, ni en el futuro, ni en el presente, que nace. Por este motivo se confunden los autores".[142]

Todos los Padres de la Iglesia se han esforzado para declarar el misterio de la encarnación con los conceptos apropiados o, por lo menos, para no lesionarlo. Se basan para ello en el texto griego de Ro. 1:3 *(genomenou ek spermatos David)* y de Gá. 4:4 *(genomenan ek gynaikos).* Así, en el Símbolo Niceno, la procesión eterna a partir del Padre y el nacimiento temporal en

139. 45, 579, 39-580, 12: "Nos carnales et rudes non intelligimus, nec aestimamus magnitudinem harum rerum; vix lactis potum, non solidum cibum gustavimus de illa ineffabili coniunctione et consortio divinae et humanae naturae, quae est talis, ut non solum humanitas sit assumpta, sed talis humanitas morti et inferno obnoxia facta et subiecta: et tamen in ea humiliatione devoraverit Diabolum, infernum et omnia in semetipso. Haec est communio idiomatum: Deus qui creavit omnia, et est supra omnia, est summus et infimus, ut oporteat nos dicere: Ille horno qui flagris caesus, qui sub morte, sub ira Dei, sub peccato et omni genere malorum, denique sub inferno est infimus, est summus Deus. Quare? Quia eadem est persona. Duplex quidem est natura, sed persona non est divisa. Utrumque igitur verum est, summa divinitas est infima creatura, serva facta omnium hominum, immo ipsi Diabolo subiecta. Et e contra, infima creatura, humanitas vel homo, sedet ad dexteram Patris, summa facta, et subicit sibi Angelos, non propter humanam naturam, sed mirabilem coniunctionem et unionem, quae constituta est ex duabus naturis contrariis et inconfringibilis in una persona".

140. 43, 359, 28.

141. 9, 84, 18-21 (a. 1511).

142. 39/II, 293, 21s: "Christus neque in praeterito neque in futuro neque in praesenti dicitur nasci. Ergo confundunt scriptores".

la encarnación se refieren a un único e idéntico sujeto, a saber el Hijo unigénito. El Concilio de Calcedonia expresó con el término *genitus*[143] tanto el nacimiento eterno a partir del Padre como el nacimiento en el tiempo *ex Maria Virgine,* la *Dei Genitrix.* El Concilio de Constantinopla II declara: "Dios Verbo, que *ante saecula* nació del Padre, él mismo *(ipse)* nació en el tiempo de María".[144] En el VI Concilio de Toledo se dijo: "Natus a Deo sine matre, natus a Virgine sine patre".[145]

Moltmann busca en esta cuestión, que hace referencia a la relación interna entre Cristología y doctrina trinitaria, una ayuda teológica y piensa encontrarla en K. Rahner. "En la práctica, las concepciones religiosas de muchos cristianos muestran solo un monoteísmo débilmente cristianizado. Pero es precisamente este monoteísmo, generalizado en la teología y en la fe, el que ha llevado al cristianismo de hoy a su crisis de identidad. Este difuso monoteísmo religioso es, en efecto, la ocasión permanente para el protestantismo, sin duda. K. Rahner tiene razón, también respecto a la teología protestante, cuando dice que en nuestros días, desde el punto de vista teológico y religioso, solo se habla de que "Dios" se hizo hombre, pero no de que "el Verbo se hizo carne" (Jn. 3:16). "Se puede albergar la sospecha de que, para el catecismo de la cabeza y del corazón... no tendrían por qué cambiar las ideas de los cristianos acerca de la Encarnación, aunque no existiese la Trinidad".[146]

Lutero y Rahner mantienen, sin embargo, posiciones diferentes en lo relativo al misterio de la Cruz y a la doctrina trinitaria. No se puede negar que Lutero despierta una cierta simpatía al contemplarle en su lucha por esclarecer el misterio de la Cruz, aun cuando se detiene precisamente ante el misterio más profundo del designio trinitario, esto es, ante la Redención por amor. En Rahner, en cambio, parece que esa batalla no tiene objeto, ya que él parte de la posición del cristiano anónimo.

En la prueba suprema Lutero huye del Evangelio hacia la Ley

Lutero se consuela a sí mismo cuando escribe:

> Una desesperación que no quiere desesperarse y sufre su situación, no es una desesperación, sino una tentación contra la esperanza. Sin duda, es esta la

143. *Denz.-Schonm,* 30l.
144. *Ibidem,* 427.
145. *Ibidem,* 491.
146. J. Moltmann, *Der gekreuzigte Gott,* p. 223; K. Rahner, *Bemerkungen zum dogmatischen Traktat "De Trinitate",* en *Schriften zur Theologie,* Einsiedeln, 1961, vol. IV, p. 105.

> tentación más difícil, que enseguida trae consigo el odio más grande y eterno contra Dios, blasfemias, maldiciones y todos los males del infierno (que no es lícito aquí expresar) contra la suprema, bendita y gloriosa majestad. ¿Qué debes hacer entonces? Debes ante todo reconocer que has merecido la tentación y que es el pago de tus pecados... Estate atento —lo mejor que puedas— a no consentir el odio, la blasfemia, la desesperación; profiere, en cambio, un último gemido, sabiendo que, según Isaías (Is. 42:3), Él no apagará el pábilo que aún humea, ni romperá la caña quebrada. Quiero decir algo abierta e incluso atrevidamente: en esta vida nadie está más cerca de Dios que estos odiadores y blasfemos. No hay para Dios hijos más gratos y dignos de ser amados. Y en este único gemido se satisface más por el pecado que con muchos años de ayuno a pan y agua.[147]

Pero ¿cómo mantenemos entonces nuestra esperanza? Dice Lutero: "Para esperar contra toda esperanza, tú tendrás la vara y el báculo de Dios, que te sustenta y consuela, a saber, el primer mandamiento de Dios y el mayor de todos, el mandamiento que dice, no tendrás dioses extraños fuera de mí (Éx. 20:3). Con esto no solamente se nos amonesta, se nos anima, se nos mueve a creer, a esperar y a amar a Dios, sino que se nos manda, bajo la amenaza de los mayores castigos y culpas, tener solo un Dios".[148]

"Amar" a Dios quiere decir: "poseer" a Dios.[149] En la tentación suprema Lutero huye del Evangelio, refugiándose en la Ley bajo la forma del primer

147. 5, 170, 12-28 (a. 1519-1521): "Non est desperatio, quae non vult doletque, se desperare, sed est spei tentatio, omnium tentationem sine omni dubio gravissima, quod mox et simul secum involvat summum et aeternum odium dei, blasphemias, maledicta et omnia inferni mala (quae non liceat loqui) in summam, benedictam et gloriosam maiestatem. Quid ergo facies? Hoc scilicet, primum agnoscas, id te meruisse et hoc peccatis tuis debitum, ubi prudens sis oportet, gratusque ac laudans hanc infirmitatem et tentationem feras, tanquam saluberrimam satisfactionem pro peccatis tuis iuxta illud Eccle. x. 'Si spiritus potestatem habentis ascenderit super te, ne dimittas locum tuum, quia curatio faciet cessare peccata maxima', id solum cures, ut odio, blasphemiis, desperationi, quantum potes, non concedas, sed vel unico extremo gemitu remurmures ac iuxta Isaiam scias, quod linum fumigans ille non extinguet nec calamum quassatum confringet. Dicam unum temere et libere: Non sunt deo propriores illi in hac vita quam hii osores et blasphematores dei, sed nec gratiores nec amiciores filii. Atque hic in uno momento plus satisfit pro peccato, quam si multos annos poeniteas in qua et pane".
148. 5, 171, 11-15: "Interim contra spem in spem sperandum esto Habebis vera ad hoc virgam et baculum dei, qui te sustentet et consoletur, nempe ipsum praeceptum dei primum et maximum omnium 'Non habebis deos alienas praeter me'. In qua credere et sperare et diligere deum non monemur, hortamur, allicimur tantum, sed sub omnium maxima paena et culpa iubemur (hoc enim est deum habere)".
149. Cfr. K. Thieme, "Das Evangelium in der Form des Gebotes", en *Christentum und Wissenschaft*, 1932, p. 335.

mandamiento; así lo vemos también en su Pequeño Oracional *(Betbüchlein)*[150] y en la segunda *Disputatio* contra los *antinomios.*[151]

Es tarea de la fe —se podría decir que es su "cometido específico"— distinguir en la tentación entre Cristo Legislador y Cristo Redentor: "Aprende a distinguir a Cristo de todas las obras, buenas y malas, de todas las leyes y del remordimiento de conciencia. Cuando se revela en el corazón bajo esta apariencia, no creas que es Cristo, sino el diablo, que bajo la larva de Cristo mortifica nuestro corazón... Debemos decir: Este no es Cristo, sino la larva de Cristo y el diablo. Esto pertenece a las tentaciones privadas. Debes estar atento en este punto, pues si no, haces a Cristo inútil para ti. Por esta razón debemos ocuparnos en la palabra de Dios día y noche; si nos sentimos seguros, pronto Dios estará ahí".[152]

Se podría objetar: ¿pero esta dialéctica real entre Cristo Legislador y Cristo Redentor —el cual, aun estando en la Cruz, dice: "Yo soy el Señor tu Dios"[153]— ¿no ha sido superada por la imagen del Dios fuego ardiente de amor? En un sermón de 1532 sobre 1Jn. 4:16ss. dice Lutero: "Dios mismo es el Amor, y su esencia es puro amor, de forma que, si alguien quisiese pintar a Dios con acierto, debería dar con un cuadro que fuese amor puro, como si la naturaleza divina fuese nada, pues un horno ardiente y el calor de tal amor llenaría el cielo y la tierra".[154]

¿Cómo podemos explicar esta imagen del horno ardiente? Lutero mismo la explica a continuación, en la misma prédica:

> Incluso (Juan) aplica esta imagen a la fe y dice lo mismo del amor: el que permanece en el amor, ese permanece en Dios y Dios en él. ¿Cómo podemos conjugar esto? ¿Es verdadero lo uno y lo otro? ¿Que permanezcamos en Dios y Él en nosotros por la fe y también por el amor? Sí, lo uno y lo otro es verdadero, siempre y cuando lo separes y lo sitúes correctamente; porque, aunque queramos colocar lo uno debajo de lo otro, lo que no puede ser es que estén juntos. Pero esta es la distinción que siempre he enseñado a partir de la Escritura.[155]

"Situar correctamente", distinguir entre Cristo y Cristo, esta es la tarea, que la *sola fides* es capaz de realizar. La fórmula *sola fides* la encontró Lutero

150. 10/II, 386, 5-9 (a. 1522).
151. 30/1, 428, 16s. (a. 1538).
152. 40/II, 12,8-13,8 (a. 1531).
153. 54, 67, 12s . (a. 1543) .
154. 36, 424 , 16s.
155. 36 , 448, 15-23 (a. 1532).

en Pedro Lombardo.[156] Este, basándose en Agustín, en Gregario Magno y en el Crisóstomo, interpreta "la *sola fides* como fundamento de todas las virtudes y de las obras buenas". Lutero le da a esta fórmula un nuevo contenido, aplicándola a la mencionada distinción entre Cristo como persona, de la cual hablan sin razón los lógicos, y Cristo como roca, esto es, protección ante la ira de Dios, de la que tratan los teólogos.[157] Es tarea de la fe formar en el corazón al verdadero Cristo, o sea mostrar "el actuar de Cristo": "Por tanto se debe mirar a Cristo Nuestro Señor y hacer que tome forma en nuestro corazón, sabiendo que tenemos en Él a un hombre tal que nos protege sin pausa y ahuyenta al demonio y a todo mal, contra la vergonzosa enseñanza del Papa, que de manera monstruosa ha hecho de Él un tirano, que estaría detrás de nosotros con un mazo para asestarnos un golpe".[158]

La lucha de Lutero por un Dios misericordioso es, al final, en verdad, un debatirse ante el inefable misterio del amor en Cristo crucificado, amor que es simultáneamente la más excelsa revelación. Una comparación con Adrienne van Speyr nos mostraría que la *Theologia Crucis* es inagotable para todos los tiempos. Los mismos interrogantes tienen, en Lutero y en Adrienne van Speyr, un horizonte diferente. En Lutero "el toldo o protección ante la divinidad"[159] tiene un interés dominante. Nadie puede participar de esta función de Cristo: "Cristo Nuestro Señor no desea tener un compañero en el padecimiento que ahora ha tomado sobre sí. Como dice Isaías, quiere pisar el lagar Él solo".[160] A su función limitada en la Redención —en la que la humanidad de Cristo solo colabora pasivamente— corresponde un también limitado señorío de Cristo: "Él nació de una mujer, padeció, hizo lo que hace un hombre, pero a pesar de ello no reina bajo esta naturaleza".[161] De esta limitación y delimitación resulta otra relación entre el reino de la gracia y el reino de la gloria: "El reino de la gracia es el reino de la fe, en el que Cristo reina *(ut homo)*, puesto por Dios Padre sobre todas las cosas... hasta el final de los tiempos. Y entonces Él... entregará el Reino a Dios Padre y Dios será todo en todo, cuando Él (Cristo) deponga su señorío y

156. Pedro Lombardo, *III Sent.* d. 23, cc. 8 y 9 (ed. Grottaferrata, p. 660).
157. 9, 91, 23s. (a. 1511).
158. 37, 52, 22-27 (a. 1533).
159. 3, 386, 38, 387, 22 (a. 1513-1516).
160. 52, 750, 17s. (a. 1545); 52, 678, 18s.
161. 15, 479, 29 (a. 1524): "Natus ex muliere, passus, ista fecit, quae homo, et tamen in illo *wesen* non regit".

su poder. Este es el reino de la gloria, en el que Dios mismo reinará por sí mismo, y no ya por la humanidad (de Cristo) en la fe".[162]

En Adrienne von Speyr el horizonte es la apertura eterna en el Padre, el Hijo y el Espíritu Santo. "En la Cruz la fecundidad pasa por el dolor. Todo dolor en la Cruz es dolor de parto, que va desde cada miembro paciente del cuerpo hasta el centro mismo del dar a luz en el dolor. En la Cruz el Señor no engendra a la Iglesia, sino que la da a luz. O más bien: el acto de engendrar y de dar a luz se identifican".[163]

También Edith Stein señala la relación que existe entre los dos misterios inseparables:

> La pasión y muerte de Cristo se continúan en su cuerpo místico y en cada uno de sus miembros. Todo hombre debe sufrir y morir. Pero si se trata de un miembro vivo del Cuerpo de Cristo, entonces sus sufrimientos y su muerte adquirirán, por la divinidad de su cabeza, fuerza redentora. Esta es la razón objetiva por la que todos los santos han tenido ansias de dolor. Esto no es un deseo enfermizo de dolor. Ante los ojos del entendimiento natural aparece como una perversión. Pero bajo la luz del misterio de la Redención ese deseo aparece como altamente razonable. Así, el que está unido a Cristo perseverará imperturbable también en la oscura noche de la lejanía y del abandono subjetivo de Dios; tal vez la prudencia divina se sirve de la mortificación para liberar a alguien que se encuentra objetivamente atado. Por lo tanto: hágase Tu voluntad también, y precisamente por ello, en la noche más oscura.[164]

162. 2, 457, 28-33 (a. 1519): "Regnum gratiae est regnum fidei, in quo Christus ut hamo regnat, constitutus a Deo patre super omnia... et hoc usque ad iudicium novissimum. Tune enim... tradet regnum Deo et patri, et erit Deus omnia in omnibus, eum evacuaverit omnem principatum et potestatem. Hoc est regnum gloriae, in quo Deus ipse per se, non amplius per humanitatem regnabit in fidem".

163. A. von Speyr, *Passian van Innen*. Einsiedeln 1981, p. 41s.

164. M. Herbstrith, *Edith Stein, Wege der inneren Stille*. Múnich, 1978, p. 19.

El uso político de la cruz: poder y contra-poder en la "*theologia crucis*" de Lutero*

Guillermo Hansen

> Los hombres modernos, con su embotamiento para toda la nomenclatura cristiana, no sienten ya la horrorosa superlatividad que había, para un gusto antiguo, en la paradoja de la fórmula "Dios en la cruz". Nunca, ni en ningún lugar, había existido hasta ese momento una audacia igual en dar la vuelta a las cosas; nunca, ni en ningún lugar, se había dado algo tan terrible, interrogativo y problemático como esa fórmula: ella prometía una transvaloración de todos los valores antiguos.
>
> FRIEDRICH NIETZSCHE, *Más allá del bien y del mal*

El 18 de mayo de 1518 Lutero escribe a su amigo Georg Spalatin sobre su reciente visita a la ciudad de Heidelberg. Hacía un mes que había participado de la reunión trienal de la Orden Agustina, a la que pertenecía. Después de algunos comentarios generales sobre el debate que siguió a la presentación de sus tesis sobre la teología de la cruz, Lutero nota en su carta la reacción de un "*Junior doctor*", cuya intervención "hizo reír a todo el auditorio" cuando dijo que "si los campesinos lo oyeran, ciertamente lo lapidarían".[1] Puesto que Lutero no da más detalles sobre esta intervención —incluida en la carta como una anécdota risueña— no se conocen con precisión ni los motivos de esta advertencia, ni cuales serían las ideas del reformador que producirían semejante reacción entre el campesinado o la gente común (*rustici*). Pero las palabras de este "joven doctor" parecen presagiar los eventos que llegarían siete años más tarde con la rebelión de los campesinos. ¿Fue esta una intervención profética o simplemente una reacción conservadora? La hermenéutica de la cruz de Lutero, ¿propicia fuerzas contrarias a la libertad?

1. *WA* Br. 1: 173, 27ss. "Excepto uno, que habló en quinto lugar y era un joven doctor, e hizo reír a toda la audiencia cuando dijo: 'Si los campesinos lo oyeran, ciertamente lo lapidarían'" (*si rustici hec audirent, certe lapidibus vos*).

Esto es opinable teniendo en cuenta algunas de sus afirmaciones durante la revuelta campesina de 1525. Por ejemplo, en su obra *Exhortación a la paz,* Lutero pide a los campesinos rebeldes que se sometan y acepten la verdadera ley de Cristo, "Sufrir, sufrir; cruz, cruz!".[2] Semanas después, una vez desatada la furia represiva de los príncipes, deja a muchos boquiabiertos cuando expresa "tan extraños son los tiempos actuales que un príncipe puede ganarse el cielo derramando sangre [*blutfergissen*], mejor que otros pronunciando oraciones [*beten*]".[3] Ante semejantes dichos, algunos sostienen que la teología de la cruz representó un "retiro hermenéutico", desembocando en un vaciamiento social y político del evangelio.[4] Otros han responsabilizado a la doctrina de los dos reinos y regímenes por ese error.[5] En este trabajo resultará evidente que no es tal mi parecer, aunque sin lugar a dudas muchos posicionamientos sociales y políticos de Lutero dejen mucho que desear. Al leer a Lutero es siempre útil distinguir su propuesta y visión teológicohermenéutica, del marco ideológico que se cuela en sus posturas. Apreciar y diferenciar estos niveles ciertamente no es fácil, pero constituye una tarea imprescindible si se quiere rescatar la "reserva" que puede tener hoy la visión del reformador.

El tema general que me ocupará es la relación entre el *theologumenon* de la cruz y su impacto político y social. No es un tema que pretenda novedad; a lo largo del siglo 20 numerosos teólogos han planteado esta problemática. Por caso, Jürgen Moltmann[6] en Europa y Jon Sobrino en América Latina,[7] han delineado teologías centradas en la cruz con una marcada dimensión social. Pero creo que volver a plantear la pregunta sobre la relación de la cruz y la cuestión social o, si se quiere, la relación entre cruz y poder, sigue manteniendo su vigencia, sobre todo para los que todavía vemos en Lutero —desde las coordenadas propias de América Latina— una fuente de inspiración y autoridad para el quehacer teológico. Por ello, una vía para

2. *Obras* II: 253. *WA* 18: 310.
3. *Obras* II: 275. *WA* 18: 361.
4. Así lo sostiene Lee Brummel, "El lenguaje bíblico de la pobreza en la hermenéutica de Lutero", en J. Severino Croatto et al., *Los pobres: encuentro y compromiso.* Buenos Aires, La Aurora, 1978, p. 118.
5. Este ha sido un tema ampliamente debatido. Como figuras representativas de esta posición podemos señalar a Ernst Troeltsch, *The Social Teachings of the Christian Churches,* vol. II (Nueva York, Macmillan Co., 1931), pp. 461ss; también Reinhold Niebuhr siguió esta tesitura, en *The Nature and Destiny of Man,* vol. II. Nueva York, Charles Scribner's Sons, 1943, pp. 184ss.
6. Jürgen Moltmann, *El Dios crucificado* (Salamanca, Sígueme, 1977).
7. Jon Sobrino, *Cristología desde América Latina* (México, CRT, 1977).

profundizar estas tramas es escoger, desde Lutero mismo, un ejemplo donde lo teólogico/moral y la realidad del poder entran en conflicto. Investigar sus premisas, revisar sus limitaciones, y detectar los caminos de superación es tarea que el teólogo debe siempre ensayar.

Como dije, contamos con un camino ya recorrido. El tema mismo de la teología de la cruz —esa "delgada tradición" según el canadiense Douglas John Hall[8]— reaparece con fuerza en el escenario europeo a principios del siglo 20. Esto constituyó un intento teológico por dar cuenta de la crisis que se desató sobre el ideario optimista e idealista de la cultura y la sociedad burguesa en el período entreguerras. La realidad de la opresión nazi, abonó más aún el interés teológico por la temática de la cruz. De esta forma, el reavivamiento del pensamiento de Lutero desembocaba en el clásico estudio de Walter von Löwenich, quien caracterizaba al pensamiento staurológico de Lutero como una invaluable contribución a la recuperación de la voz teológica después del colapso de la teología liberal del siglo XIX.[9] Asimismo, la teología dialéctica o teología de la crisis encontró un eje común en esta temática: para Karl Barth su *Dogmática de la Iglesia* era una exposición de la *theologia crucis,*[10] mientras que su coetáneo Dietrich Bonhoeffer fundamentaba su obra *Nachfolge* en torno al tema de la cruz y el discipulado.[11] Por su parte, Rudolf Bultmann identificaba al *logos tou staurou* como el contenido "escandaloso" del objeto propio de la teología, Dios.[12] En épocas más recientes otro luterano, Eberhard Jüngel, propuso una teología trinitaria de la cruz como respuesta superadora a la disputa moderna entre teísmo y ateísmo.[13]

El lenguaje de la cruz también se ha manifestado, aunque con distinta intensidad, en la renovación teológica posconciliar católico—romana. Nombres como los de Walter Kasper, Hans Urs von Balthasar y Hans Küng son solo algunos ejemplos. Sin embargo sus referencias a la cruz no pueden compararse, en intensidad y en profundidad, con el tratamiento que ha

8. Douglas John Hall, *Lighten Our Darkness: Toward an Indigenous Theology of the Cross* (Philadelphia, The Westminster Press, 1976), p. 113.
9. Walther von Löwenich, *Luther's Theology of the Cross* (Minneapolis, Augsburg, 1976), pp. 10-14.
10. Karl Barth, *Church Dogmatics* I/1 (Nueva York, Charles Scribner's Sons, 1936), p. 15.
11. Dietrich Bonhoffer, *El precio de la gracia* (Salamanca, Sígueme, 1986), especialmente la primera sección.
12. Rudolf Bultmann, "La teología liberal y el reciente movimiento teológico", en *Creer y comprender*, vol. 1 (Madrid, Studium, 1974), p. 7.
13. Eberhard Jungel, *Dios como misterio del mundo* (Salamanca, Sígueme, 1984).

recibido el tema en la teología política europea y en la teología de la liberación latinoamericana. Aquí se combina una alquimia novedosa entre cruz y hermenéutica trinitaria que converge en una formulación diferente del *usus* político de la cruz. Ya mencioné la figura de Jürgen Moltmann, quien se ha destacado en el continente europeo, mientras que las contribuciones latinoamericanas están mayormente asociadas a Jon Sobrino, Leonardo Boff, Gustavo Gutiérrez y Segundo Galilea.[14] Si bien la contribución de Lutero no ha sido ajena a las perspectivas desarrolladas por estas teologías contemporáneas, no se puede soslayar la distancia que también las separa.

No será mi cometido investigar estas importantes corrientes, sino volver la mirada sobre Lutero y analizar dónde radican las fortalezas y debilidades de su teología de la cruz. Lo haré teniendo en cuenta el marco teórico desarrollado por el reformador, y también analizando cómo este marco funcionó como paradigma en su posicionamiento frente a una caldeada situación social: la revuelta campesina de 1525. Por supuesto tendré que considerar otros temas teológicos presentes en Lutero, tales como las nociones de ley—evangelio[15] y también la teoría de los dos reinos y regímenes. Esto es necesario desde el mismo momento en que para Lutero la cruz no solo designa un *tema* de la teología, sino una manera de *hacer teología* expresada por un rico abanico nomenclador. En esta línea buscaré detectar y describir el "nudo" que parece impedir una resolución de la brecha entre los aspectos "liberadores" de su teología y su proyección social en torno al tema del poder. Mi pregunta de fondo podría resumirse así: el tema y la metodología de la cruz, ¿obliga a un "retiro hermenéutico" frente a las acuciantes realidades sociales?

Las hipótesis que guiarán este trabajo son las siguientes: alrededor de 1518 Lutero encuentra en el símbolo de la cruz la clave de una nueva perspectiva teológica que confronta con la visión hegemónica escolástica. A partir de allí traza un nuevo paradigma que funda una metodología para el conocimiento teológico ligado al compromiso vital de Dios con la

14. Dentro del campo católico-romano, la teología latinoamericana fue considerada como una de las expresiones más importantes de la teología de la cruz. Ver Julio Lois, "Opción por los pobres y teología de la cruz", *Misión Abierta* 3 (Julio 1986); Victorino Girardi, "La teología de la cruz en América Latina", *Christus* 583-4 (Marzo-Abril 1985).

15. Gerhard Ebeling sostiene que la llave hermenéutica de Lutero experimentó un cambio fundamental después de 1517: esta se desplazó desde la idea agustiniana de "espíritu y letra" a una más paulina, "ley-evangelio". En este marco aparece uno de los dichos más famosos de Lutero: "Quien pueda distinguir apropiadamente el evangelio de la ley puede dar gracias a Dios y saber que es un verdadero teólogo". Ver Gerhard Ebeling, *Luther: An Introduction to his Thought* (Philadelphia, Fortress Press, 1983), p. 111.

humanidad pecadora y sufriente. Sin embargo Lutero no llevó esta temática hasta sus lógicas consecuencias socio—políticas por dos razones fundamentales: por un lado, Lutero asoció estrechamente a su archienemigo teológico, Thomas Müntzer, con la causa campesina. Esto lo llevó tanto a desdibujar la situación y demandas de estos, como a propiciar una hermenéutica donde la temática de la cruz permanece impertérrita ante el dato social. Por el otro lado, esta percepción del conflicto le impidió ubicar a la cruz como el hilo conductor entre los dos polos de su clave hermenéutica, ley y evangelio. El resultado fue una interrupción de la transversalidad del evangelio respecto al poder y la autoridad –los que en definitiva quedan "positivizados" sin pasar por el tamiz de la cruz. Vale recalcar que el problema no radica en la *distinción* que Lutero hace entre ley y evangelio, menos aún en la distinción entre los regímenes espiritual y temporal, sino en la incompleta penetración de la temática de la cruz entre los mismos intersticios del poder ,un poder que su propia distinción de ley-evangelio, sumado a la teoría de los dos reinos y regímenes, dejaba al desnudo.[16]

Al situar la discusión en un plano teórico-teológico, no ignoro los importantes condicionamientos estructurales, sociales, políticos e ideológicos que llevaron al reformador a una determinada lectura de la cruz. Sin duda, ciertos aspectos de su teoría de los dos reinos y regímenes, o su particular interpretación de la distinción entre oficio y persona, dieron un importante espaldarazo a las pretensiones hegemónicas de príncipes y nobleza. Pero también es cierto que la postura teológica de Lutero no es reducible a los intereses de príncipes y clase dirigente del siglo XVI, ni tampoco es un mero reflejo de las fuerzas sociales del momento. La normatividad bíblica, sumada a su sensible conciencia cristiana, lo llevaron en más de una ocasión a despacharse sin temor; que un príncipe piadoso, sabio y justo es una "*rara avis*" (*seltzam Vogel*),[17] o que los príncipes son los más "insensatos y villanos" (*narren und buben*) de la tierra, son expresiones frecuentes en Lutero. Lo cierto es que las creencias e ideas teológicas no son

16. El tema también podría abordarse desde otra óptica, a saber, la falta de un principio hermenéutico trinitario más elaborado que englobara el tema de la cruz y potenciara la construcción de los puentes necesarios entre política y evangelio, entre creación y redención. Lo heurístico —la cruz— careció de un contexto hermenéutico más amplio que solo lo podía otorgar una visión trinitaria. Curiosamente estas perspectivas están presentes en Lutero, pero nunca fueron cabalmente desarrolladas.

17. *Obras* II: 150. *WA* 11: 267. "*Und solt wissen das von anbegynn der wellt gar eyn seltzam vogel ist umb eyn klügen fursten noch viel seltzamer umb eyn frumen fursten*".

simples epifenómenos, sino que gozan de una relativa autonomía frente a la organización material de la sociedad, por lo que también son generadoras de prácticas (socio-políticas).[18] De ahí que este trabajo no persiga lo ya estudiado por enfoques más socio-estructuralistas, sino que intenta evaluar la consistencia y coherencia teológica desplegada por la teología de la cruz de Lutero frente al poder.

En lo que sigue describiré primero la innovación heurística signada por la teología de la cruz que señala un quiebre con la visión hegemónica medieval. También indagaré cómo la temática de la cruz conduce a la premisa hermenéutica de ley-evangelio, y cómo Lutero asocia el tema del sufrimiento con esta perspectiva. En segundo lugar, notaré cómo la teoría de los dos reinos y regímenes, desarrollados posteriormente, integra su hermenéutica de ley-evangelio en una teoría teológico-política de la sociedad. Este es un elemento importante para comprender la argumentación de Lutero frente a los campesinos. Por último, analizaré su posición frente a la causa campesina realzando aquellos aspectos que Lutero quería enfatizar, notando asimismo las contradicciones que lo asaltan. Concluiré que el "retiro hermenéutico" detectable en principio en su pensamiento no es adjudicable a la temática de la cruz, sino a una hermenéutica penetrada por una ideología medieval-patriarcal que no fue "bautizada" por la cruz. No obstante ello, espero dejar demostrado que una teología de la cruz invita a explorar su reserva política, uno de cuyos pasos es la crítica a toda "*ideología*" de la gloria.

I. La *Theologia Crucis de Lutero*

La tesis de Walter von Löwenich sobre la centralidad de la *theologia crucis* en el pensamiento de Lutero ganó amplia aceptación a principios del siglo XX. Lejos de representar un residuo místico—medieval, la cruz constituye el núcleo del pensamiento reformador. En efecto, la temática de la cruz no es un capítulo más de la teología de Lutero, ni tampoco es un tema relativamente autónomo en el desarrollo de sus ideas teológicas, sino que señala la marca distintiva de la "verdadera teología". En breve, la teología de la cruz es el sumario de toda una visión y metodología teológicas donde cada una de sus partes recibe el influjo directo de la perspectiva staurológica.[19]

18. Ver Otto Maduro, *Religión y conflicto social* (México, CRT, 1978), especialmente cap. 3.
19. Von Löwenich, *Luther's Theology of the Cross*, pp. 17ss.

De manera similar el teólogo británico Alister McGrath caracteriza a la *theologia crucis* de Lutero como una innovación metodológica que guía todo el espectro de sus afirmaciones teológicas.[20] *Crux sola est nostra theologia,*[21] afirmación que Lutero plasma en sus *Operationes in Psalmos* (1519-1521), denota una nueva manera de pensar y practicar la teología donde Dios, creación y humanidad son releídos a partir del evento de la cruz. En la misma línea se sitúa el historiador Jaroslav Pelikan, quien nota el lugar capital que ocupa la temática de la cruz en Lutero. Para Pelikan la ausencia de una presentación sistemática de los temas teológicos por parte del reformador es contrabalanceada por la consistencia con la cual Lutero emplea el tema de la cruz como hilo conductor de todo su pensamiento.[22]

Todos ellos coinciden en que el camino de Lutero hacia la teología de la cruz significó una evolución progresiva dentro de los temas y el método de la *via moderna* de la teología occamista, una tradición en la cual Lutero se educó durante sus estudios en Erfurt.[23] Siguiendo sus presupuestos epistemológicos y metodológicos, Lutero profundizó el tema de la centralidad de las Escrituras, el rol de la fe y la relación entre *iustitia* y *experientia*, pero a punto tal que desbordó el marco propio del occamismo y la teología nominalista dando lugar a un verdadero cambio de paradigma. McGrath argumenta convincentemente que la *theologia crucis* del Reformador compone un estable cuadro evolutivo que se remonta al año 1509, alcanzando su apogeo en 1519, o sea, un año después de su célebre "Disputación de Heidelberg" (*Disputatio Heidelbergae habita*).[24] En todo momento el tema de la cruz y su correlato soteriológico, la justificación, se desarrollan en forma simbiótica: *theologia crucis* e *iustitia Dei* son inseparables.[25]

20. Alister McGrath, *Luther's Theology of the Cross* (Cambridge, Basil Blackwell, 1990), p. 178.
21. *WA* 5: 176.
22. Jaroslav Pelikan, *The Christian Tradition: A History of the Development of Doctrine*, vol. 4, "Reformation of Church and Dogma (1300-1700)", Chicago-Londres, Universidad de Chicago, 1984, p. 155.
23. Ver Bernhard Lohse, *Martin Luther: An Introduction to His Life and Work*. Philadelphia, Fortress Press, 1986, p. 22.
24. McGrath, *Luther's Theology of the Cross*, p. 176. Uno puede o no coincidir con la fecha dada por McGrath datando la innovación reformadora en el pensamiento de Lutero. Como lo demuestra la investigación reciente, esto puede ser un debate interminable (cfr. Lohse, p. 149ss). El consenso actual tiende a identificar los años 1515 y 1516 como el eje de cambio en la visión teológica del Reformador.
25. Muestra de ello son las tesis 25 al 28 en su "Disputación de Heidelberg". *Obras* I: 44-46.

La invitación girada a Lutero en 1518 para presidir y exponer en la convención del capítulo de la Orden Agustina en la ciudad de Heidelberg, constituye la ocasión para la exposición pública de su nueva *theologia crucis*.[26] Lutero todavía se encuentra inmerso en las controversias desatadas un año antes por la publicación y circulación de sus 95 tesis, centradas en la temática penitencial y las indulgencias. El revuelo que esto produjo (dominicos amenazándolo con la hoguera, la Curia romana extendiendo una nota de arresto, además de las posiciones encontradas entre los príncipes) explica las dudas que muchos expresaron sobre su seguridad ante el viaje a Heidelberg. Esta aprensión confiere una pista sobre el contexto que rodeó la redacción de estas tesis académicas: Lutero se halla prácticamente solo frente a la Iglesia y el Imperio, con la amenaza de una muerte inminente.[27] La persecución, la prohibición y la intimidación fueron experiencias vitales que impregnaron con una profunda nota existencial su lectura de la cruz.

En Heidelberg, Lutero presentó 40 tesis —28 teológicas y 12 filosóficas. Entre las tesis teológicas, las número 19 y 20 constituyen el apogeo de su presentación. Allí convergen los temas previos de su exposición como el pecado, la libertad cautiva, la gracia y la justificación, y las nociones de un Dios escondido y revelado. Para el propósito de este trabajo basta consignar lo siguiente: (a) los ejes centrales que Lutero identifica como *theologia crucis*, en polémica con una *theologia gloriae*; (b) el rol que ocupa el sufrimiento, las *Anfechtungen* y la *humilitas* en el pensamiento de la cruz; y (c) cómo una concepción de la relación entre ley-evangelio determina su "gramática" de la cruz.

a) Theologia gloriae vs. Theologia crucis

Las tesis 19 y 20 establecen la siguiente diferencia:

> [19] No se puede con derecho llamar teólogo, a aquel que considera que las cosas invisibles de Dios se comprenden por las creadas.
> [20] Mas merece ser llamado teólogo aquel que entiende las cosas visibles y posteriores de Dios, considerándolas a la luz de la Pasión y de la Cruz.[28]

26. Sobre la temática cfr. Reinhard Schwarz, "Luther" en *Die Kirche in Ihrer Geschichte*. Göttingen, Vandenhoeck & Ruprecht, 1986, p. 55.
27. Cfr. Von Löwenich, *Luther's Theology of the Cross*, p. 113.
28. *Obras* I: 31. *WA*, 1, 354. Hemos cotejado la traducción con la versión original en latín: "*[19] Non ille digne Theologus dicitur qui invisibilia Dei per rea, quae facta sunt, intellecta conspicit. [20] Sed qui visibilia et posteriora Dei per passiones et crucem conspecta intelligit.*"

Esta afirmación constituye una de las "paradojas" que Lutero anticipó en la introducción a las tesis, una paradoja que contrasta al "teólogo de la gloria" con el "teólogo de la cruz". En su tesis 21 concluye que "el teólogo de la gloria llama a lo malo bueno, y a lo bueno, malo" mientras que "el teólogo de la cruz denomina a las cosas como en realidad son". Al establecer esta distinción el reformador busca distanciarse de la teología hegemónica escolástica y de las prácticas que esta legitimaba. Como afirmó en otra ocasión, buscó tocar la médula de la teología y así agitar toda la estructura eclesial. La práctica religiosa propiciada por esta teología, fundada en un Dios lejano y severo, a su vez justificaba una soteriología profundamente eclesiocéntrica.

Por ello la cuestión epistemológica se encontraba para Lutero totalmente vinculada tanto a la naturaleza de la salvación como a la misma realidad de Dios. Nuestra participación como pecadores del drama de la salvación es una dimensión esencial en el "conocimiento" de una salvación donde el mismo Dios está sustancialmente involucrado. No se trata de un conocimiento aséptico, sino de una participación dolorosa (como *pecador*, excluido) pero a la vez jubilosa (como pecador *justificado*, incluido).

En la tesis 20 Lutero define el conocimiento propio de Dios que es inseparable de lo que Dios hace por la criatura pecadora. Este conocimiento se da en la pasión y la cruz, el lugar donde Dios hace visible su *posteriora* (cosas inferiores o postreras) como una realidad que se expresa en y por la creación, no a pesar de ella. Por ello, la verdadera teología y el reconocimiento del verdadero Dios se dan en un lugar específico de lo creatural: la cruz de Jesucristo.[29] De ahí que la teología es —antes que una realidad pensada— una realidad *sufrida* y *vivida,* por Dios en primer lugar, y en ese Dios, por nosotros.

Esta manera de entender la teología y su tarea dio por tierra con las premisas centrales del pensamiento escolástico, que buscaba un conocimiento certero de Dios a partir de las *vestigia* o huellas divinas en la creación. No es que Lutero impugnara todo conocimiento teológico que de allí se deriva; su agustinianismo daba lugar a un conocimiento de la *existencia* de Dios partiendo de la creación. Pero, al mismo tiempo, rechazaba que esta vía lleve a un conocimiento "apropiado", es decir, a un conocimiento de la esencia divina como realidad *salvífica.* No se puede partir de los atributos "invisibles" (virtudes como ser la bondad, la justicia, etc.) que remitirían a las "cosas invisibles de Dios", como si a ese Dios se pudiese llegar dejando

29. *Obras* I: 42: "*Ergo in Christo crucifixo est vera Theologia et cognitio Dei*".

atrás las cosas visibles.[30] Para Lutero, el Dios de Israel, el Dios de Jesucristo, es un Dios que no está más allá de la creación, sino que se expresa en y a través de ella. Y ese lugar donde la creación se hace totalmente transparente al misterio es Jesucristo.

Es cierto que Lutero aceptó un conocimiento "natural" de Dios derivado del ordenamiento de la creación y accesible a través de la razón (*duplex cognitio Dei*). Pero este conocimiento tiene su precio: nunca deja de ser ambiguo y amenazante para la criatura que se confronta con tamaño misterio. La conciencia natural o general de Dios no lleva a una verdadera sabiduría o al conocimiento apropiado de Dios, es decir, a su *corazón* que es el Hijo. Esto último refiere al conocimiento *salvífico,* verdadera preocupación de Lutero. Como menciona en la explicación a su tesis 19, contemplar "las cosas invisibles de Dios como si fueran en realidad perceptibles en aquellas cosas que han de hecho ocurrido... no lo hace a uno digno o sabio".[31] A pesar de que las personas confrontan al Creador en el ámbito de la naturaleza, y de que Dios interactúa con la humanidad a través de las leyes naturales (o de la razón) y los ordenamientos de la creación (*Schöpfungsordnung*), este encuentro está siempre marcado por la ambigüedad, la contradicción y la acusación. Es cierto, Dios está presente en la creación toda —a tal punto que hasta inclusive sostiene al demonio—[32] pero lo hace como un Dios escondido, un *Deus absconditus* donde la creación aparece como su velo o máscara (*larva, involucrum*).[33] Allí obra la vida, la muerte y todo en todos

30. Sobre este tema ver Philip Watson, *Let God be God: An Interpretation of the Theology of Martin Luther.* Philadelphia, Fortress Press, 1947, pp. 76-81.

31. *Obras* I, p. 41. *WA,* 1, p. 361.

32. Ver su posición en la confrontación con Erasmo, *De Servo Arbitrio*, en *Obras* IV, p. 206. *WA* 18: 684ss.

33. Debemos aclarar que Lutero empleó la noción de *Deus absconditus* o *der Verborgene Gott* en dos sentidos. Por un lado, el Dios escondido es el Dios escondido en su creación *en* Jesucristo. La revelación de Dios en Cristo, y sobre todo en la cruz, aparece *abscondita sub contrario* y revelada solo a esa forma de participación que llamó fe. De esta manera lo escondido y lo revelado se manifiestan paradójicamente en la cruz. Por el otro lado, Lutero también mantuvo una noción del Dios escondido en referencia a la creación en general. Tal como lo argumenta en su disputa con Erasmo en *De Servo Arbitrio,* concede que detrás del Dios misericordioso revelado en Jesucristo también existe un Dios cuya voluntad es inescrutable e incognoscible (*Obras* IV, p. 165). Aquí introduce la distinción entre "el Dios predicado y el Dios oculto, esto es, entre la Palabra de Dios y Dios mismo". Sobre esta temática ver McGrath, *Luther's Theology of the Cross* pp. 164-166, y John Dillenberger, *God Hidden and Revealed.* Philadelphia, Muhlenberg Press, 1953, pp. 41 y 56.

(*omnia in omnibus*) (1Co. 12:6).[34] Ser criaturas, participar de la distancia insalvable que nos separa del Creador, indica que no podemos encontrar a Dios en la creación más que revestido por la naturaleza y por la ley. Su majestad desnuda se cubre de la alteridad. Es una presencia que al revelar esconde las intenciones misericordiosas y salvíficas de Dios. Solo Jesucristo es el espacio en que el Dios omnipotente, es decir, el Dios que obra todo en todos, se auto-limita para auto-comunicarse como un Dios que da la vida y también la salva.[35]

Por lo tanto, el conocimiento y la relación salvífica con Dios yace en el ámbito del *Deus revelatus*. No se trata de otro Dios, sino del mismo Dios que se manifiesta en una modalidad totalmente volcada a la salvación del ser humano. La Palabra es Dios mismo tornado hacia lo que no es Dios, hacia lo distante, hacia lo alienado de Dios. Es un Dios que busca y da su propio "corazón" por medio de una criatura, Jesucristo. Por lo tanto, no es la búsqueda ni la lucha de la humanidad por alcanzar a Dios lo que acerca la misericordia al pecador. Para Lutero estos caminos han mostrado sus errores, desde el gnosticismo hasta el misticismo pasando por el pelagianismo. Quiere ser enfático, aquí radica su redescubrimiento del evangelio: Dios no es la meta de un ascenso, el *terminus ad quem*, sino el inicio de una economía, el *terminus a quo,* que se expresa en la condescendencia divina hacia la humanidad (*kenosis*).

Estas observaciones llevan al núcleo del argumento de Lutero en su disputa con la visión escolástica. La teología de la cruz es una refutación de una espiritualidad y una epistemología que pretenden erguirse sobre el presupuesto de una humanidad que quiere y puede llegar a Dios. De seguir este camino, argumenta, solo se establece una circularidad fatal llegando al lugar de donde se ha partido: al mismo ser humano, que como pecador, esta "encorvado sobre sí mismo". Consecuentemente, la visión escolástica se destruye a sí misma al identificar la deidad con un ídolo. Para el Reformador la cuestión noética y epistemológica está indisolublemente asociada tanto a la naturaleza de la deidad —que impone una cierta metodología en el conocimiento— como a la condición humana pecaminosa. De ahí que Lutero relacione el edificio especulativo escolástico con la "justificación por

34. *Obras* IV: 165. *WA* 18: 685. *"Caeterum Deus absconditum in maiestate, neque deplorat neque tollit mortem, sed operator vitam, mortem, et omnia in omnibus".*
35. Cfr. Heinrich Bornkamm, *Luthers Geistige Welt.* Bertelsmann-Lesering, 1953, pp. 58-75. Ver *Obras* IV, p. 165.

las obras" propia de la piedad medieval, que se asienta sobre la confianza en los poderes sinergísticos de la naturaleza humana. De este modo, la ética y la teología, la práctica y la reflexión, aparecen como las dos caras de una misma moneda.

La *theologia gloriae*, en definitiva, se alza merced a una transposición de roles; Dios aparece como el término pasivo de la actividad humana. Su método oscurece el hecho de que Dios es Dios. Pero para Lutero solo Dios determina dónde, cómo y cuándo se encuentra con las criaturas. Como lo expresa von Löwenich, "las especulaciones religiosas y la santidad por medio de las obras son dos consecuencias de un deseo humano singular: el deseo de una relación ininterrumpida y directa con Dios".[36] Este deseo, también conocido como el acto de *concuspiscere*, consiste en una estrategia de reafirmación del ego: siendo el centro del deseo la propia salvación, el pecador se convierte en un enemigo de Dios.

En suma, el hecho de que la humanidad sea pecadora, auto-centrada, descalifica todo método que busque conocer a Dios desde las cualidades propias, o a partir de la creación como tal. Lutero remarca que es la misma condición pecaminosa la que nos hace buscar a Dios en los aspectos agradables y positivos de la realidad, a saber, lo bello, lo bueno, lo perfecto, lo justo. El amor humano busca su complementariedad, su satisfacción. Al hacer esta crítica Lutero establece un precedente único en la tradición occidental: identifica a la filosofía aristotélica —y con ello gran parte del influjo helenístico— como la fuente y fundamento de los errores de la *theologia gloriae*. Para el reformador la cautividad de la teología escolástica se evidencia en el énfasis puesto sobre las habilidades naturales de la humanidad que habilitan a una vida virtuosa y moral —preámbulo de la salvación. Esta premisa constituyó lo que se ha denominado el cimiento de "la perversión eudemonística de la ética bajo el papado".[37] Ella desemboca en la búsqueda de objetos que merecen ser amados huyendo, en esa práctica, de los aspectos desagradables y negativos representados por los "pecadores y miserables" (*peccatores et malos*).[38]

Al manifestar que "la justicia de Dios no se obtiene por actos frecuentemente repetidos, como ha enseñado Aristóteles, sino que nos es infundida

36. Von Löwenich, *Luther's Theology of the Cross*, p. 20.
37. George Forell, *Faith Active in Love: An Investigation of the Principles Underlying Luther's Social Ethics* (Nueva York, The American Press, 1954), p. 75.
38. *Obras* I: 46. *WA* 1: 365.

por la fe",[39] Lutero confronta la lógica "erótica" escolástica con la lógica "agápica" de la cruz. Por ello afirma en su tesis 28 que si, por un lado, el ser humano parece motivado en su amor por el deseo que en él produce el objeto, por el otro Dios es libre de todo deseo y por ello puede amar lo totalmente distinto y distante. Concluye esta poderosa idea afirmando la "lógica" que mueve al amor divino: "los pecadores son bellos por ser amados, no son amados por ser bellos".[40]

Que la epistemología y la ética son factores mutuamente condicionantes queda demostrada para Lutero por la piedad y teología escolásticas; aquí se identifica a Dios con lo (aparentemente) bueno y perfecto, motivando así una renuncia religiosa y moral hacia toda relación con lo que la religiosidad de las buenas obras consideraba "pecadores y miserables". Como lo ha notado Jürgen Moltmann, la teología de la gloria enceguece frente a la miseria y el dolor —tanto propio como del prójimo— por su enfoque en el deseo religioso tras la fama, el poder y la autoconfirmación.[41] El amor que esta refleja y motiva es un amor erótico, un amor por aquello que es similar, por lo que es bello y bueno. La cruz, sin embargo, es la expresión del ágape divino, de su amor por aquello que es distinto de sí mismo. La cruz es el movimiento de Dios hacia las profundidades de la humanidad, un movimiento hacia rostros resquebrajados y cuerpos lacerados. Haciendo mofa de las cosas invisibles preconizadas como objeto del deseo religioso y teológico, Lutero lanza entonces una sorprendente conclusión: la razón, en su estado caído, solo puede orientar la vida en contraposición a la orientación del evangelio. Por ello, "Bienaventurado el que piensa en el indigente y el pobre"...el objeto del intelecto no puede, por naturaleza, ser lo que no es nada —es decir, el pobre y el indigente— sino aquello que es; es decir, la verdad, el bien...[42]

Iríamos muy lejos si hacemos de estas afirmaciones de Lutero un anticipo de la teología de la liberación.[43] Pero aun así, no debemos perder de

39. *Obras* I: 44. *WA* 1: 364.

40. *Obras* I: 46. *WA* 1: 365. "*Ideo enim peccatores sunt pulehri, quia diliguntur, non ideo diliguntur, quia sunt pulheri*".

41. Moltmann, *El Dios crucificado,* p. 297s.

42. *Obras* I: 46. *WA* 1: 365.

43. A pesar de que existe amplia evidencia que en esta etapa de su carrera Lutero interpretó la categoría bíblica de pobreza con fuertes acentos socio-económicos. Lee Brummel distingue cuatro etapas hermenéuticas en su interpretación de la pobreza, puntualizando el contexto cambiante que enmarcaron sus escritos; ver Brummel, pp. 112-116.

vista las importantes derivaciones hermenéuticas que Lutero ensaya en forma espontánea a partir de la cruz que, como dijimos, refiere no a un objeto teológico abstracto (invisible), sino a la praxis divina misma. Esta, por ser trinitaria, posiciona a la humanidad pecadora —y por ello al pobre y al miserable— tanto como objeto de la misericordia divina como así también sujeto en el amor que se expresa hacia el prójimo. Es un amor que "Viviendo en el hombre [*in homine vivens*] ama a los pecadores, a los miserables, a los necios, y a los débiles a fin de hacerlos justos, buenos, sabios y fuertes... el amor de Dios más bien derrama y confiere lo bueno".[44]

En resumen: la "deconstrucción" paulina de la piedad medieval y de la teología escolástica hecha por Lutero expone una nueva comprensión de la naturaleza y de la comunicación divina, la condición pecaminosa de la humanidad, y un método para la correcta interpretación teológica de textos y contextos. Tres puntos sintetizan los ejes centrales de su *theologia crucis*:

- Contrariamente a los "teólogos de la gloria", los "teólogos de la cruz" basan su teología en el movimiento propio de Dios *hacia* sus criaturas. El hecho de que Dios expresa su palabra final en la vida, muerte y resurrección de Jesús coloca a la teología como una palabra que se articula desde la cruz. "En Cristo crucificado está la verdadera teología y el conocimiento de Dios".[45] Las preconcepciones sobre Dios, particularmente aquellas teñidas por la metafísica helénica mediada por la escolástica, presentan un *logos* sobre otro *theos*.
- Esta revelación, sin embargo, es indirecta, oculta. Aquí yace el corazón de las afirmaciones paradojales de Lutero, paradojas que se fundan en el carácter mismo de Dios y su revelación. Tiene en mente el pasaje del libro del Éxodo donde Moisés, cubierta su cara por las manos de Dios, es testigo de una teofanía del "pasar" de Dios quien solo muestra su *posteriora*, su espalda. Uno no puede encontrarse con la gloria de Dios cara a cara y aún vivir. Solo Dios puede ver a Dios en su desnudez absoluta. Por ello vemos al Padre a través de Jesucristo: "El que me ve a mí, ve al Padre", escribe Lutero en alusión a Juan 14:9.[46] Dios se revela y comunica a la humanidad en forma oculta en la cruz y en el sufrimiento del hombre Jesús. Jesucristo es

44. *Obras* I: 46. *WA* 1: 365.
45. *Obras* I: 42. *WA* 1: 362.
46. *Obras* I: 42. *WA* 1: 362.

la manifestación de la *posteriora dei*, epifanía divina para la salvación de la humanidad.

- La cruz de Cristo se convierte así en un principio heurístico fundamental que destraba el misterio divino como un misterio propicio al ser humano. De hecho puede afirmarse que para Lutero tanto Jesús como su cruz se convierten en la clave de la *koinonía* divina como espacio del encuentro propio entre Dios y la criatura. Dios quiere encontrarse *salvíficamente* con la humanidad solamente allí.

El *theologoumenon* de la cruz presentado en sus tesis en Heidelberg constituye así la despedida definitiva de Lutero respecto a la teología escolástica. Y esto lo hace trazando una nueva metodología teológica que involucra la cruz, el sufrimiento y el conocimiento propio de Dios, en analogía con la propia naturaleza y presencia divinas.

b) Cruz, sufrimiento y Anfechtung

Al afirmar que Dios solo puede ser encontrado en los padecimientos y en la cruz, Lutero se refiere en primer lugar a las *passiones Christi.* Esta cruz y padecimiento, sin embargo, no describen un aspecto puntual de la vida de Jesús (como ser el Gólogota), sino la praxis entera del ministerio de Jesús. Su testimonio, sufrimiento, curaciones —en suma, las "obras de misericordia" (*misericordiae opera)* que plasman lo que Lutero llama el "amor de la cruz, nacido de la cruz" (*amor crucis ex cruce natus)*— señalan la constante orientación de Dios hacia el miserable y el pobre que están necesitados del verdadero bien.[47] Esta pasión, por lo tanto, tiene como referente primario los eventos que rodean al Hijo en su *camino* a la cruz. Refieren a la praxis salvífica de Jesús.

Por otro lado, el impulso soteriológico de la visión de Lutero —siguiendo los pasos de Pablo— lleva también a englobar bajo la nomenclatura de la cruz tanto la situación humana pecadora, como así también el camino de la fe del creyente. De este modo la cruz no solo refiere a la naturaleza misericordiosa y salvadora de Dios (gracia) sino también a la situación humana ante Dios (pecado) y a la orientación del cristiano en amor hacia el prójimo (fe). Siguiendo esta línea, el sentido de la cruz es aprehendido desde una vida que es marcada por el embate de las consecuencias del pecado, es decir, los sufrimientos de la carne propios de la condición

47. *Obras* I, p. 46. *WA*, 1, p. 365.

pecadora de la humanidad. Pero también esta cruz señala el camino de la fe y el discipulado emprendido como vivencia de la *justicia* de Dios. Vivir esta justicia es una experiencia que trae aparejados la ingratitud, la persecución y el sufrimiento. Estas dimensiones aparecen en Lutero totalmente integradas.

Estos aspectos comprendidos bajo la temática de la cruz asoman en la tesis 21 de su presentación en Heidelberg, donde contrasta —en la forma de una dualidad antropológica— aquellos que prefieren las obras a los sufrimientos, la gloria a la cruz, la potencia a la debilidad, la sabiduría a la necedad, lo bueno a lo malo.[48] Los comprendidos en el primer grupo están inmersos en una praxis que ignora "al Dios escondido en los padecimientos" (*Deum absconditum in passionibus*) es decir, al Dios que se muestra de acuerdo a las cosas inferiores y visibles (*posteriora et visibilia Dei).* Sus deseos de poder, sabiduría y gloria buscan afirmar y asegurar sus propios egos. Citando a Filipenses 3:18, Lutero los denomina "enemigos de la cruz de Cristo" (*inimicos crucis Christi*) porque odian "la cruz y los sufrimientos" y aman "las obras y la gloria de ellas". Por otra parte los comprendidos en el segundo grupo, los "amigos de la cruz" (*amici crucis*) son aquellos que asumen el sufrimiento que brota de ser anonadados ante Dios, el veredicto ante el pecado. Buscan refugio no en sus obras sino en la gracia de Dios; huyen de la ira de Dios hacia la misericordia de Dios.

Todo esto indica que la teología de la cruz no solo afirma que Dios es conocido en el sufrimiento y la cruz de Jesús (*posteriora Dei*), sino que también es acompañado por el sufrimiento experimentado por el creyente al confrontarse con esta expresión del amor de Dios. El sufrimiento, la cruz y la tentación son vistos por Lutero como medios por los cuales Dios actúa para redimir de la desesperación hacia el consuelo de su perdón y aceptación.[49] En esta línea Lutero establece una unidad, sin confusión, y una distinción, sin separación, entre la cruz de Cristo y el sufrimiento del pecador. Conocer a Dios "en los padecimientos y en la cruz" (*in passionibus et cruce*) significa conocer a un Dios que es aprehendido en la experiencia de la cruz y el sufrimiento.[50] Lutero escribe, en la tesis 24 de Heidelberg, que "quien aún no ha sido destruido y reducido a nada por la cruz y el sufrimiento, atribuye a sí mismo las obras y la sabiduría, no a Dios".[51] Pero asimismo es

48. *Obras* I, 42. *WA,* 1, p. 362.
49. Ver McGrath, *Luther's Theology of the Cross,* p. 150s.
50. Ver Von Löwenich, *Luther's Theology of the Cross,* p. 20.
51. *Obras* I, p. 44. *WA,* 1, p. 363. "*Qui nondum est destructus, ad nihilum redactus per crucem et passionem, sibi tribuit opera et sapientiam, non autem Deo*".

importante notar que este sufrimiento no denota un sufrimiento en general (que tiene que ver con las condiciones antropológicas y sociales), sino un sufrimiento y una cruz que brotan de una praxis de fe. Por ello esta fe —y no el sufrimiento como tal— es lo que se sitúa en correlación y correspondencia con la cruz de Cristo.

Siguiendo la forma paradojal de la teología de Lutero, es imperativo mantener unidas las dos dimensiones propias a este sufrimiento del pecador (perdonado). Esta observación es crucial ya que de lo contrario la interpretación de su pensamiento podría caer fácilmente en una valuación positivista del sufrimiento con la consiguiente aceptación pasiva de sus causales. La tesis 21 nos da una pista clave: solo son amigos de la cruz los que han experimentado en sí mismos el vacío de sus obras y de sus vanos intentos por ganar la misericordia divina. La cruz, dice Lutero, es la crucifixión del viejo Adán, lo que implica una crisis profunda de todo esquema antropológico de legitimación. Esta crisis Lutero la asocia con la idea que encierra el vocablo alemán de *Anfechtung*. Esta expresión sugiere mucho más que la simple duda, la tentación o la aflicción —como comúnmente se la traduce. Su raíz posee una connotación militar: *Fechten* es un ataque violento, un asalto y destrucción que deja al enemigo desconcertado.[52] Los términos latinos que Lutero emplea para expresar la *Anfechtung* sirven para iluminar su múltiple faceta: es una tentación (*tentatio*), es un ataque (*impugnatio*), es una prueba (*probatio*).[53] Indica un estado de desesperanza, un estado de abandono total por parte de Dios, la soledad frente al abismo. Condensa la duda insidiosa y la desesperación más cruda que amenaza el mismo tejido de la existencia. En suma, es la condición de finitud sin referencia alguna a su vocación trascendente.

Es importante destacar que la referencia a la *Anfechtung* no se realiza con la intención de establecer una experiencia particular como normativa. Lutero supo de la diversidad de experiencias que podían ser abarcadas por esta concepción. Por ello, la noción de *Anfechtung* apunta a la descripción de la obra de Dios que, en medio de la experiencia humana y de fe, lleva adelante su *opus alienum*, es decir, su obra aparentemente extraña en aras de destruir la lógica del viejo Adán.[54] La desesperación y humillación que siguen refieren al sufrimiento causado por el pecado, por la separación de

52. Ver Bornkamm, *Luthers Geistige Welt*, p. 74s.
53. Ver McGrath, *Luther's Theology of the Cross*, p. 170.
54. *Ibíd.*

Dios, por la tentación de rebelarse contra Dios descansando en el carácter meritorio de las propias obras. Aquí es donde aflora la "desnudez" de Dios que se alza ante la pretensión humana de escapar a su condición de criatura y ponerse en el lugar divino. Al orbitar en torno a sí misma, al estar llena de sí misma, la criatura no puede ser llenada por la gracia.

Conocer es siempre una *passio*, está siempre marcada por la cruz, ya que la presencia de Cristo en lo humano implica una *nihilización* del viejo ser.[55] El conocimiento de Dios por medio de la *passio* es así una manifestación de una nueva posibilidad de ser que trasciende la separación entre el acto de conocer y el objeto conocido. En Jesucristo Dios se revela como aquel que comparte su misma esencia —amor— con la criatura. La cruz se alza así como el corolario del amor de Dios, no como una legitimación del sufrimiento. Pero por ello mismo, ese amor destruye en lo humano la lógica del viejo Adán, lo que produce sufrimiento y dolor.

El conocimiento de Dios, por lo tanto, es una cuestión práctica y ontológica: tiene que ver con la praxis de la fe y con la comunión que en ella se expresa. En realidad la fe es una verdadera "acción" de Dios en nosotros (*actio eius in nobis)*; es el Cristo que mora en los creyentes y los mueve a las obras propias de una praxis divina.[56] Ahora bien, es aquí donde Lutero asocia estrechamente la idea de la cruz de Cristo con la idea de la fe como la justicia de Dios que se manifiesta en la práctica de los mandamientos. Tan profunda ha sido la hermenéutica dualista y "forense" aplicada a Lutero que se ha perdido de vista un elemento central de sus tesis. Registrando una noción más "mística" u "ontológica", el reformador afirma que conocemos a Dios en Cristo, pero este Cristo "está en nosotros por la fe" llegando a ser "uno con nosotros".[57] Pero si verdaderamente Cristo está en nosotros también cumple en nosotros lo que Cristo es: la justicia de Dios.[58] Por esta razón, los cristianos cumplen con todos los mandamientos "puesto que él (Cristo) llega a ser nuestro por la fe" (*dum noster factus est per fidem*).

55. Ver Tuomo Manermaa, "Why is Luther so fascinating?", en Carl Braaten y Robert Jenson, eds., *Union with Christ: The New Finnish Interpretation of Luther*. Grand Rapids, Eerdmans, 1998, p. 10.
56. *Obras* I, p. 45. *WA*, 1, p. 364. "*Quia dum Christus in nobis habitat per fidem, iam movet nos ad opera per vivam illam fidem operum suorum*".
57. *Obras* I, p. 45. *WA*, 1, p. 64. "*Sic enim per fidem Christus in nobis, imo unum nobis est*".
58. Lutero ha sido muy consistente con esta "manera hebrea de hablar" donde las propiedades o atributos de Dios constituyen su esencia. Así, los creyentes participan de los nombres y atributos divinos en Cristo, como lo indica en el "Prefacio a las Escritos Latinos". Ver *Obras* I, p. 337s.

Así, Lutero habla de las "obras de la misericordia" divina (*misericordiae opera*) que son propias de Cristo, y por ello de todos aquellos en los que Cristo *habita.* Estas obras de misericordia Lutero las identifica con "el amor de la cruz, nacido de la cruz" (*amor crucis ex cruce natus*). No es la cruz lo que se ama, el sufrimiento por derecho propio, sino aquello que la cruz alcanza, la creación a la que redime. Este amor es un amor reparador, liberador, ya que se trata del mismo amor divino que se manifiesta en su creación resquebrajada. Por tal razón dice que el amor de Dios, "viviendo en el hombre, ama a los pecadores, a los miserables, a los necios, a fin de hacerlos justos, buenos, sabios y fuertes".[59] En este contexto el sufrimiento que golpea al *cristiano,* es decir, del que participa de la justicia de Dios, es consecuencia de las opciones históricas en esta praxis de comunicación del amor divino. Este amor, como el manifestado por Jesús en la cruz, es un amor que busca la *posteriora* de la historia, es decir, las cosas "inferiores" y "postreras" de Dios.

En suma, la cruz apunta al amor de Dios que sondea y destruye al viejo Adán creando espacio para lo nuevo, lo escatológico. Pero también señala la praxis de amor divino que es comunicada al creyente y que por ello lo sitúa en ciertas encrucijadas de la historia. La cruz simboliza un cambio, una nueva ubicación: del centro a las márgenes, de lo "lleno" a lo "vacío". Es en este cambio, en la transacción del pecado por la presencia del Espíritu, donde se da un auténtico encuentro con el rostro de Cristo. Esta es la otra cara del sufrimiento cristiano, a saber, el sufrimiento que es parte integral de la praxis de fe. Sufrir es dar para que otro viva.

c) La cruz como lugar de la dialéctica ley-evangelio

La experiencia de *Anfechtung* y sufrimiento constituyen un aspecto esencial en el círculo hermenéutico de Lutero.[60] La *Anfechtung* que experimentó fue un catalizador de un nuevo aprendizaje. Como recordará años más tarde, "no aprendí mi teología de golpe. Tuve que considerar la cosa más

59. *Obras* I, p. 46. *WA,* I, p. 365. "*Quia amor Dei in homine vivens diligit peccatores, malos, stultos, infirmos, ut faciat iustos, bonos, sapientes, robustos et sic effluit potius et bonum tribuit*".

60. Lo que lleva a la pregunta sobre el marco de plausibilidad de la teología de Lutero. Como lo afirma Friedrich Mildenberger, la doctrina de la justificación por la fe no atrae a todos: "Aquellos que no han experimentado los terrores de la conciencia la despreciarán". [*Theology of the Lutheran Confessions.* Minneapolis, Augsburg, 1986, p. 40]. Es importante notar que la conciencia no es una entidad aislada, sino relacional. Por ello este terror es el impacto subjetivo que se desprende de las relaciones tortuosas en las cuales estamos inmersos como seres humanos.

profundamente, y mis pruebas espirituales [*tentationes, Anfechtungen*] me ayudaron ya que uno no aprende nada sin práctica".[61] Para Lutero esta experiencia se deriva del entramado mismo de la vida humana, y por ello no es un simulacro designado para corresponder a una teoría teológica previa. El teólogo, al hablar del sufrimiento, trata con la experiencia real de la criatura como creyente, y del creyente como criatura. En esta encrucijada, en esta tensión, aparece el sufrimiento como un "desfase" iluminador, el umbral hacia lo nuevo.

Lutero descifra la noción de sufrimiento, experiencia, *Anfechtung,* por medio de una categoría hermenéutica que busca integrar estas tentaciones y sufrimientos con un modo específico del accionar de Dios: la *ley.* La ley no solo remite a una de las formas de la Palabra de Dios (revelación, escrituras), sino a un campo o situación antropológica que queda al descubierto por la acción divina. La ley, si se quiere, es la contrapartida teológica de la desnudez, la iniquidad y la violencia humanas; pone al descubierto lo que la estrategia humana quiere esconder al "creer que el pecado no es pecado, ni el mal es el mal".[62] La ley, por ello, indica una situación donde el pecado y el pecador son acusados: *lex semper accusat.* En la tesis 16 de Heidelberg Lutero presenta el núcleo de su noción de ley que él denominará el "uso teológico de la ley" (más tarde la ortodoxia lo llamará el *usus elenchticus* y *usus pedagogicus* de la ley). Este uso o función expone y condena el pecado de la criatura, su vano intento de cubrir su pecado, su iniquidad y su maldad. En conjunción con el evangelio, sin embargo, esta ley devela su razón de ser: acercar las criaturas a Cristo y hacer de ellas criaturas justas. Lutero lo resume de la siguiente manera:

> Por ello se nos instruye sobre estas cosas y por esto la ley da el conocimiento del pecado, a fin de que percatándonos del pecado, busquemos y obtengamos la gracia… La ley humilla, la gracia ensalza. La ley produce temor e ira; la gracia, esperanza y misericordia. 'Por la ley es el conocimiento del pecado', mas por el conocimiento del pecado, la humildad; por la humildad adquirimos la gracia. De este modo la obra extraña a la naturaleza de Dios [*opus alienum Dei*], conduce finalmente a su propia obra [*opus eius proprium*] haciendo al hombre pecador para volverlo justo.[63]

61. LW 54: 50. Del mismo tenor son sus palabras en las *Operaciones in Psalmos*: "*vivendo, immo moriendo et damnando fit theologus, non intelligendo, legendo aut speculando*", y "*sola experientia facit theologus*". *WA* 5: 163.
62. *Obras* I, p. 39. *WA,* 1, p. 360. "*Addit praesumptionem et peccatum non peccatum et malum non malum credit*".
63. *Obras* I, p. 40. *WA,* 1, p. 361.

En la dinámica de la salvación tal como es percibida y recibida por la criatura, la ley "precede" al evangelio.[64] La ley, entendámoslo bien, resume una situación donde la criatura no solo se encuentra limitada moral y espiritualmente, sino una situación en la que quiere *encubrir* su limitación y su maldad. Por ello esta instancia de la ley es desplazada desde su rol de guía en la gimnasia de la salvación, al de acusador frente a Dios. Su rol es presoteriológico, un medio por el cual Dios actúa para descubrir la verdadera situación de la humanidad y así acercarse en su gracia. Sin este reconocimiento de la necesidad humana de la redención, sin la ley, no hay "espacio" para la salvación, es decir, para la recepción de Cristo.

El sufrimiento que esto produce en la criatura —quien ahora se sabe criatura *pecadora*— la lleva a un estado de *humilitas coram Deo*. Es frente a esta *humilitas* del pecador que Dios puede ser Dios *en* y *para* nosotros, es decir, salvador. Como lo explica en la tesis 4, la soteriología basada en los "méritos" contraría la humildad y el temor de Dios (*humilitas et timor Dei*). Este último es el único "mérito", es vivir en lo que Lutero denomina "lo escondido de Dios" (*in abscondito Dei*).[65] Pero el individuo orgulloso que únicamente busca las recompensas visibles de Dios, su seguridad y su salvación, siempre pierde de vista el "lugar" escondido de la salvación. Las inclinaciones eudemonísticas y egoístas reflejan el orgullo de una vida que se concibe como protagonista en el evento soteriológico. Dios termina siendo un colaborador, una adenda a la vida humana.

Lutero establece así una secuencia que es esencial a toda su teología. Como lo expresara, "...por la ley es el conocimiento del pecado... por el conocimiento del pecado, la humildad,... [y] por la humildad adquirimos la gracia". La criatura debe desesperar de su propia habilidad para así poder recibir la gracia impartida en Cristo. La desesperación no es un fin en sí mismo, sino un momento que pude llamarse de "desfase" que hace que lo escondido de Dios se revele a la criatura humana. Este desfase deja traslucir que "más de lo mismo" solo acrecienta la perdición del pecado;[66] salir de este circuito vicioso únicamente es posible por la disrupción de la dinámica antropocéntrica. El momento de la ley, es decir, el reconocimiento de la propia iniquidad frente al espejo de la creación, aparece como un momento

64. Cfr. Werner Elert, *Law and Gospel*. Philadelphia, Fortress Press, 1967, p. 37; Paul Althaus, *The Theology of Martin Luther*. Philadelphia: Fortress Press, 1966, pp. 258 y 260
65. *Obras* I, p. 34s. *WA*, 1, p. 357.
66. Cfr. Paul Watzlawick *et al.*, *Cambio: formación y solución de los problemas humanos* (Barcelona, Herder, 1980), pp. 51ss.

de angustia y dolor que revela una dimensión terrorífica del propio Dios. Se trata de cambiar el nivel de nuestra confrontación con la realidad (*opus alienum*) a través del colapso de nuestra vanidad. Lutero sintetiza: "De este modo la obra extraña a la naturaleza de Dios, conduce finalmente a su propia obra haciendo al hombre pecador para volverlo justo".[67]

Para el reformador, Dios siempre es amor, aunque ese amor se manifieste ante la criatura ya como condenación (de su pecado), ya como afirmación (de su creaturidad). Por ello el fracaso descrito por la desesperación y el sufrimiento no cancela ni la validez de las obras (morales) de la ley, ni tampoco la finitud humana, sino que las reubica y redirecciona a partir de Cristo. La criatura no es transformada en lo que no puede ser, ni tampoco se le confiere una amnistía a sus actos. Dios está en verdad "escondido" en los sufrimientos, preparando al pecador en su desesperación en vistas de la recepción de la obra propia de Dios, su amor. Es en este contexto donde Lutero vuelve a hacer mención de la cruz de Cristo como el paradigma del *opus alienum et proprium* de Dios. En esta cruz encontramos los momentos de la humillación y glorificación que el mismo Dios experimenta en su Hijo, Jesucristo. Por ello es también un paradigma de la situación humana.

Lutero entiende que en el abandono del Hijo en la cruz la deidad experimenta la desesperación y el predicamento de la humanidad. En Jesús, el Hijo carga con el juicio que corresponde a toda la raza humana, dando rienda suelta al completo poder del pecado. Para el reformador este movimiento de Dios es esencial ya que en él se da la *communicatio idiomata* entre las dos naturalezas, es decir, el "feliz intercambio" entre el pecado y la gracia. Así la cruz aparece como el emergente en la encrucijada entre ley y evangelio; por ello no es solo una revelación de Dios como amor salvífico, sino también de la naturaleza y situación humanas. Constituye un paradigma del encuentro entre Dios y humanidad, lo que explica a su vez la estrecha relación que Lutero establece entre la obra y la naturaleza de Cristo y la doctrina de las dos naturalezas.

II. El uso político de la ley y la teoría de los dos reinos y regímenes

La *Disputación de Heidelberg* señaló un punto de no retorno respecto a la confrontación con Roma. La confrontación religiosa con el Papado, sin

67. *Obras* I, p. 40. *WA*, I, p. 361. "*Sic opus alienum Dei inducit tandem opus eius proprium, dum facit peccatorem, ut iustum faciat*".

embargo, arrastró al ruedo a las mayores potencias políticas de la época. Después de un breve tiempo, y contra sus más profundos deseos, Lutero se halla enfrentado no solo con la Iglesia, sino con las autoridades imperiales a las que había juramentado obediencia.

Dos años después de Heidelberg, en 1520, la Curia Romana publica la bula *Exsurge Domine* donde condena las enseñanzas de Lutero y amenaza con su excomunión. En 1521 la Dieta Imperial reunida en Worms bajo el liderazgo de Carlos V declara a Lutero proscrito y enemigo del Imperio.[68] Ante tan sórdido escenario Lutero se encuentra, más que nunca, a la merced de la buena voluntad y de los intereses políticos de los príncipes y la nobleza alemana. Considera —aunque por un breve período— que el destino mismo de la Reforma dependía del poder político de los príncipes —como lo expresa en ese escrito programático de la Reforma, *A la nobleza cristiana de la nación alemana.*

Hacia 1522, Lutero está cada vez más envuelto en los temas sociales y políticos de Alemania y particularmente de su región, Sajonia. Esto marcó un verdadero cambio de *lugar* hermenéutico: del convento y la academia a la *polis.* El reformador ahora se plantea preguntas tanto sobre el rol del cristiano en la sociedad como sobre las formas de la presencia divina en la historia y la creación. La así llamada "doctrina de los dos reinos y dos regímenes" emerge como el corolario de esta experiencia y reflexión.[69]

a) El "usus civilis et politicus" *de la ley*

Hasta ahora hemos hecho referencia al concepto de ley según el *usus* que Lutero definió como *proprius, theologicus* o *spiritualis.* Como lo manifiesta en Heidelberg, esta dimensión de la ley expone el pecado humano para que en la humillación pueda reinar la gracia de Cristo. Se trata de una experiencia de "desfase" que permite la reconstitución humana desde otra lógica,

68. Ver Schwarz, cap. 7; Walter Von Löwenich, *Martin Luther: The Man and His Work* (Minneapolis, Augsburg, 1982), cap. 16.

69. La primera incursión de Lutero hacia el tema político vino de la mano de su famoso escrito de 1520, *An den christlichen Adel deutscher Nation von des christlichen Standes Besserung* ("A la Nobleza Cristiana"). Consistió, entre otras cosas, en una admonición a la clase gobernante para que tomaran un rol activo en la reforma de la iglesia. Esto lo hace presuponiendo el concepto medieval de *corpus Christianum,* que desaparecerá hacia 1522-23 con su "doctrina" de los dos reinos y regímenes –una teoría política cristiana mucho más sutil y compleja que las teorías agustinianas y tomistas. Ver James Cargill Thompson, *The Political Thought of Martin Luther* (Sussex, The Harvester Press, 1984), p. 12.

la del ágape y la salvación. Como la nomenclatura misma lo indica, este uso de la ley se circunscribe a la esfera religiosa y teológica con la intención de demostrar que inclusive el "mejor" de los cristianos es, ante Dios, un pecador.[70] Pero en la *Kirchenpostille* de 1522 menciona por vez primera un *duplex usus legis*, una doble función o uso de la ley. La importancia de esta distinción radica en que Lutero introduce una interpretación "política" de la ley que tendrá un peso enorme en su teología —la teoría de los dos reinos y regímenes. Ahora bien, cabe preguntarse sobre el lugar que Lutero dio a esta concepción y práctica de la ley frente al dilema de la vida cristiana en la sociedad.

El reformador caracterizó al *duplex usus* como dos funciones distintas pero complementarias. La primera función de la ley es "mantener la disciplina entre nosotros y urgirnos a mantener una vida exterior honesta, de modo que podamos vivir juntos y no devorarnos unos a otros como sucedería si no hubiera ley, ni temor, ni castigo...". Esta función Lutero la llama *usus civilis* o *politicus.* Por el otro lado, la segunda función o uso de la ley es la ya descrita en la sección anterior como *theologicus* o *spiritualis.* Existe para que "el hombre aprenda a través de la ley cuan falso y malvado es su corazón, cuan lejos aún está de Dios".[71] Debe notarse que ambos usos no difieren en cuanto a su origen o contenido, sino que indican dos dimensiones o finalidades de la misma ley. Puede decirse que en la praxis humana como tal, regida por la ley en su función política o social, se revela también una dimensión ulterior que señala la situación del ser humano frente a Dios. Consecuentemente Lutero caracteriza al uso político como un uso "exterior" —lo que no indica superficial, sino público y visible— y al uso teológico como "interior" —lo que no indica un individualismo, sino un ámbito únicamente accesible a la trascendencia. Bajo el presupuesto de que como criatura y creyente siempre se actúa en el campo de la ley, Lutero también destaca el aspecto negativo o refutatorio de la misma. Si el uso teológico sirve para acusar y condenar (*lex accusans et condemnatrix*), el uso político sirve para reprimir y contener la tendencia hacia la maldad y la injusticia, lo que a su vez crea un espacio para la vida comunitaria.[72]

70. Ver Edward Cranz, *An Essay on the Development of Luther's Thought on Justice, Law, and Society* (Cambridge, Harvard University Press, 1959), p. 105.

71. *WA* 10: 454; citado por Cranz, *An Essay on the Development of Luther's Thought,* p. 99.

72. Esto no implica que Lutero no conciba la ley en su aspecto "positivo": como ya hemos podido observar, desde el punto de vista teológico la ley humilla al pecador para dar lugar a

Para Lutero, un gobierno sin ley y fuerza es un visado para el reinado de la maldad y la injusticia.[73]

La función civil o política debe estar axiológicamente en armonía con la segunda tabla de la ley de Moisés, aunque no concuerde con ella es su precisa formulación. Como repetidamente lo manifiesta, la ley escrita, la ley de Moisés, deriva su contenido de la ley natural que el Creador ha inculcado en los corazones y en las mentes de todos los seres humanos, asequible por medio de la razón. Lutero no hace una distinción entre ley "natural" y ley "revelada", ya que ambas tienen su origen en Dios.[74] La ley contenida en las Escrituras es la mejor expresión de la ley a disposición de todas las criaturas; pero en principio las leyes plasmadas en el Pentateuco no son necesarias para saber sobre los mandatos de la ley.[75] El hecho de que los seres humanos son seres racionales indica que no pueden aducir ignorancia de los mandatos inscriptos en la naturaleza. Esta concepción le permite al reformador valorar positivamente las leyes de las naciones y de las comunidades. Estas leyes, que Lutero denomina *Sachsenspiegel*, son expresión de la ley natural que da unidad a la humanidad.

Como es el caso con la ley en su función teológica, la ley civil no justifica a la criatura *coram Deo*, ante Dios. El cumplimiento de la ley sirve a la paz y al orden en la vida social, por lo que su *telos* es precisamente el bienestar de la comunidad. Si bien Lutero nunca dejó atrás su concepción estática medieval, es significativo el cambio de concepción que propone en su interpretación de la función y finalidad de la ley. No es una herramienta para el ejercicio espiritual, ni para el perfeccionamiento o acercamiento a Dios. Al contrario, su cumplimiento expresa el ministerio divino de la *preservación de la creación* para su recapitulación final en Cristo. De esta forma la resolución escatológica de la historia prometida y realizada en Cristo hace que la creación subsista en un *tonos* o tensión dialéctica entre esta ley que exige y el evangelio que libera. Solo al final de los tiempos la mano derecha de Dios recogerá lo que hizo con su izquierda.

Cristo; desde el punto de vista civil o político la ley asiste en la organización de la sociedad y en la protección de los más débiles e indefensos.

73. Bornkamm, *Luthers Geistige Welt*, p. 224.

74. Ver Paul Althaus, *The Ethics of Martin Luther*. Philadelphia, Fortress Press, 1972, p. 25.

75. Esta posición está bien expresada en su escrito de 1525, "Contra los profetas celestiales, acerca de las imágenes y los sacramentos", *Obras* V: 266.

b) Los dos reinos y regímenes

En 1523, Lutero escribe su famoso tratado sobre teología política: *Sobre la autoridad secular: hasta qué punto se le debe obediencia.* Allí clarifica los alcances de esta autoridad y los límites de la obediencia, empleando como marco hermenéutico la teoría de los reinos y regímenes. Esta teoría avanza la noción de la dualidad —no dualismo— del accionar de Dios en la historia, y por consiguiente, la doble identidad de la persona como cristiano y ciudadano. No me compete aquí describir en todos sus detalles esta doctrina, sino delinear la innovación y los peligros que acompañaron su formulación. En especial, quiero prestar atención a cómo las categorías de ley y evangelio,[76] que Lutero ensayó primeramente en el marco de una teología de la cruz, se conjugan ahora para dar forma a su teoría. Esto llevará a preguntar si en la teoría de Lutero la cruz como locus del amor divino se materializa en una cierta direccionalidad nómica y ética.

Con la introducción de esta teoría Lutero marca, nuevamente, una innovación respecto a la tradición medieval. Asumiendo la premisa agustiniana que dividía a toda la humanidad como perteneciente a uno de los dos reinos, el reino de Dios y el reino del mundo o Satán (*Reich Gottes, regnum Dei* y *Teufels/weltlich Reich, regnum diaboli*), Lutero avanza un paso más argumentando que ante la presencia del mal y el pecado (tanto entre cristianos como en el mundo), la ley —y no solamente el evangelio— es el instrumento a través del cual Dios gobierna su creación.[77] Con esta noción Lutero continúa, por un lado, con la distinción agustina de las dos *civitas*, pero por el otro agrega una dimensión que corta transversalmente estas dos esferas: la dialéctica de ley y evangelio. El reformador reconoce que los cristianos, los que pertenecen al *reino de Dios* y están gobernados por el Espíritu y la fe, no necesitan de la ley y de la autoridad secular. A causa de este Espíritu los cristianos tienen en sus corazones a Cristo, por lo que actúan espontánea y sinceramente en amor y justicia. Pero ya que nadie es "cristiano o piadoso por naturaleza" sino que todos han nacido "pecadores y malos", la mayoría

76. Cfr. Carl Braaten, *Principles of Lutheran Theology* (Philadelphia, Fortress Press, 1983), p. 130: "La preocupación luterana ha sido por una clara diferenciación entre ley y evangelio como dos modos de la actividad divina en el mundo. La doctrina de los dos reinos es una expresión de esta distinción". Cfr. también Robert Nelly, "Martin Luther and Thomas Müntzer: Theology and Politics in the Peasant's War of 1525", en *Sudia Biblica et Theologica*, 11/2 (Octubre 1981), p. 208.

77. Ver Cargill Thompson, *The Political Thought of Martin Luther*, p. 208.

aún pertenece a otro reino, el *reino del mundo*, el cual Dios gobierna por el derecho y la espada secular.[78] Lutero lo define de esta manera:

> Dios dispuso los dos regímenes [*zwei Regiment verordnet*]: el espiritual [*geystliche*], que por el Espíritu Santo hace cristianos y gentes buenas bajo Cristo, y el secular [*weltliche*], que sujeta a los no cristianos y a los malos, de modo que aun contra su voluntad tienen que mantener la paz exteriormente y estarse quietos... Por consiguiente es preciso distinguir claramente los dos regímenes y conservar ambos: Uno, para producir justicia; el otro, para mantener la paz externa e impedir las obras malas. Ninguno es suficiente en el mundo sin el otro.[79]

Con esta noción Lutero vuelve a presentar un marco "paradojal" para comprender la densidad de la realidad divina en su interacción con el mundo; la teoría de los dos reinos es una expresión y ampliación política y social de la distinción y relación entre ley y evangelio (revalorizando así la creación y la historia). Con este paso, el reformador se aparta de una concepción medieval que concebía al mundo como un preámbulo al cielo o al infierno; ahora, hay una afirmación de la creación y de la historia donde Dios "combate" al mal y la injusticia (diablo) para mantener su integridad hasta su recapitulación final en Cristo.[80]

En efecto, la doctrina de los reinos y regímenes transporta la doble obra divina que era propia de la esfera "espiritual" a la totalidad de la vida humana, en particular, a su dimensión social y política. A través de esta "politización" de la clave ley—evangelio, Lutero afirma que la función política o civil de la ley es el medio por el que Dios actúa en la sociedad para preservar la paz y la justicia. Como expondrá después de la revuelta campesina, las instituciones políticas —una expresión de los ordenamientos naturales de la creación— colaboran en esta tarea o función de la ley: no solo para impedir la maldad, sino para implementar la paz y la justicia.[81] Es cierto

78. *Obras* II: 134; *WA* 11: 250.
79. *Obras* II: 135. *WA* 11: 251.
80. Ver Heiko Oberman, *Luther: Man between God and Satan*. Nueva York, Image Books, 1990, p. 179. Hay edición en español: Madrid, Alianza Editorial, 1992.
81. En el escrito "Sobre la autoridad temporal" Lutero aún conserva una comprensión sociológica—agustiniana de las dos *civitas*: aunque no pueda distinguírselas claramente en la historia, conforman dos grupos de personas regidos por distintas lógicas y principios. En esta coyuntura los cristianos se someten a la espada simplemente por un acto de amor ya que esta sirve al prójimo. No obstante, predomina un tono negativo en la descripción de las funciones de la espada (la misma figura de espada, *Schwerd*, no permite una categorización feliz). Años más tarde, sin embargo, a raíz de la experiencia de la revuelta campesina, Lutero considera a la familia (economía), al estado y a la iglesia como órdenes u ordenamientos de

que esta ley no busca directamente una finalidad "espiritual", es decir, preparar los corazones para recibir a Cristo. Lutero siempre insistió que la fe solo puede ser "un acto libre, al cual no se puede forzar a nadie... ni pensar que una autoridad externa pueda imponerla y crearla".[82] Pero esta ley, que Dios implementa socialmente a fin de poner coto a la maldad, comparte el mismo fundamento e identidad con la ley que actúa espiritualmente. Expresa, en definitiva, el mismo *amor* de Dios por sus criaturas.[83]

Sin embargo, queda también en claro que es responsabilidad de las autoridades seculares velar por el cumplimiento de la ley y la justicia. Este es un punto cuyas tácitas tensiones estallarán con la protesta de los campesinos contra los príncipes y señores; dirán que estos no solo incumplen la ley, sino también el evangelio. Entonces, si tanto la teología de la cruz como su interpretación de los dos reinos y regímenes aparecían ante muchos como una defensa implícita de los reclamos campesinos, ¿qué llevó a Lutero a oponerse de forma tan virulenta a sus demandas? ¿Impone su teología un "retiro hermenéutico" desde los lugares sociales a los cuales la *theologia crucis* naturalmente apuntaba? En suma, ¿arrastra esta teología una negación de sus propias premisas?

III. La revuelta campesina[84]

a) El escenario

Hacia 1524 Lutero no solo había fijado los principios básicos de su teología, sino que la predicación protestante corría como un reguero de pólvora a

la creación por medio de los cuales Dios actúa para el beneficio de todas las criaturas. Hay una representación más positiva de lo político, y una visión más matizada de la situación de los cristianos quienes ahora no solo deben colaborar con la espada en función de su amor y consideración del prójimo, sino que al ser ellos mismos pecadores están naturalmente sujetos a la ley. Esta posición aparece en forma más nítida en su escrito de 1526 "*Ob Kriegsleute auch in seligem Stande sein können*" ("¿Es posible ser soldado y cristiano?") y en el "Comentario al Sermón del Monte" de 1532. Cfr. Cargill Thompson, *The Political Thought of Martin Luther*, cap 3; Althaus, *The Ethics of Martin Luther*, cap. 4.

82. *Obras* II: 147; *WA* 11: 264.

83. Este es un tema que las asiduas lecturas dualistas de Lutero parecen repetidamente olvidar. Al respecto ver Antii Raunio, "Natural Law and Faith: The Forgotten Foundations of Ethics in Luther's Theology", en Braaten y Jenson, eds., *Union with Christ*, pp. 97ss. También expresa esta visión William Lazareth, *Christians in Society: Luther, the Bible and Social Ethics* (Minneapolis, Fortress, 2001).

84. No puedo entrar aquí en los detalles de los condicionamientos sociopolíticos que llevaron a la revuelta, ni tampoco en el rol que jugaron Müntzer, Karlstadt y los "entusiastas" en el liderazgo ideológico y teológico del movimiento —los profetas del homicidio (*Mordpropheten*) o profetas locos (*tollen Propheten*) como Lutero los solía llamar. Pero debo aclarar que criticar

través de todos los territorios germanos. Cuando esta predicación alcanzó a vastas zonas del sudeste de Alemania, un amplio sector social encontró una legitimación para sus demandas económicas y políticas. Hacía tiempo que el "campesinado" —que sociológicamente abarcaba tanto a la población rural de pequeños propietarios y mineros, como también a los artesanos y pequeños comerciantes de aldeas y ciudades— expresaba su queja por la expropiación aristocrática de las tierras comunales, la reducción de sus derechos de caza, pesca y tala, y reclamaba también por derechos políticos y civiles que pusieran coto a las desmesuras de los señores feudales, príncipes y obispos. En Febrero de 1525, reunidos en la ciudad de Memmingen, un grupo de representantes de campesinos suabos, junto a un pastor luterano, resumieron sus quejas y demandas en la forma de 12 artículos que pronto alcanzaron una amplia difusión. En ellas se expresaba una interpretación "libertaria" y social de muchos de los principios teológicos proclamados por Lutero, tales como el derecho a elegir pastores y juzgar por sí mismos la doctrina, la libertad del cristiano, el sacerdocio universal de todos los creyentes, etc.[85] El hecho de que Lutero mismo, a través de su teología de la cruz, hubiese expresado su admiración por la paradójica "opción preferencial" de Dios por el humilde, y que además viese en la vida campesina un símbolo

a Lutero no significa un apoyo a la postura de Müntzer (como si la historia siempre nos obligase a optar entre posiciones dicotómicas). En rigor, aquellos que postulan una lectura donde Lutero aparece como el "reaccionario" y Müntzer como el "revolucionario" pecan de un severo anacronismo y de una crasa superficialidad. Estoy básicamente de acuerdo con la tesis de Carter Lindberg que sostiene que "detrás de la violencia política en la cual Müntzer progresivamente participó sus perspectivas teológicas intentan intensificar más que suplantar el viejo orden. El interés de Müntzer era instituir una jerarquía espiritual más consistente y rigurosa del orden social de lo que el *corpus christianorum* había implementado hasta el momento. Contrariamente, la perspectiva de Lutero sobre este asunto presentaba una discontinuidad con el pasado. En este contexto Lutero es el radical y Müntzer el reaccionario". Ver Lindberg, "Theology and Politics: Luther the Radical and Müntzer the Reactionary", en *Encounter* 37/4, 1976, pp. 356ss. El carácter innovador del modelo de Lutero descansa en el lugar que presta a la razón y al debate "racional" de las ideas en el plano político y social, independizando estas áreas de la tutela eclesial. Pero también hay que acotar que la atadura de la razón a la ley natural llevó a Lutero a "positivizar" la esfera secular y su ejercicio del poder como emanados directamente de Dios. Aun así, Lutero nunca divorció este ámbito de la perspectiva y la crítica teológica, cosa que sí sucedió en la interpretación del luteranismo durante el siglo XIX.

85. No solo fundados en los escritos programáticos de 1520, como "La libertad cristiana", sino en panfletos y pequeños tratados tales como "Derechos de una comunidad cristiana" (1523), "Administración de una caja comunitaria" (1523), "La necesidad de crear y mantener escuelas cristianas" (1524), etc.

de la actitud religiosa deseada por Dios, no pasó inadvertido para amplios sectores del campesinado oprimido.[86] Estos veían tanto en Lutero como en su teología una legitimación de sus reclamos sociopolíticos.

Sin embargo, una vez desatada la crisis, la respuesta de Lutero fue distinta a la esperada. Su percepción de la revuelta de los campesinos estuvo marcada por tres importantes factores. En primer lugar, entendió que la severidad mística y el legalismo bíblico de Thomas Müntzer y Andreas Karlstadt —temas con los cuales disputó desde 1522— se reflejaban ahora en las demandas y acciones de los campesinos. Heinrich Bornkamm afirma que para Lutero la revuelta campesina significó el primer gran desafío hacia su teología después de su confrontación con Roma.[87] El Reformador percibió que sus demandas, en especial aquellas formuladas en boca de los *Schwärmerei* (entusiastas), constituían una perversión del evangelio y de las finas distinciones que deben regir en esta vida. De haber salido victoriosos —pensaba Lutero— la entera distinción entre ley y evangelio, la justicia humana y divina, el gobierno espiritual y temporal, colapsaría. Por ello el mismo curso de la Reforma se hallaba cuestionado. A esto se añade su comprensión parcial de la situación, que lo indujo a pensar la revuelta como un evento dirigido *personalmente* contra él y liderado por su archienemigo teológico del momento, Thomas Müntzer.[88]

En segundo lugar, no se puede olvidar el prejuicio arrastrado por Lutero después de haber vivido en carne propia insultos e intentos de linchamiento en una visita reciente a zonas de Sajonia y Turingia convulsionadas por los espíritus de la revuelta. En el mes de mayo de 1525, cerca de Nordhausen, Lutero predica la cruz de Cristo como modelo de una actitud cristiana preparada para el sufrimiento. La atmósfera se tornó extremadamente agresiva, a punto tal que Lutero debió huir para salvaguardar su vida.[89] Esta

86. Tal es así que después de 1521, cuando el campo católico comenzó a acusar a Lutero de estar instigando la revuelta de "Hans Karst" —figura del crudo campesino—, el luteranismo respondió idealizando al campesinado como representante y portavoz del seglar o laico en la nueva eclesiología de la Reforma. Ver Steven Ozment, *The Age of Reform: 1250-1550* (New Haven-Londres, Universidad de Yale, 1980), p. 277.
87. Heinrich Bornkamm, *Luther in Mid-Career (1521-1530).* Philadelphia, Fortress Press, 1983, p. 355.
88. Ver Martin Brecht, *Martin Luther: Shaping and Defining the Reformation (1521-1532),* Minneapolis, Fortress Press, 1994, p. 179. Cabe recordar también que el centro de la actividad de Müntzer, Mülhausen en Turingia, no estaba lejos de Wittenberg.
89. Ver Brecht, *Martin Luther,* p. 178.

experiencia no pudo más que acrecentar sus sospechas sobre las supuestas intenciones violentas de los campesinos y sus líderes políticos y espirituales.

Por último, el análisis no estaría completo sin mencionar el carácter ideológicamente conservador de Lutero, que le impidió entender cabalmente las razones económicas que fomentaron la revuelta campesina y el carácter estructural de las relaciones sociales (y de clase). Este aspecto tendrá repercusiones enormes en su particular aplicación de la teoría de los dos reinos y regímenes, a la cual le dará un sesgo autoritario. Pero como señalaré, esto no invalida la teoría como tal y menos aún su relevancia actual.

Todos estos factores marcaron decisivamente la postura del reformador, aunque nunca se convirtió en una marioneta de los príncipes. Por una parte, su sentido de la autonomía de la Palabra de Dios y su fuerte compromiso con su llamado como pastor y teólogo, lo llevaron siempre a una postura crítica frente al mal empleo y abuso del poder —sea este clerical o secular. En el umbral de la catástrofe que acompañó la represión sangrienta de la revuelta, Lutero escribía en su "Exhortación a la paz", primera obra en la trilogía que abarca su polémica con los campesinos,[90] lo siguiente: "El presente estado de perturbación y rebelión se lo debemos sola y exclusivamente a vosotros, príncipes y señores...a vosotros, ciegos obispos e insensatos curas y monjes... En vuestro carácter de autoridad secular no hacéis otra cosa que maltratar y extorsionar, para costear vuestro lujo y altanería...".[91]

Lutero reconoce la justicia de las demandas campesinas. En efecto, volviendo a aplicar su teoría de los dos regímenes recuerda a los príncipes que los reclamos del campesinado, *qua* súbditos y campesinos, son equitativos y justos (*billich und recht*). El desenmascaramiento de la opresión ejercida por los príncipes es una función teológica que Lutero no puede refrenar so pena de violar los mismos principios de su teología. El amor, es decir, la afirmación del otro contenida tanto por el evangelio como la ley —aunque por medios distintos— legitima la autoridad secular como la herramienta por medio del cual Dios constituye un sistema social como ámbito

90. "*Ermahnung zum Frieden auf die zwölf Artikel der Bauernschaft in Schwaben*", versión castellana en *Obras* II, "Exhortación a la paz, en relación con los doce artículos de los campesinos de Suabia". Las otras dos obras producidas en torno a la polémica con los campesinos son "Contra las hordas ladronas y asesinas de los campesinos" (*Wider die räubersischen und mörderischen Rotten der Bauern*) y "Carta abierta, respecto del riguroso panfleto contra los campesinos" (*Ein Sendbrief von dem harten Büchlein wider die Bauern*), todas escritas en 1525. Me ocuparé solamente de la primera obra, por encontrarse allí los argumentos teológicos centrales.
91. *Obras* II, p. 244. *WA,* 18, p. 293.

de realización de las personas. De ahí que recuerde a sus lectores que "... la autoridad no ha sido establecida para buscar su propio provecho y la satisfacción de sus propios deseos a costa de sus súbditos, sino para promover el adelanto y bienestar de los mismos... extorsionar y maltratar a la larga resulta intolerable".[92]

Pero, por otra parte, la misma concepción del poder y de la estructuración jerárquica de la autoridad secular no le permitió ir más allá de una crítica de los *abusos* (*Missbrauch*) del mismo. Nunca cuestionó la estratificación de clases o el carácter *estructural* del problema que aquejaba a los campesinos, y casi nunca lo vemos ensayar una hermenéutica *social* de la cruz. Esto, de hecho, resultó en una justificación del poder de los gobernantes seculares, aduciendo que su autoridad era por delegación directa de Dios —como ya lo desarrollara en su teoría de los dos reinos y regímenes. Esta concepción, que ciertamente significó una liberación de la tutela eclesial, también conllevaba el serio peligro al "positivizar" la autoridad y al poder, peligro que los críticos de Lutero no han cesado —con razón— de notar.

b) Los argumentos

Después de reprender a las autoridades, las palabras de la "Exhortación a la paz" se vuelcan a los campesinos. Su interpretación del texto de Romanos 13, y la idea de la ley natural, indicaría claramente la imposibilidad de alterar la estructura básica de poder. Las estructuras actuales emanaban de Dios y por ende confrontarlas era una afrenta al mismo orden providencial. Así Lutero dice: "[a pesar de que] la autoridad [*oberkeyt*] sea mala y actúe con injusticia no es excusa para reunirse en bandas [*rotteren*] y rebelarse... pues el castigar la maldad no incumbe a cualquiera, sino a la autoridad secular que lleva la espada".[93]

A continuación concentra su crítica sobre el verdadero blanco de su tratado. En primer lugar, apunta a la blasfemia capital de los campesinos: tomar el nombre de Dios en vano.[94] El hecho de que los campesinos suabos se auto—denominaran "banda o federación cristiana" [*Christliche rotte oder vereynigung*], supuestamente guiados por la ley de Dios, constituía para el

92. *Obras* II, p. 247. *WA*, 18, p. 299. "*Denn oberkeyt nicht drumb eyngesetzt ist das sie yhren nutz und mutwillen an den unterhanen suche, sondern nutz und das beste verschaffe bey den unterhenigen...*".

93. *Obras* II: 250. *WA* 18: 303.

94. *Obras* II: 249s. *WA* 18: 301-304.

reformador una provocación directa al segundo mandamiento. A sus ojos, apropiarse de esta manera del nombre de Cristo señala un perjurio imperdonable, ya que se establece una identificación directa de la causa campesina con la del Señor. Esto no solo constituye una blasfemia, sino que comprende una flagrante hipocresía que desea procurar derechos políticos y sociales por medios "espirituales". Notemos, sin embargo, que Lutero no argumenta directamente contra la incidencia del evangelio en la vida política y social, sino contra los *medios* empleados para avanzar los reclamos y derechos sociales en nombre del evangelio. En la visión del reformador la política siempre implicaba una cierta utilización de la violencia, violencia que de acuerdo al evangelio está vedada a los cristianos. Por ello Lutero dice que el "terror" [*schreken*] infligido por los campesinos —como "federación cristiana"— no es compatible con la paz que debe ser propia de una comunidad *cristiana.* Hay ciertos medios e instrumentos que a una comunidad cristiana —*qua* cristiana— le están vedados so pena de socavar su propio fundamento.

En segundo lugar, Lutero afirma que si los campesinos aducen seguir la ley divina, entonces deben obedecerla en su totalidad. Para el reformador la ley claramente establece que la prerrogativa de la espada pertenece a las autoridades, no a los súbditos. Por ello "el que toma la espada, a espada morirá". No es el reclamo de sus derechos, sino la *rebelión* lo que está prohibido a los campesinos como súbditos. El uso y empleo de la violencia —cuando la justicia lo requiera— es propiedad exclusiva de las autoridades.

Finalmente, la maldad y la injusticia de las autoridades no justifican —según la ley divina— su castigo por parte de los vasallos. No es que las autoridades puedan utilizar la espada de una manera discrecional y sin miramientos; las autoridades, recuerda Lutero citando a 1 Pedro 3, "han sido establecidas por Dios para castigar a los que hacen lo malo".[95] Hay un claro criterio moral para su ejercicio. Pero repite que nadie puede ser su propio juez y vengador de su propia causa. El castigo compete únicamente a la autoridad secular.

Sintetizando, en esta postura contra las acciones supuestamente violentas de los campesinos Lutero argumenta con una doble lógica —la lógica que emana de la relación dialéctica entre ley y evangelio. Pero mientras que su concepción del doble *usus* de la ley parecía abrir la posibilidad de "ubicar" los reclamos propios de los campesinos como un ejercicio responsable

95. *Obras* II: 250. *WA* 18: 303. "*...der weltlichen oberkeyt, die das schwerd furet...das sie zur straff der bösen von Gott verordnet sind".*

de la vocación ciudadana, en esta ocasión Lutero apela a la ley para desestimar las demandas de los campesinos –añadiendo así otro argumento al ya esgrimido en el supuesto (ab)uso del evangelio por parte de los mismos. En esta línea, recurre a la lógica del evangelio para minar el argumento que una asociación política pueda asimilarse a una asociación centrada en el evangelio. En nombre del evangelio rechaza la idea de una "*Christliche rotte oder vereynigung*". Pero también recurre a la lógica de la ley —tanto divina como natural— para llamar a la disciplina a campesinos que parecían haber olvidado su lugar en la estructura jerárquicamente ordenada de la sociedad medieval. La ley y las instituciones ordenadas por Dios son una expresión del ministerio divino que actúa en la creación para prevenir el desorden, el asesinato y para establecer la paz. Lutero llega así a afirmar que los campesinos son peores ladrones [*Reuber*] que los nobles: si bien estos últimos pueden estar robando bienes y derechos temporales, los campesinos roban no solo la misma autoridad que Dios ha conferido al poder secular, sino la posibilidad de paz y justicia que Dios quiere establecer en su creación.[96]

Es sabido que Lutero siempre expresó una profunda fobia hacia la insurrección, la anarquía y el desorden —más que hacia las injusticias políticas y económicas.[97] En parte esto era el reflejo de un profundo anhelo social en una época signada por la violencia, los asesinatos indiscriminados, y la fragilidad de la vida aldeana –muchas veces a merced de caprichos y arbitrios de bandas de mercenarios desempleados (*Landsknecht*), príncipes inescrupulosos, o abusos de pequeños oficiales. Aunque resulte insólito o hasta contradictorio decirlo, se debe notar la profunda nota *pacifista* en la visión de Lutero: para el reformador no hay guerras santas, y menos aún posibilidad de instaurar un orden nuevo a través de la violencia. Sin embargo, este es un pacifismo que se establece a un precio demasiado alto para sus supuestos beneficiarios. Su concepción de la paz parece descansar solo en el rol activo del ejercicio de una autoridad, ignorando las condiciones estructurales que expresan y articulan intereses diferentes. El reformador sabía que la justicia

96. *Obras* II, p. 251. *WA,* 18. p. 305.

97. Ver Lazareth, *Christians in Society,* p. 171. Aunque durante los años '30 y principios de los '40 fue mucho más consciente y explícito sobre las injusticias sociales y políticas. Una muestra de ello son sus comentarios políticos y sermones sobre temas económicos y contra la usura. Cfr. Vítor Westhelle, "Luther and Liberation", *Dialog* XXV/1, invierno de 1986, pp. 51-57; Carter Lindberg, "Luther on Poverty", *Lutheran Quarterly* XV/1, primavera de 2001, pp. 85-101; Ricardo Rieth, "Luther on Greed", *Lutheran Quarterly* XV/3, otoño de 2001, pp. 336-351.

era la base de la paz, pero esta justicia únicamente podía ser implementada por las autoridades constituidas. Su *patriarcalismo* medieval se revela en el acento que prima en su lenguaje político, donde busca preservar o mejorar lo existente, más que establecer o fundar lo nuevo.

c) Medios y fines: el criterio de la cruz

Así es que el marco conferido por su visión teológica de los dos reinos y regímenes, fundada en la distinción dialéctica de ley-evangelio, aviva el fuego de su crítica frontal a los campesinos. Por esta razón el tono de su crítica experimenta un *crescendo* acusador. Pero al mismo tiempo —y a pesar del tono negativo que se detecta— va dejando pistas que traslucen profundas intuiciones sobre su concepto de la integridad del evangelio y de los medios implicados por este. Como notara anteriormente, Lutero critica a los campesinos tanto su violación de la ley natural como su trasgresión de la ley de Cristo y del Evangelio (*Christlichn und Euangelischen Recht).*[98] Los campesinos estaban en falta como *ciudadanos* y *súbditos* (violando la ley natural), pero ante todo, estaban en falta como *cristianos* (violando la ley de Cristo). Lo primero constituye, desde una mirada contemporánea y democrática, una aberración. Pero en cuanto a lo segundo, ¿no toca Lutero un núcleo evangélico fundamental?

Con esto llegamos a un punto nodal en la argumentación de Lutero cuando relaciona esta "ley de Cristo" con ciertos *fines* morales que le son propios, insistiendo también sobre ciertos *medios* congruentes con dichos fines —lo que se podría denominar un empleo o uso "parenético" del evangelio opuesto abiertamente a la violencia. Si la ley natural es clara en su condena de toda rebelión contra las autoridades, la "*Christlichn Recht*" va más allá al emplazar a los cristianos a no rebelarse y, sobre todo, a sufrir el mal y las injusticias en el mundo. Por esta razón la "federación cristiana" de campesinos, con sus moderadas demandas y su disposición a blandir la espada y el puño (*Faust*) en pos de sus derechos, aparece ante los ojos de Lutero como una abierta violación a la ley de Cristo tal como está expresada en el *Sermón de la Montaña* (Mateo 5): "No resistáis el mal; antes bien, si uno te obliga a ir con él una milla, ve con él dos millas; y si uno te quita la capa, déjale también la túnica; y al que te hiera en una mejilla, vuélvele también la otra".

98. *Obras* II, p. 252. *WA,* 18, p. 308. Este concepto de "ley" no debe confundirse con los desarrollados en puntos anteriores (*usus civiles* y *theologicus*). En este contexto Lutero se refiere al evangelio, o al uso parenético del evangelio.

Lutero recuerda que los cristianos, "debemos desear lo bueno a los que nos ofenden [*uns beleydigen*], orar por los que nos persiguen [*unser verfolger*], amar a nuestros enemigos [*unsere feynde*] y hacer bien a los que nos maltratan [*unsern ubelthetern*]...estas, mis amigos, son nuestras leyes cristianas".[99]

Finalmente aquí, en la discusión sobre la extensión de la exigencia de la ley cristiana, Lutero recurre a la imagen de la cruz en conexión con el sufrimiento y las *Anfechtungen.* En el pasaje que sigue, centro neurálgico de su admonición, la cruz aparece como el epítome de la dinámica (espiritual) de ley-evangelio:

> ..."ley cristiana" es: no resistir la injusticia, no echar mano de la espada, no defenderse, no vengarse, sino entregar vida y bienes para que los arrebate quien arrebatarlos quisiera, que de todos modos nos basta con nuestro Señor, quien no nos dejará ni nos desamparará, tal como lo ha prometido. Sufrir, sufrir; cruz, cruz; esta es la ley de los cristianos, esta y ninguna otra [*Leyden leyden; Kreuz kreuz ist der Christen recht, des und keyn anders*].[100]

Es cierto que a simple vista esta admonición a los campesinos puede parecer una obsecuencia hacia el poder político en todas sus formas. Pero de hecho, Lutero quiere resaltar —aunque a un alto costo— el *medio* propio a la manifestación cristiana de un contra—poder, el *amor.* Este concepto de sufrimiento y cruz como la ley suprema del cristiano no es un concepto nuevo para él. Es consistente con lo ya desarrollado en el contexto de las tesis de Heidelberg. Vale recordar que esta cruz y sufrimiento no son valuados en sí mismos —como si ellos reflejaran o aún obraran la salvación— sino que son expresión y manifestación del *amor* cristiano. El amor no busca establecer su derecho, sino el del otro. Por ello este amor, en la historia del mundo, es muchas veces correspondido con el sufrimiento y el martirio. En otras palabras, por las mismas fuerzas demónicas que buscan socavar toda expresión del evangelio.

Recordemos que, para Lutero, este amor no es una simple cualidad humana sino que es el mismo amor de Cristo que fluye por la fe del creyente hacia el prójimo. Este es un amor concreto, poderoso porque viene de Dios, aunque también vulnerable ya que se expresa por medio y en medio de criaturas. En definitiva, este amor expresa una dimensión o *efecto* "político" del

99. *Obras* II, p. 253. *WA* 18, p. 309.

100. *Obras* II, p. 253. *WA* 18, p. 310. Hemos hecho una modificación a la traducción castellana, siguiendo una rendición más literal de *leyden* como sufrir o sufrimiento. La versión castellana traduce "tolerar".

evangelio, si entendemos lo político como una nueva correlación de fuerzas en la comunidad humana. Pero para Lutero es fundamental el hecho de que este abre una dimensión a la existencia que no tolera recurso alguno a los *medios violentos* y al derramamiento de sangre, ya que se funda en la lógica del ágape. El ágape —la ley cristiana— no quita la vida, busca darla. Puede expresar, sí, los derechos que corresponden a toda criatura, pero no puede ejercer *violencia* alguna en su consecución. Lutero es enfático: "Pues los que son cristianos, no luchan en defensa de su propia causa con la espada y los arcabuces, sino que luchan llevando su cruz y sufriendo, así como su señor, Cristo…".[101]

De ningún modo —enfatiza una y otra vez— una asociación que persiga fines y emplee medios directamente políticos (la fuerza y la violencia) puede llamarse "cristiana". Lo cristiano, para Lutero, es la irrupción de un campo o una lógica diferentes; es lo que Nietzsche —en la razonabilidad de su locura— identificó como la "transvaloración de todos los valores antiguos".[102] El evangelio que alcanza su cima en la cruz como expresión del amor divino es antagónico al poder del eros (social) que autoafirma sus propios derechos a costa del prójimo. No es que sus fines empíricos sean totalmente incompatibles, pero sus medios ciertamente lo son. Blandir la espada o presentar la otra mejilla puede expresar fines razonables y hasta complementarios, pero el medio empleado es lo que los legitima como prácticas del mundo (*weltlich*) o del evangelio (*geistlich*). Por ello insiste, hacia el final de su exhortación, que tanto campesinos como príncipes —de ser verdaderos cristianos— deberían comprometerse con un proceso de resolución de conflictos que emplee el medio del *derecho* y no la fuerza bruta (*mit recht und nicht mit gewallt*).[103] Este es el recurso más indicado para quienes han entregado su vida a Cristo. El evangelio afirma el derecho como un *usus parenesis evangelii*, como un medio que inclusive lima las

101. *Obras* II, p. 256. *WA* 18, p. 315.
102. Friedrich Nietzsche, *Más allá del bien y el mal,* trad. A. Sánchez Pascual (Madrid, Alianza Editorial, 1972), p. 73. Nietzsche cita en este pasaje a Lutero como "otro nórdico bárbaro del espíritu" que presenta la fe cristiana como sacrificio.
103. *Obras* II, p. 264. *WA* 18, p. 329. Con respecto al proceso de mediación, Lutero lo ve como un compromiso que ponga entre paréntesis ciertas demandas de ambas partes. Si bien esto no ejemplifica la radicalidad del evangelio, al menos contemporiza en forma parenética los distintos reclamos de las partes. Así el amor por uno mismo (propios intereses) da lugar al amor (intereses) del otro.

asperezas y la severidad de leyes que, si bien legítimas, pueden ser injustas y/o cruelmente aplicadas.[104]

En breve, es la integridad propia del "evangelio" lo que Lutero quiere a toda costa defender. Esto implica la defensa de un modo de vida que no recurra a la violencia en nombre del evangelio. Así dedica a los príncipes palabras muy duras, ya que ellos también violan el segundo mandamiento cuando en nombre de su "cristianismo" explotan y cometen injusticias contra los campesinos. Para Lutero, el punto central es no emplear el nombre "cristiano" en vano, encubriendo intereses cuyos fines son de otra naturaleza; esto llevaría a una irremediable confusión y disolución de la radicalidad del evangelio. Después de fustigar a los campesinos por utilizar la etiqueta cristiana para "encubrir vuestro intento que de paciente, pacífico y cristiano no tiene nada", Lutero aparece consciente de estar tocando un tema muy delicado:

> No es que quisiera justificar o defender con esto la autoridad con su intolerable injusticia que vosotros sufrís [*yhrem untreglichem unrecht so yhr leydet*]. La autoridad es injusta y comete tremenda injusticia, esto lo admito. Antes bien lo que quiero es esto: Si tanto vosotros como las autoridades rechazáis los buenos consejos y —¡no lo permita Dios!— marcháis uno contra otro a la lucha [*aneynander setzet und treffet*], entonces ni uno ni otro bando se llame cristiano.[105]

El argumento de Lutero es consistente con su "descubrimiento" del mensaje del evangelio. La justificación por la gracia a través de la fe implica una práctica humana y social guiada por la *comunicación de los mismos atributos divinos* en la historia. El amor, es decir, la afirmación del otro como criatura también querida por Dios, es su medio y su finalidad. Su lógica, el campo de relaciones que genera, implica una suerte de "ontología de la no—violencia", por lo que no debe menguarse ni confundirse. La lógica de la carne, es decir, del auto—interés que niega la integridad y la necesidad del otro, crea un espacio negador de la presencia divina y por lo tanto, del prójimo. Cristo no puede reinar en corazones ocupados consigo mismos,

104. De ahí la importancia que tiene para Lutero la *epieikeia*, la clemencia o bondad, también interpretable como equidad (*Billigkeit*). Esto es indispensable en la administración propia de la justicia. Ver Lazareth, *Christians in Society*, p. 148.

105. *Obras* II, p. 256. *WA* 18, p. 315. Aunque líneas más abajo dice que de darse la lucha armada entre los bandos, serán los campesinos —y no los príncipes— los que deberán llamarse paganos. Esto condice con su postura de que la autoridad, aunque injusta, sigue estando comisionada por Dios para mantener el orden y la paz.

no puede habitar en la opacidad y oscuridad de intereses espurios. El amor implica darse de lleno.

Notemos un dato más en la argumentación de Lutero. Históricamente la iglesia cristiana siempre ha encontrado estrategias para reducir y morigerar la radicalidad del *ethos* del evangelio. Esto es lo que el reformador cuestionó en la iglesia romana, y fue el redescubrimiento de la radicalidad de la visión evangélica lo que desató una corriente reformadora en el plano religioso, social y cultural. Ahora bien, Lutero está convencido de que el mismo intento de menguar esta radicalidad se presenta en las demandas de los campesinos. Para el reformador, estamos ante un caso de una confusión de radicalidades, trocando una por la otra. Y es consciente que su insistencia en puntualizar la demanda radical del evangelio (frente a una causa que la mayoría en el campo reformador consideraba justa) lo llevaría al borde de la antipatía general y de una justificación cuasi-demónica de los poderes de la nobleza. El ya sabe que muchos dirán "¡Lutero halaga a los príncipes! ¡Lutero habla en contra del evangelio!" (*Der Luther heuchlet den Fursten. Er redt widder das Euangelion*).[106] Pero también expresa que por fidelidad al mismo evangelio no podía hacer otra cosa...

Pero a pesar de todas estas consideraciones sigue siendo evidente en su "Exhortación" que los príncipes, más allá de la crítica que Lutero les propina por adjudicarse el mote de cristianos cuando en realidad cometían despojos y crímenes, son finalmente tratados más como *príncipes* que como *cristianos.* A pesar de tener una clara visión de la radicalidad del evangelio, Lutero comete una tremenda injusticia al hacer caer el peso de la moral cristiana —la cruz— sobre los hombros de los campesinos (que osaron llamarse cristianos *qua* asociación campesina), mientras que los hombros "cristianos" de los príncipes fueron aligerados de toda cruz. Cabe preguntarse, el simple hecho de que los campesinos recubran su organización política con el manto "cristiano", ¿ameritaba semejante descalificación por parte del Reformador? ¿Puede un *faux pas* lexical dar pie a tal desautorización? En definitiva, ¿lleva su teología a una irremediable justificación del poder reaccionario?

Es triste comprobar que su admonición a la no-violencia, en una coyuntura ya marcada por una violencia (estructural) que escapaba sus miras,

106. *Obras* II, p. 263. *WA* 18, p. 328. La versión castellana traduce *heuchlet* como "se vendió", lo que no es literal pero capta adecuadamente el sentido dado por Lutero a los comentarios que circulaban ya sobre su persona, especialmente generados por Müntzer con quien mantenía una constante y profunda rivalidad.

termina sancionando otra forma de violencia. Pero la crítica a la postura de Lutero no debe, a mi juicio, centrarse en los postulados teológicos que emanan de la dialéctica ley—evangelio, ni en el supuesto "retiro hermenéutico" significado por la temática de la cruz. Más bien la crítica debe avanzar sobre las propias contradicciones e inconsistencias de su propia hermenéutica, dejando traslucir que no exploró cabalmente las implicancias sociales de su propia teología. Se trata de preservar la visión teológica de Lutero en sus rasgos centrales, a la vez que criticar el vaciamiento staurológico que hace de su misma concepción de la ley, el poder y la autoridad.

IV. A modo de conclusión: poder y contra-poder

He notado que en la lectura que hiciera Lutero de la revuelta campesina existieron ciertos hechos cruciales que tiñeron fuertemente su percepción. Lutero cometió una generalización abismal al asociar todo el movimiento campesino con la facción liderada por Müntzer y su teología mesiánica. De esa forma, el reformador sintió que las demandas campesinas escondían un frontal ataque contra su propia teología. Para él la guerra de los campesinos fue ante todo una guerra teológica; no pudo más que ver en ellos el espíritu müntzeriano que llamaba al uso de la violencia para la purificación del mundo de todos los impíos —llamada que para Lutero no podía hacer más que desatar una violencia aún mayor y así abortar el programa de reformas iniciadas hacía pocos años.[107] Desde un punto de vista weberiano, Lutero se opuso a una "ética de la convicción" unilateral representada por Müntzer y los entusiastas, que por no tolerar la irracionalidad moral del mundo busca luchar contra ella empleando sus mismos medios. Para él, esta ética no podía más que derivar en una "perpetua destrucción de toda Alemania".[108]

Sin embargo, por más acertadas que fueran sus sospechas contra los entusiastas, Lutero yerra al identificar toda la causa de los campesinos como un complot müntzeriano. Lejos de exculparlo, esto demuestra lo poco que entendía de las causas de las penurias económicas de los campesinos y su relativa independencia de la manipulación teológica por parte de los "entusiastas". Pero justamente una voz teológica que no expresa "las cosas como en realidad son" (cfr. tesis 21 de la *Disputación de Heidelberg*) está

107. En "Contra las hordas ladronas y asesinas de los campesinos", responsabiliza a Müntzer, el diablo de Mühlhausen, por la violencia desatada. *Obras* II: 271.
108. *Obras* II, p. 244.

en contradicción con la metodología de la *theologia crucis* esbozada por el mismo Lutero…

Muchos han aducido que el problema central en la posición de Lutero es su teoría de los dos reinos y regímenes, y/o su teología de la cruz. El presente trabajo llega a otra conclusión, convencido de que el marco teológico y la metodología de la teología de la cruz constituyen los fundamentos que deberían haber dado un lugar privilegiado a las necesidades y demandas campesinas. Una de las conclusiones parciales que se pueden derivar de la polémica de Lutero con los campesinos es que el reformador no fue consistente con su propia teología de la cruz, y que tampoco fue un buen intérprete de las propias consecuencias sociales de su teología. En lo que sigue notaré algunos puntos derivados de la propia dinámica de su pensamiento, señalando sus contradicciones como la posibilidad de una lectura más libertaria y liberadora con respecto a las temáticas del poder, la autoridad y la sociedad.

a) Dos reinos y regímenes

Que Lutero haya mantenido que la autoridad puede ser ejercida únicamente en el marco moral conferido por la ley divina, indica que los criterios para el ejercicio de la misma deben "externamente" coincidir con lo que es el *corazón* del evangelio. Después de todo Lutero habla, en referencia al poder secular, de la creación de una paz y obras externas como un reflejo o contracara de la paz y el orden escatológico del evangelio.[109] Esto apunta a la unidad dialéctica que existe entre ley y evangelio, una unidad dada por la realidad del amor. A esto se le añade su concepción de la autoridad como instrumento en una estrategia divina que, operando en un mundo que se ha encorvado sobre sí mismo, no deja que esta realidad la lleve a su propia aniquilación.

Mientras que el régimen secular refiere al sistema social como medio en el cual sus miembros se actualizan como seres vivos aunque estén sujetos a la muerte (temporal), el régimen espiritual es un sistema en cuyo medio sus miembros ya participan como seres a quienes se les ha prometido la vida (eterna) y que por ello no están más sujetos a la muerte. Para Lutero es como

109 Ver Lazareth, *Christians in Society*, p. 170. De ahí lo acertado de las críticas que ha lanzado la escuela de "la nueva interpretación finlandesa de Lutero" a la hermenéutica dualista neo-kantiana que ha dominado tanto a los defensores alemanes de la teología de Lutero, como a sus detractores germanos y norteamericanos. Ver Raunio, "Natural Law and Faith", p. 96ss.

si hubiese dos lógicas, dos campos que se complementan pero que también conviven en tensión. Por ello la *doctrina de los dos reinos y regímenes* es lo que permite mantener la radicalidad del llamado del evangelio sin que en este intento el evangelio se anule a sí mismo. En este eón no se puede vivir solamente desde las mediaciones propias del evangelio con la injusticia y la maldad, cuyo aguijón es la muerte, esparcidas sin inhibición alguna. Ni el régimen espiritual ni el temporal son suficientes en este mundo sin el otro.[110] En principio el cristiano está autorizado a vivir la existencia política —en el ejercicio de una ciudadanía que siempre implica el uso del poder— de acuerdo a los *fines* congruentes con el núcleo de su existencia evangélica, el amor que mana de la vida plena. Deberá vivir como cristiano tanto como ciudadano, sin anular lo uno o lo otro. El amor que el cristiano exprese será un amor imperfecto, es cierto, pero su imperfección deriva de las duras circunstancias en las que debe actuar: la violencia y el pecado que dominan las relaciones humanas.[111] En circunstancias así, no servir a la autoridad, y más aún, no ejercer la autoridad, significa obrar "contra el amor" (*widder die liebe*).[112]

Las estructuras sociales, los ámbitos para la realización de la vida, la propia actividad humana, se convierten así en *mediaciones* del amor que Dios expresa a través de los cristianos y no—cristianos. Dicho esto, también debe reconocerse que las lagunas y contradicciones en la propia argumentación de Lutero frecuentemente han dejado las puertas abiertas a interpretaciones bastante contradictorias, sino abiertamente reaccionarias. Su "realismo" en la comprensión del poder y de la autoridad no enfatizó lo suficiente que el

110. Cf. *Obras* II, p. 135.

111. En la perspectiva de Lutero el poder y la autoridad políticas no pueden ser ejercidos sin tomar en cuenta lo que el sociólogo Max Weber expresa como "los defectos normales de la gente". La misma densidad de la creación y los valles y cumbres de la historia humana no ofrecen una línea directa desde los ideales morales al ejercicio del poder. Nada nos hace suponer que los seres humanos puedan llegar a ser buenos y perfectos como Cristo llama a que sus seguidores lo sean. Si hemos seguido los argumentos del Reformador sabemos que tal bondad y perfección no es un dato intrínseco a la naturaleza, sino una vocación —un llamado— a participar de los atributos mismos de Dios. Ver Max Weber, "La política como profesión", en *Política y ciencia*. Buenos Aires, Leviatán, 1989, p. 83. Aunque Weber es suave en su juicio: lo que él llama "defectos", la teología lo llama "pecado".

112. *Obras* II, p. 137. Así es como en "La autoridad secular" Lutero admite que el cristiano debe usar la violencia en situaciones extremas, siguiendo la lógica del amor al prójimo (lo que es útil y necesario para el otro, 137). Pero esto no lo hace como una extensión natural de ese amor, sino como un acoplamiento con medios que son refractarios al mismo amor. En otras palabras, se ejerce la violencia con mala conciencia en pos de una finalidad (utilidad y necesidad de los otros).

poder como tal, y el ejercicio que se haga de él, debe apuntar al mismo dato teologal que se revela en la cruz. Este es un dato que no solo guía el ejercicio del poder, sino que al mismo tiempo *subvierte* la detentación del poder y las mediaciones estructurales por las que se expresa. Este aspecto "paradojal" es lo que paradójicamente Lutero omite.

b) La cruz como eje transversal de la ley y el evangelio

En vez de ubicar el problema de Lutero y los campesinos ya sea en el marco teórico de su teología política, o en el motivo de la cruz, lo que debe resaltarse es el problema de un concepto de autoridad (*oberkeyt)* que no ha pasado por el tamiz de una visión que metodológicamente la "decline" (pero no anule) desde la *cruz*. Es cierto que la Reforma iniciada en Wittenberg significó un profundo cuestionamiento y replanteo de la autoridad eclesial, pero también es cierto que consagró una autoridad secular que no tenía antecedentes en la historia europea.[113] De este modo, en vez de legitimar solo el *ejercicio* de la autoridad en vistas a la prosecución de un fin (como lo hiciera en *La autoridad temporal*), Lutero termina legitimando la *autoridad* como tal, lo que inevitablemente deriva en una positivización de la misma con poco margen para la crítica evangélica. Lutero no fue, como ya notamos, un obsecuente de los príncipes, a los que llamó en más de una ocasión los más "insensatos y villanos" (*narren und buben*) de la tierra. Sin embargo aún en su injusticia, y mientras que esta injusticia se circunscribiera al ámbito secular, siguen siendo para él instrumentos por los cuales Dios pone coto a la maldad y mantiene una paz externa.[114]

Aquí radica el problema mayor del planteamiento de Lutero: la perspicacia antropológica exhibida en las tesis sobre la *theologia crucis* no se transversaliza lo suficiente como para poder subvertir no tanto el poder como tal, sino ciertos *usos del poder* que impiden la prosecución de la existencia humana plena. La dimensión parenética del evangelio, lo que podría haber despertado

113. Lo que en parte contribuyó a iniciar el camino hacia la modernidad, aunque a un duro precio. Sobre el tema cfr. Joel Hurstfield, ed., *The Reformation Crisis*. Londres, Edward Arnold, 1965, p. 6. El mismo Lutero se ufanaba de haber sido el que más ponderó la autoridad temporal. Así, escribe en *¿Es posible ser soldado y cristiano?* (1526): "Casi me siento tentado a vanagloriarme de que desde el tiempo de los apóstoles la espada y autoridad temporales no hayan sido descritas y tan egregiamente enaltecidas como por mí, cosa que también mis enemigos han de confesar". *Obras* II, p. 171.

114. *Ibíd.* Cuando las autoridades seculares pretenden regular asuntos de conciencia y de fe, entonces no se les debe obedecer. Ver *Obras* II, p. 149ss.

un *usus* o *munus civilis evangelii*, es decir, una interpenetración del uso político de la ley desde el evangelio, queda a mitad de camino, amenazando con desgajar a la persona cristiana en dos estamentos incomunicados.[115] El hecho de que la cruz parezca únicamente operativa en el ámbito del régimen espiritual hace que la misma no pueda desplegar su pleno poder social en el ámbito del régimen temporal. Repito, el problema no radica en la *distinción* de regímenes, sino en el *cortocircuito* producido en las formulaciones del reformador. Esto atenta contra una hermenéutica más explícitamente social, hecho que puede revertirse solamente por medio de una mayor correlación entre la noción del pecado individual y *estructural* que queda develado por, en y con la cruz de Cristo. El evangelio y la cruz no solo complementan dialécticamente la crisis que desata el ámbito de la ley (*usus theologicus*), sino que también dan forma y direccionalidad a esta ley en su ámbito civil y político (*usus civilis*).

Al no reubicar la cruz como el hilo conductor entre evangelio y ley se termina positivizando una cierta concepción de lo jurídico y de las estructuras imperantes. La cruz, después de todo, no solo es un demarcador cualitativo del amor cristiano, sino también de la orientación propia de la ley. Pero como mencioné, algo produce un cortocircuito en el camino hacia un uso parenético o político de la cruz, interrumpiendo el circuito que debería recorrer el poder realzando la dignidad y el "mérito" de toda persona por el simple hecho de ser criatura de Dios. Lutero termina defendiendo una postura donde el poder se estanca y es mediatizado por ciertas instancias que él identifica con las estructuras propias de su experiencia medieval. Es así que su reacción conservadora al llamado de los campesinos a desobedecer y oponerse a los tiranos —expresión que Lutero ya había utilizado frecuentemente desde 1523— produce una seria tensión con la propia metodología *crucis* que parecía proponer desde Heidelberg. Cuando debería haber dado prioridad a la cruz como herramienta crítica del poder, se queda solo con la (legítima) distinción de regimenes. Pero ¿qué hubiera pasado si en vez de separar estas perspectivas las hubiese combinado?

En efecto, la crítica al poder de la autoridad desde el poder de la cruz es la pieza faltante para completar el poderoso círculo hermenéutico que Lutero inició en Heidelberg. La cruz marca no solo una crisis antropológica y soteriológica, sino que es un cuestionamiento social que pone en jaque

115. Cfr. Westhelle, "Luther and Liberation", p. 55; Lazareth, *Christians in Society*, p. 234. Esta amenaza se vislumbra en el uso confuso que a veces hace Lutero de las categorías "exterior" e "interior".

un determinado uso y abuso del poder secular. Pero el reformador jamás sometió su *patriarcalismo medieval* al cuestionamiento de su propia teología de la cruz, lo que desencadena el cortocircuito y contradicción señalados anteriormente. Lutero entendía al poder y la autoridad como una estructuración jerárquica y típicamente paternalista, que a su vez reflejaba y encarnaba la providencia y el cuidado de Dios para con sus criaturas. De esta manera el bienestar de la comunidad dependía, en última instancia, de la *benevolencia* de los poderosos a los cuales Dios había instituido para tal fin; la lucha de los ciudadanos y el ejercicio de una ciudadanía crítica no conformaban nociones centrales en el pensamiento de Lutero. Quien desafiara lo que Dios había implementado ponía en peligro su propia salvación. Pero la fobia que expresa hacia la supuesta anarquía de un escenario social que reconociera a los campesinos y otros sectores como *sujetos* de una nueva ciudadanía, encerraba su propia antítesis: la tiranía.

En suma, Lutero no dejó que su propia teología de la cruz avanzara hacia un cuestionamiento frontal de la pretensión secular de "querer ser como dioses". Si bien su visión crítica de las pretensiones humanas universales, guiadas por la autodeterminación y el emplazamiento del ego como criterio absoluto de la moral y la salvación, demostró una remarcable intuición y perspicacia, no aplicó el mismo criterio en forma consistente a la esfera del accionar político y social: aquí también un determinado ejercicio de la autoridad y el poder deben ser vistos como una expresión del deseo (político) de usurpar el lugar de Dios. De esta forma, entre su teología de la cruz y la realidad campesina, se interpuso su ideología patriarcal—medieval. Esta no fue tocada ni "bautizada" por la cruz, por lo que Lutero termina sucumbiendo no a una teología, sino a una *ideología* de la gloria.[116]

116. Esta ideología significó una grave amenaza al dinamismo y carácter liberador que supo, en un momento, impregnar su teología. Un ejemplo de ello es el tema de la libertad y la igualdad social, al cual se negó a equiparar con la libertad evangélica. Pero las propias contradicciones en las que incurre Lutero no hicieron más que azuzar en las generaciones postreras la exploración de los distintos ámbitos de la libertad. El hecho de que hoy en día el derecho político pertenezca no a la autoridad en sí, sino al pueblo (idea democrático-rousseauniana de la *volonté générale*) permite una lectura distinta de la hermenéutica luterana. Por un lado, no es necesario renunciar a la visión de Lutero de que el evangelio presenta una nueva lógica en el campo de relaciones humanas; pero por el otro lado, es responsabilidad del ciudadano y sus agrupaciones (y no solamente del estado) defender los derechos que como "diques" nos protegen y que como "campos" nos permiten el desarrollo de nuestras capacidades y potencialidades. El problema, entonces, no es la llave hermenéutica de Lutero (ley-evangelio), sino su sujeción a una cosmovisión medieval del poder y la autoridad.

c) Metodología de la cruz y lugar social

Una cierta cobardía hermenéutica, que no pudo integrar la teoría de los dos regímenes con el motivo de la cruz, fue lo que subyació a la tendencia "conservadora" del luteranismo después de la Reforma. Esto se expresó no tanto por el empleo y abuso de la teoría de los dos reinos y regímenes, sino por la relegación gradual de la temática y, sobre todo, de la *metodología* de la cruz. Aquí aflora el nexo que debe rescatarse entre la teología luterana y algunas expresiones de la teología política y la teología de la liberación. Sus expresiones son congruentes con el impulso teológico ya presente en la teología de Lutero, desarrollando temáticas sugeridas en la propuesta metodológica de la *theologia crucis.*

En lo fundamental, y considerando las observaciones antedichas, la teología de la cruz de Lutero promueve una seria consideración de las implicancias metodológicas de vivir la vocación cristiana y de hacer teología desde los márgenes y la liminalidad. Sin idealizar la pobreza o la exclusión —como ciertamente lo ha hecho alguna que otra corriente teológica reciente— hay un cierto *vaciamiento* social que es análogo a esa *nihilización* que Lutero describe como clave en la aprehensión de la gracia. Es como si desde ciertas coordenadas histórico-sociales (y no solo psicológicas) la *posteriora dei*, es decir, las cosas inferiores de Dios, son *accesibles* en la historia. Desde ahí, la creación adquiere una nueva transparencia, incorporando la problemática del abuso del poder y la injusticia social como aspectos hondamente cuestionados por la visión escatológica cristiana.

Es por ello que el teólogo de la cruz siempre se hallará en la encrucijada del poder y el contra-poder. No es un abogado del anti-poder, que es la alternativa mesiánico-utópica de Müntzer y los "entusiastas" donde, por definición, pocos tienen cabida. Los entusiastas de todas las épocas se enrolan en proyectos que solo revierten los *términos* del poder, pero no la *lógica* del poder. Pero según el evangelio, se trata de ser partícipes de un contrapoder que nunca termina de establecerse, pues vive desde la debilidad de la cruz. Su lógica es totalmente antagónica a la usanza tradicional del poder, por lo que siempre se encuentra en conflicto con ella. Su lógica, como vimos, es el ágape, la misma *koinonía* divina, una ontología de la *no-violencia.* Aquí se funda una nueva y definitiva estructuración de los procesos vitales donde la violencia (secular) y la muerte (eterna) ya no tienen dominio. Sin embargo, esta lógica también sabe de la necesidad de encontrar un *modus vivendi* con el poder de este *saeculum,* en nombre del mismo principio que quiere solventar. Si así no lo hiciera, simplemente se convertiría en lo que alguna vez Sigmund Freud llamó un "premio a la maldad".

En la historia los cristianos son partícipes de un contrapoder que si bien (todavía) no es lo suficientemente eficaz como para terminar con todos las injusticias, posee un grado suficiente de poder como para moderar sus impactos y mantenerlas bajo cierto control.[117] Pero a menos que se quiera resolver el problema del poder por medio de un poder coercitivo más que persuasivo (a la usanza de Müntzer), resolviendo el escándalo de la injusticia con una mayor victimización, el camino de la cruz deberá afrontar sus propias debilidades. Es este elemento teológico que Lutero vio con toda claridad: el evangelio no puede diluirse por medios inapropiados; no puede legítimamente alistar la violencia como una de sus herramientas. Pero lo mismo debe decirse con respecto a la ley y a la "autoridad": si bien cierto grado de coerción es inevitable, esta debe ser encauzada en el mayor grado posible por los criterios y fines que se desprenden del dato central de la cruz, es decir, el amor radical. Un amor que no necesariamente se manifiesta como una explosión espontánea, pero que al menos crea espacios y facilita los medios para que la paz, la justicia y la equidad puedan experimentarse en la mayor medida de lo posible frente a una determinada coyuntura social y ecológica. Se trata de una cierta "concesión" donde la entropía significada por las dinámicas sociales no es *anulada*, sino *confinada.*

Así y todo, la lectura que he hecho de Lutero deja un sabor agridulce. Por una parte insisto en su colosal intuición teológica, intuición que siempre abre nuevas canteras para ser visitadas y exploradas por nuevas generaciones. Por otra parte, no puede disimularse el marcado traspié socio-político del reformador. Lo que imposibilitó señalar el sufrimiento *social* como un campo abierto a la redención no fue tanto su recomendación a las autoridades del uso decisivo de la espada (problemático de por sí), sino el quiebre de la propia dinámica hermenéutica de su teología de la cruz. Aquí su lenguaje, que como todo discurso es un medio por el cual se actúa, se siente y se piensa, no fue lo suficientemente radical tal como lo exigía su redescubrimiento de la cruz. Acertó en mantener la lógica del evangelio, ensalzando sus medios no-violentos como criterio del verdadero cambio, como ruptura de los valores imperantes del viejo eón. Pero desacertó en su esmerado esfuerzo por lograr un equilibrio social cuando las fuerzas que habían desatado sus ideas exigían un nuevo campo socio-político de expresión. En síntesis, patrocinó una visión gradualista, una "homeostasis" conservadora,

117. Cf. René Girard, "Are the Gospels Myhtical?", en *First Things*, 62, abril de 1996, p. 28.

cuando su visión inicial de la cruz podría haber generado una matriz cultural y social que propiciara un efecto multiplicador y un cambio substancial.

Pero tal vez, solo tal vez, estamos presionando al viejo Lutero en una dirección que ni él ni nadie en su época podía tomar. Su "revolución" hay que buscarla en otro lado, en la reserva de una teología que aportó al despertar de procesos culturales y sociales que aún vivimos. Su teología fue una revolución de la conciencia humana frente a Dios, frente al prójimo, y frente a la naturaleza. Y el centro de esa teología, la cruz, es lo que hoy puede despertar en nosotros una libertad revolucionaria frente a las falsas promesas de gloria.

ASPECTOS LITÚRGICOS Y ARTÍSTICOS

La obra poético-religiosa de Lutero

Feliciano Pérez Varas

El intento de comentar en el marco habitual de una conferencia la obra poético-religiosa de Lutero tropieza, entre otras dificultades, con las derivadas de las siguientes realidades evidentes: considerada la cuestión *lato sensu*, toda la obra literaria de Lutero es poético-religiosa porque la intencionalidad se sirve de una forma literaria que cuenta entre sus apetencias con la estética. Y, por otra parte, de una consideración *stricto sensu* se deduce que, *si toda su obra literaria es teleológicamente religiosa,* resultaría en cambio prolijo por demás el empeño de cerner o decantar la obra luterana para segregar de sus otros componentes los elementos poéticos, de igual modo que resultaría improcedente establecer *a priori* una clasificación que, basándose en criterios formales, temáticos o finalistas dividiera la obra de Lutero en dos grupos: el de las obras poéticas y el de las obras no poéticas.

Parece más adecuado a nuestras circunstancias de tiempo y lugar someter a consideración, en primera instancia, el *recurso principal para la consecución de una obra poética: el lenguaje;* comentar luego el manejo que se hace de este recurso en el propósito de alcanzar de modo poético una finalidad religiosa, señalar las fuentes y modelos para la pretensión estética de Lutero; y recoger finalmente, como corolario, el resumen de aquellas obras en las que la pretensión estética ha alcanzado mayor densidad, y que son las que en la habitual dicotomía simplista suelen ser denominadas "poéticas".

El lenguaje

Variedad lingüística

Cuando hacia 1515, empalmando con los últimos brotes de la mística medieval, Martín Lutero se propone la edición de la *Theologia Deutsch,* del no bien conocido Franckforter, que aparecerá con el título de *Eyn Deutsch Theologia*, primeramente en 1516, y luego, completa, en 1618, no puede decirse que la lengua alemana se encuentre en un momento particularmente propicio para la creación literaria.

El joven Doctor en Teología que iniciaba con este tratadillo místico una incansable carrera literaria, se encontraba con una lengua *que carecía* de la mayor parte de los elementos que hubiera podido facilitarle su trabajo y se veía forzado a desarrollar la tarea tan poética como incómoda de "hacer camino al andar".

La decadencia de la literatura caballeresca medieval, que había propiciado el florecimiento de un clasicismo tan brillante como efímero, había significado la desaparición de los afanes por conseguir una lengua artística común y de validez general. La burguesía naciente, que había revelado a la caballería en el caudillaje social, carecía de la voluntad artística que había animado al estamento caballeresco y, por añadidura, tampoco poseía cauces de difusión equiparables a la red de relaciones suprarregionales por la que se había expandido la cultura cortesana caballeresca. *El desarrollo de la burguesía y el crecimiento de las ciudades acabaron con los afanes por conseguir una lengua común.*

Las incipientes tendencias unitarias procedentes de otros ámbitos que ahora no es el momento de enumerar, no podían compensar las pérdidas sufridas en aquel proceso ni evitar que el joven profesor agustino —que ya desempeñaba una Catedra de Teología en Wittenberg por cesión de su Superior, maestro y amigo Johannes von Staupitz— se encontrara ante un panorama lingüístico caracterizado por el fraccionamiento.

En la Alemania Septentrional, el activo tráfico de las ciudades de la Hansa había conseguido hasta cierto punto una superación de las diferencias dialectales, y en la segunda mitad del siglo XIV surge una lengua comercial y de interrelación, acuñada predominante en Lübeck, y que se extiende no solamente por las zonas en que los centros comerciales imponen su influencia, sino también por todas aquellas otras acogidas a la normativa jurídica de la Hansa.

Pero tampoco esta lengua regional pudo alcanzar duración ni vigencia. Los grandes acontecimientos históricos que tienen lugar en torno al año 1500, concretamente los grandes descubrimientos que abren para Europa un nuevo mundo situado a Occidente, infringen un duro quebranto al comercio del mundo báltico y a la Hansa en general. La preponderancia económica y cultural de Lübeck pasa a Hamburgo y Bremen, ciudades en las que afloran otras influencias. Y la difusión de los fenómenos culturales que conllevan en sí la Reforma y el Humanismo consuma a la consunción o neutralización de aquella lengua de interrelación propia de Bajo Alemán Medio, en cuyo ámbito, por otra parte, no habían surgido espíritus creadores en el terreno literario que hubiera podido prestar a su lenguaje recursos defensivos para la supervivencia.

También en los ámbitos regionales de Alemania Central o Mitteldeutschland y de la Alemania sureña que se conoce en alemán con el nombre de Oberdeutschland o Alta Alemania, existían tras la decadencia de la lengua caballeresca lenguajes comerciales y de interrelación que presentaban una relativa unidad regional.

Entre ellos, y aunque las investigaciones modernas restringen un poco su importancia, alcanzó una indudable preponderancia el lenguaje de la cancillería de Carlos IV en Praga, al que, pese a todas las restricciones, le corresponde una indudable importancia en el curso global de la evolución de la lengua alemana en su camino hacia la consecución de la lengua común del Alto Alemán Moderno.

La importancia de esta lengua de la cancillería praguesa de Carlos IV puede deducirse del hecho de que en ella se mezclan elementos procedentes de las áreas central y sureña, lo que supone un fermento favorable al equilibrio y a la aceptación común, y del hecho no menos importante de que esta lengua de la cancillería de Praga, por efecto de la influencia de su director, Johann von Neumarkt, se configura parcialmente de acuerdo con las tendencias del humanismo, lo que la sitúa en las corrientes de la nueva cultura europea. El *Ackermann aus Böhmen*, de Johann von Tepl, *notarius et rector scolarium* en Saaz, está concebido en ese mismo espíritu, sin perjuicio de las otras varias tendencia que lo animan.

Junto a estas dos áreas lingüísticas hay que citar una tercera, la correspondiente a la zona denominada Ostmitteldeutschland, es decir, la propia de la Alemania Centro-Oriental. Todas estas comunidades, además de la existente en el Sureste alemán, para cuya lengua se acuña ya en la segunda mitad del siglo XV la denominación de *Die Gemaine Theutsche* y que corresponde al lenguaje de la zona de influencia de la cancillería imperial de Austria, así como algunas otras variantes regionales de diversa entidad, mantienen entre sí complejas relaciones de intercambio y nivelación.

El Osmitteldeutsch, y particularmente el lenguaje de la cancillería del Príncipe Elector de Sajonia, se convierte a la larga en componente básico de la lengua común del Alto Alemán Moderno, sobre todo por el hecho de que Martín Lutero se sirve preferentemente de él.

La unificación de la lengua

Esta variedad lingüística no parece arredrar en demasía a Lutero, que, por falta de perspectiva o por optimismo voluntarista se manifiesta convencido de la unidad existente en los lenguajes de las cancillerías de la Alemania Central y Meridional, y escribe en el capítulo 70 de sus *Tischreden*: "No tengo ninguna lengua propia y especial en alemán, sino que utilizo la lengua alemana común, de suerte que me pueden entender tanto los de la zona del norte como los de la del sur. Hablo siguiendo a la cancelería sajona, a la que también siguen todos los príncipes y reyes en Alemania... Por eso es la lengua alemana más común. El emperador Maximiliano y el príncipe palatino Federico han reducido las lenguas alemanas a una determinada lengua dentro del ámbito del Imperio romano".

Pese al optimismo de Lutero, el rápido bosquejo que acabamos de trazar puede ofrecernos una imagen más realista de las circunstancias y resaltar el mérito de la labor desarrollada por el propio Lutero en cuanto a la unificación de una lengua y a su habilitación como instrumento para la creación poética. El esfuerzo es tanto más meritorio si se tiene en cuenta que no todos los eruditos estaban convencidos de la necesidad de una unificación, y más de uno, entre ellos humanistas tan relevantes como Niklas von Wyle, se manifestaban opuestos a estos afanes y propugnaban un mejor conocimiento y una afirmación de las variedades dialectales. Quienes, por el contrario, estaban de acuerdo con la opinión de Lutero, no ocultaban su descanto por la desorientación reinante. Johannes Agricola escribía en 1529: "Todas las naciones han reducido sus lenguas e idiomas a unas reglas. Solo los alemanes, poco considerados con lo nuestro, hemos olvidado eso".

Quienes nos dedicamos profesionalmente a la germanística no podemos evitar quedarnos meditabundos ante una lamentación como la de Johannes Agricola, por lo que tiene de estribillo repetido con irregular periodicidad en la historia de la lengua alemana, o de la muy despierta sensibilidad ante los avatares de la que es, indudablemente, la más preciada joya del tesoro cultural de un pueblo.

Una o diversa, según opiniones de unos y otros, lo cierto es que la lengua alemana es bien distinta cuando, tras un período azaroso en el que se arriesgan los cuerpos y las almas, sale de las manos de Lutero, convertida en instrumento idóneo para la creación literaria.

Las incidencias de este proceso son demasiadas y demasiado heterogéneas para ser enumeradas aquí, donde a lo más que se puede llegar es a una sucinta caracterización de las líneas maestras con el fin de que sirvan como fondo a los perfiles de la obra poético-religiosa de Martín Lutero.

Caracterización y fuentes del lenguaje de Lutero

Sin menoscabo alguno de sus méritos, indiscutibles por lo demás, es de justicia partir de una idea clara; Lutero no comienza desde la nada, sino que se inscribe en una ya larga tradición de traductores, escritores y comentadores de literatura edificante. En esa corriente adquiere para él una importancia fundamental la prosa mística de Ostmitteldeustschland, con la que él estaba familiarizado. El que su primera publicación fuera una edición comentada del "Franckforter" no es una casualidad, sino el testimonio de su especial sensibilidad y de su inclinación hacia esa manifestación del espíritu humano tan relevante en el campo religiosos como en el literario. Con ello queda dicho que a Martín Lutero no le eran desconocidos ni la lucha por la expresión ni la audacia innovadora que han caracterizado desde sus orígenes a la mística.

Primero su contacto con la mística popular de la *devotio moderna*, tan extendida en los Países Bajos y en la Baja Alemania, y luego su familiaridad con la mística del territorio lingüístico del Alto Alemán, con la gran mística medieval, aguzó su sentido creador y le proporcionó abundante caudal léxico.

Del vocabulario de la mística fueron a parar muchos términos a la traducción de la Biblia y a sus escritos polémicos en la campaña reformista. De aquí proceden muchos elementos, palabras y giros que no podía proporcionarle la lengua popular, y que, por otra parte, confiere al lenguaje de Lutero el carácter de lengua culta. Y de aquí proceden muchos términos que, tomados por él o recreados siguiendo una técnica tradicional, llegaron al lenguaje común moderno.

En otros aspectos meramente filológicos, en una estimación que lo eleva a la categoría de "Padre de la lengua alemana" y que retrotrae sus orígenes hasta Erasmus Alberus cuando dice de Lutero: "Lutherus linguae Germanicae parens, sicut Cicero Latinae" ("Lutero, padre de la lengua alemana, como Cicerón del latín"), es preciso tener muy presente que Lutero no es un filólogo. Su preocupación por la lengua alemana deja de lado las cuestiones fonéticas y morfológicas y se concentra en el manejo estilístico en cuanto soporte semántico, en cuanto instrumento expresivo del auténtico sentido del concepto. A esto nos referíamos cuando al comienzo de este conferencia pretendíamos establecer unos valores proporcionales a lo religioso y a lo poético de la obra literaria de Lutero.

Esta es una cuestión en la que no cabe equivocidad porque el propio Lutero se define explícitamente al respecto cuando declara en su traducción de la Biblia que el lenguaje no es para él otra cosa que la funda o vaina: "darynn dis messer des geysts stickt" ("en él —el lenguaje— se enfunda el cuchillo del espíritu"), la vaina en que se enfunda este cuchillo del espíritu (refiriéndose al Evangelio), mientras que la teología es en todo momento "Kern und Mark der Knochen" ("Núcleo y médula de los huesos") de todo su quehacer. La admiración por su obra está justificada si se atiende a los que son sus valores auténticos: su maestría en el arte de traductor, su genialidad y su increíble potencia como creador de lenguaje.

Resulta obvio que los lenguajes de las cancillerías que Lutero dice asumir no podían bastarle para sus propósitos, puesto que tanto desde el punto de vista léxico como desde el punto de vista sintáctico o estilístico esos lenguajes no eran el instrumento adecuado para la consecución de unos fines que eran para Lutero primordiales y rebasaban la mera satisfacción artística de un creador literario. El lenguaje es solamente la vaina, había dicho, y los destinatarios de su obra no eran eruditos y nobles, sino el pueblo llano. Las lenguas de cancillería son meramente punto de partida para la creación de un lenguaje que debe poseer todos los atributos necesarios para llegar al pueblo: los elementos populares, la expresividad o, si se quiere, la agresividad expresiva de la lengua popular es otro de los componentes básicos de su obra, que, también hay que decirlo, en ningún momento renuncia a ennoblecer lo demasiado vulgar.

Esa función del ennoblecimiento venía dada inevitable e instintivamente por el hecho de que Lutero, por su formación, era un erudito capaz de ofrecer esa diestra mezcla de alemán y latín que ofrecen sus *Tischreden.*

Tampoco le faltaba la conciencia de ello, como puede verse en el agresivo fragmento de su *Sendbrief vom Dolmtschen* [Misiva sobre la traducción] en el que, parafraseando un pasaje de la Segunda Epístola de San Pablo a los Corintios, escribe refiriéndose a sus contrincantes, los papistas: "¿Son doctores? Yo también. ¿Están instruidos? Yo también. ¿Son predicadores? Yo también. ¿Son teólogos? Yo también. ¿Son disputadores? Yo también. ¿Son filósofos? Yo también. ¿Escriben libros? Yo también. Y quiero gloriarme aún más: Puedo comentar salmos y profetas, cosa que no pueden ellos. Puedo traducir, cosa que no pueden ellos. Puedo leer el escrito adjunto. Eso no lo pueden ellos".

Pero toda esta suficiencia de erudito, que él sabe administrar cuando sus escritos tienen un destinatario culto, no le hace perder el sentido de la orientación, que, habida cuenta del objetivo principal de su obra, lo lleva a potenciar esa vena popular que habría de conferir a sus escritos tan súbita difusión y a la lengua alemana tanta ductilidad y tanta fuerza expresiva. Ese sentido de la orientación guía su labor de traductor, que tiene muy presente, tanto a efectos de la comprensión popular como de la dignificación de la lengua alemana, un principio que se ha hecho famoso y que está formulado en el *Sendbrief*: "... no hay que preguntar a las letras de la lengua latina cómo hay que hablar el alemán, como hacen esos asnos [los asnos son, naturalmente, sus contrincantes], sino que hay que preguntar a las madres en su casa, a los niños en la calle, al hombre corriente en el mercado, y mirarles a la boca para ver cómo hablan, y traducir de acuerdo con ellos. Así entienden y notan que uno habla en alemán con ellos".

Con estos pocos rasgos puede quedar bosquejado el instrumento lingüístico con que Martín Lutero aborda la creación poética. No hará falta insistir en que su peculiarísima sensibilidad para el lenguaje, su instinto en la búsqueda de las formas más expresivas y su tacto en la selección de lo culto y lo popular según las conveniencias de cada caso concreto son los que confieren a este instrumental su sorprendente eficacia.

La utilización del lenguaje

Una muestra tan breve como gráfica puede ser el pasaje de la Oración del Huerto en el Evangelio de San Marcos, capítulo 14, versículo 33. Como en tantas otras ocasiones, la maestría no ha sido el fruto de una intuición genial, sino el resultado de un largo período de tanteos y pruebas, en los que ha buscado pacientemente el ritmo más adecuado, la sonoridad más bella.

Al llegar al pasaje de San Marcos en que leemos: "32: En esto llega a la granja llamada Getsemaní. Y dice a sus discípulos: Sentaos aquí mientras que yo hago oración. 33: Y llevándose consigo a Pedro, a Santiago y a Juan, comenzó a atemorizarse y angustiarse.". Lutero ensaya la traducción del versículo 33 repetidamente tentando servirse del viejo recurso estilístico del *Stabreim* o Aliteración Inicial y escribe en la primera versión: "Vnd fieng an zu ertzittern vnd zu engsten". ("Y comenzó a temblar y a angustiarse"). Pensando luego tal vez que el *Stabreim* es un recurso fundamentalmente consonántico y que solo mediante el consonantismo adquiere su plena sonoridad, sustituye los verbos para utilizar una aliteración inicial consonántica, y desde la edición de 1530 escribe: "Vnd fieng an zu zittern vnd zu zagen." ("Y comenzó a temblar y vacilar").

No menos gráfica ni menos breve es otra muestra del magistral dominio del juego de las vocales, cuando en el episodio de la Anunciación del ángel a los pastores del Evangelio de San Lucas las palabras del ángel adquieren una clara tonalidad mediante la acumulación de la vocal "i": "*i*r werdet f*i*nden das K*i*nd *i*n w*i*nden gew*i*ckelt, vnd *i*n einer Kr*i*ppen l*i*gen". ("Encontraréis al niño envuelto en pañales y recostado en un pesebre" (2.12).

Si de toda esta combinación de elementos resulta un lenguaje situado a medio camino entre la prosa y el verso, el resultado no es meramente producto de una voluntad estética que concibe la belleza como fin en sí misma, sino de una vivencia religiosa que le hace concebir la palabra de Dios como experiencia viva de salvación por la fe. Es en este sentido en el que puede afirmarse que toda la obra literaria de Lutero es poético-religiosa y este espíritu es el que lo anima en la creación literaria, con diversa vibración según los textos que maneja al traducir, según el destinatario de su obra y según el nivel anímico que corresponde a cada género literario o pastoral.

La traducción de la Biblia

El texto de los textos, la obra por excelencia es, naturalmente, la Biblia, en cuya traducción confluyen todos los recursos artísticos que hemos venido enunciando y todas las fuentes populares y culturas que como punto de partida o fuentes de inspiración hemos mencionado.

Desde los primeros afanes de 1517 en la interpretación de los Siete Salmos Penitenciales hasta la primera edición completa de 1534, la famosa "La Biblia, esto es: toda la Sagrada Escritura en alemán," e incluso hasta las revisiones posteriores que concluyen en la publicación de 1546 con las últimas correcciones del propio Lutero, han transcurrido casi treinta años de esfuerzos en un propósito indeclinable en el que estaban comprometidas todas las fibras de su ser anímico.

La Biblia luterana es la primera traducción alemana hecha a partir del texto original hebreo y griego, lo que implica la aportación a la obra *del Lutero erudito, humanista, culto.*

Ha utilizado, ciertamente, como apoyatura y sugerencia los conocimientos que le proporcionaba la filología humanista y la experiencia de las traducciones anteriores, pero se ha basado en fundamentos absolutamente personales y ha desarrollado su trabajo con la libertad responsable necesaria para preservarlo de la esclavitud formal que caracterizaba a las traducciones precedentes. Sus criterios quedan explícitamente declarados en *Ein Sendbrieff vom Dolmetsche und Fürbitte der Heiligen*, de 1530.

Y si en la interpretación se ha servido del instrumental erudito que pudiera garantizarle la recta intelección del texto bíblico, en la formulación ha tenido muy presentes *a los destinatarios principales de libro sagrado:* las gentes sencillas.

La traducción ha sido realizada teniendo como norte la rigurosa interpretación del sentido textual, pero cuidando que el texto resultante fuera también rigurosamente alemán en cuanto a la sensualidad, en cuanto al estilo, en cuanto a la sintaxis. Para ello ha sido necesario poner a prueba toda su maestría en la selección del vocabulario, en la creación de un léxico inexistente y necesario y en el mantenimiento de un ritmo de lenguaje que fuera sentido como alemán, como autóctono.

La inmediata y permanente influencia de la traducción de la Biblia sobre la lengua alemana acredita el éxito de un propósito en el que la creación poética asumió funciones ancilares de la finalidad religiosa, pero recibió de ese mismo afán religioso de Lutero los mejores impulsos. El binomio de lo poético-religioso pudo subsistir en este caso con beneficio mutuo para los dos componentes.

Los escritos dialécticos y teológico-políticos

El grupo de obras recogidas bajo el título genérico de *Mahnund Kampfschriften* tienen una finalidad definida a la que se subordina toda otra consideración.

Si al hablar de la traducción de la Biblia Lutero denominaba al lenguaje "vaina" en la que se enfunda el cuchillo que es el Evangelio, en este caso concreto el lenguaje es cuchillo acerado, bisturí inmisericorde que unas veces taja diestramente en busca del centro conceptual, otras veces pretende llegar a las zonas de sensibilidad, y otras intenta el golpe de gracia que deberá descalificar al contrario.

Si hemos de cualificar o cuantificar las proporciones en la polaridad de lo poético y lo religioso, no hay más remedio que admitir que en los *Mahn und Kampfschriften* lo poético está voluntaria y conscientemente reducido al uso calculado de los más eficaces recursos de la dialéctica.

Todos los escritos de la serie están concebidos en un tono popular y accesible a la generalidad de los lectores, sin perjuicio de una peculiar matización según que el destinatario sea le pueblo llano o la nobleza alemana. El objetivo único es la eficacia propagandística orientada al servicio de la nueva fe, y en esa lucha utiliza Lutero como puntos de apoyo principales la Biblia, los Padres de la Iglesia en general y San Agustín en particular. Aquí es la razón el punto de referencia predominante y las consideraciones para el ritmo del lenguaje o para el juego tonal del vocalismo quedan desplazados. Convencer y descalificar son las dos líneas maestras de toda esta serie.

En 1518 se publica la obra titulada *Ein Sermon oder Predig von dem ablass und gn a de...*, que es una toma de posición en la querella de las indulgencias y que está centrada en torno a la idea de que la práctica de las indulgencias constituye un abuso.

En 1520, por primera vez, y editado repetidamente después, aparece una de las obras más relevantes en la producción luterana: *An des Christlichen adel deutscher nation: von des Chistlichen standes Besserung (A la nobleza cristiana de la nación alemana: sobre el mejoramiento del Estado cristiano)*. Es el *escrito programático de la Reforma*, aunque en diversos pasajes extienden sus comentarios y sus juicios a puntos correspondientes a la economía y a la política.

El repertorio de temas abordados propicia más el uso de la reflexión fría y de la argumentación tajante que el de los recursos formales con finalidad estética.

Recordando y proponiendo como modelo el protocristianismo, Lutero propugna la sencillez y simplificación de la administración eclesiástica, la derogación del celibato, la obligatoriedad de la confesión, etc. Se manifiesta, en cambio, favorablemente al cultivo del campo frente al comercio y al capitalismo. En otros terrenos, defiende el reconocimiento del valor moral que corresponde a todo trabajo, predica la generalización del carácter sacerdotal como propia de todo cristiano y se declara opuesto a la idea de la infalibilidad del Papa y de los concilios e impugna la influencia romana sobre Alemania y el derecho romano.

De captivitate Babylonica ecclesiae praeludium, o *Von der babylonischen Gefangenschaft der Kirche*, traducido al alemán por Thomas Murner y aparecido en 1520, es una disquisición dogmática sobre los Sacramentos, de los que no admiten más que la Eucaristía y la Penitencia. Tampoco es obra en la que se conceda importancia a la configuración poética, lo mismo que en la obra titulada "De la libertad de un hombre cristiano" de 1520, publicada en latín y en alemán, en la que se declara que desde el punto de vista espiritual el cristiano es absolutamente libre y no está sometido a nadie, y que el Evangelio y la fe son el único alimento y el único apoyo del hombre.

En la misma línea en cuanto a la valoración poética está el resto de la serie de obras, más o menos amplias, recogidas en el grupo de los *Mahn- und Kampfschriften*, que son:

- *An die Radherren aller Stedte deutsches Lands: das sie christliche schulen auffrigten und hallten sollen* (*A los señores de todas la ciudades del país alemán*) que deben erigir y sostener escuelas cristianas", de 1524.

- *Wider die Mordischen und Reubischen Rotten der Bawren* (*Contra las bandas asesinas y ladronas de los campesinos*, de 1525, que declara la actitud la actitud de Lutero en la guerra de los campesinos y constituye una exhortación a la represión sin consideraciones de la sublevación.
- *Deutsche Messe und Ordnung Gottesdients* (*Misa en alemán y Ordo del oficio divino*), de 1526, que contiene los principales preceptos de la nueva ordenación litúrgica.
- *Wider Hans Worst* (*Contra Hans Worst*), de 1541, que es una polémica desmesurada contra el duque Heinrich von Braunschweig, un encarnizado enemigo de la Reforma.
- *Von den Jüden und jren Lügen* (*Los judíos y sus mentiras*), de 1543, cuyo contenido no es necesario glosar.
- *Wider das Bapstum su Rom vom Teuffel gestifft* (*Contra el Papado erigido por el demonio en Roma*), de 1545, que supone la culminación de la polémica luterana con el papado.

Otro tanto puede decirse, en lo que toca a la utilización de recursos estéticos y a la atención por los valores poéticos, sobre los numerosos escritos en alemán y en latín (prólogos, sermones, cartas y tratados) en los que Lutero se manifiesta sobre cuestiones dogmáticas, éticas y políticas.

En todo este grupo la *preponderancia de lo religioso sobre lo poético* es tan evidente como lógica.

Los *Lieder*

Otra y bien distinta es la facies de los "Lieder".

Los *Lieder*, cuya época más fructífera puede centrarse en torno a los años 1523 y 1524, son cuarenta y uno de los que tres son absolutamente originales.

Se trata predominantemente de cantares concebidos para el servicio religioso, o para la vida devocional, y en su creación se utiliza la tradición existente en la Iglesia a este respecto procurando extraer de ella los elementos y la experiencia propicios para el desarrollo del canto comunitario.

Todo lo dicho sobre la traducción de la Biblia en cuanto a la utilización de los recursos poéticos del lenguaje y a la concepción de este como instrumento para la evangelización y la edificación espiritual, tiene aplicación en el caso de los "Lieder".

Incluso, puede suponerse fácilmente que aquella técnica de creación experimenta en este caso la lógica potenciación, porque en este género literario, si por una parte la música y el verso imponen al creador exigencias adicionales y más rigurosas, por otra parte le ofrecen recursos artísticos más penetrantes también.

En cuanto a los demás supuestos de la creación literaria, Lutero ha procedido, tanto en las fuentes como en el enfoque, de modo análogo.

Los modelos habituales son los siguientes:

Los Salmos. Basado en el Salmo 46, "Deus noster refugium et virtus…" está uno de sus *Lieder* más populares: "Ein feste Burg ist unser Gott", una maravilla de ritmo, trabazón y expresividad, que dice:

Ein feste Burg is unser Gott,
Ein gute Wehr und Waffe.
Er hilfi uns frei aus aller Not,
Die uns jetzt hat betrolfen.
Der alt böosse Feeind
Mit Ernst ers jetzi meint.
Gròß Macht und viel List
Sein grausam Rüstung ist.
Auf Erd ist nicht seinsgleichen.
Mit unsrer Macht ist nichts getan.
Wir sind gar bald verloren:
Es streit für uns der recht Mann,
Den Gott hat selbs erkoren.
Fragst du, ver der ist?
Er heißt Jesu Christ,
Der Herr Zebaoth,
Und is kein ander Gott.
Das Feld muß er behalten.
Und wenn die Welt voll Teufel wär
Und wollt uns gar verschlinge,
So fürst dieser Welt,
Wie saur er sich stellt,
Tut er uns doch nicht.
Das macht, erist gerich.
Ein Wöortlein kann ihn fällen.
Das Wort sie sollen Lassen stahn
Und kein Dank dazu haben.
Er ist bei uns wohl auf dem Plan
Mit seinem Geist und Gaben.

Nehmen sie den Leib,
Gut, Ehr, Kind und Weib,
Laß fahren dain!
Sie habens kein Gewinn, Gewinn,
Das Reich muß uns doch bleiben.

De la misma procedencia es el titulado "Aus tiefer Not schrei ich zu dir" basado en el Salmo I, o los titulados "Ach Got von Hymel sihe darein", que recrea el Salmo XI, "Salvum me fac, Domine", y "Es spricht der Vnweysen Mundt wol", que se apoya en el Salmo XII, "Dixit insipiens…".

Los Volkslieder. En la vena popular, que, como en la creación de lenguaje, ofrece Lutero tantas sugerencias, se basa otro de los Lieder más difundidos; el titulado *Nun freudt euch Lieben Christen Gemein* ("Alégrate ahora, amada comunidad cristiana"), de 1523.

Leise. La más vieja forma de canción popular religiosa, desarrollada a partir de la Letanía y denominada precisamente *Leis* por proceder del *Kyrie Eleison*, sirve a Lutero también de inspiración para Lieder como el titulado "Golobet Seis du Jesu Christ".

Los himnos y las secuencias. Pertenecientes también a la más vieja tradición y presentes en la liturgia desde los tiempos de Notker der Stammler, el monje de Sankt Gallen en el siglo IX y de Wipo, el capellán de corte de Conrado II en el siglo X, ofrecen también inspiración a Lutero: el Lied titulado *Mitten wir im Leden* tiene su base en *Media vita.* El Lied titulado *Kom Helliger Geist* es una transposición de la Secuencia de Pentecostés *Veni Sancte Spiritus.*

Este rápido vistazo a la panorámica de la obra poético-religiosa de Martín Lutero, tan sucinto como las circunstancias lo exigían, no ha pretendido ensartar o justificar unos elogios que la historia de la lengua y la literatura le han prodigado suficientemente. Bastaría recordar testimonios como el Lessing, cuando escribe: "Tengo a Lutero en tal honor que, bien pensado, me alegro de haber descubierto en él algunas pequeñas deficiencias, pues de otra suerte correría yo el peligro de divinizarlo."

O el de Heinrich Heine, lleno de entusiasmo: "¡Gloria a Lutero! Eterna gloria al hombre querido, a quien debemos la salvación de nuestros bienes más nobles y de cuyas mercedes vivimos todavía hoy."

Se trataba, mucho más objetiva y modestamente, de establecer un apunto sobre las circunstancias en que Martín Lutero se instala en la lengua que debe servirle como vehículo para su objetivo religioso, sobre la capacitación que él consigue dar a esa lengua para que pueda cumplir la finalidad que él le asigna, "cuchillo del Espíritu", y sobre la distribución del acento, según la oportunidad, entre lo poético y lo religioso, habida cuenta de que lo primero es para él, solo o en primera instancia, un elemento ancilar de lo segundo.

Lutero y el arte: una perspectiva latinoamericana

Jerónimo Granados

Introducción

Para poder entender algunos aspectos de la temática del arte en el marco de la Reforma debemos remitirnos al Renacimiento. También habría que mencionar tanto el lastre cultural y artístico de la Edad Media como el impulso que tuvo el arte en el marco de la Contrarreforma, pasando por el iconoclasmo[1] que se presentará como un *caracteristicum* de la Reforma. Si el iconoclasmo pretende ser uno de los temas distintivos de la Reforma, se debería analizar en qué momento esto se consuma, su desarrollo y quiénes lo asumen. Para Lutero, el arte y sus manifestaciones no revisten mayor preocupación, su crítica es más bien a la actitud idolátrica que esta pueda generar. El protestantismo latinoamericano recibe la influencia iconoclasta en un estadio posterior y en forma ecléctica y se extenderá en el ambiente protestante en general hasta nuestros días. También pasará a ser el común denominador de los evangélicos y perdurará hasta la actualidad teniendo en mayor o menor grado influencia en la vida de la iglesia. El iconoclasmo es también el elemento distintivo y diferenciador con la Iglesia Católica donde pervive una política icónica tridentina y contrarreformista, con algunas excepciones en aquellos grupos que se adhirieron a la reforma litúrgica luego del último Concilio Vaticano.

Arte e idolatría

El desarrollo del arte en el ámbito de la iglesia tuvo distintos momentos y objetivos. En sus comienzos, la herencia judía[2] iconoclasta llevó al cristia-

1. Iconoclasmo: iconoclasta, del griego *eikonoklástes:* el que destruye las imágenes, es decir, se trata de aquél que niega todo tipo de imagen.
2. No incluyo el desarrollo del iconoclasmo en el judaismo. Si bien en la Biblia hay referencias muy antiguas al respecto, como por ejemplo la destrucción del becerro de oro, se sabe que en el judaísmo antiguo existieron representaciones de *Yave* e inclusive de "su mujer" *Aschera.* Ver Erhard Gesternberger, *Jahwe, ein patriarchaler Gott?* Stuttgart-Berlín, Köln, Mainz, Verlag W. Kohlhammer, 1988.

nismo primitivo a realizar representaciones minimalistas y a generar discusiones sobre la pertinencia o no de la representación de Jesucristo. Para crear las primeras imágenes cristianas se valen de paradigmas no-judeo-cristianos, es decir, se ven obligados a tomar imágenes "profanas" para luego darles un contenido cristiano. Mientras que en el oriente hubo reservas respecto a la utilización de las imágenes,[3] en occidente su utilización fue más funcional, con un claro objetivo didáctico, aunque no libre de ser rodeadas por un aura mágica. En la Edad Media la expresión artística será solo un pretexto casi estilizado y falto de emoción para elevar el espíritu humano por encima de la carnalidad y los fondos y aureolas color oro serán el *pars pro toto* de lo inalcanzable y lo inmaterial. El centro estuvo en las denominadas reliquias, que tenían más un carácter memorial litúrgico que plástico y tenían una clara función para la adoración.

Aunque los prerreformadores tenían sus críticas hacia la adoración de imágenes,[4] es en febrero de 1522 que se produce el denominado *Bildersturm*[5] en Wittenberg dirigido por Karlstadt. Esta actitud será repetida por otros grupos reformados[6] y sentará un precedente que tendrá consecuencias hasta el día de hoy. Por esta razón, la idolatría[7] fue condenada por la Reforma y se propuso eliminar toda aquella imagen que se considerara idolátrica, es decir que se utilizara como medio de adoración. Lutero no era tan radical respecto a la eliminación de las obras de arte; él no veía peligro en su ejecución ni su posesión, sino en la adquisición por parte del donante como si se tratara de una buena obra ante Dios. Para él esta actitud no se debe combatir a través de la violencia sino a través de la predicación[8] y con esto sentaba su posición en contra de la violencia ejercida por Karlstadt y sus seguidores. No nos debemos olvidar que todo este ataque hacia las imágenes

3. En Constantinopla bajo el Kaiser León III se inicia en el 726 el conflicto conocido como la iconoclastia bizantina que duró hasta el 843.
4. Entre ellos los cátaros, valdenses y husitas. Estos criticaban especialmente el lujo de la iglesia y la adoración de imágenes.
5. *Bildersturm*. La Reforma impulsó la eliminación de obras de arte e imágenes de las iglesias Muchas de ellas fueron destruidas o reemplazadas por otras que transmitieran en forma directa el mensaje reformado. Se ha querido ver en este movimiento una fuerza creadora y a la vez promotora de las artes autónomas. Comp. Andreas Mertin, "Vom Kultbild zum Image, Die Zerstörung von Bildern kann Ausdruck kultureller Erneuerung sein", en Jürgen Gohde *et al.*, Zeitzeichen, *Evangelische Kommentare zu Religion und Gesellschaft*, 6 (2002), pp. 36-38.
6. Como sucedió en el otoño de 1523 en Zúrich en torno a Zwinglio.
7. Idolatría, del griego *eidolo-latreía*, "adoración a la imagen".
8. *Invocativ-Predigten*, *WA* 10/3,26-36

se produce en medio del Renacimiento, movimiento que revolucionaría el arte medieval.

El Renacimiento

Cuando hablamos del Renacimiento nos tenemos que remitir al siglo XV y XVI que ha sido en llamarse la época de oro del arte occidental cuyo punto más álgido estuvo alrededor del 1500 con sus exponentes Botticelli, Leonardo, Miguel Ángel, Rafael entre otros, alguno de ellos en consonancia con Girolamo Savonarola.[9] El Renacimiento marca el comienzo de un nuevo tiempo dejando atrás la Edad Media. Le da un nuevo significado a la expresión artística. Lo sagrado en la pintura toma una nueva dimensión. En realidad se trata de considerar a la naturaleza (paisajes, plantas, animales, hombre) como algo sagrado que participa de la creación de Dios que ya en el Génesis encuentra su justificación. Dios crea todo y "vio que esto era bueno" y "crea al hombre a su imagen". Así lo entendió Miguel Ángel y así lo pintó en la Capilla Sixtina del Vaticano.

En pocas palabras, el arte renacentista descubre por primera vez desde la antigüedad la fuerza creadora de Dios en la naturaleza y la despliega con todo su vigor, riqueza, variedad y hermosura. Miguel Ángel y Alberto Durero en sus escritos reconocen la supremacía de la naturaleza, pero también sus límites y en el caso de Miguel Ángel afirma que en la pintura queda plasmada la imagen de la creación divina en toda su belleza, elemento que la naturaleza por su devenir no puede hacer. A este respecto, Durerò, considerado uno de los artistas de la Reforma, escribe en 1528 en su "Enseñanza de la proporciones" que por más ahínco que el hombre ponga para reproducir la naturaleza nunca la podrá igualar ya que esta es creación de Dios.

Otro elemento que jugará un papel importante en el Renacimiento será la valorización del individuo por sobre lo colectivo. Aquí hubo un cambio respecto a la autoría, antes se hablaba de la obra de arte, ahora pasa a jugar un papel importante el artista y su estilo personal. También será necesario darles personalidad a los retratados, de ahí que el retrato jugará un papel muy importante en el siglo XV tanto al norte como al sur de los Alpes. Los Cranach retratarán en numerosas oportunidades a Lutero y su entorno, inclusive los incluirán en retablos donde personajes de la Reforma

9. Savonarola critica fuertemente la mundanalidad en Italia y en 1497/98 propone la quema de elementos suntuosos, entre ellos también algunas pinturas (*Verbrenung der Eitelkeiten*).

pasarán a tomar el lugar reservado, hasta ese momento, a vírgenes y santos. Sin embargo, es de notar que el Renacimiento en Alemania tendrá sus particularidades. A partir del siglo XIV este experimentó una fuerte influencia flamenca, francesa e italiana. Esta heterogeneidad de influencias se verá reflejada en su quehacer artístico. Más aún, convivirán artistas dependientes del expresionismo gótico, como Mathias Grünewald, Lucas Cranach, el viejo, al que se le discute su carácter renacentista, y como claramente renacentistas a Alberto Durero (1471-1527) y Hans Holbein el joven (1497-1543).

La Reforma, Contrarreforma y Arte

La Reforma iniciada por Lutero (1483-1456) modifica la comprensión religiosa de su época. Las artes —y entre ellas la expresión plástica— no quedarán al margen de esta influencia. Lutero no escribe un tratado sobre el arte, sino que a través de sus escritos es posible extraer algunos conceptos sobre el tema. En 1517 emite la conocida protesta contra el tráfico de indulgencias en las Noventa y Cinco Tesis. Lutero establece la autoridad de la Biblia y pone énfasis en que la palabra de Dios expresa lo que desea y no debe amoldarse a la doctrina de la iglesia.[10] Todo medio externo, ya sea la venta de indulgencias o de reliquias, será considerado inservible para lograr la salvación.

Dice Lutero respecto de las artes plásticas: las imágenes "son libres, podemos o no tenerlas".[11] Las imágenes no son "ni buenas ni malas";[12] la imagen es un *Adiaphoron,* pues aquel que la contempla puede darle el contenido y uso que decida. Lutero apela a lo sensorial y pone al servicio de la fe distintas expresiones humanas, como son "la palabra de Dios a través de las prédicas, cantos, dichos, escritos y del evangelio deben enseñar e iluminar la mente, y por esta razón deben ser pinturas".[13] Para Lutero las imágenes tienen carácter de proclamación, las pinturas soportadas.[14] Cuadros, campanas, paramentos y distintos tipos de ornamentos litúrgicos son para él libres. Aunque sí desacraliza al edificio-iglesia, la construcción es funcional

10. *WA*: 2,618; 6,322, 560-561; 7,98.
11. Die Bilder "Frey sein, wir mügen sie haben oder nicht haben". *WA* 10/3, 26,5ss
12. Die Bilder "Seindt weder gout noch Boeße". *WA* 10/3,35,8ss
13. "Gottes Wort mit Predigen, Singen, Sagen, Schreiben, Malen" *WA* 51,217,35s
14. *WA* 18, 74.

a la comunidad, si no se usa puede ser derrumbada.[15] "La casa de Dios está allí donde Dios habla".[16] Para Lutero las imágenes son también parte de las mediaciones de Dios, y esto se podrá ver claramente en los pedidos que Lutero hará a su amigo Lucas Cranach de altares, ilustraciones de la Biblia y panfletos de todo tipo especialmente dedicados a atacar al papado.[17] No habrá ningún conflicto en el pedido que Lutero hiciera a Cranach para realizar el retablo del altar de la iglesia de Wittenberg; él los considera como textos visuales como lo son también los cantos de la palabra de Dios. Para Lutero es mejor dejar una pintura en la pared, como así también aparecen en la Biblia, pues ayudan al entendimiento y hacen poco daño, ya que en realidad cuando se lee o escucha sobre el sufrimiento de Cristo, el cristiano se hace una imagen en su mente de un hombre colgado en una cruz, la que lleva en el corazón. Esta actitud humana de recurrir a la imagen no debe ser considerada como un pecado.[18] Lutero no se opone a la imagen como tal, sino a la imagen que se carga de un sentido de reliquia como tesoro venerable. Para él la palabra de Dios es el tesoro que santifica todo, que nos hace a todos santos.[19]

Desde el comienzo de la Reforma e inclusive hasta después de la muerte de Lutero no cesó la producción artística con temas bíblicos y de la Reforma. Si bien el pedido de obras para iglesias protestantes había mermado, algunos maestros, como Rembrandt, pudieron ejercer su profesión libremente para satisfacer pedidos tanto de protestantes, como de católicos y judíos. Con el trasfondo de la Ilustración[20] y el movimiento pietista, el arte tomó un giro hacia lo emblemático y simbólico. Sus representantes —Gerhardt, Arndt y otros— tenían una posición moderada respecto a las artes y buscaban lo trascendente y metafórico, donde lo tecnológico formaba parte integral de la creación en las representaciones. Por ejemplo, en el tercer tomo de *El verdadero cristianismo*[21] aparecen varios grabados, entre ellos un emblema con

15. Kirchenpostille, 152 *WA* 10/1/1, 252, 66-72
16. "Wo Gott spricht, da ist Gottes Haus", *WA* 14,286,3
17. Martin Brecht, *Martin Luther, Die Erhaltung der Kirche, 1532-1546.* Till. Berlín, Evangelische Verl, 1990, p. 189ss y Paul Schreckenbach, *Martin Luther ein Bild seines Lebens und Wirkens.* Leipzig, Verl Weber, 1921.
18. 1525, *WA* 28,82ss
19. Del catecismo alemán, 1529, *WA* 30/1,145.
20. La simpleza. Ver Reiner Volp, *Liturgik, Die Kunst, Gottzufeiern.* Band 1. Einfuhrungund Geschichte. Gütersloh, Gutersloher Verlagshaus Gerd Mohn, 1992, p. 368ss.
21. Johann Arndt, *Vier Bücher vom Wahren Christentum,* Riga 1679, 3. Buch, p. 101.

la representación de una "cohete",[22] en futuras reediciones se agregarán más grabados hasta llegar a casi 60.[23]

En América

Antes de introducirnos en el continente americano, es necesario marcar ciertos puntos importantes en la concepción contrarreformista del arte. El catolicismo contraataca la política iconoclasta de los protestantes con una clara diferenciación entre arte sacro y profano. Esta conceptualización del arte aparta lo laico (*popolo*) y consolida lo religioso-cúltico. El barroco fue el estilo preponderante y el instrumento idóneo del absolutismo papal que a modo de propaganda se extendió por todo el mundo.[24] Si bien el Concilio de Trento (1563) experimentó una autocrítica hacia el abuso del arte y las reliquias, también exacerbó el acto dramatúrgico de la misa y el ornamento eclesial.[25]

La conquista de América tuvo como objetivo superponer la cultura europea al bagaje cultural autóctono, entre otros elementos, el religioso y artístico. Las políticas coloniales seguían los lineamientos tridentinos que eran reforzados e inclusive profundizados por los distintos sínodos locales. La extirpación de idolatrías fue el motor para destruir cualquier tipo de imagen o costumbre que alejara al indígena de la fe verdadera. El arte fue utilizado como un medio de comunicación y de afianzamiento de las ideas religiosas europeas y cristianas. Las iglesias se poblaron con un estilo barroco ostentoso que primeramente fue europeo, pero luego se americanizó por la intervención indígena en la confección de las obras. Este proceso icónico fue marcando a la imagen como elemento fundamental para la piedad del catecumenado latinoamericano.[26]

En el siglo XVII, el protestantismo, en su mayoría de corte pietista y puritano, se establece en la parte norte de América. A comienzos del siglo XIX, luego de algunos intentos frustrados, el protestantismo de la reforma se instala, siempre en minoría, en el centro y sur americanos. La política

22. *Rakete.*
23. Martin Brecht, comp., "Der Pietismus im 17. und frühe 18. Jahrhundert", en Martin Brecht *et al.*, comp., *Geschichte des Pietismus.* T. 1. Göttingen, Vandenhoeck & Ruprecht, 1993, p. 134ss
24. Ver Jerónimo Granados, *Bild und Kunst im Prozess der Christianisierung Lateinamerikas* (Münster-Hamburg-London, Lit Verlag 2003) 20-29.
25. Comp. Reiner Volp, p. 478ss.
26. Comp. Jerónimo Granados, p. 46ss.

propiciada por los gobernantes sudamericanos de aquella época, muchos de ellos educados en Europa, buscaba la renovación de la sociedad y estos hombres vieron en los grupos europeos del centro y norte (principalmente protestantes) una posibilidad de progreso y mutación para una sociedad criolla, mestiza e indígena impregnada de un catolicismo retrógrado que los aislaba del mundo. La inmigración europea (caracterizada por distintas etnias) se establecerá especialmente en el cono sur de América y fundarán sus propias comunidades de fe. A estas comunidades se sumarán otras fundadas desde Estados Unidos con una clara intención misionera conversionista (dirigida a criollos) y anticatólica. Todos estos grupos se caracterizaron por tener iglesias prácticamente limpias de todo tipo de imagen[27] y el elemento visual más destacado fue su arquitectura. Las iglesias pasaron a ser el lugar de culto, pero también de enseñanza y reunión.

Ante el avasallamiento icónico del entorno religioso, un elemento visual y rápidamente distintivo pasó a ser el iconoclasmo. El proceso de negación hacia lo visual queda revelado en las propias iglesias, algunas en mayor y otras en menor grado, pero que en definitiva serán un calco de sus pares del norte y rara vez experimentarán algún cambio. A medida que la secularización de la sociedad avanzó, distintas áreas absorbidas tradicionalmente por la iglesia católica pasaron a ser patrimonio del estado laico (por ejemplo la educación). Luego de 150 años, la arquitectura eclesiástica será la que marque mayor evolución y creatividad. La arquitectura se mimetizaría dejando muy pocos elementos arquitectónicos distintivos entre católicos y protestantes. No obstante esto, la ornamentación, la liturgia y con ella la música, permanecerán como un elemento diferenciador entre ambos grupos. Luego del Concilio Vaticano II, los nuevos aires teológicos americanos llevarán a una renovación de la iglesia católica que será combatida desde sus propias filas. Una señal de querer renovar el mundo visual católico estuvo dado a través de bienales de arte sacro, donde lo esencial de la concepción tridentina no fue modificado. No obstante, la diversidad de expresión del arte contemporáneo abrió nuevos campos hermenéuticos y posibilidades de expresión donde la frontera entre arte sacro y profano no siempre tiene límites claros.

Las iglesias protestantes permanecerán en su indiferencia visual, aunque el culto anglicano y luterano conservarán e impulsarán el drama litúrgico

27. Algunas seguirán la tradición de los Vitraux, con la tradicional ornamentación de altares y púlpitos con la cruz en el centro.

como elemento visual que de algún modo los acercará a lo católico y los diferenciará del ecléctico mundo evangélico, que en las últimas décadas será de corte carismático donde la teatralización del culto pasará a primer plano y lo estético en lo visual seria digno de altas críticas por parte del mentado iconoclasmo evangélico. Lo visual seguirá siendo ilustrativo y pedagógico y exageradamente figurativo. La pauperización visual llegará al extremo de una desvalorización o en el mejor de los casos de una indiferencia por el arte dentro y fuera de la iglesia.

Conclusiones

No hay duda que para Lutero las artes visuales estuvieron al servicio de su causa y fueron un medio contestatario, didáctico y de propaganda. En la actualidad, existe la discusión que si la Reforma coadyuvó al advenimiento del arte independizado de la teología, o si el Renacimiento impulsó este camino. En distintas esferas del quehacer humano se ha querido remarcar la influencia del protestantismo como agente de cambio. Sin menospreciar la contribución que el protestantismo ha hecho y hace a la cultura en general, no se puede aseverar como elemento decisivo de cambio de una sociedad y menos aún pretender que esto significa un cambio para todo el mundo. En definitiva, esta discusión deja a la expresión artística en un fuego cruzado y se pierde de vista todo el potencial que a través de ella se pueda aprovechar, tanto para aquél que realiza la obra como para el que la contempla.

El iconoclasmo, hecho que raramente se da en la actualidad, existió en Europa y casi paralelamente en América Latina, aunque en América no precisamente contra obras de origen cristiano, sino contra la expresión artística indígena, extirpación que fue llevada adelante por el catolicismo. El iconoclasmo como *modus operandi* de negación y de destrucción cultural debería ser descartado en un mundo cada vez más globalizado y pluralista. Sin embargo, aún en la actualidad solo un moralismo exagerado, y no siempre de corte religioso, puede llevar a la exclusión o destrucción de una obra de arte.

En América Latina se conserva un catolicismo poblado de imágenes, que trascienden al edificio-iglesia para penetrar en todos los órdenes de la vida, sea esto, el hogar, colegios, calles y todo tipo de dependencia oficial o pública. Ante esta realidad, las diversas tradiciones evangélicas en América Latina mantuvieron el común denominador del rechazo a todo tipo de representación. Es difícil imaginarse desde una tradición iconoclasta un retablo como el que existe en la Iglesia de la ciudad de Wittenberg con Lutero, Melanchthon y otros personajes del quehacer cotidiano en un altar donde se rinde culto a Dios. Es tan difícil, como el hecho de poder determinar qué tipo de influencias puede hacer que una comunidad cambie sus hábitos visuales y, sin caer en una adoración o fetichismo, acepte el arte como un medio no meramente didáctico, contestatario o ilustrativo sino como un medio espiritual que potencie el compromiso cristiano, sea este cual fuere.

OTRAS ÁREAS DE PRESENCIA E IMPACTO

El protestante. Martín lutero, el luteranismo y el mundo germánico en el pensamiento e imaginario españoles de la época moderna

Peer Schmidt

> ...el dogma católico es el eje de nuestra cultura, y católicos son nuestra filosofía, nuestro arte y todas las manifestaciones del principio civilizador en suma, no han prevalecido las corrientes erradas doctrinas, y ninguna herejía ha nacido en nuestra tierra, aunque todas han pasado por ella... El genio español es eminentemente católico: La heterodoxia es entre nosotros accidente y ráfaga pasajera... Desengañémonos: nada más impopular en España que la herejía y de todas las herejías: el protestantismo.[1]

La Reforma y el cisma en la cristiandad provocado en el siglo XVI por el profesor alemán de teología y ex monje agustino Martín Lutero causaron un impacto tan grande que, hasta bien entrado el siglo XX, la imagen del protestante sirvió de espejo de alteridad y —más aún— de enemigo en España, como lo subrayan las citas de Marcelino Menéndez Pelayo. Y tal grado alcanzó el rechazo duradero al mundo protestante, que en 1880 este autor santanderino publicó su vasta obra sobre todas las españolas y españoles que a lo largo de la historia se habían apartado —según este polígrafo— del "buen" camino del pensamiento católico ortodoxo. Este elenco de heterodoxos conoció varias ediciones en el siglo XX y hasta el día de hoy, mostrando así la vigencia y el atractivo de su enfoque, así como, también, la trascendencia del repudio que la cultura española sintió por las Iglesias evangélicas. Para caracterizar lo castizo y para afirmar la *españolidad,* según Menéndez Pelayo, era importante no sólo la alteridad morisca o judía, sino en particular la profunda oposición al mundo protestante.[2]

1. Marcelino Menéndez Pelayo, *Historia de los heterodoxos españoles.* Aquí la edición de Biblioteca de Autores Cristianos, Madrid, 1998, vol. I, Prólogo, de 1880, pp. 45-48.
2. Si bien el autor en la segunda edición no deja de olvidar que había sabios autores protestantes, su c*aptatio benevolentiae* se queda corta ante la magnitud de autores romano-católicos citados.

Que el eco de la Reforma protestante iniciada por Martín Lutero haya llegado hasta el siglo XX nos puede dar una idea del nivel de la repercusión que tenía el cisma con Roma en el propio siglo XVI. La trascendencia de la Reforma provocada por este ex monje alemán agustino fue tal que, en el mundo católico en general y en el mundo hispánico en particular, Martín Lutero se convirtió rápidamente en el arquetipo del "protestante". Aunque también se podría recordar, y de hecho fueron mencionados a menudo y en numerosos textos, a otros reformadores como Wyclif, Hus, Calvino y Zwinglio, era el profesor de Wittenberg quien representaba el prototipo del teólogo protestante. Lutero y protestante: ambos términos se mezclaron. Con su rechazo de los concilios, Lutero puso en cuestión la jerarquía católica existente. El dogma de la Iglesia de Roma se vio desafiado con su teología de la justificación, con la negación de las "buenas obras" y del mundo de los santos, así como con la lectura personal de la Biblia en lengua vernácula, apostando por una teología más individualizada e interiorizada. Ese concepto evangélico de *ecclesia* chocaba con las formas comunitarias del mundo católico. Con toda su obra, este *homo religiosus* de Wittenberg constituía aún en los albores del siglo XIX, en plena época napoleónica, el modelo de reformador por excelencia, como se expresaba bien en la frase del tradicionalista francés de Maistre: "*Luther paralt, Calvin le suit*"[3].

La obra de Menéndez Pelayo no era sino un eco de este sentimiento. Pero, como veremos a continuación, esta interpretación de una oposición contundente al protestantismo y luteranismo en España no era sino la construcción de una imagen nacional y cultural, ya que el rechazo no fue la única reacción experimentada por la sociedad hispánica durante la primera mitad del siglo XVI. Por el contrario, el luteranismo y las corrientes evangélicas también gozaron de cierta simpatía.[4]

3. Joseph du Maistre, "Du Pape", en *Ídem, Oeuvres complètes*, 2, Lyon, Libr. Génerale Catholique, 2ª ed., 1892, p. 529.
4. Aparte del trabajo clásico de Marcel Bataillon sobre las corrientes erasmistas, alumbrados y protestantes en la España de la primera mitad del siglo XVI, Marcel Bataillon, *Erasmo y España. Estudios de historia espiritual.* Reimp. México, Fondo de Cultura Económica, 1996, véase Jaime Contreras, "The impact of protestantism in Spain, 1520-1600", en Stephen Haliczer, ed., *Inquisition and Society in Early Moderm Europe.* Londres, Croom Helm, 1986, pp. 47-63. Véanse recientemente los exhaustivos estudios del historiador belga Werner Thomas, *La represión del protestantismo en España, 1517-1648.* Lovaina, Leuven UP, 2001, y del mismo autor, *Los protestantes y la Inquisición de España en tiempos de Reforma y Contrarreforma.* Lovaina, Leuven UP, 2001. Una breve síntesis en Irene New, "Die spanische Inquisition und die Lutheraner im 16. Jahrhunder", en *Archiv für Reformationsgeschichte,* 90, 1999, pp. 289-320.

La Reforma constituye uno de los procesos centrales en la formación de la época moderna. Pero al alborear de esta época no sólo asistió a la división entre las confesiones cristianas que arrastraba, a su vez, a sus alianzas internacionales, sino también a un mayor intercambio económico de escala global, así como a más amplios movimientos migratorios protagonizados por lansquenetes y por refugiados religiosos. Además, debido al surgimiento de un nuevo medio de comunicación, la imprenta, el intercambio de ideas también se vio favorecido. Todos estos procesos y factores se plasmaron en la creación de estereotipos sobre las religiones, que se combinaron con la construcción de caracteres nacionales. Huelga decir que como elemento especial de intercambio entre naciones en el caso de España y su naciente imperio y el Sacro Imperio Germánico, ambos imperios se encontraron, por mor de la contingencia histórica, bajo la égida de un mismo monarca: Carlos V. En lo que se refiere a la longevidad de la percepción del protestantismo combinado con el mundo germánico, hay que señalar que todavía hoy los alemanes se asocian, para los españoles, con estereotipos protestantes. A la pregunta sobre con qué países europeos los alemanes comparten más rasgos en común, los españoles nombran, además de los franceses, sobre todo a los pueblos escandinavos y a Inglaterra, es decir, a naciones protestantes.[5]

Pero antes de escudriñar el imaginario de los españoles sobre el mundo protestante, cabe hacer una observación adicional. Resulta mucho más fácil rastrear la imagen del enemigo protestante entre el público culto y semiculto (es decir, los que sabían leer y/o recibir en parte informaciones escritas) que indagar en qué medida la imagen de los reformadores llegó a la gente común, al español "corriente". Sabemos bien poco sobre la recepción de esta imagen a través de diversos medios de comunicación, como el teatro, las representaciones en entradas reales, y, por supuesto, los autos de fe. Además, resta decir que el empleo de los canales de comunicación y de la propaganda se intensifica en tiempos de crisis y guerra. Con excepción de corsarios protestantes, desde la perspectiva bélica, España no experimentó en su propio suelo peninsular batallas con tropas extranjeras y no-católicas, como fue el caso de Alemania en varias ocasiones, ni tampoco libró guerras de religión como Francia. Aunque nos encontremos ante un discurso esencialmente

5. Juan Diez Nicolás, "La aportación de la sociología empírica: Imágenes en las encuestas y su influencia", en Miguel Ángel Vega Cernuda y Henning Wegner, eds., *España y Alemania, Percepciones mutuas de cinco siglos de historia*, Madrid, Editorial Complutense, 2002, pp. 243-259, esp. p. 256, gráfico 11.

literario (culto o semiculto), es razonable suponer que, a través de las representaciones visuales y orales del hereje protestante en la España Moderna, "algún" conocimiento sobre la doctrina protestante pudo llegar a la gente común por vía de actos públicos, sermones y amonestaciones eclesiásticas.[6] Además las relaciones de sucesos del siglo XVI se referían de vez en cuando al luteranismo, propagando así entre los españoles noticias sobre esta forma del cristianismo.[7]

Con todo, huelga constatar que, aunque dispongamos de estudios sobre luteranos y protestantes en España en la primera mitad del siglo XVI, y más recientemente sobre los luteranos hasta 1648, el enfoque de esta contribución se centra más bien en la construcción de la imagen del protestante y de Martín Lutero. Hay que señalar que, con excepción de los primeros decenios del luteranismo y protestantismo, apenas existen estudios hasta la fecha sobre el imaginario español respecto del mundo protestante y del mundo luterano y en particular a lo largo de la época moderna.[8] Mientras que la

6. En este sentido, Thomas, *La represión*, p. 54, advierte que la Inquisición y las autoridades eclesiásticas con sus constantes controles de libros de contenidos luterano no hicieron sino provocar el interés de la gente: "Como los edictos y acciones inquisitoriales se dirigían en esta fase sobre todo en contra de la posesión lectura de libros prohibidos, las clases más humildes se percataban perfectamente de que algo estaba sucediendo. La información que les dio el propio Santo Oficio les causó una codicia de saber más del conocimiento prohibido. Debido al alto grado de analfabetismo, fue la comunicación oral la principal y casi única vía de acceso a este conocimiento prohibido". También lo supone para la época de Olivares John Elliott una escueta nota en *The Count-Duke of Olivares, The statesman in an Age of Decline.* New Haven, Universidad de Yale, 1986, p. 61. Valdría la pena seguir las discusiones en las cortes y entre los procuradores, en el momento de deliberar los subsidios a la monarquía en su política extranjera.

7. Juan Carlos Izquierdo Villaverde, "El luteranismo en las relaciones de sucesos del siglo XVI", en María Cruz García de Enterría *et al.* eds., *Las relaciones de sucesos en España: 1500-1750. Actas del primer Coloquio Internacional (Alcalá de Henares, 8, 9 y 10 de junio de 1995).* París, Publications de la Sorbona-Alcalá de Henares, Servicio de Publicaciones de la Universidad de Alcalá, 1996, pp. 217-226.

8. Llama la atención, así, que el simposio hispano-alemán celebrado en España con motivo del 500º centenario del nacimiento de Martín Lutero en 1983 no contenga ninguna aportación acerca de la percepción de Lutero en la Península Ibérica, cf. Dieter Koniecky y Juan Manuel Almarza-Menica, eds., *Martín Lutero, 1483-1983. Jornadas Hispano-alemanas sobre la personalidad y la obra de Martín Lutero en el V centenario de su nacimiento.* Salamanca, Universidad Pontificia-Fundación Friedrich Ebert, 1984. Como obras de autores españoles sobre Lutero cabe señalar Ricardo García Villoslada, *Martín Lutero.* 2 vols. Madrid, La Editorial Católica, 1973, así como Teófanes Egido, ed., *Martín Lutero.* Salamanca, Sígueme, 1977 (reimpresión en 2001), e *Ídem,* "Introducción a los factores epocales de Lutero", en Varios autores, *Actas del III Congreso Luterano-Católico sobre cuestiones de eclesiología y la teología de Martín Lutero.*

historiografía germanohablante se ha ocupado de la imagen de España en el *Reich* y los territorios germanófonos,[9] la historiografía española, por el contrario ha mostrado escasa inclinación a indagar el imaginario sobre Europa y los países europeos en la España moderna.[10]

Las primeras reacciones españolas frente al mundo protestante surgen de modo inmediato y desde el principio mismo de la Reforma, cuando Martín Lutero empezaba a elaborar y difundir su teología. Desde un primer momento se detectó cierta simpatía entre los españoles por el ímpetu reformador del monje agustino, cuyas obras llegaron a la Península Ibérica ya en 1519-1520 tanto por obra del impresor Froben de Basilea como a través de traducciones castellanas promovidas por los judíos de Amberes.[11] Pero a partir del momento en que Lutero tuvo que comparecer ante Carlos V en la dieta de Worms se produjo una bifurcación entre la actitud oficial de la Corte y la jerarquía eclesiástica, por un lado, y una parte considerable de la sociedad española, por el otro. Así, en el séquito que acompañaba al emperador por tierras germánicas había españoles que reaccionaron de inmediato de manera violenta. Según el testimonio del delegado papal Aleander, los españoles presentes en Worms saludaron a Lutero y a sus seguidores con el grito de "al fuego, al fuego".[12] De este evento crucial en Worms arribaron noticias de manera prácticamente inmediata a la Península Ibérica. Conocemos por

Salamanca, 23-30 de septiembre de 1983, publicado en *Diálogo Ecuménico*, XVIII, 1983, pp. 261-288.

9. Éste no es lugar para reflejar esta vasta bibliografía. Para citar tan sólo las publicaciones más recientes en el campo de la historia y de la percepción: Peer Schmidt, *Spanische Universalmonarchie oder "teutsche Libertet"*. Stuttgart, Franz Steiner Verlag, 2001 (traducción española en preparación por Fondo de Cultura Económica, México bajo el título *La monarquía universal española y América. La imagen del imperio hispánico en la Guerra de los Treinta años*). Holger Kürbis, *Hispania descripta. Von der Reise zum Bercht. Deutschsprachige Reiseberichte des 16, und 17, Jahrhunderts über Spanien. Ein Beitrag zur Struktur und Funktion der frühneuzeitlichen Reiseliteratur.* Frankfut a. M., Peter Lang, 2004. Elmar Mitter y Ulrich Mücke (eds.), *Die spanische Aufklärung in Deutschland. Katalog zur Ausstellung in der Niedersächsischen Staats – und Universitätsbibliothek Göttingen.* Göttingen, Niedersächsische Staats – und Universitätsbibliothek, 2005.

10. Incluso los trabajos sobre la leyenda negra en Europa se concentran más en la imagen de España en Europa que en la percepción que tenían los españoles de los demás europeos.

11. José Goñi Gaztambide, "Lutero visto por los españoles", en *Arbor*, 114 (1983), pp. 75-87, aquí p. 76; Augustin Redondo, "Luther et l'Espagne en 1520 à 1536", en *Mélanges de la Casa de Velázquez*, 1 (1965), pp. 111-165, aquí pp. 115-116.

12. Ludwing Pfandl, "Das spanische Lutherbild des 16, Jahrhunderts. Studiem und Vorarbelten", en *Historisches Jahbuch*, 50 (1930), pp. 464-494.

lo menos dos relaciones que llegaron a España: la de un autor anónimo,[13] y la del futuro secretario Alfonso de Valdés, quien escribió a Pedro Martín de Anglería.[14] Al poco tiempo, y bajo los auspicios de Adriano de Utrecht, la Inquisición se preocupó por el control de la importación de obras impresas de contenido luterano.[15] Por estas mismas fechas, Lutero iba convirtiéndose oficialmente en la amenaza religiosa, según recogía fray Francisco de Osuna en su *Ley de Amor* (1530): "El hombre apóstata es varón inútil, anda con boca perversa, hace del ojo, patea, habla con el dedo, con mal corazón piensa males y todo el tiempo siembra discordias. Estos siete males se hallan juntos en Martín Lutero, capitán de los apóstatas".[16]

A ojos de los cronistas de la época de Carlos V —si bien algunos textos no fueron publicados hasta los siglos XIX y XX, y sólo circularon en forma manuscrita—, Lutero no tuvo una imagen más favorable. Según el cronista Mexia, el profesor de Wittenberg era un "maldito y poderoso hereje", y su doctrina se erigía en "la mayor plaga y persecución, o una de las mayores, que la Iglesia católica ha padecido después de Cristo padeció".[17] Para otro historiador y cronista contemporáneo, Prudencio de Sandoval, era evidente que: "Comenzó a sembrar la ponzoña más dañosa que ha tenido el mundo Martín Lutero, fraile indigno de los Ermitaños de San Agustín…".[18]

Entre los autores que refutaron la doctrina de Lutero no sólo había teólogos hispánicos como Jaime de Olesa, el dominio Cipriano Benet,[19] fray Francisco de Osuna o el franciscano Luis de Maluenda, sino que también figuraba el jurisconsulto real Juan Ginés de Sepúlveda, con su *De fato et*

13. "Relación de lo que pasó al Emperador en Bormes con Luthero en 1521", Copia publicada en la documentación de la Dieta Imperial, *Deutsche Reichstagsakten unter Kaiser Karl.* Vpo. II, Gotha, Perthes, 1896, p. 632, no. 88. Cf. también, A. Morel-Fatio, "Le premier témoignage espagnol sus les interrogatoires de Luther à la diète de Worms en abril 1521", en *Bulletin Hispanique,* 16 (1914), pp. 34-45.
14. Véase Pfandl, "Das spanische Lutherbild", pp. 479 y ss.
15. José Martínez Millán, *La Inquisición española.* Madrid, Alianza, 2007, p. 87; José Ignacio Tellechea Idígoras, "La reacción española ante el luteranismo (1520-1559)", en *Arbor,* 79, núm. 307-308, 1971, pp. 5-19.
16. Francisco de Osuna, *Ley de Amor y quarta parte de Abecedario espiritual (1530).* Madrid, Biblioteca de Autores Cristianos, 1948, p. 680.
17. Pero Mexia, *Historia del Emperador Carlos V.* Madrid, Espasa-Calpe [1945], 1846-1847, 9 vols. I, p. 318.
18. Prudencio de Sandoval, *Historia del Emperador Carlos V.* Madrid, La Ilustración, 1846-1847, 9 vols. I, p. 318.
19. Melquiades Andrés Martín, "Adversarios españoles de Lutero en 1521, *Revista de Teología Española,* 19, 1959, pp. 175-185, aquí pp. 182-184.

libero arbitrario (1526). A mediados del siglo XVI dos monjes dominicos, Cristóbal de Mansilla con su *Invectiva contra el heresiarca Lutero* (Burgos, 1552) y Domingo de Valtanás con la más antigua biografía en castellano de Lutero, *La vida del venenoso heresiarca Martín Lutero* (Sevilla, 1555), demuestran la persistente condena de la figura y teología del exfraile agustino.[20] En lo que se refería a los datos sobre la vida y personalidad de Lutero, muchos autores españoles se basaron en el retrato transmitido por el autor católico Cochlaeus, quien pintó al reformador alemán con los tonos más siniestros que podía.[21] A su vez, el gran escolástico Francisco de Vitoria aludió sólo de modo breve a Lutero, pero siempre con un tono despectivo, en sus *Relectiones*.[22]

Aunque la Inquisición se preocupó desde muy pronto por controlar la importación de libros heterodoxos, vigilando las fronteras españolas, la teología de Martín Lutero llegó a España, encontrando un ambiente favorable. Así, en 1534 y en 1539 un inglés encarcelado por el Tribunal de Valladolid fue considerado adepto de la "secta mala de Lutero" y respecto a este caso se habló de que "todos los Ingleses soys luteranos".[23] Pero muchas veces no estaba del todo claro si se trataba de alumbrados, de erasmistas o estrictamente de adeptos de la teología de Lutero. Como ya hemos afirmado, el luteranismo se convirtió en un término genérico que designaba toda una serie de expresiones religiosas que no siempre concuerdan con la doctrina del reformador alemán *strictu sensu*, sino que de manera más general se hacían

20. Goñi Gaztambide, "Lutero", pp. 76-78. Es llamativo que no nos fuese posible localizar dichos textos en la Biblioteca Nacional de Madrid, lo cual arroja una luz sobre su limitada circulación.

21. José Goñi Gaztambide, "La imagen de Lutero en España: su evolución histórica", en *Scripta Theologica*, 15, 1993, pp. 469-528.

22. Francisco de Vitoria, *Vorlesungen I + II. (Relectiones) Völkerrecht – Politik- Kirche*. Ed. por Ulrich Horst, Heinz-Gerhard Justenhoven y Joachim Stüben. Stuttgart, Berlín, Colonia: Verlag W. Kohlhammer, 1995-1997.

23. John E. Longhurst, *Luther and the Spanish Inquisition: the case of Diego de Uceda, 1528-1529*. Albuquerque, Universidad de Nuevo México, 1953; *Íd.*, "Los primeros luteranos ingleses en España (1539). La inquisición en San Sebastián y Bilbao", en *Boletín de Estudios Históricos sobre San Sebastián*, 1, 1967, pp. 13-32, aquí pp. 18 y 20, e *Ídem*, "Luther in Spain, 1520-1540", en *Proceedings of the American Philosophical Society*, 103:1, 1959, pp. 66-93. Un eco de esa percepción en Menéndez Pelavo, *Historia*, p. 660: "El hacha fue Lutero, que vino a traer no la reforma, sino la desolación; no la antigua disciplina, sino el cisma y la herejía: y que, lejos de corregir ni reformar nada, autorizó con su ejemplo el romper los votos y el casamiento de los clérigos y sancionó en una consulta, juntamente con Melanchton y Bucero, la bigamia del Landgrave de Hesse".

eco de una religiosidad discrepante con la dictada por Roma. Así, en Sevilla se sospechó de la existencia de un círculo luterano, que luego se reveló más bien como erasmista.[24] Con el rechazo de las buenas obras, su negación de la importancia de los santos y de la confesión oral, muchos españoles vieron similitudes con la doctrina luterana en su afán por encontrar formas de religiosidad vividas de manera más interiorizada. Un ejemplo de esta búsqueda religiosa lo constituye el humanista Juan de Valdés, quien se interesaba por la teología de Martín Lutero, leyendo sus textos, y quien a la vez integraba ciertos aspectos de ella en su *Diálogo de Doctrina christiana*.[25]

Aparte de ser, desde el punto de vista católico, una herejía religiosa, la doctrina de Lutero revestía otro aspecto fundamental. También fue considerada como una doctrina disolvente en el terreno sociopolítico. Incluso con anterioridad al estallido de la guerra campesina en Alemania (1525), en la propia España cundió el temor de que la rebelión de las Comunidades pudiese estar instigada por la doctrina luterana, aunque se trató más bien de una amenaza virtual que de un peligro real, ya que la influencia luterana en esta contienda entre las ciudades castellanas y la Corona fue nula.[26] Muy diferente fue la situación pocos años después en Alemania. No faltaron voces que relacionaron de inmediato la rebelión de los campesinos alemanes de 1525 con la doctrina del luteranismo, ya que la población reclamaba la elección de los curas y la reforma de una Iglesia moralmente corrupta. Para a los adversarios de Lutero no parecía importarles que el propio reformador hubiese condenado de forma tajante el levantamiento rural que sacudió a Alemania meridional.

A pesar del primer enfrentamiento entre Carlos V y su séquito español con los luteranos, el emperador no actuó —pues no podía actuar— contra

24. Klaus Wagner, "Los maestros Gill de Fuentes y Alonso de Escobar y el círculo de 'luteranos' de Sevilla", en *Hispania Sacra,* 28, 1975, pp. 239-247; Álvaro Huerta Teruelo, "¿Luteranismo, erasmismo o alumbradismo sevillano?", en *Revista Española de Teología,* 44, 1984, pp. 465-514.
25. Carlos Gilly, "Juan de Valdés, traductor y adaptador de escritos de Lutero en su *Diálogo de doctrina christiana*", en *Miscelánea de estudios hispánicos.* Monserrat, 1982, pp. 85-106 (versión alemana: "Juan de Valdés, Übersetzer und Bearbeiter von Luthers Schriften in seinem *Diálogo de doctrina*", en *Archiv für Reformationsgeschichte,* 74, 1983, pp. 257-306). Daniel A. Crews, "Juan de Valdés and the Comunero Revolt: An Essay on Spanish Civic Humanism", en *The Sixteenth Century Journal XXII,* 2, 1991, pp. 233-252.
26. Melquiades Andrés Martín, "Lutero y la guerra de las Comunidades de Castilla", en *Norba,* 4, 1983, pp. 317-323. Cf. el juicio sobre la escasa importancia de luteranismo en el movimiento comunero en Ludlof Pelizaeus, *Dynamik der Machi. Städtischer Widerstand und Konfliktbewältigung im Reich Karls V.* Münster, Aschendorff, 2007, p. 281.

la teología protestante por mor de las circunstancias políticas. Entretanto, comenzaron a autodesignarse como *protestantes* todos los señores y ciudades imperiales del *Reich* que discrepaban con las severas medidas adoptadas contra Lutero y su teología, "protestando" (de ahí su nombre) en la Dieta de Spira de 1529. Hasta la Guerra de Esmalcalda en 1546-1547, Carlos V reaccionó con plena energía contra la Liga protestante de Esmalcalda, formada por el landgrave de Hesse Felipe el Magnánimo, así como contra el elector de Sajonia Juan Federico. En esa campaña militar desarrollada en el Sur de Alemania, Turingia y Wittenberg, Carlos llegó al sepulcro de Lutero, acompañado de varios españoles que querían exhumar los restos del reformador para mayor deshonra del mismo. En la batalla de Mühlberg, Carlos V derrotó a los nobles luteranos rebeldes, humillando al landgrave de Hesse y al elector de Sajonia con el arresto. Esto simbolizó la victoria sobre los señores rebeldes tanto *en lo religioso como en lo político.* A ojos del cronista Santa Cruz: "De esta manera compuso el Emperador todas las cosas de Alemania que estaban en la cumbre de la soberbia y de la presunción sin tener razón, obligando a todos los príncipes que estuvieran por la determinación de la Iglesia".[27]

Todas estas revueltas sociales y políticas contribuyeron a crear la imagen de un protestantismo rebelde.[28] Y aunque el triunfo fue efímero en el territorio del *Reich,* pues al poco tiempo tuvo lugar la segunda "rebelión de los señores" instigada por Mauricio de Sajonia junto con el rey galo, la propaganda imperial sabía explotar la derrota protestante de Mühlberg.[29] Las representaciones gráficas y en estampas de la victoriosa batalla de Mühlberg, así como de los señores vencidos y arrestados, figuraron entre los decorados cortesanos más apreciados por los monarcas y cortesanos españoles del siglo XVI y XVII.[30] De acuerdo con Carl Justi, biógrafo de Velázquez, aún bajo el

27. Santa Cruz, 1920, t. V. p. 43.

28. Otro de los motivos más reproducido en escenarios públicos fue el arresto de los nobles protestantes que lideraban la Liga de Esmalcalda (Felipe, landgrave de Hesse y Juan Federico, elector destituido de Sajonia). Ambos fueron representados por dos doncellas presas y atadas "vestidas a la alemana", es decir, de Sajonia y de Hesse. Así se simbolizó la victoria política del emperador en esa contienda, Cf. Juan Christóval Calvete de Estrella, *El felicíssimo viaje del muy alto y muy poderoso Príncipe don Phelippe.* Ed. de Paloma Cuenca, Madrid, Sociedad Estatal para la Conmemoración de los Centenarios de Felipe II y Carlos V, 2001, p. 252.

29. El mismo motivo también aparecía en la villa de "Bins", Calvete de Estrella, *El felicíssimo viaje*, p. 315.

30. Veáse el catálogo *Los Austrias. Grabados de la Biblioteca Nacional*, Madrid 1993, esp. "Reinado de Carlos", ilustraciones serie 80 a 84. El número 80 muestra un grabado de Lutero de Melchior Lorek de 1548, dos años después de la muerte del reformador.

reinado Felipe III se colgaron en las paredes del Alcázar de Madrid el retrato de Felipe de Hesse y un cuadro con la batalla de Mühlberg.[31]

De manera casi coetánea a esa campaña militar y a la lucha de Carlos V contra el luteranismo tanto en Alemania como en España, tuvo lugar el viaje de presentación del príncipe de Asturias y futuro rey Felipe II a través de una Alemania política y religiosamente dividida. En Flandes, destino de aquel viaje, se erigieron arcos del triunfo a Carlos V y a su hijo representando a Lutero como hereje y enemigo.[32] Claro está que con ello no se mejoró el clima existente entre los alemanes y el futuro rey de España. Ya con ocasión del enfrentamiento de Carlos V con Lutero, el legado papal Aleander había constatado que gran parte de Alemania se había adherido a la causa *Lutheri*, y estimaba que nueve de cada diez alemanes seguían su doctrina. De hecho, después de Worms una parte considerable de los señores del *Reich*, como los electores de Brandenburgo y Sajonia o el duque de Württemberg, apoyaron o, cuando menos, se mostraron tolerantes con la teología disidente.

Para los españoles que formaban parte del séquito del príncipe Felipe, el protestantismo y, en particular, el luteranismo revistieron una tercera dimensión, además de su contenido *religioso* y *político*. Los cronistas que relataron los sucesos de este viaje de presentación por el *Reich* resaltaron también el protestantismo como un rasgo *cultural* del *ser* germánico. Un miembro de la delegación española por tierras germánicas resumía así sus impresiones sobre los habitantes del *Reich,* mezclando los aspectos religiosos, políticos y culturales, al yuxtaponer las costumbres tudescas con su forma de vivir. En un relato de viaje redactado en 1551, Vicente Álvarez describía del siguiente modo el mundo germánico:

> No se dan nada por bien vestir ni calçar ni ajuar de casa, que toda su gloria es comer y bever, y mientras los tura el vino no se dan de alçar de mesa, que con solo pan a secas he visto muchas vezes sentarse y estar hablando y beviendo tres horas y más. Y no parezca a nadie que me alargo mucho, que quatro testigos que vieron en aquellas partes estar un día y aun parte de la noche siempre a mesa, y a ratos comer y a ratos dormir y a ratos valiar y siempre bever. Y por la

31. De creer al biógrafo de Velázquez, Carl Justi, el tema del arresto de dos señores rebeldes en la batalla de Mühlberg, así como la propia batalla, se convirtieron en los motivos más frecuentes de obras pictóricas hasta la época de Felipe IV. Rubens pintó retratos de Felipe de Hesse y de Juan Federico para el Palacio Real de Felipe IV, cf. Carl Justi, *Diego Velázquez und sein Jahrhundert.* Essen, Phaidon-Verlag, 1997, p. 246.

32. Calvete de Estrella, *El felicíssimo viaje*, pp. 256-258 (templos, junto con Apóstata Juliano, Nerón, Tarquino Superbo, Emperador Valente, Arrio y Lutero, p. 255).

desorden con que tan libremente usan de todos los vicios huelgan más de sufrir toda la subjectión que ten dicho a los señores y superiores que gozar de la libertad que tendrían siendo de un supremo bien governados, que ningún pecado ay entr'ellos castigado con rigurosa execución sino matar y hurtar, porque es necesario para conservación de la republica. Y llega a tanto su desvergüença que algunos han dicho qu'es buen señor el Turco, que dexa bivir a cada uno en la ley que quiere y pienso que si tomassen el parecer de todos los más, serían de opinión de recebille por señor antes de bolver alö jugo de la Sancta Madre Yglesia porque están ya tan derramados y vezados a bivir sin ley, que ay entre ellos tan diversas opiniones, que lo más biven como gentiles, que no tienen de christianos más que el nombre si no son los que tengo dicho desde Italia hasta Augusta y algunos particulares que son pocos. Y al mejor d'ellos quemarían en España porque ninguno dexa de tener alguna roña, poco o mucho. Y antes de dar en esta mala secta, no desvían de ser muy cathólicos porque es gente bárbara. Y del pecado de la gula aún creo que del de la luxuria no se haze más caso que si no lo fuesse. Y no creáis más saber de su locura y desatino sino que me han certificado que los judíos que fueron de Portugal huidos a Ynglaterra que allá acogieron y dieron en que biviessen han convertido a algunos de aquella provincia, donde todos los lutheranos, a su ley y que aguardan al Mexias.[33]

El hecho de que algunos publicistas luteranos y difusores de la controvertida teología protestante declarasen su preferencia por el régimen turco antes que el gobierno de un poder católico dio motivo, a su vez, a Vicente Álvarez para mostrar su condena del mundo germánico. De modo indisoluble, se mezclaban argumentos teológicos, sociales y culturales. Todo ello conformaba un conjunto de estereotipos sobre la esencia germánica, en el que la religión actúa como un espejo de las costumbres. Y no faltaba la advertencia de que la barbarie impida la formación de una cultura verdaderamente cristiana. La imagen del otro siempre refleja el propio ser. Y por ello Álvarez contraponía los españoles al mundo germánico:

¡O españoles!, alabá a Dios que os hizo tales y señores de tan buena provincia, y os dio Rey que os tiene en tanta justicia, y os defiende haciendo la guerra fuera de vuestra tierra. ¡Quán poco sentiría el labrador en España el pecho que paga si supiese lo que en otras partes pasa! Y las sisas y pechos y grandes derechos

33. Vicente Álvarez, "Relación del camino y buen viaje que hizo al príncipe de España Don Phelipe Nuestro Señor, año del nascimiento de nuestro salvador y redemptor Jesuchristo de 1548 años, que pasó de España en Italia y fue por Alemania hasta Flandres donde su padre el emperador y rey don Carlos nuestro señor estaba en la villa de Bruselas, 1551". Transcripción y edición por José María de Francisco Olmos y Paloma Cuenca Muñoz, en Calvete de Estrella, *El felicíssimo viaje*, pp. 597-681, aquí pp. 669-70.

que pagan sin ser señores de sus haciendas, ni osar comer un pollo, aunque estén con la candela en la mano. Solo para offender a Dios tienen libertad, que no puede ser mayor cautiverio. Buen siglo aya quien puso en España la Sancta Inquisición, y muchos años vivía quien la conserva y favorece con tanta cuydado, en todas las cosas del servicio de Dios y buena gobernación de todos sus reynos y señoríos. Amén.[34]

De modo paralelo a este rechazo del protestantismo y con él de la cultura alemana subsistieron en la propia Península Ibérica algunos círculos luteranos, aunque muy contados. Respecto a la presencia del protestantismo y del luteranismo en particular, la historiografía es prácticamente unánime en señalar que los movimientos evangélicos vivieron su momento de auge desde los años treinta del siglo XVI. Netamente luteranos fueron los círculos que se detectaron en Sevilla y Valladolid en 1559. En ambas ciudades mercantiles, la Inquisición reaccionó de manera contundente contra los seguidores de Lutero, celebrándose autos de fe aquel mismo año. Son de destacar los antecedentes conversos de no pocos de los condenados. Desde muy pronto, la historia de estos mártires luteranos despertó el interés de la historiografía protestante, que renació en el siglo XIX.[35]

Estos procesos indudablemente marcaron un hito en la historia del luteranismo en España. Fue a partir de este momento que Felipe II, retornando de Inglaterra y de los múltiples viajes que emprendió como príncipe, concentró la represión en los movimientos alumbrados, erasmistas y protestantes de todo tipo. Ante la fuerte oposición política a que se enfrentaba, el luteranismo no podía prosperar. Pues al contrario que el calvinismo, que sabía sobrevivir aun en condiciones políticamente difíciles, el luteranismo necesitaba de un marco político favorable para desarrollar su estructura eclesiástica, condición que no encontró en España.

A partir de este momento se forjó de modo definitivo la imagen de una España católica que desde el inicio de la Reforma había estado en oposición al protestantismo. La imagen del enemigo era la de un adversario remoto

34. *Ibídem*, p. 671.

35. Ya en el siglo XIX se puede citar a Adolfo Castro y Rossi, *La historia de los protestantes españoles y de su persecución por Felipe II*. Cádiz, Revista Médica, 1851 (trad. alemana Sauerländer, Frankfurt, 1866). Ernst Schafer, *Beiträge zur Geschichte des spanischen Protestantismus und der Inquisition im sechzehnten Jahrhundert*. Gütersloh, C. Bertelsmann, 1902, 3 vols. Una historia reciente, aunque de corte un tanto positivista, también en Jesús Alonso Burgos, *El luteranismo en Castilla durante el siglo XVI. Autos de fe de Valladolid de 21 de mayo y de 8 de octubre de 1559*. San Lorenzo de El Escorial, Swan, 1983.

y apenas presente en la Península Ibérica. Desde 1580 pocas veces hubo procesos contra "el luteranismo", y las sospechas de simpatizar con él se dirigieron sobre todo hacia comerciantes o impresores.[36] Como elemento central de la construcción de una España siempre fiel a Roma, es de destacar el antagonismo entre Ignacio de Loyola y Martín Lutero. El fundador de la *Societas Jesu* fue interpretado, según Pedro de Ribadeneira, como la respuesta española a la teología de Lutero. Otra autoimagen hispánica consistió en la antítesis de Lutero y Hernán Cortés, muy celebrada en la literatura. Se afirmó que ambos nacieron en el mismo año de 1485 (lo que es falso, ya que el reformador alemán había nacido en 1483). Y mientras en 1521 Lutero se aprestó a socavar el poder de la Iglesia de Roma, Hernán Cortés se esforzaba en conquistar nuevas tierras y almas para el mundo católico.[37]

Tanto para España como para los reinos americanos de Castilla es válida la afirmación de que el rechazo al protestantismo era contundente e intensivo; sin embargo, llama la atención al mismo tiempo la escasa presencia de protestantes en los reinos hispanos. Poquísimos fueron los casos de reos protestantes que comparecieron ante los tribunales de Inquisición, tanto en España como en América. Tampoco había una inminente amenaza militar para la península, si descontamos algunas operaciones corsarias en las costas. No obstante la ausencia de luteranos, la imagen del reformador en el discurso criollo de la Nueva España jugó un papel importante como *alter ego* a lo largo de toda la época virreinal.[38] Por citar un ejemplo de imagen del enemigo protestante en el virreinato del Perú, en la Iglesia jesuita de Cuzco se conserva un cuadro barroco de San Ignacio enseñando sus "Ejercicios Espirituales" y dando así una lección a católicos y herejes, entre ellos Lutero.

La constante presencia del protestantismo en los discursos sobre la identidad hispánica es todavía más llamativa cuando se contrasta con las escasísimas imágenes existentes, y la visualización prácticamente nula del mundo "hereje". Tal vez los incendios y destrucciones de iglesias durante

36. José Luis González Novalin, "Luteranismo e Inquisición en España (1519-1561): bases para la periodización del tema en el siglo de la Reforma", en *Annuario dell'Instituto Storico Italiano per l'Età Moderna e Contemporanea*, XX, 1986), pp. X-V; Miguel Jiménez Monteserín, "Los luteranos ante el tribunal de la Inquisición de Cuenca, 1525-1600", en Joaquín Pérez Villanueva, ed., *La inquisición española*. Madrid, Siglo XXI, 1980, pp. 698-736.
37. W.A. Reynolds, "Martin Luther and Hernán Cortés: their confrontation in Spanish Literature", en *Hispania*, 42, 1959, pp. 66-69.
38. Alicia Mayer, *Lutero en el Paraíso. La Nueva España en el espejo del reformador alemán*. México, Fondo de Cultura Económica, 2008. Véase también la bibliografía en la nota 58.

los siglos XIX y XX fueron responsables de que apenas se hayan conservado imágenes pictóricas mostrando, por ejemplo, la carroza de una Iglesia triunfante. Peter Paul Rubens pintó este tipo de cuadros, en los que una *Ecclesia triumphans* machacaba en su marcha triunfal a los herejes, y entre ellos nunca faltaban Lutero y Calvino. Tampoco se han conservado muchas estampas con el retrato de Lutero u otros reformadores. Mientras que en el *Reich* existía un sinfín de caricaturas representando a los adversarios religiosos de manera muy grosera —impresos que por su bajo costo circulaban entre un público muy amplio—,[39] la imaginería hispánica apenas conocía este tipo de propaganda y de imprentas. Aquí podemos apreciar que existía un mayor control del mercado y circulación de impresos en los reinos hispánicos, lo que, a su vez, condicionaba la conformación una esfera pública. Entre los poquísimos grabados de que disponemos hasta hoy en las colecciones de estampas españoles se cuenta un retrato de Lutero, obra de Lorck. Y no faltaba, como ya mencionamos, el triunfo de la Guerra de Esmalcada. Pero esta serie de grabados mostrando las victorias de Carlos V sobre los protestantes en Alemania, como por ejemplo la humillación del Duque elector de Sajonía y la del landgrave de Hesse, sólo se encuentra en un número limitado de colecciones de bibliotecas españolas. Además, estos grabados destacaban por su valor artístico (eran obra de Heemskreck), lo que contribuía a restringir el público que tenía acceso a ellos. Por el contrario, brillaban por su ausencia en las colecciones de estampas españolas ilustraciones de carácter vulgar y grotesco que representasen a los vencidos, que tal vez habrían podido tener una mayor difusión entre la gente "común".

Empero, a partir del reinado de Felipe II se instauró un control aún mayor de la vida intelectual. Se sospechaba también, por ejemplo, de los seguidores de Erasmo. Felipe II prohibió a los españoles que cursasen estudios en universidades europeas. Frente a este control ideológico no surgieron muchas voces en favor de una coexistencia pacífica de las religiones cristianas. Es de destacar que uno de los pocos momentos donde se menciona la tolerancia es en el *Quijote* de Miguel de Cervantes. Hablando con Sancho, el morisco Ricote cuenta de sus viajes por Europa. Cervantes se sirve de este último personaje "sospechoso" para expresar una opinión sobre la tolerancia y la libertad de conciencia. Ricote también pasó por la ciudad de Augsburgo (en latín: *Augusta Vindelicorum*), donde se había celebrado un compromiso

39. Robert Scribner, *Fort the Sake of the Simple Folk. Popular Propaganda for the German Reformation*. Oxford, Clarendon Press, 1994.

religioso para el Reich en 1555: "Pasé a Italia y llegué a Alemania, y allí me pareció que se podía vivir con más libertad, porque sus habitadores no miran en muchas delicadezas; cada uno vive como quiere, porque en la mayor parte della se vive con la libertad de conciencia. Dejé tomada casa en un pueblo junto a Augusta".[40]

Lejos de abogar por alcanzar compromisos en el campo de la religión, Francisco Suárez y Pedro de Ribadeneyra, por mencionar tan sólo a dos autores destacados de la segunda mitad del siglo XVI, preconizaron una actuación combativa de los españoles frente al mundo protestante. A través de la teología de la controversia los españoles crearon a su vez una leyenda negra española sobre Europa, por lo menos de la Europa protestante. Sus comentarios reportaron a Ribadeneyra y a otros autores españoles de la teología de la controversia respuestas no menos polémicas por parte de los escritores alemanes del siglo XVI y XVII, quienes desconfiaban de la buena voluntad de los españoles.[41] En un último intento por preservar la hegemonía española, Madrid intentó hacer frente a los protestantes y a Francia en la Guerra de los Treinta Años. Con motivo de la guerra abierta contra Francia en 1635, el cortesano Guillén de la Carrera expresaba una autopercepción de España a través de su papel de luchadora contra los herejes: "Nadie ignora cuán gloriosamente ha empleado y emplea Vuestra Majestad sus tesoreros, la sangre y vidas de sus vasallos en defensa y propagación de la fe y verdadera religión católica y que la Casa de Austria es la firme columna y principal propugnáczulo de la Iglesia; y que si no fuera por ella, con la ayuda del duque de Baviera y su hermano de elector de Colonia y otros príncipes católicos, no hubiera en Alemania un pequeño ángulo donde se venerara el nombre del Vicario de Cristo…".[42]

Mientras que en la Europa del siglo XVII se pudo llegar a una situación de convivencia, y en algunos casos incluso a una tolerancia mutua, la coexistencia de varias religiones cristianas no se podía alcanzar en la España moderna. Tan sólo los extranjeros pudieron contar con la tolerancia religiosa. Era el caso de los comerciantes y marineros de la ciudad de la Hansa y de Inglaterra, a quienes la Corona española garantizó el ejercicio de su

40. Miguel de Cervantes, *El ingenioso hidalgo Don Quijote de la Mancha.* Ed., de Luis Andrés Murillo. Madrid, Castalia, 1978, tomo I, p. 451. De manera general sobre Cervantes, cf. Bataillon, *Erasmo y España*, pp. 777-801.

41. Peer Schmidt, *Spanische Universalmonarchie, passim.*

42. Guillén de la Carrera, *Manifiesto de España y Francia, Biblioteca Nacional.* Madrid, Ms. 2366, f. 314.

religión alrededor de 1600, siempre que los extranjeros respetasen la confesión católica. De esta tolerancia se aprovecharon igualmente los holandeses a partir de 1609, y nuevamente a partir de la Paz de Westfalia de 1648.[43]

La historiografía reciente ha interpretado la política religiosa de la época moderna a la luz del concepto de "confesionalización", término también empleado por los historiadores españoles. Según los partidarios de este concepto, la confesionalización significaba ante todo que las tres grandes religiones cristianas —catolicismo, luteranismo y calvinismo— conformaron de modo paralelo tanto sus dimensiones organizativas como sus postulados teológicos. Y que, por lo tanto, no es sostenible la interpretación clásica según la que primero tuvo lugar un avance de las Iglesias protestantes en la formación de su dogma, y más tarde se registró una "Contrarreforma" por parte de la Iglesia de Roma reaccionando a estos avances. De hecho, Roma se lanzó a una reforma coetánea e inmediata de sus estructuras y se afanó en la afirmación de su doctrina teológica, al igual que el luteranismo tardó un par de decenios en conformarse como Iglesia y teología. Otro aspecto no menos importante de la confesionalización radica en el objetivo de una "racionalización" de la vida religiosa, en el sentido de conseguir una fe más interiorizada.[44] También el catolicismo postridentino participó de esta nueva tendencia a "racionalizar" algunos aspectos de la vida religiosa, patente en un mayor disciplinamiento en las expresiones de vivencia de la fe y una menor importancia de las prácticas públicas y oficiales. Esta interpretación ha suscitado bastantes críticas, ya que en ella prevalece una visión de la religiosidad de la Iglesia Católica como una especie de Iglesia protestante. En vez de tratarse de una mayor "racionalización", se puede apreciar de forma indudable una mayor uniformización y control, lo que no forzosamente debe desembocar en una religiosidad puramente interiorizada. La religiosidad hispánica de los siglos XVI y XVII tuvo una fuerte impronta "barroca", es decir, se siguió practicando cierta ostentación al vivir la fe. Más, ¿acaso los reformadores borbónicos y jansenistas españoles del siglo XVIII no criticaron la religión practicada en la Península después de

43. Antonio Domínguez Ortiz, "El primer esbozo de tolerancia religiosa en la España de los Austrias", en *Ídem, Instituciones y sociedad en la España de los Austrias*. Barcelona, Ariel, 1985, pp. 184-191.

44. Heinz Schilling, "Die Konfessionalisierung von Kirche, Staat und Gesellschaft – Profil, Leistung, Defizite und Perspktiven eines geschichtswissenschaftlichen Paradigmas", en Heinz Schilling y Wolfgang Reinhard, eds., *Die katholische Konfessionalisierung*. Münster, Aschendorff, 1995, pp. 1-49.

Trento, precisamente, como una forma de expresión dominada por las prácticas públicas? No vamos a entrar aquí en esta discusión. Tan sólo quisiera señalar que el término debería usarse con mucho más cautela de lo que se ha hecho hasta la fecha en la bibliografía hispánica.[45] Más que hablar de "confesionalización", sería preferible caracterizar la época que va de 1517 a 1648 como "una época de configuración de confesiones".

En lo que se refiere a la política exterior, también se ha postulado la existencia de una política internacional confesionalizada, ya que las alianzas a nivel europeo estuvieron dominadas supuestamente por el peso determinante de la confesión religiosa. Aquí también cabe formular un interrogante, sobre todo si recordamos la difícil posición de la monarquía hispánica en la Italia católica y, en particular, sus complicadas relaciones con el Papado. Respecto a la política europea de la monarquía hispánica y de cara a Viena y al Reich triconfesional, los españoles sin duda quisieron crear su clientela. Por ejemplo, con la constitución de un "partido español" en la Corte de Rodolfo II en Praga, en contra de los hermanos de Bohemia y de los adeptos a otras iglesias protestantes.

Pero es igualmente llamativo que Felipe II también tuvo que reconocer las realidades políticas del *Reich*. A pesar de una propaganda que presentaba a la monarquía hispánica como católica, y de la autoimagen de España como baluarte del catolicismo, el rey prudente se vio forzado a ganarse la buena voluntad de uno de los mayores defensores del luteranismo en el *Reich*, como era el elector de Sajonia. El rey español intentó mantener una buena relación con la dinastía de Wettin de la que había surgido Federico el Sabio, el protector de Lutero, y con el territorio de Sajonia, región natal de la Reforma. Según el propio Felipe II, el elector de Sajonia, "... hasta agora, aunque es protestante, se ha conocsido en él estar bien inclinado

45. Para una breve discusión crítica del concepto de confesionalización para España, cf. Peer Schmidt, "Inquisitoren –Mystikerinnen– Aufklärer. Religion und Kultur in Spanien Kultur in Spanien swischen Barock und Aufklärung", en Peter Claus Hartmann, ed., *Religion und Kultur im Europa des 17, und 18. Jahrhunderts.* Frankurt a. M. *et al.*, Peter Lang, 2004, pp. 143-166. También los retratos religiosos de otros países europeos, obra de historiadores germanófonos en ese volumen, cuestionan en muchos casos la validez del concepto de confesionalización. Cf. también Anton Schindling, "Konfessionalisierung und Grenzen von Konfessionalisierbarkelt", en Anton Schindling y Walter Ziegler, eds., *Die Territorien des Reich sim Zeitalter der Reformation und Konfessionalisierung. Land und Konfession 1500-1650.* Bd. 7: *Bilanz-Forschungsperspektiven-Register*, Münster, Aschendorff, 1997, pp. 9-44, aquí pp. 12 y ss.

a mis cosas".[46] Además del contacto con la dinastía sajona de Wettin, el rey prudente intentó mantener buenas relaciones con el otro gran elector protestante del *Reich,* el de Brandenburgo. Y entre los demás señores del bando protestante cuyas amistades procuró el rey español, se contaron los señores de Braunschweig y de Holstein, a quienes ofreció favores y regalos.[47] A pesar de la existencia de un discurso hostil a los protestantes, y de la propia imagen del enemigo protestante, el hecho de que los políticos españoles quisiesen llegar a acuerdos con aquéllos también nos muestra los límites del concepto de confesionalización a nivel internacional. Así, en la Paz de Westfalia España llegó a un compromiso con los "herejes" de Holanda, pero no con la monarquía católica de Francia. Todo apunta a que la imagen del protestante conoció límites cuando tuvo que enfrentarse con la realidad y el trato directo con el "enemigo". Inevitablemente se tuvo que buscar y encontrar un *modus vivendi* con él. Resta aún por ver la imagen del mundo germánico después de la ola protestante que termina más o menos alrededor de 1580.[48] En particular, la Guerra de los Treinta Años, que constituye un claro vacío de la investigación, ya que habría que conocer el modo en que los diplomáticos españoles que actuaban en el *Reich*, y por tanto sobre el terreno, evaluaban los problemas político-confesionales del mismo.

Por el contrario, todo parece indicar respeto a la propia Península Ibérica que la imagen negativa de Lutero, del luteranismo y del mundo germánico mantuvo su vigencia a lo largo de la época moderna. Los acontecimientos y la confrontación de los primeros tres decenios de la existencia del protestantismo dejaron una impronta muy profunda en la esfera pública, culta y semiculta, que no pudo borrarse de la memoria, conciencia y autoimagen españolas.

A pesar de esta continuidad del imaginario a ojos de los reformadores borbónicos, la imagen del mundo protestante también fue cambiando en un sentido favorable. Por encargo de Fernando VI, entre 1750 y 1754 Bernando Ward viajó por Europa para analizar los procesos económicos de otros países. En su *Proyecto económico* de 1760, Ward hizo hincapié en los logros de las naciones de confesión protestante. Al igual que, por ejemplo, los católicos en el *Reich*, los reformadores ilustrados españoles hubieron de

46. Felipe II, 29 de abril de 1573, citado en Friedrich Edelmayer, *Sölner und Pensionäre: das Netzwerk Philipps II im Heiligen Römischen Reich.* Viena, Verlag Für Geschichte und Politik, 2002, p. 218.
47. Edelmayer, *Söldner und Pensionäre,* pp. 203-224.
48. Thomas, *La represión*, esp. pp. 271-284.

reconocer que Inglaterra, las Provincias Unidas o Prusia iban cobrando un peso económico cada vez mayor.[49] En este contexto, la Corte del rey prusiano Federico II atrajo el interés de los españoles de la época, y muy en particular fue el ejército de esta potencia alemana lo que captó su atención.[50] La presencia de comerciantes de países protestantes, como en Sevilla, no constituía ningún fenómeno novedoso, pero el imperio español del siglo XVII cobró conciencia cada vez mayor de la existencia de esos circuitos comerciales nórdicos, con sus conexiones con los reinos americanos de la Corona española. En este contexto se discutieron una serie de medidas destinadas a agilizar las estructuras económicas, en detrimento de las formas religiosas tradicionales. La reducción del número de días festivos figuraba entre las propuestas de los "reformadores" del siglo XVIII para revitalizar la economía. Y no faltaba una ardua discusión sobre la limitación de los derechos de manos muertas en posesión de corporaciones eclesiásticas.[51] La preocupación se dirigía ahora a lograr una religiosidad más "sobria" en España, proceso que los partidarios de la tesis de la confesionalización retrotraen al siglo XVI.

En la medida en la que los reformadores siguieron discutiendo el papel de la Iglesia en la sociedad española, subió el tono del enfrentamiento entre los regalistas y el clero. Con todas las propuestas de reestructuración eclesiástica los burócratas, imbuidos de los principios de la Ilustración, abogaron por dar mayor importancia al individuo en la vida económica.[52] Frente a esta "economización" y a la acentuación del individualismo, los miembros

49. Bernardo Ward, *Proyecto económico, en que se proponent varias providencias, dirigidas á promover los intereses de España, con los medios y fondos necesarios para su planificación* [1760], Madrid, 1784 [4ª. ed.]. Sobre el interés español por Europa, véase Horst Pietschmann, "Das 'Proyecto económico' von Bernardo Ward. Zur Auslandsorientierung der bourbonischen Reformpolitik", en Siegfried Jüttner, ed., *Spanien und Europa im Zeichen der Aufklärung.* Frankfurt-Main, Lang Publishers, pp. 211-227.

50. María Angulo Egea, "La recepción en España de la imagen de Federico II- Prensa, biografías y teatro", en Hans-Joachim Lope, ed., *Federico II de Prusia y los españoles. Actas del coloquio hispano-alemán organizado en la Biblioteca Ducal de Wolfenbüttel (24 de septiembre – 26 de septiembre de 1999).* Frankfurt, Peter Lang, 2000, pp. 1-27.

51. Peer Schmidt, *Die Privatisierung des Besitzes der Toten Hand in Spanien, Die Säkularisation unter Köning Karl VI in Andalusien (1798-1808).* Stuttgart, Steiner Verlag, 1990, esp. pp. 23-43.

52. Sobre esta "economización" del pensamiento en el siglo XVIII bajo Carlos III, cf. Alexandra Gittermann, *Die Ökonomisierung des politischen Denkens. Neapel und Spanien im Zeichem der Reformbewegungen des 18. Jahrhunderts unter der Herrschaft Karls III.* Stuttgart, Franz Steiner Verlag, 2008, particularmente sobre la resistencia a esta "nueva política" a partir del motín de Esquilache, pp. 235-259.

del clero se distinguieron por su oposición a un espíritu que cada vez se difundía más en su época. En la búsqueda por los orígenes de estas nuevas concepciones y de la Ilustración —cuyos logros no fueron admirados por todos los españoles—, los críticos se remitieron a la Reforma. Y para muchos opositores a este nuevo espíritu y a la libertad individual que preconizaban los reformadores borbónicos sólo había una raíz del mal: Lutero. Como principio de esta tendencia a reforzar el papel del individuo y de la libertad, los críticos apelaron a la tradición de la lectura individual de la Biblia, así como a una religiosidad interiorizada que no se dejaría controlar.

Así, en el siglo XVIII o "de las Luces", la imagen del "archienemigo" cambia de matiz: *de fenómeno religioso se convierte en fenómeno filosófico.* Para los criterios antiprotestantes, la Ilustración y parte del reformismo borbónico olían a ciertos aspectos de la Reforma. De esta forma, no sorprende que en varias ocasiones los reformadores borbónicos, que se ocuparon en particular de temas eclesiásticos, se tuviesen que enfrentar a la acusación de seguir preceptos luteranos. Al asistente de Sevilla, Pablo de Olavide, se le acusó de ser luterano y francmasón[53]. Es de sobra conocida la suerte de Olavide, quien fue encarcelado por la Inquisición como reacción a su obra reformista en el Reino de Sevilla. Otro gran protagonista del regalismo que se enfrentó a una fuerte reacción eclesiástica fue Pedro de Campomanes cuando compuso su *Juicio Imparcial,* en el que trataba el tema de la relación entre al altar y el trono. La reacción de muchos clérigos a este texto fue furibunda. Sus ideas fueron acusadas de ser afines a los reformadores: a Lutero, pero también a Wyclif, Jan Hus o Calvino.[54] El franciscano fray Josef Fullana tachó a Jovellanos de ser francmasón por el *Informe sobre la Ley Agraria.* Frente a la limitación de los derechos de manos muertas, preconizada por el ilustrado asturiano, Fullana destacó la evolución positiva de los señoríos eclesiásticos, citando los ejemplos de los pequeños estados-obispados alemanes de Fritzlar, Salzburgo y Eichstätt.[55]

Una vez más, la alteridad española también se reflejaba en el icono del reformador alemán. Entre las reacciones registradas en el seno del clero no

53. Javier Herrero, *Los orígenes del pensamiento reaccionario español.* Madrid, Alianza, 1988, p. 64.

54. Laura Rodríguez Díaz, *Reforma e Ilustración en la España del siglo XVIII. Pedro Rodríguez de Campomanes.* Madrid, Fundación Universitaria Española, Seminario Cisneros, 1975, pp. 102-103.

55. Fray Josef Fullana, Dictamen [sobre la Ley Agraria], 7 de marzo de 1797, Archivo Histórico Nacional, Madrid, Estado 3215, s.f.

sólo figuraron las actividades de predicadores como fray Diego de Cádiz.[56] Entre los escépticos a la idea de libertad se contaba el autor eclesiástico Fernando de Zevallos con su *Falsa Filosofía* —la perniciosa corriente de ideas en su época—, que según él no sólo se remontaba a Spinoza o Bayle, sino que se retrotraía de modo directo a Martín Lutero y la Reforma.[57] Para demostrar los peligros a los que llevaría una libertad no católica, sino puramente filosófica, también citaba las rebeliones de los señores protestantes alemanes del siglo XVI. Fernando Zeballos, y otros muchos autores a lo largo del último tercio del siglo XVIII, se remitieron a la guerra de los campesinos alemanes de 1525, instigada supuestamente por Lutero, así como a la Guerra de Esmalcalda, para advertir de los peligros de la disolvente doctrina protestante: "...levantó la bandera Lutero contra la Iglesia de Jesucristo, y una infinidad de libertinos, de filósofos y de impíos vieron la ocasión de declararse".[58]

La reacción frente a la Ilustración, no sólo en España, sino en toda la Europa católica, se nutrió de esta interpretación nociva de la Reforma y de la doctrina de Lutero con anterioridad a la Revolución Francesa. En el mismo sentido, ya en la frase de la guerra antinapoleónica, otro autor como el franciscano Rafael de Vélez en su *Preservativo contra la irreligión* evocaba junto con Wyclif y Hus las figuras de los reformadores Calvino y Lutero. Vélez, quien a su vez citaba a Zeballos, evocaba en 1812 las consecuencias negativas de la Reforma y las guerras de los señores contra Carlos V, con lo que también daba una imagen negativa del mundo germánico:

> Alemania toda se pone en combustión: sus electores unos se declararon por la nueva doctrina, otros firmes en la fé que habían recibido de sus padres, se ven en precisión de armarse, para repeler con la fuerza la violencia que se les hacía... La Holanda, la Dinamarca, la Polonia fueron envueltas por el torrente que desolaba Alemania: hasta la Suecia que parecía por su localidad ser excéntrica al torbellino se vió también envuelta é imperiosamente arrastrada.[59]

56. Charles C. Noel, "The Clerical Confrontation with the Enlightenment in Spain", en *European Studies Review*, V (1975), pp. 103-122.
57. Fernando de Zeballos, *La falsa filosofía, o el ateísmo, deísmo, materialismo y demás nuevas sectas convencidas de crimen de Estado contra los soberanos y sus regalías, contra los magistrados y potestades legítimas.* Madrid, 1773-1776. Vgl. Javier Herrero, *Los orígenes del pensamiento reaccionario español.* Madrid, Alianza, 1988, pp. 91-104.
58. Zeballos, *La falsa filosofía*, I, p. 103.
59. Rafael de Vélez, *Preservativo contra la irreligión ó los planes de la filosofía contra la religión y el Estado.* Cádiz, 1812, p. 24.

Todos los miembros del clero español compartían esta visión, ya que apenas había, al contrario que en Francia, clérigos que hubiesen abandonado el orden religioso. Como los inicios de la propia Reforma, aquella impronta de consecuencias negativas no se borró en España. Por cierto, como paralelismo cabe señalar que la imagen cambiante del protestante como amenaza filosófica y del orden político y social se proyectó a los territorios americanos de la monarquía hispánica, y, a saber, a la Nueva España de finales de la época colonial y de los tiempos de la independencia.[60]

En cierta manera, el impacto del rechazo al mundo protestante se detecta aún en las discusiones acerca de las libertades individuales en la España del siglo XIX. No parece exagerado postular que se podría escribir una historia de la idea de libertad tomando como espejo la imagen de Lutero y del protestante en España. A comienzos de la época contemporánea, el principio de la libertad individual se reflejó en muchos países europeos en el reconocimiento de la libertad de cultos. Pero los liberales españoles del siglo XIX todavía fueron reticentes a conceder la plena libertad de cultos y de religión como faceta de los derechos individuales, privilegiando claramente a la religión católica como religión oficial del Estado. Aunque falta todavía un estudio pertinente sobre el siglo XIX, sí podemos constatar que la imagen negativa del protestante se fue superando de forma muy tímida. Poco a poco, el principio de la tolerancia fue ganando terreno, como se expresó en 1876, cuando el Estado español reconoció constitucionalmente, aunque de forma algo tentativa, este derecho.[61] No dejar de ser notorio que

60. Peer Schmidt, "'Der Rabe aus Deutschland', Luther, Mexiko und die Entstehung 'Lateinamerikas' (c. 1808-c, 1860)", en Hans Medick y Peer Schmidt, eds., *Luther zwischen den Kulturen, Zeitgenossenschft – Weltwirkung*. Göttingen, Vandenhoeck und Ruprecht, 2004, pp. 141-163. *Ídem*, "Against 'False Philosophy': Bourbon Reforms and Counter-Enlightenment in New Spain under Charles III (1759-1788)", en Renate Pieper y Peer Schmidt, eds., *Latin America and the Atlantic World – El mundo atlántico y América Latina (1500-1850). Essays in honor of Horst Pietschmann*. Viena-Colonia, Böhlau, 2005, pp. 137-156; *Ídem*, "Una vieja élite en un nuevo marco político: El clero mexicano y el inicio del conservadurismo en la época de las Revoluciones Atlánticas (1808-1821)", en Sandra Kuntz Ficker y Horst Pietschmann, eds., *México y la economía atlántica (siglos XIII-XX)*. México, El Colegio de México, 2006, pp. 67-105.

61. Ana Barrero, "La libertad religiosa en la historia constitucional española", en *Revista Española de Derecho Constitucional*, 61, 2001, pp. 131-185; Juan María Laboa, "La libertad religiosa en la historia constitucional española", en *Revista de Estudios Políticos*, 30, 1982, pp. 157-173; Manuel Suárez Cortina, "Intelectuales, religión y política en el krausoinstitucionalismo español", en Carolyn P. Boyd, ed., *Religión y política en la España contemporánea*. Madrid, CEPC, 2007, pp. 107-137.

los sectores que abogaban por una mayor libertad religiosa fuesen vinculados no sólo a los liberales, sino en particular un grupo que simpatizaba con una filosofía de origen germánico: el krausismo. A pesar del combate por una mayor tolerancia religiosa, el artículo 11 de la Constitución de 1876 estipulaba la tolerancia de otros cultos (siempre que permanecieran en el ámbito privado), y también reconocía la confesionalidad del Estado. A los intelectuales que abogaron por una mayor apertura religiosa se les tildó inmediatamente de "anticlericales". Contra esta tendencia liberalizadora se pronunció Marcelino Menéndez Pelayo a fines del siglo XIX y comienzos del siglo XX, como ya hemos visto.

Teresa de Ávila y Martín Lutero. La vuelta a la mística de Cristo en Teresa de Ávila

Jürgen Moltmann

Cuando las Hermanas del Carmelo "Edith Stein", de Tübingen, me pidieron que les hablara de Teresa de Ávila, comencé a reflexionar sobre sus escritos e ideas y acepté de inmediato. Debo confesar que, dada mi condición de teólogo protestante, siempre he considerado que el acercamiento a Teresa supone un riesgo. En consecuencia, debe hacerse con cautela y respeto; uniendo, sin embargo, la simpatía a la estimación.

Acercamiento evangélico-protestante a Teresa

Teresa y el movimiento protestante

En el camino que conduce a Teresa es necesario remover todos los prejuicios surgidos a causa de los 400 años de separación de las Iglesias y de las guerras religiosas.

Ni la misma Teresa se vio libre de tales prejuicios, si tenemos en cuenta su escaso conocimiento de la fe protestante. Por ejemplo, la primera noticia de las revueltas protestantes de Francia la tuvo en 1562, en Toledo: era el tiempo de las guerras de los hugonotes. He aquí lo que escribió en *Camino de perfección:* "En este tiempo vinieron a mi noticia los daños de Francia y el estrago que habían hecho los luteranos... Dióme gran fatiga y como si yo pudiera hacer algo, lloraba con el Señor y le suplicaba remediase tanto mal. Parecíame que... todas ocupadas en oración por los que son defensores de la Iglesia y predicadores y letrados que la defienden, ayudásemos en lo que pudiésemos a este Señor mío que tan apretado le traen (aquellos), a los que ha hecho tanto bien".

Hay que enjuiciar la opinión de Teresa según el espíritu de un tiempo en el que la conmoción apocalíptica se había apoderado de los reformistas y antirreformistas. Teresa no se preocupó de la conversión de aquellos luteranos, sino que tomó la decisión de emprender la reforma de su orden y la de la Iglesia católica. En realidad, ella fue una de las principales figuras de la Iglesia católica, convencida, al igual que los reformadores, de que la Reforma era asunto primordial de la Iglesia.

Incluso en las bases de esta reforma hay una sorprendente coincidencia. Por ejemplo, Teresa, de modo semejante a Calvino, piensa que la Iglesia es exclusiva propiedad de Dios. Por tanto, la Iglesia solo escucha la Palabra de Dios, y en esto coincide plenamente con la confesión de Martín Lutero ante el emperador y el Papa.

También hoy está "el mundo en llamas", como decía Teresa de su tiempo. Mientras la revolución ha estallado por las calles del mundo, los cristianos no pueden permitirse el lujo de continuar las luchas de los últimos 400 años. La seriedad de la situación hace que necesitemos la ayuda que nos puedan dar testigos del pasado, de cualquier confesión: Teresa y Lutero, Edith Stein y Bonhoeffer, el pastor Paul Schneider y el P. Kolbe.

La mística en la teología protestante

Este acercamiento no es una nueva experiencia del cristianismo ecuménico: el *movimiento, la experiencia y* la *teología de la mística* han constituido una raíz común y una comunión de espíritu a lo largo de los siglos de escisión de la Iglesia.

Entre los protestantes existe el prejuicio de que la mística es una tontería, pudiéndose evitar con una dedicación asidua al trabajo profesional. Se le reprocha el que aleje al cristiano de la palabra externa del evangelio, del sacramento y, finalmente, de Cristo, que por nosotros murió en la cruz. Aunque el "místico" quiera remontarse a Dios, lo hace despreciando el camino que Dios ha recorrido para bajar a él, desde la cuna a la cruz.

Esta es la tesis de la nueva teología protestante de la Palabra de Dios (Barth, Bultmann) y de la obra de Brunner, *La mística y la Palabra* (1924). En nombre de la Palabra de Dios se rechaza, pues, la experiencia mística. Sin embargo, no puede afirmarse que la fe protestante sea radicalmente opuesta a la mística.

En 1516, Lutero publicaba sus anotaciones marginales a Tauler, junto con el célebre libro de la mística medieval posterior, *Teología alemana,* entonces atribuido a Tauler. En las homilías de este autor encontró Lutero un auxilio para su interpretación de la carta a los romanos, que propagaba su innovador descubrimiento de la justicia santificadora de Dios. Dicha interpretación es un admirable testimonio de teología mística. La teología medieval de la experiencia mística y la amplia influencia de Agustín relacionan a Teresa con Lutero en una tradición común, de manera que podemos leer a Lutero juntamente con Teresa y viceversa. Veremos cómo los dos, apartándose de la mística trascendental, señalan a la humanidad de Cristo, al Dios crucificado, ya que la mística cristiana es mística de la cruz y experiencia eucarística.

En pleno auge de la reforma protestante, la dogmática de la iglesia luterana describía así el "orden de salvación" (*ordo salutis*): 1º: vocación; 2º: iluminación; 3º: conversión; 4º: unión mística; 5º: renovación. Por *unión mística* se entendía la inhabitación de Dios Espíritu Santo en el corazón del hombre que origina la *unión* del hombre con Dios. En esta misma dirección podríamos mencionar los movimientos pietistas de reforma de los siglos XVI y XVII, así como la influencia de Teresa y Juan de la Cruz en los místicos protestantes Johann Arndt, Jean de Labadie, Pierre Poiret, etcétera.

En nuestro siglo se ha redescubierto la mística del joven Lutero, Klepper, Vogel y Schroeder, por su parte, han recordado que Cristo, el Señor, es el hermano que por nosotros pasa por tentación, culpa, desfallecimiento y muerte. ¡Cuán cerca se encuentra esta experiencia de fe en Cristo de la experiencia de fe que tenía Teresa!

Conocimiento propio en el conocimiento de Dios

La historia de la vida de Teresa es la historia de su alma con Dios y, a la inversa, la historia de Dios con su alma. Su teología es su biografía y su biografía es su teología.

Sin embargo, en la *Vida* hay escasos datos históricos. El contenido de esta obra es su vida de oración o, mejor dicho, su vida en la oración, en coloquio abierto y continuo con Dios. En la oración ella lo experimenta todo: pobreza y riqueza, penalidades y gozos de la vida. La *Vida* es "teología biográfica" (J.B. Metz), ya que es una "biografía teológica".

El conocimiento propio y el conocimiento de Dios

Queremos preguntarnos: ¿es acaso el camino hacia dentro de uno mismo el camino hacia Dios? En su célebre libro *Castillo interior o Las Moradas,* Teresa expuso más sistemáticamente la experiencia de Dios en el alma. "Considerar nuestra alma como un castillo todo de un diamante o muy claro cristal, adonde hay muchos aposentos, así como en el cielo hay muchas moradas... y en el centro y mitad de todas estas tiene la más principal, que es adonde pasan las cosas de mucho secreto entre Dios y el alma". Teniendo en cuenta lo que dice Teresa, es oportuno preguntarnos: ¿estamos nosotros en nosotros?, ¿no estamos a menudo fuera de nosotros? Desgraciadamente, lo cierto es que no nos tenemos a nosotros mismos y, por esto, nos buscamos y nos encontramos y volvemos a perdernos otra vez.

Así, pues, ¿cómo podemos entrar en nuestro hermoso y deleitoso castillo? A esta pregunta responde Teresa de la manera siguiente: "a cuanto yo puedo entender la puerta para entrar en el castillo es la oración y consideración; no digo más mental que vocal, que como sea oración, ha de ser con consideración". En la oración se logra, pues, el verdadero conocimiento *propio.*

Recíprocamente, en la oración se profundiza también en el conocimiento de Dios. Ante el poder de Dios experimenta el hombre su impotencia; frente al amor de Dios, ve su propia indignidad; y ante la perfección divina, su imperfección.

En relación con este conocimiento de Dios y al conocimiento de uno mismo, he encontrado en Teresa estas expresiones: "Cuán claro veía que tú me amas más a mí que yo me amo a mí misma" y "Ten compasión de aquellos que no se la tienen". El hombre empieza a amarse a sí mismo con el mismo amor con el que se sabe amado por Dios. Así, la amistad con Dios surge del hecho de que el hombre se considera amigo del gran Dios.

El pensamiento de los reformadores

El contenido ideológico del *Castillo interior* no es nada nuevo. San Agustín había dado para la teología la divisa siguiente: "Aspiro conocer a Dios y al alma. ¿Fuera de esto, nada? Nada; fuera de esto, nada" (*Soliloquios*).

Lo mismo sostuvieron los reformadores. Calvino afirma en su *Institutio Religionis Christianae* que nuestra sabiduría tiene fundamentalmente dos objetivos: el conocimiento de Dios y nuestro propio conocimiento. Por consiguiente, el hombre no puede conocerse a sí mismo si no dirige su sentido a contemplar a Dios; por otra parte, ningún hombre puede conocerse a sí mismo si no ha contemplado a Dios y de esta contemplación no pasa al conocimiento de sí mismo.

Por su parte, Lutero afirma: "El conocimiento de Dios y del hombre es sabiduría divina y ciencia teológica. Ambos se refieren al Dios justificante y al hombre pecador".

Todos los teólogos cristianos partían del supuesto de que la revelación de Dios nos lleva al descubrimiento de nuestro ser. Es necesario, sin embargo, tener en cuenta que el conocimiento de Dios tiene la primacía, ya que de este conocimiento proviene el conocimiento propio.

Ciertamente, a través de la sola introspección ningún hombre puede llegar al conocimiento de Dios, a no ser por el orgullo de una idolatría propia o por la depresión desgarradora de sí mismo. Aquí se plantea el problema que, visto de igual modo, fue solventado de manera diferente por Teresa y Lutero: el problema de la *mediación* en el conocimiento de Dios y en el conocimiento propio. En este caso, no puede tratarse de una relación directa de Dios y el alma: o el Dios infinito aniquilaría el alma perecedera, o el alma tendría que aniquilar a Dios haciéndose Dios a sí misma. Pascal es el que con más claridad ha contestado esta pregunta al proponer el conocimiento de Jesús como el conocimiento que acorta la infinita distancia entre Dios y el hombre. ¿Cómo han concebido Teresa y Lutero esta mediación del *conocimiento de Cristo* en el conocimiento de Dios y el conocimiento propio?

Conocimiento de Cristo y mística de la cruz

El pensamiento de Teresa

En el *Camino de perfección,* Teresa prescinde de aquellas formas de la mística medieval que recomendaban dejar de lado el conocimiento de Cristo para llegar al conocimiento de Dios (el "dejar a Dios por Dios", del maestro Eckhart). Esto nos lleva a preguntarnos si la "meditación trascendental" puede considerarse cristiana.

A los que exigían apartar de sí toda imaginación corpórea, aunque sea la de la humanidad de Cristo, Teresa responde que no puede asumir de ninguna manera tal exigencia, a la que incluso llega a considerar como una "traición". Afirma taxativamente que la humanidad de Cristo es la puerta por la que hemos de entrar, ya que no existe ningún otro camino posible, y aduce a este efecto el testimonio de santos como Pablo, Francisco, Antonio de Padua, etcétera.

Para Teresa, pues, no puede incluirse la "sacratísima humanidad de Cristo" en lo que podría ser un necesario apartamiento de lo corpóreo. Cristo es el verdadero compañero, el verdadero amigo, el Salvador. Lo que mantiene a Teresa inseparablemente unida a Cristo no es el pensamiento de la imagen que necesita para la meditación y abandona en la contemplación, sino la *experiencia de la Eucaristía:* el cuerpo y la sangre de Cristo es para ella la "humanidad de Cristo".

El pensamiento de Lutero

Así nos encontramos adentrados en la teología de la cruz de Lutero. En la Tesis 20 de la Discusión de Heidelberg, Martín Lutero afirma que a nadie le es suficiente ni útil el conocimiento de la gloria y de la majestad de Dios, si no se le conoce al mismo tiempo en la humillación y oprobio de la cruz. "En Cristo crucificado está la verdadera teología y el conocimiento de Dios".

Lutero había buscado el camino hacia Dios siguiendo las orientaciones de su orden agustina y de la mística entonces conocida. Dichas orientaciones definían el camino hacia Dios como un *camino de humildad.* Mediante la imitación de Cristo el hombre trata de conformarse con El y así hacerse digno de la participación en la divinidad. Al aceptar seriamente este camino de humildad, Lutero se dio cuenta de que su ideal de cristología ya no era válido: Cristo, tomado como modelo de vida, lleva a los hombres a la desesperación.

Lutero lo ha experimentado con la tentación de la propia indignidad y, sobre todo, con la más grave tentación: la de la libertad de la elección divina: ¿por qué Dios ha debido escogerme precisamente a mí?, ¿no apunta todo en mi vida a que El no me ha llamado, sino que me ha reprobado?

El consejo que le dio el vicario general de los agustinos, Johann von Staupitz, de recurrir a las "llagas de Cristo" cuando pensase en la predestinación, fue para Lutero sumamente liberador. Así pudo superar el camino de la imitación de Cristo y llegar al conocimiento de *Cristo-sacramento,* que todo lo ha hecho por nosotros. En el "Sermón de la preparación para morir", por ejemplo, recomienda considerar el infierno y la eternidad de la pena, con la predestinación, no en nosotros mismos ni en los condenados, sino en la "imagen de Cristo", abandonado de Dios, que vence nuestro infierno y hace cierta nuestra predestinación.

De la misma manera que la justificación por la fe lleva a las buenas obras de misericordia (y no viceversa), el seguimiento (o la imitación) no nos hace hijos de Dios, sino que es la misma filiación divina la que nos lleva al seguimiento.

Desposorio del alma con Dios. Divinización y humanización del hombre

Este conocimiento que tenía Lutero del "Cristo para nosotros" puede relacionarse con la definitiva conversión de Teresa en 1554 "ante la imagen del varón de Dolores" (Ulrich Dobhan). Sin embargo, las direcciones a las que

Lutero y Teresa miran son un poco dispares, como lo demuestran los dos ejemplos siguientes.

El primero, el del desposorio del alma con Dios, es para Teresa el punto álgido de la oración y del camino de perfección. Se trata de un don de la gracia, sin cooperación humana. Proporciona un sentimiento de paz perfecta y de una casi segura certidumbre de salvación. En cambio, Lutero ha insertado esta imagen del desposorio en la humanidad y en el sacrificio de la cruz de Cristo: la fe une al alma con Cristo, como una esposa con su esposo; se da también comunidad de bienes, de manera que lo que Cristo tiene es propiedad del alma creyente; ahora no es posible que los pecados condenen al creyente, ya que son absorbidos por Cristo.

En cuanto al segundo ejemplo, el de la divinización y humanización del hombre, Teresa sigue el pensamiento de la Iglesia antigua: Dios se hizo hombre para que el hombre se haga participante de Dios. Sin embargo, Teresa se da cuenta de que, si el fin de la encarnación es la divinización del hombre, entonces la humanidad de Cristo solo es un medio que, finalmente, será superado. La divinización del hombre es, pues, la verdadera finalidad de la encarnación de Dios. Lutero enfoca este problema de la siguiente manera: mediante la encarnación, Cristo nos hace verdaderos hombres y nos lleva al conocimiento de nosotros mismos. Así, el hombre se libera de su complejo de Dios y llega a su verdadera humanización, en comunión con el Hijo de Dios hecho hombre.

La amistad de Dios

La conversión de Teresa dio inicio a una íntima y consciente amistad con Dios. Esta amistad cambió el tono de la oración: además de la oración de súplica y de acción de gracias, fue creciendo la "oración mental", que no es otra cosa "sino tratar de amistad, estando muchas veces tratando a solas con quien sabemos que nos ama". Una amistad de este tipo supone una relación entre iguales, a pesar de toda desigualdad, que se aman y respetan mutuamente. No se trata, por lo tanto, de una divinización sustancial del hombre ni de impertinencias profanas del hombre desconsiderado.

La fuente de esta amistad con Dios viene de la oración. Una oración que ya no es la oración de los esclavos que imploran al Señor y al mismo tiempo le temen, ni la oración confiada de los niños que llaman a su Padre del Cielo. En la amistad divina, el orante no solamente reclama para sí a Dios, sino que participa de la responsabilidad de Dios sobre el mundo. El asesora a Dios porque Dios quiere asesorarse con él. La oración de los amigos de Dios procede de la experiencia que tienen de que "Dios permite que le hablen" (K. Barth). Dios llama a los hombres no solo a la *humildad de los siervos o* al *agradecimiento del niño,* sino también a la confianza y responsabilidad del *amigo.*

Teresa ha hablado muy amistosamente con Dios. Hasta con una cierta osadía. En algunos de sus escritos llega a hacer reproches a Dios Padre sobre su trato con Cristo el Hijo. Teresa habla a Dios como lo hacían los salmistas o como Job. El "Dios que permite que se le hable" puede escuchar algo de sus amigos.

Ya desde la antigüedad griega existía este pensamiento de Dios. También aquellos pensadores gnósticos, que se creían superiores a los creyentes, se tenían por amigos de Dios. En la mística medieval esta expresión alcanzó un uso más general. Joaquin de Fiore desarrolla la historia de la salvación en tres fases: en el reino del Señor y Padre los hombres se sientes como siervos, en el reino del Hijo se sienten como hijos de Dios, en el reino del Espíritu pasan de siervos e hijos a ser responsables de Dios. La amistad de Dios es, pues, una expresión para la experiencia del Espíritu Santo.

En la epístola de Santiago (2.23) se dice: "Creyó Abraham y le fue reputado como justicia y fue llamado amigo de Dios". También Jesús fue llamado amigo de publicanos y pecadores (Lc 7.34): aunque esta era una expresión despectiva, expresa una actitud imparcial hacia estos hombres degradados, la de ofrecer la amistad y el amor solícito de Dios. Según el evangelio de Juan, Jesús se declaró amigo de sus discípulos y discípulas: "Ya no os llamo siervos; a vosotros os he llamado amigos, porque todo lo que he oído a mi Padre os lo he dado a conocer" (Jn 15.16).

La amistad es la simpatía que une todas las cosas, la manera de vivir de los hombres libres, ya que une la inclinación con el respeto. En la amistad los hombres están juntos y dispuestos a ayudarse, manteniendo siempre el respeto por la libertad del otro.

En la amistad de Dios la oración se caracteriza por el afecto y el respeto: sería *servil* orar sin conciencia de ser oído, mendigar y decir muchas palabras; sería *pueril* querer por la oración forzar el ser oído y exigir el cumplimiento de las peticiones. El amigo ora por simpatía y aprecia al mismo tiempo la libertad de Dios para hacer como El lo tenga a bien. En la oración, el amigo participa en el amor y en los sufrimientos de Dios en el mundo.

Quien experimenta la amistad de Dios en la oración vive con una conciencia tranquila; pero, al mismo tiempo, la amistad de Dios es un don que pide responsabilidad, ya que conduce al hombre a la responsabilidad divina sobre el mundo. De Teresa podemos aprender ambas cosas.

Conclusión

Hemos intentado acercarnos a la experiencia de Dios, de la que nos habla Teresa de Ávila. Lo hemos hecho detectando las convergencias y divergencias existentes entre la confesión protestante y la piedad del Carmelo. Debo confesar que no he encontrado una "figura principal de la contrarreforma", sino a la reformadora de la fe cristiana.

Teresa ha mantenido con firmeza la "humanidad de Cristo". Ha encontrado y afirmado su sitio bajo la cruz y allí ha permanecido, consciente de Dios y de sí misma: esto es lo importante para mí.

Al pie de la cruz encontramos la *comunión ecuménica,* universalmente extendida, prescindiendo de todos los límites de las confesiones, puesto que al pie de la cruz no somos contados ni diferenciados como católicos, protestantes u ortodoxos. Bajo la cruz de Cristo nuestras manos vacías de gracia son llenadas por igual. Cuanto más nos acercamos a la cruz, más nos unimos los unos con los otros.

La cruz de Cristo nos descubre como hijos *de la misma gracia y* como *amigos en la misma comunión del Espíritu.* En esta comunión bajo la cruz Teresa de Avila no solo es una "santa" y "doctora" española, sino, y sobre todo, hermana de todos los amigos de Dios sobre la tierra.

Tradujo: Frederic Sierra
Condensó: Josep Giménez

Lutero y Alemania en la conciencia novohispana

Alicia Mayer

> Toda figura espiritual está por esencia en un espacio histórico universal o posee una historia en una unidad particular de tiempo histórico, según coexistencia y sucesión. Si partimos de las concatenaciones históricas y, como es necesario, partimos de nosotros mismos y de nuestra nación, entonces la continuidad histórica nos lleva cada vez más lejos: de nuestra nación a las naciones vecinas, y así de naciones en naciones, de épocas en épocas.[1]
>
> EDMUND HUSSERL

Debo admitir que resulta muy útil presentar en este espacio tan propicio, por tratarse de una publicación que versa sobre percepciones mutuas entre México y Alemania, una síntesis concentrada de una larga investigación. Respondiendo a esta necesidad, puedo recapitular sobre un libro que ha quedado concluido y cuyo título es *Lutero en el paraíso. La Nueva España en el espejo de reformador alemán.* Daré aquí una visión en conjunto de lo que ha venido a ser el fruto de esa investigación.

Sabemos que la Reforma dejó una profunda huella en la conciencia hispánica en lo que a la propia España se refiere, pero cabe preguntarnos: ¿qué efecto tuvo en sus colonias? En la Nueva España, había incontables documentos, tanto manuscritos como impresos, que contenían juicios de relativa extensión sobre este hecho histórico y, sobre todo, en relación con Martín Lutero. Un análisis de estos materiales permite concluir que el reformador alemán se convirtió en una idea secuencial en la historiografía colonial. Esto es ya de por sí interesante, puesto que el personaje no tuvo una relación directa con el mundo que lo juzgaba ni hubo, en términos generales, un gran núcleo de protestantes en la Nueva España. Si hay noticia de

1. Conferencia "La crisis de la humanidad europea y la filosofía", mayo, 1935.

extranjeros de esa confesión,[2] pero en los procesos de la Inquisición no se encontraba entre españoles y criollos más que un puñado de heterodoxos —a los que genéricamente se llamaba luteranos. ¿Por qué, entonces, fue la imagen infamante de Lutero tan constante en la producción colonial?

He podido explorar en muchos textos la imagen que sobre Lutero se forjaron algunos intelectuales representativos de la Nueva España, ya fueran españoles o criollos. En general, el retrato del reformador no estuvo diseñado con simpatía en la pluma de estos autores y la aversión se proyectó también a través de púlpito y del pincel.

Para entender la imagen de Lutero en la Nueva España, es menester conocer el contexto histórico de los movimientos de Reforma y Contrarreforma: estos se prolongaron por un periodo muy largo y tuvimos efectos trascendentes en la visión del mundo y en la cultura de las naciones que adoptaron las diferentes formas de religiosidad, protestante o católica.

Debido a la situación histórica que resultó de dicho proceso, hubo una bifurcación del pensamiento español frente al de otras naciones. Se confeccionó en el siglo XVI un esquema espiritual y político animado por una idea providencialista que hacía de la España de los Habsburgo la gran defensora de la religión; este proyecto perduró en el virreinato y aún en el siglo XVIII, en tiempo de los Borbones, quienes, si bien vislumbraron la necesidad de una reforma en el ámbito eclesiástico, no por ello dejaron de defender la fe católica.

La Nueva España, mundo católico e hispano, heredó la rivalidad teológica así como el odio hacia las "naciones cismáticas". La cruzada de España y con ella sus filiales coloniales —aunque estas no en el terreno de lo militar— consistió en emprender con arrojo una titánica lucha contra los enemigos de la religión y liberar al mundo de la sevicia satánica.

Condenar la Reforma y a quien se consideraba el padre de la misma fue la consigna y la política defendida por el Estado-Iglesia español. Se ha

2. Había extranjeros protestantes en la ciudad de México desde fines del siglo XVI, pero su número era muy reducido y solo sabemos de ellos a través de los expedientes de la Inquisición. Los inmigrantes y marinos no querían levantar sospechas y deseaban pasar desapercibidos. Muchas veces, incluso, castellanizaban sus nombres, mentían sobre su lugar de origen y fungían cumplir con los formalismos católicos. La mayoría vivía de manera ilegal en el virreinato.

dicho que el éxito de la Reforma protestante le debe mucho a la imprenta.[3] Sin duda, podemos advertir lo mismo para la Contrarreforma, para quien el libro fue un agente eficaz en la promoción de sus valores.

Lutero fue expuesto en la picota propagandística del catolicismo postridentino, exhibido como el mayor enemigo de la fe. La Nueva España fue parte de los movimientos defensivo y ofensivo ya indicado, por lo que también llevó a cuestas el ferviente espíritu de cruzada de la fe católica, el cual hizo suyo. Enjuiciado Lutero desde el punto de vista moral y religioso, resultó, de ahí en adelante, un ente diabólico y execrable.

El fervor antiluterano se dejó sentir en la Nueva España antes de finalizar el Concilio de Trento (1545-1563). Al tomar Felipe II posesión del trono español (1558), ello se hizo más evidente, debido a las advertencias que hizo el monarca a los obispos de Indias para evitar "el contagio" de ideas heréticas en el Nuevo Mundo, sobre todo a raíz del descubrimiento de núcleos protestantes en Valladolid y en Sevilla (1558), lo que había incrementado el temor de la Corona.[4] Síguese de todo esto el propio afán de los habitantes de América por equipararse, o más aún, por sobrepasar a los europeos con la consigna de que el Nuevo Mundo sería el mejor escenario posible para la propagación y el triunfo de la religión católica. Mariano Cuevas nos informa que "no solo en la capital de la Nueva España, sino en todos sus obispados y hasta en Nicaragua y Guatemala, se empezó una campaña antiluterana que obedecía a dictados muy específicos del Supremo Consejo de Indias". El historiador jesuita utilizó la palabra "cacería" para señalar el clima de persecución contra los herejes en la década de 1560.[5]

La Nueva España hizo suya la aspiración de forjar una imagología desde su particular circunstancia y conciencia históricas. La negación de la herejía —en general de todo tipo de heterodoxia— se convirtió en parte constitutiva de la identidad novohispana. Esto lo advierte Solange Alberro al

3. Jean Fraçois Gilmont, "Reformas protestantes y lectura", en Guglielmo Cavallo y Rober Chartier, eds., *Historia de la lectura en el mundo occidental* Madrid, Taurus, 1998, pp. 329-365. Dice también Ricardo García Villoslada que "fue el luterismo la primera herejía que para su propagación utilizó la tipografía, ese divino arte alemán inventado por Juan Gutemberg en Maguncia hacia el 1446", en *Raíces históricas del luteranismo* Madrid, Biblioteca de Autores Cristianos, 1969, p. 283.
4. Ver el magnífico trabajo de Werner Thomas, *La represión del protestantismo en España, 1517-1648*. Lovaina, Leuven University Press, 2001.
5. M. Cuevas. *Historia de la Iglesia en México*. Vol. II. El Paso, Editorial Revista Católica, 1928, pp. 261-262.

decir que "el tema de la ortodoxia religiosa está en el meollo de la identidad mexicana".[6] Tomando en cuenta las circunstancias anteriores, repasaremos a continuación, muy brevemente, cómo se juzgó al reformador agustino.

Entre las elites intelectuales de la ciudad de México, en el círculo de la recientemente fundada Universidad de México, en los colegios y en los conventos surgieron las primeras respuestas teológicas a Martín Lutero. Hubo muchas disquisiciones en los siglos XVI y XVIIhechas por grandes teólogos, tanto peninsulares como criollos, sobre todo entre jesuitas, franciscanos y dominicos. Ellos estaban bien enterados de las discusiones sobre la doctrina que se ventilaban en Europa, y conocían también las corrientes más novedosas, principalmente las de los teólogos de la Compañía de Jesús, como Roberto Belarmino y Francisco Suárez.[7] En cambio, resaltaba el silencio de los agustinos, que es casi comprensible dado que el propio Lutero había sabido de las filas de los Ermitaños de San Agustín de Erfurt.

En la Colonia, la discusión sobre la cualidad monstruosa, desbocada, diabólica de Lutero no fue tan enconada como en la metrópoli, que se autoproclamó campeona de la causa antiprotestante y, por ende, fabricó una bien orquestada campaña difamatoria contra quien fue considerado el líder de todos los heresiarcas, el más grande enemigo de la religión. No existe en la historiografía colonial —hasta donde sé— una obra escrita expresamente para impugnar al doctor de Wittenberg como *la Apología contra Martín Lutero* del teólogo español Miguel Gómez, impresa en Viena en 1525. Quienes más se acercaron a este intento fueron fray Diego Valadés en el siglo XVI y el jesuita Francisco Javier Alegre en el XVIII. En medio de este lapso cronológico, aparecieron escritos que no persiguieron la finalidad de colocar al reformador como su tema principal, pero si trataron, con relativa extensión, el problema de la "herejía" y emitieron sendos juicios sobre él. Tampoco hay un equivalente de los *Flugchrifien* o panfletos. En México encontramos alegatos teológicos (tratados en defensa de la religión católica, así como de la labor de evangelización y colonización hispánicas) en los cuales se abren interesantes espacios en los que aparece la figura del agustino alemán. Asimismo, en las crónicas, en obras religiosas y espirituales y en

6. S. Alberto, *Del gachupín al criollo o de cómo los españoles de México dejaron de serlo*. México, El Colegio de México, 1992, p. 45.
7. Las fuentes más utilizadas de ambos jesuitas fueron Belarmino, *Disputaciones. De controversis christiane fidei adversus buitus temporis h* (1599), Biblioteca Nacional de México, en adelante *BNM*, Fondo Reservado, *RFO* 239, Bel. d. Sar 1599; Suárez, *Defensa de la fe*. Madrid, Instituto de Estudios Políticos, 1970-1971.

los expedientes de la Inquisición, su presencia es constante, al igual que en los sermones y en el arte. Glosar los autores que emitieron juicios sobre él llevaría tiempo y un espacio del que no es prudente ahora disponer. Por eso solo perfilaré algunos ejemplos, y tomaré como referentes, la mayoría de las veces, las obras de carácter impreso.

La ofensiva —escrita, por supuesto— desde México se llevó a cabo casi exclusivamente desde el ámbito eclesiástico. Para el siglo XVI, destacaré en este momento dos autores. Uno de ellos, Bartolomé Ledesma, escribió el primer escrito impugnador que conocemos contra las tesis de Lutero, realizado en la Nueva España en 1566: la *Summa de Sacramentis,* publicada, al parecer, en 1586.[8] Experto teólogo dominico, estuvo dispuesto a luchar contra lo que suponía eran las más horribles abominaciones esgrimidas por el otrora monje de Erfut, con prolífica pluma y mayor elocuencia. Ledesma presentó un monumental aparato doctrinal, basado en los argumentos de los más connotados teólogos del momento. Encontramos en sus escritos pocas adjetivaciones, pues el autor se mostró más proclive a la defensa doctrinal del catolicismo frente a las tesis del doctor de Wittenberg que a su condenación como persona.

El primer juicio lapidario sobre Martín Lutero en la historiografía colonial salió de las páginas de la *Rethorica Christiana* de fray Diego Valadés, escrita alrededor de 1579. El reformador, quien había fallecido poco más de treinta años antes (en 1546) era a los ojos del fraile franciscano, el "archihereje malvado de Alemania", un hombre "impío" y "desdichado"; dotó así con una alta carga despectiva y condenatoria a él y a su patria, y esto acompañó a la producción historiográfica novohispana durante tres siglos, casi sin alteración.[9]

La obra más importante de Diego Valadés contra la herejía, *Assertiones Catholicae contra Pratecipuos Aliquot Haereticorum Errores*, de 1581, es prácticamente desconocida. Llama la atención por su profundidad en materia teológica y hoy reposa manuscrita en el Vaticano.[10] Ledesma y Valadés se

8. Según el dato de M. Beuchot, quien afirma que existió una edición salmantina de 1585, en *Filósofos dominicos novohispanos*, México, Universidad Nacional Autónoma de México, 1991, p. 30. El manuscrito de Ledesma, en la Biblioteca Nacional de México, Fondo Reservado, RSM 1566 M4LED.

9. Diego Valadés, *Retorica Cristiana* (edición facsimilar). México, Fondo de Cultura Económica, 1989.

10. *Aserciones católicas contra los principales errores de los herejes.* Mas Fondo Ottoboniense Lat 582 y 2355, Biblioteca Vaticana.

explayaron en las cuestiones dogmáticas muy de acuerdo con los decretos del Concilio de Trento, y si bien ofrecieron un juicio negativo de Martín Lutero, llamándolo "impío", y a su tratado contra el papado[11] "un pestilencial libro", no lo convirtieron en un instrumento de Satán, sino en un hombre equivocado, empecinado y cuyos errores debían aclararse y refutarse. En ese momento, los teólogos anatematizaron a Lutero por lo ignominioso de su propuesta reformista. Su obra fue, pues, incomprendida y, por consiguiente, su nombre, vilipendiado.

Entre 1580 y 1645, se formuló en la historiografía colonial una imagen que podíamos llamar "mítica" de Lutero, pero en un sentido negativo, como antihéroe. En la crónica, que surgió por la necesidad de informar al rey y al Consejo de Indias sobre las primeras descripciones del territorio y de sus habitantes, además de experiencias memorables, hay una original interpretación sobre el reformador germano.

La conquista de México y la Reforma protestante fueron dos sucesos contemporáneos que no pasaron inadvertidos para los historiadores, quienes interpretaron los hechos históricos de acuerdo con esquemas providencialistas. Existió en muchos frailes una verdadera obsesión por la idolatría y la herejía, consideradas como armas del demonio para frenar el avance hispánico, *verbi gratia,* el de las huestes de Dios. La primera cruzada del catolicismo después de la Conquista había consistido en desterrar la idolatría del Nuevo Mundo; la segunda fue preservarlo del peligro de un nuevo intento del Demonio por posesionarse del continente, esta vez revestido de la faz de la herejía. Los autores advirtieron sobre la necesidad de prevenir el "contagio" y aconsejaron evitar que llegaran estas ideas a América. Por eso también se señalaba la importancia de la evangelización y se hacía una apología del catolicismo en el Nuevo Mundo.

En 1532, fray Bartolomé de las Casas, polémico historiador de Indias, pidió al emperador Carlos V que impidiera la entrada de alemanes, pues "solo destruyen y roban y matan"; los llamaba "herejes paridos por aquella bestia de Lutero".[12] Para otro fraile famoso, el franciscano Bernandino de Sahagún, la cristiana Nueva España se comparaba con la Alemania

11. Titulado *Wider das Papissum en Rom von Teufel gestifiee* (1545), en *Martín Luhers Werke, Krisische Gesa* Weimar, Germann Böhlau, 1892, pp. 195-299.
12. Carta de Bartolomé de las Casa a un personaje de la corte (1535), en Paulino Castañeda y Antonio García del Moral, eds. *Obras completas.* Madrid, Alianza Editorial, 1990 (14 vol.), vol. 13, pp. 97 y 121.

evangélica “donde ya no hay sino herejes”.[13] Se proyectaba aquí una idea importante que fue reiterativa durante toda la época colonial, la idea de que América era una especie de paraíso, un escenario distinto al del viejo continente, donde se harían realidad todas las utopías posibles, donde triunfaría la reforma católica en su más pura versión, Europa, en cambio, decaía por las sangrientas guerras confesionales y las ambiciones desmedidas, era un mundo violento, caduco, donde en muchas partes se había perdido la fe.

Hay juicios muy interesantes sobre Lutero, primero en las obras de Francisco López de Gómara, Bartolomé de Las Casas y Bernardino de Sahagún, y luego en Diego Valadés, Jerónimo de Mendieta, Juan de Torquemada, Antonio de Remesal y Andrés Pérez de Ribas. Para tomar solo un ejemplo, Diego Valadés comparaba a Martín Lutero con los grandes promotores de la religión católica en el Nuevo Mundo, especialmente con Martín de Valencia, y no le pasó desapercibido al cronista que ambos hombres se llamasen igual, aunque, subrayó, tenían destinos diferentes. Observaba que “en el mismo año en el que [Lutero] empezó a difundir su ponzoña en Alemania, salió de España Martín de Valencia, el cual enseñaría a los indios la doctrina cristiana”.[14]

La más famosa comparación viene del franciscano Gerónimo de Mendieta (1604), quien eligió oponer a Lutero y a Hernán Cortes. Creyó, erróneamente, que ambos personajes habían nacido en el mismo año, 1483, lo que aprovechó para apuntalar que la gesta conquistadora del gran medellinense era un bien para la Iglesia universal, mientras que la llamada Reforma luterana era un ardid del representante del demonio que quería obstaculizar la voluntad divina y causar un daño irreversible a Alemania y a otras nacionales.

Aquí debemos ponderar cómo, sin alguna duda, Dios eligió y tomó por instrumento a este valeroso capitán don Fernando Cortés, para por medio suyo abrir la puerta y hacer camino a los predicadores de su Evangelio en este Nuevo Mundo, donde de restaurase y recompensase la Iglesia católica con conversión de muchas ánimas, la pérdida y daño grande que el maldito Lutero había de causar en la misma sazón y tiempo en la antigua cristiandad. De suerte que lo que por una parte se perdía, se cobrase por otra.[15]

13. B. de Sahagún, cf. En M. León Portilla, *Bernardino de Sahagún, Pionero de la antropología.* México, Universidad Nacional Autónoma de México-El Colegio Nacional, 1999, p. 200.
14. D. Valadés, *op. cit.*, p. 505.
15. G. Mendieta, *Historia eclesiástica indiana.* México, Porrúa, 1971, libro III, cap. I, p. 174.

Para Mendieta, Lutero vino al mundo para someter, bajo la bandera del dominio, a muchos pueblos, e interpretar así el incomprensible designio de dios de revelar la verdad a algunos, mientras otros pierden la fe. Esto mismo retomó el franciscano Juan de Torquemada (1624), quien llevó a cabo una disertación sobre la herejía en su libro *Monarquía indiana*; puso en el escenario de la historiografía novohispana nuevamente a Lutero. En el universo a la vez divino y demoníaco de la cosmovisión del fraile franciscano, el fraile agustino de Islebio (por haber nacido en Eisleben) era el "maldito hereje", "apóstata de la fe", "otro Lucifer"; era el creador de una falsa doctrina, sugestionado por el dominio. Torquemada calificó al luteranismo de "diabólica lepra", "mancha que cunde", "herética ponzoña", "mala secta" y otros epítetos. Empero, en el Nuevo Mundo, los españoles —a los ojos del cronista— le ganaban terreno al demonio. La historia de la Conquista fue elevada como gran imagen moral, presentada como destino en el que se ponía de manifiesto el plan divino, precisamente por su lejanía con Europa: por consiguiente, el triunfo del bien sobre el mal se daba en escenario americano.

> El mismo año que Martín Lutero, heresiarca, comenzó en la Germania a derramar su herética ponzoña, se levantó en España Martín de Valencia, apostólico varón, para traer a los indios a la Doctrina sana y santa del Evangelio Sagrado de *Christo* Nuestro *Redemptor* porque la capa de Cristo que un Martín, hereje, rompía, otro Martín, Católico y santo, cosiese, y la vestidura que aquel mal hombre desnudaba a los cristianos, que pervertía y engañaba, este verdadero imitador de la Verdad Evangélica la vistiese a estas nuevas plantas cristianas, que de voluntad la recibían.[16]

En síntesis: la crónica produjo una corriente de interpretación histórica que quiso ver en el reformador alemán la encarnación del mal. El proceso de cristianización —o confesionalización, como quien llamarlo algunos— de la Contrarreforma española encontró en él un ser que formó parte de esa guerra mental en la que el bien y el mal se jugaban los destinos del mundo.

Por otra parte, podemos encontrar importante referencias a Lutero en documentos inquisitoriales. Los celadores de la ortodoxia arremetieron contra el reformador desde la institución que se encargó de vigilar la conducta y el modo de pensar de la sociedad. La parte interesante de los proceso a los supuestos luteranos en la Nueva España consiste en que afloraron, por

16. Torquemada, *Monarquía indiana*. 6ª ed. Introd. de Miguel León-Portilla. México, Porrúa, 1986, prólogo al libro XV.

primera y única vez en la época colonial, las opiniones de las minorías, de los grupos subversivos y heterodoxos, que emitieron un juicio hacia Martín Lutero. Uno de ellos, Miguel Alemán, llegó a decir en 1593 que "Martín Lutero es un hombre muy bueno y santo".[17] También en este espacio pueden apreciarse los enormes esfuerzos de las autoridades virreinales pro evitar la entrada de los libros por "herejes", que se vieron cristalizados en la poca (casi nula) difusión de escritos protestantes en la Nueva España.

El horror a la herejía fue un elemento heredado de España al Nuevo Mundo. Un odio profundo —casi enfermizo— tuvo Juan de Palafox y Mendoza al luteranismo antes de ser consagrado al solio episcopal de Puebla en 1639. Ya había escrito mucho al respecto y en México continuó sus ataques. Había viajado por Alemania durante la Guerra de Treinta Años (1618-1648) y se había formado un juicio negativo al ver que los problemas confesionales se habían trocado en asuntos de envergadura política. "Si aquella centella se hubiera apagado al nacer —dice refiriéndose al luteranismo—, no hubiera llegado a tal incendio, que no se ha podido apagar".[18] El prelado no dejó de condenar los "males" que la Reforma había traída consigo: el peor, en su opinión, fue haber dado rienda suelta "al espíritu privado y particular de cada uno", o sea, hoy diríamos, "a la libertad de conciencia".

> En estos tiempos —asegura— vemos que Lutero sal con una lengua, y luego con la suya se le opone Calvino. A estos contradice Ecolampadio y Zuinglio y otros monstruos, tan divididos entre sí que en una casa se ve al padre luterano, a la madre calvinista, al hijo protestante, a la hija zwingliana y al criado puritano. Esta es división de lenguas que causa el Demonio para derribar la torre fortísima de la Iglesia católica, pero en balde, porque está fundada sobre los Sacramentos.[19]

Para el mundo novohispano, la Reforma fue un parteaguas en la historia de Alemania. La tierra que fue de grandes héroes de la cristiandad en la antigüedad se había convertido, después de la 'presencia de Lutero y a los ojos de Palafox, en una tierra maldita. En su Diálogo político del Estado de Alemania, publicado en 1635, el prelado calificó a los estados germanos como "asilo de la herejía y seminario de la maldición", un lugar

17. Proceso a Miguel Redelic o Miguel Alemán, mss. En *Mexican Inquisition Documents*, 1593-1817, Biblioteca Bancroft de la Universidad de Berkeley, 96/95m vol. 1.
18. Palafox, "Dictados espirituales" (1638), en *Obras del libro, Excelente y Venerable Siervo de Dios Don Juan de Palafox y Mendoza*. Madrid, Imprenta de don Gabriel Ramírez, 1762, p. 41.
19. Palafox, "Tratados doctrinales", en *Obras… op. cit.*, t. IV, p. 395.

bárbaro, inseguro, "lleno de delitos y crueldades", provincias las más infestas y terribles, "sentina (o excusado) de Lucifer", es decir, un lugar inmundo y maloliente, el sitio donde defeca el diablo, literalmente, donde abundan y se propagaban los vicios.[20] Esa es la noción que prevaleció por mucho tiempo sobre el mundo sajón.

El siglo XVII aportó su grano de arena al dictamen procesal formulado contra Lutero, sobre todo en el plano simbólico, al que contribuyó la cultura del Barroco.[21] Desfilan ante nuestros ojos las críticas contra Lutero de autores famosos por su prolífica y abigarrada pluma (muchos de ellos criollos) así como de personalidades de los círculos eclesiásticos, como el obispo de Puebla, Juan de Palafox y Mendoza. Me es imposible detenerme en cada caso, pero sí llama la atención la cantidad de opiniones que podíamos encontrar entre la intelectualidad novohispana, opiniones que se referían no solo a la imagen estereotipada de Lutero, sino que, de paso, transmitían un conocimiento teológico que rebasaba la medianía. Sor Juana Inés de la Cruz, por citar solo un ejemplo, gustaba esgrimir sus ideas en contra del *servum arbitrium* y de la *Sola Scriptura,* propuestas hechas por Lutero, a quien llamó malvado y acusó de "estudiar mucho y digerir poco".[22] Los conceptos que se manejaban en las obras de muchos representantes del Barroco novohispano se convirtieron, a veces, en ejercicios puramente formales y abstractos. La monja jerónima pintó un cuadro de Alemania como un lugar infernal, donde la gente tenía un temperamento "frío":

Ya otra vez ha visto
Los opuestos ceños
Del Alemán frío
Y el adusto Negro.[23]

20. Palafox, "Diálogo político del Estado de Alemania", en *Obras... op. cit.,* t. X, p. 71.
21. Es difícil poner límites cronológicos a la manifestación del Barroco en la Nueva España. J. A. Manrique habla de un siglo y medio de barroco de 1600 a 1750, pero también advierte que "culturalmente hablando, la Nueva España del siglo XVII representa, sobre todo, el mismo espíritu del siglo anterior y, si bien busca pronto caminos nuevos, estos parecen significar solo necesidades formales y retóricas y no afectar capas más profundas"; "Del barroco a la Ilustración", en *Historia de México.* México, El Colegio de México, 1976, p. 725.
22. Sor Juana Inés de la Cruz, "Respuesta a Sor Filotea", en *Obras completas.* México, Fondo de Cultura Económica, 1994, p. 463.
23. "Segunda enhorabuena de cumplir años del Señor virrey, marqués de la Laguna", en Sor Juana de la Cruz, *Obras* completas, op. cit., volumen I, p. 194 (endecha 73).

Por su parte, Carlos de Sigüenza y Góngara, el famoso polígrafo criollo, llamaba a la Germania también con su apelativo de frialdad, en contraste con la buena disposición del clima en su patria novohispana (el paraíso occidental, a fin y al cabo), recurso retórico muy utilizado en el Barroco. A continuación, Sigüenza hace alusión a la tierra, pero también a su condición de postración por la herejía:

> Ahora quando el Aquilón friolento
> En cismas arde, que fomenta el vicio.
> Y que intentan romper con fin violento
> Del alto ciclo el diamantino quicio:
> Rigiendo el Orbe con furor sangriento
> Pretervas mentes con errado juicio,
> Y esta máquina exhausta, en lento fuego
> Vuela en censuras, por el viento ciego.[24]

Se sacó a Lutero a puntapiés de su contexto histórico y se proyectó a un mar de categorías. Lloviendo sobre él infamantes adjetivos: era maldito, perverso, vil. Comúnmente se referían a él los autores como lobo, serpiente o cuervo. Por otra parte, los escritores de la era barroca se fijaron constantemente en las supuestas cualidades negativas del carácter del reformador. Hacían alusión a su físico como el de "un sapo hinchado",[25] por parecerles "beodo" de beber cerveza y comer en exceso.[26] Algunos le achacaban falta de fuerza de voluntad y haber llevado una vida licenciosa, y se referían a sus costumbres relajadas. Señalaban que Lutero apoyaba la bigamia y que no podía controlar sus impulsos sexuales. Cuando era fraile, se casó con una monja cisterciense exclaustrada, Catalina Bora, y transgredió así los votos impuestos por su hábito. Además, ¡tuvo cinco hijos! Este hecho dio pie para que se le condenara por lascivo, soberbio y pecador incorregible, inclinado, en su debilidad, a caer en la concupiscencia de sus bajas y sensuales pasiones.[27] Si se trataba de inmoralidad, se podía presentar su ejemplo. Luego inventaron para él también una muerte horrorosa y llena de

24. Carlos de Sigüenza y Góngora, la octava XL de *Primera indiana*, México, Vda. De Bernardo Calderón, 1680.
25. Dionisio Ribera, *Relación historiada de las exequias funerales de la majestad del Rey Phillipo II nuestro Señor...* México, Pedro Bali, 1600, p. 140.
26. Francisco Engrava, *Orthodoxus contra orthodoxum*, mss 390, BNM, Fondo Reservado.
27. Esta imagen del reformador está bien estudiada por Heiko Oberman, *Lutero, entre Dios y el diablo*. Madrid. Alianza Editorial, 1982, pp. 343 y 339.

sufrimiento —digna del peor heresiarca— cuando en verdad murió plácidamente en su lecho, después de un súbito padecimiento. En fin, se pueden prolongar los ejemplos *ad infinitum,* reales o ficticios, sobre el doctor de teología de Wittenberg.

En el proceso de identificación del criollo con su patria, al momento de apuntalar sus valores y logros, nuevamente salió al paso Lutero, como antítesis de lo postulado y esgrimido como lo propio. Esto se manifestó de manera espléndida durante tres siglos en los sermones. En la oratoria del púlpito hicieron acto de presencia peculiaridades interesantes que ofrecían nuevas simbologías. Existen decenas de oraciones sacras en las que la figura del reformador alemán vilipendiada. Contribuyó mucho a ello el uso de un lenguaje alegórico y simbólico por parte de los autores en la era del Barroco, así como el respaldo de la iconografía, que representó al reformador de acuerdo con los parámetros expresaos en la retórica eclesiástica, que respondían, a su vez, a todo un programa ideológico orquestado por el Estado y la Iglesia españoles. Lutero apareció en sermones de tema político (las guerras de los Austrias y de los Borbones), en los sermones dedicados a San Pedro (por la defensa del Santo Pontífice, tan atacado por el reformador) y a Santo Domingo (que se referían a la Inquisición y a su labor contra los herejes), pero, sobre todo —y esto llama mucho la atención—, en los sermones mariales y, particularmente, en los muchos que se consagraron a la virgen de Guadalupe. Se le acusó de haber negado la virginidad de María, aunque lo que en realidad atacó fue la forma de reverenciarla.[28] Esto lo convirtió en Hidra del Averno, monstruo que vomita errores infernales. Una vez más, se lo mostró como hombre lascivo, libidinosos, corrupto de carne y mente, pecador inmoral. Pero en los sermones de tema guadalupano, en los que descollaba la simbología apocalíptica, afloró Lutero como la serpiente que la mujer vestida de sol destruía con sus plantas. Los novohispanos pedían el favor de la Señora del Tepeyac para que "mediante su milagrosa imagen [...] asegur[ara] a la defensa [...] para todo el reino de sus contrarios, los luteranos".[29] Fue por voluntad de la madre de Dios, decían muchas oraciones sacras, que no entró el luteranismo a estas tierras. El obispo Francisco Lorenzana y Butrón llegó a decir

28. Esto puede verse en su "Comentario" del *Magnificat,* en Teófanes Egido, ed., Lutero, *Obras.* Salamanca, Sígueme, 2001.

29. Joseph Arlegui, *Sagrado paladión del americano orbe, Sermón*... México, Imprenta de la viuda de Joseph Bernardo Hegal, 1743, p. 8.

en 1770 que en la pintura del sagrado original de la virgen de Guadalupe no había sido necesario representar al dragón, pues la virgen "destruyó las herejías simbolizadas [por este animal infernal]".[30] La idea de preservación e incontaminación de ideas heréticas se atribuía, en buena parte, a los milagros y a las acciones de la virgen del Tepeyac, símbolo cumbre de la patria criolla.

Lo más importante que debe resaltarse es que, a través del sermón, llegó le avisa e interesada propaganda antiluterana a un gran público que no tenía acceso a las fuentes teológicas en latín o que no leía otro tipo de literatura, ya fuera por el alto índice de analfabetismo que entonces existía o por no tener acceso a las obras de los intelectuales ni de los historiadores.

A fines del siglo XVIII, el entusiasmo patriótico cegó muchas veces al criollo, lo que convertía a sus especulaciones en un ejercicio pragmático con consecuencias políticas. Cuando soplaron vientos de crisis provocados por la Independencia de las trece colonias angloamericanas en 1776, por la Revolución Francesa en 1789 y, sobre todo, por la inquietud que vivió internamente la Colonia durante la invasión napoleónica a la Península Ibérica en 1808, para muchos clérigos Lutero fue el responsable de haber formulado ideas que, con el correr los años, socavaron los cimientos de la Iglesia.

Los sermones de los clérigos considerados como pensadores ilustrados descargaron, asimismo, el odio acumulado durante tres siglos contra Lutero por haber plantado "errores" que crecerían (se secularizarían diríamos hoy) hasta causar daños irreversibles en las mentes de las personas fácilmente proclives a confundirse. Veían en la libertad espiritual que postuló el agustino de Erfurt en el siglo XVI a raíz de la libertad de conciencia. Por lo tanto, la figura de Lutero seguía vigente como sinónimo del mal, pero ahora se culpaba "al Cuervo de Alemania", como lo llamó un orador,[31] de haber sido el precursor de algunas de las nuevas corrientes de pensamiento surgidas de la ilustración. José Patricio Fernández de Uribe,

30. Francisco de Lorenzana, *Oración a nuestra señora de Guadalupe*. México, Joseph Antonio de Hogal, 1770, p. XIX.

31. Diego Miguel Bringas, *Sermón que en la reconquista de Guanajuato predicó...* México, Imprenta de Doña María Fernández de Jáuregui, 1811, s/p. Un estupendo ensayo sobre la imagen de Lutero en la última etapa colonial es el de Peer Schmidt, "Der Rabe ans Deutschland. Luther, Mexiko und die Entstechung 'Lateinamerikas' Ic.1808-c. 1860)", en Peer Schmidt y Hans Medick, eds., ., Göttingen, Verlag Vandenhock and Ruprecht, 2004, pp. 141-163.

un predicador destacado y miembro de la alta jerarquía de la Iglesia en México, expresó en 1777:

> Desatados y saliendo enfurecidos de los abismos los dos fictos monstruos, la herejía y la guerra, corren por toda la Europa llevando consigo la discordia y el error, la falsa libertad, el mentido placer, la soberbia del espíritu, el interés mal entendido de dominar y la desenfrenada inclinación a la independencia. Lutero y Calvino, más que Hidras de siete cabezas, monstruos prodigiosamente fecundos de heresiarcas, van abortando por diversas partes sucesivamente hasta nuestros días Buceros y Zuinglios. Jansenios y Molinos sucediéndoles en nuestros días Voltaires y Rousseaus, peores y más nocivos que ellos.[32]

Un interesante y voluminoso tratado, el del veracruzano Francisco Javier Alegre, titulado *Institutiones Theologicae*, publicado un año después de la muerte del autor, en 1789, aspiraba a hacer una historia general de la Iglesia en un momento crítico, como en seguida se ve por la fecha en la que salió a la luz dicho trabajo. El jesuita consagraba el primer tomo (de siete que componían la obra) a la historia de los papas, concilios, herejías y heresiarcas. Sobre este último punto, llama la atención la mesura con la que trató a Lutero, refiriendo, sí, lo errado de sus propuestas, pero sin adjetivos que lo descalificaran como persona. Más bien parece que Alegre centraba su interés en ver al reformador como personaje histórico, dentro de un contexto específico y, desde esta plataforma interpretativa, poder analizar sus propuestas. Esto contrasta con las representaciones esquemáticas y conceptuales con las que nos habíamos topado anteriormente, con sus implicaciones lógicas, en las que los hechos pasaban a segundo plano. Vale decir que Alegre defendió con fervor el catolicismo romano como teólogo versado y experto en filosofía tomista.

La identidad del criollo se fundamentaba, en gran medida, en saberse perteneciente a la religión católica, aunque empezara a resquebrajarse el sentimiento de unión con la península ibérica. Llama la atención que en 1810 se siguiera repitiendo el infamante estereotipo que por años había acompañado a la figura del reformador. Cuando se excomulgó a Miguel Hidalgo, se le asoció con el hereje que había causado el cisma de la Iglesia católica tres siglos antes. El cura de Dolores era, pues, otro Lutero, y los motes disonantes que antes se le imputaron al fraile agustino se le impusieron entonces al sacerdote sedicioso: impío, pérfido, la Hidra del Averno. En esa disparatada

32. J. Fernández Uribe, Sermones, Madrid, Ibarra (impresor de Cámara de Su Majestad), 1821, vol. III, p. 191.

metamorfosis, se comparaba a los dos hombres, ambos como seres deformados, envilecidos y degenerados física y espiritualmente.

Pedro de la Puente, un orador del púlpito, se identificó en 1812 con el elemento cultural hispano: decía —en plena Guerra de Independencia— que la Nueva España debía afiliarse a él, y aseguraba que "la España nunca debió a los alemanes cosa alguna ni ha dependido de ellos".[33] Otro predicador afirmaba que Alemania aún se encontraba "desconcertada y revuelta, dividida en facciones y partidos, y envenenada con los errores pestíferos de tan obstinado heresiarca".[34]

Un gran estudioso de la historiografía protestante sobre México veía que, a principios del siglo XIX, aunque era escasa, la literatura viajera alemana era valiosísima por su sinceridad, por su testaruda objetividad y por la benevolencia de sus juicios. Señalaba que, de entre todos los viajeros, de alemanes fueron los que menos prejuicios cargaban como experiencia histórica frente a México, lo que explicaba, sin duda alguna, sus simpatías.[35] Empero, del lado contrario no operaban las mismas reacciones simpatizantes. En ese tiempo, Alemania seguía siendo vista por los mexicanos como "tierra de luteranos".

A manera de conclusión

No quiero exagerar la presencia del reformador germano como tema central en nuestra historiografía, como no puede negarse la constancia con la que apareció en las fuentes en los siglos que conformaron la Colonia. La respuesta a la pregunta inicial que no planteamos (¿por qué se presenta Lutero tan asiduamente en nuestra historiografía?) ha sido esbozada a lo largo de este trabajo, pero conviene recapitular sobre algunos puntos. El odio a su persona en la Nueva España fue una prolongación del mismo rencor que se le tenía en la metrópoli por el hecho de haber perpetrado el cisma con la Iglesia de Roma y por haber propuesto tesis contrarias a las doctrinas del catolicismo.

El programa de defensa de la fe y del dogma que España enarboló como *leit motiv* de su política exterior e interior se hizo extensivo a las colonias de

33. Pedro de la Puente, *Reflexiones sobre el bando el 25 de junio último contenido a lo que dispone para los eclesiásticos rebeldes.* México, Imprenta de Doña María Fernández Jáuregui, 1812, p. 12.
34. Juan Bautista Díaz Pérez y Calvillo, *Elogio de San Ignacio de Loyola.* México, Imprenta Santo Domingo, 1816, p. 23.
35. Juan A. Ortega y Medina, *México en la conciencia anglosajona.* México, Antigua Librería Robredo, 1955, vol. II. p. 126.

ultramar. Este programa se transluce como un proyecto congruente, razonado y metódico en las crónicas, en las obras teológicas, en los libros piadosos, en los catecismos y en diversos textos de la época. Además, resultó muy fuerte la influencia de las grandes autoridades teológicas que orquestaron ideológicamente la compaña antiluterana, como Roberto Belarmino, Alfonso Castro, Francisco Suárez, Pedro Rivadeneyra y otros. Luego, el ímpetu del movimiento de Contrarreforma cayó sobre quien se consideró el mayor heresiarca, el principal enemigo de la cristiandad. Gran parte de la propaganda del nuevo catolicismo postridentino, tanto desde el púlpito, como por escrito y a través del arte, se orientó contra la Reforma protestante, cuya cuna fue Alemania, y contra su líder espiritual. La presencia de Lutero y el sentir sobre el mundo germánico se explican, principalmente, por estas razones de tipo histórico.

La historiografía colonial vio en Lutero no a un personaje histórico, sino a un ente que servía como instrumento del demonio quien lo avasalla, engañaba y corrompía, y lo utilizaba para desparramar el mal en el mundo. Se debe comprender que se impuso esa imagen negativa tanto de la Germania como de Lutero, a quien incluso se satanizó, por un imperativo cultural e histórico, fincado en los valores de una sociedad católica hasta la médula en lo espiritual, e hispánica en sus raíces confirmativas, con todo lo que ello implica. Por eso, en la condena de Lutero, afloró también —y esto es fundamental— la actitud vital y consustancial de la Nueva España. En el proceso de americanización, se excluía la idea, el símbolo y la imagen de Lutero; se lo convertía en *lo otro.* En toda la historiografía colonial se dio un continuo proceso de invalidación de ideas ajenas y de revalidación o reivindicación de las propias. Con el repudio hacia otra religión, otra cultura y otra nación (o naciones), el hispanoamericano acabó por conocerse y definirse mejor. Tradujo, a partir del siglo XVII, sobre todo, la réplica y la defensa americanas contra Europa.

Es imposible medir qué tanto los ideales contrarreformistas desplegados por los teólogos e historiadores católicos se desbordaron y en qué medida sus exaltadas verdades llegaron al corazón del pueblo, pero parece que Lutero formó parte de la conciencia viva de la gente durante todo el periodo colonial. Hay ejemplos como este: En 1624, durante el levantamiento en la ciudad de México que obligó al entonces virrey, marqués de Gelves, a huir, la plebe enardecida le gritaba consignas de "¡Muera el hereje luterano!". Hay otros muchos casos en los que, en las guerras de insultos entre grupos o personalidades, era frecuente recurrir al repertorio de luteranos y herejes para fulminar al enemigo. Durante esa época, hubo también un sin número de procesiones en las fiestas dedicadas a los santos o a alguna advocación a la virgen, en las que salían carros alegóricos en los que se colocaba la efigie de escarnio de Lutero como enemigo de la catolicidad. A estas iba un gran concurso de gente para ver los carros triunfantes, fuegos, luminarias y máscaras, y se le permitía participar lanzando dardos y consignas contra estatuas de Lutero y otros heresiarcas, y "prendiéndole fuego a aquel infame monstruo, entre las execraciones mezcladas de aplauso de toda la multitud".[36] Esto revela que Lutero asomaba en los prejuicios del pueblo, aunque vale decir que, naturalmente, el comportamiento popular estaba dirigida por las clases dominantes.

En esos tres siglos en los que México fue una colonia de España, hubo un foso insalvable por los prejuicios, la incomprensión y el rechazo frente a la Alemania reformada. Los españoles se veían a sí mismos y a su nación como los campeones de la verdad y rechazaban toda otra forma de explicación el mundo y de concepción religiosa. Tal vez esto explique por qué, a lo largo de tres centurias, hubo una sola voz condenatoria y jamás una contracrítica o una apología de Lutero. En la base del pensamiento contrarreformista se encontraba el repudio, y eso perduró. Durante la época colonial, se dieron cambios en la visión de la Iglesia y del clero, pero la conceptuación de Lutero no sufrió modificaciones del Barroco a la ilustración. Debemos advertir que ni siquiera las generaciones críticas posteriores y contemporáneas se han podido desembarazar de la conducen luterana. Todavía queda mucho por escudriñar en los siglos XIX, XX y lo que va del XXI en torno a la interpretación de este personaje.

36. G. Decorme, *La obra de los jesuitas mexicanas durante la época colonial.* México, Antigua Librería Robredo, 1941, pp. 67-68.

EPÍLOGO

El protestantismo: la fe insumisa. Introducción

Laurent Gagnebin y Raphaël Picon

Surgido de la Reforma del siglo XVI, el protestantismo es una de las cuatro grandes confesiones que constituyen el cristianismo, al lado de la ortodoxa, del catolicismo y del anglicanismo. Nacido de una protesta teológica contra lo que se percibía como errores y abusos de la Iglesia católica romana, el protestantismo forma una comunidad de Iglesias atravesada por corrientes extremadamente diversas. Bautistas, calvinistas, evangélicos, luteranos, metodistas, pentecostales, por citar a aquellos que tienen una especificidad y una sensibilidad. Sin embargo, todos son protestantes en razón del lazo que les une a un pedestal de convicciones que trascienden sus particularidades respectivas.

Los reformadores, Lutero, Zwinglio, Calvino, Bucero, Farel y otros, por unanimidad compartieron la convicción que ahora resuena en el corazón del protestantismo: ¡solo Dios nos puede llevar a Dios! Ninguna institución eclesiástica, ningún papa, ningún clérigo nos puede conducir a él: porque, en primer lugar, Dios es quien viene a nuestro encuentro. Ninguna confesión de fe, ningún compromiso en la Iglesia, ninguna acción humana nos puede atraer la benevolencia de Dios: solo su gracia nos salva. Ningún dogma, ninguna predicación, ninguna confesión de fe pueden hacernos conocer a Dios: solo su Palabra nos lo revela. Dios no está sujeto a ninguna transacción posible; su gracia excede cualquier posibilidad de intercambio y reciprocidad. En el protestantismo, Dios es precisamente Dios en la medida en que nos precede y permanece libre ante cualquier forma de sumisión.

Durante mucho tiempo el protestantismo se definió distinto al catolicismo y en ruptura con él. Llevados a "transformar una respuesta manejada al interior de la Iglesia católica hacia una protesta que en adelante va a actuar afuera de ella",[1] los reformadores dieron nacimiento a un movimiento teológico y religioso que se emancipó poco a poco de su contexto polémico original. He ahí por qué no podemos comprender el protestantismo sin

1. Jean Baubérot, *Histoire du protestantisme.* Paris, PUF, 1987 (Que sais-je ?). Versión castellana: México, Maica Libreros Editores, 2008. Traducción de Javier Sicilia.

tomar la justa medida del sistema católico romano al que se refiere, pero he aquí también el protestantismo merece ser pensado por él mismo, en sus características propias, sin ser comparado con aquello de lo que antes se desmarcó. Las Iglesias protestantes, así como sus teologías, sus prácticas religiosas, sus tomas de posición pueden, en efecto, tomar sentido y adquirir legitimidad independientemente del catolicísimo. Si no fuera ese el caso, el protestantismo permanecería tributario de las evoluciones de la Iglesia católica romana. Recibiría de ella, así fuera bajo la forma de un cincel, su verdadera identidad o esperaría que finalmente se disolviera en un catolicismo cercano a las tesis de la Reforma.

Esta singularidad del protestantismo es tanto más tangible como las oposiciones iniciales que casi no se atenuaron. Desde la Reforma, los puntos de ruptura entre el protestantismo y el catolicismo romano se acentuaron. Pensemos en los diferentes dogmas promulgados por el catolicismo que no existían en la época de la Reforma y que están en las antípodas de sus convicciones como la Inmaculada Concepción (1854), la infalibilidad pontifical (1870) o la Asunción (1950). Aquí se trata de un tema histórico y a la vez doctrinal que no se debería descuidar. Dicho lo anterior, los encuentros ecuménicos nos permiten hoy en día evocar esas divergencias en un espíritu de apertura y de confianza recíproca. Esas relaciones no obliteran en nada los términos de un debate que exige tanto claridad como honestidad. Vale más una oposición francamente reconocida y asumida, que un diálogo de apariencia engañosa que ponga sombras y permita la confusión y el relativismo.

El protestantismo es una protesta teológica. Para convencerse, bastaría con acordarse del origen histórico de la apelación "protestante". Esta nos viene de un suceso bisagra en la historia de la Reforma y del cristianismo occidental: la Dieta de Spira de 1529. Mientras que la primera dieta en 1526 había autorizado a los príncipes y a las ciudades a introducir la Reforma en su territorio (es el origen del famoso principio *Cujus regio eius religio*, "en cada territorio su religión") esperando decisiones de un futuro concilio (este no se reuniría sino muchos años más tarde, en Trento en 1545), la segunda dieta en 1529, regresó a esa decisión. Ahí se prohibió la propagación de la doctrina de Lutero, detuvo con ello toda reforma religiosa y ordenó el regreso a la religión tradicional. Diecinueve estados, conducidos por Felipe de Hesse y Jean de Saxe, rechazaron someterse al decreto imperial y redactaron una declaración de protesta. "Nosotros protestamos frente a Dios, así como frente a todos los hombres, que nosotros no consentimos ni nos adherimos al decreto propuesto, en las cosas que son contrarias a Dios, a su santa Palabra, a nuestra buena conciencia, a la salvación de nuestras almas". El adjetivo "protestante", fue entonces aplicado por extensión a todos los partidarios de la Reforma. La actitud de esos príncipes contestatarios recela de los dos elementos a los que nos envía la etimología de la palabra "protestante": el testimonio (*testis*, en latín) por el que alguien afirma, reconoce, confiesa lo que sabe o cree, y la contestación (*protestari*) por la cual se expresa una resistencia, una crítica, una protesta.

El protestantismo no es solamente una doctrina, una práctica religiosa o una expresión teológica particular. Tampoco es exclusivamente un movimiento, una actitud o una manera de ser. Es los dos a la vez. En efecto, predicar un Dios libre e intrapable, anima la protesta en el encuentro de todo lo que quisiera apropiarse de Dios y poner, en su nombre, a la humanidad bajo su tutela y recusar toda forma de alienación religiosa e ideológica; ello conduce a dar testimonio de un Dios insumiso para siempre frente a todo lo que, precisamente, quisiera sujetarlo. El título de la presente obra, busca hacer entender ese doble gesto, de afirmación y de crítica, de confesión y de protesta, doble gesto que en realidad se convierte en uno y nos hace pensar en el protestantismo.

Nos apegamos también a poner en evidencia la sintaxis del protestantismo, aquello que le asegura la lógica y le garantiza coherencia. Para lograrlo, expondremos los principios estructurales del protestantismo, a fin de despejar su especificidad en el concierto de las confesiones cristianas y de las religiones del mundo. Enseguida, analizaremos las prácticas del protestantismo, con la idea de identificar la relación que mantiene con la Biblia, la Iglesia, la liturgia, el pastorado y la ética. El protestantismo se define igualmente, por un cierto estado de ánimo, un estilo particular en el que nos concentraremos en la última parte. Así, pondremos en evidencia tres valores que aparecen a veces consustanciales al protestantismo, ya que los pone en alta estima: la libertad, la pluralidad y la simplicidad. Una sintaxis, una práctica, un estilo, el protestantismo es también un lenguaje. Desarrolla un léxico particular a través del cual se enuncian ciertas convicciones que construyen una relación singular con el mundo y una identidad religiosa. Los términos principales de ese léxico figuran en anexos así como en un cierto número de referencias históricas.

Hoy, a menudo se retiene del protestantismo la expresión que dan ciertas corrientes fundamentalistas y proselitistas estadounidenses, las que no sabrían ser ignoradas puesto que constituyen una de las numerosas facetas del protestantismo contemporáneo, en una realidad que sobrepasa y va más allá de las fronteras de Estados Unidos. Una presentación seria y honesta no debería dejarlas en la sombra, aun si muchos protestantes en el mundo no logran reconocer en los adeptos de esos movimientos, con frecuencia sectarios, a sus correligionarios.

Precisemos, sin embargo, que la presente obra desea hacer comprender qué es el protestantismo y no describir todas las realidades históricas. Así que hablaremos del protestantismo en singular, no de protestantismos en plural, y conocer sus numerosas expresiones y formas, tanto históricas como institucionales. Si el protestantismo se caracteriza a menudo por la diversidad de sus corrientes, pluralidad que, como veremos posteriormente, no podría verse *a priori* como una debilidad; esas corrientes, no obstante, se acoplan en puntos esenciales con los que preservan coherencia. Como lo afirma el teólogo protestante francés André Gounelle: "Por un lado, el protestantismo presenta unidad porque hay acuerdos sobre los principios fundamentales [...] Por otro, hay diversidad en la manera de comprender y poner en práctica esos principios, así como diferencias de acentuación a veces muy fuertes". Hablar del protestantismo en singular no apunta a hacer de él un bloque uniforme y monolítico.

Precisemos, en fin, que esta presentación se inscribe en una perspectiva marcada por las tradiciones luteranas y reformadas. Un protestante bautista o pentecostal podría, sin embargo, cómodamente hacer suyas la mayoría de las afirmaciones teológicas presentes en este libro, aunque hayan desarrollado ciertos aspectos con acentos sensiblemente diferentes.

(Traducción: Francisco Javier Domínguez Solano)

PROCEDENCIA DE LOS TEXTOS

W.H. Auden, "Luther", en *Collected poems.* Londres, Faber & Faber, 1991, p. 92.

Jacques Ellul, "Actualité de la Réforme", en *Foi et Vie,* núm. 58, marzo-abril de 1959, pp. 39-64.

Paul Tillich, "Martín Lutero", en *Pensamiento cristiano y cultura en Occidente. I. De los orígenes a la Reforma.* Buenos Aires, La Aurora, 1976, pp. 243-269.

Hans Küng, "Martín Lutero: retorno al evangelio como ejemplo clásico de cambio de paradigma", en *Grandes pensadores cristianos. Una pequeña introducción a la teología.* Madrid, Trotta, 1995, pp. 125-150.

Leszek Kolakowski, "El sentido filosófico de la Reforma", en *Vigencia y caducidad de las tradiciones cristianas.* Buenos Aires, Amorrortu Editores, 1973, pp. 114-142.

Alfonso Rincón González, "Lutero y el humanismo", en *Ideas y Valores,* Universidad de Colombia, vol. 33, núm. 63, pp. 103-125.

Giacomo Casesse, "Introducción", en *¿Qué quiso decir Lutero? Conceptos esenciales.* San Louis, Concordia, 2014, pp. 7-12.

Juan A. Ortega y Medina, "Lutero y su contribución a la modernidad", en María Cristina González Ortiz y Alicia Mayer, eds., *Obras de Juan A. Ortega y Medina. 1. Europa moderna.* México, Universidad Nacional Autónoma de México/Instituto de Investigaciones Históricas-FES Acatlán, 2013, pp. 437-456.

Hernán Borisonik, ¿Impulsa o retiene? Religión y protestantismo en Hegel y Marx", en Tomás Borovinky *et al.*, eds., *Posteridades del hegelianismo. Continuadores heterodoxos y disidentes de una filosofía política de la historia.* Buenos Aires, Teseo-Universidad de Belgrano, 2011, pp. 77-99.

Alberto Ramírez Z., "De Martín Lutero a Juan Calvino. Sobre el papel del protestantismo en el surgimiento de la modernidad", en *Cuestiones Teológicas,* Medellín, Colombia, vol. 36, núm. 85, enero-junio de 2009, pp. 129-146.

George Williams, "La Reforma Magisterial y la Reforma Radical", en *La Reforma Radical.* México, Fondo de Cultura Económica, 1983, pp. 933-940.

Ignacio Carlos Maestro Cano, "Protestantismo, pensamiento y cultura en Alemania", en *Biblio3W. Revista Bibliográfica de Geografía y Ciencias Sociales,* Universidad de Barcelona, vol. XX, núm. 1132, pp. 1-39.

Francisco Illescas, "La disputa de Leipzig, momento culminante en el rompimiento de Martín Lutero con la iglesia romana (1517-1521)", en *En-Claves del Pensamiento,* año IV, núm. 7, junio 2010, pp. 11-31.

Daniel C. Beros, "La disputación de Heidelberg y su 'theologia crucis'. Elementos de una gramática fundamental de la teología evangélica", en *Cuadernos de Teología,* ISEDET, vol. XXIX, 2010, pp.1-13.

Herón Pérez Martínez, "Misiva de Martín Lutero sobre el arte de traducir", en *Relaciones,* El Colegio de Michoacán, núm. 138, primavera de 2014, pp. 153-178.

Robert Glenn Howard, "The double bind of the Protestant Reformation: The birth of Fundamentalism and the necessity of Pluralism", en *Journal of Church and State,* vol. 47, núm. 1, invierno de 2005, pp. 91-108.

Marc Lienhard, "Lutero en perspectiva católica", en *Selecciones de Teología,* vol. 24, núm. 93, enero-marzo de 1985, pp. 47-53.

Theobald Beer, "La *theologia crucis* de Lutero", en *Scripta Theologica,* vol. 16, núm. 3, 1984, pp. 747-780.

Guillermo Hansen, "El uso político de la cruz: poder y contra-poder en la *theologia crucis* de Lutero", en G. Hansen, ed., *El silbo ecuménico del Espíritu. Homenaje a José Míguez Bonino en sus 80 años.* Buenos Aires, Instituto Universitario ISEDET, 2004, pp. 193-230.

Feliciano Pérez Varas, "La obra poético-religiosa de Lutero", en Dieter Koniecki y Juan Manuel Almarza-Meñica, coords., *Martín Lutero (1483-1983). Jornadas Hispano-Alemanas sobre la personalidad y la obra de Martín Lutero en el V Centenario de su nacimiento. Salamanca, 9-12 de noviembre 1983.* Valladolid, Instituto Superior de Filosofía-Fundación Friedrich Ebert, 1984, pp. 37-52.

Jerónimo Granados, "Lutero y el arte: una perspectiva latinoamericana", exposición presentada en el X Congreso Internacional de Investigaciones sobre Lutero, Federación Luterana Mundial, Universidad de Copenhague, Dinamarca, 7 de agosto de 2002, en *Cuadernos de Teología,* ISEDET, vol XXII, 2003, pp. 309-319.

Peer Schmidt, "El protestante. Martín Lutero, el luteranismo y el mundo germánico en el pensamiento e imaginario españoles de la época moderna", en Xosé M. Núñez Seixas y Francisco Sevillano Calero, eds., *Los enemigos de España. Imagen del otro, conflictos bélicos y disputas nacionales (siglos XVI-XX).* Actas del IV Coloquio Internacional de Historia Política, 5-6 de junio de 2008. Madrid, Centro de Estudios Políticos y Constitucionales, 2010, pp. 49-74.

Jürgen Moltmann, "Teresa de Ávila y Martín Lutero. La vuelta a la mística de Cristo en Teresa de Ávila", en *Selecciones de Teología,* vol. 22, núm. 88, octubre-diciembre de 1983, pp. 321-328.

Alicia Mayer González, "Lutero y Alemania en la conciencia novohispana", en Horst Pietschmann *et al.,* eds., *México y Alemania. Percepciones mutuas en impresos, siglos XVI-XVIII.* México, Universidad Iberoamericana-Condumex-Centro Cultural Banamex-Cátedra Guillermo y Alejandro de Humboldt, 2005, pp. 201-218.

Laurent Gagnebin y Raphaël Picon, "Introduction", en *Le protestantisme: La foi insoumise.* Champs, Flammarion, 2005, pp. 3-7.